전자정부론

김동원 김석주
김선경 명승환
서진완 송충근
이강춘 이태영
최영훈 한세억
지음

도서출판 대영문화사

머리말

전자정부를 구현하기 위한 정부의 노력이 가시화되기 시작한 1990년대 중반 이후 정보통신기술(Information Communication Technology: ICT)의 변화는 물론 행정 자체에서도 많은 변화가 이루어져 왔다. 이러한 변화에서 주목할 점은 정보통신기술이 더 이상 '하나'의 외생적인 요소로서가 아니라, 행정의 구조와 운영, 그 속에 있는 공무원들의 행태와 의식, 행정과 국민의 관계 등에서 깊숙이 그리고 폭넓게 내면화되어 가고 있다는 것이다. 이러한 실제에서의 변화 속에서 전자정부에 대한 학문적 논의도 그 폭이 넓어지면서 초기의 전자정부의 개념화나 시스템 구축, 그리고 사업 자체에 대한 초점에서 행정 전반의 다양한 영역 속에서 이루어지는 정보통신기술과 행정 간의 관계에 대한 관심으로 이어지고 있다. 이 책은 이러한 실무와 학문 분야의 변화를 바탕으로 대학생, 대학원생, 그리고 실무자들을 대상으로 기존 행정학의 세부 전공 분야별 정보통신기술의 적용이라는 맥락에서 전자정부의 깊이와 폭을 이해시키려는 목적으로 의도되었다.

그 동안 여러 선후배 학자들에 의해 전자정부론 또는 행정정보체계론 등의 제목으로 전자정부에 관한 교재들이 집필되었다. 이 책은 이러한 선후배 학자들의 기존의 노력들에 명시적으로나 묵시적으로 도움을 받아, 기존의 행정학 교재들에 담겨 있던 행정학의 핵심 분야 또는 영역들을 전자정부적 차원에서 응용하고 해석하려는 작업의 일환이다. 학부나 대학원, 그리고 실무자들에게 익숙해진 행정학의 각론적 영역에서 정보통신기술이 어떻게 활용되고 어떤 변화가 발생하는지 그에 따른 쟁점은 무엇인지를 개념적으로 그리고 실례를 통해 체계화하려는 것이 이 책을 집필하게 된 동기이다. 이를 위해 이 책은 그 동안 각자가 전자정부 또는 정보체계론 강의를 하면서, 행정기관 등에서 실무에 참여하거나 자문하면서, 그리고 학술적인 연구를 통해서 느끼고 고민했던 것들을 최대한 담고자 했다. 이 책을 기획하면서 가졌던 '행정학 개론서의 전자정부적 응용 또는 해석'이라는 목표의 달성은 이 머리말을 쓰는 시점에서 미완으로 남는다. 이 책의 기획시 포함했던 재무행정 등 행정학의 중추적 분야나 정보통신기술 자체에 대한 이해 등을 포함하지 못한 것은 아쉬움으로 남는다. 기존의 행정학 영역 중 누락된 부분이나 새로이 전개되는 영역들에 대한 추가적인 작업은 추후 이 책의 개정 작업을 통해 반영하여 보완할 생각이다.

이 책은 총 3편으로 이루어져 있다. 제1편은 전자정부에 대한 개념적인 이해를 높이기 위해 전자정부에 대한 개념적 이해, 전자정부의 이념, 그리고 전자정부의 발전 단계를 다루고 있다. 제2편은 정보통신기술의 행정의 구조 및 과정에의 응용을 다루는 내용으로 구성되어 있다. 조직 혁신, 인사행정, 정책 결정, 지방행정, 행정 서비스 제공, 시민 참여를 위한 정보통신기술의 활용과 관련된 개념적 그리고 실제적 쟁점을 다루었을 뿐 아니라, 전자정부의 행정윤리를 전자부패의 차원에서 다루었다. 제3편에서는 실제적 그리고 학술적 측면에서 향후의 쟁점 사항들을 다루었다. 실제적 차원에서 지금까지의 전자정부 구현 노력에 대한 성찰과 아울러 향후 발전 방향의 제시와 함께, 학술적으로 전자정부와 관련하여 다루어야 할 연구 쟁점의 제시가 이루어졌다.

이 책은 10명의 행정학자들이 몇 가지 특성을 살리면서 만들어 낸 노력의 결실이다.

첫째, 기술과 설명의 맥락을 한국의 행정 현상 및 전자정부 구현 노력에 맞추었다는 점이다. 전자정부란 진공에서 문화 중립적으로 존재하거나 논의할 수 있는 것이 아니라, 한국의 정치행정이라는 맥락에 적실성을 가져야 한다는 공통 의식 속에서 다루어졌다.

둘째, 기존의 전자정부에 대한 논의와 해당 주제에 대한 논의를 체계적으로 모으려는 의지를 갖고 각 장을 해당 분야 전문가가 책임감 있게 집필했다. 각 장의 제목과 집필자는 다음과 같다. 제1장 전자정부란 무엇인가?(인천대학교 서진완 교수), 제2장 전자정부의 행정 이념(광운대학교 최영훈 교수), 제3장 전자정부의 이론과 모형(광운대학교 박사과정 이강춘 선생), 제4장 전자정부와 행정조직 혁신(선문대학교 김석주 교수), 제5장 전자정부와 인사행정(경북대학교 김동원 교수), 제6장 전자정부 관점에서의 정책 결정(인하대학교 명승환 교수), 제7장 지방자치와 지역정보화(전남대학교 송충근 교수), 제8장 전자정부와 행정 서비스의 제공(인천대학교 서진완 교수), 제9장 전자정부에서의 시민 참여(충남대학교 김선경 교수), 제10장 전자정부에서의 행정윤리(광운대학교 최영훈 교수와 한국외국어대학교 박사과정 이태영 선생), 제11장 전자정부 구현 노력의 성찰(동아대학교 한세억 교수), 그리고 제12장 전자정부의 향후 연구 쟁점(광운대학교 최영훈 교수).

셋째, 기존 행정학 개론서의 내용과 일관성을 유지하면서 전자정부적 응용을 다룸으로써 독자들이 행정학 및 행정 현상, 특히 전자정부에 대한 이해의 폭과 깊이를 증대시키려 했다.

넷째, 제12장을 제외하고 각 장별로 요약과 연습을 위한 문제를 제공함으로써 이 책을 활용하는 교수나 학생들의 학습 효과성을 높이고자 했다.

다섯째, 비록 더욱 보완되어야 할 부분이지만 향후의 연구 주제로서 제기될 수 있는 다양한 쟁점들을 시험적으로 제시했다.

이 책은 각 장을 집필하고 서로간 긴밀한 조언과 토론을 통해 학습해 온 집필진의 오랜 기간에 걸친 고민과 노력의 산물이다. 그럼에도 불구하고 책의 구성, 그리고 내용면에서 아직도 미진한 점이 많으리라고 생각한다. 이에 대해서는 이 책 후단의 저자 소개에 포함된 이메일 주소 등을 통해 독자들의 많은 평과 도움을 기대한다.

이 책은 집필진 이외의 많은 사람들의 공헌이 없었다면 출간될 수 없었다고 믿으며, 집필진을 대신하여 본서의 출간에 참여한 모든 분들께 심심한 감사의 말씀을 드린다. 또한 이 책의 시작에서 끝에 이르기까지 도움을 준 이들, 그리고 앞으로 이 책에 대해 도움말을 주실 분들께 감사드린다. 이 서문을 마치기 전에 특별하게 감사해야 할 분들이 있다. 먼저 현재와 같이 전자정부에 대한 논의가 성숙되도록 학계에서 논의를 이끈 한국행정학회 전자정부연구회의 모든 분들에게 감사를 드린다. 비록 이 책이 동 연구회의 산물과 무관할지라도 집필진 가운데 대다수가 동 연구회의 회원이고, 이 책의 집필이 처음 기획된 것도 동 연구회에서였다. 그리고 이 책의 출간을 흔쾌히 수락하고 길고 긴 기간 시행착오와 지연 과정 속에서도 인내 속에서 집필진을 격려해 준 대영문화사 임춘환 사장님께 특별한 감사를 드린다.

2006년 4월

저자 씀

전자정부론

차 례

제3편 전자정부의 성찰과 미래

제 1 편

전자정부의 개념적 이해

제 1 장

전자정부란 무엇인가?

제 1 절 전자정부의 논의 배경

1. 전자정부의 필요성

정보사회의 대두는 사회 전반에 걸쳐 변화를 가져왔으며, 하위 체제인 행정에도 영향을 미치고 있다. 행정이 국가관리 또는 사회 발전을 주도한다는 차원에서 정보화를 선도하는 역할을 수행할 수 있어야 하며, 정보화는 이러한 행정의 변화를 적극적으로 유도하고 그 기반을 제공해 줄 수 있어야 한다. 이러한 차원에서 볼 때, 정보사회에서의 행정은 행정 자체의 변화가 단순히 정보화가 행정에 미치는 영향을 합리화하는 수준이 아니라 오히려 정보를 통해 행정이 추구하고자 하는 가치를 적극적으로 실현할 수 있는 전제가 되기도 한다. 따라서 정보화의 실현은 행정의 변화를 위한 선행 조건으로 볼 수 있으며, 정보화와 행정은 상호 보완적인 관계에 있다.

21세기 정보사회에 대응하여 세계 각국은 국가 정보통신 기반 구축에 막대한 재원을 투자하는 동시에 행정정보화를 통한 행정의 생산성과 서비스의 질을 향상시키기 위한 노력을 기울이고 있다. 정보통신기술 그 자체가 변화의 중요한 촉매제가 되고 있을 뿐만 아니라 행정 변화의 중요한 수단으로 사용되고 있다는 점에서 이제까지 정보화를 단순히 기술적인 차원의 것으로 강조해 왔던 시각은 정보화를 위해 행정이 어떻게 변화해야 하는가에 많은 관심을 두는 방향으로 전환되고 있다. 예를 들면, 오늘날 정보통신의 발전으로 시간과 공간의 제약 없이 정보의 교환이 가능해짐에 따라 종래의 행정 기능 및 행정 업무 처리 방식의 근본적인 변화가 요구된다. 행정 업무의 많은 부분이 정보를 처리하는 업무라는 점에서 행정의 발전적인 변화는 곧 행정정보화의 실현을 통해 이루어질 수 있으며, 특히 정부의 입장에서 점차 다양해지고 증가하는 행정 수요와 이에 따른 재정적 한계로 인한 불균형 관계를 극복하고 더 나은 행정 서비스의 효율적인 생산과 공급이라는 정책 과제를 수행해야 하는 것은 정보화를 필연적으로 실현해야 하는 이유가 되고 있다.

각국의 정부는 세계화 속에서 생존하기 위한 필연적인 전략으로서 국가정보화를 주도하고자 하는 다양한 노력을 기울이고 있다. 최근 모든 국가들은 국가전략의 핵심을 정보화에 두고 다양한 정보화사업을 위한 정책을 추진하고 있다. 정보사회에 필요한 전자정부는 이와같이 정보통신기술을 활용함으로써 더욱 효율적인 행정관리와 더욱 질 높은 행정 서비스를 제공할 수 있는 시스템을 구축하는 것으로, 모든 국가에서 그 필요성을 인식하고 구체적으로 실천에 옮기고 있는 상황이다. 전자정부의 논의는 이러한 정보화의 필요성이 구현된 하나의 중요한 사례가 되고 있다.

이와같이 21세기 정보사회에서 새로운 국가 운영의 패러다임 변화에 부응하고 국가경쟁력을 확보하는 핵심적인 과제로서 전자정부의 구현은 정부의 고객인 국민과 기업에 양질의 서비스를 제공할 수 있는 가장 실천적인 수단이며, 동시에 '작지만 효율적인 정부'를 통해 정부의 생산성과 효율성 제고에도 필수적인 역할을 하는 것으로 이해되고 있다.

2. 정부 혁신을 통한 전자정부의 실현

미국을 비롯한 선진국들의 정부 개혁이 추구하는 방향은 결국 고객 중심의 행정 서비스 체제를 확립하는 것을 주요 골자로 하고 있으며, 이를 위해 내부의 행정관리를 효율적으로 운영하고자 한다. 특히 행정 서비스 이용자에 대한 인식을 지금까지 수동적인 수혜자로 인식하는 데서 탈피해 적극적인 고객으로 인식하고 이들의 요구와 기대에 부응하려는 노력을 통해 공무원 조직과 기존의 행정 서비스를 전달하는 방식을 획기적으로 개선해 나가고자 하는 것이다.

그러나 이러한 개혁을 추진하는 배경에는 정보화라는 환경적 요소가 중요하게 자리잡고 있다. 특히 공공 부문의 개혁이 상당 부분 정보통신기술의 지원 없이는 불가능한 것으로 평가되고 있는 이유는 바로 클린턴 행정부를 비롯해 영국, 캐나다, 호주, 일본, 싱가포르, 그 밖에 말레이시아까지 정보통신기술을 통한 정부 개혁을 추진할 수밖에 없는지를 이해하는 단초가 된다(National Performance Review, 1993; Treasury Board of Canada Secretariat, 1994; CITU, 1996; Information Technology Review Group, http://www.finance.gov. au/pubs/itrg/itrg-tc. html; 총무청, 1994; NCB, 1992; Government of Malaysia, 1997). 정보통신기술을 통한 정부 개혁의 노력은 국민을 우선적으로 고려하여 비용 효과적이며 일을 더 잘할 수 있는 정부로 변화하고자 정보화를 통해 행정을 재창출하고자 하는 것이다. 이제 정보화는 국가 행정의 양적인 변화는 물론 질적인 변화까지 초래하고 있으며, 이러한 변화는 정보화의 실질적인 응용과 이를 받아들이는 행정의 변화로 요약할 수 있다.

이러한 정보화 시대의 행정의 모습을 보면, 지금까지 규제와 통제, 복잡한 행정 절차에서 좀더 투명하고 신속하며 효율적인 정부로서 국민을 가장 중요한 고객의 개념으로 격상시켜 대국민 서비스를 강조하는 정부의 실현이 강조되고 있다. 우리 나라도 행정정보화 기본계획에서 최근 전자정부 구현을 위한 로드맵에 이르기까지 고도 정보사회에서 정부는 정보통신기술을 활용해 최소의 비용으로 최고의 서비스를 생산하는 정부로 변화의 필요성을 인식하고, 행정과 정보화의 결합으로 특징되는 작지만 능률적인 전자정부의 구현을 중요한 정책 목표로 설정하고 있다. 이와 같은 목표의 설정은 결국 정보화를 통해 이러한 여건 변화에 행정이 효율적으로 대응하고 그 결과 국민 우선의 정부 구현을 가능하게 하겠다는 것으로 이해할 수 있다.

이러한 관점에서 볼 때, 정보사회에서 행정의 주도적인 역할은 전자정부의 구현을 목표로 하는 정부 혁신을 통해 이루어질 수 있다. 전자정부를 실현하고자 하는 이유가 국가의 경쟁력을 향상시키는 것이라고 한다면 이는 곧 정부 혁신을 실천하는 이유가 된다. 따라서 모든 선진국에서 국가의 생산성을 향상시킴으로써 국가의 경쟁력을 제고하기 위한 중요한 관건으로서 정부 혁신을 강조하고 특히 정보통신기술을 적극적으로 활용함으로써 공공 부문의 생산성 제고와 행정 서비스의 질적 향상을 함께 도모할 수 있다는 신념을 갖고 있다. 구체적으로 이와 같은 다양한 노력이 선진국의 대부분에서 정부 개혁 혹은 정부 혁신이라는 이름으로 진행되어 왔다. 미국, 영국, 캐나다, 호주, 뉴질랜드 등 선진국에서 정부 개혁이 관심을 갖게 된 배경 또한 한결같이 각국 정부가 처한 긴박한 입장에서 나온 것이다.[1] 각국은 주어진 환경에 따라 다양한 정책적인 노력을 기울이고 있지만, 정부 혁신의 기본 방향은 정부가 제공하는 서비스의 질은 향상시키되 예산은 적게 드는 정부를 만들겠다는 것으로 요약된다.[2]

민간조직의 경우 조직을 둘러싼 다양한 환경의 변화에 대응하여 끊임없는 자체 변화를 통해 환경에 적응하고 있다. 실제 환경 변화에 능동적으로 적응해 나가지 않으면 조직의 생존이 위협받고 있기 때문에 조직의 변화 요구를 위한 다양한 노력과 시도가 이루어지고 있다 (Davenport & Short, 1990; Hammer, 1990; Carr et al., 1992; Davenport, 1993; Crowley, 1995; Davidson, 1995; Duboff & Carter, 1995; Holland & Kumar, 1995). 이러한 변화에 대한 적응과 대응은 공공 부문에서도 예외가 될 수 없다. 공공 부문에서의 이러한 기본적인 입장은 각국의 행정 개혁에서도 유사하게 나타나고 있다.

핵심적인 사항은 고객 중심의 행정 서비스 체제를 확립하는 것이며, 이를 위해 내부 행정관리를 효율적으로 운영하고자 하는 것이 포함된다. 고객 지향적인 정부를 통해 행정 서비스의 질적인 향상을 추구하고자 하는 각국의 노력은 정부 혁신의 목표로서 구체화되고 있다. 따라서 국가의 경쟁력 강화의 필요성에 따라 민간 부문에서 논의된 새로운 개념들이 국가관리에 도입되고, 궁극적으로 행정관리를 효율적으로 추진하면서 행정 서비스를 향상시키고자 하는 것이다. 이러한 정부의 노력은 전자정부를 향한 노력과 밀접하게 관계가 있다는 점을 주목할 필요가 있다.

---

1) 이러한 배경으로는 과중한 재정적 적자와 공공 부채로 인해 공공 부문의 미래 성장에 대한 한계 인식의 고조, 세계화 추세에 따라 국가경쟁력에 미치는 정부 역할의 중요성 강조, 공공 부문의 생산성이 민간 부문에 비해 뒤떨어졌다는 인식의 확산, 공공 부문이 민간 부문에 불필요한 부담을 주고 발전에 걸림돌이 된다는 우려, 전통적 처방으로 경제사회 문제를 해결할 수 있는 정부 능력에 대한 기대 저하, 높은 대응성, 선택 여지의 확대, 서비스의 질에 대한 국민들의 요구 증대, 공공 부문 내부 직원들의 변화 욕구 팽배, 그리고 정보통신기술의 발달 등이 지적되고 있다 (총무처 직무분석기획단 편, 1997: 3).

2) 이를 위해 정부를 기업과 같은 방법으로 경영하고, 공무원들을 종래의 권위주의적 관료형에서 고객 만족을 중시하는 혁신적인 기업형 정부(entrepreneurial government)를 시도하고 있다. 이와 같은 사고와 시각의 전환에는 Osborne & Gaebler(1992)의 *Reinventing Government*의 영향이 있었으며, 미국의 경우 구체적으로 NPR(National Performance Review) 보고서에서 이를 반영하여 행정 개혁을 통한 전자정부의 추진이라는 방향이 제시된 바 있다.

전자정부란 산업혁명 이후로 한 번도 경험하지 못했던 규모로 정부 및 국정 운영 방식이 근본적으로 변환하는 것을 의미하며, 전자정부의 구현이 필연적인 것으로 받아들이고 있다(Caldow, http://www.ieg.ibm.com). 여기서 미국의 NPR(1993)은 전자정부를 단순히 정보통신기술을 행정 업무에 적용하는 수준을 넘어 업무의 자동화 혹은 전자화에 앞서 조직의 혁신을 연계함으로써 궁극적으로 정보통신기술과 행정 개혁을 동시에 실행하는 개념으로 인식하고 있다.

따라서 정보통신기술의 도입이 행정 업무의 자동화가 아닌 행정 개혁의 수단임을 분명히 밝혀 주고 있다. 이와 같은 견해는 업무의 자동화에 앞서 업무 과정의 재설계를 강조하고 있는 것과도 그 맥을 같이하며(Hammer & Champy, 1993; Hammer, 1990: 104-112), 공공 분야에서의 적용에 관해서도 설득력 있는 주장이 제기되고 있다(Stratton, 1993; Reynolds, 1994; Linden, 1994; Boer, 1995; Bovaird & Hughes, 1995; Callender & Johnston, 1995; Halachmi, 1995; Halachmi & Bovaird, 1997; 서진완, 1998). 따라서 정부재창출, 업무 과정의 재설계, 그리고 전자정부 등은 모두 유사한 맥락 속에서 새로운 환경에 적응하기 위한 것으로 이해될 수 있는 것이며 구체적으로 정부재창출을 위해 전자정부가 필요하며, 업무 과정의 재설계와 같은 행정 내부적인 개혁을 통해 구체적으로 전자정부의 실현이 가능해질 수 있다고 보는 것이다.[3)]

실제로 행정 시스템의 변화 없이 정보통신기술의 활용이 이루어질 수 없으며, 단순히 전산화를 추진하거나 정보통신기술을 수용하는 차원에서는 생산성의 향상을 보장할 수 없고, 오히려 예산 낭비를 초래할 수 있다는 사실을 인식할 필요가 있다(Roach, 1991; Loveman, 1988; Iacono & Kling, 1987; Feldberg & Glenn, 1987). 생산성 패러독스로 표현되는 이와 같은 사실로 인해 미국의 국가정보통신기반(National Information Infrastructure: NII) 사업과 NPR의 혁신 작업이 연계되고 있는 사례는 좋은 참고가 된다. 즉, 정부 각 부문의 행정 업무를 수행하는 과정에서 절차나 규제를 정보화를 통해 간소화

3) 이러한 관점에서 보면, 정보통신기술과 행정 업무와의 연계가 전자정부의 추진시에 핵심적인 요소로서 싱가포르의 사례는 시사하는 점이 매우 크다(서진완, 1996: 76-77). 비록 싱가포르는 전자정부라는 용어를 직접적으로 사용하고 있지는 않지만, 'IT2000'이라는 국가정보화 계획하에 실질적인 전자정부를 구현하고 있다. 1981년부터 싱가포르는 정부의 정보화계획을 추진하면서 정보통신기술을 적극적으로 활용하여 행정 업무의 효율성과 효과성을 극대화시키고자 했지만, 궁극적으로는 이를 통해 국민들을 위한 편리한 행정 서비스의 제공에 초점을 두었다(NCB, 1992: 10).

하는 등 정보화 사업은 정부 개혁의 중요한 수단으로 활용될 수 있다(NPR, 1993). 영국의 경우도 Next Step 사업의 일환으로 CCTA(Central Computer and Telecommunications Agency)[4]를 중심으로 정보통신기술의 활용을 강조하고 있으며, 캐나다의 경우는 철저한 정부 업무 분석을 바탕으로 체계적인 정보화사업을 추진하고 있다.

따라서 각국에서 시도하고 있는 정부 혁신은 정보통신기술의 활용을 긴밀하게 연계함으로써 좀더 효율적으로 추진하고 있으며, 궁극적으로 이러한 정부 혁신의 방향은 곧 전자정부의 구현을 전제로 하여 추진되고 있음을 알 수 있다.

제2절 전자정부의 개념과 이해

1. 전자정부의 개념적 출발과 발전

전자정부(electronic government)라는 용어는 e-government, digital government, government online, cyber government 등 다양한 용어로 혼용되지만 개념적으로는 유사하게 사용되고 있다. 미국의 NPR(1993) 보고서에서 단편적으로 언급되기 시작한 이래 전자정부의 개념은 점차적으로 정보통신기술과 행정과의 관계를 구체화화는 개념으로 변화하게 된다. 미국에서 처음으로 등장한 전자정부의 개념은 명확한 개념적 정의 없이 사용되어 왔다. 처음 이 용어는 은행이 고객에게 좀더 편리한 서비스를 제공하기 위해 개발한 전자은행 서비스(electronic banking)의 개념에서 출발했다. 전자은행에서 보여 준 ATM, 신용카드 및 전국적인 은행 네트워크가 결국 은행 업무를 효율적으로 만든 것처럼 전자정부도 정부와 의사소통하는 것을 좀더 쉽고 빠르게 해 줄 것이라는 기대에서 출발했다. 이후 전자정부는 정부가 정부의 고객인 국민들에게 더욱 편리한 정부 서비스를 제공해야 한다는 차원에서 오늘날 우리들이 이해하고 있는

4) CCTA는 2001년 4월 조달청(Office of Government Commerce: OGC)으로 통합되었다. OGC는 재무부 산하 독립기구로 전자정부 추진정책의 일환으로 정부 조달 e-비즈니스화를 효과적으로 달성하기 위해 조달 업무와 정보기술 구매 업무를 전담하도록 2000년 4월 신설되었다.

전자정부의 개념으로 변화했다.

이와같이 전자정부는 기술과 행정환경에 따라 변화했기 때문에 구체적으로 무엇을 의미하는지에 대해서는 학술적으로나 실무적으로 명확하게 정의를 가지고 사용되어 온 것은 아니었다. 우리 나라의 경우는 전자정부를 정책적으로 추진하는 과정에서 추진 목적이나 이념을 전제로 개념화하여 사용해 왔다(행정자치부, 1998).[5] 그 결과 전자정부의 개념은 학자나 실무자들마다 다르게 정의되고 있다.

미국 전자정부의 모토(motto)

미국의 전자정부는 시민과 기업의 생활 속에 스며들어 문제 해결과 가치 창출에 기여하고 있다. 가족과 주말 여행을 준비중인 A씨(40. 교사. 워싱턴DC)는 여행 정보를 얻기 위해 미국 연방 전자정부 사이트(www.firstgov.gov)에 접속했다. 버지니아 주에 캠핑을 가기로 결정하고 사이트의 레크리에이션 코너에 들어가 버지니아 주를 클릭한 뒤 관심 사항인 캠핑과 수상 스포츠를 선택했다. 모니터에는 버크레이크 파크 등을 포함한 14개 장소, 캠핑 장소에 대한 소개와 그곳에서 가능한 레크리에이션은 물론 현지 기상, 지도 등 다양한 여행 정보가 제공되었다. 이는 여행사, 지리정보업체 등 다양한 여행, 레저 업체들이 전자정부 사이트와 연계되어 여행 콘텐트를 제공함으로써 가능해진 서비스이다. 이처럼 정부 부문과 민간부문의 제휴로 '시민이 사용하기 편리한 원스톱 서비스'란 시너지 효과를 내고 있다. 여행사에 문의하지 않아도 전자정부 사이트에서 필요한 여행 정보를 얻을 수 있기에 정부 서비스가 국민 곁에 가까이 온 느낌을 준다. 그뿐만 아니라 미 연방 우체국은 이사한 주민이 전자정부 웹 사이트에서 주소 변경을 신청하면 관련 부처에 자동적으로 통보되는 서비스를 제공하고 있다. 따라서 한번의 주소 변경으로 이후 받게 되는 모든 세금 고지서에는 변경된 주소가 찍혀 나오게 된다. 물론 해당 사이트에서 이사 업체 정보까지 얻을 수 있다. 정부가 이사 업체들과 제휴하여 국민에게 편리한 원스톱 서비스를 제공하고 있기에 가능해졌다.

이렇듯 시민과 기업이 편리하게 행정 서비스에 접근할 수 있도록 하자는 것이 바로 미국 전자정부의 모토이다.

---

5) 구체적으로 정보화촉진기본법(1995)에 의거, 1996년에 수립한 '정보화촉진 기본계획'을 통해 전자정부가 본격적으로 논의되기 시작했다. '정보화촉진기본계획'의 구체적인 사업으로 '정보화 촉진 10대 중점 과제'가 선정되었고, 10대 과제 중 하나로 '작고 효율적인 전자정부의 구현'이 제시되었다. 그리고 김대중 정부에서는 '50대 국정 과제의 하나로 전자정부의 구현'이 채택되어 오늘에 이르고 있다.

그러나 점차 정보통신기술이 정부 활동의 필수적 기반으로 인식되고, 21세기를 대비해 정부는 효율적이고 고객 응답적인 과정을 통해 시민들에게 행정정보 및 서비스를 좀더 폭넓고, 적시에 제공할 수 있어야 한다는 측면에서 가장 적합한 대안으로 전자정부가 이해되기 시작했다. 이러한 관점에서 볼 때, 전자정부는 새로운 행정환경의 대두와 정보통신기술의 발전에 따른 정부의 모습으로 볼 수 있다. 이러한 전자정부의 개념들은 미국뿐만 아니라 전 세계적으로 급속하게 확산되어 나갔다.[6] 또한 2001년 이후 전 세계적으로 비교 관점에서 전자정부를 다룬 보고서들이 많이 발간되었다.

전자정부의 개념은 지금까지 상당한 변화를 경험하고 있다. 초기에는 전자정부를 전자상거래 분야의 발전과 밀접한 관련이 있는 기술 문제로서 인식했지만, 인터넷의 급속한 발전과 사이버 스페이스에서의 상호 작용성에 대한 가능성이 확인되면서 점차 전자적 행정 서비스의 제공과 전자적 민주주의에 대한 관심에 이르기까지 다양한 분야와 영역에 관심을 갖게 되었다. 즉, 인터넷을 통한 여러 형태의 업무 처리의 가능성은 온라인 서비스 및 전자 조달의 활성화에 기여하게 되었으며, 더 나아가 토론, 포럼 형태 등을 통한 시민의 민주적 심의 과정에 참여 가능성이 확대되면서 전자정부에 대한 관심 영역이 급속하게 확대되었으며, 이에 대한 연구도 활발해지고 있다.

2. 전자정부 개념의 이해: 초점(focus)과 대상(locus)

이제 전자정부는 정보통신기술을 활용해 정책 결정 과정의 합리성을 제고하며, 국민 위주의 정부를 구현하기 위해 도입된 것으로 이해되고 있다. 기술적인 차원에서 볼 때 전자정부는 대부분의 행정 업무가 온라인 정보통신기술에 의존해 수행되는 정부를 의미한다. 따라서 전자정부는 공통의 정보통신 기반을 매개로 국민과 정부 간의 의사소통이 더욱 용이하고 신속하며 네트워크로 연결된 각종 행정 서비스가 언제, 어디서나 가장 적절한 방법으로 제공될 수 있는 정부로 이해된다. 특히 온라인 정보통신기술의 혁신은 그것이 가지는 쌍방향성으로

6) 영국의 Government.direc(1996), 호주의 Clients First(1995), 캐나다의 Blueprint for Renewing Government Services Using Information Technology(1994), 한국의 정보화촉진 기본계획(1996), 네덜란드의 Public Encounter 2000(1998) 등으로 확산, 발전되어 갔다.

[그림 1-1] 전자정부의 구현과 내용

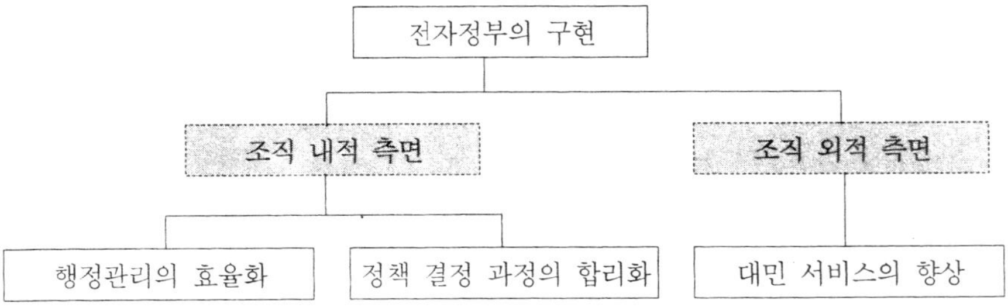

인해 컴퓨터 네트워크가 일방적인 정보 제공 기능뿐만 아니라 정보 교환과 정보 처리 기능도 갖게 된다. 따라서 전자정부는 정부의 고객인 일반 국민과 기업에게 제공하는 각종 서비스를 전달할 때 정보통신기술을 적용하여 한편에서는 서비스를 확대하고 서비스의 질을 향상시키는 것과 다른 한편으로는 정부의 행정 업무의 효율성 및 효과성을 추구해 가는 것으로 이해된다. 이러한 두 가지 측면은 정부조직의 내외적인 측면에서 구분해 이해할 수 있다.

첫째, 정부조직 내적인 측면에서 행정관리의 효율화라는 차원과 정책 결정의 합리화라는 차원으로 구분할 수 있다. 행정관리의 효율화를 위한 차원은 정보통신기술의 활용을 통한 정보관리를 실현하여 행정관리의 효율화를 이루는 것이며, 정책 결정 과정의 합리화는 정책 결정 과정에 유용한 정보를 체계적으로 지원해 줌으로써 정책결정자가 합리적으로 정책을 결정할 수 있도록 하는 데 있다. 우선 정부조직 차원에서 행정관리를 효율적으로 시행하고 이를 통해 생산된 정보를 효과적으로 정책 결정에 지원하여 활용할 수 있도록 하는 것이 중요하다.

둘째, 이러한 정부조직의 내적인 조건이 만족될 경우 다양한 행정 수요에 대응할 수 있는 조직 외적인 대국민 서비스의 향상으로 연결될 수 있다. 따라서 전자정부의 구현은 이러한 단계를 종합적으로 실현 가능하게 할 수 있는 정부를 의미하는 것으로 이해할 수 있다(한국전산원, 1996b: 13-44).

이러한 입장에서 볼 때, 전자정부의 실현은 정보통신기술을 활용한 행정의 변화를 전제로 정보화사회에서 요구되는 새로운 행정의 모습을 상징적으로 표현하고 있는 것으로 이해할 수 있으며, 좀더 구체적으로는 정부는 정보의 공급자로서 조직 내적인 정보의 관리 차원과 조직 외적인 사용자 중심의 서비스 목적의 차원을 종합적으로 고려하는 것으로 이해된다.

조직의 내외적인 측면을 구체적으로 살펴보면, 대민 서비스의 경우 고객은 크게 일반 국민, 기업, 그리고 공공기관으로 세분할 수 있다. 이러한 대민 서비스는 front-office 개념으로 설명되며, 전자정부의 구현을 통해 국민들에게 서비스의 질적인 차이를 느끼게 할 수 있는 부분이다. 그러나 이러한 대민 서비스의 향상된 모습은 조직 내적인 측면에서의 변화를 전제로 할 때 가능하며, 이러한 조직 내적인 측면은 크게 인력 제도 부문, 업무 과정 부문, 그리고 정보통신기술 부문으로 나누어 이해할 수 있다(이 책 224쪽, [그림 8-3] 참조).

따라서 전자정부의 추진은 정보사회에서 행정의 변화를 전제로 하기 때문에 단순히 각 행정기관이 최신의 정보통신기술을 도입하는 것을 의미하지는 않는다. 결국 행정 내부적으로 효율적인 관리와 고객 지향적인 행정 서비스를 제공하는 것은 정보사회에서 행정이 필연적으로 수행해야 하는 중요한 역할이 되고 있으며, 이를 가능하게 하기 위한 행정의 주도적인 역할은 향후 전자정부를 통해 행정이 해야 할 중요한 과제가 된다.

전자정부는 이와같이 새로운 행정환경의 변화에 따라 국가행정의 패러다임이 전환하는 시점에서 중요한 의미를 갖는다. 선진국을 중심으로 시작된 행정개혁 또는 정부 혁신이 정보통신기술의 접목을 통한 활용을 강조하면서 공공부문에서의 경영관리기법이 강조되고 이와 함께 다양한 정보통신기술의 응용이 행정 업무를 수행할 때 필수적인 수단으로 받아들여지게 되면서 '전자정부'에 대한 관심은 자연스러운 하나의 목표 지향점이 되고 있다. 이에 따라 기존의 행정에 대한 이해는 물론 달라진 행정환경과 행정 현상, 그리고 이에 대처하기 위한 행정의 효율적인 관리, 합리적인 정책 결정, 더 나아가 효과적이며 효율적인 행정 서비스의 제공은 행정 패러다임에 대한 전환을 시사하고 있다.

세계화 속에서 생존하기 위한 필연적인 전략으로서 국가정보화를 주도하는 우리 나라 정부 또한 1990년대에 들어와서 국가 전략의 핵심을 정보화에 두고 국가기간전산망사업을 포함한 광범위한 시책과 과감한 경쟁 체제의 도입, 기술개발의 성공으로 선진국에 이어 성공적인 정보화를 위해 노력하고 있을 뿐만 아니라 정부는 현재의 상황이 국가적으로 총체적 위기라는 절박한 인식하에서 정부 혁신을 통해 전반적인 행정의 변화를 도모하고 있으며, 정부의 생산성을 향상시키기 위한 구체적인 방안으로 작고 효율적인 기업형 정부를 추구하면서 국가의 관리 역시 민간 기업의 경영 방안을 도입하여 효율적인 행정관리는 물론 이를 통한 대국민 서비스의 극적인 향상을 가져오고자 한 바 있다.

선진국의 사례에서 찾아볼 수 있듯이 정보사회에 필요한 전자정부는 정보통신기술을 활용함으로써 좀더 효율적인 행정관리와 질 높은 행정 서비스를 제공할 수 있는 시스템을 구축하는 것으로 결국 정부 혁신의 모든 노력은 전자정부의 실현을 위한 프로그램으로 이해할 수 있어야 한다. 그러나 우리 나라에서는 이러한 정부 혁신과 전자정부의 추진은 상호 연계되어 추진되기보다는 독립적인 차원에서 진행되어 왔으며, 특히 전자정부를 추진할 때에는 개별 사업 중심으로 전자적 서비스의 제공에 초점을 두어 진행되어 왔다.

물론 지금까지 정부가 추진한 다양한 정보화사업이 상당한 성과를 거두고 있으며, 정부의 정보화 수준 또한 급격하게 향상되었음은 부인할 수 없지만, 전자정부의 구성 요소를 고려해 보면 이제는 우리가 추진해 왔던 전자정부의 실현을 위한 정부의 노력이 어디에 초점을 두어 왔으며, 향후 어디로 가야 하는지 그 위치 및 방향성을 짚어볼 수 있어야 할 것이다.

우선 전자정부를 추진할 때 고려해야 할 구성 요소는 크게 전자민주주의(e-democracy), 전자적 행정 서비스(e-service), 전자상거래(e-commerce), 그리고 전자적 행정관리(e-management)로 구분해 볼 수 있다. 이들 구성 요소 간에

[그림 1-2] 전자정부의 구성 요소 및 변화 방향

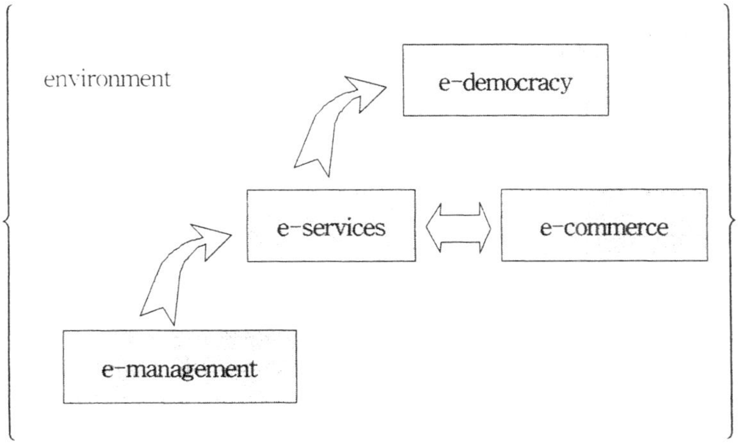

는 변화의 방향이 존재한다. 즉, 궁극적으로 전자정부의 구현을 통해 지향하는 방향은 정보통신기술의 접목에 의한 전자정부의 실현을 통한 전자민주주의의 구현이며, 이를 위한 전자적 행정 서비스의 제공과 향후 정부와 기업 간 혹은 정부와 개인 간의 거래가 더욱 전자화할 것이라는 점에서 논의되고 있는 전자상거래, 그리고 이러한 서비스가 가능하게 하는 전자적 행정관리로 구분된다 (서진완, 2001).

현재 우리 나라에서 전자정부의 논의에 중심이 되고 있는 부분은 전자적 행정 서비스의 제공으로 시간과 장소에 제약을 받지 않고 모든 국민들에게 보편적인 수준의 서비스를 전자적 방식으로 제공하는 것을 지향하고 있다. 과거에 비해 더욱 고객 지향적이며 서비스를 공급하는 입장에서 이제는 국민의 관점에서 서비스의 제공이 이루어지는 것을 말한다. 이와 같은 전자적 행정 서비스는 전자적 행정 서비스의 제공 단계에 따라 정보 제공과 쌍방향 의사 전달에서 전자적 거래가 발생하는 부분을 포함하는 전자상거래로 발전된다. 정부와 기업 혹은 정부와 민간 간의 관계에서 전자적 거래의 필요성이 대두되고 있으며, 정부가 제공하는 서비스에 대한 수수료와 세금 등의 납부를 전자적으로 가능하게 하는 것이다. 특히 정부 조달 부문에서 현재 전자정부의 상거래가 가장 활성화될 수 있을 것으로 기대된다.

이와같이 전자적 서비스가 활성화되면 궁극적으로 전자민주주의로의 구현이 가능해지며, 산업사회에서 내재되었던 직접민주주의의 현실적 제약이 인터넷의 확산으로 극복되고 정부가 더 이상 많은 비용을 수반하지 않더라도 국민이 직접 참여해 자신의 의견을 개진할 수 있을 뿐만 아니라 정부 또한 국민들의 다양한 의견을 수렴할 수 있게 되어 결국 정보공동체의 형성을 통해 새로운 형태의 민주주의의 실현을 가능하게 한다.

그러나 무엇보다도 전자정부를 추진할 때 가장 핵심적인 요건은 바로 이와 같은 광의의 행정 서비스의 제공이 가능할 수 있게 하는 전자적 행정관리의 구축에 있다. 향후 정보사회에서 변화하는 환경에 대처한 정부의 역할은 바로 전자적 행정관리의 성공적인 추진에 있다. 이러한 측면에서 볼 때, 전자정부의 출발점은 바로 정부 운영 시스템의 변화에서 시작하며, 이것이 정부 혁신의 방향이 전자정부의 추진과 맥을 같이해야 한다는 논리적 근거인 것이다.

따라서 전자상거래를 포함하여 그 동안 구축된 전자적 행정 서비스를 효과적으로 지원하여 향후 전자민주주의의 실현을 가능하게 하도록 하는 부분을 행정 외부적인 측면이라고 한다면 궁극적으로 행정 내부적인 전자적 행정관리에 이제부터 더 많은 관심을 두어야 할 것이다. 이러한 관점에서 향후 전자정부의 구현을 위한 구체적인 추진 전략을 설정할 때도 조직 외적인 측면과 조직 내적인 측면의 전반적인 구도 속에 전자정부의 방향을 함께 고려하면서 전자정부 추진의 위치와 초점을 설정해야 할 것이다. 구체적으로 행정 서비스의 제공은 전자상거래를 포함하여 다양한 서비스 수혜 대상을 고려해 보편적인 서비스의 제공이 이루어져야 할 뿐만 아니라 고객 지향적인 서비스의 제공을 위해 국민, 기업, 그리고 공공기관을 모두 포함해 논의될 필요가 있다. 또한 새로운 행정 서비스의 제공 방식이 도입되어 활성화되는 것은 곧 정보사회의 변화에 능동적으로 정부가 적응하기 위한 필요성에 의한 것이며, 이를 위해서는 기존의 정부 운영 시스템에서 전반적인 재검토를 필요로 한다. 결국 전자정부의 실현은 무엇보다도 행정 내부의 효율적인 관리에서 출발해 이를 통한 대국민 서비스의 향상을 가져다 줄 수 있다는 사실을 재인식할 필요가 있다.

요 약

오늘날 정보통신의 발전으로 시간과 공간의 제약 없이 정보의 교환이 가능해짐에 따라 종래의 행정 기능 및 행정 업무 처리 방식의 근본적인 변화가 요구된다. 정부의 입장에서 점차 다양해지고 증가하는 행정 수요와 이에 따른 재정적 한계로 인한 불균형 관계를 극복하고 더 나은 행정 서비스의 효율적인 생산과 공급이라는 측면에서 최근 모든 국가들은 국가전략의 핵심을 정보화에 두고 다양한 정보화사업을 위한 정책을 추진하고 있다. 정보사회에 필요한 전자정부는 정보통신기술을 활용하여 정책 결정 과정의 합리성을 제고하며, 국민 위주의 정부를 구현하기 위해 도입된 것으로 정부의 고객인 국민과 기업에 양질의 서비스를 제공할 수 있는 가장 실천적인 수단이며, 동시에 '작지만 효율적인 정부'를 통해 정부의 생산성과 효율성 제고에도 필수적인 역할을 하는 것으로 이해되고 있다. 이러한 관점에서 전자정부의 구현은 행정관리를 효율적으로 추진하면서 행정 서비스를 향상시키고자 하는 정부 혁신의 구체적인 수단적 의미를 갖는다.

연구 문제

1. 왜 전자정부가 필요한가?
2. 전자정부와 정부 혁신은 어떤 관계가 있는가?
3. 전자정부의 개념은 무엇인가?
4. 전자정부의 구성 요소는 무엇인가?

제 2 장

전자정부의 행정 이념

제 1 절　전자정부의 행정 이념을 둘러싼 쟁점

1996년 이후부터 전자정부 구현을 위한 대규모 사업이 추진되어 제1기 전자정부 기간이 완료되고 2003년부터 제2기 전자정부 사업이 시작된 현시점에서 전자정부의 행정 이념 문제를 거론하는 것은 선후가 전도된 느낌을 받는다. 본질적으로 또한 전자정부가 의미하는 바에 대해 다양한 이해들이 때로는 갈등 양상을 보이면서 존재하는 현실에서, 더욱이 전자정부가 현재 구축되었는지에 대해 단정할 수 없는 상황 속에서, 전자정부의 행정 이념을 언급하는 것은 부적합할 수도 있다. 다만 그 동안 전자정부의 구축을 위해 막대한 자금이 투여되었음에도 그 작동이 원활하지 않고 일반 국민들이나 공무원들에게 불충분하게 인지되어 활용되고 있지 못한 현실에서 전자정부 구현 노력의 내실화를 위한 논의의 출발로서 전자정부의 행정 이념을 둘러싼 쟁점을 살펴보고자 한다.

여기서 던지고자 하는 바는 행정 이념에 대한 일반론적인 논의가 아니라, 전자정부라는 맥락에서 행정 이념에 대한 근본적인 질문이다. 행정 이념이란 그 대상이 되는 행정을 수행하고 달성하는 데 도움을 주는 수단에 따라 달리 설정되는 것인가? 과연 '전자정부(e-government)'에서의 행정 이념이 오프라인을 주로 하는 기존의 정부 또는 '전자정부 이전 정부(pre-e-government)'에서의 행정 이념과 다른가? 다르다면 무엇이 다른가? 만약 전자정부에서 행정 실제가 기존의 행정 이념과 일치하지 않는다면 전자정부에 고유한 행정 이념을 밝히는 작업이 필요하다. 만약 기존의 정부에 대해 주장되어 왔던 행정 이념과 행정의 실제 자체 간에 동질성이 유지된다면 전자정부의 '전혀 새로운' 행정 이념을 별도로 찾으려고 고민하는 것은 불필요하거나 적어도 큰 실익을 가질 수 없을지도 모른다.

전자정부의 행정 이념에 관한 논의의 출발은 정부 그 자체에 관한 논의이다. 전자정부가 되면 정부의 존재 이유와 방식이 근본적으로 변화할 것인가? 전자정부와 전자정부 이전 정부는 다른가? 다르다면 무엇이 얼마만큼 왜 다른가? 어디서 전자정부 이전 정부가 끝나고, 어디서 전자정부가 시작되는가? 전자정부의 행정 이념을 다루기 위해서는 전자정부와 비전자정부(non-egovernment)에 대한 이와 같은 전제적 물음에 대한 명확한 답이 필요하다. 또한 이에 대한 답을 얻기 위해서는 전자정부 이전 정부에 대한 경험와 비교할 수 있을 만큼의 전자정부에 대한 경험적 증거가 요구된다. 현재 이 문제를 엄밀히 분석하는 데 필요 충분한 정보를 획득하기란 불가능하다. 여기서는 직접 또는 간접적으로 전자정부의 성격을 묘사하기 위해 언급된 행정의 수단적 가치로서의 행정 이념에 관한 논의를 통해 전자정부와 전자정부 이전 정부의 차이를 되짚어 보고자 시도할 것이다.

행정 이념에 관한 논의는 1980년대 이후 행정학 관련 학술지 등에서는 거의 발견되지 않고 있다. 다만 행정학의 원론서에서 하나의 장으로 다루고 있을 따름이다. 비록 저자들에 따라 행정 이념으로 기술하는 내용에 차이가 있을 뿐 거의 공통적인 행정 이념 유형들이 제시되고 있다. 이는 어떤 의미에서는 행정 이념이 행정의 실제를 충분히 반영하는 것으로 해석될 수 있을 것이다. 이러한 상황하에서 전자정부와 연계해 행정 이념에 관한 논의가 새로이 부활하고 있으나, 지금까지 전자정부의 행정 이념 그 자체에 관한 논의는 수적으로 보더라도 소수에 불과하다.

제 2 절 전자정부의 이념적 쟁점의 이해를 위한 정의적 고민: 관점과 정의의 변화

전자정부의 행정 이념에 대한 논의를 위해서는 우선 전자정부에 대한 관점과 이에 따른 정의의 변화를 이해할 필요가 있다.

1. 전자정부를 보는 관점에서의 변화

전자정부 개념이 처음으로 등장한 1990년대 중반부터 전자정부의 구현을 위한 노력들이 진행되면서 현재 전자정부의 비전이 포화 상태로 접어들고 있다. 전자정부 비전의 포화 상태는 두 가지 측면에서 찾아볼 수 있다. 하나는 거의 대부분의 국가들이 전자정부의 구현을 국가적으로 중요한 과제로 설정하고 있고, 이의 구현을 위해 매우 유사한 비전을 제시하고 있다는 점이다. 선진국은 물론 라오스, 베트남, 캄보디아 등과 같은 개발도상국, 심지어는 저개발 국가에서도 전자정부의 구현에 주된 정책적 관심을 기울이고 있다.

다른 하나는 전자정부 구현을 위해 각국이 표방한 비전에서 내용상, 성격상의 변화이다. 1990년대 중반 전자정부에 대한 관심이 태동했을 때만 해도 전자정부의 비전은 정부정보를 국가적 주된 자원으로 파악하고 행정 업무의 개선, 그리고 정보통신기술 관련 또는 전체 산업의 육성 및 발전을 주된 내용으로 했다(황성돈 · 정충식 · 최영훈 · 명승환, 1997: 102). 각국의 전자정부 구현을 위한 경험이 축적되고 2000년대 초반을 지나면서 각국의 전자정부 정책의 비전으로 '선도적 전자정부' '초일류의 전자정부' 구현이라는 표현들이 제시되기 시작했다. 예컨대 한국의 경우 제2기 전자정부 정책 기간의 비전으로 '세계 최고 수준의 열린 전자정부 구현'(행정자치부, 2005: 39), 싱가포르의 경우 '디지털 경제 시대에 국민에게 잘 봉사하는 선도적 전자정부,' 영국의 경우 '지식사회에서의 선도 국가' 등이 제시되고 있다. 이러한 표현상의 변화는 단순한 구호의 변화 또는 은유적 기교일 수도 있으나, 다른 한편에서는 그만큼 각국에서 전자정부 구현을 위한 제도적 · 행태적 · 문화적 기반의 확충이 이루어져 전자정부를 정부의 통합적 실체로서 받아들여 운영하고 있다는 증표이기도 하다.

이와 같은 상황에서 현재까지 전자정부를 보는 관점에 두 가지의 의미 있는 변화가 감지되고 있다. 첫째는 전자정부의 '전자' 초점에서 전자정부의 '정부' 초점으로의 변화이다. 초기의 경우 학술적인 논의에서든 실무에서의 각종 문건에서든 전자정부는 '기술적' 현상으로 주로 간주되어 왔다. Milward & Snyder(1996)는 전자정부를 "시민들이 구조(즉 관료제)가 아닌 기술에 접속되는 네크워크화된 정부"로 정의하기도 했다. 한국의 경우 황성돈 · 정충식 · 최영훈 · 명승환(1997) 및 Hwang, Choi & Myeong(1999)은 전자정부 사업 담당 공무원들 사이에서 전자정부를 기술 중심적으로 연상하는 경향이 강하다는 증거를 제시했다. 정부의 네 차례에 걸친 정보화촉진 기본계획(정보통신부, 1996, 1999, 2002, 2007)에서도 전자정부, 모바일정부, 유비쿼터스정부 등 기술 중심적 사고를 쉽게 확인할 수 있다. 전자정부의 기술적 초점도 기술의 단순성(복잡성)에서 상이하다. 많은 경우 전자정부를 가능케 하는 정보통신기술에 대해 첨단 또는 복잡한 기술과 전자정부를 연상하는 경우가 일반적(황성돈 · 정충식 · 최영훈 · 명승환, 1997; Hwang, Choi & Myeong, 1999)이었지만, 전자정부의 기술은 단순 기술 및 복잡 기술 모두에 의해 가능함을 보여 주는 경우(Milward & Snyder, 1996)도 있었다.

둘째는 위와 연관된 것으로서 전자정부를 정부의 모든 문제에 대한 만병통치약에서 정부 목적 달성 또는 이를 위해 정부의 운영 방식을 변화시키기 위한 '하나의' 수단으로 보는 인식의 변화이다(Accenture, 2002). 전자정부를 만병통치약으로 보는 관점에서 전자정부는 기존의 정부와 다른 패러다임이라는 이분법적인 논의(Tapscott, 1995; Deliotte, 2001)들이 제시되었다. 전자정부를 '하나'의 수단으로 인식하는 경우 정보통신기술의 위상을 어떻게 정할 것인가가 필연적인 쟁점으로 부상한다. 정부의 운영 방식의 변화에서 정보통신기술에 대해 사실상의 언급을 하지 않는 경우(Linden, 1994)가 있는가 하면, 비록 조직 차원의 논의이지만 정보통신기술을 아키텍처의 한 구성 요소 중 하나로 보는 경우(Tushman, 2001)도 있다.

더 나아가 전자정부에 대한 별도의 논의가 필요한지, 전자정부란 실체가 있는 것인지 등에 대한 의문점이 제기되기도 한다. 전자정부에서 중요한 것이 '정부'이고 전자정부가 이 '정부'의 운영 방식을 변화시키기 위한 하나의 '수단'이라면, 과연 전자정부라는 용어가 현상에 대한 적합한 표현인지에 대한 의문이 제기될 수도 있다. 이러한 개념적 회의론의 핵심은 전자정부를 단순히 정보통신기술을 행정에 적용하는 것으로 본다. 전자정부를 정보통신기술의 행정에의 적용이라고 개념화한다면, 과연 정보통신기술 이전의 기술을 행정에 적용했던 정부와 전자정부가 개념적으로나 실제적으로 현격한 차이를 보일 것인지에 대한 회의적인 입장도 충분히 개연성이 있을 것이다. 이러한 점에서 보면 전자정부에 대한 관점들은 그 폭이 매우 넓다고 볼 수 있다. 일례로, 황성돈 · 권기헌 · 명승환(1999)은 전자정부를 '누구를 위한 전자정부인지' 그리고 '무엇을 위한 전자정부인지'에 따라 기술관료적 정부(유형 1), 효율적 대민 서비스 정부

(유형 2), 감시형 정부(유형 3), 일반인에게 투명한 정부(유형 4), 전제적 정부(유형 5), 민주적 정부(유형 6) 등으로 유형화하여 전자정부에 대한 다양한 관점이 존재할 수 있음을 시사한다.

Perris(2001: 19-20)는 전자적 거버넌스의 맥락에서 정보통신기술의 정책 결정에 대한 의의를 네 가지의 상이한 각도에서 바라볼 수 있음을 제시하고 있다. 낙관론인 합리화이론(rationalization)은 정보통신기술의 이용은 거버넌스 역량의 일대 혁신 및 적어도 의사 결정의 합리성을 증진시킨다고 믿는다. 다만 이를 위한 유일한 대가는 초기 투자 비용 및 다소간의 운영 비용일 뿐이다. 정보통신기술의 생명주기에 걸쳐서 초기 투자 비용을 변제하고도 남는 편익이 생긴다. 왜냐 하면 정보통신기술의 도입으로 정보의 획득, 배열, 코딩, 편제, 선별, 관리, 이용 비용이 점차적으로 감소될 것이기 때문이다. 합리화이론의 근거 이론은 전통적인 사이버네틱이론이다. 사이버네틱이론은 환류와 이탈 과정을 통해 정보는 불확실성을 감소시키고 엔트로피를 낮추며 통제력을 높인다(즉 변이를 줄인다)고 주장한다. 일반적으로 말해서 정보가 많아질수록 통제력도 높아진다고 본다. 신중론(rationalization at a price)은 의사 결정시에 통제력 증대, 질적 수준 향상 및 합리성 증진의 가능성은 인정하지만, 이러한 정보통신기술의 편익은 대가를 요구한다고 본다. 즉 다음과 같은 대가가 너무 크지 않도록 보완 장치가 필요하다고 보고 있다－개인의 자유 및 프라이버시, 정부 결정에 대한 민주 통제, 공무원의 Inforcracy 또는 기업의 독과점에 대한 정치적 통제, 의사 결정에서 계량화 곤란한 척도의 경시, 장기적으로는 인간 가치(Weber의 iron cage of rationality) 등. 이런 부류 이론 중 가장 극단적인 것은 지배 순응(governmentality) 이론가들로서, 이들은 전자적 거버넌스 도구를 포함해, 정부 기술 및 합리성들은 주민에 대한 지식과 정보의 증대를 통해 점점 더 시민 생활에 침투해 들어가며, 그러한 기술의 활용은 시민들을 좀더 온순한 대상으로 만드는 사회화를 뒷받침했다고 주장한다.

잡음이론(noise, fragmentation, and the erosion of reason)은 전자적 거버넌스는 대체로 합리성을 침식할 것이라고 생각한다. 이 입장은 전자적 거버넌스의 문제점으로 정책분석에 대한 과도한 요구 및 이에 따른 행동의 지연(즉, 분석에 의한 파행), 정책자문 산업의 과대 평가, 정보 부하 문제, 양적・가시적 요소나 정보에 대한 집착으로 인한 비가시적・질적 암묵적 요소의 관리 능력 결여, 판단의 구축(crowding out) 등을 지적한다. 이 견해는 정보는 통제라는 사이버네틱스적 생각을 완전 부정하고, 정보를 잡음으로 본다.

토템적 상징론(totem, fetish arena, foil)은 정보통신기술이 의사 결정에 대한 기술적 혹은 정치적 합리성에 미치는 근본적이고 독립적인 영향을 부인한다. 거버넌스의 연속성이나 변화는 사회적·정치적으로 추진되며, 기술은 수단에 불과하다고 본다. 즉 전자적 거버넌스는 사회적 압력에 부응하여 기술에 체화 또는 내재된 사회조직을 만든다. 즉, 전자적 거버넌스의 행사에서 기술의 구체화에 중요한 것은 정책결정자들이 자신의 결정을 정당화하기 위해 수행하는 의식(ritual)이다. 따라서 정보는 통제도 잡음도 아닌, 토템일 뿐이다. 그것도 모든 사회의 결속이 정책결정자들의 집합적 의사 결정과 판단의 상징이나 의식에 의존한다는 점에서, 기술에 의해 변화가 있다면 그것은 기술에 의한 것이 아니라 오히려 인간이 기술을 '의식(儀式), 도구, 대상'으로 사용하여 어떤 연대성을 개발·제도화하려는 것이다.

2. 전자정부에 관한 개념적 정의의 유형

지금까지의 전자정부에 관한 정의는 세 가지 유형으로 나누어 볼 수 있다(Faya, 2001). 제1 유형의 전자정부 개념은 전자상거래 관점에서 접근한 것으로서, 전자정부는 "정보통신기술을 이용하여 시민에 대한 정부 서비스 전달 방식을 변경"하는 것으로 이해되고 있다. 전자정부를 전자적 수단을 이용해 공공서비스를 전달하는 것으로 보는 개념적 정의는 전자정부의 뿌리를 e-banking에 두는 널리 사용되고 있는 정의이다. NPR(1993)은 e-banking에서 ATM, 플라스틱 카드, 전국적 네트워크 등을 통해 서비스 전달 방식의 변화가 이루어지듯이 전자정부도 정보통신기술을 이용하여 시민에 대한 서비스 전달 방식을 변경하는 것을 강조했다. 초고속정보통신기반연구반(1994)의 연구보고서는 "정부와 시민을 전자우편 및 전자민원 등으로 연결함으로써 신속하고 즉각적인 업무 처리와 신속한 반응을 통해 시민에 대한 봉사와 신속성을 극대화해 나가는 새로운 정부의 모습"으로 전자정부를 정의했다.

제2 유형의 전자정부 개념은 "모든 정부 업무를 좀더 효율화하기 위해 정보통신기술을 이용하는 방식"으로 정의하고 있다(Snider, 2001). 이러한 정의에 따르면 전자정부는 지능적 정부가 되며, 정부의 내부 부분들을 연결하여 좀더 잘 작동하도록 하기 위해 인터넷 기술을 사용하는 정부가 전자정부인 것이다

(Alcock & Lenihan, 2001).

제3 유형의 전자정부는 "공공 부문 제도들을 변형시키기 위해 전자적 수단 또는 정보통신기술을 이용하여 단순한 정부 서비스 전달 과정을 넘어선 어떤 것"으로 이해된다. 이러한 유형에 속하는 학자들(Harris, 2001; Hart & Teeter, 2000)은 전자정부를 정부 자체의 본질 – 즉 정부가 '무엇을 어떻게 왜' 하는지 – 을 변형시킬 진정한 시민혁명으로 간주하고 있다. 이 유형에 따르면, 전자정부는 정부 및 거버넌스의 새로운 모형, 즉 e-governance[1)]로서 정의된다. 이러한 유형에는 Gartner Group(2002)의 전자정부 개념인 "정부 서비스 전달, 국민 참여, 정부 내부 운영 등을 향상시키기 위해 넷 기반 운영 및 정보통신기술을 이용해 공공 부문의 대내외적 관계의 변화"는 물론, 정충식(1997), 김동욱(1996), 이윤식(1998) 등의 국내 학자들의 정의들이 이에 속한다. 이와 유사하면서도 맥락을 달리하는 정의로는 황성돈·권기헌·황승흠(1999), 황성돈·황승흠·명승환(2000) 등이 있다.

전자정부 구현을 위한 행정 업무 등의 전자화 촉진에 관한 법률(제2조)에서는 전자정부를 "정보기술을 활용하여 행정기관의 사무를 전자화함으로써 행정기관 상호간 또는 국민에 대한 행정 업무를 효율적으로 수행하는 정부"로 규정하고 있고, 미국 전자정부법(E-Government Act of 2002)(제3601조)에서는 전자정부는 "국민, 단체 및 기타 정부기관들에 대한 정부 정보 및 서비스의 접속 및 제공의 질 향상, 또는 효과, 효율성, 서비스질 또는 변혁 등 정부 업무의 개선을 도모할 목적으로 일정한 관련 절차를 거쳐 웹기반 인터넷 프로그램과 기타 정보기술을 이용하는 것"으로 정의되고 있다. Bertelsmann Foundation(2002)은 전자정부 개념에 행정 능률과 민주성/대응성을 결합하여, 전자정부는 전자적 서비스(electronic services)와 참여적 서비스(participatory services)를 통합한 정부로 정의하고 있다.

1) e-governance가 정부의 포괄적인 기능을 정의하는 개념, 철학, 주제에 관한 것이라면, e-government는 이러한 개념 및 철학을 현실화하는 정부 내의 구체적인 이니셔티브 및 실제에 관한 것이다(Riley, 2001).

제3절 전자정부의 행정 이념에 관한 기존 논의들

1. 행정 이념에 관한 몇 가지 논의의 개관

행정 이념이란 일반적으로 정부가 행정 업무를 수행할 때 준거해야 할 가치 기준으로 정의된다. 행정의 이념으로는 대체로 합법성, 민주성, 효과성, 능률성, 정치적 중립성, 책임성, 투명성 등이 다루어져 왔다. 그러나 행정 이념은 논자에 따라 매우 다양하게 제시되고 있다. 행정 이념을 두 개의 큰 범주로 재정리하는 학자(임성한, 1979; 김병찬, 1986), 행정의 본질에 따라 새로운 행정 이념군을 제시하는 학자(허범, 1988), 기타 국가이론에 따라 다양한 행정 이념을 제시하는 학자(하태수, 2002) 등 매우 다양하다.

임성한(1979)은 행정학 전통을 가치의 계층을 중심으로 재검토함으로써 행정 이념으로 제시되어 온 합법성, 민주성, 효과성, 능률성, 중립성을 통합해 목적 가치로서의 민주성(합법성 통합)과 수단 가치로서의 능률성(효과정, 중립성 통합)으로 양대분한다. 이러한 논리에 따라 행정 이념으로서의 양대 가치에 대한 비중에서 '민주성이 능률성과 같거나 커야 한다'(민주성≥능률성)는 원칙을 제시하고 있다.

기존에 다양하게 제시되어 온 행정 이념들이 상호 연계성을 갖지 못하고 있다는 판단하에, 하태수(2002)는 공익을 달성하기 위한 수단으로서 행정 이념을 국가론에 따른 관료제의 역할에 연계해 제시하고 있다. 이러한 논거에 따라 상이한 국가론에 공통적으로 적용되는 행정 이념(합법성, 효과성)이 있고 국가이론별로 강조되는 다양한 행정 이념을 도출했다.

허범(1988)은 민본행정의 당위성을 제시함과 아울러 민본행정을 수행하기 위해서는 관료 중심의 관치행정과는 다른 행정 이념의 필요성을 제기했다. 이에 따르면, 민본행정의 본질은 관·민 공동체성, 민본 효과 지향성, 정의성, 정책 수용성, 주관적 세계관 중시 등으로 규정되며, 이러한 민본행정의 본질을 충족시키기 위한 행정 이념으로 위민성, 인본성, 민주성, 대표성, 공정성을 제시하고 있다. 민본행정은 위민성을 기본 이념으로 하고, 인본성을 상위 이념으로 하며 민주성, 대표성 및 공정성이 하위 이념을 구성하고, 합법성·능률성·효과성 등의 관리 지향적 이념들이 위민성의 수단 이념으로 위치하는 민본행정의 '중층적 이념 구조'를 제시했다.

2. 전자정부의 행정 이념에 관한 기존의 논의

그렇다면 전자정부의 행정 이념은 전자정부를 전제로 하지 않은 상기의 행정 이념과 상이한가? 전자정부의 행정 이념에 관한 논의는 아직까지 명확하게 진행되지 않고 있으나, 기존의 논의는 크게 세 가지 유형으로 구분해 볼 수 있다. 하나는 정보사회에서의 정부의 역할에 초점을 맞추어 행정 이념을 제시하는 입장이며, 다른 하나는 기존의 행정 이념에 관한 논의의 토대에서 전자정부의 요소를 파악하려는 입장이고, 그리고 또 다른 하나는 전자정부에 부합하는 새로운 행정 이념을 개발하려는 입장이다.

먼저 정보사회에서 민주주의, 합리주의 및 민족주의가 중요하게 될 것이라는 점에서, 박영기(1990)는 정보사회의 행정 이념을 민주성, 합리성 그리고 자주성[2)]으로 구분한다. 민주성의 내용에 책임성, 대표성, 정치적 중립성, 사회적 형평성을, 합리성의 내용에 합법성, 경제성, 능률성, 효과성을 포함하고 있다. 박영기(1990: 766)에 따르면, 자주성은 행정의 주체와 대상에 관한 문제로서 행정의 당연한 전제이며, 민주성은 행정의 주체와 대상 간의 관계에 관한 추상적인 이념이며, 합리성은 행정 주체의 행위의 기준에 관한 문제로서 구체성이 강한 이념으로 보고 있다. 이 경우 일반적인 정보사회 행정 이념은 정보사회 이전의 행정 이념과 동일하다.

기존의 행정 이념의 토대에서 전자정부 요소를 파악하려는 입장(오철호, 2002; 윤상오, 2002)은 주로 전자정부 사업에 대한 평가의 목적으로 접근하고 있다. 이러한 입장들의 공통점은 전자정부의 행정 이념으로서 민주성과 효율성(능률성)을 강조하고 있다는 점이다. 오철호(2002)는 전자정부를 서로 대립되는 행정 이념(목표)을 동시에 달성하고자 정보통신기술을 이용하여 행정 과정을 재설계하려는 일종의 행정운동이라고 보고 민주성(투명성, 상호 작용성, 접근성)과 효율성을 강조한다. 이러한 논거를 보완해 전자정부의 성숙도 평가에 적용시킨 윤상오(2002)는 민주성을 front-office, 효율성을 back-office로 개념

2) 박영기(1990: 766)는 자주성을 "민족국가의 문제를 자주적으로 해결하려는 민족주의적 행정 이념"으로 정의한다.

화하고 각 행정 이념의 구성 요소별 전자정부 발전 단계별 하위 요소를 통해 구체화했다. 민주성은 고객 지향성(민원정보 제공, 민원 관련 상호 작용, 민원 거래), 공개성(참여정보 제공, 정보 공개, 시민 참여), 효율성은 전자행정(전산화, 전자문서화, 연계 통합화)와 지식행정(DB시스템 구축, 지식 생성·공유, 지식공동 활용)으로 개념화하여 측정했다.

정보통신기술이 발전함에 따라 전자정부가 지능화될 것으로 예측되기도 한다(김영삼·최영훈, 2001). 이러한 추이 속에서 전자정부를 더욱 진전시키는 특성화를 통해 지능형 또는 지능적 전자정부에 관한 논의가 전개되었다(최영훈, 2002; Choi, 2002). 한세억(2003)은 전자정부를 "행정의 문제 해결 능력과 가치 창출 능력을 향상시키기 위한 정보 시대의 정부"로 규정함으로써, 전자정부를 지능적 정부 또는 전자정부로 개념화하여, 지능적 전자정부의 이념으로서 창의성을 제시하고 있다. 그에 따르면, 창의력은 주변의 환경에 관해 민감한 관심을 보이는 민감성, 많은 양의 아이디어를 낼 수 있는 사고의 유연성, 주어진 문제에 대해 한 가지 방법에 집착하지 않고 다양한 접근 방법을 생각하는 융통성, 독특하고 참신한 아이디어를 내는 독창성을 포함하는데 여기서 독창성이 가장 중요하다고 보고 있다.

3. 전자정부를 둘러싼 쟁점들

기존의 문헌에서 전자정부의 행정 이념을 어떻게 바라보고 있는지 전자정부의 행정 이념을 이해하기 위해서는 이를 둘러싼 개념적 쟁점들에 대한 논의가 선행되어야 한다. 전자정부의 행정 이념에 대한 개념적 쟁점은 몇 가지 측면에서 살펴볼 수 있다.

하나는 전자정부의 행정 이념은 전자정부 이전의 행정 이념과 다른 것인가 여부이다. 다른 하나는 전자정부에 독특한 행정 이념이 존재하는가 여부이다. 또 다른 하나는 전자정부의 발전 단계별로 서로 다른 행정 이념이 존재 또는 지배하는가 여부이다.

전자정부의 행정 이념이 전자정부 이전의 행정 이념과 다른 것인가? 이는 전자정부의 실체에 대한 논의와 관련된다. 먼저 제기되는 질문은 전자정부와 전자정부 이전 정부는 본질적으로 다른 것인가이다. 전자정부에 대한 관념의 변화에서 보여지듯이 전자적 정부이든 비전자적 정부이든 정부의 존재 이유 및 목적 자체는 불변하다고 가정했을 때, 정부를 운영하는 수단의 선택에 차이가 있다고 한다면 과연 전자정부와 비전자정부 간에 차이가 있다고 할 수 있을지 논란의 대상이 될 수 있다. 전자정부와 비전자정부 간에 본질의 차이가 없다고 한다면 전자정부에 독특한 행정 이념의 존재를 찾을 수 있을 것이다.

전자정부에 독특한 행정 이념을 탐색하려는 노력은 분석의 목적상 크게 두 가지 부류로 나누어 볼 수 있다. 하나는 단일의 통합적인 행정 이념을 제시하려는 입장이고, 다른 하나는 기존의 행정 이념 간의 상호 작용성을 강조하는 입장이다. 단일의 통합적인 행정 이념을 제시하는 경우도 구체적인 행정 이념은 학자에 따라 지능성(최영훈, 2002; Choi, 2002)과 창의성(한세억, 2003) 등 다양하다. 이러한 부류의 입장에는 전자정부는 기존의 행정 이념을 종합적 또는 통합적으로 구현한다는 인식이 바탕에 깔려 있다. 또한 이러한 입장에는 종전의 행정 이념인 합법성, 민주성, 효과성, 능률성, 중립성, 투명성, 책임성, 윤리성 등등 모든 행정 이념이 한꺼번에 달성된다는 주장도 가능하다. 전자정부의 행정 이념에 대한 상호 작용적 관점은 기존의 행정 이념과 별개의 행정 이념을 제시하기보다는 기존의 행정 이념 간의 상호 작용을 강조한다. 예컨대 전통적으로 상충적인 관계로 논의되어 온 민주성과 능률성은 전자정부에서는 민주성이 능률적으로 달성되고, 또는 능률성이 민주적으로 달성되는 관계로 제시될 수 있다. 이 관점에 따르면, 이러한 상호 작용 관계는 일반 행정학 개론서에서 서로 간의 역관계로 제시된 모든 행정 이념들 사이에서 논리적으로 발견될 수 있을 것이라고 기대된다.

단계론은 Walt W. Rostow의 경제성장단계론이 발표된 이후 사회과학에서 크게 유행한 개념적 도구이다. Rostow(1960: 3)는 모든 사회를 경제적 측면에서 다섯 개 단계 중 하나에 속하는 것으로 분류할 수 있다고 주장했다. 전자정부와 관련하여 이러한 단계론은 제3장에서 알 수 있듯이 전자정부 컨설팅 회사들이 컨설팅 방법론으로 주로 사용된 것으로서, 최근에는 정책 실무에서는 물론 학술적인 논의에서도 보편화되어 활용되고 있다. 단계론 자체의 장점과 단점에 대해서는 1970년대 및 1980년대의 국내 경제 발전 문헌들에서 집중적으로 다루어져 왔다는 점에서 여기서는 구체적으로 논의하지는 않는다. 행정 이념을 단계론적으로 접근한 논의들은 국가 발전을 위한 체제 관리 역량에 대한 논의들에서 찾아볼 수 있다(한영환, 1988). 이러한 단계론적 행정 이념 설정의 방식은 행정학 개론서에서 흔히 볼 수 있는 '특정 시대에 지배적인 행정 이념이 존재한다'는 입장과 유사하다.

제 4 절 전자정부의 행정 이념으로서 지능성과 다양성

전자정부에 대한 관심이 증대되고 사업을 통해 전자정부의 구현이 진전되면서, 다양한 수사적 은유가 사용되었다. 행정전산화, 행정정보화, 전자정부(e-government), 모바일정부(m-government), 유비쿼터스정부(u-government) 등이 그것들이다. 특히 전자정부라는 표현이 사용되면서 기존의 Max Weber식 관료제에 대한 대체성, 즉 행정 개혁 또는 쇄신과 정보통신기술의 결합이 강조되면서 이러한 수사적 은유들은 학계나 실무계에서 일반화되어 있다. 수사적 은유의 선택은 정보통신기술의 응용물들이 한 조직 또는 정부에서 어떻게 학습되고 개발되는지에 영향을 줄 뿐 아니라(Mason, 1992: 464; Wozny, 1989), 조직이나 정부가 어떻게 구조화되고 행동해야 하는지에 대한 일반인의 기대에도 중대한 영향을 미친다.

전자정부를 둘러싼 수사적 은유의 변화에도 불구하고 전자정부에 대한 초점은 기술보다는 '정부' 본연의 의미에 주어지고 있다. 전자정부가 공익의 실현 또는 공공 문제의 해결을 근본으로 한다는 점에는 이견이 있을 수 없고, 다만 이를 달성하기 위한 수단적 가치에서 이전과는 다른 요소들이 강조되고 있을 뿐이다.

1. 전자정부의 행정 이념으로서 지능성의 이해

일반적으로 지능이란 용어는 여러 가지 문제를 해결할 수 있는 종합 능력(Klein, 1985: 403)으로 정의된다. 지능은 구술 능력, 수리 능력, 인지 능력 등과 같은 구체적인 능력과는 구분된다. 지능을 종합적인 문제 해결 능력으로 보았을 때, 전자정부는 정보통신기술을 이용하여 복잡한 공공 문제에 관한 '질 높은' 결정을 산출할 수 있는 정부가 되어야 한다. 허범(1987)에 따르면, '질 높은 결정'은 투입면에서는 규범적 타당성과 상황적 적실성을, 전환면에서는 민주성과 수용성을, 산출면에서는 최적성과 균형성을 확보할 수 있는 결정이다. 이를 위해서 정부는 복잡성 또는 다양성을 다룰 수 있는 능력을 지니고 있어야 하며, 따라서 지능은 이러한 복잡성 및 다양성 관리 능력과 본질적으로 연관되어 있다. Schwaninger(2000: 209)에 의하면, 지능적인 조직은 다음과 같은 능력을 지닌다. 상황 변화에 대한 적응 능력, 환경에 영향을 주고 환경을 구체화할 수 있는 능력, 필요하다면 환경을 새로이 재구성할 수 있는 능력, 그리고 좀더 광범위한 체제에 체화된 전제들의 지속성(sustainability)에 기여할 수 있는 능력 등이 그것이다.

2. 지능성의 구성 요소

1) 감성적 지능

지능에 대한 앞서의 정의를 통해 보았을 때, 지능의 기술적 정의는 구체적인 능력의 일종으로 볼 수 있다. 정부의 맥락에서 보면, '기술적으로 지능적인' 정부는 "가장 최신의 정보통신기술을 활용하는"(Marsden & Pingry, 1988: 19) 정부라고 정의할 수 있을 것이다. 지능적 정부에 대한 이 같은 관점이 가정하는 것은 정보통신기술의 주요 기능을 기계에 의한 인간의 대체(replacement)로 보는 것이다(Simon, 1997: 19). 즉 기계가 인간의 인지, 선택 및 조작 과정을 대체한다는 것이다. 따라서 조직의 지능은 컴퓨터, 네트워크 등과 같은 조직의 자본 저량(capital stock)이나 하드웨어에 상당 부분 체화된다(Marsden & Pingry, 1988: 19). 이러한 논리를 연장하면 이러한 하드웨어 등을 업무에 할당하는 것도 정보통신기술 소프트웨어에 의해 수행하게 된다.

전자정부의 맥락에서 기술적 지능의 중요성이 인정되지만, 한 가지 강조할 사항은 정부 또는 행정기관이 직면한 복잡성은 기술적인 성격의 것이라기보다는 사회적 또는 감성적인 경우가 많다. 예컨대 G2G, G2C, G2B, G2N 등의 관계를 관리하기 위해서 정부는 기술적 지능 이외에 관계성 관리 능력을 지녀야 한다. 이러한 관계성의 관리는 본질적으로 사회·감성적인 것이다. 대체로 문헌에서 사회·감성적 지능(socio-emotional intelligence)은 감정을 지각·표현하고, 감정을 사고 속으로 흡수하며 감성적으로 이해하고 추리하며 자신과 타인의 감정을 통제할 수 있는 능력으로 정의된다(Mayer, Salovey, & Caruso, 2000: 396). 이러한 감성적 지능을 강조하는 이유는 바로 감성적 지능에 토대한 학습된 능력이 업무 수행 성과를 높인다는 데 있다(Cherniss & Goleman,

2001). 결과적으로 사회・감성적 지능은 주로 관계성을 통해 나타나며, 이와 동시에 그것은 관계성의 질적 측면에 영향을 주고, 성과를 높이는 효과를 지닌다. 사회・감성적 지능이 전자정부의 맥락에서 갖는 의의는 시민들이 경험을 통해 정부에 대해 느끼고 있는 지식(experience knowledge)과 정부에 대한 이념상의 지식(knowledge of ideolgy) 간의 괴리(King & Stivers, 1998)를 축소하는 데 크게 기여할 수 있다는 점에 있다.

우리가 보통 지적인 측면의 지능을 의미하는 합리적 지능(rational intelligence)와 감성적 지능(emotional intelligence)은 상반되는 것인가? Goleman (2004)은 우리가 보통 말하는 지능(IQ)으로서의 합리적 지능과 감성적 지능은 상충되는 것들이 아니라 서로 별개의 것들이라고 주장한다. 이러한 주장을 바탕으로 하면 지능의 양 유형 간에 <표 2-1>과 같은 조합이 논리적으로 가능하다.

〈표 2-1〉 합리적 지능과 감성적 지능의 관계

		합리적 지능(rational intelligence)	
		낮음	**높음**
감성적 지능 (emotional intelligence)	**낮음**	I	Ⅳ
	높음	Ⅱ	Ⅲ

2) 다양성관리

다양성은 생산자 중심 사회에서 소비자 중심 사회로, 그리고 '벽 있는(stovepiped)' 정부에서 '벽 없는(seamless)' 정부로의 패러다임 변화를 특징짓는 중요한 개념이다(Linden, 1994: 11). 전자정부가 가져다 주는 희망은 상당 부분 전자정부가 다양성을 증대시킬 수 있다는 기대와 함께 복잡성을 관리할 수 있다는 기대에 의해 더욱 고조되어 온 것이 사실이다. 복잡성을 유발할 뿐 아니라 이를 통제할 수 있는 역량이 다양성관리(variety engineering)인 것이다(Beer, 1979). 즉 다양성관리란 복잡성을 축소 및 확장함으로써 상호 작용하는 행위자 또는 체제의 다양성의 균형을 확보할 수 있는 능력이다(Schwaninger, 2000: 211).

이 다양성관리 개념은 "다양성만이 다양성을 소화할 수 있다"(Ashby, 1956)는 아이디어에 근거를 두고 있다. 정부 내외의 다양성을 관리하기 위해서 정부는 필요한 다양성을 확보해야 한다. '필수적 다양성'의 중요성은 매우 다양한 학문 분야에서 논의되어 왔다. Van de Ven(1988)에 따르면, 필수적 다양성은 전체가 부분의 무의미한 합(合)과 같거나 그보다 못한 상황이 발생하는 경우를 회피하기 위해 필요하다. Pinchot & Pinchot(1996)은 지능적 조직으로서 제시되는 자유 내부 기업(intraprises)의 발생 원인을 바로 관료제가 다양성을 적절히 다루지 못한 데 돌리고 있다.

다양성관리란 반드시 구조적 다양성—예컨대, 오프라인 및 온라인 접근성—의 확보만을 의미하는 것은 아니다. 다양성관리에는 행태적 다양성의 확립이 매우 중요한 측면이 된다. 행태적 다양성이 확립되어야만 정부는 환경의 복잡성을 축소하고 정부가 대처할 수 있는 환경을 선별해 낼 수 있는 것이다(Schwaninger, 2000: 211). 여기서 지적할 점은 체제—조직, 정부 등—는 내외부에서 발생하는 문제의 총체(totality)에 직면하는 것이 아니라 '잔여적 다양성(residual variety)'에 직면한다. 여기서 잔여적 다양성이란 하위 체제에 의해 해결될 수 없는 문제를 말한다(Schwaninger, 2000: 211). 하위 체제가 문제를 자동으로 해결하기 위해서는 선택 또는 자유가 주어져야 하며, 이것이 이루어질 때 Pinchot & Pinchot(1996)이 말하는 기업 내의 기업가 정신(intrapreneurship)이 발휘될 수 있다.

White & Rice(2005: 13)는 기술이 다양성에 중요한 위협이 될 수 있다고 지적한다. 이러한 다양성의 손실을 피하기 위해 이들은 먼저 기술 자체의 다양성을 강조한다. 정보통신기술의 발달로 인해 정보 소외계층이 정부의 서비스에서 배제되는 결과가 발생할 수 있기 때문에, 이를 회피하기 위해서 정부는 '다양한 기술'을 활용해야 한다는 것이다. 여기서 다양한 기술에는 이용자 친화적인 기술, 사용료가 없는 기술 등이 포함되어야 한다고 이들은 주장한다. 둘째, 이들은 조직 내 인적 구성의 다양성을 강조한다. 정보통신기술의 인력 감축 효과, 좀더 구체적으로 말하자면 인력 대체 효과 또는 고용 억제 효과 등으로 인해 조직 내 사회경제적 지위별 인력 구성에서 불균형을 초래할 수 있다. 정부 조직 내 인적 구성의 불균형은 오히려 행정의 능률의 증진에 위해(危害)가 될 수 있다고 보고 있다. 이러한 주장은 기본적으로 Long(1952)이나 Mosher(1968) 등의 대표관료제에 대한 관념에 바탕을 두고 있다.

다양성은 또 다른 측면에서 전자정부의 새로운 얼굴로서 중요성이 발견된다. 학자들에 의해 종종 지적되듯이 행정은 해당 부처만의 노력에 의해 성취되는 것이 아니라 관련 부처나 기관들, 그리고 중앙정부와 지방정부 간의 매우 복잡한 관계 속에서 이루어질 뿐만 아니라 다양한 정부 이외의 행위자들, 기업, 비영리단체 등에 대한 의존도가 계속 증가하고 있다(Denhardt & Grubbs, 2003). 즉 공공 부문의 새로운 얼굴은 전통 행정이론에서 강조하던 조직 자체가 아니라 조직들의 네트워크이다(Milward & Snyder, 1996; Goldsmith & Eggers, 2004). Goldsmith & Eggers(2004: 19)는 이를 '네트워크에 의한 행정(governance by network)'으로 개념화하고 이러한 새로운 정부의 모습은 네 가지의 시대적 추세가 통합되어 나타난 결과로 보고 있다. 하나는 정부-민간 협력의 증대, 협력적 정부(joined-up government)의 강력한 네트워크 관리 능력, 네트워크를 연결하기 위한 기술의 이용, 행정 서비스 제공시에 시민에게 더 많은 선택 기회 부여 등이 그것들이다. 이들은 민관 협력의 정도와 네트워크 관리 능력의 정도라는 2개 변수를 사용하여 <표 2-2>와 같이 정부 모형을 제시하고 있다.

〈표 2-2〉 정부 모형

		네트워크 관리 능력	
		낮음	높음
관민 협력	높음	외주형 정부 (outsourced government)	네트워크 정부 (networked government)
	낮음	계층제적 정부 (hierarchical government)	협력적 정부 (joined-up government)

출처: Goldsmith & Eggers(2004: 20).

요 약

정부의 궁극적 목적의 실현을 위한 수단적 가치로서 전자정부의 행정 이념에 대한 이해는 전자정부에 대한 관점의 변화에 따라서 다르게 강조되어 왔다. 기존의 행정 이념에 대한 논의에서와 마찬가지로 전자정부의 행정 이념에 대한 논의도 다양한 갈래가 존재한다. 하나는 정보사회에서의 정부의 역할에 초점을 맞추어 행정 이념을 제시하는 입장이 있고, 다른 하나는 기존의 행정 이념에 관한 논의의 토대에서 전자정부의 요소를 파악하려는 입장이고, 그리고 전자정부에 부합하는 새로운 행정 이념을 개발하려는 입장이다. 기존의 문헌에서 전자정부의 행정 이념을 어떻게 바라보고 있든지 전자정부의 행정 이념을 이해하기 위해서는 이를 둘러싼 개념적 쟁점들에 대한 논의가 선행되어야 한다. 하나는 전자정부의 행정 이념은 전자정부 이전의 행정 이념과 다른 것인가? 다른 하나는 전자정부에 독특한 행정 이념이 존재하는가 여부이다. 또 다른 하나는 전자정부의 발전 단계별로 서로 다른 행정 이념이 존재 또는 지배하는가 여부이다. 전자정부를 둘러싼 수사적 은유의 변화에도 불구하고 전자정부에 대한 초점은 기술보다는 '정부' 본연의 의미에 주어지고 있다. 전자정부가 공익의 실현 또는 공공 문제의 해결을 근본으로 한다는 점에는 이견이 있을 수 없고, 다만 이를 달성하기 위한 수단적 가치에서 이전과는 다른 요소들이 강조되고 있을 뿐이다. 이러한 요소로서 지능성을 강조한다. 지능이란 용어는 다기의 문제를 해결할 수 있는 종합능력으로 본다면, 전자정부는 정보통신기술을 이용하여 복잡한 공공 문제에 관한 '질 높은' 결정을 산출할 수 있는 정부가 되어야 한다. '질 높은 결정'은 투입면에서는 규범적 타당성과 상황적 적실성을, 전환면에서는 민주성과 수용성을, 산출면에서는 최적성과 균형성을 확보할 수 있는 결정이다. 이를 위해서 전자정부는 복잡성 또는 다양성을 다룰 수 있는 능력을 지니고 있어야 하며, 따라서 지능성은 이러한 복잡성 및 다양성을 다룰 수 있는 합리적 지능, 감성적 지능 그리고 다양성 관리 능력을 지녀야 한다.

연구 문제

1. 전자정부가 전자정부 이전 정부(pre-egovernment government)와 달라야 하는가? 왜 달라야 하는 것인가? 아니면 정말 다른 것인가? 다르다면 어떤 측면에서, 얼마나 다른가?
2. 자신이 이해하는 전자정부는 무엇이며, 전자정부에 대한 자신의 이해를 토대로 했을 때 전자정부가 지향하는 행정 이념은 무엇으로 설정할 것인가?
3. 합리적 지능과 감성적 지능 간의 2×2 관계에서 각 셀의 명칭, 핵심적인 특징, 그리고 구체적 또는 잠재적인 사례를 적어 봅시다.
4. 감성적 지능과 다양성 관리 능력 간의 관계를 자신의 말로 서술하고, 다양한 차원 중 하나의 차원을 선택하여 구체적인 사례를 작성하고 논의해 봅시다.

제 3 장

전자정부의 이론과 모형

제 1 절 전자정부를 바라보는 시각

컴퓨터 기술은 1960년대의 단순한 계산 시스템에서 1990년대 이후 인터넷의 발달을 통해 의사 전달 시스템으로 그 형태가 바뀌었으며, 이러한 인터넷의 발달은 국가 구조뿐 아니라 국가와 시민 간의 관계에 지대한 영향을 미치게 되었고, 정부 개혁의 노력과 연관된 정보통신기술은 행정부의 형태와 능력에 실질적인 변화를 불러일으켰다. 1993년 클린턴 정부의 정부 개혁 일환으로 시작된 NPR의 “create a government that works better and costs less”라는 슬로건에 따라 정부 업무에서 업무 절차의 재설계, 고객 지향적 서비스의 증대, 정보통신기술의 활용 등의 성과를 이루어 냈다. NPR은 1998년 NPRG(National Partnership for Reinventing Government)로의 전환 후에 나타난 Interagency, Virtual agency, 전자정부와 같은 형태를 통해 비용 절감과 인력 감축을 이루어 냈다(Fountain, 2001).

전자정부는 기술적 측면(electronic)과 결과론적 측면(정부조직에서의 본질적인 활용(government))(Choi, 1999)에서, 그리고 비슷한 관점에서 기술적 영역과 정치·행정적 영역에 따라 다른 관점으로 접근하고 있다(Frissen, 1997).

1. 기술적 영역

정보통신기술 기기, 통신 수단, 가상 현실, 추적 장치의 발달 등을 그 특징으로 하여 미국의 NPR의 Reengineering Government through IT(1993)에서 밝히고 있는 전자은행에서 나타난 아이디어를 바탕으로 하여 초고속 정보통신 네트워크를 활용한 정보 및 서비스의 제공을 그 목적으로 하고 있다. 이러한 과거의 전자정부의 개념은 새로운 정보통신기술(electronic) 발전과 함께 기술의 접목을 그 목적으로 하고 있으나 이후 점차 정치・행정적(government) 영역으로 그 관점이 변해가고 있다.

2. 정치・행정적 영역

범위, 대상, 수준, 참여, 관점 등의 변화를 수반하며, 탈규제, 독립기관의 신설, 민영화, 원거리 행정, 정책공동체 등과 같이 다양한 정책 영역에서 나타나고 있다. 이러한 발전에 따라 각각 조직적・정치적인 의미도 변화시키는데, 작고, 지능적이고, 유연한 특징을 바탕으로 분권화와 규모를 축소시킬 수 있게 되었다. 그러나 반대로 이러한 기능의 발전은 지방기관을 중앙의 통제를 용이하게 하는 결과를 나타낼 수도 있다. 규모의 경제 대신 범위의 경제가 중요한 것으로 부각되었다.

제2절 전자정부 이론의 '단계'

1. 소규모 이론으로서의 '개념'

개념은 연구자가 관찰한 모든 것을 구조화하는 기능을 지닌다. 이러한 점에서 개념은 하나의 소규모 이론이다. 소규모 이론으로서 개념은 연구자가 관찰한 현상이 중요한지 그렇지 않은지, 우선도가 높은지 낮은지를 구분하고, 연구자의 관찰 범위와 포괄성에 대한 영역을 결정해 준다. 이러한 이론에 따른 연구는 대부분이 예비적인 성격을 가지고 있다. '정보화(informatization)'[1]의 개념도 이러한 소규모 이론의 한 예로 '정보화'란 ① 정보 처리의 중요한 부분을 형성하기 위한 다양한 정보통신기술의 도입, ② 정보 처리 영역에서 특수화된

1) Rotterdam/Tilburg 연구소.

전문 지식의 도입, ③ 내·외적 정보 흐름 및 정보 관련 제도 수립, ④ 조직 간 또는 조직 내 정보정책의 발전 등이 개념으로서의 이론이다.

2. 이론의 기초로서의 '진술'

개념을 사용한 실질적인 진술 또한 이론으로 볼 수 있는데, 이러한 실제 진술은 제한적인 내용을 가지고 있으며 유용하게 사용된다. 이러한 진술에 의한 연구는 대부분 체제적이고 범주화되어 있다. 이러한 연구의 예로 9개의 유럽 국가를 대상으로 한 국가정보화 정책의 주요 초점(focus)의 표를 들 수 있다 (Snellen, 1992).

〈표 3-1〉 주요 정보화 정책의 주요 초점

	덴마크	핀란드	프랑스	독일	아일랜드	이탈리아	네덜란드	노르웨이	영국
재 무	-	-	-	2	-	-	-	-	-
기반구조	-	3	-	-	2	-	2	3	2
기술/산업 발전도	-	-	3	-	3	3	-	-	-
효과/효율성	1	1	1	-	1	1	-	1	1
법률적 측면	-	3	-	-	-	-	3	-	-
현대성	-	-	2	-	-	-	-	2	3
업무환경	-	-	-	-	-	-	-	-	-

※ 1에서 3으로 갈수록 우선순위가 약해짐을 나타냄.

3. 초기 이론으로서의 '경험적 일반화'[2)]

경험적 일반화는 상호 연관성 있는 현상에 대한 진술로서 정의되어 있는 것

2) Kaplan(1968)은 이를 '기술적 일반화(descriptive generalization)'라 칭한다.

인데, 이러한 일반화는 대부분 경험적 관찰을 기반으로 한다. Irvine그룹에 의해 수행된 '정치의 강화'에서 경험적(기술적) 일반화에 대한 설명을 보면 기존의 권력은 정보통신기술의 사용에 의해 더욱 강화된다고 하고 '컴퓨터화된 관리 영역'에서 더욱 정교하게 일반화에 대해서 다루고 있다.

〈표 3-2〉 컴퓨터화된 관리 영역

	IS관리	부서관리	상위관리
기술 측면	기술	서비스/기술 혼합	전략/기술 혼합
운영 측면	기술/서비스 혼합	서비스	전략/기술 혼합
관리 측면	기술/전략 혼합	서비스/전략 혼합	전략

출처: Kraemer, King, Dunkle & Lane(1989: 30)에서 재인용.

물론 이상에서 다룬 일반화의 세 가지 단계는 완전한 이론이라 하기에는 무리가 있으나 이론적 또는 실질적으로 매우 중요하다고 할 수 있다.

제3절 전자정부 측면

1. 합리주의와 비용 문제

정부의 능력과 정책 결정의 합리성을 향상시킬 수 있다는 낙관론적인 시각으로 전자정부(e-governance)를 바라보고 있다. 이는 초기 투자 비용과 운영 비용적인 측면에서 정보의 획득, 유지 관리, 선택, 조작 등에서 비용 감소의 효과를 거둘 수 있다는 것을 기본 전제로 하고 있으며, 이는 고전적인 사이버네틱 이론을 바탕으로 정보가 불확실성을 감소시키고, 엔트로피는 더디게 하며, 피드백에 의한 통제를 증가시킬 수 있다는 것이다. 즉 정보화가 진행될수록 통제의 가능성이 증가한다는 것이다.

그러나 이러한 통제 및 정책 결정의 합리성의 가능성을 받아들임에 앞서 비용적인 측면에서 문제가 나타날 수 있으며, 전자정부가 관리적 측면에서 미래 예측의 형태를 띠고 있으나 통제 수단이 부정적으로 보일 수 있고, 특정 이익집단에 권력이 집중되어 개인의 자유 침해, 의사 결정상의 통제, 'Infocracy' 등과 같은 위험의 발생에 대비 이에 대한 보호 장치의 필요성을 제기하고 있다.

2. 비관론적 관점

전자정부 자체가 본질적으로 합리주의를 저해한다는 것이다. 이러한 관점은 전자정부가 정책결정자의 관심을 지나치게 형식적이고, 통계적 측정, 구조화된 요소들로 이끌고 지나치게 단순화된 자료 해석·모델링·분석·권고와 같은 기계적인 판단이 오히려 합리성 자체에 악영향을 미치는 현상 유지적인 성격을 가진 권력으로 작용하고 있다는 것이다.

3. 사회형성론(문화론)적 관점

현상 유지 및 변화는 사회·정치적인 이유로 나타나는 것이고, 기술은 단지 수단, 현상 또는 미신에 불과하다는 것이다. 그러나 판단과 이해를 의사 결정의 주요 기술로 사용할 때 합리화 이론은 암묵적이고 비공식적인 정보 대신에 명백하고 공식적인 정보를 사용함으로써 판별력을 흐리게 하는 문제점을 나타내고 있는데 반해 사회형성론은 정책결정자가 적절한 기술을 이용하도록 도와줄 수 있다는 것이다. 이에 따라 사회형성론은 비합리적인 것이 아니라 조직 내에서의 대립과 갈등을 통해서 정착된 규범이며, 판단에 필요한 필수적인 방법이고 사회 형성과 기술 영향에 필수적이라고 말할 수 있다.

〈표 3-3〉 전자정부의 이론적 비교

	합리주의	합리주의 (비용 측면 고려)	비관론	사회형성론
정보를 보는 시각	(긍정적) 통제	(부정적) 통제	분해	힘의 균형에 의존
관리의 형태	예측	예측	현상 유지	힘의 균형에 의존
권력의 위치	정책결정자	특정한 이권자	파괴적 권력	힘의 균형에 의존

제 4 절 전자정부 모형에 대한 논의

1. 발전 단계 모형

전자정부의 발전 단계를 살펴보면 O'Looney(2002)의 경우 네덜란드 사례를 통해 "데이터 처리→정보 처리→업무 개편→지식 창출 및 관리"로 구분했다. 각 단계별 특징으로 첫 번째 단계로서 1950년대 중반 정부간 위원회에서의 의견 제시에서 시작되어 최근 다른 기술과의 결합을 통해 두드러지게 나타나고 있으며, 두 번째로 정보 처리 단계에서는 PC의 발달과 더불어 1980년대 네덜란드 내각은 정보 처리가 단순한 데이터 처리 이상의 업무라고 인식하게 되었으며, 세 번째 업무 개편에서도 1980년 후반에서 1990년 초반 정부간 위원회(intergovernmental committee)는 정부 업무의 최적화된 집행이라는 사명에 따라 Client/Server 기술을 이용한 효용성을 추구했다. 이에 대해 Michael Hammer는 이러한 기술이 오히려 혼란을 가중시킬 뿐이라고 하는 반면 James Champy는 실질적으로 이러한 개편에 대한 노력이 부족하며, 업무 개편시에 이러한 기술의 사용은 변화된 절차와 행위, 업무책임성, 업무 흐름 등을 가지고 있기 때문에 조직 변화를 위해 좀더 강력하게 적용되어야 한다고 한다. 네 번째 단계인 지식 창출과 관리는 현재 노동자와 관리자 등에 의해 사용되고 있는 최고의 방법으로 인식되고 있으며, 정부가 수많은 개별 상황에 적용할 수 있는 가장 효과적 방법이라고 한다.

또한 West(2004)는 지난 3년간 서비스 제공과 민주적 대응성, 공공의 태도에 대한 전자정부의 결과를 평가하여 "게시판 단계→부분적 서비스 제공 단계→통합 서비스 제공을 위한 포털 구축 단계→상호 작용적 민주주의의 단계"로 구분한다. 첫 번째 단계서 초기 정부 웹사이트는 고속도로 광고판과 같이 단순히 일방적인 정보를 보여 주는 고정된 것이었긴 하나 이를 통해 시민과 정부 간의 상호 작용이나 양방향의 의사소통이 이루어질 수 있는 여지를 마련했으며, 두 번째 단계에서 시민이 온라인상 서비스 제어 및 정보 조작 능력을 통해 자신들이 보고 싶은 자료를 직접 웹사이트에서 찾아볼 수 있게 되었고, 세 번째 단계에서는 통합된 원스톱 포털 서비스를 제공받아 각 기관의 사이트가 상호 연결되어 방문자에게 편의를 제공하게 되었다고 한다. 네 번째 단계에 이르러 각 단계의 특징을 통해 시민이 정보를 주문할 수 있으며, 인터넷을 통한 진정한 상호 쌍방향 의사소통이 가능해지게 되었다.

Layne & Lee(2001)는 전자정부의 발전 단계를 복잡성과 통합성에 따라 "정보 제공→거래→수직적 통합→수평적 통합" 단계로 구분했다. 첫 번째인 정보 제공 단계에서는 단순하게 정부가 일방향으로 국민에게 정보를 제공하는 형태를 띠고 있으며, 다음 단계에서는 온라인상으로 시민과 정부 사이의 '원스톱 쇼핑(one-stop shopping)'과 같이 상호 거래 형태가 나타나고 있으며, 수직적 통합 단계에서는 동일한 기능을 수행하는 지방정부와 상위정부 간의 통합이 수평적 통합 단계에 이르러서는 서로 다른 기능을 수행하는 부처들의 통합이 이루어지는 방향으로 전자정부가 발전된다고 하고 있다.

Reddick(2004)은 Layne & Lee의 4단계 이론의 세 번째 단계인 수직적 통합과 네 번째인 수평적 통합은 제외하고 거래와 비거래라는 관점에서 초기 두 단계인 목록 단계와 거래 단계로 전자정부의 성장 단계를 나누었다. 성장의 첫 번째 단계에서는 본래 정보란 비거래적이라는 것이며, 두 번째 단계에서 시민은 정부와 전자적으로 거래한다는 것이다.

이상에서 논의한 성장 단계 이론들은 다음과 같은 특징에 따라 정보 제공 단계(information), 상호 작용/거래 단계(interaction), 통합 단계(integration)로 범주화할 수 있을 것이다([그림 3-1] 참조).

한편 국내의 학자들은 지금까지 진행되고 있는 전자정부사업의 현재 위상을

[그림 3-1] 발전 단계 모형

정보 제공 단계		상호 작용/거래 단계		통합 단계
-온라인 정보 제공 웹사이트 구축 등; 각 기관별로 분산적인 정보화 -웹사이트를 위한 물리적인 정보 인프라 및 공유 데이터베이스센터 구축	⇒	-정보 공동 활용으로 각종 민원 신청, 수수료 및 각종 세금 온라인 납부 처리 -온라인 업무 처리를 위한 업무재설계 및 리엔지니어링 등 구조 조정	⇒	-완전하고 유기적인 기술적 통합뿐 아니라 조직적 통합 -철학적 싱글 페이스(single face) 또는 seamless 달성

살펴보고 향후 구체적인 사업 방향의 제시를 목적으로 발전 단계 모형을 통해 접근하고 있다.

문신용(2000)은 인터넷을 이용한 행정 서비스 전달과 전자민원 서비스의 활성화 방안 및 전략 개발을 위해 우리 나라의 전자정부사업을 웹사이트 개발 및 활용을 개시하는 제1단계(시작 단계), 기관 데이터베이스 활용을 통한 서비스를 제공하는 제2단계인 활성화 단계, 기관 간 정보 공동 활용을 통해 서비스를 제공하는 제3단계인 성숙 단계, 통합적인 정부의 원스톱·논스톱 서비스를 제공하는 제4단계인 통합 단계 등으로 구분하고, 이 당시 한국의 행정 서비스에서 인터넷 기술을 이용하는 수준은 2단계인 활성화 단계에 접어들었다고 평가하고 있다. 2002년도의 보고서(문신용, 2002)에서는 환경 정비기(1998~1999) → 통합정보 구축기(2000~2001) → 전자정부 완성기(2002~)로 이어지는 3단계로 구분하고 전자정부 완성기에 접어드는 2002년도의 전자정부 환경에서의 행정 서비스, 행정 업무, 행정 정보, 정보통신기술, 조직·인력, 법·제도 등 영역별로 고려해야 할 과제들을 제시하고 있다.

김동현(2001)의 경우 업무 혁신의 정도와 정보화를 통한 효과의 측면에서 N. Venkatraman의 정보시스템 발전 단계 모형을 적용하여 1단계 부분적 활용, 2단계 내부 통합, 3단계 업무재설계, 4단계 관련 조직과의 업무재설계, 5단계 사업 범위 재정의로 분류하여 정보화 성숙도 단계 모형을 제시했다. 이러한 단계 모형은 상위 단계로 발전해 감에 따라 정보화를 통해 실현할 수 있는 효과가 증가한다고 설명하고 있다. 이 중 1, 2단계는 진화적인 단계로 단순한 정보통신기술의 활용도에 따라 그 효과를 얻을 수 있으나, 혁신적인 단계로 구분하고 있는 3, 4, 5단계에서는 업무 혁신과 정보시스템의 적용 범위를 변화시킴으로써 그 목적을 달성할 수 있다고 한다. 이러한 단계 모형을 통해 국내 공공기관의 정보화 성숙도를 측정한 결과 총 36개의 기관 중에서 19개 기관(53%)이 1단계인 부분 활용, 13개 기관(36%)이 2단계인 내부 통합의 단계에 머무르고 있다는 결과를 보여 준다 ([그림 3-2] 참조).

윤상오(2001)는 지금까지 진행되어 온 다양한 전자정부의 성숙도 모형을 살펴보고 행정 이념으로서의 민주성과 능률성이 정보화를 통해 어느 정도 달성되고 있는가를 각각 고객 지향성과 개방성에 따라 권위형 → 정부 주도형 → 상호 대등형 → 시민 주도형으로 진행되는 전자정부의 민주성 성숙도 모형과 지식정보관리 및 업무정보화에 따라 전통형 → 전산형 → 정보형 → 지능형으로 이

[그림 3-2] 정보화 성숙도 단계 모형

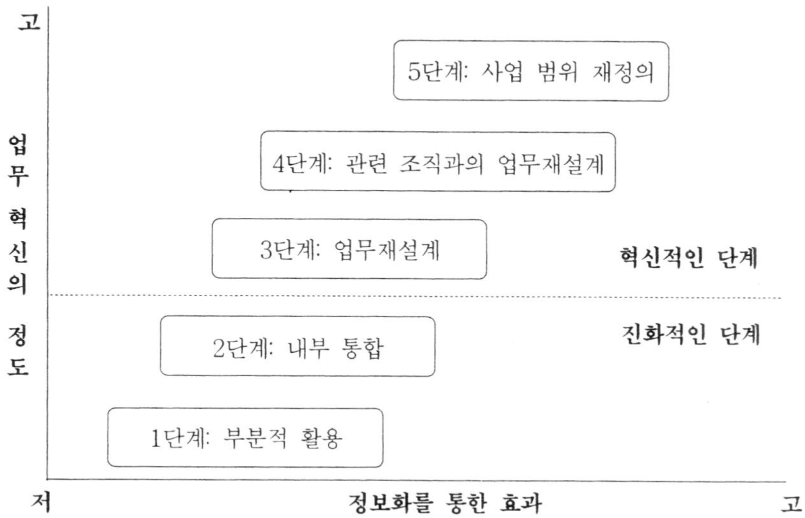

출처: 김동현(2001: 4).

어지는 전자정부의 능률성 성숙도 모형을 설명하고 이를 통합하여 종합모형으로서 출발 → 진입 → 발전 → 고도화 단계로 이어지는 전자정부 성숙도 평가 모형을 제시하고 있다. 이러한 평가모형에 따라 국내 정부기관의 전자정부 성숙도를 평가한 결과 조달청, 관세청, 농림부, 특허청 등이 고도화 단계에 들어섰으며, 그 밖의 기관들은 발전 및 진입 단계에 접어들어 이미 출발 단계를 지난 것으로 보고 있다 ([그림 3-3] 참조).

조덕호 외(2002)는 전자정부를 행정정보의 제공 주체, 정보 교류 및 상호 작용, 정보 수혜자를 중심으로 정부와 시민 간 관계를 설정하고 웹사이트를 통해 이러한 관계의 상호 교류 정도 및 방향성에 따라 정부 중심형 전자정부, 상호 대등형 전자정부, 시민 중심형 전자정부, 그리고 최종적으로는 통합형 전자정부로의 전자정부 발전 단계[3]를 제시하고 있다.

---

3) 정부 중심형: 정부 → 웹사이트 → 시민(GWC), 상호 대등형: 정부 ↔ 웹사이트 ↔ 시민(GWC · CWG), 시민 중심형: 시민 → 웹사이트 → 정부(CWG)

[그림 3-3] 전자정부 성숙도 평가를 위한 종합 모형

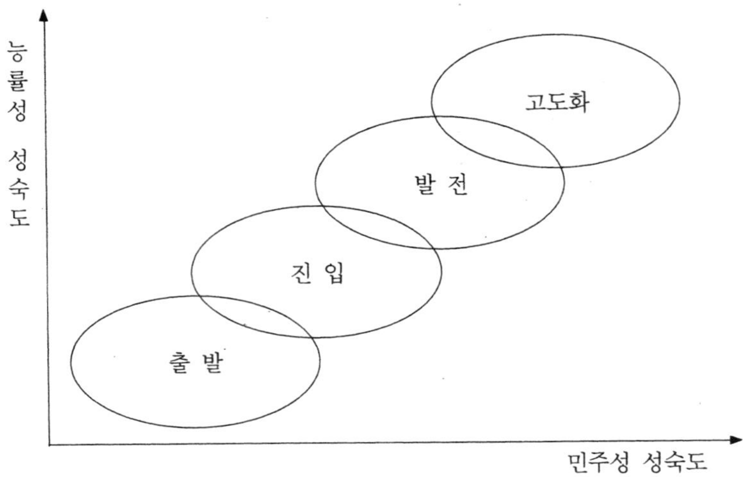

출처: 윤상오(2001: 259).

오강탁(2002)은 복잡성과 고객 가치 관점에서의 Gartner Group 모형,[4] 웹 포털의 진화 관점에서의 Deloitte Consulting 모형,[5] 고객관계관리(CRM) 관점에서의 Accenture 모형[6] 등과 같은 발전 단계 모형을 제시하면서, 이러한 웹 중심의 온라인 전자정부 포털 서비스 발달이나 전자정부의 내부적 요소에 따른 발전 단계 모형의 한계를 지적하고 전략/정책, 정보화 조직, 정보화 프로세스, 정보통신기술 요소 등과 같은 정보화 기반 능력에 대한 고려의 필요성을 강조하고, 위와 같은 단계론에 따른 우리 나라 전자정부의 수준이 2단계 중반에서 3단계로 전환되고 있는 시점이라고 강조하고 이러한 시점에서 해결해야 할 과제를 제시하고 있다. 이후 논문(오강탁, 2005)에서는 전자정부 진단 모형의 구성 요소인 업무 처리 역량, 서비스 역량, 정보자원관리 역량 간의 관계에 따라 착수→상호 작용→전자 처리→통합 처리→민관 협업 등으로 이어지

4) 1단계: e-Service→2단계: 협업적 정부→3단계: 지식국가→4단계: 경쟁적인 정부

5) 1단계: 정보 제공→2단계: 공식적인 쌍방향 거래→3단계: 다중 목적의 포털→4단계: 고객 지향적 포털→5단계: 공통 서비스의 군집화→6단계: 종합적 통합과 업무 변환

6) 1, 2단계: 일방적인 정보 제공(공급자 중심)→3단계: 상호 작용(시민 중심)→4, 5단계: 상호 거래(시민 주도)

는 총 5단계의 전자정부 발전 단계 모형을 제시하고, 이러한 단계 모형에 따라 43개 중앙행정 부처에 대한 조사 결과 3단계(전자 처리)에서 4단계(통합 처리)로 전환중에 있는 것으로 나타나고 있다.

황종성 외(2003)는 전자정부 발전 단계 모형으로서 e-민주주의, 서비스, 생산성, 전자정부 개념에 따라 <표 3-4>와 같이 4단계로 발전되고 있다고 강조한다.

〈표 3-4〉 전자정부의 발전 단계 모형

	1단계	2단계	3단계	4단계
전자민주주의	정보 공개	전자공동체	온라인 참여	e-governance
서비스	정보 제공	온라인 서비스	원스톱 포털	zero-stop CRM
생산성	DB	온라인 처리	back-office 업무재설계	조직 혁신
전자정부의 개념	전산화	온라인화	통합화	유기적 통합

출처: 황종성 외(2003: 82).

이러한 단계에 따른 발전 모습을 살펴보면, 1단계에서의 전자정부사업은 우리 나라의 국가기간전산망사업과 같이 행정정보의 데이터베이스화에 주력하고 서비스나 국민 참여는 정보 제공 수준에 머물고 있으며, 2단계의 온라인화 단계에 와서는 1990년대 중반부터 지금까지의 형태로 기존의 독립적인 데이터베이스들을 네트워크로 연결하고 업무 처리와 서비스 제공 기능을 결합하는 형태를 띠고 있으며, 전자정부 혜택이 가시화되고 있는 시점으로 볼 수 있다. 3단계인 통합화 단계는 국민의 전자적 참여가 본격화되고, 4단계의 정부-민간 간 역할 조정과 협력 관계가 촉진되어 대내외적으로 경계가 없는 유기적인 통합화 단계까지 이르게 될 것이라고 보고 있다.

김영삼(2004)은 웹 기술의 발전에 따른 단계론을 소개하면서 호주 감사원(ANAO)과 미국 노스캐롤라이나 주정부의 전자정부 서비스 발전 단계 모형, Gartner Group의 보고서, Wescott(2001)의 아시아-태평양 지역에서의 단계 모형 등을 제시하면서, 이러한 단계모형이 가지고 있는 단선적인 형태에 대한 수정된 견해의 중요성을 강조하고 있다([그림 3-4] 참조).

[그림 3-4] 전자정부 단계론에 대한 새로운 접근 방법

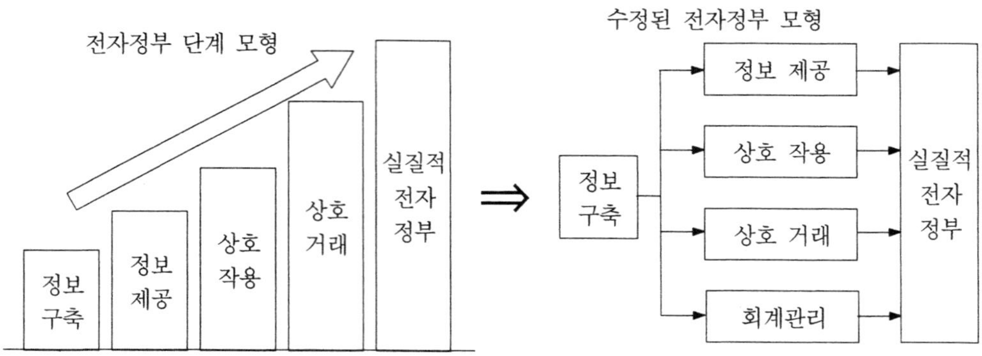

출처: 김영삼(2004: 376).

김영미(2005)는 전자정부사업에서 정부기관 내부 및 상호간 업무의 전자화, 국민·기업과 정부 간 업무의 전자적 처리, 정부 정보화의 기반 구축 등의 세 가지 중점 과제와 이에 대한 각각의 세부사업 추진을 행정 개혁과 연계하여 각 단계별 중점 과제를 제시하고 있다.

〈표 3-5〉 행정개혁과 연계한 전자정부의 중점 과제

1단계(기반 정비)	2단계(서비스 고도화)
행정 내부 업무 정비 및 공통 기반 구축	행정 내부 업무 정보화의 고도화
선별적 대국민, 대기업 서비스 혁신	대국민, 대기업 통합 서비스 확대

출처: 김영미(2005).

박동진(2005)은 전자정부의 추진 단계별 특성에 따라 3단계로 나누어 전자정부의 특징을 구체적으로 살펴보고 있다. 첫 번째 단계에서는 전자결재로 대표되는 문서 형식의 통일화, 즉 단순 디지털화 과정 또는 단순 데이터베이스화 과정이라 불리는 네트워크의 결합을 강조하고 있으며, 두 번째 단계는 비즈니스 과정의 리엔지니어링에서 응용한 BPR(Bureaucratic Process Reengineering: 관료행정 과정의 리엔지니어링), GPR(Government Process Reengineering: 정부행정 과정의 리엔지니어링) 등의 과정으로 이를 통해 행정 업무를 신속하고

효율적으로 진행할 수 있는 방향으로 전개해야 할 것이라고 한다. 세 번째 단계는 올바른 지식 경영을 통해 양질의 서비스를 매개할 수 있는 행정 개혁의 방향을 제고해야 할 것을 제시하고 있다.

[그림 3-5] 각 단계별 전자정부의 과제

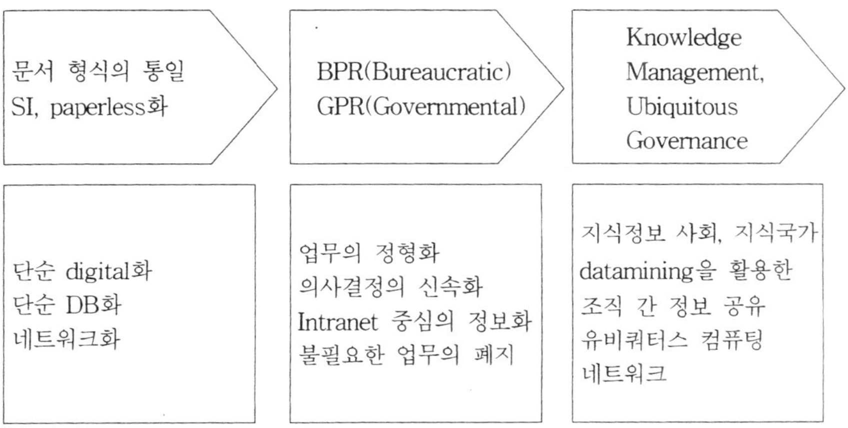

출처: 박동진(2005: 23).

2. 전체론적 접근

Dawes(2004)는 사용자, 사용, 정책, 조직 역량, 데이터 특징, 기술과 연관된 전체론적인 관점에서 접속 프로그램에 대한 일반적인 접근을 통해 프로그램의 목적과 구조에 대한 연구와 함께 뉴욕에서의 세 가지 프로토타입(① GIS, ② HIMS, ③ KWIC)[7]에 대한 평가를 통한 연구를 실시했다.

우선 사용자 측면에서 동질적이고 예측 가능한 사용자가 많을수록, 프로그램의 실행이 집중될 수 있으며, 데이터의 민감도와 관련 있는 이슈는 설명이 쉬워지며, 예측 가능성이 높아지면 좀더 쉬워진다. 또한 하나의 목적으로 수집된 정보가 다른 목적으로 사용될 때, 오용, 오해, 잘못된 해석의 잠재성이 나타나고 의도된 사용, 사용자의 기술, 메타 자료의 질은 상호 의존성이 매우 높다. 사

7) HIMS(노숙자 정보관리시스템), KWIC(아동 웰빙지수 정보센터).

용자는 데이터의 한계와 잠재적인 가치에 대해서 인지하고 있으며, 2차 사용자와 사용이 데이터 수집의 원목적에서 제거될수록, 그들은 완전하게, 정확하게, 적절한 메타 자료에 접근할 수 있을 것이다.

콘텐트의 민감도의 경우 정치적이고 개인적이고, 상황에 민감한 콘텐트는 계획과 실행에 강력한 영향을 주며 민감한 콘텐트일수록 엄격한 정부와 접속 정책, 효과성에 대한 일반적인 평가, 데이터 조작을 위한 훈련된 직원이 요구된다.

정보의 해석 및 사용에 높은 수준의 전문성이나 레퍼런스의 특정한 틀이 필요할 때, 계획자는 전문적인 사용자의 능력을 고려하고 메타 데이터의 질이나 사용 가능성을 증진시킬 필요가 있다.

메타 데이터는 세 가지 사례에서 중요한데, 우선 GIS는 두 가지 이유에서 가장 확장된 범위의 메타 데이터가 필요하다. 첫째, 사용자는 일할 가치를 결정한 데이터 자체를 찾아보지 않기 때문이고, 둘째, 부분적인 데이터는 원래의 이유에 관계 없이 다양한 사용에 수용 가능하기 때문이다. KWIC에서 메타 데이터는 정보센터의 모든 전략에 필수적인데 이러한 메타 데이터의 생성은 메타 데이터가 기관을 위한 내부적인 목적에는 필수적으로 보이지 않기 때문에 가족분과와 모든 데이터 제공자를 포함한다. HIMS에서의 메타 데이터의 준비를 위해서는 참여자들 간의 끊임없는 토론이 필요하다.

소스의 일관성과 통합에서 다양한 데이터 소스와 새로운 소스 간의 통합이 요구되는 기술은 엄청날 수 있는데 HIMS의 경우, 통합은 콘텐트에 대한 이해와 사용자와 사용의 의도에 대한 명확한 예측이 필요하고, KWIC의 경우는 사용자 중심의 통합이 필요하나 아직까지 이러한 것이 시도된 바는 없다.

만약 콘텐트가 지속적인 사회적·법적·역사적 가치를 가지고 있다면, 메타 데이터는 장기간 동안 효과적인 사용에 매우 중요한데, GIS는 데이터를 유지하는 중앙정보센터와 기관 간의 책임성을 나누는 것으로, 이러한 필요성에 대해 설명하고 있고, HIMS와 KWIC은 개발자가 경향 분석 능력이 장기 데이터와 역사적 기록에 의존하고 있다.

접속 제공자가 원 데이터를 수집하는 역할이 아니라면, 정보 제공자가 양질의 메타 데이터를 포함하는 것을 요구하는 것은 중요한데, 이는 GIS와 KWIC 모두에서 나타나고 만약 접속 제공자가 원 데이터 수집에 참여한다면 접속 프로그램은 정보자원을 잘 이해하고 있는 이용자로부터 이익을 얻을 수 있을 것이라고 한다.

[그림 3-6] 전자적 정보 접근 프로그램의 진단/계획 영역

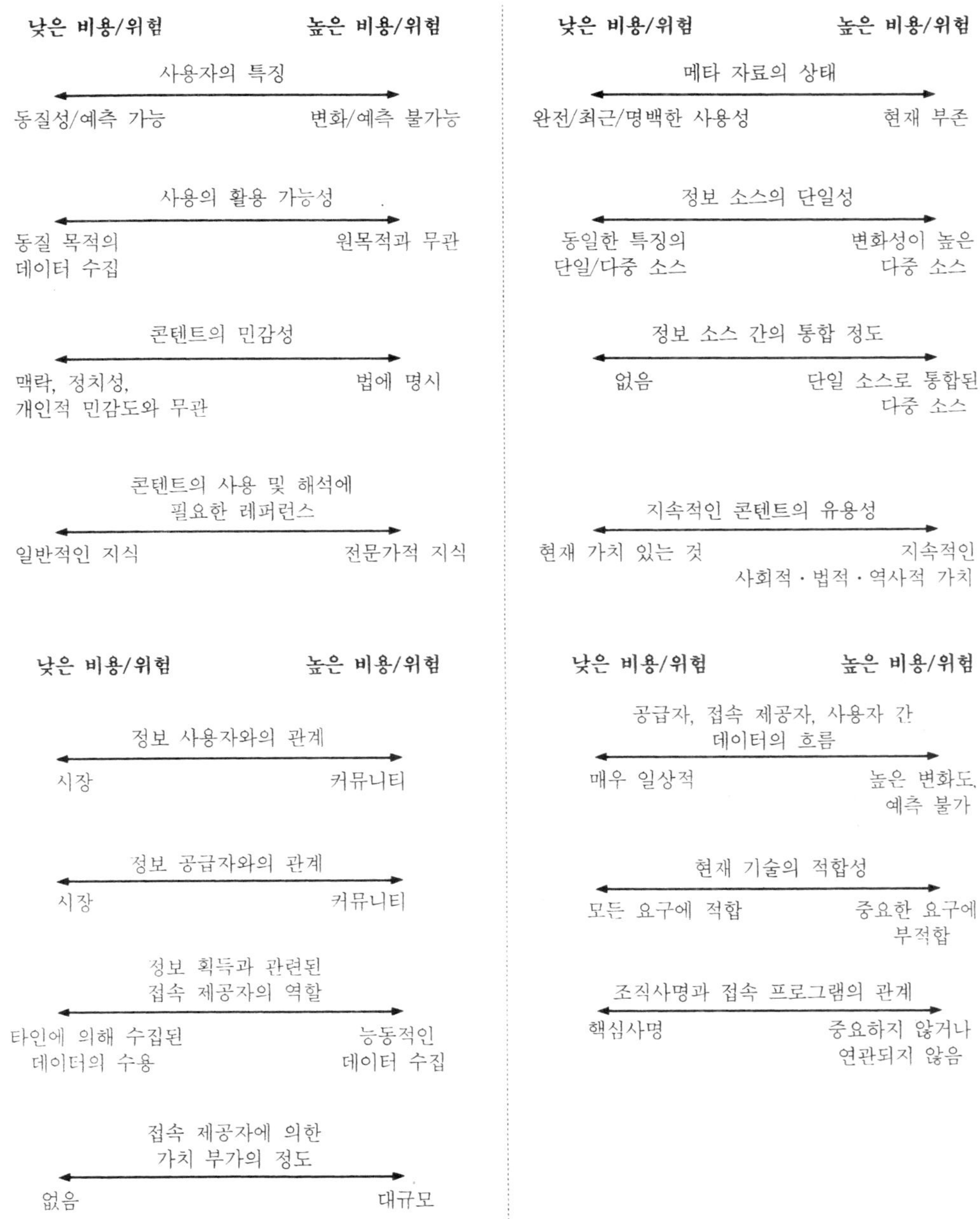

3. 가치 사슬 모형(공공 영역에서의 비즈니스 모형)

Porter와 Gordijn이 말하는 비즈니스 모형의 핵심은 바로 유·무형의 자원을 생산·교환을 목적으로 하는 행위자들 간의 가치 행태라고 하는데, 특히 포터는 전략과 행태 또는 사업 구도 간의 강한 관계를 중요시하며 여기서의 사업 구도라는 것은 전략적 핵심과 가치 행태를 보여 주고 있다. Wand는 생산과 서비스 같은 주요 기능들에 의해 비즈니스 모형이 영향을 받으며, 이러한 비즈니스 모형이 빠르게 변화하는 기업의 구조와 운영시에 안정적인 모형이라고 한다. 마지막으로 Timmers는 비즈니스 모형을 다양한 행위자들과 그들이 역할에 의해 수행되는 생산·서비스·정보의 구조 자체로 정의하고 있다.

이와 같은 시장의 관점에서 제시하고 있는 비즈니스 모형을 공공 영역에 적용시켜 전자정부의 가치 사슬 모형을 설명하면 [그림 3-7]과 같은 형태로 나타낼 수 있을 것이다.

첫 번째 입법 거버넌스 영역은 정부나 국회와 같은 헌법기관을 가지고 있으

[그림 3-7] 가치 사슬 모형

	Legislative Governance	Administrative Management	Service delivery Management
Strategic constitutional level	Policy evaluation / Policy formulation	Budget evaluation / Budget planning & programming	Service delivery evaluation / Service delivery design
Tactic intermediation level	Development/ implementation democratic legitimisation	Development/ implementation resource/budget	Development/ implementation Service delivery systems
Operational retail level	Interactive citizen caring & power sourcing	Interactive source management	interactive citizen service management

며, 여기서는 급속하게 성장하고 있는 정보통신기술을 이용해 전자민주주의, 전자투표, 토론 등이 가능해지며 과거와 비교해 새로운 형태의 직접 민주주의가 나타날 수 있다.

두 번째 행정적 관리 영역에서 정보통신기술은 공공 부문에서의 행정관리의 리엔지니어링을 촉진시키는 기능을 하며, 다운사이징과 권한 위임에 기반한 이러한 새로운 관리법은 기존의 계층적인 특징을 제거해 행정구조를 변화시킨다.

세 번째 서비스 관리 영역에서 back/front-office 체제와 같은 정보통신기술은 정부기관과 시민 사이에 있는 관료적 '의식'을 제거해 정부 서비스 전달 체계를 더욱 능률적으로 변화시킨다. 이러한 정보시스템의 통합은 사용자 중심, 공공 서비스에서 원스톱 쇼핑과 같은 개념을 가능케 한다.

요 약

1990년대 이후 정보통신기술의 발달은 국가와 시민 간의 관계 형성에 커다란 영향을 미치게 되었고, 이에 따라 업무 절차의 재설계, 고객 지향적 서비스의 증대, 정부 업무에의 정보통신기술 활용과 같은 성과가 나타나게 되었다. 이러한 전자정부는 전자(electronic)로 통칭되는 기술적 영역과 정치·행정적 영역(government)으로 구분하여 접근을 시도하고 있으며, 이러한 다양한 접근법을 통해 이론으로서의 지위를 찾아가고 있다. 특히 정보 제공, 상호 작용/거래, 통합 단계 등으로 전자정부를 설명하는 발전 단계 모형, 여러 가지 연관되어 있는 객체의 특성과 기술을 통합한 전체론적 모형, 온라인 서비스(공공 영역에서의 비즈니스 모형)를 중심으로 한 가치 사슬 모형 등과 같은 다양한 방법을 통해 국내·외에서 전자정부를 설명하고 향후 모습에 대한 전망을 제시하고 있다.

연구 문제

1. 그 밖의 전자정부를 바라보는 또 다른 다양한 관점들에 대해서 논의해 봅시다.
2. 전자정부가 단순히 정부 업무에 대한 수단적인 차원인가? 아니라면 어느 정도의 이론으로서 발전 가치를 가지고 있는지 논의해 봅시다.
3. 위에 설명한 전자정부를 설명하는 모형들의 문제점과 한계에 대해 논의해 봅시다.

제 2 편

정보통신기술의 응용으로서 전자정부

제 4 장

전자정부와 행정조직 혁신

최근 정보통신기술의 급속한 발전에 따라 기존의 산업 기반 경제에서 정보가 조직의 기능상에 본질이 되고 있는 정보 기반의 경제로 이동하고 있다. 정보의 획득과 가공, 배분의 필요성이 급증함에 따라 지난 20년 동안 공공 및 민간 기관에서의 정보통신기술에 대한 투자는 기하급수적인 증가를 보여 왔다. 흔히 '정보혁명'의 특성으로 묘사되듯이, 정보통신기술에 대한 투자 비율의 증가는 비용의 감소와 기술적인 하드웨어와 소프트웨어의 능력의 확대를 통해 이루어지고 있다. 이러한 측면에서 알 수 있듯이 우리 사회는 이제 정보통신기술에 대한 의존성이 증대되고 있다는 것은 의심할 여지가 없다.

다양한 활동을 조직, 통합, 조정, 그리고 관리하기 위한 정보통신기술의 채택은 조직 혁신을 위한 촉매제가 되고 있다. 예를 들면, 원격 통신과 원격 화상회의와 같은 새로운 업무 과정은 정보통신기술의 진전에 의해 나타나고 있다. 이와 같은 변화들은 그 결과 개인 행태와 조직구조 · 업무처리 절차 및 조직 산출물에도 영향을 미치고 있다. 민간 부문은 정보혁명의 초기 단계에서부터 변화와 관련된 정보통신기술을 관리하기 위해 노력하고 있다. 이러한 사실은 민간기업들의 정보통신기술 활용을 통한 조직 혁신과 관련된 많은 문헌들이 증명해 주고 있다. 불행하게도, 공공 부문에서는 변화를 유도하고자 하는 관심이 적을 뿐만 아니라, 정보통신기술의 채택에 따른 조직 혁신을 크게 경험하지 못하고 있다.

이 장에서는 정보통신기술이 어떻게 행정조직 혁신에 활용될 수 있는가라는 문제를 리엔지니어링 중심으로 집중적으로 다룬다.

제1절 행정에서의 리엔지니어링의 의의

행정 업무 프로세스와 조직구조 혁신을 수반하지 않는 전자정부 구현은 그 기대한 바를 얻기 힘들다. 정보통신시스템의 도입이 정보의 빠른 처리와 전달을 가능하게 하지만, 이에 부응하여 행정 업무 프로세스와 조직구조가 혁신되지 않는다면 정보통신시스템 외적인 부분에서 정보 지체 현상이 발생하게 될 수밖에 없다. 결국 기존의 행정 업무 처리 절차와 행정조직 구조를 그대로 두고 단순히 정보시스템을 도입하는 것(Hammer, 1990)은 "기껏 도로를 포장해서 소가 지나가도록 하는" 격에 불과한 것이다.

현재 성공적으로 전자정부를 구축하고 있는 주요 선진국들의 공통점은 전자정부 구현을 행정조직 혁신의 핵심 수단으로 활용하고 있으며, 이를 위해 정보통신기술의 도입에 앞서 기존의 조직구조와 업무 처리 절차를 전자적 처리에 맞게 혁신적으로 재설계하는 리엔지니어닝(BPR: Business Process Reengineering)하는 작업을 강조하고 있다는 것이다.[1]

우리 나라도 '전자정부 구현을 위한 행정 업무 등의 전자화 촉진에 관한 법률' 제7조에 전자정부 구축시 업무 혁신 선행의 원칙을 두고 전자정부 사업에 리엔지니어링을 추진하도록 규정하고 있으나, 실제로 대부분 리엔지니어링 수준은 정보화에 따른 첨부 서류의 감축 차원에서 벗어나지 못하고 있는 실정이다(김석주, 2003). 따라서 전자정부 구현과 리엔지니어링의 철저한 연계를 통해 업무 처리 절차와 조직 구조 혁신 등 진정한 행정조직 혁신의 수준까지 발전될 수 있도록 해야 할 것이다.

---

1) 대표적인 사례로 미국 클린턴 행정부는 1993년 고어 부통령의 책임하에 NPR을 설치하고 연방정부의 조직과 기능을 전면적으로 재설계한 후 전자정부 구현을 추진했다. 그 결과 추진 5년 만에 34만 8천 명의 연방 공무원을 감축하고, 1,370억 달러의 연방 예산을 절약했으며, 연방정부 전체에서 64만 페이지에 달하는 불필요한 규정들을 철폐했다. 그리고 업무 담당자들에게 과감한 권한 이양을 추진했으며, 중간관리층을 축소하여 업무의 신속한 흐름을 보장하는 등 철저한 정부 혁신의 노력을 선행했다.

1. 리엔지니어링의 개요

리엔지니어링(reengineering)[2)]이라는 용어가 공식적으로 등장한 것은 Hammer의 "Reengineering Work: Don't Automate, Obliterate"라는 1990년 논문에서이다. 이 논문의 요지는 간단하다. 무턱대고 정보화를 진행하지 말고 우선 업무 프로세스상의 잘못된 부분의 원인을 찾아내 치유하고 그러한 새로운 업무 프로세스를 바탕으로 정보화를 진행하라는 것이다. 그래야 정보화의 효과를 극대화할 수 있다는 것이다.

물론 이것은 새삼스러운 이야기가 아니다. 원래 정보통신기술의 도입 효과는 업무 처리를 더욱 빠르게 하고 더욱 정확한 처리를 보장해 주는 데 있다. 하지만 잘못된 업무 프로세스를 대상으로 정보통신기술이 적용된다면 효과는커녕 예상치 못한 결과를 낳게 되는 것이다. 즉, 막강한 정보통신기술로 인해 잘못된 업무 처리의 양이 폭발적으로 늘어나게 되고 더욱 일을 잘못 처리하게 되는 결과를 가져오게 되는 것이다. 이 때문에 정보통신기술의 도입 과정에는 반드시 필수적으로 현행 업무의 분석에 바탕을 두고 정보통신기술이 도입될 경우를 전제로 새로운 업무 프로세스에 대한 재설계가 선행되어야 하는 것이다.

이러한 리엔지니어링이 등장하게 된 주요 배경은 무엇보다도 고도의 분업화(기능화)의 결과 야기된 고객 요구에 대한 대응성 미흡 및 조직의 효율성 저하에 있다. 고도의 분업화가 가져다 주는 폐단은 부서 간 비효율적 의사소통, 부서 간 갈등 및 부처 이기주의, 업무 프로세스의 분리로 인한 총책임자의 부재 및 책임 의식 결여, 중복 작업의 가능성, 부서 간 이동, 다른 부처에서의 대기, 결재 지연 등으로 인한 시간 낭비, 조직의 경직화 및 간접 비용의 증가, 그리고 고객의 요구에 대한 대응성 저하 등으로 요약될 수 있다.

따라서 리엔지니어링은 업무 프로세스 효율화를 위해서는 지나친 분업화에 바탕을 둔 현재의 업무를 프로세스의 관점에서 기본적으로 다시 생각하고 고

---

2) 리엔지니어링은 비즈니스 프로세스 리엔지니어링(Business Process Reengineering), 비즈니스 리엔지니어링(Business Reengineering), 비즈니스 프로세스 리디자인(Business Process Redesign) 등의 다양한 이름으로 불리고 있다. 리엔지니어링은 우리말로 '새로운(re) 설계(engineering)'로 번역할 수 있고 업무 프로세스는 업무의 과정과 절차를 의미하므로 리엔지니어링은 조직의 업무 과정을 새로운 조직 환경에 맞도록 근본적으로 재설계하는 것을 뜻한다.

객의 관점에서 근본적으로 재설계해야 한다는 것이다. 간단히 이러한 리엔지니어링의 속성을 대표하는 핵심 사상들에 대해 살펴보면 다음과 같다.

첫째, '업무 프로세스의 관점'이라는 말이 시사하는 바는 단절된 기능 단위의 개별적인 개선으로는 전체 프로세스의 목적 달성을 이룰 수 없다는 것이다. 업무 프로세스란 보통 "여러 업무들 중 전 단계에서 한 가지 이상의 투입(input)을 받아 고객에게 가치가 있는 산출물(output)을 만들어 내는 활동 또는 업무들의 집합"으로 정의할 수 있다. 즉 업무가 시작되는 시발점에서 여러 과정을 거쳐 종착점에 이르기까지의 업무가 하나의 체계적 흐름으로 파악될 수 있을 때, 이를 프로세스라 말할 수 있다.[3] 이러한 프로세스의 개념은 Adam Smith 이래 조직의 기본 원리로 적용되어 온 분업화, 전문화에 따른 기능식 부서 조직의 역기능적 한계를 극복하는 데 매우 유용하다. 따라서 분업화와 전문화의 이점보다는 그 단점이 더 커지는 오늘날 조직 환경 변화에 대응하여 업무 프로세스 관점에서의 조직설계는 기존·기능식 조직의 비효율성을 혁신적으로 극복할 수 있을 것이다.

업무 프로세스 관점에서 조직을 설계할 때, 한 사람은 극단적으로 한 프로세스의 모든 업무를 담당할 수 있고, 반대로 하나의 프로세스 중 각각의 일부만을 자신의 업무로 담당할 수도 있다. 리엔지니어링에 의해 혁신 효과가 클 것으로 기대되는 것은 후자의 경우이다. 이는 작업자 간 작업 대상물의 이동 시간, 대기 시간, 의사소통 시간이 전체 프로세스 비효율의 주요 원인으로 분석되기 때문이다.

둘째, '기본적'으로 다시 생각한다는 말의 의미는 현재 작업 자체에 대한 모든 것에 회의를 가지는 데에서 시작된다. 즉, 내가 현재 하고 있는 작업이 과연 어떠한 목적을 가지고 행해지는가, 그리고 왜 이렇게만 행해져야 하는가를 물

3) 업무 프로세스는 특정한 업무 결과를 얻기 위해 수행되는 일련의 논리적으로 연결된 직무들의 합이라고 할 수 있다. 예를 들면 나무로 책상을 만드는 일을 생각해 보면 이것도 업무 프로세스의 관점에서 이해할 수 있다. 우선 나무로 의자를 만들기 위해서는 나무라는 투입이 있어야 한다. 이 나무를 톱으로 자르고, 대패로 다듬고, 홈을 파는 행위들을 통해 최종적으로 책상이라는 산출물을 만들어 내는 것이다. 자르고, 다듬고, 홈을 파는 활동들이 업무 프로세스를 구성하게 되며 이러한 활동을 통해 가치가 더해지게 된다. 여기에서 가치가 더해진다는 것은 나무를 자르거나 다듬음으로써 이전에는 가지지 못했던 쓰임새가 생기는 것을 의미한다. 이러한 행위들은 일정하고 논리적인 방식에 따라 순차적으로 이루어지게 된다. 여기서 논리적이고 순차적이란 것은 나무를 자른 후에야 다듬거나 홈을 팔 수 있다는 것을 의미한다.

어보는 것이다. 사실 현재 행해지는 업무 프로세스 중 상당 부분은 이러한 질문에 답을 할 수 없는 것들이다. 즉, 특별한 목적 없이 관습적으로 행해지고 있는 일들이 많다는 것이다. 한 업무를 오래 한 사람의 경우 이러한 부분을 스스로 발견하기란 쉽지 않다. 하지만 업무 프로세스를 개선하면서 가장 먼저 분석 대상이 되고 제거 대상이 되는 부분들은 바로 이런 비목적성 활동들이다.

셋째, '고객 만족의 관점'은 리엔지니어링의 가장 핵심 요소 중 하나이다. Michael Hammer가 분석한 성공 기업 사례들의 공통점은 고객의 불만에서 프로세스 개선의 시사점을 찾았다는 데 있다. 그리고 개선 작업 과정에서 업무 프로세스가 고객의 가치 창출과 관련이 있는가를 주요 잣대로 삼아 고객의 가치와 별 관계가 없는 내부 통제 목적의 활동들을 과감하게 생략함으로써 큰 개선 효과를 보게 된 것이다. 대부분의 공공기관에서 목표로 하고 있는 비용, 품질, 서비스, 속도의 개선은 조직의 경쟁력과 직결되는 것이지만, 결국 최종 수혜자는 고객이 된다. 공공기관이 양질의 서비스를 적은 비용으로 신속하게 제공해 준다면 가장 행복한 것은 고객이기 때문이다. 따라서 공공기관의 업무 프로세스는 고객의 관점에서 재평가되고 재설계될 때, 비로소 경쟁력을 갖게 된다고 할 수 있는 것이다.

기능 중심 조직과 프로세스 중심 조직의 비교

기능 중심 조직은 업무의 유사성에 따라 부서를 조직하는 방법으로, 인사에 관련된 사람들은 인사과 혹은 인사부에 소속시키는 것처럼 동일한 직무를 수행하는 사람들을 동일한 부서에서 일하도록 구성하는 것을 말한다. 반면 프로세스 중심의 조직은 특정한 업무를 완수하는 데 관계되는 재무, 인사, 구매 등과 같은 다양한 기능을 수행할 수 있는 구성원들을 하나의 단위로 묶어 놓은 형태를 말한다.

특히 프로세스 중심 조직은 경우에 따라서 하나의 부서 내에서만 업무가 수행되는 경우도 있지만(프로세스 중심 조직의 업무 A), 대부분의 경우 업무의 흐름은 여러 부서를 거치게 된다(프로세스 중심 조직의 업무 B, C).

기능 중심에서 프로세스 중심의 조직으로 변화하는 경우 조직 구조는 [그림 4-1]에서 알 수 있듯이 훨씬 단순하고 덜 계층적인 형태로 변화하게 된다. 기능 중심의 조직이 업무 영역을 중심으로 구성되었다면 프로세스 중심의 조직은 논리적으로 상호 연관된 프로세스 간의 연계를 중심으로 구성되기 때문에 팀 중심 조직과 같은 좀 덜 계층화된 형태의 조직 형태를 가지게 된다.

[그림 4-1] 기능 중심 조직과 프로세스 중심 조직 비교

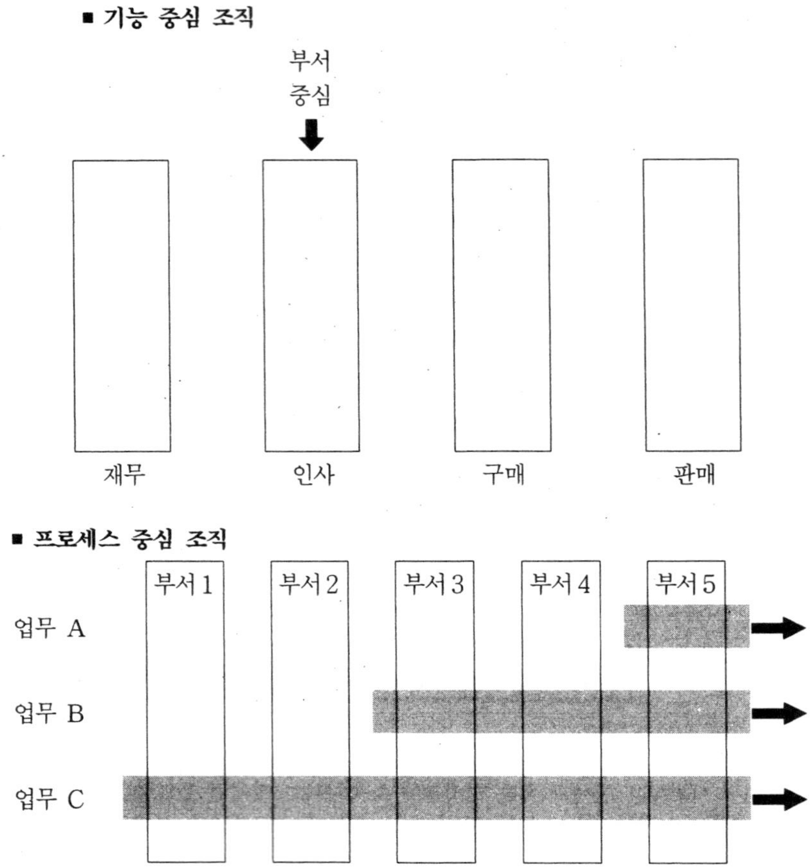

넷째, '근본적'이라는 의미는 리엔지니어링에 의해 제안되는 새로운 프로세스가 파격적이고 획기적인 내용이 될 수 있다는 말이다. 대부분의 개선 활동들은 업무의 근본적인 틀을 최대한 유지한 상태에서 점진적 혹은 지엽적인 개선을 내용으로 하고 있다. 하지만 리엔지니어링의 경우는 프로세스의 본래 목적을 출발점으로 하여 그러한 목적을 가장 효과적·효율적으로 충족시킬 수 있는 업무 프로세스를 그린다. "이 프로세스는 왜 존재하는가?" 혹은 "우리가 왜 이 프로세스를 하지?"라는 질문에 대한 답이 프로세스의 목적이 된다. 그리고

일단 프로세스의 목적이 정해지면 그러한 목적 달성을 위한 최선의 방법을 찾기 위해 기존의 방법을 무시한 채 영기준(zero-base) 상태에서 그려보는 것이 리엔지니어링의 기본 사상이다.

2. 행정조직 리엔지니어링의 목적

리엔지니어링은 조직의 업무 수행 방식을 변화시킴으로써 비용, 서비스 질, 고객 서비스 등에서 극적인 개선을 얻고자 하는 관리 기법이다. 리엔지니어링은 현재 조직의 운영 방식이나 업무 수행 방식에 대한 근본적인 회의를 통해 조직의 고객이나 환경에 대해 더 잘 대응할 수 있는 조직으로 변화시키고자 하는 최상위 관리자 주도의 하향적(top-down) 변화 노력이다. 고객의 요구를 얼마나 효과적으로 충족시키고 있는지 평가하기 위해 비용 · 서비스 · 품질을 측정하기 위한 측정 수단을 활용해 핵심 업무 프로세스를 파악하고 분석하며 재설계된 프로세스가 좀더 효과적으로 작동할 수 있도록 조직 구조, 문화, 역할과 책임을 체계적으로 변화시키려는 노력으로 특징지을 수 있다 (GAO, 1994).

현재 행정조직에서 나타나는 문제점으로는 여러 가지가 지적될 수 있다. 순차적이고 직선적인 업무 흐름, 복잡한 결재 단계, 규정에 대한 집착, 과도한 통제, 권한의 상부 집중 등이 대표적인 문제점이라고 할 수 있다. 이러한 문제들로 인해 자원의 낭비, 업무 처리의 지연, 책임감의 결여, 고객 요구에 대한 대응성의 약화를 초래하고 결국 업무 성과의 저하와 고객의 불만으로 이어지고 있다.

일반적인 리엔지니어링의 목표가 생산성 향상, 서비스의 질 개선, 저가치 업무의 완화 또는 제거, 이해관계자들의 가치 실현 등인 것과 마찬가지로 행정조

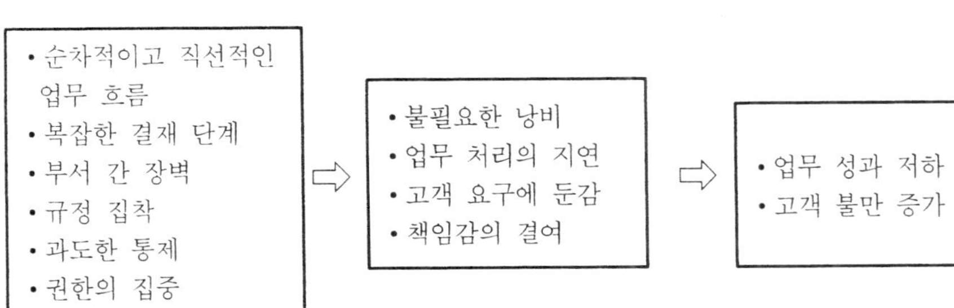

직 리엔지니어링의 목표도 여기에서 크게 벗어나지 않는다. 이러한 목표를 달성함으로써 행정조직의 성과를 향상시키고 단순히 서비스의 수용자로 인식하던 국민 혹은 시민들을 고객으로 인식해 최선의 서비스를 제공할 수 있도록 하는 데 있다. 따라서 행정조직 업무 프로세스 개선의 궁극적인 목적은 성과 향상과 고객 만족의 두 가지로 요약할 수 있다.

1) 성과 향상

행정조직의 운영에 대한 국민의 일반적 인식은 상당히 부정적이다. 따라서 행정을 이야기할 때는 항상 비능률, 비효율, 업무 지연, 규정 집착, 행정 편의주의 등과 같은 비판적 수식어들이 사용된다. 그 원인으로는 경쟁의 부재, 원가의식의 결여, 예산의 비효율적 운용, 정부사업과 관련된 부실과 부정, 공무원의 무사안일 등이 지적되고 있다.

점진적이고 부분적인 개선을 통해서는 행정조직의 성과 향상에 한계가 있다는 점에서 리엔지니어링을 통한 좀더 혁신적인 변화가 주장되고 있는 것이다. 그러므로 행정조직에 대한 부정적 인식을 불식시키고 좀더 효과적인 조직 운영을 통해 업무 성과를 향상시키는 것이 행정조직에 대한 프로세스 개선의 중요한 목적이다. 프로세스 개선을 통한 행정조직의 성과 향상을 위해서는 현재 조직이 안고 있는 문제의 정도, 목표 상태와 제한 요소 등을 잘 고려해야 한다.

[그림 4-2] 행정조직 리엔지니어링의 목적

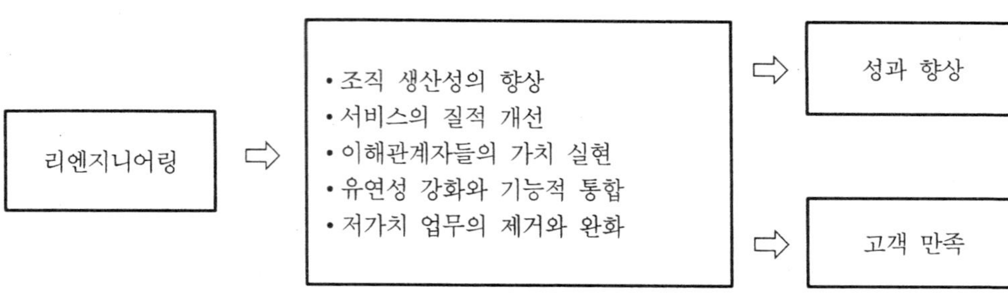

2) 고객 만족

최근에는 정부 서비스의 사용자를 고객으로 인식하고 그들의 요구를 적극적으로 수용하여 만족시키는 고객 만족에 행정 혁신의 목표를 두어야 한다는 주장이 적극적으로 제기되고 있다. 대표적인 행정 혁신의 주창자인 Osborne & Gaebler(1992)는 *Reinventing Government*에서 정부 부문의 비효율성을 제거하고 좀더 성과 지향적인 정부로 변화하기 위한 대안으로 기업가적 정부를 내세우고 있다. 기업가적 정부의 핵심적 내용은 고객 지향성이라고 할 수 있다. 행정 서비스의 수용자들을 고객으로 보는 관점은 비용의 지불과 서비스의 수용자 간의 불일치를 해소하고 시민 또는 국민들을 서비스 사용의 대가를 지불하고 사용하는 고객으로 분명하게 새롭게 인식하는 것을 의미한다.

정부 서비스에서 고객 지향성은 지금까지 단순한 서비스의 수용자로 인식하던 행정 서비스의 사용자들을 국민 혹은 시민이 아닌 고객으로 인식하자는 것이다. 고객 지향적 접근을 위해서는 고객 만족도의 조사, 초점 그룹(focus group), 고객 포럼(customer forums)과 고객 불만처리 제도 등을 통해 정부 서비스의 수용자들을 고객으로 인정하고 이들의 의견을 적극적으로 수용하는 방법이 제안되고 있다.

제2절 정보통신기술과 리엔지니어링

1. 정보통신기술과 리엔지니어링의 관계

리엔지니어링을 통한 조직관리 혁신의 주창자라고 할 수 있는 Michael Hammer는 리엔지니어링을 "혁신적으로 업무 프로세스를 제설계하기 위해 정보통신기술을 활용하는 것"이라고 규정하고 있다. 리엔지니어링에 반드시 정보통신기술이 수반되어야 하는 것은 아니라(Dixon, 1994)는 주장도 있지만, 오늘날 정보사회에서 정보통신기술의 도움 없이 리엔지니어링을 수행하는 경우는 거의 없다. 정보통신기술이 가지고 있는 잠재력을 활용하는 경우 리엔지니어링의 효과가 훨씬 높아질 수 있기 때문이다. 따라서 리엔지니어링에서 정보통신기술은 리엔지니어링의 가능인자(enabler) 혹은 촉진 수단으로 여겨진다.

[그림 4-3] 정보통신기술과 리엔지니어링 관계

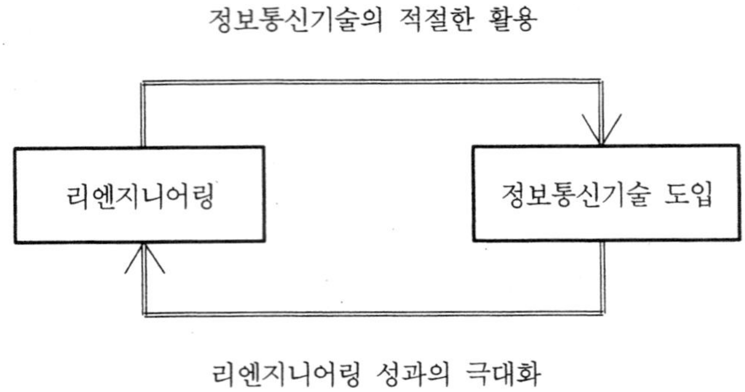

이처럼 리엔지니어링에서 정보통신기술은 개선된 업무 프로세스의 조직 성과에 대한 기여를 향상시키는 지원적 기능을 수행하기 때문에 정보통신기술의 적절한 활용은 리엔지니어링의 성과 극대화를 가능하게 해 주는 것이다 (Davenport & Short, 1990). 동시에 정보통신기술의 활용 가치를 극대화하기 위해서는 리엔지니어링이 선행되어야 한다. 기존의 업무 절차에 단순히 정보통신기술을 도입하는 것은 낭비에 그칠 가능성이 높기 때문에 리엔지니어링을 통해 업무 프로세스를 최적화하고 정보통신기술을 도입하는 것이 필요하다.

2. 정보통신기술을 활용한 업무 프로세스 개선 모습

정보통신기술이 리엔지니어링의 가능인자 또는 촉진 수단으로 여겨지는 주요 이유는 정보통신기술을 활용할 경우 기존의 직선적이고 순차적인 업무 프로세스를 병렬적인 처리가 가능하게 함으로써 업무 완결에 걸리는 소요되는 시간과 비용을 획기적으로 단축시키는 효과를 볼 수 있다는 것이다. 리엔지니어링을 통해 과거 6~14일 걸리던 업무를 4시간 만에 처리함으로써 처리량의 100% 이상의 증대를 이룬 IBM Credit Company가 그 대표적인 예가 될 것이다 ([그림 4-4] 참조). IBM 컴퓨터를 사는 사람에게 돈을 융자해 주는 이 회사의 기존 업무 프로세스는 여러 부서에 나뉘어 있었다. 영업 사원에 의해 접수

[그림 4-4] 정보통신기술을 활용한 업무 프로세스 변화 모습: 보험 가입 업무 중심

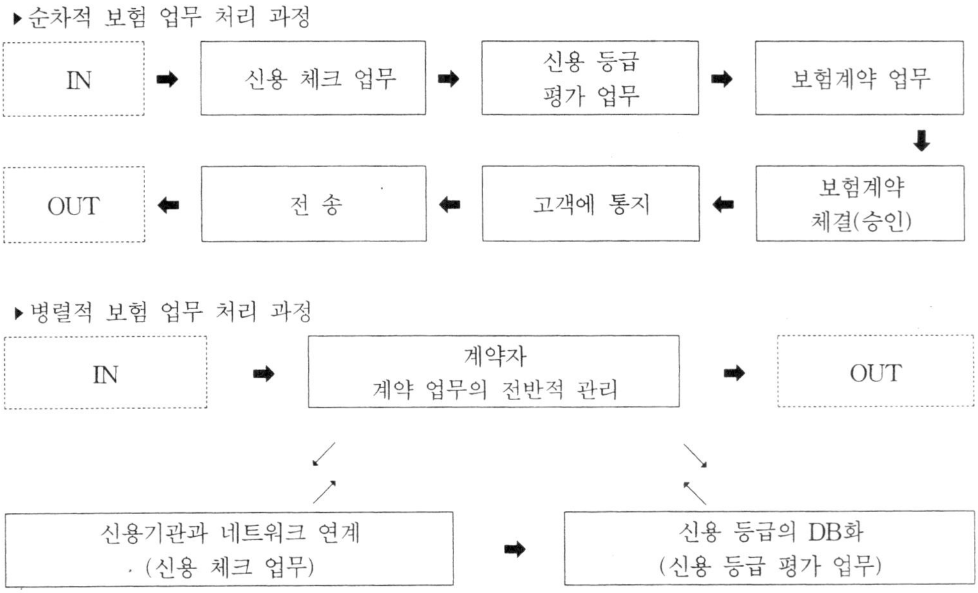

※ Aetna 보험회사는 이렇게 순차적 업무 절차를 병렬적인 업무처리 절차로 전환시켜 업무 처리 시간을 21일에서 5일로 단축시킴.
출처: Linden(1994)에서 재인용.

된 융자 신청서는 신용 조사, 이자율 결정 등을 위해 순차적으로 여러 부서에 넘겨지게 된다. 이러한 과정에서 쓸데없는 대기, 이동, 지연이 생기게 된 것이다. 혁신적인 개선 작업 결과 모든 작업이 케이스 워커(case worker)라고 불리는 한 사람에 의해 처리되고 앞에서 언급한 획기적인 성과를 얻게 되었다. 이렇게 기존에는 순차적으로 여러 부서에서 처리될 수밖에 없었던 작업이 병렬적으로 동시에 처리될 수 있었던 가장 큰 이유는 전체 프로세스에서 발생하는 정보를 필요에 따라 공유할 수 있기 때문이다. 그리고 이러한 정보의 공유를 가능하게 하는 것이 바로 정보통신기술이다. 이 때문에 리엔지니어링에서 정보통신기술은 가능 인자로 불리고 있는 것이다.

또한 정보통신기술이 리엔지니어링의 가능인자라는 점과 함께 리엔지니어링을 다른 조직 혁신 기법과 차별화하는 또 다른 주요 요소는 리엔지니어링의 결

과가 앞에서 언급한 것처럼 단순히 프로세스 개선으로 그치지 않는다는 것이다. 업무 프로세스 혁신은 조직 구조의 변화, 관리 방식 및 평가 방식의 변화, 그리고 구성원의 가치관 및 신념의 변화까지 가져오기 때문이다. 특히 정보통신기술의 도입에 따른 조직원 및 조직구조를 포함하는 조직문화의 변화([그림 4-5 참조])까지 고려할 때 조직에 미치는 영향은 실로 지대하다고 할 수 있다.

[그림 4-5] 정보통신기술 도입의 조직에 대한 영향

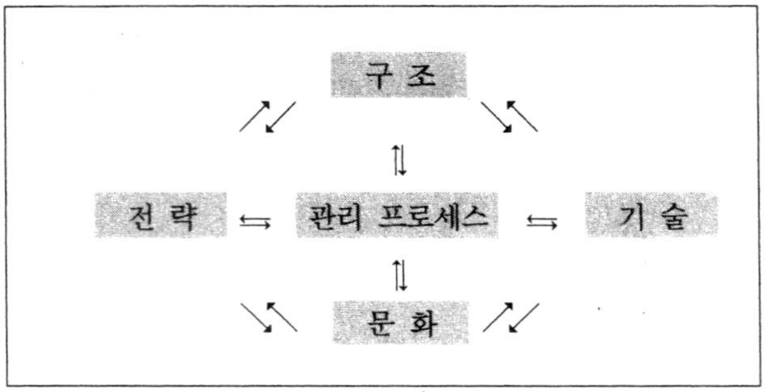

출처: Morton(1991); Benjamin & Levinson(1993)에서 재인용.

제3절 리엔지니어링의 절차와 전제 조건

1. 리엔지니어링의 수행 단계

일반적인 문제 해결 절차는 문제의 인식과 분석, 대안 탐색, 해결책의 선택, 실행의 단계를 거치게 된다. 리엔지니어링의 수행 단계에 대해서는 학자들 간에 다양한 의견[4)]이 있지만, 리엔지니어링의 경우에도 문제를 인식하고 이에 대

4) Davenport & Short의 5단계: 업무 비전과 프로세스 목적의 개발, 재설계될 프로세스 인식, 기존 프로세스의 이해와 측정, 정보통신기술 활용 가능성의 인식, 프로세스 원형의 설계와 구축; Hammer의 8단계: 리엔지니어링의 준비, 리엔지니어링 추진조직 구성, 핵심 프로세스의 열거, 프로세스 선정 및 실행 우선 순위 결정, 비전 설정, 프로세스의

한 해결책을 제시하는 문제 해결의 과정이라고 볼 때 일반적 문제 해결의 절차를 적용하는 데에는 아무런 문제가 없다. 따라서 여기에서는 일반적인 문제 해결 절차에 비추어 단계별 수행 전략을 제시한다. 그러나 이러한 단계 구분이 절대적인 것은 아니다.

1) 문제 인식 단계

리엔지니어링의 필요성을 판단하고 리엔지니어링을 전반적으로 조정할 리엔지니어링 조정위원회를 구성한다. 리엔지니어링 조정위원회는 문제가 있다고 판단되는 개선 대상 프로세스를 선택하고 리엔지니어링을 직접 수행할 리엔지니어링 팀을 구성한다.

(1) 조직진단을 통한 리엔지니어링 필요성 평가

리엔지니어링을 수행하기 위해서는 우선 조직의 전반에 대한 진단이 필요하다. 문제의 정도에 따라 리엔지니어링의 필요성을 파악할 수 있기 때문이다. 조직 전반의 진단에 포함되는 내용들은 조직의 임무와 목표, 조직 구조의 적절성, 서비스의 내용·품질과 생산성, 조직에서 사용하고 있는 기술, 조직의 문화, 유인 체계와 조직의 강점과 약점 등에 대한 내용들을 포함한다. 진단을 위해서는 구성원 면접조사, 고객 인식조사, 업무 흐름 분석, 직무분석, 벤치마킹과 같은 다양한 방법들이 활용될 수 있다.

(2) 리엔지니어닝 전담 조직 구성

리엔지니어링 프로젝트를 수행하기 위해서는 리엔지니어링의 수행과 관련된 전담 팀을 구성하고 관련자들을 지정해야 한다. 우선 전담 조직으로는 리엔지니어링을 총괄적으로 조정하는 역할을 수행하는 조정위원회, 리엔지니어링을 맡아서 직접 수행하는 리엔지니어링 팀을 구성해야 한다. 또 리엔지니어링을 통해 새로 설계된 프로세스 실행에 대한 책임을 맡는 프로세스 책임자를 정한다. 이렇게 리엔지니어링의 전담 조직을 구성함으로써 리엔지니어링 프로젝트가 합리적이고 일관된 방향으로 추진될 수 있게 된다. 리엔지니어링의 전담 조직의 관련자들의 구성은 [그림 4-6]과 같다.

이해, 프로세스 재설계, 프로세스의 실행; Harrington의 5단계: 개선을 위한 조직화, 프로세스 이해, 간결화, 측정과 통제, 지속적 개선; Linden의 3단계; 평가, 설계, 실행.

조직진단의 목표와 내용

임무와 목표

• 구성원들이 고객의 요구를 이해하는가?
• 구성원들이 명확한 직무 목표를 가지고 있는가?
• 구성원들이 조직 임무 완수를 위한 자신의 역할을 이해하고 있는가?

조직 구조

• 관리 계층의 수는 어느 정도이며 얼마나 많은 관리 계층이 필요한가?
• 조직 구조가 고객과의 긴밀한 관계 형성을 촉진시키는가?
• 각각의 직무는 분명한 시작과 끝이 있는가?

품질, 서비스와 생산성

• 고객의 기대를 파악할 수 있는 체제가 갖추어져 있는가?
• 고객의 기대가 충족되고 있는가?
• 고객의 수요를 효율적으로 충족시킬 수 있는 능력이 있는가?

조직 기술

• 자동화가 필요한 기능(functions)은 무엇인가?
• 구성원들이 필요한 기술을 가지고 있는가?
• 자신이 사용하는 기술로 인해 권한 위임이 이루어지는가?

조직문화

• 팀워크를 다져온 경험이 있는가?
• 관리자들이 적극적으로 참여하는가?
• 조직의 문화가 혁신을 촉진시키는가?

유인 체계

• 보상 체계(compensation systems)가 조직 목표 달성을 촉진시키는가?
• 인정-보상(recognition-reward) 체계가 긍정적 행태를 촉진시키는가?
• 측정 체계가 필요한 정보를 제공하고 있는가?

강점과 약점

• 시급한 개선이 필요한 약점은 무엇인가?
• 강점을 잘 활용하고 있는가?

[그림 4-6] 업무 프로세스 개선을 위한 리엔지니어링 전담 조직

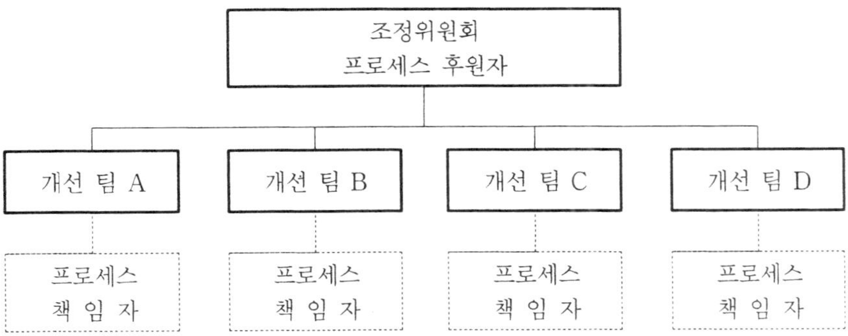

① 조정위원회

리엔지니어링 프로젝트를 전반적으로 관리할 조정위원회(steering committee)의 구성은 최고관리층에 의해 이루어진다. 프로세스 리엔지니어링은 현재의 조직 구조를 주어진 그대로 받아들이는 것이 아니다. 따라서 조직의 기존 조직 구조와 기능에 큰 변화가 나타날 수 있으며, 거의 모든 구성원들에게 기존의 역할 대신 새로운 역할을 부여하는 경우도 발생하기 때문에 권력 구조에도 큰 변화를 초래한다. 이 과정에서는 심각한 저항이 나타날 수도 있으며, 이것을 조정할 수 있는 사람은 오직 최고관리자밖에 없다. 그러므로 최고관리자는 리엔지니어링에 대한 모든 것을 이해할 수 있어야 하며, 각 단계에 모두 관여해야 한다. 조정위원회의 위원은 다음과 같은 조건을 고려해 구성해야 한다.

조정위원회는 반드시 고위직의 관리자로 구성되어야 한다. 공공조직의 경우 변화에 대해 훨씬 부정적 태도가 많기 때문에 변화에 따른 불만이나 이견은 항상 존재할 수밖에 없다. 그런데 이러한 불만이나 이견을 하위 실무자 혹은 중간관리층들이 직접 조정하고 해결한다는 것은 불가능하다. 따라서 조정위원회의 구성은 상당한 권한을 가진 고위직으로 구성하는 것이 바람직하다.

여기에서 주의해야 할 매우 중요한 사실은 위원회라고 해서 각 부서를 대표하는 대표자들의 모임 형태로 구성해서는 안 된다는 것이다. 위원회의 구성은 조직 내의 각 부서 단위를 대표하는 대표자들로 구성하는 것이 아니라 리엔지니어링의 목표를 잘 이해하고, 변화를 긍정적으로 받아들이며, 적극적으로 변

화를 추구할 수 있는 고위직으로 구성되어야 한다. 만약 각 부서의 대표자로 구성되는 경우 자신들이 속한 부서의 입장에 가장 큰 관심을 가질 수밖에 없다. 따라서 리엔지니어링에 대해서도 소속 집단 혹은 부서의 입장에서 이해하고 접근하려고 하게 된다. 이렇게 되는 경우 리엔지니어링을 조직 전체의 입장에서 이해하지 못하게 되고 잘못된 방향으로의 결정을 유도할 수도 있다. 따라서 조정위원회의 위원들은 부서 혹은 집단을 기초로 하지 않고 집단 혹은 부서 단위의 대표자가 아닌 리엔지니어링에 대한 적극적 이해와 관심을 가진 고위직으로 구성해야 한다. 이런 점에서 조정위원회는 실제로 위원회라기보다는 동일한 목표를 위해 서로 협력하는 팀 형태에 가깝다고 할 수 있다.

리엔지니어링 조정위원회는 리엔지니어링을 직접적으로 수행하는 것은 아니지만 리엔지니어링을 이끌고, 지원하며, 새로 설계된 프로세스가 받아들일 만한 것인가를 판단하여 실행하도록 하는 역할을 수행한다(Chery Currid & Company, 1995). 위원회는 핵심 프로세스를 가려내고 어떤 프로세스를 먼저 리엔지니어링할 것인가에 대한 우선 순위를 결정한다. 또 리엔지니어링을 통해 습득한 경험과 지식을 모두가 공유할 수 있도록 하며, 리엔지니어링 팀에 의해 제안된 권고안들을 평가하고 승인 여부를 결정한다. 또 프로세스 개선에 따른 변화가 초래하는 구조적 변화가 조화와 균형을 유지하도록 조정하는 역할도 수행한다. 그리고 리엔지니어링에 따른 변화에 대해 불만이나 이견이 있을 경우 이것을 해소하는 역할을 수행하기도 한다(Linden, 1994). 그러나 조정위원회는 리엔지니어링 팀의 활동이나 개선을 위한 권고 사항에 심각한 문제가 있다고 판단하는 경우가 아니면 리엔지니어링 팀의 활동에 과도하게 간섭해서는 안 된다(Chery Currid & Company, 1995). 과도한 간섭이 이루어지는 경우 프로세스에 대한 직접적인 지식과 경험을 가진 리엔지니어링 팀이 현실적이고 바람직한 대안을 마련하는 데 오히려 장애가 될 수도 있기 때문이다.

② 리엔지니어링 팀

리엔지니어링을 직접적으로 수행할 리엔지니어링 팀은 대부분의 경우 여러 다른 직위, 활동과 배경을 가진 사람들로 이루어진 기능 초월적인 팀으로 구성한다. 그러나 팀원의 수가 많을 필요는 없다. 대체로 적게는 4, 5명에서 많게는 10명까지로 구성한다. 아무리 많아도 최대 10명 이하로 하는 것이 바람직하다. 10명 이상이 되면 합의를 이끌어 내기가 매우 힘들고 단기간에 상호 협력의 효과를 충분히 거두기 힘들기 때문이다(Petrozzo & Stepper, 1994).

리엔지니어링 팀을 구성할 때는 현재의 업무 프로세스하에서 직접 업무를 수행하는 구성원인 내부자(insiders)들과 그렇지 않은 구성원들(outsider)의 두 가지 유형의 구성원들로 구성하는 것이 바람직하며, 최소한 반 이상을 외부자들로 구성해야 한다. 내부자들은 현재의 프로세스에 대해 잘 알기 때문에 기존의 지식과 경험을 프로세스의 재설계에 활용할 수 있다. 내부자의 역할은 현재 프로세스하에서 업무가 어떤 식으로 이루어지고 있으며, 경험으로 볼 때 문제는 어떤 것이 있고 어떻게 하면 좀더 바람직할 것인가에 대한 의견을 제시하는 데 있다. 반면에 외부자들은 현재의 업무나 업무 프로세스에 대해 아무런 지식이나 경험을 가지고 있지 않다. 조직에 대한 지식이나 정보를 가지고 있지 않기 때문에 편견 없이 리엔지니어링을 수행할 수 있다. 또 외부자들은 조직의 내부자들과는 전혀 다른 관점을 가지고 있기 때문에 기존에 해 왔던 방식에 집착하지 않는다. 따라서 혁신적이고 새로운 관점에서 문제를 파악하고 해결책을 제시할 수 있다는 장점도 가지고 있다.

리엔지니어링 팀원들은 프로세스에 대한 전문 지식을 가진 사람, 관리 지식을 가진 사람 등 다양한 지식과 배경을 가진 사람들로 구성해야 한다. 그뿐만 아니라 정보통신기술에 관한 전문지식을 가진 사람도 팀 구성원으로 포함시키는 것이 바람직하다. 리엔지니어링의 효과를 극대화하기 위해 정보통신기술의 활용 가능성을 충분히 고려해 재설계된 프로세스에 정보통신기술을 접목하는 것이 필요하기 때문이다. 리엔지니어링 팀의 구성원이 되기 위해서는 다른 팀원들로부터 팀원으로서의 자격을 갖추고 있다고 인정받아야 한다. 관련 전문지식을 가지고 있다고 하더라도 다른 구성원들로부터 팀원으로서의 자격이 있다고 인정받지 못하게 되면 리엔지니어링 팀원들 간의 협력을 저해할 수 있기 때문이다. 만약 다른 구성원으로부터 무능력하다거나 적합하지 않은 인물이라는 평가를 받게 되면 협조적 분위기의 형성이 불가능하게 되어 팀원들 간의 협력을 통한 상승 효과를 기대할 수 없기 때문이다. 리엔지니어링 팀이 성공적으로 업무를 수행하기 위해서는 리엔지니어링 팀에게 의사 결정의 권한을 부여해야 한다. 팀원들이 그들이 속해 있던 원래의 소속 부서로부터 벗어나 스스로의 일상적인 활동에 대해 스스로 결정하고 판단할 수 있는 권한을 가지고 있어야만 그들이 가진 모든 능력을 충분히 발휘할 수 있기 때문이다(Chery Currid & Company, 1995).

팀원 간의 협력을 강화하고 리엔지니어링의 수행시 발생할 수 있는 리엔지니어링에 대한 오해에서 발생될 수 있는 문제를 방지하기 위해 팀형성 훈련과 리엔지니어링의 기본 원리와 단계에 관한 교육을 실시해야 한다. 리엔지니어링에 대한 지식 없이 프로세스 설계의 임무를 맡기는 것은 아무런 의미도 없기 때문이다.

③ 프로세스 책임자

프로세스 책임자는 일단 리엔지니어링을 통해 새로운 프로세스가 재설계된 후 실제로 실행되는 과정에서 직접적인 책임을 가지는 사람으로서, 프로세스 책임자는 재설계된 프로세스의 집행자라고 할 수 있다. 프로세스 책임자는 리엔지니어링 팀원 중의 하나여야 하며 리엔지니어링 프로젝트에 적극적으로 참여한 사람이어야 한다. 프로세스 책임자의 주요 임무는 리엔지니어링을 위한 프로세스의 개념화가 아니라 프로세스의 실행에 있다. 그러나 명확하게 누가 프로세스의 책임자가 되어야 한다고 지정할 수는 없다.

이러한 점에서 프로세스 책임자는 다음과 같은 자질을 갖추고 있어야 한다. 우선, 새로운 프로세스가 제대로 작동하기 위한 조건, 기대되는 결과, 조직의 다른 프로세스들과의 상호 관계에 대해 완벽하게 이해하고 있어야 한다. 새로운 프로세스가 성공적으로 실행되기 위해서는 실행에 따르는 저항과 적대감을 해소하고 새로운 프로세스가 받아들여질 수 있도록 하는 능력을 갖추고 있어야 하며, 이를 위해서는 새롭게 설계된 프로세스와 관련된 사람들과 좋은 관계를 유지하고 있어야 한다. 물론 실행이 성공적으로 이루어지도록 노력할 수 있는 적극적 자세와 관심을 가지고 있는 훌륭한 실천가이기도 해야 한다.

(3) **개선 대상 프로세스 선정**

조직 내에서 수행되는 모든 업무가 리엔지니어링의 대상이 될 수 있으며, 리엔지니어링을 통해 큰 개선의 이득을 얻을 수 있다. 재정적・시간적 제약이 없다면 모든 프로세스를 개선의 대상으로 하는 것이 가장 바람직하다. 그러나 현실적으로 조직에 따라 차이가 있기는 하지만 업무 프로세스의 개선에 사용 가능한 자원(재정적, 인적, 시간적)의 크기는 제한되어 있다. 따라서 제한된 자원을 사용하여 가장 큰 효과를 얻기 위해서는 대상 업무들 중에서 무엇이 가장 개선할 필요성이 높은가에 대한 우선 순위를 정해야 한다. 또 우선 순위에 따라 사용 가능한 자원의 범위 내에서 리엔지니어링의 대상이 되는 업무를 선정함으로써 자원의 투입에 대비한 리엔지니어링의 효과성을 극대화시킬 수 있게 된다.

개선 대상 프로세스를 선정하기 위해서는 해당 업무 프로세스가 전체 조직의 성과에 미치는 영향 정도와 고객이나 이해관계자들에게 미치는 영향 정도, 해당 프로세스의 역기능 정도와 현실적인 조건을 고려했을 때의 실현 가능성 등을 고려해야 한다(Linden, 1994).

① 중요도

특정 프로세스를 개선 대상으로 선택하는 이유는 그 프로세스가 중요하기 때문이다. 업무 프로세스 개선시에 특정 프로세스의 중요도는 개선의 목적과 관련해서 판단할 수 있다. 업무 프로세스 개선의 중요한 목적은 조직의 성과 향상과 고객 만족에 있다. 따라서 조직의 전체적 성과를 향상시키고 조직의 내부 고객이나 외부 고객들에게 직접적인 이득을 가져다 줄 수 있는 프로세스가 중요한 업무 프로세스라고 할 수 있다.

프로세스의 중요도를 결정하는 기준은 해당 업무 프로세스가 전체 업무에서 차지하는 비율이나 건수 등과 같은 양적 방법에 의한 것을 우선 들 수 있다. 그러나 공공조직의 경우에는 계량화가 가능한 경우보다 불가능한 경우가 더 많기 때문에 조직의 주요 의사결정자나 업무 수행 담당자들 간의 브레인스토밍(brainstorming)이나 인터뷰를 통해 결정할 수도 있다.

② 역기능 정도

특정 프로세스가 가지고 있는 문제의 정도도 개선 대상 프로세스의 선택 기준이 될 수 있다. 특정한 프로세스가 가지고 있는 문제의 정도인 역기능 정도는 업무를 수행함으로써 달성하고자 했던 목적이 현재의 업무 프로세스하에서 얼마나 달성되는가를 살펴봄으로써 측정해 볼 수 있다. 역기능 정도를 측정하기 위해서는 목표 정도와 현재 상태에 대한 비교 평가를 위한 측정 지표가 있어야 한다. 일단 측정지표가 정해지면 목표 수준과 현재 수준과의 차이를 측정하거나 동일한 업무를 수행하는 다른 조직과의 수준과 현재의 수준과의 비교를 통해 그 차이를 측정할 수 있다. 그 차이를 기준으로 만족 수준이 가장 낮은 프로세스의 순으로 역기능 정도가 높다고 할 수 있다.

일반적으로 조직의 외부 고객(예: 민원인)과 업무 프로세스에서 한 단계의 결과를 자신의 투입으로 사용하는 내부 고객들이 문제를 제기하거나 프로세스에 대해 불만을 많이 나타낼수록 해당 업무 프로세스의 역기능 정도는 높다고 할 수 있다. 또 높은 비용이 소요되거나 업무가 완료되는 데까지 걸리는 시간이 너무 길다면 이런 프로세스도 역기능 정도가 높은 프로세스라고 할 수 있다. 따라서 이러한 증상들 중에서 최소한 한 가지 이상의 경우에 해당하면 일단 문제가 있다고 볼 수 있다. 만약 여러 가지 문제가 복합적으로 나타난다면 그만큼 역기능 정도는 높다고 할 수 있다.

③ 실행 가능성

실행 가능성은 현실적으로 기존 업무 프로세스를 혁신적으로 고치는 것이 가능한 정도를 나타낸다. 개선을 통해 얻는 이득이 큰 프로세스일수록 개선 대상 프로세스를 선택할 때 우선적으로 고려해야 할 사항이지만 개선된 프로세스를 실제로 실행에 옮기기 위해서는 실행 가능성이 있어야 한다. 아무리 좋은 개선안이라고 하더라도 재정상·운영상·법적인 이유나 기술적인 문제로 실행이 불가능하다면 업무 개선에는 실제적인 아무런 도움을 주지 못하기 때문이다.

2) 대안 탐색 단계

개선 대상 프로세스가 선정되고나면 선정된 업무 프로세스를 분석하고 개선 목표를 설정하게 된다. 개선 대상 업무 프로세스의 분석과 개선 목표의 선정은 리엔지니어링 팀에 의해 이루어지게 된다.

(1) 현행 업무 프로세스 분석

업무 프로세스의 전반적 모습을 이해하기 위해서 흐름도를 작성해야 하며, 흐름도는 업무 프로세스를 이해하는 데 매우 중요하다. 흐름도는 특정한 지역과 위치를 나타내는 지도와 같은 역할을 하는 것으로 흐름도를 작성하는 이유는 흐름도를 그림으로써 프로세스의 기본적인 활동들과 흐름의 전체적 모습을 쉽게 이해할 수 있게 해 주기 때문이다. 흐름도를 통해 특정한 부분에서 흐름의 장애가 되는 부분을 파악할 수 있고, 불필요한 활동이 무엇인지도 쉽게 이해할 수 있게 해 준다. 단순 흐름도의 경우 실제 자체를 너무 단순화한다는 단점이 있기는 하지만 이러한 단순성이 전체적 모습에 대한 이해를 촉진시킬 수 있다는 점에서 오히려 장점으로 작용할 수 있다. 또 흐름도를 실제로 업무가 수행되는 방식과 비교함으로써 업무 프로세스의 개선을 위한 좋은 아이디어를 얻을 수 있게 된다.

흐름도의 작성에서 유의해야 할 점은 흐름도가 실제로 이루어지는 모든 과정을 완전하게 보여 주는 것은 아니라는 사실이다. 흐름도 작성의 목적은 업무 프로세스상에서 개선해야 부분이 어디인가를 파악하는 데 있다. 그러므로 흐름도를 프로세스를 이해하기 위한 최종적인 수단으로 보는 것은 바람직하지 않으며 프로세스를 분석하고 개선의 방안을 마련하는 데 더 주의를 기울여야 한다. 따라서 흐름도를 작성할 경우에는 너무 지나치게 세세한 행위들까지 모두 그리려는 노력은 불필요하다. 흐름도의 장점이 단순화함으로써 전체적 모습을 이해하는 것이므로 지나치게 세세하게 흐름도를 그리는 것은 시간의 낭비에 불과하다. 흐름도에는 단순 상자 흐름도, 기능 간 흐름도, 표준 흐름도, 지리적 흐름도 등의 여러 가지가 있다. 목적에 따라 적당한 것을 선택하여 흐름도를 작성하면 된다.

(2) 프로세스 개선 목표의 설정

리엔지니어링의 가장 중요한 목적은 업무 프로세스를 개선함으로써 조직의 성과를 향상시키고 공공조직의 고객에게 제공하는 서비스의 질을 향상시킴으로써 고객 만족을 향상시키는 것이다. 리엔지니어링을 통한 프로세스 개선을 위해서는 구체적인 목표를 설정해야 한다. 예를 들면 업무 처리 시간의 30% 단축과 같이 구체적이고 세부적인 목표를 세워야 한다. 목표를 구체적으로 정해 놓지 않으면 리엔지니어링을 통해 무엇을 어떻게 달성해야 할 것인가에 대한 행위 계획을 세우기 곤란해진다. 이렇게 되면 리엔지니어링에 대한 노력에 비해 미미한 결과만을 얻을 수도 있다. 개선 목표와 관련된 구체적 지표들로는 업무당 소요 시간으로 측정되는 속도, 비용과 산출의 비(比)로 측정되는 비용, 얼마나 실패가 자주 발생하는가 하는 실패율로 측정될 수 있는 품질 등을 들 수 있다.

3) 프로세스 재설계 단계

개선의 목표가 정해지면 리엔지니어링 팀은 개선 목표에 맞추어 새로운 프로세스를 재설계하게 된다. 새로운 프로세스 설계는 불필요한 절차의 제거뿐만 아니라 정보통신기술의 도입을 전제로 만들어져야 한다. 그렇지 않은 경우 새로운 정보통신기술 시스템의 도입에 따른 효과를 극대화할 수 없다. 따라서 프로세스 개선안 및 정보통신기술 도입안은 개별적으로 정의되는 것이 아니라 통합된 형태로 정의되어야 한다.

특히 새로운 프로세스 설계 과정에서는 내부 고객과 함께 벤치마킹이 중요한 방법으로 사용될 수 있다. 벤치마킹은 조직의 성과를 향상시키는 데 도움을 줄 수 있는 가장 훌륭한 모범이 될 수 있는 다른 조직의 사례를 참고하는 것을 의미한다. 이를 통해 관리자들이 자기 조직의 특정한 기능과 다른 조직의 동일한 기능의 성과를 비교할 수 있다. 다른 조직과의 비교를 통해 프로세스 재설계나 개선에 도움이 될 수 있는 아이디어를 얻을 수 있게 된다. 벤치마킹은 동일한 부문 혹은 동일 사업 영역의 다른 조직만이 아니라 다른 분야의 조직으로부터도 가능하다. 공공조직의 경우 공공 부문 내의 조직뿐만 아니라 민간조직과의 정보 교환을 통해 자신들의 조직이 직면하고 있는 문제들을 해결할 새로운 방법을 발견할 수 있다.

(1) 프로세스 재설계의 원칙

① 결과 중심의 재조직화

결과 혹은 성과 중심의 조직화는 고객 중심의 조직화, 산출 중심의 조직화, 프로세스 중심의 조직화라는 세 가지 목표를 지향하는 것을 의미한다. 특정한 업무 프로세스의 결과를 최종적으로 사용하는 사람은 고객이다. 따라서 고객은 성과에 따라 직접적으로 영향을 받게 된다. 그러므로 결과 중심의 조직화는 고객 지향성을 의미하는 것이다.

또한 산출 중심의 조직화와 프로세스 중심의 조직화도 밀접하게 관련된다. 전통적 조직 구조하에서는 동일한 기능을 수행하는 사람들은 함께 일하도록 했다. 예를 들면, 인사 업무를 맡는 사람들은 인사과에, 구매 업무를 맡는 사람들은 구매과에 배치하는 식으로 인력을 배치하는 것이다. 이 경우에는 한 사람이 수행하는 일이 해당 과에서 수행하는 업무의 일부분에 지나지 않는다. 구매 업무라고 하더라도 한 사람은 계약 업무만을 맡고 한 사람은 가격조사 업무만을 담당하는 식이기 때문에 잘못된 구매가 이루어진다고 하더라도 잘못된 결과를 혼자서 통제하는 것은 불가능하다. 개인적으로 결과에 통제가 불가능하기 때문에 결과가 잘못된다고 하더라도 특별한 책임감을 가질 수 없다. 책임감은 주어진 임무에 대한 권한이 부여되고 자신이 결과를 통제할 수 있을 때에만 가질 수 있기 때문이다. 책임감의 결여는 산출 저하의 원인이 된다. 이러한 문제를 해결하기 위해서는 동일한 프로세스에서 일하는 사람들이 함께 일하도록

[그림 4-7] 결과 중심의 조직화

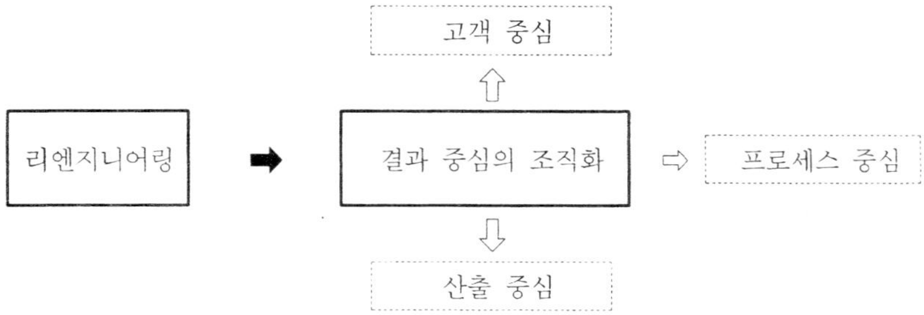

산출을 중심으로 조직하는 것이 필요하다 (Linden, 1994). 즉 하나의 업무를 완결하는 데 관련된 인사, 재무, 구매 등의 담당자들을 하나의 구성 단위에 포함시킴으로써 인사 담당자는 해당 업무와 관련된 인사에 관한 전적인 책임과 권한을 가지게 된다. 또 구매 담당자는 해당 업무와 관련된 구매를 전담하게 하는 것이다. 이렇게 산출 중심으로 조직을 변화시키기 위해서는 전통적인 기능 중심의 조직에서 벗어나 프로세스 중심의 조직으로 변화시키는 것이 필요하다.

② 순차적 절차의 병렬적 절차화

리엔지니어링을 통해 업무의 효율성을 높이기 위해서는 좀더 신속한 업무처리가 가능하도록 해야 한다. 계층제적 조직에서는 많은 결재 단계와 부서 간의 장벽으로 인해 업무의 완결을 위해서는 수많은 단계를 거쳐야 하고, 다음 단계로 넘어가기 위한 대기 시간이 증가하게 된다. 이처럼 대기 시간의 증가는 불필요한 시간과 비용의 증가에 따른 관리적 효율성의 저하뿐만 아니라 공공조직의 서비스를 제공받는 고객들의 대기 비용도 함께 증가시키게 된다.

서비스의 사용자들은 가능한 한 빠른 시간 내에 신속하게 업무가 처리되기를 바란다. 기존의 순차적인 업무를 병렬적으로 변화시키는 경우 업무 처리 시간이 단축됨으로 해서 불필요한 시간과 비용을 감소시킬 수 있을 뿐만 아니라 고객의 서비스에 대한 만족도도 향상시킬 수 있게 된다. 그리고 이러한 기존의 직선적이고 순차적인 업무 프로세스를 병렬적인 처리로 전환하게 하는 것은 바로 정보통신기술의 활용을 통해 이루어지는 것이다.

[그림 4-8] 접촉점의 단일화에 따른 변화

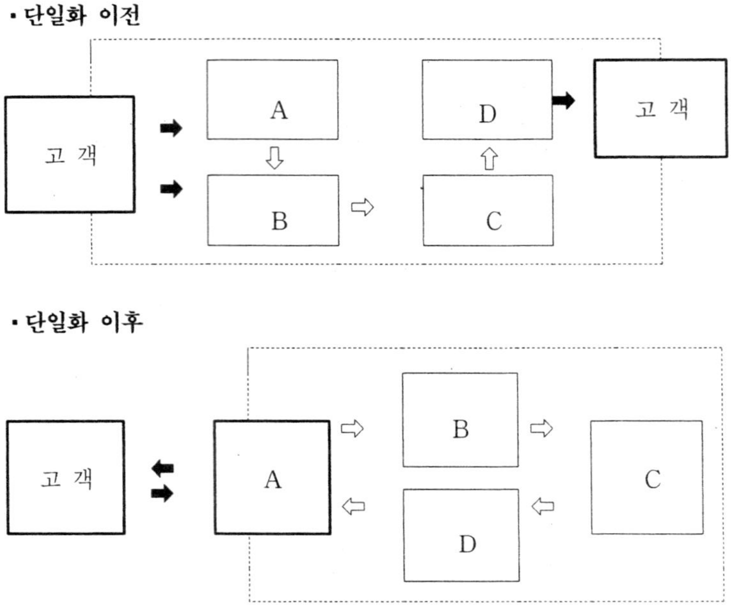

③ 고객들에게 단일의 접촉점 제공

행정기관을 방문하는 민원인들은 가능하면 한 번의 방문으로 신속하게 자신의 업무가 처리되기를 바란다. 따라서 업무 처리의 지연은 공공조직에 대한 부정적 인식을 가지게 되는 결정적인 동기가 된다. 특히 하나의 업무를 처리하기 위해 여러 부서를 방문하거나 한 부서 내의 여러 담당자들을 방문해야 한다면 민원인의 불만은 높아질 수밖에 없다. 따라서 공공기관을 방문하는 고객이 하나의 업무를 처리하기 위해 하나의 부서 내의 한 사람의 담당자에게 가면 해결될 수 있도록 하는 것이 매우 중요하다.

[그림 4-8]에서 보는 것처럼 접촉점을 단일화할 경우 A, B, D 세 개의 접촉점을 가지던 업무가 A 하나만의 접촉점을 가지는 형태로 변화하게 된다. 이러한 변화는 조직에 대한 고객의 만족을 향상시킬 수 있을 뿐만 아니라 방문 횟수가 증가함에 따라 발생하는 불필요한 시간과 비용의 발생을 줄일 수 있기 때문에 사회적으로도 바람직하다.

프로세스 재설계 방법

레드테이프(red tape)의 제거
업무 수행의 관점에서 불필요한 작업, 승인이나 서류 작업 제거

중복의 제거
업무 프로세스가 진행되는 과정 중에서 서로 다른 부분에서 수행되는 동일한 활동의 제거

저가치 행위의 제거
업무 프로세스와 관련된 모든 활동을 평가하여 고객의 요구 충족과 업무 성과 향상에 대한 기여를 평가하고 기여가 낮은 활동을 제거

단순화
프로세스의 복잡성을 완화하여 단순화시킴.

프로세스 처리 시간의 단축
고객의 기대를 충족시키고 불필요한 대기 시간과 비용을 최소화하기 위해 처리시간 단축

오류 방지
잘못된 행위가 나타나지 않도록 방지

업그레이딩
장비의 효과적인 활용과 업무 환경의 개선

어휘의 단순화
서류의 작성 방식이나 용어들을 사용하는 방식을 단순화시켜 서류의 내용을 누구나 쉽게 이해할 수 있도록 함.

표준화
행위 방식을 단일화하고 모든 행위들이 항상 동일한 방식으로 이루어질 수 있도록 함.

공급자와의 협력 강화
업무 프로세스의 산출물의 질은 프로세스의 투입의 질에 의해 결정되므로 투입의 질적 향상을 위해 앞 단계의 공급자와의 협력을 강화

거시적 관점의 개선
위의 방법들에 의한 개선의 효과가 작은 경우 프로세스를 근본적으로 변화

자동화와 기계화
구성원들을 기계적으로 되풀이되는 일상 업무로 부터 해방시켜 좀더 창조적인 활동을 할 수 있도록 새로운 기술, 기법이나 정보기술을 도입

(2) 프로세스 재설계 방법

프로세스 재설계를 통한 조직 성과의 향상을 위해서는 기존의 업무 프로세스를 단순화, 중복 제거, 처리 시간 단축과 같은 업무 프로세스의 간결화가 필요하다. 프로세스의 간결화에는 별표(91쪽)와 같은 방법들이 있다(Harrington, 1991).

(3) 프로세스 재설계를 위한 정보통신기술 도입 전략

프로세스 재설계를 위해 정보통신기술을 도입하기 위해서는 전략적 의사 결정이 필요하다. 전략적 고려 없이 정보통신기술을 도입하는 것은 값비싼 정밀기계를 대충의 짐작으로 구입하는 것과 마찬가지로 과다한 비용의 낭비만 초래할 수도 있다. 정보통신기술의 발전에 따라 고도의 기술을 요구하는 첨단 정보통신기술들이 많이 있지만 경우에 따라서는 최고의 기술적 수준에 있는 정보통신기술의 도움이 필요 없이 보통 수준 혹은 그 이하의 정보통신기술을 도입하더라도 큰 성과를 거둘 수 있기 때문에 조직의 기술적 · 재정적 · 관리적 측면에 대한 충분한 고려 후에 도입하는 것이 바람직하다.

일반적으로 정보통신기술을 도입하기 위해서는 조직에서 필요로 하는 정보통신기술이 무엇인가에 대한 수요 파악이 필요하다. 조직 내부의 정보통신기술 기반과 새로운 정보통신기술을 통한 업무 개선의 가능성 등을 분석해야 한다. 정보통신기술 플랫폼의 평가시에는 ① 자원(재정적, 인적, 기술적), ② 사용자 요구의 충족 능력, ③ 다른 사용 조직(민간의 경우 경쟁자)들의 플랫폼과 비교를 중심으로 플랫폼에 대한 평가를 수행해야 한다. 이러한 분석을 바탕으로 정보통신기술 도입을 위한 구체적 전략을 세우고 어떤 방식으로 정보통신기술을 도입할 것인가를 결정해야 한다. 그리고 재정적 여건을 고려하여 구체적인 예산을 배정하고 최종적으로는 정보통신기술 도입을 위한 조직적 여건을 조성해야 한다.

또한, 프로세스 재설계를 위해 정보통신기술을 도입할 때에는 현재의 정보화 수준에 대한 이해가 필요하다. 현재의 정보화 정도를 잘 이해하고 있을 때 정보화를 통해 달성하고자 하는 목표를 구체화하고 리엔지니어링을 통한 업무 프로세스의 개선 효과를 극대화하기 위한 정보화 도입 전략이 수립될 수 있기 때문이다([그림 4-9] 참조).

[그림 4-9] 정보통신기술의 도입 전략

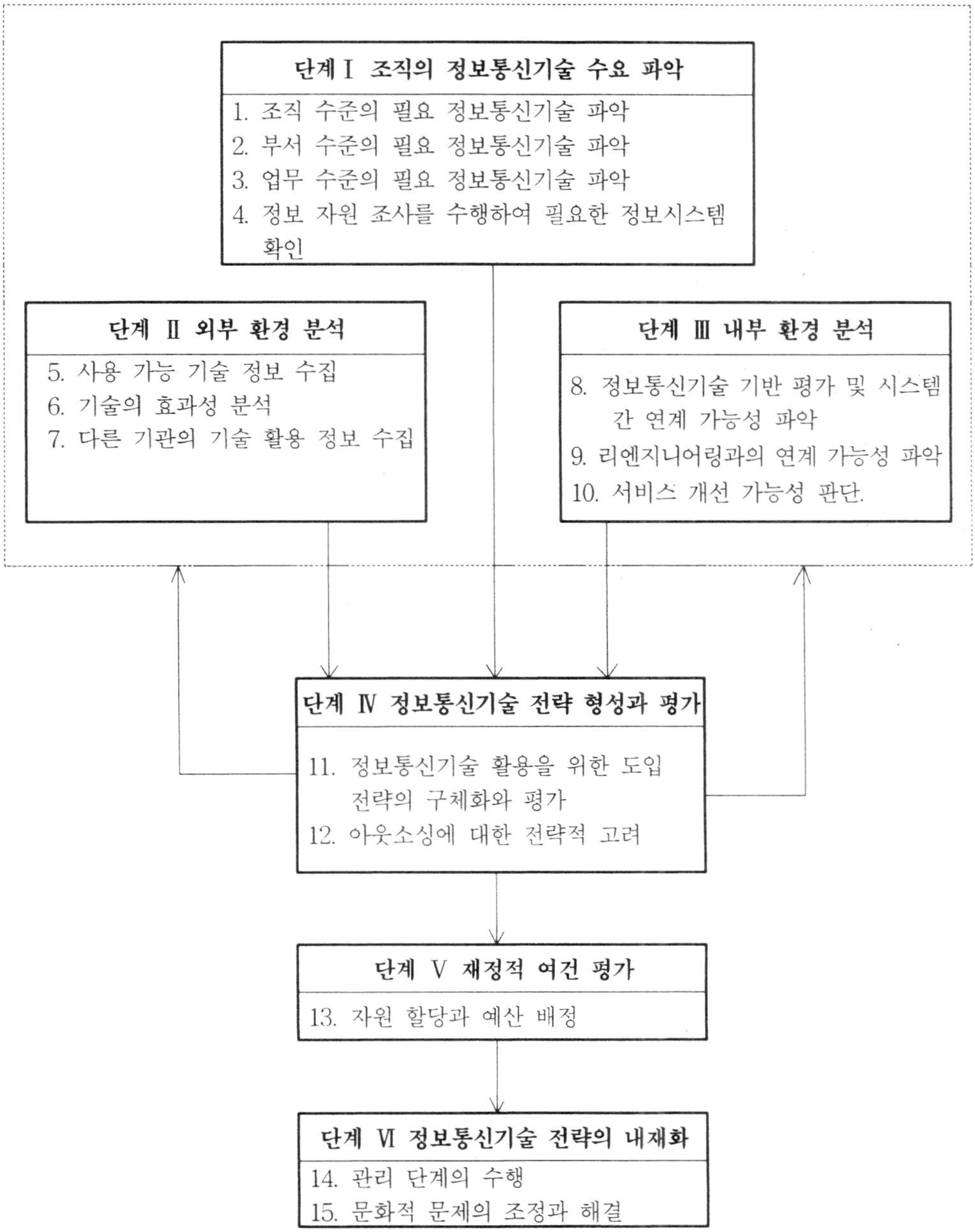

4) 실행 및 평가

새로 설계된 업무 프로세스가 최종적으로 실행되고 이에 대한 평가가 이루어지는 단계이다. 프로세스의 재설계가 끝나면 새로운 프로세스를 실행하기에 앞서 새로운 설계의 타당성을 평가하게 되는데, 이 때 소규모의 시범적 운용이 필요할 수도 있다.

(1) 시범 운영

일단 프로세스를 재설계하게 되면 시범적 운영을 통해 실제 운영시 나타날 수 있는 문제점을 미리 발견하고 부분적으로 개선 또는 조정하는 것이 필요하다. 미세 조정과 개선을 통해 개선의 성공 가능성을 더욱 높일 수 있기 때문이다. 시범적 운영은 전면적으로 재설계된 프로세스를 도입할 경우 겪을 수도 있는 시행착오에 따른 피해를 최소화할 수 있다는 점에서도 중요한 단계라고 할 수 있다. 시범적 운영을 통해 필요한 교육이나 훈련의 수요나 직무기술서의 내용을 결정할 수 있는 기회도 얻을 수 있다.

시범적 운영을 통해 재설계 프로세스의 실행이 가능하다고 판단하게 되면 리엔지니어링 팀은 프로세스의 개선안을 조정위원회에 제출하여 최종적으로 승인을 받게 된다. 이 때 리엔지니어링 팀은 개선안을 제출하면서 기존의 프로세스와 개선된 프로세스 간에 명확한 차이를 보여 주기 위해 비교표를 만들어서 개선 사항과 효과에 대해 쉽게 이해할 수 있도록 해야 한다(<표 4-1> 참조).

〈표 4-1〉 프로세스 개선 전후의 비교표의 예

분 야	기존 프로세스	재설계 프로세스	개선 정도
소요 시간			
불 만 율			
서비스의 질			
신 뢰 성			
결 함 률			
운영 비용			
훈련 필요성			

(2) 개선 프로세스의 실행 및 평가

실행 과정에서 나타날 수 있는 여러 가지 문제들에 대처하고 해결하기 위해서는 내부 고객과 외부 고객에 대해 지속적으로 관찰하여 개선에 대한 반응을 파악하고 대응해야 하며, 실행의 효과가 가능하면 빨리 나타날 수 있도록 해야 한다.

실행 과정에서는 재설계된 업무 프로세스의 내부 고객과 외부 고객과의 지속적인 접촉을 통해 새로운 프로세스에 실행상의 문제점은 무엇인가에 대해 파악해야 한다. 외부 고객을 통해 제공된 서비스가 리엔지니어링에 의해 얼마나 개선되었는가에 대한 정보를 얻을 수 있다. 내부 고객의 경우 리엔지니어링을 통해 개선된 프로세스가 직접적으로 영향을 미치기 때문에 리엔지니어링에 대한 내부적 지지를 얻기 위해서는 지속적인 관찰과 대화가 필요하다. 또 새로운 업무 프로세스로 인해 변화된 직무 내용에 대한 반응을 지속적으로 관찰해 그 과정에서 제기될 수 있는 불만과 저항에 적극적으로 대처해야 한다.

또, 한 가지 주의해야 할 것은 새로운 프로세스의 실행의 효과가 즉시 나타날 수 있도록 해야 한다. 변화의 속도는 실행 단계에서 매우 중요한 문제이다. 변화가 너무 느리게 이루어진다면 개선 효과에 대해 많은 사람들이 의문을 가지게 되고 더 많은 자원이 필요하게 되므로 리엔지니어링을 통해 재설계된 프로세스의 개선 효과가 저하되기 쉽다. 따라서 실행 단계의 초기에 프로세스의 개선에 따른 가시적인 효과가 나타날 수 있도록 해야 한다. 많은 경우 개선의 효과를 즉시 측정할 수는 없지만 실행 초기에 효과를 측정할 수 있는 측정치들이 있다면 그것을 활용하여 개선의 효과를 보여 주는 것이 필요하다.

2. 성공적인 리엔지니어링을 위한 전제 조건

리엔지니어링이 성공하기 위해서는 이를 수행하기 위한 적절한 조건들이 갖추어져 있어야 한다. 리엔지니어링을 실행에 옮기기에 앞서 성공을 뒷받침할 만한 전제 조건들이 제대로 갖추어져 있는가에 대해 충분히 고려해야 한다.

성공적인 리엔지니어링을 위한 전제 조건

- 문제 해결 및 성공에 대한 최고관리층의 적극적인 지원과 관심
- 리엔지니어링의 목표와 원리를 수용할 수 있는 조직문화
- 프로세스의 관점에서 업무에 초점을 맞춘 개선과 절감의 실현
- 고객의 수요, 기대 이익과 성공 가능성에 바탕을 둔 현실적 기대 수준의 설정
- 법 · 제도 개선

1) 최고관리층의 관심과 지원

리엔지니어링에서 최고관리층의 관심과 지원은 매우 중요한 요소로 지적되고 있다(GAO, 1994). 조직의 최고관리층이 리엔지니어링을 적극적으로 후원하고 지속적으로 지지를 보낼 때 리엔지니어링의 성공 가능성이 크게 높아질 수 있기 때문이다.

최고관리층이 적극적 후원자의 역할을 수행하는 것이 가장 바람직하지만 그렇지 않은 경우라도 최소한 리엔지니어링의 대상이 되는 프로세스에 대해 책임을 질 만한 지위에 있는 사람이 리엔지니어링에 대해 적극적인 관심을 가지고 지원해야 한다. 그리고 최고관리층의 지원과 관심은 리엔지니어링 프로젝트가 수행되고 이것이 실행되는 동안에도 지속적으로 유지되어야 한다.

2) 적절한 조직문화의 구축

아무리 좋은 기술이나 방법론을 도입한다고 해도 완벽한 성공을 보장해 주지는 못한다. 리엔지니어링에는 성공의 가능성만큼 실패의 가능성도 상존한다. 중요한 실패의 원인 중 하나로 변화에 대해 부정적이거나 새로운 변화에 부합하지 않는 조직문화를 들 수 있다. 새로운 관리 방식이나 운영 기술의 도입을 통한 조직의 변화 노력은 관리 기술이나 기법 자체의 문제로 인해 실패하는 경우도 있지만 조직문화와 조직문화를 통해 형성된 조직의 업무 분위기에 의해 실패할 수도 있기 때문이다(McNabb & Sepic, 1995).

모든 조직은 특유한 문화를 가지고 있지만 정부조직과 민간조직은 상이한 조직문화를 가지고 있는 것으로 인식되고 있다. 특히 공공조직의 경우 변화에 적극적이지 못하고 보수적인 조직문화를 가지고 있는 것으로 인식되고 있다.

조직문화는 조직이 새로운 방향으로 변화하고자 하는 경우 성공에 중요한 변수가 될 수 있다.

조직 변화가 성공하는가 실패하는가 하는 것은 기존의 조직 문화 속에서 새로운 기술이나 운영 방식을 얼마나 쉽게 받아들이는가에 달려 있는 경우가 많기 때문이다. 또 조직을 특정한 방향으로 의도적으로 변화시키려는 경우 조직 구성원들이 공유하고 있는 기본적인 가치나 인식의 변화를 요구하기 때문에 심각한 내부적 저항과 반발을 초래할 수도 있기 때문이다.

기존의 조직문화가 리엔지니어링의 성공적 실행에 적합하지 못한 경우 성공의 가능성은 상당히 낮아지기 때문에 조직 구성원들의 적극적이고 자발적인 참여를 보장하기 위해 적절한 보상 체계와 교육·훈련 등을 통해 리엔지니어링에 따른 변화를 적극적으로 수용할 수 있도록 유도해야 한다.

3) 프로세스 관점에서의 개선

리엔지니어링을 통해 업무의 개선이나 비용의 절감이라는 결과를 얻기 위해서는 프로세스의 관점에서 하나의 기능 부서 내에 한정하여 개선할 것이 아니라 여러 기능 부서를 포괄하여 리엔지니어링을 수행해야 한다. 둘 이상의 부서가 관계되는 업무의 경우 하나의 기능 부서 내에서만 개선이 이루어진다면 개선의 효과는 크게 제한될 수밖에 없다. 따라서 부서라는 기능 단위 간의 경계를 넘는 프로세스의 관점에서 개선이 이루어지는 경우 동일한 노력으로 몇 배 이상의 효과를 거둘 수 있게 된다.

4) 실현 가능한 현실적 기대 수준의 설정

현재 조직이 안고 있는 문제와 개선의 가능성에 대해 충분히 이해하고 있어야 한다. 리엔지니어링에 대한 충분한 이해가 선행되어야만 이를 통해 달성하고자 하는 목표와 목적을 좀더 현실적이고 구체적으로 설정할 수 있기 때문이다.

리엔지니어링의 범위, 기간과 개선의 정도 등에 대해 충분히 검토하고 좀더 잘 이해하게 되는 경우 실현 가능한 목표의 설정이 가능해지게 되고, 리엔지니어링의 성공 가능성은 한층 높아지게 된다. 기대 수준을 설정할 때는 조직의 입장만을 고려하는 것이 아니라 고객이 바라는 것이 무엇인가에 대해서도 고려해야 한다. 고객의 요구가 반영되지 않은 경우 리엔지니어링 실시 이전보다

리엔지니어링에 대한 잘못된 믿음

리엔지니어링이 민간 부문에서 시작된 이래 민간 기업뿐만 아니라 행정조직에도 도입되어 조직 성과의 향상을 위한 방법론으로 활용되고 있다. 그러나 리엔지니어링이 성공하는 경우도 있지만 실패하는 경우도 많다. 리엔지니어링이 실패하게 되는 중요한 이유 중의 하나는 리엔지니어링에 대한 잘못된 믿음에 기인하는 경우가 많다. 일반적으로 리엔지니어링과 관련된 잘못된 믿음에는 다음과 같은 것들이 있다.

■ 리엔지니어링은 조직 감축(downsizing)과 인력 감축이 필수적이다

리엔지니어링을 단순히 조직 감축으로 생각하는 것은 리엔지니어링을 통한 목표 달성을 저해하는 요인이다. 리엔지니어링은 조직이나 인력의 감축이 있을 수도 있지만 이것은 리엔지니어링의 결과는 아니다. 리엔지니어링의 핵심은 규모나 인력의 감축과는 무관하게 기존과는 다른 좀더 효과적인 방식으로 업무를 수행하는 것을 의미하기 때문이다. 따라서 조직이나 인력 규모의 감축이 전혀 없이도 성공적으로 리엔지니어링을 수행할 수 있다.

■ 리엔지니어링은 프로세스의 변화만으로도 가능하다

리엔지니어링은 조직의 재창조(reinvention)를 의미한다. 재창조는 기존의 상태와는 전혀 다른 새로운 상태로의 변화를 의미한다. 전혀 새로운 상태로의 변화를 위해 리엔지니어링은 프로세스의 개선이라는 방법을 사용하지만 프로세스 개선의 결과로 새로운 조직, 새로운 조직 구조가 필요로 하게 된다. 또 새로운 변화에 맞춘 새로운 리더십도 필요하다. 조직은 다양한 조직 요소들 간에 적절한 균형 상태를 이룰 때 최상의 성과를 달성할 수 있다. 리엔지니어링을 통해 조직의 균형 상태가 무너지게 되면 조직이 달성하고자 하는 최상의 성과를 달성할 수는 없다. 따라서 리엔지니어링이 성공적으로 이루어지기 위해서는 조직의 핵심적 요소들 간의 적절한 균형 상태를 회복하기 위한 다양한 측면에서의 변화가 필요하다.

■ 리엔지니어링은 일회적인 대규모의 변화만을 의미한다.

리엔지니어링을 단순히 일회적인 대규모의 변화로만 인식하는 것은 바람직하지 못하다. Michael Hammer는 리엔지니어링을 통한 변화가 급격하고 근본적인 변화라는 것을 강조한다. 방법론적으로 볼 때 리엔지니어링은 일회적인 대규모의 조직 변화를 의미하는 것이 사실이다. 그러나 대규모의 개선으로 상당한 성과 향상의 기초가 이루어졌다고 해서 그 성과가 지속될 수 있으리란 보장이 없다. 이러한 성과가 지속적 유지되기 위해서는 리엔지니어링을 통한 대규모의 변화 이후의 관리까지 지속적인 관리가 필요하다. 따라서 리엔지니어링은 혁신적 변화와 이러한 변화 이후의 지속적 개선 노력까지도 포함하는 것으로 이해하는 것이 필요하다.

전자정부의 미래 모습과 정부 내·정부 간 프로세스 리엔지니어링

정보사회로의 이행으로 인해 정부조직의 모습도 변화하게 한다. 전자정부가 구현됨에 따라 정부의 조직 구조는 전통적인 집권화된 관료조직에서 유기적인 상호 의존성을 가지면서 전체적으로는 통합된 구조(single face)로 변화하게 될 것이다. 이에 따라 좀더 협동적이고 능력 위주의 유연성 있는 조직 형태로 변화하게 되며, 또한 영역 간의 경계가 불분명해져서 공공 부문과 민간 부문의 구분이 모호해질 가능성도 있다.

전자정부 구현에 따라 정부조직의 변화 모습을 간단히 살펴보면 다음과 같은 변화 모습을 예상할 수 있다.

첫째, 전자정부 구현에 따른 정부 내 리엔지니어링은 크게 front-office와 back-office 리엔지니어링으로 구분할 수 있다. 1차적 조직 재설계 과정은 front-office에서 발생하는데 이는 정부 포털의 구축으로 나타난다. 즉 정부 구조와 상관 없이 한 곳에서 국민과 기업이 정부 서비스에 접근하여 서비스를 이용할 수 있는 원스톱 숍(one stop shop)을 창출하게 되는 것이다. front-office의 업무 재설계는 고객의 요구를 반영하게 되고 이러한 front-office의 재설계에 따라 정부 내 업무 프로세스와 조직구조의 변화가 유도된다. 이에 따라 전통적인 back-office 업무 프로세스와 조직구조는 front-office를 통한 고객 서비스 요구에 의해 더욱 더 결정된다고 볼 수 있다. 이러한 전환 과정을 거치면서 정부 내 인력이나 재원 등은 전반적인 재배치가 이루어진다. 즉, 소규모 정보통신기술 기반 back-office가 대규모 front-office를 지원할 수 있게 되는 것이다.

둘째, 정부 간 프로세스 리엔지니어링은 수직적 통합과 수평적 통합으로 구분할 수 있다. 전통적으로 전통적 정부 구조(bureaucratic government)에서 행정, 교육, 의료, 노동 등 단순 정부 기능을 통합하는 단계로 진행되고, 다음으로 시민단체(NGO) 등을 포함하여 상이한 정부 부처의 복합적 기능이 수평적으로 통합하는 단계로 전환한다. 이어 완전한 통합 단계에서는 가령 일상사나 기업 활동 등에 의거한 조직 변화(업무 프로세스와 조직구조)가 이루어진다. 여기에서 완전한 통합은 중앙집중적인 의미로서가 아니며, 고도로 통합되는 단계지만 수평적으로는 분산적인 정부를 의미한다. 다시 말하면, 정부 간 유기적인 상호 의존성(완전한 협조 및 교류, 의사소통)을 가지면서 전체적으로 통합구조로 국민에게 다가가게 되는 것을 의미한다고 볼 수 있다.

좋지 못한 결과를 낳을 수 있기 때문이다. 그리고 무엇보다도 현실적으로 실현 가능한 기대 수준을 설정하기 위해서는 리엔지니어링의 성공을 제한하는 제약 요소들에 대해서도 고려해야 한다. 조직적 · 재정적 · 인적 제한 요소들에 대한 고려를 통해 현실적으로 가능한 리엔지니어링의 목표 설정이 가능하기 때문이다.

5) 법 · 제도적 개선

리엔지니어링을 통한 새로운 프로세스는 대개 조직 및 제도의 변화를 수반하게 된다. 민간기업과 달리 대부분의 업무 내용 및 책임 부서 등이 법률적으로 정의되어 있는 정부조직의 경우는 새로운 프로세스 설계에 따른 조직 및 제도의 변화에 대한 의사 결정 과정이 길어지기 쉽다. 자칫 이러한 점이 새로운 프로세스 개선에 장애가 될 수도 있다. 따라서 리엔지니어링 추진시 법률 전문가를 함께 참여시켜 개선안에 대한 적절한 법적 조언을 해 주는 것이 필요하다.

예를 들면 기존의 종이 문서 및 기명 날인과 동일한 법적 효력을 전자 기록과 전자서명에 부여하는 한편, 전자 거래의 신뢰 · 보안 확보 방안으로 인증기관의 촉진 · 활성화를 구체적으로 법령에 명시해야 한다. 또한 정보통신기술의 도입에 따른 조직 구조, 업무 프로세스 변화 등을 뒷받침하는 법적 장치도 마련되어야 하는 것이다.

[그림 4-10] 정부 프로세스 리엔지니어링 변화 방향

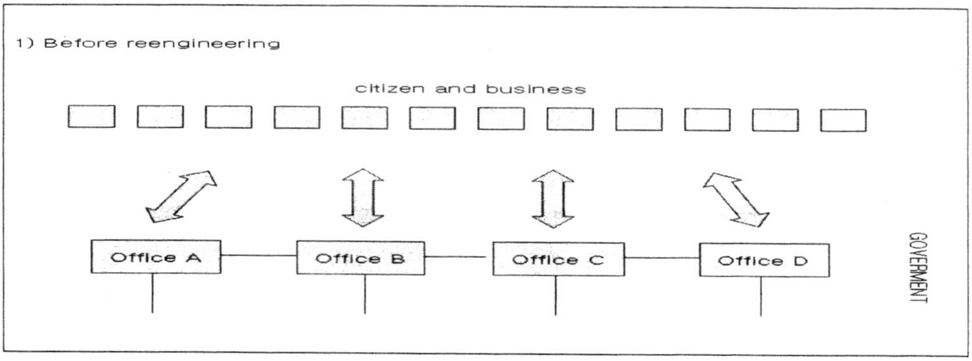

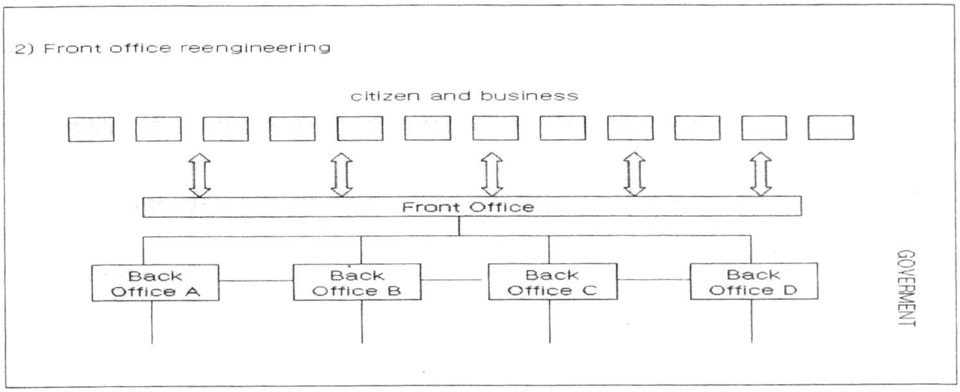

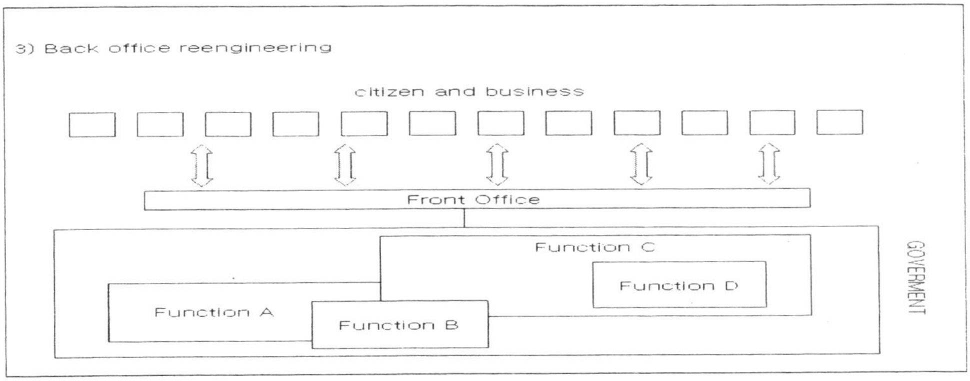

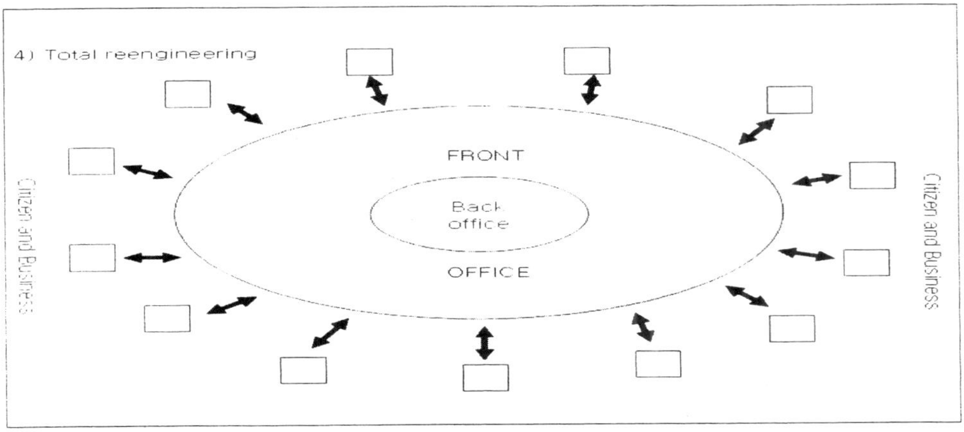

출처: Jeremy(2002).

요 약

행정 업무 프로세스와 조직 구조 혁신을 수반하지 않는 전자정부 구현은 그 기대한 바를 얻기 힘들다. 현재 성공적으로 전자정부를 구축하고 있는 주요 선진국들의 공통점은 전자정부 구현을 행정조직 혁신의 핵심 수단으로 활용하고 있으며, 이를 위해 정보통신기술의 도입에 앞서 기존의 조직 구조와 업무 처리 절차를 전자적 처리에 맞게 혁신적으로 재설계하는 리엔지니어닝(BPR: Business Process Reengineering) 작업을 강조하고 있다. 행정조직의 혁신에 리엔지니어링 기법을 활용하기 위해서는 리엔지니어링에 대한 이해가 선행되어야 한다. 리엔지니어링에서 추구하는 것은 무엇이며, 어떤 방법을 사용하며, 왜 특정한 측면에 초점을 맞추는가는 등에 대한 아무런 지식 없이 리엔지니어링을 수행할 수는 없다. 따라서 리엔지니어링의 전반적 내용에 대한 이해가 필요하다. 이 장은 이러한 문제 인식을 바탕으로 리엔지니어링이 무엇이고 어떤 절차에 따라 수행되며, 그리고 정보통신기술과 리엔지니어링의 관계 등에 대한 포괄적인 지식을 제공하는 데 목적을 두고 있다.

연구 문제

1. 리엔지니어링의 등장 배경 및 주요 핵심 사상을 정리해 봅시다.
2. 기능 중심 조직과 프로세스 중심 조직의 특성을 비교해 봅시다.
3. 행정조직 리엔지니어링의 목적을 정리해 봅시다.
4. 정보통신기술을 활용할 경우 기존의 순차적 업무 처리를 병렬적 업무 처리로 전환할 수 있는데 그 원인과 업무 프로세스 변화 모습을 정리해 봅시다.
5. 리엔지니어링의 수행 단계 중 문제 인식 단계에서 고려해야 할 사항에 대해 정리해 봅시다.
6. 리엔지니어링의 수행 단계 중 대안 탐색 단계에서 고려해야 할 사항에 대해 정리해 봅시다.
7. 리엔지니어링의 수행 단계 중 프로세스 재설계 단계에서 고려해야 할 사항에 대해 정리해 봅시다.
8. 리엔지니어링이 성공하기 위해서는 이를 수행하기 위한 적절한 조건들이 갖추어져야 하는데 리엔지니어링을 성공적으로 수행하기 위한 전제 조건들이 무엇인지에 대해 생각해 봅시다.

제 5 장

전자정부와 인사행정

제 1 절 인사행정의 환경 변화 및 정보통신기술의 필요성

현대 인사행정의 특징 중 하나는 환경 종속성이다. 정부가 처해 있는 정치적 · 경제적 · 사회적 · 문화적 상황에 따라서 인사행정을 지배하는 가치나 기본 원칙이 달라질 수 있다. 따라서 인사행정도 환경의 변화를 면밀히 관찰하여 대응해 나가야 할 당위성에 직면하게 된다(강성철 외, 2002: 22; 임도빈 · 유민봉, 2003: 23-36).

정보 시대가 됨에 따라 조직의 발전 잠재력은 물리적 혹은 재정적 자산보다 지식의 소유와 활용 정도에 따라 결정되고 있다. 지식의 중요성이 커지는 만큼 인적 자원의 중요성도 함께 증대된다. 과거에 인적 자원은 재정 자원, 물적 자원, 정보 자원 등 다른 자원들과 동일한 수준에서 관리되어야 할 자원 혹은 생산 수단의 한 비용 요소로 인식하는 것이 고작이었다. 그러나 이제는 인적 자원이 곧 지식 자원을 위한 필수불가결한 요건으로 인식된다(LG경제연구원, 1999). 그 이유는 정보를 이해, 수정, 축적 등의 방법을 통해 인간에게 내면화시킴으로써 의사 결정, 문제 해결, 행동 착수에 직접적으로 도움을 줄 수 있도록 만든 것이 지식이기 때문이다. 즉 지식이란 인간에게 내면화된 정보이기 때문에 오늘날 인적 자원을 관리한다는 것이 지식을 관리한다는 의미에서 큰 부분을 차지한다. 따라서 지식 자원이 중요해지는 만큼 인적 자원의 중요성도 더불어 중요해지는 것이다.

오늘날 정보통신기술은 한층 중요해진 인적 자원을 관리하기 위한 유용한 도구로서 자리매김하게 되었다. 이 현상은 사회적 환경의 변화가 없이는 불가능하다. 인사행정에서 정보통신기술의 활용이 필요할 수밖에 없는 환경적 변화를 열거하면 다음과 같다.

(1) 정보량의 폭증

정보통신기술의 급속한 발전과 함께 사회적으로는 물론 각 조직 내에서도 정보의 양이 폭증하게 되었다. 공무원의 인사와 관련한 정보도 외부 환경에서 발생하여 정부 내로 유입되거나 정부조직 내에서 자생적으로 발생할 수 있다. 어느 경우에도 그 양은 크게 증가하여 이를 효율적으로 처리 및 관리할 수 있는 수단으로서 정보통신기술이 필요하게 되었다.

(2) 조직 간 개방화

외부 환경과의 원활한 교류를 위해서는 외부의 기술적 발전 수준에 보조를 맞추어야 한다. 공직의 개방성이 증대되고 있는 상황에서 외부 환경과의 상호 교류 및 정보 교환이 빈번해지고 있다. 만약 민간조직들에서는 일반적으로 온라인 기술을 활용하는데 공직에서 오프라인 기술을 사용하고 있다면 교류는 단절될 수밖에 없다. 사회적으로 정보화의 혁명이 일고 있는 상황에서 행정의 정보화는 필연적이며 행정의 인력을 다루는 인사행정도 여기에서 예외일 수는 없다.

(3) 신자유주의

신자유주의의 물결 속에서 공직에도 효율성 및 생산성 등 기업적 가치들과 경영관리 기법들이 중요한 위치를 점하게 되었다. 현대 인사행정이 인적 자원 관리적인 속성을 갖는다는 주장은 이미 대두되었다. 즉 인력은 조직의 단순한 구성원이 아니라 조직의 목표 달성을 위해 전략적으로 관리되어야 할 하나의 자산이다. 인력계획에서 시작하여 퇴직관리에 이르기까지 일련의 인적 자원 관리를 한층 체계적으로 할 수 있는 주요 수단으로서 정보통신기술이 인식되고 있다.

(4) 욕구의 다양화

경제적으로 윤택해지고 정치·사회적으로 민주화되면서 인간의 욕구도 다양화되고 고급화되었다. 젊은이들은 자기의 개성과 특기를 살리고자 하는 욕구를 분출하고 있다. 오프라인상에서 인사행정 담당 직원이 직원들의 욕구의 변화를 일일이 조사 및 분석하거나 저장 및 검색하기도 매우 어렵게 되었다. 개인 정보를 데이터베이스화하고 각 구성원이 이에 접근하여 개인 정보를 스스로 갱신할 수 있다면 욕구조사 및 분석이 간편해져 그에 따른 인사 제도의 조정이 효과적으로 이루어질 수 있다(오석홍, 2000: 56).

(5) 전문화

사회 문제가 복잡하고 전문성을 요하게 되면서 공직사회에서도 전문성에 대한 수요가 늘게 되었다. 전통적으로 한국의 인사행정 체제는 계급제를 근간으로 주로 일반행정가를 채용 및 양성해 왔으나 이제는 개혁을 통해 직위분류제적 요소나 특채를 통해 전문가를 적극 도입하는 방향으로 선회하고 있다. 따라서 전문가의 모집에서 교육훈련 및 퇴직에 이르기까지 일련의 인사관리가 다양하고 전략적으로 이루어져야 하는데 정보통신기술이 크게 기여할 것으로 기대된다.

(6) 탈관료화

사회의 많은 조직들이 탈관료화되면서 공직사회도 동참하려는 노력을 기울이고 있다. 조직의 정보화를 통해 계층간·부서간 정보 공유 및 효율적인 의사전달이 가능하게 되면 일반적으로 계층제가 완화되고 유연성이 높아지는 것으로 알려져 있다. 인사행정의 정보화는 인사행정과 관련하여 심화되었던 계층제와 경직성을 완화할 수 있으며, 이를 통해 범정부적인 탈관료화의 노력에 기여할 것으로 기대된다(오석홍, 2000: 56).

이와같이 지식을 중시하는 사회적 환경으로 인해 인적 자원의 중요성이 재조명을 받고 있다. 또한 일반적인 사회적 환경의 변화, 즉 정보량의 폭증, 조직 간 개방화, 신자유주의, 욕구의 다양화, 전문화, 탈관료화 등으로 인해 정보통신기술이 인적 자원 관리를 위한 유용한 도구로서 등장하게 되었다.

제2절 인사정보시스템의 개념

인사정보시스템(PIS: Personnel Information System) 혹은 인적자원정보시스템(HRIS: Human Resource Information System)이란, 공무원의 채용에서

퇴직에 이르는 전반적 인사 업무를 효율적으로 처리하고 인사와 관련된 정책 결정자의 의사 결정을 지원하기 위한 단일의 정보시스템을 말한다. 인사정보시스템은 크게 두 가지 상호 보완적인 시스템으로 구분된다. 하나는 인사행정과 관련한 다양한 자료들을 전산정보화하여 체계적으로 관리하는 데이터베이스 시스템과, 다른 하나는 그 시스템에서 관리되는 정보를 활용하고 인사행정 환경의 변화를 예측 및 해석함으로써 인사정책의 수립을 지원하는 의사결정 시스템으로 구성된다(Schultheis & Summer, 1992; Shafritz, Hyde & Rosenbloom, 1986).

인사정보화의 목적은 공무원 인사와 관련한 공직자의 욕구를 충족시켜 주고 공직자의 잠재력을 충분히 계발할 수 있도록 하며 인사정책 및 프로그램을 효율적으로 관리하기 위한 것이다. 이를 현실화하기 위해 최근의 인사정보시스템은 단순히 인사 부서만이 아니라 모든 직원이 쉽게 접근해 활용할 수 있는 사용자 편의주의를 지향하고 있다. 접근성을 높이기 위해 중앙집중식 관리 형태인 메인 프레임 컴퓨터 환경에서 분권식 관리 형태인 클라이언트/서버 환경으로 전환하고 있다. 또한 GUI(Graphic User Interface)라고 불리는 그래픽 사용자 인터페이스를 이용해 사용자의 편의를 도모하고 있다.

정부 혹은 공공기관에서 인사정보시스템은 행정정보시스템(PMIS: Public Management Information System)의 하위 시스템이다. 정부조직이 행정관리 활동을 수행하고 의사 결정을 하기 위해서는 각종 정보가 필요한데, 이에 필요한 정보를 제공해 주는 통합된 시스템이 행정정보시스템이다. 행정정보시스템은 재무정보시스템, 회계정보시스템, 대민 서비스 정보시스템 등 하위 시스템을 포함하고 있는데, 그 중의 하나가 인사정보시스템이다.

최근 기업관리에서는 e-HRM(e-biz Human Resource Management)이란 개념이 등장했다. 이는 e-비즈니스를 응용한 인적 자원 관리로서 기업 내의 종업원이나 잠재적 종업원을 고객으로 상정하고 이 고객들과 기업을 가상조직으로 연결하여 인적 자원 관리의 계획, 수행, 서비스 전달을 혁신적으로 변화시키는 인적 자원 관리의 선진 형태이다. 기존의 인적 자원 관리와는 달리 인적 자원 관리 서비스를 공급하는 주체와 종업원을 인터넷 기술을 사용해 연결 통합하는 독자적인 비즈니스 형태라는 점에 특징이 있다. 즉 B2C, B2B와 같은 e-비즈니스 형태와 비교하여 B2E(Business to Employee)라고도 하며, 기업의 정보전략과 연계되어 훨씬 광범위하고 핵심적인 역할을 한다.

가장 큰 특징은 웹을 통해 사이버 인사를 개설, 운영한다는 점이다. 웹을 이용해 시간과 공간의 제약 없이 종업원이 자신의 인사정보를 열람할 수 있음은 물론 주도적으로 인력관리 서비스를 설계하고 선택하게 되어 맞춤형의 인사 서비스가 가능하다. 인적 자원 관리자들의 업무는 설계 및 계획 수립, 인사행정, 인사 서비스로 나눌 수 있는데, 인사 서비스의 내용을 데이터베이스화해서 설계 및 계획 수립에서 활용하는 등 인사 활동 영역 간 정보의 공유가 가능하다. 또한 좀더 폭넓은 의미의 인사 관련 종합서비스 시스템을 통합 운영하게 된다. 예를 들어 인트라넷을 통해 직원들 간 또는 인사 담당자와 직원들 간의 쌍방향 커뮤니케이션이 가능하며, 지식관리 시스템과 연동하여 담당 분야 이외의 전문 지식을 활용하도록 할 수 있다(임수현, 2000).

<표 5-1>은 인사정보시스템이 어떻게 구성되어 있는가를 보여 준다. 인사정보 시스템을 구성하는 8개의 하위 시스템, 더 정확히 말하여 모듈(module), 각 모듈별 기능, 기능별로 관리되는 주요 관련 정보, 그리고 각 모듈이 시스템화될 수 있는 가능성의 비교를 정리한 것이다. 모듈 구조란, 기관이나 전자장비 등 큰 기능 부품의 정비를 간편하게 하기 위해 부품을 몇 개의 기본 단위인 모듈로 나누어 고장이나 불량 상태가 발생할 때 관련되는 모듈만을 교환 또는 정비해 다시 사용이 가능한 상태로 복귀할 수 있게 하기 위해 고안한 구조이다. 예를 들어 인력 거래 시스템이라는 모듈에 문제가 생겼을 때에는 인사정보시스템 전체를 손볼 일 없이 그 모듈만 따로 떼어서 교환이나 정비하고 복귀시킬 수 있다. 따라서 변화에 쉽게 대응하기 위해서는 시스템의 각 단위 프로세스별로 모듈화되어야 한다.

<표 5-1>에서 보는 바와 같이 인사정보시스템의 모듈은 주로 업무 프로세스별로 구분할 수 있으며, 목표관리시스템과 지식관리시스템까지 포함하여 매우 포괄적으로 구성할 수 있다. 목표관리가 포함되는 근거는 목표 달성도에 따라 직원별 혹은 집단별 성과평가가 가능해지기 때문이다. 지식관리도 지식은 인간에게 내면화된 정보라는 의미에서 포함될 수 있다. 평가보상시스템과 인력개발시스템은 기존에도 많이 활용되었던 것으로서 다른 모듈에 비해 상대적으로 시스템화가 손쉬운 것으로 판단된다.

〈표 5-1〉 인사정보시스템 모듈과 기능

모듈	기능	주요 관련 정보	시스템화 가능성
1. 인력거래 시스템	모집	인력시장 정보관리, 수요 공급, 광고	**
	선발	인력계획, 타당도분석	**
	내부 노동시장	내부시장, 수평수직 이동, 인사평가	****
	아웃소싱	소사장, 사내 벤처, 협력업체 관계	*
	마켓 플레이스	타기업 인력 데이터베이스, B2B, P2P	****
	임시고용	인적 사항 관리, 원가계산	***
2. 인력계획 시스템	인력 수급	경기예측, 인력수급 예측, 경영전략, 성장률	*
	정원관리	현재 인력, 요구 인력, 자격	***
	배치	실제 인적 자원 배분	**
	직무분석정보	직무명세, 직무기술, 직무평가	***
	제안 제도	평가, 포상	*
	노사 관계		*
3. 인적자원 시스템	조직설계	조직도, 조직관리	*
	인적사항 프로파일	기술, 나이, 학력, 남녀, 군필 등	****
	업무 분장	임무, 목표 사항	**
	퇴직자관리		*
	총무 업무	증명서, 출장 업무	**
4. 목표관리 시스템 (MBO)	목표	총괄, 사업부, 팀별, 개인별	*
	달성	노동생산성, 품질, 매출액	**
	목표달성 차이분석	평가 기준, 투자수익분석	****
	적용 보상	성과급, 교육 보상, 지식 보상	*****
	근태 상황		***
	간접경비관리	출장, 회의비 등	***
5. 지식관리 시스템 (KMS)	지식기술관리	분류 체계, 범위 설정(정보통신기술 데이터베이스와 연동)	***
	내부공헌도	내부 활용 수준, 내용, 규모, 보상	***
	외부 지식 기술	외부 검색	****
	특허정보관리	외부 특허정보	***
	평가 보상	무형자산 평가	***
	문서관리	개인별, 부서별, 도서	****

6. 평가보상 시스템	인사평가	고과 점수	****
	보상	연공급, 직무급, 직능급, 성과급, 포상, 스톡옵션, 이익분할제, 퇴직금제, 집단보상, 수당, 연봉제, 보너스	*****
	승진		****
	원가관리	인건비, 간접경비, BSC(기업 부가가치)	****
	시뮬레이션		*****
	휴가관리		****
	복리후생	사택, 경조, 융자, 동아리, 의료, 학자금 등	****
	급료 계산	연말정산, 세금, 의료보험비, 퇴직정산(평가와 자동 연계)	*****
7. 인력계발 시스템	교육계획	현장교육, 위탁교육, 해외연수	***
	교육 패키지	강사, 주제, 교육 자료	****
	경력관리		*****
	교육 보상		*****
8. 그룹웨어와 중역정보시스템	주요 지표 (중역 대상)	인적 관리시스템 관련 검색	***
	게시판		*****
	전자결제		***
	전화, 채팅		*****
	e-mail		*****
	화상회의		***
	파일 데이터베이스		****
	제안제도	민원처리	*

출처: 남궁현(2001: 127-128).

제3절 인사정보시스템의 활용

인사정보시스템을 활용하면 수시로 정보를 추가하거나 갱신할 수 있다. 여기에 속하는 정보에는 채용 시점에 입사지원서에 기재된 인적 사항, 학력 사항, 자격 사항, 경력 사항 등 기본 사항은 물론, 입사 전형의 결과가 입력된 후 재직 기간 중에 생기는 인사 이동, 급여, 교육훈련, 평가, 상벌 등의 변화가 포함된다. 또한 은행이나 외부 인력기관과 연결해서 급여 자동 이체, 의료보험 업무, 아웃소싱 등을 손쉽게 처리할 수 있다.

인적 자원 관리는 여섯 개의 주요한 활동으로 분류될 수 있다. 여기에는 직원정보의 관리, 채용 및 승진관리, 교육훈련관리, 평가관리, 보상 및 복리후생관리, 통계자료 분석 및 인력계획이 포함되며, 각 활동별로 정보통신기술의 활용이 정리될 수 있다.

1. 직원정보의 관리

인사 실무의 대부분은 인사·급여 기록을 다루는 일과 직접적으로 관련된다. 업무에 필요한 정보는 매우 다양하므로 한 데이터베이스에서 체계적으로 관리되지 않는 한 자료의 중복 입력이나 불일치 문제는 피하기 어렵다.

데이터베이스를 사용하면 중복의 문제를 극복하면서 인사 관련 업무의 기본 정보를 효과적으로 축적하고 관리할 수 있다. 채용, 승진, 인사고과, 임금 등에 관해 의사 결정을 하기 위해 직원의 개인 정보를 보유하면서 신상에 변동이 생길 때에는 즉시 추가 혹은 갱신을 실행한다. 또한 정보의 저장 공간과 검색 시간 및 관련 비용을 획기적으로 줄일 수도 있다(Oz, 2002: 96).

본인의 기본적인 인적 사항에 대해 자신이 확인할 수 없다면 정보의 정확성이나 최신성을 확보하는 데에 어려움이 클 것이다. 각 개인에게 지급된 급여 내역이나 가용한 휴가 일수 같은 것들도 본인이 자신의 PC를 이용해 어느 때라도 확인할 수 있게 된다.

2. 채용 및 승진관리

범국가적인 고급 인재 정보의 효과적인 활용을 위해서는 다양한 방식으로 인재 검색을 할 수 있어야 한다. 인사관리자는 공석에 가장 적합한 사람을 채용하기 위해 신규 지원자와 직원들의 경력상 특징, 교육 정도, 특기, 보유 자격증에 대한 데이터베이스를 검색할 수 있다. 선발 과정을 자동화함으로써 모집에 드는 시간과 비용을 크게 줄일 수도 있다.

내부임용 및 외부임용 모두에서 웹 기술은 큰 기여를 하게 되었다. 인트라넷은 웹 기술을 활용하는 조직 내부의 네트워크로서 내부임용에 크게 기여하고 인터넷은 웹 기술을 활용하는 전 세계적인 네트워크로서 외부임용에 크게 기여한다.

1) 인트라넷

먼저 인트라넷은 조직 내에서 인력관리를 처리하기 위해 사용하는 가장 일반적인 기술로서 내부임용에 크게 기여할 수 있다. 인사관리 부서는 인트라넷을 통해 인사관리 파일에 필요한 직원 정보를 온라인상으로 수집할 수 있고, 그 부서의 고객인 직원들에게 상시적인 서비스를 제공할 수 있게 되었으며 과거의 정보 전달 경로보다 더 신속하게 정보를 전달할 수 있게 되었다. 인사관리자가 인트라넷을 통해 공석에 대한 정보를 전자게시판에 게시하게 되면 직원들은 자신의 PC를 이용해 공석에 대한 정보를 습득하게 된다. 이 시스템은 수백 명의 직원을 고용하고 있는 대규모의 조직이나 여러 지역에 분산되어 있는 조직에 특히 효과적이다(O'Brien, 2004: 145-155; Oz, 2002: 96).

2) 인터넷

외부임용의 측면에서는 인터넷을 통해 채용 공고를 게시해 널리 알림으로써 인재 모집의 풀(pool)을 대폭 확대할 수 있다. 잠재적 지원자는 자신의 이력서를 검색 사이트의 데이터베이스에 게시하고 인사관리자는 키워드만을 사용함으로써 공석에 가장 적합한 지원자를 데이터베이스에서 찾을 수 있게 된다.

인터넷은 인적 자원 관리의 변화에 가장 핵심적 기술이다. 기본적으로 조직의 홈페이지를 통해 모집 활동을 할 수 있다. 또한 월드와이드웹상의 상업적인 구인구직 사이트 혹은 인터넷 뉴스 그룹을 통해 모집 공고를 올릴 수 있고 전자 메일을 통해 지원자와 교신할 수 있다. 최근의 구인구직 사이트에는 인력관리와 관련한 보고서, 통계, 기타 각종 정보가 수록되어 있어 구직자에게 풍부한 분석 자료를 제공하고 전략적인 선택을 할 수 있도록 돕고 있다(Oz, 2002: 96-97).

3. 교육훈련관리

정보통신기술을 활용한 교육훈련은 수강자가 필요할 때마다 접근할 수 있는 수요자 중심이라는 점과 공급자인 교육훈련기관의 입장에서도 비용·효과적인 교육훈련을 구현할 수 있다는 점에서 그 유용성이 부각되고 있다. 전통적으로 메인 프레임이든 PC이든 컴퓨터를 통해 전달되고 테스트되고 관리되는 교육훈련을 컴퓨터 지원훈련(computer-assisted training) 혹은 컴퓨터 기반 훈련(computer-based training)이라고 한다. 또한 월드와이드웹에 기반을 둔 새로운 훈련 기술을 온라인 훈련(online training) 혹은 웹 기반 훈련(web-based training)이라고 한다. 기술 기반 훈련(technology-based training)은 좀더 넓은 의미로서 학습을 돕기 위해 컴퓨터와 통신기술 혹은 컴퓨터나 통신기술을 활용하는 훈련 혹은 학습을 의미한다.

가장 일반적으로 활용되던 기술들을 들자면 초기에는 CD-ROM 기술이 컴퓨터 기반 교육의 근간이 되었고 오늘날 웹 기반 혹은 인터넷 기반 교육훈련이 대체하게 되었다. 가까운 미래에는 가상 현실 기술이 많이 활용될 것으로 예측된다. 수요자 측의 이슈는 적시(Just-In-Time) 교육, 즉 자기가 원하는 시간에 그리고 자기 주도(Just-For-Me) 교육, 즉 자기의 페이스에 맞게 교육훈련을 받을 수 있는가이다. 공직사회에서 활용될 수 있는 구체적인 기술들을 구체적으로 들자면 다음과 같다(Stowers, 2000: 363-370).

1) 컴퓨터 기반 훈련

교육 자료를 디스크에 저장하여 컴퓨터를 통해 학습하는 전통적인 시스템으로서 한 연구 결과에 의하면 훈련 속도가 20~80% 정도 빨라지는 것으로 알려져 있다. 이는 압축된 학습설계 및 자기 주도 학습, 그리고 이미 학습한 부분은 건너뛸 수 있기 때문이다. 또한 원하는 부분을 반복적으로 학습할 수 있다는 점도 학습의 효과를 높이는 점이다. 특히 CD-ROM은 텍스트, 사진, 그림, 동영상, 음성, 기타 데이터 등 각종 멀티미디어 자료를 저장할 만큼 용량이 매우 커서 많이 활용된다.

2) 전문가 시스템

인간의 추론 과정을 모방하는 인공 지능에 전문가의 전문 지식을 입력하면 인공 지능이 사용자의 요구에 따라 그 전문 지식을 활용하여 문제를 해결하는 시스템이다. 따라서 사용자들이 손끝 하나로 하나의 주제에 대한 전문 지식을 갖추도록 지원할 수 있다. 1980년대와 90년대 초에는 큰 반향을 일으켰으나 현재는 초기의 기대에 못 미치고 있다.

3) 웹 기반 훈련

오늘날 컴퓨터 기반 훈련은 웹 기반 훈련으로 옮겨가고 있어 교육훈련을 위한 가장 일반적인 기술로 활용되고 있다. 웹 기술을 활용하는 인터넷과 인트라넷을 통해 기본적으로 필요한 교재를 내려받거나 교육훈련 동영상을 볼 수 있다. 구체적으로 인터넷은 다섯 가지 방식으로 활용될 수 있다. 콘텐트의 보급, 참여자들 간의 대화, 온라인 자료의 참조, 교육 내용에 대한 시험, 사용자의 욕구조사 및 강의평가이다. 특히 인트라넷은 인터넷 기술을 이용하는 조직 내의 네트워크로서 방화벽을 통해 해킹 등 외부로부터의 위협에 대해 보안을 유지할 수 있다.

웹 기반 훈련은 컴퓨터 기반 훈련과 같이 자기가 원하는 시간과 페이스로 접근할 수 있다는 장점 외에 여러 장점이 있다. 쌍방향 대화 방식이 가능하고 콘텐트 갱신이 용이하다는 점, 그리고 저장 용량에 제한이 없어 더욱 풍부하고 다양한 멀티미디어를 사용할 수 있다는 점, 교육훈련을 지원하는 행정도 자동화될 수 있다는 점, 마지막으로 교육 과정에서 월드와이드웹상의 방대한 정보를 참조할 수 있다는 점 등이다.

4) 게임과 시뮬레이션

컴퓨터 기반 시뮬레이션과 게임 프로그램은 현실을 모방한 상황 속에서 위험이나 비용을 감수할 필요 없이 절차와 과정에 대한 사전 경험 및 사전 학습을 할 수 있다는 장점이 있다. 공공 부문에서 이 기술이 가장 유용한 곳은 국방분야로서 시뮬레이션을 통해 신기술이나 국방 작전에 대한 훈련을 받을 수 있다.

5) 가상 현실

게임과 시뮬레이션에서 기술이 한 단계 진보한 것이 가상 현실(virtual reality)이다. 어떤 특정한 환경·상황을 컴퓨터를 이용하여 모의실험함으로써 그것을 사용하는 사람이 마치 실제 주변 상황·환경과 상호 작용을 하고 있는 것처럼 만들어 주는 인간-컴퓨터 간 인터페이스를 말한다. 사용 목적은 사람들이 일상적으로 경험하기 어려운 환경을 직접 체험하지 않고서도 그 환경에 들어와 있는 것처럼 보여 주고 조작할 수 있게 해 주는 것이다. 전통적인 가상 현실은 특수 장갑, 이어폰, 안경을 착용하고 컴퓨터 시스템과 인터페이스를 했으나 오늘날 마우스나 키보드를 사용해 PC나 인터넷상에서도 경험할 수 있다. 위험이나 비용을 줄이면서 고도의 공간 인식 능력이 필요한 부분에 유용하다. 공공 부문에서 안전요원의 폭파 장치 해체, 비행기 혹은 선박의 조종, 모의전쟁 등에 활용된다.

4. 평가관리

관리자에게 직원의 기술적인 능력, 의사소통, 전문성 및 행태에 대해 주기적으로 평가하는 활동은 가장 어려우면서도 불쾌한 업무 중 하나이다. 물론 결근 횟수나 지각 횟수와 같이 객관적인 지표가 존재하지만 일반적으로 직원평가는 주관성을 배제하기 매우 어렵다. 즉 성과와 노력의 수준, 그리고 담당 업무의 중요성에 대한 평가는 평가하는 사람에 따라 상당히 다양하다. 아예 어떤 평가 지표는 누락될 수도 있거나 성과들 중 특정한 측면만을 평가할 수도 있다. 특히 주관성은 승진 후보자가 여럿 있어 상대적인 비교를 해야 할 때 더욱 문제가 된다. 그러나 근무평가 소프트웨어를 통해 직원 및 부서에 대한 평가 과정이 표준화됨으로써 근무평가의 객관성과 일관성이 증대되고 있다(Oz, 2002: 98-99).

첫째, 평가자가 성과평가서를 작성하기 위해 거쳐야 할 과정에 대한 단계별 지침을 제공한다.

둘째, 작문 혹은 구두 의사소통 능력, 업무 지식, 관리 기술 등 평가에 필요한 다양한 평가 영역 및 그에 수반되는 각종 지표들이 체크리스트 형식으로 망라되어 있어 필요한 사항을 선택적으로 추가하거나 삭제할 수 있도록 옵션이 제공되어 있다.

셋째, 직원들이 각 영역에서 얼마나 강점을 가지고 있는지 측정할 표준적인 척도를 제공하며, 전체 평가에서 각 지표가 차지하는 상대적 가중치는 얼마나 부여할 것인지 선택할 수 있도록 지원한다.

넷째, 평가자가 자료 입력을 마쳤을 때에는 자동적으로 각 카테고리별로 가중치를 고려하여 소계를 계산하고 직원의 인사 기록에 전자적으로 저장되도록 지원한다.

다섯째, 평가자는 피평가자에게 평가 결과 및 피드백을 제공하고 직원으로부터 의견을 수렴한다.

또한 감독자의 직원 성과에 대한 평가가 상시적으로 이루어져 과거 직원이 겪었던 업무 처리의 단속성이 줄어들 수 있다. 과거에는 공식적인 성과평가가 정기적으로 이루어졌기 때문에 직원들은 본인들이 평가받는다는 사실을 알게 되어 평가에 임박해서는 정신적으로 스트레스를 많이 받게 되고 평가에 대비한 준비를 하느라 업무에 지장을 초래하는 사례가 많았다. 정보통신기술이 도입되면서 감독자는 직원들의 성과에 대한 자료를 사이버상으로 수집 가능하게 되어 자료가 갱신될 때마다 실시간으로 성과평가를 할 수 있게 되었다. 이는 평가로 인해 업무 진행을 방해받지 않으면서도 평가를 상시적으로 받을 수 있게 만들었다(Halachmi, 1991: 243-244).

5. 보수 및 복리후생관리

1) 보수관리

정보 체계를 통해 직원들의 봉급, 시급, 상여금 등 보수를 능률적으로, 그리고 효과적으로 관리할 수 있게 된다. 직원의 직급에 따라 본봉이 자동적으로 산정되고 초과 업무, 보직, 근무환경, 가족 사항에 각종 수당도 자동적으로 산정된다. 임금 체계가 연봉의 형식으로 관리되는 경우 연봉에 따라 주급, 월급, 시급 등을 손쉽게 산정할 수 있다.

또한 정부의 세금 산정표에 의거하여 세금 징수를 산정할 수 있으며, 회사의 은행 계좌로부터 직원의 은행 계좌로 자동적으로 전자 이체를 실행할 수 있다. 직원 스스로 봉급명세서를 출력할 수 있으며 봉급 계산에 필요한 정보를 직원이나 인사관리 직원 모두 손쉽게 열람, 입력 및 갱신할 수 있다(Oz, 2002: 99).

전통적인 계급제 위주의 보상 체계를 탈피하여 직위분류제가 확대된다면 체계적인 직무분석을 통해 좀더 세분화된 보상 체계가 필요하게 된다. 특정 직무에 대한 직무설계를 위해서는 관련 직무와 선행 직무 경력, 자격 및 필요한 기술, 난이도, 중요도 등에 대한 다양하고 풍부한 정보가 필요한데, 인터넷이나 데이터베이스 등을 통해 이러한 정보의 수집이 용이해진다. 또한 직무 간에 비교분석을 통해 전문성이나 난이도별로 분류를 용이하게 하여 집단별로 적합한 보상 체계를 설계하기도 한다.

2) 복리후생관리

시스템의 또 다른 기능은 인사관리 부서의 건강보험, 생명보험, 퇴직계획 그리고 병가와 휴가 등 직원 복리후생의 관리를 지원하는 것이다. 좀더 진보한 경우에는 전문가 시스템(expert system)을 도입함으로써 결혼 상태, 연령, 직업, 그리고 기타 자료에 의거하여 직원별로 최적의 건강 상태를 유지하고 퇴직계획을 결정하도록 지원할 수 있다.

인트라넷을 사용함으로써 직원들의 접근성과 사용 편의성이 한층 향상된다. 직원은 자신의 PC를 통해 직원 복지 데이터베이스에 직접 접근할 수 있기 때문에 본인에 대한 신상 정보나 가족 정보 및 기타 정보를 직접 변경하여 인사업무의 양과 비용의 부담을 줄일 수 있다. 인사관리기관의 개입 없이도 인사관리 업무를 직원 스스로 완료할 수 있는 것이다. 예를 들어 사원복지 수혜 상황을 살펴보고 출장 및 비용 보고서를 입력하며 재직 및 보수 증명서를 발급받으며 자신의 신상 정보에 접근해서 갱신이 가능하다(Oz, 2002: 99).

6. 통계자료 분석 및 인력계획

인사 업무와 관련한 의사 결정의 정확성을 향상시키려면 분석을 하기 위해 투입되는 통계자료의 높은 질이 담보되어야 한다. 그러나 공무원의 현황에 대한 자료를 실제로 활용하려다 보면 사용할 수 있는 자료가 오래 전의 것인 경우가 많다. 갑자기 최신 자료가 필요하게 된 경우에는 전체 기관에 대해 자료를 요청해서 집계해야 하는 불편을 감수할 수밖에 없다. 예를 들어 우리 나라에서 공무원의 현황에 대한 대표적 자료인 『공무원 통계』는 대략 5년에 한 번씩 조사를 통해 발간되고 있다. 설령 주기적으로 기본적인 통계자료를 구성하는 것은 가능할지라도 여러 기관이 여러 종류의 인사 시스템을 도입해 데이터베이스를 구축해서 관리하는 경우 정부 전체적으로 데이터의 집계가 용이하지 않을 수 있다(중앙인사위원회, 2006).

통합인사관리시스템을 활용하는 경우 데이터베이스에 오랜 기간 축적된 자료를 바탕으로 중복성을 제거한 최신의 통계 자료를 산출할 수 있다. 또한 정부 전체적인 관점에서 인사 현황을 분석하고 인력계획 혹은 인사정책을 개발하는 데에 도움이 된다. 특히 공무원 급여와 관련한 의사 결정을 위해 직종별, 직급별, 기관별, 연령별 등으로 다양한 통계자료를 산출하며 총 소요 예산을 산정할 수 있다.

인력계획에서 흔히 쓰이는 정보통신기술은 시뮬레이션이다. 채용, 승진, 이직률 등 인사 이동의 과거 및 현황을 분석하여 미래의 상황을 예측하고 장단기 인력 수요 및 구조를 예측할 수 있다. 때에 따라서는 조직 신설 및 변경에 따른 인사 이동을 예측함으로써 조직관리와 연계하여 인력계획을 구상할 수 있다. 그 밖에 교육훈련, 급여, 복리후생 등에 관한 시뮬레이션을 통해 비용을 추정할 수도 있다(이순철 · 이순희, 2003: 77).

한국 정부의 전자인사관리시스템

전자인사관리시스템(PPSS: Personnel Policy Support System)은 정부의 인적 자원 관리 수준 향상을 통해 정부 경쟁력을 강화하고자 중앙인사위원회에서 개발하여 전 중앙부처에 보급을 완료한 전자적 인사관리시스템이다. 이 시스템의 법령상의 명칭은 전자인사관리시스템이지만 사업 초기 인사정책지원시스템으로 명명되었기 때문에 인사정책지원시스템으로 널리 알려져 있다. 이 시스템은 종전에 개발된 다른 전자인사관리시스템들과는 달리 단순한 데이터베이스 관리 수준을 넘어 정부 인사의 모든 과정을 업무재설계를 통해 분석 · 재설계한 후 서류 없이 전자적으로 처리하도록 자동화한 시스템이다.

이 시스템은 개념적으로 크게 두 가지로 나누어 볼 수 있다. 하나는 각 부처의 데이터베이스화된 인사 기록을 토대로 각 부처 인사 담당자들이 업무를 효율적으로 처리하도록 하기 위한 부처 단위의 인사 업무 시스템 부분이고, 다른 하나는 중앙인사 관장기관의 인사정책의 수립 · 운영을 지원하기 위한 정책결정 지원 시스템 부분이다. 부처 단위의 업무 시스템은 기능적으로 일상의 업무 처리를 전자화하는 업무 처리 시스템과 기관장이나 부서장에게 인사 관련 주요 정보를 요약하여 제공해 주는 관리정보시스템(MIS: Management Information System)의 기능을 함께 수행한다. 정책결정지원시스템 부분은 정부가 과학적이고 실효성 있는 인사정책을 수립할 수 있도록 지원하기 위한 것으로 전체 정부 차원의 인사 관련 정보를 요약하여 제공하는 의사결정지원시스템(DSS: Decision Support System) 기능을 중점 구현했다. 즉, 부처별로 표준화된 인사 업무 시스템을 네트워크를 통해 중앙으로 연결하여 전자인사관리시스템이라고 하는 범정부적인 하나의 통합 시스템을 구축한 것이다.

다음 그림은 전자인사관리시스템의 구성 요소들을 나타내고 있다. 각 기관에 서버가 설치되고, 인사권자, 인사 실무자는 그 서버에 접속해서 자료를 얻고 업무를 처리한다. 개별 공무원들은 웹브라우저로 접속하여 서비스를 이용하고 필요한 정보를 얻을 수 있다. 기관 서버에 있는 자료 가운데 일부는 중앙의 통합 서버에 네트워크로 연계되어 취합된다. 중앙인사관장기관에서는 통합 서버에 접속하여 각종 통계 분석자료를 구하거나 필요한 정책자료를 검색한다. 일반 국민은 통합 서버와 연결된 웹 서버에 접속해서 채용정보를 검색하거나 온라인으로 지원할 수 있고, 일정 범위 내의 통계정보를 이용할 수도 있다.

출처: 중앙인사위원회, 2006년 1월 6일, http://www.csc.go.kr/policy/Pol1301.asp?bbs_id= 119&siid=205

한국 정부의 국가 인재 DB

국가 인재 DB란, 특정 직위에 적합한 자격과 능력을 갖춘 인재들을 공직 내외에 걸쳐 손쉽게 발굴·활용하도록 함으로써 인사의 공정성과 합리성을 높이려는 데이터베이스이다. 즉, 합리적인 인사행정을 저해하는 다음과 같은 문제점들을 극복함으로써 적재적소의 인재 활용을 지원하기 위한 방안의 하나로서 추진되었다.

- 특정 직위에 적합한 자격과 능력을 구비한 인재들을 발굴하여 활용하려 해도 관련 정보가 매우 부족하고 이러한 정보를 얻는 데 많은 시간과 노력이 소요된다.
- 공공 부문과 민간 부문의 인재들이 상호 교류됨이 없이 각각의 부문에서만 일하게 됨으로써 다른 쪽의 시각, 노하우, 경험 등을 활용할 기회를 갖지 못한다. 이를 개선하기 위해
- 우리 사회의 각계각층에서 활약하고 있는 주요 인물의 경력·능력 등에 관한 정보를 '국가 인재 데이터베이스'에 수록하고,

• 수록된 인재들에 대한 종합적이고 체계적인 검색을 통해 해당 직위에 가장 적합한 능력과 자격을 갖춘 인재를 발굴·활용할 수 있도록 하려는 것이다.

예를 들어, 국가 간의 지적 재산권 분쟁 업무를 담당할 공무원을 임용할 경우, 데이터베이스를 검색해서 그 직위에 적합한 인물, 즉 지적 재산권 분야 전문가이고 외국어에 능통하며 외국과의 협상 경험이 많은 인재들의 리스트를 뽑아 이것을 인사권자에게 제공하고, 이러한 객관적인 자료들을 근거로 하여 인사가 이루어지면 좀더 합리적이고 공정하게 인사가 운영될 것으로 판단된다.

국가 인재 DB는 언론사 등 민간기관에서 운용하고 있는 인물 DB와는 수록된 정보의 내용과 정보의 활용, 자료의 보안 등의 측면에서 큰 차이가 있다. 가족 관계 등 사적인 정보는 최소화하고 공직 수행 능력을 가늠할 수 있는 다음과 같은 정보를 중점적으로 수록한다.

• 객관적 정보: 활동 분야, 학력, 경력, 주요 업적, 주요 활동 사항, 자격/면허, 외국어 능력, 외국 거주 경험 등

• 주관적 정보: 희망 공직 분야, 자신 있게 수행할 수 있는 업무, 업무 능력 및 자질에 대한 자기평가, 직업관 등

또한, 정보의 활용과 보호 측면에서 인재 발굴과 통계 자료 생성을 위해서만 수록된 정보를 검색·활용하며, 수록된 정보의 외부 유출은 관련 법령(공공기관의 개인정보 보호에 관한 법률, 국가 인재 데이터베이스 운용규정)에 의해 엄격히 통제되고 있다.

출처: 중앙인사위원회, 2006년 1월 6일, http://www.csc.go.kr/policy/Pol1001.asp?bbs_id=115&siid=191

제4절 인사정보시스템 도입의 효과

1. 다양한 사용자의 욕구 충족

1) 중앙인사기구

인사정책 결정이 과학적이고 합리적으로 이루어지기 위해서는 정부 전체 또는 특정 부문의 인사에 관한 세부적인 현황 통계 자료를 필요로 한다. 기존에는 필요한 통계를 분석 및 활용하기 위해 주기적인 보고나 관련 자료를 수시로 집계함으로써 많은 시간과 비용을 소요했다. 그러나 인사관리시스템이 모든 중앙행정기관에 구축되고 인사 자료가 정비되면서 최신 자료를 기반으로 관련

현황 통계를 실시간으로 신속하게 구할 수 있게 된다.

2) 각 기관의 인사 업무 담당자

기존에는 채용관리시스템, 급여관리시스템, 교육관리시스템 등 개별 인사 업무별로 시스템이 독립적으로 운영되었기 때문에 자료 변동이 있는 경우 각 시스템별로 각각 입력해야 했다. 그러나 거의 모든 인사 업무를 단일 시스템으로 처리하게 되면서 인사 업무 처리 결과가 자동으로 기록관리에 반영되므로 별도로 정보 입력을 할 필요가 없게 되었다. 또한 공무원의 인사 변동 사항이 다른 업무 담당자에게 제대로 전달되지 않아 발생하던 자료 간 불일치나 자료의 중복 요구도 사라진다.

각 기관의 인사권자는 시스템에 직접 접속하여 직원 개개인의 근무 실적에 대한 자료나 조직 전체적인 인사 현황 또는 통계분석 자료를 직접 열람할 수 있고, 의사 결정에 필요한 여러 전문적인 자료들을 제공받게 된다. 단, 데이터베이스를 공동 이용하는 경우라 하더라도 각기 자신의 권한 내에서만 자료 접근이 가능하도록 하여 보안성의 문제를 완화할 수 있다.

3) 부서장이나 기관장

부서장이나 기관장은 조직관리 및 직원에 대한 감독 활동을 더욱 쉽고 효율적으로 할 수 있다. 소속 직원의 인사 자료를 직접 확인해 볼 수 있어 감독 능력이 향상될 수 있고 인재 검색 기능을 활용해 특정한 업무에 적합한 적임자를 찾을 수도 있다. 각종 인력 통계 및 인력 현황 등 조직관리에 필요한 주요 정보를 실시간으로 확인할 수 있고, 휴가·출장 등의 결재나 직원의 근무평정 등의 업무도 온라인상으로 처리할 수 있다.

관리자는 전자메일, 전자게시판, 원격회의, CCTV 등으로 인해 정보를 확산시키고 수집하는 데 중간관리자를 매개로 사용할 필요성이 줄어들며, 심지어 조직의 최고책임자도 모든 직원들을 직접 접할 수 있는 가능성이 높아진다. 이러한 직접적인 의사소통은 대규모 조직이나 관료화된 조직에서 상위 계층이 하위 계층과 접촉할 수 없었던 폐단을 극복하고 상위 계층의 리더가 하위 계층을 포함한 조직 전체에 대한 리더십을 확인하는 기회를 제공할 것이다(Halachmi, 1991: 242-243).

4) 공무원 개개인

인트라넷과 웹브라우저를 이용하여 자신의 기본 인사정보 및 급여 내역을 열람할 수 있다. 신상 정보의 오류나 변동 사항이 있는 경우 인사 담당자에게 변경 신청을 하거나 경미한 사항은 직접 변경할 수 있다. 또한 인사상의 고충이나 상사에 대한 요망 사항 등을 시스템에 입력할 수 있는 점은 조직 내의 쌍방향 의사소통을 활성화하는 데 기여할 수 있다. 간단한 인사행정 서비스는 전자적으로 신청하고 시스템에 의해 편리하게 제공받을 수 있게 된다.

5) 언론계, 학계, 시민단체

인터넷을 통해 공무원 인사 현황 자료나 통계분석 자료를 일정 범위 내에서 열람할 수 있게 된다. 외부에 대해 이러한 정보를 제공함으로써 정부 인사에 대한 국민의 관심을 유도하고 알 권리를 충족하며 학계에는 인사행정에 대한 실증적 연구 기회를 제공할 것으로 기대된다.

2. 다양한 행정 이념의 실현

1) 생산성의 측면

(1) 효율성

인사 업무의 대부분은 문서에 의해 처리되고 있기 때문에 자료의 관리 및 검색에 많은 시간이 소요되며, 그 과정에서 동일 자료를 여러 부서가 중복 요구하거나 동일 부서가 여러 번 요구하는 경우가 많다. 시스템의 활용으로 대부분의 업무가 전자적으로 처리되어 한 곳에서 정보가 갱신되면 모든 곳에서 최신의 정보를 이용할 수 있게 되므로, 자료가 체계적으로 공동 이용되며 중복 요구·중복 제출로 인한 비효율이 크게 감소한다.

(2) 체계성

기존에는 채용, 교육, 조직관리 등 부문별로 개별적 시스템이 운영되었으나 이들을 통합 시스템으로 전환함에 따라 부문이 아닌 정부 전체의 시각에서 인사정책 결정 및 인사 업무를 수행할 수 있다. 다양한 계층과 부문의 직원에게 동일한 정보를 제공함으로써 집권적 조직에는 분권화의 효과를, 분권적 조직에는 집권화의 효과를 가져온다(이순철·이영희, 2003: 78).

(3) 가공성

기존에는 인사정책을 수립하는 과정에서 많은 자료가 필요함에도 불구하고 보유한 자료의 범위가 넓지 못하고 사용할 수 있는 형태로 가공하는 데에도 많은 인력과 시간이 소요되었다. 그러나 시스템을 통해 입수되는 자료는 체계적으로 축적·관리되고 필요한 형태로 신속히 가공되어 출력될 수 있다. 따라서 최신의 자료에 근거하여 대안을 구성할 수 있게 되고 대안 간의 비교분석도 정교화될 것이다.

(4) 현업성

기존에 물리적으로 분산된 현업 부서들은 인사관리 기능이나 분석을 위해 중앙인사기구나 전산실에 의존하는 비중이 컸다. 그러나 시스템을 사용하게 되면서 이러한 업무의 상당 부분을 현업 부서에서 위임받을 수 있게 된다. 현업 부서들은 물리적으로 분산된 근무지의 직원을 시스템을 통해 연결시켜 주는 네트워크 조직구조를 통해 인사정책의 큰 틀 안에서 각자의 특성에 맞는 의사결정을 내릴 수 있게 된다(이순철·이영희, 2003: 78).

(5) 전략성

인사 부서는 기존의 일상적인 운영 업무에서 벗어나 인력 현황에 대한 다각적인 분석 및 예측 등을 통해 인적 자원의 개발과 유지에 필요한 전략적 기능을 수행하게 된다. 또한 최고관리층의 전략 수립이나 의사 결정을 지원하는 역할의 비중이 증대된다. 따라서 인사 부서는 행정관리자 혹은 업무 지원 기관으로 표현되는 보수적 이미지에서 '전략적 파트너' 혹은 '변화관리자' 등의 전략적이고 미래 지향적인 이미지로 전환된다(이순철·이영희, 2003: 79).

2) 민주성의 측면

(1) 투명성

기존에 주로 사용되던 인사 기록 카드 등은 인사권자나 인사 담당자 등 특정 소수에게만 접근이 허용되어 있으며, 정보의 정확성에 관해 본인이 확인할 수 있는 절차가 마련되어 있지 않았다. 그러나 시스템을 통해 인사정책 결정자, 일반 공무원, 일반 시민 등에게도 필요한 정보가 제공된다. 특히 개인 정보 가운데 일부를 제외하고는 본인이 확인할 수 있도록 함으로써 정보의 최신성을 유지하고 자기 계발의 유인이 되도록 하며, 언론계·학계 등에서도 인사에 관한 통계 자료 등에 대해 접근할 수 있도록 할 수 있다.

(2) 공정성

기존에는 개인의 경력과 능력이 인사 기록에 충실히 반영되지 못해 승진·전보 등 인사 조치를 위한 공정한 기준으로서 효과적으로 활용되지 못했다. 그러나 시스템을 통해 인사 기록이 체계적으로 관리되면서 개인의 경력과 능력에 대해 다양하고 많은 정보를 얻을 수 있다. 따라서 인사 조치의 공정성을 한층 향상시킬 수 있으며, 인사심사나 인사감사 등에서 인사가 얼마나 공정했는가를 평가하는 잣대로도 활용될 수 있다.

(3) 참여성

기존에는 인사 기구나 감독자의 일방적인 의사 전달에 의해 위계적 인사 제도가 운영되었다. 그러나 시스템을 통해 직원들도 고충 사항이나 요망 사항을 인사 기구나 상관에게 직접 전달함으로써 쌍방향 의사 전달 및 수평적 관계가 활성화된다. 특히 인터넷은 시간과 공간의 제약 없이 직원들을 시스템 활용의 주체로서 참여시킴으로써 조직의 의사 결정 및 운영에 좀더 적극적으로 참여할 수 있는 여건을 조성하게 된다.

(4) 능동성

직원이 정보를 일방적으로 받는 수동적 입장이 아니라 직원 개개인의 욕구를 구체화하고 다양한 욕구에 따라 맞춤형의 인사 서비스가 가능해지게 된다. 직원의 만족도는 높아지고 내부 고객으로서 직원 중시 풍토가 형성될 수 있다.

〈표 5-2〉 전자인사관리시스템의 효과

구 분	도입 전	도입 후
과학적·합리적 인사행정 구현	종이문서 방식	디지털 방식
	부정확한 인사 자료 활용	다양한 통계 자료 실시간 활용
투명·공정한 인사관리 구현	인사 자료 비공개	본인 관련 정보 열람
	폐쇄적 인사 운영	인사절차 공개 및 전자적 참여
전략적 인적자본관리 구현	절차적 업무 중심	인적자본 육성전략 기획
	인맥을 통한 인사	시스템에 의한 적재적소 인사

출처: 중앙인사위원회, 2005년 1월 6일, http://www.csc.go.kr/policy/Pol1302.asp?bbs_id=120&siid=206

직원은 직접 시스템에 접근하여 개인별 인사 교육 관련 정보를 쉽게 조회할 수 있게 되어 자신에게 필요한 자기 개발 및 경력관리의 도구로 활용할 수 있다.

한편 중앙인사위원회는 운영하고 있는 전자인사관리시스템(PPSS: Personnel Policy Support System)의 효과를 <표 5-2>와 같이 밝히고 있다.

제 5 절 성공적 구현을 위한 요건

1. 시스템 구축시 고려 사항

현재까지 대부분의 정부기관, 특히 지방자치단체에서는 자체 전산실을 이용해 급여 중심의 인사관리시스템을 개발하여 사용하고 있다. 일부 잘 구축되어 있다는 기관들도 실무자가 단순히 수작업을 단계적으로 줄여 나갈 목적으로 필요할 때마다 단위 업무별로 추가 개발하여 사용하고 있는 수준이다. 이런 형태는 각 단위 시스템 간에 동일한 항목에 대한 일관성을 유지하는 것이 어렵게 되고, 데이터를 이중 입력하는 등 운영상에 어려움이 많다(김선호, 2001).

기관에서 인사 업무를 효율적으로 처리하고, 나아가 관리층의 의사 결정을 효과적으로 지원하기 위해 인사정보시스템을 구축하기 위한 대안에는 두 가지가 있다. 하나는 국내외에서 개발하여 판매하는 인사관리 패키지를 도입하는 방법과, 다른 하나는 자체 정보시스템실에서 혹은 외부 용역을 통해 자신들에게 적합한 시스템을 개발하는 방법이 있다.

1) 시스템 구축 방법

(1) 패키지 도입시 고려 사항

국내외에서 개발하여 판매하는 인사관리 패키지는 업무 흐름이 전혀 다른 부문을 하나로 묶어야 하는 특성 때문에 모듈로 구성되어 있다. 패키지의 모듈은 제조 회사마다 다르지만 기업을 상대로 하는 경우 대개 회계(재무, 관리, 자금 등) 모듈, 구매 모듈, 생산 모듈, 판매 모듈, 인사 모듈 등으로 구성되어 있다. 정부를 상대로 하는 경우에는 생산 모듈이나 판매 모듈 대신 대민 서비스 모듈 등이 포함될 수 있을 것이다. 모듈별로 모든 프로그램이 연계되어 있어서 전사적 차원에서 데이터의 통합 관리가 가능하며 업무 및 서비스의 흐름과 돈의 흐름을 통합적으로 관리할 수 있다.

패키지는 제품에 따라 기업에 특히 적합하거나 제조업이나 유통업 등 산업별로 특화된 것이 있듯이 정부의 업무별로 혹은 정책별로 혹은 중앙과 지방에 따라 적합한 것이 있으므로 적절한 패키지를 선택하여 수정 작업을 최소화하는 것이 바람직하다. 또한 사전에 치밀하게 소요되는 비용을 고려함은 물론이고, 현행 활용중인 업무 프로세스와 도입될 패키지에서 토대로 하고 있는 업무 프로세스를 비교분석해야 한다. 분석을 통해 그 차이를 최소화할 수 있는 방향으로 현행 업무 프로세스를 재설계해야 한다.

(2) 시스템 개발시 고려 사항

시스템 개발시에는 다음과 같은 항목들을 고려해야 한다.

① 사람에 관한 정보를 어떻게 데이터화할 것이며, 사용자가 쉽게 접근하고, 가공할 수 있는 방법은 무엇인가?
② 제도와 업무가 변화되었을 때 빠르게 대응할 수 있는 시스템 체계는?
③ 독립성이 높은 인사정보를 다른 업무 시스템과 어떻게 유기적으로 연관시켜 효과를 극대화할 것인가?
④ 어떻게 시스템을 통해 업무 프로세스를 개선하고, 업무 효율을 높일 것인가?
⑤ 축적된 데이터를 어떻게 전략적으로 이용할 것인가?
⑥ 데이터의 일괄 변경 등이 일어날 경우 단위 시스템 간의 동일 항목에 대한 일관성을 어떻게 유지할 것인가?
⑦ 개인의 신상 정보를 관리하므로 어떤 형태로 보안관리를 할 것인가?
⑧ 새로운 업무 프로세스에 따른 사용자의 업무 습관을 어떻게 바꿀 것인가?

패키지 도입과 시스템 자체 개발의 장·단점을 살펴보면 <표 5-3>과 같다(유화석, 2000).

2) 시스템 간 인터페이스

인사정보시스템을 독립적으로 운영하기보다는 통합행정정보시스템 안에 포함시켜야 한다. 패키지를 도입하든 새 시스템을 개발하든 중요한 점은 인사정보시스템이 다른 시스템과 원활한 인터페이스를 갖추어야 한다는 것이다. 한

〈표 5-3〉 패키지 도입과 시스템 자체 개발 장·단점 비교

비교 항목	패키지 도입	시스템 자체 개발
프로세스 변경, 추가	패키지에서 표준으로 제공하지 않는 기능 및 프로세스를 요구할 경우 추가 개발이 어려움.	현업의 업무 변경 및 신규 개발 요구 사항을 시스템에 반영하기가 용이함.
버전 갱신	정보통신기술의 변화에 따른 향상된 버전을 지속적으로 적용할 수 있음.	신기술 적용 및 신기능 추가시 전면 재개발이 필요함.
통합성	데이터 공유가 최대한 고려되었으므로 자료의 자동 기표 및 실시간 조회가 가능함.	모듈 간 정보 흐름의 단절이 발생할 수 있으며, 이로 인한 단위 업무 간 정보 공유가 어려움.
유지 보수	시스템의 전체적 기능 파악이 힘들고 사용자의 요구 사항 변경 반영이 늦을 수 있음.	시스템을 전체적으로 파악하고 있으므로 사용자의 요구 변경 사항을 신속하게 반영할 수 있음.

기관 혹은 여러 기관을 연결하는 시스템 전체가 마치 하나처럼 유기적으로 연결될 때 관리의 효율성이 극대화될 것이다.

최근에는 기업관리에서 전사적 자원관리(Enterprise Resource Planning: ERP)라는 개념이 등장했는데, 인사정보시스템·재무정보시스템·고객관리시스템 등 여러 시스템을 하나로 통합해 조직 내의 물적·인적 자원의 활용도를 극대화하려는 경영혁신 기법이다. ERP를 구축하는 경우 한 부서에서 데이터를 입력하면 관련되는 다른 부서에서도 정보가 공유되어 업무 처리의 효율성이 향상된다. 최고관리층에서도 인사, 재무, 회계, 고객관리 등 조직 내의 모든 분야에 대한 정보를 실시간으로 파악하여 의사 결정을 내린다. 인사시스템은 과거 인사 부서만을 위한 독립적인 시스템이 아니라 전사적 자원 관리의 한 부분으로서 인적 자원의 전략적 가치는 더욱 향상된다. 따라서 한 명의 인적 자원이 조직에 들어와 퇴직할 때까지 발생하는 모든 데이터를 통합 관리함으로써 인사정보의 전 생애에 걸쳐 관리가 가능하게 되었다.

3) 입력 데이터의 질

입력되는 데이터의 정확성과 최신성 등 데이터의 질이 양호해야 한다. 아무리 훌륭한 시스템을 구축한다고 하더라도 가장 중요한 입력 데이터가 정확하지 않고 갱신되지 않은 것이라면 아무 소용이 없을 것이다. 예를 들어 아프리

카 세 국가의 정부들이 인사정보시스템을 도입했으나 모두 실패했는데, 그 주요 이유는 입력 데이터의 질이 낮았기 때문이라는 연구가 있다(Cain, 1999). 컴퓨터에 "쓰레기를 넣으면 쓰레기가 나온다"라는 GIGO(Garbage In, Garbage Out)의 원리가 현실화된 것이다.

2. 업무 프로세스 재설계

업무 프로세스란 하나 혹은 그 이상의 입력을 투입받아서 가치 있는 결과로 산출하고 그것을 고객에게 제공하는 일련의 활동들로 구성되는 집합이다. 예를 들어, 민원 서류 발급 신청서를 접수해서 이를 처리하여 승인 혹은 거절한 후 통보하는 절차는 일선 부서에서 하나의 업무 프로세스이다. 다른 예를 보면 경비 지출 양식의 처리, 운전면허증의 갱신, 공개 입찰, 도로의 건설 등이 있다.

업무 프로세스 재설계란 품질, 비용, 속도, 서비스와 같은 업무 성과 측정치에서의 극적인 향상을 성취하기 위해 업무 프로세스를 근본적으로 다시 생각하고 완전히 새롭게 다시 설계하는 것을 의미한다. 정보시스템의 성공적인 도입 및 활용을 위해서는 단순히 기술의 도입만으로는 충분하지 않으며 반드시 기술 활용에 적합한 업무 프로세스의 재설계가 필요하다(O'Brien, 2004: 52).

여기에서는 인사정보시스템의 성공적인 구축을 위해 필요한 인사행정상의 업무 프로세스 재설계에 대해 설명하고자 한다(O'Looney, 2002: 162-164).

1) 직무설계

기존에는 직무란 하나의 기능적 영역에 하나의 업무만을 포함하는 것이었다. 그러나 이제 직무설계는 일련의 과정에 포함되는 여러 업무와 기능(예를 들어 욕구조사, 구매, 지불, 회계, 물품 수령, 자산관리에 이르는 과정) 등을 통합하는 방식으로 이루어질 필요가 있다. 전문가 시스템과 지식관리를 통해 특별한 전문성 없는 직원들도 문제 해결 능력이 증대되면서 폭넓은 범위의 업무와 책임에 종사할 수 있다.

2) 경력설계

기존에는 경력의 경로가 주로 하나의 부서 안에 국한되어 있었다. 그러나 경력 경로를 관련된 여러 부서들에 넓게 분포하게 만든다. 특히 유사한 고객을 상대로 하는 관련 있는 부서들(예를 들어 건축심사, 건축계획, 공공사업 등)을 통합해 경력을 설계할 수 있게 한다.

3) 직위 분류 체계

기존에는 기술 발전의 속도에 비해 직위 분류의 설계는 정체되어 있었다. 이제 새로운 직위 분류의 도입을 신기술의 도입 및 개발과 동시에 이루어지도록 한다. 신기술은 세분화되어 가고 발전의 속도도 빠르기 때문에 이전의 포괄적인 직위 분류로 다루기에는 보상 체계가 적절하지 않기 때문이다.

4) 보 상

과거에는 봉급의 결정이 근무 연한 혹은 성과에 따라 이루어졌기 때문에 초점은 과거 혹은 현재의 성과에 있었다. 새로운 봉급의 결정 방식은 보유 및 공유할 수 있는 지식 혹은 기술의 수준에 따른다. 지식과 기술은 정부의 미래의 성과에 얼마나 기여할 수 있는가에 달렸다.

5) 책임 소재

과거에는 업무 결과나 서비스가 지연될 경우 특정 부처가 모든 업무 과정의 책임을 떠맡고 희생양이 될 수 있었다. 그러나 모든 업무 과정에 걸쳐 실제 활동을 추적할 수 있는 도구가 도입되어 업무 흐름에서 지연이나 장애의 시점을 파악하기 용이하다. 따라서 업무 과정을 각 단계별로 명확히 구분하여 책임 소재를 규명하도록 한다.

6) 승 진

과거에는 말단, 중간관리자, 선임 임원, 책임자로 구성되는 계층제를 통해 승진 단계가 정해져 있었다. 그러나 시스템 도입과 함께 조직계층의 깊이를 줄이고 평평하게 만들어 조직계층에 따른 승진의 기회는 줄어드는 반면, 새로운 기술을 습득할 수 있는 지식의 소유 정도에 따라 새로운 승진의 기회를 부여한다.

7) 교육훈련

기존에는 교육훈련의 높은 비용 및 현장훈련이 아닌 데에서 오는 낮은 효용성으로 인해 교육훈련의 기회가 제한적이었다. 이제는 온라인 교육훈련을 확대함으로써 비용 절감 및 접근의 용이성을 통해 교육훈련의 기회를 확장할 수 있다.

정보통신기술 교육은 업무 시간을 소비하는 귀찮고 비용 높은 작업으로 인식되었고 관리자들은 주로 행정학 교실에서 최소한의 정보통신기술 교육을 수강했다. 이제 정보통신기술 교육이 조직의 모든 계층에서 적극적이고 체계적으로 이루어지도록 하며, 모든 직렬별로도 최소한의 능숙한 활용 능력을 갖추도록 교육한다. 관리자 교육 과정 안에는 리더들이 정보통신기술 이슈에 대해 지속적으로 정확히 숙지하도록 독려하는 특별한 조치가 포함되어야 한다.

8) 정보통신기술 지원

조직 내에서 정보통신기술 지원은 일반적으로 중요한 부분이 아니었기 때문에 자체 해결 능력이 없이 전적으로 아웃소싱에 의존하거나 담당 부서나 전문가가 있더라도 규모가 작아 항상 수요를 충족시키지 못했다. 이제 정보통신기술 지원은 조직의 능력에 핵심적인 부분이 되었기 때문에 어느 정도 조직 내에서 자체 수급하도록 적극적으로 관리한다.

9) 성과평가

성과평가에 대한 권한을 부여받은 계선관리자는 성과평가를 조직에 대한 통제 수단으로 활용할 수 있다. 그러나 정보통신기술은 개방적이고 참여를 존중하는 조직문화를 촉진할 수 있으므로 조직 구성원 및 고객들이 성과평가에 함께 참여할 수 있는 기회를 제공하도록 한다.

3. 시스템 보안

1) 보안 위협의 원인

다른 정보시스템과 마찬가지로 인사정보시스템에서도 보안 문제에 큰 관심을 가져야 한다. 시스템상의 고장이나 오류는 인사 업무에 대한 큰 장애가 되지만, 특히 인사정보시스템에는 직원들에 대한 다양한 개인 정보가 저장되어 있어 불법 침입 및 유출에 대한 각별한 주의가 요청된다. [그림 5-1]은 시스템의 보안을 위협하는 요인들을 도식화했다. 각종 데이터베이스에 대해 직접 접

[그림 5-1] 인사정보시스템에 대한 보안 위협

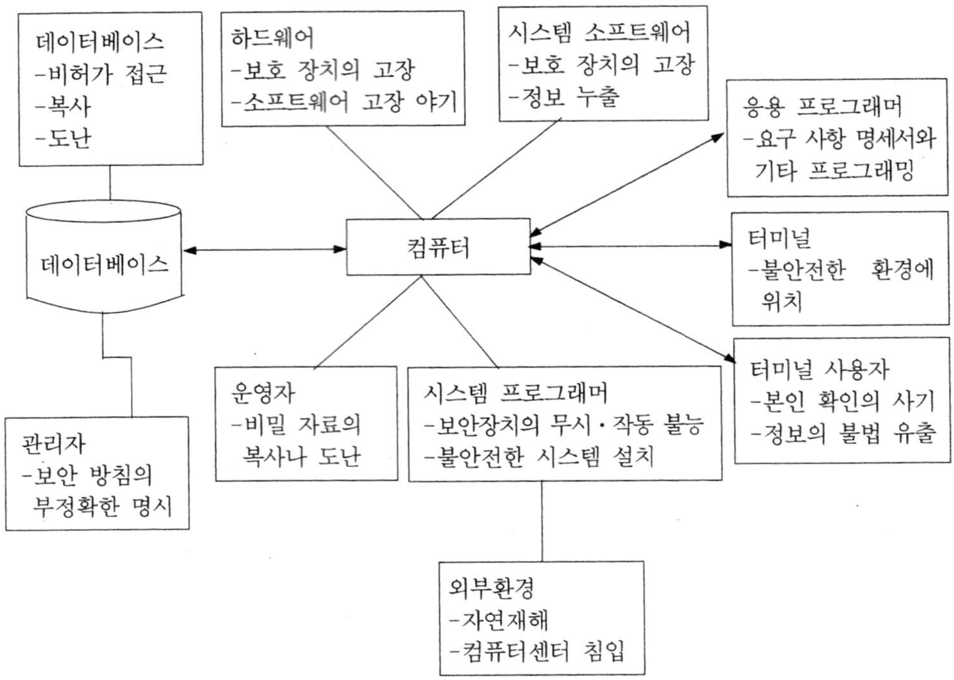

출처: 천명중·이민화·남기찬(2002: 505).

근하는 위협이 있을 수 있고 컴퓨터에 접근하는 위협이 있을 수 있다. 컴퓨터에 접근할 수 있는 관련자에는 응용 프로그래머, 시스템 프로그래머, 운영자, 터미널 사용자 등이 있는데, 이 모두가 나름대로 위협을 줄 수 있는 잠재성을 가지고 있다. 사람이 아닌 하드웨어, 시스템 소프트웨어, 외부 환경으로부터의 위협도 있다.

2) 보안 방법

(1) 시스템 개발 통제

정해진 개발 방침 및 절차를 준수하여 시스템이 개발되도록 하는 것이다. 예산, 일정, 보안, 품질, 문서화에 대한 요구를 지킬 수 있도록 통제하고 프로그램 테스팅을 적절히 해서 오류를 최소화시킨다.

(2) 물리적 통제

컴퓨터, 데이터센터, 소프트웨어, 통신망 등 컴퓨터 시설 및 자원을 보호하는 활동이다. 시스템 설치 공간이 화재와 수재로부터 보호되도록 하고 물리적 침입에 대한 경보 시스템이 필요하며 정전시에 사용하는 긴급 전기 공급 시설이 필요하다.

(3) 접근 통제

컴퓨터 시스템 접근에 대해 권한이 없는 사용자의 접근을 제한하는 것이다. 접근 권한을 부여하는 방법의 세 가지 종류에는 ID나 비밀번호(password)와 같이 알아야 하는 것, 스마트 카드나 열쇠와 같이 가지고 있어야 하는 것, 음성・지문・홍채(虹彩) 등의 인식과 같이 본인이어야만 하는 것이 있다. 네트워크가 발달하면서 불법 침입이나 바이러스에 감염되는 경우가 증가하고 있다. 방화벽(firewall)을 통해 해킹을 차단하고 빈번한 바이러스 검사와 바이러스 퇴치 프로그램의 갱신, 그리고 데이터 백업이 매우 중요하다. 다른 사람이 데이터를 이해하지 못하도록 하는 암호화(encryption)의 중요성도 날로 증가하고 있다.

(4) 데이터 보안 통제

권한이 없이 데이터를 생성하거나 읽거나 갱신하거나 삭제하는 것을 막는 것이다. 접근 권한이 있더라도 읽을 수만 있는 권한이 있고 수정까지 할 수 있는 권한이 있다. 이와같이 개인 혹은 집단별로 권한의 범위를 명확히 지정해야 한다.

(5) 관리적 통제

통제에 대한 지침을 정하고 그 지침을 지키는지 감독하는 것을 말한다. 주기적으로 비밀번호를 바꾼다든지 시스템을 주기적으로 감사하는 일이 포함된다. 또한 직원의 담당 업무에 변경이 있을 때 데이터 접근 권한에 변경 사항이 있으면 신속하게 조처를 취한다든가 민감한 전산 업무에 대해서는 둘 이상의 종업원들이 같이 참여하도록 한다.

4. 저항 및 극복 방안

새로운 정보통신기술은 상이한 조직 구조나 문화를 고려하여 도입되었을 때 성공할 수 있다. 정보통신기술을 도입하는 경우 경직된 관료제적 성격을 가지거나 폐쇄적인 조직들은 도입에 큰 어려움을 겪을 것이다. 또한 도입의 성공 여부는 실행 가능성에 따라 달라질 수 있다. 서로 유사한 조직 구조 및 문화를 가지고 있더라도 집행 단계에서 재정 부족 등의 문제로 인해 실패할 수도 있다. 그러나 일반적으로는 실패의 구체적 원인을 규명하기가 쉽지 않은 경우가 많다. 이러한 경우 조금만 깊게 분석해 보면 결국 관리자와 직원들의 저항이 결정적인 걸림돌로 작용하는 경우가 많다.

조직 구성원의 저항은 기득권의 상실에서부터 신기술을 학습하는 데 추가의 시간과 노력을 기울이려는 의지의 부족에 이르기까지 다양하다. 특히 다양한 이해관계자들이 변화에 연루되어 있어 문제는 더욱 복잡해진다. 신기술에 대한 조직 내 저항이 일어나는 원인 및 원인별 극복 대책을 주로 인력관리의 측면에서 살펴보면 다음과 같다(O'Looney, 2002: 172-176).

1) 교육훈련이 필요한 경우

(1) 정보통신기술 부서의 편협한 시각

정보통신기술 담당 부서가 편협한 시각을 가지고 있어 사업 부서의 사업 목적을 이해하지 못하거나 충족시키지 못하는 등 기대되는 지원 및 자문 역할을 충분히 해 주지 못하는 경우가 빈번하다.

이 문제를 해결하기 위해 정보통신기술 담당 부서에게 그들의 역할이 지원 활동에 한정됨을 명확히 이해시켜 준다. 정보통신기술 전문가들이 다른 부서의 만족도 평가를 받도록 하되 평가에 대처할 수 있도록 교육훈련을 시행한다. 구체적인 목표를 포함하는 기술 멘토링 제도를 활용한다. 각 부서에 적어도 한 사람이 기술 멘토(mentor)로서 배정되어 다른 구성원이 문제에 봉착했을 때 일차적인 해결사로서 활약하도록 한다.

(2) 기술 지식의 부족

직원들이 단지 기초적인 기술 지식만 가지고 있어 신기술을 다룰 수 있는 능력이 부족한 경우가 있다. 심지어 어떤 직원들은 기술 공포증에 걸려서 간단한 기술을 다루는 일에도 공포심을 가진다.

이에 대처하기 위해 기초 수준의 오리엔테이션이나 훈련을 제공하며 학교에서 재교육을 받게 하는 것이 좋다. 입문 과정에서도 처음에는 매우 쉬운 부분에서 점차 난이도를 향상시켜 나아가는 것이 바람직하며, 학습하는 난이도가 적정한 수준임을 강조하여 인식의 전환을 도모한다.

(3) 초기의 낮은 학습 효과

직원들은 초기에는 신기술에 대한 적응이 어려워 학습 효과가 상대적으로 낮다가 시간이 흐름에 따라 학습 효과가 한계적으로 높아지는 학습 곡선을 보일 것이다. 따라서 도입 초기에 직원들이 구기술에 집착할 가능성이 상대적으로 높다.

이에 대해 한 조직 단위에서 기술 멘토를 임명하여 이들에게 신기술에 대한 심도 있는 교육 및 특별 보상을 실행함으로써 다른 동료들을 교육하게 한다. 하루 중 특정한 시간을 선택해 테스트 모드에서 신기술이 테스트될 수 있도록 하여 오류가 구기술의 활용 때만큼 줄어들었을 때 신기술로 전환한다.

(4) 기술 발전에 따른 인력 교체

전자정부로 이동하면서 기존의 직원들이 습득한 기술은 쓸모없게 됨으로써 새로운 인력과 기존 인력 간의 교체가 불가피해진다.

최선의 해결 방법은 기술 훈련 프로그램의 설계에 향후 2~3년 내에 정부에서 필요할 만한 신기술을 예측하여 반영하는 것이다. 이렇듯 좀더 연장된 시간 범위를 토대로 계획을 세우는 것과 함께 지나치게 세분화된 기술 직렬을 피하고 일반 행정가적 기술 직렬을 강화하여 신기술로 전환되더라도 영향을 최소화할 수 있도록 한다.

(5) 리더십의 소극성

리더들이 기술을 조직 변화를 위한 주요 수단으로 보지 않고 조직으로부터 분리된 부수적인 요소로 보는 경우 조직 차원에서 적극적인 지원을 보내지 않을 것이다.

리더가 직접 정보통신 사업에 개입하고 일상 생활에서 몸소 각종 디지털 제품들을 활용하면서 어떻게 디지털 처리와 통신이 직장과 업무의 성격을 혁신시킬 수 있는지 학습한다. 정부기관의 리더들에게 특히 요구되는 세 가지 전략으로는 ① 인프라와 조직 혁신을 통해 역량을 배양하고, ② 네트워크 기반을 통해 공공 서비스와 규제행정의 가치를 배가하며, ③ 감시조직 및 일반 국민들의 지지를 얻어 내는 것이다.

2) 동기 부여가 필요한 경우

(1) 거래 비용에 대한 오해

기존의 기술이나 기준으로 업무를 수행하는 비용이 신기술을 가지고 하는 것보다 훨씬 저렴하다고 인식하면서 비록 장기적으로는 신기술이 비용 절감에 유리하지만 당장은 조직 구성원이 실감하지 못해 저항한다.

신기술을 채택한 조직 단위에만 추가적인 지원을 제공함으로써 신기술 도입에 따른 비용을 상쇄시킨다. 신기술의 전면적인 도입을 가장 먼저 달성하는 직원이나 조직 단위에게 특별 보상을 하는 경쟁 제도를 시행한다.

(2) 동기 부여와 보상 체계의 부족

충분한 보상 체계는 직원들의 불만을 해소하거나 동기를 부여하며 성공적인 기술을 구축하는 데 매우 중요하다. 그러나 일반적으로 화폐 개념으로서의 보상 체계는 정보통신기술 구축을 위한 동기 부여로서는 충분하지 않다. 조직 내부에서의 정보 기술에 대한 관심과 지지가 병행되어야 한다. 정보통신기술에 열성적인 직원을 조직 성공을 위한 영웅으로 인식하는 조직은 세상 물정 모르는 숙맥으로 여기는 조직과는 근본적으로 다르다.

정보통신기술 전문가에 대한 보상이 시장의 보상 비율에서 너무 벗어나서는 안 된다. 유사 직종의 평균보다 90퍼센트 미만으로 떨어진다면 이직이 계속 이어질 것이다. 일단 보상 비율이 수용될 만한 정도라면 그 다음에는 비공식적인 보상에 초점을 맞추어야 한다. 특히 정보통신기술 전문가와 조직에 모두 도움이 되는 실례로는 근무 시간을 유연하게 조정한다든지, 고급 훈련 과정이나 회의 및 세미나에 참석할 수 있는 시간과 지원을 제공한다든지, 기술 지원이 필요한 다양한 영역에서 일할 수 있도록 하는 것들이 있다.

(3) 직원의 재량 행위에 대한 침해

신기술의 도입이 재량의 범위를 축소시킬 것으로 인식하여 저항할 수 있다. 공직자에게 재량의 행사는 권력 및 기쁨을 부여한다. 업무 과정이 자동화되거나 재창조될 때 반복적인 민원을 제기하거나 중요하다고 인식되는 특정 고객을 위해 업무 처리를 신속하게 진행시킬 수 있었던 직원이 공정성의 문제 때문에 더 이상 그렇게 못하는 사례가 있다. 예컨대 인·허가의 처리 순서는 자동화된 민원 처리 시스템에 의해 처리되면서 접수 순서를 어길 수 없게 되었다.

물론 정보통신기술의 설계에서 재량권과 같은 기존의 규범이나 현실을 침해하면서까지 무리한 설계를 고집할 필요는 없다. 그러나 정보통신기술의 설계대로 집행되었을 경우 기존의 규범이나 현실과 충돌할 것인지 검토하는 과정은 일단 필요하다. 만약 그 설계 결과가 조직문화를 침해하는 것에 비해 상대적 가치가 높다고 판단된다면 담당자는 여러 가지 전략을 사용하여 기존의 조직문화를 변화시키고 사후적으로 도입된 정보 체계가 새로운 조직문화에 대해 적응력이 있는지 검증의 기회를 증대할 필요가 있다.

(4) 지식 부서 및 연구개발 부서의 지위

연구와 신기술의 도입에 관심이 많은 지식 소유 엘리트들이 조직 내에서 취약한 위치에 있거나 연구개발(R&D) 부서가 조직의 핵심으로 간주되지 않는 경향이 있다.

지식 부서 혹은 연구개발 부서에 높은 지위를 부여하고 훈련 기회 및 각종 물적·인적 지원을 아끼지 않는 등 그 부서의 구성원이 되기 위한 노력에 경쟁을 유발한다. 주기적으로 기술 발전의 경향에 대해 상부에 브리핑할 기회도 제공한다.

(5) 경로 의존적 투자

한 조직이 오랫동안 주로 사용하던 기술에 익숙해지고 그 기술에 대한 투자만 집중되어 하나의 경로에만 의존하는 경우 신기술의 도입을 저해할 수 있다. 예를 들어 메인 프레임 컴퓨터의 사용이 1970년대부터 1990년대 초까지 지배적이어서 1990년대 중반 이후 클라이언트-서버 기반의 인터넷 기술이 등장했음에도 불구하고 신속한 전환이 이루어지지 못했다.

이에 대해 가능한 경로 의존 및 경로 대안의 경우를 찾기 위해 기술 및 비기술 인력을 망라한 브레인스토밍(brainstorming)을 실시한다. 기획에도 대안적인 기술을 다룰 수 있는 역량을 반영하는 것이 필요하다. 예를 들어 윈도를 조직의 공식적인 소프트웨어로 채택하면서도 기술 인력들은 계속 리눅스 기반 워크스테이션을 사용하도록 허용하는 것이 바람직하다.

3) 조직의 특별관리가 필요한 경우

(1) 기득권의 보호

기존의 기술과 조직 상황에서 이익을 얻던 기득 집단들은 신기술의 도입으로 손실을 입는 반면, 소외집단들은 기존의 상황에서 탈피하는 데 입을 손실이 별로 없다.

이의 대책으로서 기득 집단에게 그들의 지위에 손상이 가지 않을 것이며, 오히려 신기술의 도입이 지위를 향상시켜 줄 것임을 확신시켜 준다. 기득 집단과 소외집단으로 구성되는 팀을 결성하여 신기술 도입 과정을 공동으로 리드할 수 있도록 한다. 팀 안에서 소외집단의 적극성은 기득 집단의 저항과 충돌할 것이다. 이 경우 소외집단이 좀더 기업가적 정신을 가지고 도입 과정을 이끌어 가도록 독려해야 한다. 기득 집단과 소외집단이 건전한 경쟁을 하도록 도모하되 가능한 한 빨리 필요한 기술 및 조직 변화를 실행하는 목표를 견지하도록 한다.

(2) 정보 공유의 위험

정보를 공유하는 관리자들이 두려워하는 것은 정보가 공개됨으로써 자신들의 부서가 생존하는 정당성이 위협을 받거나 취약한 성과가 대외적으로 공개될 수 있다는 점이다.

정보 공유를 위한 노력들이 저항에 부딪히지 않게 하려면 관리자들과 직원들이 최소한 신분 보장에 대해서는 확신을 가질 수 있어야 한다. 그러나 정부조직과 같이 신분 보장이 보장된다고 하더라도 유동성이 높은 팀조직이 일반적이지 않은 조직에서는 정보 공유가 부서 내의 통합을 위협한다는 명분으로 저항에 직면할 가능성이 높다. 만약 정보 공유와 함께 기관 내의 통합도 동시에 달성하려면 매트릭스 조직을 구성하여 정보 공유를 위한 부서 횡단적 팀을 운영하는 동시에 부서를 중심으로 하는 구성원들 간의 기존의 관계를 유지할 수 있도록 해야 한다.

(3) 모집 및 훈련의 실패

신기술을 도입할 수 있는 역량을 가진 직원들을 모집하거나 훈련하는 데 실패함으로써 신기술 도입이 어려워질 수 있다. 이에 대해 외부 컨설턴트에게 기술 동향에 대한 정기 브리핑을 위탁하고 내부에는 최신의 주요 기술 및 조직혁

신기술 도입시 조직 변화와 관련해 고려해야 할 체크리스트

☐ 조직 변화에 대한 준비 상태
- 정부 내의 고위 공직자들이 변화를 주도할 준비가 되어 있는가?
- 공무원과 감독기관이 변화에 대비해 준비가 되어 있는가?
- 조직구조가 변화를 지원할 수 있는 상태인가?
- 관리자와 직원이 변화를 촉진할 능력을 갖추고 있는가?
- 성공에 대한 기대 수준이 적정한가, 혹은 목표가 너무 모호하지 않은가?
- 중간관리자가 변화에 헌신할 수 있는가?
- 변화를 지원하기 위해 충분한 자원이 존재하는가?

☐ 조직의 특성에 대한 이해
- 조직 변화에 대한 필요성을 인식하게 만든 상황(예를 들어 변화의 대상이 된 과정 혹은 현실)은 무엇인가?
- 조직 변화에 대한 필요성을 인식하게 만든 상황의 요소들(예를 들어 누가, 무엇을, 언제, 어디서, 왜)은 무엇인가?
- 변화가 일어나기 원하는 사람은 누구이며 원하지 않는 사람은 누구이며 그 이유와 동기는 무엇인가?
- 변화가 일어나게 된 동기가 전반적인 조직문화와 일치하는가, 아니면 특수한가?
- 변화나 정보통신기술 구축을 지원하기 위해 누구에게 의존해야 하고 왜 그리고 어떻게 지원받을 수 있는가?
- 변화에 저항할 것으로 예측되는 사람은 누구이고 저항하는 근거는 무엇인가?
- 변화 및 정보통신기술 구축에서 조직 임원은 어떤 종류의 자원, 인센티브, 명령을 도입하고자 하며 이것들은 어디서 가장 큰 영향력을 가질 것인가?

☐ 잠재적 영향
- 어떤 개인 혹은 집단 혹은 기능적 조직 단위가 영향을 받고 영향이 얼마나 심각할 것인가?
- 영향을 받는 개인이 예를 들어 노동 시간, 비용, 업무의 연속성 등을 고려하여 변화에 어떻게 개입할 것인가?
- 영향받는 개인이나 집단들이 변화를 통해서 어떻게 이득을 볼 것이며, 이득이 즉각적인가, 아니면 장기적인 것인가?
- 단기적으로 상당한 비용이 지출되면 향후 회계연도에서는 이득이 생길 것인가?
- 누가 궁극적으로 자원을 획득하고 누가 상실할 것인가?
- 누가 권력, 지위, 특권, 업무, 고객 혹은 공급자를 획득하고 누가 상실할 것인가?
- 손실에 대해서는 어떤 보상이 있을 것인가?

출처: O'Looney(2002: 171-177)

신을 담당하는 혁신 부서를 설치하도록 한다.

요 약

이 장은 행정정보시스템의 하나에 속하는 인사정보시스템에 대해 알아보았다. 사회적 환경의 변화, 즉 정보 양의 폭증, 조직 간 개방화, 신자유주의, 욕구의 다양화, 전문화, 탈관료화 등으로 인해 인적 자원 관리를 위한 유용한 도구로서 정보통신기술이 제시되었다. 인사정보시스템은 전반적 인사 업무를 효율적으로 처리하고 정책결정자의 의사 결정을 지원하기 위한 단일의 정보시스템이다. 그 활용은 i) 데이터베이스를 통한 직원 정보의 중복이나 불일치 없는 관리, ii) 내부적으로는 인트라넷, 외부적으로는 인터넷을 통한 채용 및 승진관리, iii) 컴퓨터 기반, 인터넷과 인트라넷은 물론 시뮬레이션과 가상 현실 기술 등을 이용한 교육훈련, iv) 평가 과정의 표준화를 통해 인사평가의 객관성을 증대하는 평가관리, v) 보수의 자동 산정과 자동이체 및 복지 체계에서 사용자 편의성을 향상시킨 보수 및 복리후생관리, vi) 인사와 관련한 최신의 자료를 통한 통계자료 분석 및 시뮬레이션을 통한 인력계획으로 구분될 수 있다. 도입의 효과는 중앙인사기구, 각 기관의 인사 업무 담당자, 부서장이나 기관장, 공무원 개개인, 공직 외부 등 다양한 사용자의 욕구를 충족하게 된다는 점이다. 또한 다양한 행정 이념을 실현하게 되는데 생산성의 측면에서는 효율성, 체계성, 가공성, 현업성, 전략성이 증대되고, 민주성의 측면에서는 투명성, 공정성, 참여성, 능동성이 증대된다. 성공적 구현을 위한 요건으로는 시스템 구축 방법의 결정에서 신중해야 하고, 시스템 간 인터페이스, 입력 데이터의 질 등도 보장되어야 한다. 또한 업무 프로세스 재설계 및 시스템 보안에 대한 관심과 투자, 그리고 시스템을 도입할 때 직원들의 저항을 효과적으로 극복하는 것도 중요하다.

연구 문제

1. 오늘날 인사행정에서 정보통신기술을 필요로 하게 된 환경의 변화에는 어떤 것이 있는지 논의해 봅시다.
2. 인사정보시스템의 기본 개념 및 그것을 구성하는 모듈에 관해서 논의한 후, 최근 등장하고 있는 e-HRM이 그 개념을 어떻게 이끌어 가고 있는지 논의해 봅시다.
3. 인적 자원 관리를 여섯 개의 활동 영역, 즉 직원정보의 관리, 채용 및 승진관리, 교육훈련관리, 평가관리, 보상 및 복리후생관리, 통계자료 분석 및 인력계획으로 구분한 후, 각각에서 인사정보시스템을 어떻게 활용할 수 있는지 요약해 봅시다.

4. 인사정보시스템의 사용 집단들을 열거한 후, 그 시스템이 각 집단의 다양한 욕구를 충족하기 위해서 어떻게 기여할 수 있는지 논의해 봅시다.
5. 인사정보시스템이 기여할 수 있는 행정 이념들을 열거한 후, 그 시스템이 각 이념의 증진에 어떻게 기여할 수 있는지 논의해 봅시다.
6. 인사정보시스템을 구축할 때 유의해야 할 사항에 관해 시스템 구축 방법, 시스템 간 인터페이스, 입력 데이터의 질 등을 중심으로 논의해 봅시다.
7. 인사정보시스템의 성공적인 구축을 위해 인사 행정상의 업무 프로세스 재설계는 어떻게 해야 하는지 논의해 봅시다.
8. 인사정보시스템의 보안을 위협하는 요인 및 그에 대한 대처 방안을 논의해 봅시다.
9. 인사정보시스템의 도입에 대해 조직 내 저항이 일어나는 원인 및 원인별 극복 대책에 관해 교육훈련이 필요한 경우, 동기 부여가 필요한 경우, 조직의 특별관리가 필요한 경우로 구분하여 논의해 봅시다.

제 6 장

전자정부 관점에서의 정책 결정

전자정부는 미국의 NPR 보고서 이후 미국에서 출발했지만 전자정부, 정보자원관리, 지식행정 등과 관련한 개념 정의와 이론적 논의, 연구의 다양성 측면에서 볼 때, 이론과 실제와의 조화를 위한 연구의 노력은 우리 나라에서도 활발히 이루어지고 있다. 사실상 1990년대 중반 이후 전자정부 및 지식 기반 행정에 대한 논의는 미국을 비롯한 선진국의 사례, 지식 경영과 관련된 민간 연구소의 보고서 등에 의존하여 진행되어 왔지만, 현재는 전자정부, 지식행정, 신공공관리, 거버넌스, 사이버 거버넌스 등 정보통신기술과 다양한 개념 및 이념들과의 관계성 모색, 온라인상 업무 처리를 위한 법적 문제와 개선 방안, 새로운 행정 체제의 정립 등 그 논의가 좀더 구체화되고 상호간의 연결고리를 찾으려는 연구가 시도되고 있다(명승환, 2000; 송희준·박기식, 2000; 한세억, 1998; 황성돈 외, 2000).

그러나, 이러한 연구의 노력에도 불구하고 논의의 초점과 대상이 너무 규범적 혹은 미래 지향적이거나, 반대로 지나치게 기술적인 접근과 대안 제시, 이론적 논의를 제외한 법제도 개선 방안 등 관념적 혹은 처방적인 측면에 치우진 면이 있다. 따라서, 정보통신기술은 행정개혁 혹은 업무 혁신과 연계되어야 하고, 이에 따른 법제도 및 기술적 처방이 따라야 한다는 당위적인 차원의 논의를 벗어나지 못한다는 비판이 제기될 수도 있는 것이다.

그러나, 이론의 개발과 경험적인 검증을 통해 좀더 심도 있게, 정책 결정과 정보통신기술의 관계를 통한 합리모형의 비판(오철호, 1998), 지방정부의 정책 과정에서의 정보통신기술의 영향(목진휴·최영훈·명승환, 1998), 정보 공동 활용과 관련된 모형 개발과 실증적 연구(김성태, 1999), 광역자치단체의 전자정부 추진 실태 분석(김성태, 2000) 등은 이론의 개발과 방법론의 제시, 경험적 검증 등 학문적 차원에서 반드시 제시되어야 할 기본 요소들이 반영된 연구들이라고 볼 수 있다. 이러한 연구들은 각 영역별로 정보통신기술과 각 영향 요인과의 관계를 충분히 논의하고 가설을 검증하는 방법을 택하고 있어 일반화할 수 있는 가능성을 제시하고 있다.

한편, 공공기관이라는 연구 대상이 있다고 할 때 정부에서 합리 모형에 의한 정책 결정과 시스템 적용의 한계를 이론과 현실의 비교라는 관점에서 논의한 연구는 거의 없었다. 사실, 공공기관은 민간기업과 비교해 볼 때 예산 확보의 신속성, 전문성을 갖춘 인력, 정보통신 기반, 시스템 운영 능력 등의 측면에서 매우 낮은 수준에 있다고 볼 수 있다. 더욱이 법적 근거가 있다고 해도 기술적 우월성, 전문성, 업무 혁신 및 재설계 등 종합적 기반이 요구되는 전자정부를 공공기관에서 짧은 기간 내에 구현하기는 현실적으로 불가능할지도 모른다. 이러한 이상과 현실의 차이를 고려한다면 각 합리모형에 의한 시스템적 사고와 정책 결정을 극복할 수 있는 현실적인 접근 방법이 필요할 것이다.

제 1 절 정책 결정 과정과 정보통신기술의 개념적 관계

1. 정책 결정 과정에서 정보통신기술의 영향

정책 결정 과정이란 인지된 정책 문제를 해결함으로써 달성하고자 하는 정책 목표를 설정하고, 설정된 목표를 달성하기 위한 대안을 탐색 · 비교 · 평가하여 그 중 바람직한 대안을 정책으로서 채택하는 과정이다(허범, 1988: 91). 바람직한 대안을 탐색, 개발, 선택하기 위한 정보의 활용은 필수적이다(이윤식, 1990: 699).

첫째, 정책 결정 과정에서 정책 문제를 올바르게 인지하고 이를 해결하기 위한 정책 목표를 설정하기 위해 정책 문제와 목표가 놓여 있는 상황에 대한 철저한 분석이 필요하다. 이에 대한 분석을 위해서는 사회환경, 체제 구조, 인적 · 물적 자원의 활용 가능성에 대한 정보가 필수적이다.

둘째, 설정된 정책 목표를 달성하기 위한 대안을 탐색하고 가능한 대안들을 비교 분석하기 위한 목적을 위해서도 정보는 필수적이다.

정책 결정에 필요한 정보를 산출하는 도구로서의 정보통신기술의 역할은 매우 다양하게 제시되고 있다. 컴퓨터는 정책결정자의 기술적 성과를 증진시켜 주며 또한 컴퓨터 정보시스템은 조직 구성원으로 하여금 정보의 선택과 기억 능력상의 약점을 보완해 줌으로써 좀더 합리적으로 행동하는 데 도움을 줄 수 있다 (Simon, 1973: 268-287). 또한 정보통신기술은 의사 결정이 필요한 시점과 상황을 검토하고 결정하는 데 도움을 줌으로써 의사 결정 과정에 기여한다. Martin(1994)은 정보통신기술은 의사소통과 정보 접근성을 증진시키고, 증진된 의사소통과 정보 접근성은 지식의 발굴과 결합을 통해 조직[1]의 핵심 지식을 발전시킨다고 주장한다. 정보 접근성의 향상은 의사 결정 과정을 더욱 공식화할 수도 있다 (Huber, 1984). 조직 구성원들이 업무를 수행하는 데 필요한 공통적 정보에 쉽게 적시에 접근할 수 있기 때문에 조직의 유기체적 흐름을 더욱 발전시킨다 (McKenney, 1985).

Gorry & Scott(1971: 64-65)에 따르면, 지방행정 전산화는 정보의 수집, 보고, 분석, 저장, 검색, 사용 등 일련의 정보 과정 속에서 정보의 가치를 향상시켜 주고 정보분석 능력을 제고시켜 주어 정보 과정 및 의사 결정 과정을 개선시켜 줄 수 있다고 한다. 지방행정기관이 관리하고 있는 자료의 정확성 제고도 컴퓨터를 사용하는 주요 목적의 하나이다. 대량의 정보를 계량적으로 분석할 수 있고 정책결정자가 이해할 수 있는 핵심적인 지표로 제시해 줄 수 있는 정보통신기술의 능력이 지방정부의 정책 결정, 정책기획, 전략적 계획 수립에 기여한다고 볼 수 있다.

정책결정자는 정책 결정 과정에 따라 다른 정보 원천으로부터 다른 정보통신기술을 사용하여 정보를 획득할 수도 있다 (Saunders & Jones, 1990). 즉, 정책 결정 과정의 단계와 각 단계에서의 주된 활동의 내용에 따라 정책결정자는 결정을 내리는 데 상이한 정보의 원천과 획득/전달 수단이 선택된다는 것이다. 또한 그 결정의 도달 시간, 관리자에게 그 결정의 중요성, 정책결정자와 관계에서 이미 확립된 대인 관계 형태 등 맥락적인 요인들이 정책 결정 과정에서 개개의 정보 원천-획득/전달 수단-시간의 배합을 결정한다는 것이다.

---

1) 법률사무소, 세무 또는 회계사무소, 컨설팅 회사와 같은 전문 서비스 회사.

2. 정보통신기술의 정책 결정 과정에 미치는 영향과 관련된 환경 요인

1) 내적 환경 요인

정보통신기술의 정책 결정 과정에 대한 효과에 영향을 주는 주된 조직 내적 환경 요인으로는 조직구조 및 관리, 의사소통 및 정보 내용, 그리고 정보시스템(IS)의 서비스 수준 등이 기존의 연구들에 의해 제시되고 있다.

첫째, 정보통신기술의 효과에 영향을 미치는 조직구조-관리적 요인으로서 많은 연구들은 조직의 규모(Blau & Schoenherr, 1971; Ein-Dor & Segev, 1982)나 정보 전달 과정상의 계층의 수(Huber, 1990)에 초점을 맞추었다. 이 연구들은 조직구조-관리적 요인과 정보통신기술의 필요성 또는 정보 처리의 신속성 사이에 정비례 관계가 있음을 보여 준다. 그러나, 이러한 연구들는 조직의 구조적 특성을 계량적인 측면에서 파악하여 조직의 동태적인 상호 작용을 지나치게 단순화한다는 한계를 지닌다. 한편, 조직의 구조-관리적 특성을 동태적으로 접근하는 연구(Daft & MacIntosh, 1978, 1981; Hendrick, 1994; Kraemer et al., 1993, Simon, 1960; 명승환, 1997)들은 규모나 계층 수보다는 업무의 성격과 지위의 고하에 따른 정보통신기술의 영향에 대한 인식의 차이를 강조한다. 이들은 업무를 정형적인 업무, 비정형적인 업무, 그리고 중간 형태인 반정형적인 업무로 구분하여, 업무의 성격에 따라 개인이 정보통신기술의 영향을 인지하는 양상이 달라진다고 주장한다. 우리의 경우, 업무의 분화 정도가 높지 못하고 구분이 명확하지 않다는 점에서, 업무의 성격은 직렬에 의해 대리 측정할 수 있을 것이다.

둘째, 의사소통과 정보 내용 또한 정보통신기술의 정책 결정 과정에 대한 효과에 영향을 주는 중요한 내부 요인이다. 먼저, 정책 결정 과정에서 의사소통의 중요성을 다룬 연구들(Aiken & Hage, 1972; Daft & Lengel, 1986; Huber, 1990; Simon, 1977)은 정책 결정과 같은 비정형적인 업무는 문제를 정확히 인식하고 목표를 명확히 제시해야 하기 때문에 조직 내외적으로 충분한 정보 교환 및 의사소통이 이루어져야 한다고 주장한다. 이러한 연구들 대부분이 정보통신기술의 발전이 미흡했던 시대에 발표된 시론적 연구들이었기는 하나, 오늘날 비약적인 정보통신기술의 발전으로 인해 그들의 주장과 예측은 현실적으로 가능해지고 있다. 현재는 적어도 조직 내의 수직적 및 수평적인 의사소통량은 정보통신기술(예: 전자우편)을 통해 획기적으로 증가했고, 조직의 목표를 명확히 하고 문제에 대한 인식을 공유하는 데 도움을 주고 있다. 한편, 정보 내용은 조직에서 주로 취급하는 정보가 어떤 내용이냐를 의미하는 것으로서 조직 내의 인적·물적 자원을 관리하는 내부 업무 처리를 위한 정보, 통계, 사회 지표 등 정책 결정 지원을 위한 정보, 민원 업무 처리를 위한 정보, 민간 및 국민에게 제공하기 위한 정보 등으로 구분될 수 있다. 정책 결정 과정과 정보통신기술의 관계와 관련하여 정보 내용을 하나의 영향을 주는 요인으로 파악한 연구는 없다. 그러나, 조직 내에서 공식적인 의사소통에는 정보가 수반되며, 그 정보의 내용에 따라 의사소통이 예컨대 정책 결정 과정에서 갖는 의미도 달라질 수 있기 때문에, 정보의 내용은 의사소통과 함께 중요한 내부 요인으로 간주할 수 있을 것이다.

끝으로, 정보시스템 서비스 수준과 관련된 연구는 경영정보시스템(MIS) 분야, 특히 사용자 참여 모형(user involvement model)을 제시하는 연구자들에 의해 심층적인 연구가 이루어졌다. 이들(Davis, Bagozi, & Warshaw, 1989; Ives & Olson, 1984; Lucus, 1975; Rockart & Flannery, 1983; Swanson, 1974)은 정보통신기술의 효과는 정보시스템의 서비스가 얼마나 사용자의 정보 요구를 충족시키는가에 따라 좌우된다고 주장한다. 정보시스템 서비스에 대한 사용자의 만족을 측정하기 위해 부서 성격에 부합되는 정보서비스 제공(대응성), 정보 및 자료의 정확성 및 적시성, 사용자가 이해하기 쉬운 사용 방법의 제공, 정보 및 자료의 보안 및 체계적 관리 등이 주로 제시되고 있다.

2) 외적 환경 요인

정책 결정 과정에서 행정기관은 다양한 외부기관의 영향을 받는다. 특히 지방자치단체의 경우, 각종 수시 과제와 보고 등 상위기관 및 중앙기관과 관련하여 처리해야 할 업무량이 매우 많다. 한편으로는, 지방자치단체의 경우 신속한 업무 처리를 위해 정보통신기술에 대한 수요가 클 것이고 그 효과성도 높으리라고 예상해 볼 수 있다. 이와 관련된 연구 결과는 거의 없으나, 대체로 예측과는 달리 그러한 외부기관의 영향이 정보통신기술의 편익을 상쇄시켜 오히려 정보통신기술의 효과를 저해하는 요인이 된다는 경험적 연구 결과(Kraemer et. al, 1989; 명승환, 1997)가 있다. 이러한 현상은 외부, 특히 상위기관의 지나친 압력과 간섭, 각종 수시 업무 보고에 대한 부담이 정보통신기술의 효과를 저해시킨 결과로 해석될 수 있다.

한편, 정부기관 이외의 외부기관이나 민간과의 정보 교류도 정책 결정 과정에서 매우 중요하다. 의사소통의 관점에서 보면, 이는 기관 간의 수평적 의사소통으로서 기관 간의 의존도가 높고 문제의 파악이 잘 안 될수록 정보 및 의사소통량이 늘어나기 때문이다(Daft & MacIntosh, 1981; Van de Ven, et al., 1976). 그러나, 기관 간의 정보 교류는 공공기관의 특성상 여러 가지 제약이 있기 때문에 기술적인 문제보다는 법제도의 미비, 기관 간 비협력적인 태도, 상급자의 관심 부족 등이 정보통신기술의 효과를 저해시키는 요인이 될 수도 있다. 이는 우리 나라의 시·군·구 통합 시스템 구축 사업이나 전자문서 유통 등의 사업에서 전형적으로 나타나는 현상이다.

제 2 절 합리적 정책 결정의 의미와 현실적 제약 요인

1. 합리적 정책 결정의 의미

합리적인 정책 결정은 특정한 문제가 발생하거나 예측될 때 문제를 정확히 인식하고, 이와 관련된 모든 정보를 파악하고 정책 목표의 설정, 정보의 수집, 대안의 분석 및 해석, 대안의 선택의 일련의 과정에서 단절 없이 매번 개인은 합리적으로 정책 결정을 한다는 가정을 전제로 하고 있다. 따라서 어떠한 특정의 정책이 실현시키는 가치가 다른 희생시키는 가치보다 크고 동시에 다른 어떤 대안들보다도 그 편익의 비율이 높을 때 합리적인 정책 결정을 했다고 볼 수 있다. 그러나 정책 결정에서의 합리모형[2]적 접근은 일반적으로 정책 결정시 다음과 같은 요소들이 만족되어야 한다(Allison, 1972; 정정길, 1998).

① 사회의 모든 가치 선호와 그것들의 상대적인 가중치를 알고 있어야 한다.
② 이용할 수 있는 모든 정책 대안들을 알고 있어야 한다.

---

2) 합리모형은 일반적으로 개인적 선호들이 행위를 결정하는가에 대한 이론적 가정으로 이루어진 이론틀이며, 개인은 가능한 모든 정보(대안)를 탐색하고, 그 정보에 대한 체계적인 분석을 통해 개인의 기대효용과 이익이 최적화 혹은 극대화되는 행위를 선택한다는 것을 기본 전제로 한다.

③ 각 정책 대안이 가져올 모든 결과를 알고 있어야 한다.

④ 각 개인의 선호는 안정적이고 지속적이이서 정확한 정보의 해석과 사용이 가능하다.

⑤ 각 정책 대안이 실현시키는 사회적 가치와 희생시키는 가치 간의 비율을 계산해야 한다.

⑥ 각 대안 중 가장 최적의 정책 대안을 결정해야 한다.

한편, Simon(1965)은 정책 결정 과정을 어떤 조직이든 의사 결정시 문제를 둘러싼 환경의 불확실성을 줄이기 위해 조직의 목표와 현실의 괴리를 좁히려고 노력한다고 보고, 정책 결정 과정은 곧 문제 해결 과정이라고 보고 있다. 그는 특히 의사결정 지원시스템 같은 고도의 시스템이 문제의 원인과 결과를 분석하는 데 도움을 줄 것이라고 예측했다. 따라서, 합리적인 정책 결정을 하는 데는 정보의 활용이 필수적인데 일반적으로 정보시스템적 관점에서는 정보시스템 자체가 합리성을 전제로 설계되기 때문에 정보시스템의 도입과 활용은 정책 결정 과정을 합리화하는 데 필수적이라고 보고 있다. 특히 민간의 경영정보시스템(MIS)의 경우에는 정보의 분석 및 해석 단계에서 알고리즘에 의한 합리모형적 접근을 하고 비교적 목표가 구체적이고 계량화가 가능한 정보를 위주로 운영하기 때문에 합리적 의사 결정의 가능성이 공공조직보다는 높다고 볼 수 있다(안문석, 1998). 따라서, 정책 결정시에 고도의 정보시스템의 등장은 과거보다는 합리적인 정책 결정을 할 수 있는 가능성을 높여 주고 있다.

그러나, 아무리 정보통신기술과 정보시스템이 고도화되었다 하더라도, 합리모형적 관점에서 모든 가능한 대안을 가중치를 매겨 비용 대비 편익의 비율이 가장 높은 최적의 대안을 선택하기에는 많은 제약이 있다. 특히 공공 부문에서는 정보시스템적 관점에서처럼 알고리즘과 정보 생산 주기에 따라 오차 없이 정책 결정을 내린다는 것은 불가능에 가깝다.

2. 합리적 정책 결정의 제약 요인

합리모형에 근거한 합리적 정책 결정의 가정은 근본적으로 정책 결정시 수많은 가치들을 정확한 가중치 부여에 의해 비교할 수 없다는 정책 결정상의 한계와, 실제로 사용되는 정보는 조직에 특성과 환경에 따라 차이가 있고 매우 한정적이라는 현실적 제약 요인을 설명하기 어렵다는 한계가 있다. 특히 정책 결정과 정책 집행은 이론적으로 한 치의 오차도 없이 연계되어 있어야 하나 대부분의 경우 정책 집행은 처음 결정된 정책의 목표와 다른 양상으로 전개되는 경우가 많다. 더욱이 조직 구조, 조직 구성원들 간의 역할 관계, 이해관계자들 간의 갈등과 협상 과정 등 내외적 변수들이 영향을 미치기 때문에 실제로 합리적 선택보다는 그런대로 만족할 만한 절충형 대안을 선택하는 경우가 많다.

한편, 이러한 합리적 정책 결정의 한계를 정책 결정 과정에서의 정보의 수집과 실제 사용 관점에서 논의하고 실증적 결과를 보여 준 연구에서는(Oh, 1996; 오철호, 1998) 합리적 정책 결정 모형에서 가정하는 정보의 수집-분배-사용은 자동적으로 연계되는 것이 아니라고 주장한다. 즉, "정책결정자들은 정보를 분배할 의사 없이 수집할 수도 있으며, 수집된 정보를 사용하지 않고 단순히 다른 사람/조직에 분배할 수도 있다. 이처럼 정보 과정을 구성하고 있는 상이한 단계들을 고려하지 않음으로써, 합리모형이 설정하고 있는 정책 과정에서 정보 흐름에 대한 가설들은 현실의 세계와 상당한 괴리를 지니게 되는 것이다"(오철호, 1998, 201). 실제로 미국의 국민 정신보건 부문에서의 정책 결정 과정을 분석한 결과 정보의 수집 단계 과정에서는 주로 내부 정보원에 의존하고, 정보 배분 단계에서는 외부와 정보를 공유하지 않는 성향을 보이고 있다는 경험적 결과를 보여 준다. 또한, 정보의 사용은 어느 정도 수준에 이르면 사용의 정도가 떨어지고 오히려 많은 정보가 정책 결정에 혼돈을 가져올 가능성이 높다고 보고 있다. 한편, 미국 주정부를 대상으로 정보 공동 활용에 미치는 결정 요인을 분석한 결과에 의하면(Hinnant & Bretschneider, 1997), 정보 공동 활용은 합리적으로 설계된 정보 공동 활용 시스템의 기술적 요인보다는 조직의 근접성(organizational proximity), 그 중에서도 조직 간의 기능적 근접성(functional proximity)이 더 큰 영향을 미친다고 보고하고 있다. 즉, 정보의 공유는 기능상 현저한 차이가 있는 다른 조직보다는 유사한 기능을 가진 조직과 산하기관 간 및 다른 기관과 더 활발히 이루어진다는 것이다. 이러한 결과들은 합리모형에서 가정하듯이 정보 수집-배분-사용이 자동적으로 연계되어 최적의 대안을 선택한다는 예정된 노정을 반박하는 경험적 연구라고 볼 수 있다.

우리 나라의 경우 광역자치단체를 대상으로 정보통신기술이 정책 결정 과정에 미치는 영향에 대한 경험적 연구(목진휴 · 최영훈 · 명승환, 1998)에서는 정책 결정 과정에서 정보통신기술 도입 효과는 기관의 특성, 최고위층의 관심과 의지, 업무 성격, 외부 환경 등과 상호 작용 속에서 간접적으로 나타나고 그 양상도 매우 다양하다고 보고하고 있다. 또한, 한세억(1998)의 정책 연계성에 대한 연구에서는 정책 결정과 정책 집행 간의 이음새 없는 관계를 실천하기 위해서는 정책 목표와 정책 수단 간의 인과성, 정책결정자와 집행자 간의 상호 적응, 정책 결정 구조와 집행 체제 간의 상호 공감대 형성과 구체적 제도화, 정책 결정에 대한 국민 및 정책 대상 집단의 이해와 지지 등이 요구된다고 주장하고 있다. 이러한 연구 결과들도 결국 '제한적 합리성'(March & Simon, 1958; Simon, 1965)에서 지적하듯이 모든 결정 상황은 정보의 사용이 필수적임에도 불구하고 상황적(situational) 맥락에서 파악해야 하며, 완벽한 합리적 정책 결정보다는 현실적으로 적합한 선택이 더 낫다는 주장을 뒷받침해 주고 있다. 이와 관련하여 이윤식(1990)은 관료들의 정보통신기술 활용 능력의 미흡과 낮은 교육훈련 수준, 시간적 제약으로 인해 과다한 정보의 공급은 정보의 관리 문제와 함께 정책 결정에 혼선을 초래할 수 있다고 지적한다. 이는 정책 결정 과정에서 실제로 조직 구성원들이 수행하고 있는 업무의 성격과 정보 활용 능력이 매우 중요하며, 정책 결정의 합리성 수준을 좌우하는 변수로 작용할 수 있다는 것을 의미한다.

이상과 같이 정책 결정을 지나치게 합리모형에 의해 보는 것은 다양한 변수가 작용하고 있는 현실 세계를 제대로 설명하지 못하는 한계가 있다. 정보시스템의 도입도 아무리 합리모형에 근거하여 설계되었다 하더라도 정책결정자 혹은 참여자들이 실제 분석 및 전달 과정에서 고의로 은폐하거나 합리적이고 객관적인 정보를 생산하거나 공유하지 않는다면 합리적인 정책 결정은 이루어질 수가 없다. 그렇다면, 아무리 고도의 정보시스템이나 정보통신기술이 도입되었다고 해도, 그리고 전자정부의 구현을 위한 노력을 한다 해도 정책 결정 과정의 합리화는 불가능한 것인가? 만약 불가능하다고 한다면 이론과 현실의 괴리 현상은 왜 나타나고, 그 격차를 줄일 수 있는 방안은 없는가라는 문제가 제기될 수 있다.

제3절 이론과 현실의 괴리: 시스템적 사고의 한계

합리모형에 의한 정책 결정을 할 때의 근본적인 문제는 현실이 합리적 가정에 의해 충분히 설명될 수 없다는 것을 알면서도 이론과 현실의 괴리를 좁히기 위한 노력을 기울이지 않았다는 점이다. 물론 정보사회로 패러다임이 전환되면서 고도의 정보통신기술과 정보관리시스템이 합리적인 정책 결정의 가능성을 높여 주고 있는 것은 사실이나, 위에서도 논의했듯이 조직 내외의 다양한 변수가 합리적인 정책 결정을 내리는 데 장애 요인으로 작용하기 때문에 정보통신기술은 수단으로서의 역할 혹은 매개 변수로서의 역할에 그칠 가능성이 크다. 즉, 정보통신기술 혹은 시스템의 도입이 조직의 변화를 가져오는 유일한 독립변수가 아니라는 것이다.

이러한 상황에서 개념 및 이론과 현실과의 괴리를 좁히는 방법은 조직 내에서의 '혁신' 혹은 '개혁'이라는 의도적인 노력이 있어야 할 것이다. 특히, 정보통신기술은 단순히 수단적 역할을 하기 때문에 사람의 의지, 조직문화의 변혁, 제도적 개선 등이 선행되지 않으면 '행정전산화' 혹은 '사무자동화' 정도의 수준에 머무를 수밖에 없다. 사실 정보시스템도 사람과 시스템과의 상호 작용을 전제로 한 정보 및 관리 시스템이기 때문에 합리적인 영역과 비합리적 및 초합리적인 영역의 비율을 조직의 상황에 맞게 조절하는 전략이 요구된다. 이러한 측면에서 정보사회에서의 정책 결정 과정의 합리화는 순수한 합리모형보다는 합리성의 수준을 조직의 상황에 맞게 조절하는 '탄력적 합리성'의 개념이 더욱 적합하다고 본다. 그러나, 우선 정보통신기술 및 정보관리시스템의 적용이 정책 결정 과정의 합리화에 도움을 준다고 가정한다면, 이론과 현실의 괴리는 '개념-현실의 괴리(conception- reality gap)' 차원에서 논의될 수 있다. 여기서 개념-현실의 괴리는 정보관리시스템 자체가 합리적 가정에 의해 설계되고 적용되기 때문에 결국 "합리성-현실의 괴리(rationality- reality gap)"라고도 할 수 있다.

Heeks & Bhatnagar(1999: 59-66)는 개념과 현실의 괴리를 정보통신기술과 정보시스템에 대한 일반적 개념 및 기대와는 다르게 실제 조직에의 적용 과정에서 발생하는 불일치를 설명하고 있다. 우선 순수하게 합리성-현실의 괴리 차원에서 볼 때 합리모형은 다음과 같이 사회적 및 역사적 맥락을 가지고 있다고 한다.

첫째, 과학은 타당성을 확보할 수 있는 논리와 목표를 내포하고 있다.

둘째, 과학적 가치는 순수과학 이외에도 경영과 조직과 같이 인간 시스템에도 적용될 수 있다.

셋째, 이러한 과학적 가치들을 적용하면 대체로 바람직한 결과가 나온다.

이들은 이러한 가정이 행태적 접근 및 정치적 접근에 의해 비판을 받기는 하지만, 정보사회에서 초기 개혁의 수단으로 정보통신기술 및 정보시스템이 이미 널리 사용되고 있고, 대체로 공공 영역의 개혁에서도 능률성 및 생산성 향상을 위한 수단으로서 이러한 합리적 접근 방법을 인정하고 있다고 보고 있다. 그러나, 개혁이 능률성 및 생산성 향상 이상의 목표와 가치를 포함하고 있다고 보면, 분명히 합리모형적 접근 방법은 현실과의 거리가 특히 공공 영역에서 더욱 커질 수밖에 없다. 왜냐 하면, 공공 영역에서는 다양한 이해관계자들의 입장을 고려해야 하고 정책 결정 과정도 이들과의 갈등과 협상 과정을 통해 상호 공감대를 형성할 수 있는 대체로 만족할 만한 결정을 내릴 수밖에 없기 때문이다.

한편, 이들은 DSS(Decision Support System)와 같은 고도의 합리성에 바탕을 둔 시스템을 예로 들어 조직에 적용될 때의 합리적 가정을 설명하고 있다. 그러한 가정은 다음과 같다(Heesks & Bhatnagar, 1999: 59).

① 시스템에서 다루고 있는 정보는 객관적이다.

② 관리와 절차가 공식적이다.

③ 조직 구성원의 시스템에 대한 기술 수준과 역할이 안정적이고 분명하다.

④ 조직의 전략이 분명하다.

⑤ 합리적인 조직문화를 가지고 있다.

⑥ 정치적 요인 등 비합리적인 요인은 존재하지 않는다.

따라서, DSS처럼 고도의 합리적 가정에 의한 시스템은 공공 영역의 차원에서는 개념-현실의 차이가 더욱 클 수밖에 없다. 그 차이가 크면 클수록 실패의 확률은 더욱 커지는 것이다. 반면에, 단순한 워드프로세싱 도입의 수준에서 개혁이 이루어진다면 위의 가정들은 현실에 적용할 때 이론-현실의 괴리의 문제가 덜 발생하고 성공의 가능성은 더 높아질 수 있다. 그러나 위험 요소가 작으면 상대적으로 얻는 이득은 적어질 수밖에 없다. 단순히 사무자동화 및 전자적 문서 처리 정도가 다양한 목표와 가치를 내포하고 있는 개혁의 차원에서 평가될 수는 없기 때문이다. 따라서, 리엔지니어링과 같은 좀더 근본적인 개혁은 얻는 이득은 클 수 있지만 위험 부담이 크고, 반면에 모든 영향 요인을 고려한 소극적이고 점진적인 개혁은 위험 부담은 줄지만 상대적으로 얻는 이득이 적어지는 딜레마에 빠지게 된다.

이를 정책 결정 과정에서의 공식적인 정보와 비공식적인 정보의 흐름 차원에서 본다면 합리적인 정책 결정을 위한 합리적 정보관리시스템의 도입은 더욱 어려워진다. 실제 정책 결정의 차원에서 이러한 공식적-비공식적 정보의 흐름을 연구한 학자들에 의하면, 현실 세계에서의 정책 결정은 좀더 비공식적인 정보의 흐름과 교류에 의해 이루어진다고 보고 있다(Daft & Lengel, 1986; Hastings, 1996; Heckscher, 1994). 이들에 의하면, 비공식적 정보는 첫째, 좀더 풍부한 정책의 배경과 구체적인 설명을 제공하고, 둘째, 정책 대안에 대한 좀더 다양한 평가를 내릴 수 있게 해 주며, 셋째, 좀더 적실성이 있고, 넷째, 좀더 상세하고 구체적인 조사가 용이하고, 끝으로, 개인의 목표와 관심을 좀더 잘 반영할 수 있게 해 준다고 한다. 실제로 정책 결정은 공식적인 정보에 의존하기보다는 비선 조직에 의한 정보, 다양한 로비, 영향력 있는 집단과의 비공식적 교류를 통해 이루어지는 경우가 많은 것을 부인할 수 없다. 이러한 경우 정보시스템에 대한 개념과 현실의 격차는 더욱 커지게 된다.

한편, Brown(1999: 131)은 미국의 한 공공기관(실패 사례)의 사례 연구를 통해 정보 시스템에 대한 통상적인 개념 및 기대와 현실의 차이를 <표 6-1>과 같이 보여 주고 있다. 아래의 사례는 미국의 경우이기 때문에 우리 나라의 현실과는 다소 차이가 있을 수도 있다. 그러나, 개념-현실의 괴리를 보여 주는 측면에서는 시사하는 바가 크다고 본다. 즉, 앞의 2장에서도 언급했지만 정보의 수집과 실제 사용 및 배분시에 자동적인 연계가 이루어지지 않듯이 정보통신기술 및 정보시스템의 도입이 바로 정책 결정 과정의 합리화로 연결되지 않는다는 점이다. 특히, 민간기업에 비해 예산의 확보, 전문인력, 정보 활용 능력 등에서 낮은 수준에 있는 공공기관에서는 대부분의 시스템들이 과거 하향식 방식의 합리모형적 정보관리 시스템에 의존하고, 전산 부서의 인력 부족과 사기저하, 사용자들의 정보 활용 능력 부족, 정보통신 기반의 미흡, 정보 자원관리 개념에 의한 CIO(Chief Information Officer: 정보화 책임관)와 같은 추진 체계의 부재 등 개념-현실과의 괴리로 인한 이론-현실과의 괴리는 더욱 클 수밖에 없다. 이러한 수준에서 정책 결정 및 그 과정의 합리화를 추구하는 것은 불가능에 가까울지도 모른다. 그러나, 각 기관의 특성과 환경에 적합한 정보통신기술 및 정보시스템 전략을 수립한다면 문제 해결의 수준이 높아질 수 있는 가능성도 배제할 수 없다.

〈표 6-1〉 일반적 정보시스템에 대한 개념과 현실과의 차이

개 념	현 실
정부조직은 모두 상의 하달에 의해 움직인다.	실제로 지역 및 집행 부서들이 좀더 정치적 혹은 집단적 파워가 큰 경우도 많다.
정보시스템은 조직 구성원들 각자를 조직의 목표에 공헌하도록 유도해야 한다.	실제로 많은 사람들이 조직에 공헌하고자 하는 인센티브가 결여되어 있다.
객관적 사실에 기초한 자료의 수집과 절차 모델은 절차를 개선하고 효과적인 정보시스템 설계를 가능하게 한다.	정보시스템 개념에서 의도한 원래의 결과를 가져오기보다는 단지 과거보다 빠르되 일의 양만 늘릴 뿐이다.
공식적인 정보시스템 설계 과정과 막대한 투입은 만족스럽고 유용한 시스템을 구현한다.	지나치게 긴 조달 과정 때문에 시스템은 구축되는 순간 낡고 시대에 뒤떨어진 무용지물이 된다.
관리자는 더 나은 결정을 내리기 위해 더 많은 자료와 정보를 필요로 한다.	관리자들은 이미 너무 많은 자료와 정보를 가지고 있다: 그들이 필요한 것은 당장 사용할 수 있도록 쓸모있는 정보이다.
관리자는 사실에 근거하여 합리적인 결정을 내리고, 정보시스템이 이를 뒷받침해준다.	정치적 결정은 합리성을 전제로 하지 않는다. 공공기관은 사회에 지나치게 합리성이 지배하는 것을 원하지 않으며, 주관적인 가치도 중요하게 생각한다.
최고관리자의 강력한 의지는 조직 내에 정보시스템을 뿌리내리게 한다.	각 부서의 기능에 충실한 소수의 구성원들도 정치적으로 임명된 최고관리자의 의지를 꺾을 수 있다.
공공기관은 정확한 정보를 필요로 한다.	만약 필요한 정보가 없을 경우, 누군가 정보를 어떻게 해서든 만들어 낸다: 누구도 정확한 정보를 찾기 위해 노력하지 않고 의도적으로 아무 행동도 취하지 않는다.
공공기관은 대체로 거대한 정보시스템을 보유하고 있으며, 그 디자인도 뛰어나고 능력 있는 참모들이 포진하고 있다.	유능한 정보시스템 전문가들에 대한 보수 수준이 일반적 공공기관의 평균적 보수 기준에 비교해도 절반 정도밖에 안 되는 정부에서 일하는 경우는 거의 없다.

제4절 전자정부 관점에서의 정책 결정 모형

1. 상황 맥락적 정책 결정의 필요성

기존의 합리모형에 입각한 정보시스템이 그 적용 과정에서 실제적 정보 순환과 정책 결정 과정과의 격차가 크다면 순수한 합리모형에 입각한 정보시스템의 단순한 적용은 다시 한 번 재고할 필요가 있다. 앞에서도 언급했듯이 기존의 정보시스템의 가장 큰 문제점은 정보의 흐름이 단절되어 있다는 점이다. 합리적 정책 결정이 모든 가능한 대안을 탐색하고 분석을 통해 가능하다고 한다면, 정보의 수집-축적-전달-사용의 과정이 상호 연계되어야 하는데 기존의 정보시스템은 개념적으로나 현실적으로나 한계가 있다. 합리성을 전제로 설계된 시스템이 오히려 합리적 정책 결정을 저해하고 있는 것이다.

앞에서도 지적했듯이 제한적 합리성에서는 정보를 상황적 맥락에서 파악함으로써 현실적으로 적합한 정책 결정을 더 선호하고 있다. 이러한 관점에서 볼 때, 조직 구성원 간의 지식 및 노하우를 공유하는 데 초점을 둔 지식관리를 위한 시스템의 적용이 더 효과적일 것이라는 잠정적인 가정을 해 볼 수 있다. 이미 공공기관의 경우도 민간기업에 비해 수준은 떨어지지만 정보시스템을 운영하고 있기 때문에, 기존의 시스템 기반 위에 업무 성격과 경험을 바탕으로 한 지식의 상호 공유라는 개념적 토대로 구축되는 지식 기반에 바탕을 둔 시스템의 적용은 더욱 현실적인 접근 방법이 될 수 있다. 개념-현실의 괴리를 통해 살펴보았듯이, 현실 세계의 조직에서는 오히려 너무 많은 정보가 합리적인 정책 결정에 혼란을 가져온다. 합리적인 정책 결정을 위해 필요한 것은 단편적인 정보보다는 조직 내외에 있는 정보들을 조직의 목표와 주어진 상황에서 문제해결의 실마리를 제공하는 쓸모 있는 정보이다. 그러한 정보는 바로 조직 구성원들의 업무 수행 과정에서 습득한 경험 및 노하우를 바탕으로 한 지식이라고 말할 수 있다. 따라서 조직 구성원 간 지식의 상호 공유는 정보 과정의 자동적 연계에 의존하는 수동적 자세를 지향하기보다는 업무 수행상 성공과 실패의 경험을 적극적으로 공유하여 시행착오를 줄일 수 있는 기반 구축을 지향한다고 볼 수 있다. 여기서 기반은 기술 및 시스템적 관점에서 출발하는 것이 아니라, 조직·업무·사람·문화를 바탕으로 형성되어 변화하는 환경을 미리 예측하고 적절한 대응을 하는 개방형 체제 혹은 유기체(Katz & Kahn, 1966)에 가까운 기반을 의미한다. 이와 관련하여 <표 6-2>는 정보와 지식의 차이를 보여주고 있다.

〈표 6-2〉 정보와 지식의 차이

정보(information)	지식(knowledge)
단편적 사고	종합적 사고
수동적 사고	능동적 사고(주체적 사고, 가공, 판단)
지식 창조의 매개 자료	사고의 경험을 통해 정보 체계화
가치 판단 및 정보 체계	의사 결정 및 행동을 통한 가치 판단

출처: Nonaka & Takeguchi(1995).

한편, <표 6-3>은 지식이 존재하고 있는 형태에 따라 지식을 분류한 것이고, <표 6-4>는 지식 활동의 주체에 따른 분류로서 조직지와 개인지를 설명하고 있다.

〈표 6-3〉 형식지와 암묵지

구분	형식지(explicit knowledge)	암묵지(tacit knowledge)
특징	-언어로 표현 가능한 객관적 지식 -언어를 통해 전달 -언어를 통해 습득 -이전이 용이	-언어로 표현하기 어려운 주관적 지식 -은유를 통한 전달 -경험을 통해 몸에 밴 지식 -전수하기 어려움
사례	연구보고서, 책, 데이터베이스, 컴퓨터 매뉴얼, 업무 수행 절차	조직문화

출처: Nonaka & Takeguchi(1995).

〈표 6-4〉 조직지와 개인지

조직지	개인지
-조직 차원의 지식 -조직의 문화, 시스템, 제도 등 -언어로 형식화된 지식 -업무 프로세스	-개인 차원의 지식 -개인에게 체화된 지식 -두뇌에 담겨 있는 개념적 지식

출처: Nonaka & Takeguchi(1995).

<표 6-2>와 <표 6-3>은 지식 및 지식 경영을 논의할 때 가장 많이 인용되는 지식에 대한 개념 및 분류이다. 따라서, 상황 맥락적 정책 결정의 의미는 경험을 바탕으로 한 지식을 기반으로 가급적 형식지를 통해 조직지로 승화된 정책 결정을 뜻한다고 할 수 있다. 상황 맥락적 정책 결정은 결국 정책 결정에 문제를 인식하고 대안을 선택하는 데 조직 구성원 간 상호 경험과 의견을 교환할 수 있는 체계적인 지식관리시스템을 통해 상호 공감대를 형성한 대안을 선택하거나 행동으로 옮기는 행정이라고 할 수 있다. 따라서, 상황 맥락적 정책 결정을 구현하기 위해서는 개인 지식을 조직 지식으로 확대할 수 있는 학습 과정을 통해 문제의 인식 단계에서 인과 관계를 명확히 하고, 또한 조직원의 지식 창출, 공유, 활용을 체계적으로 뒷받침해 줄 수 있는 인트라넷, 데이터웨어 하우스 및 데이터 마이닝 같은 정보통신기술이 요구된다. 또한 조직 구조 및 문화적 측면에서, 리더십, 인센티브 제공, 제도화, 유기적 플랫(flat) 구조, 투입보다는 과정과 결과의 중시 등이 요구된다.

한편, 정책 결정 방식은 전통적 관료제에서의 상의 하달식이 아니라, 중간관리층을 중심으로 한 'middle-up & down' 방식(전영재 외, 1999)이 적합하다. 제2장의 정보 활용 능력에서도 살펴보았듯이, 정책 결정 과정에서 대안의 분석 및 해석 그리고 확산에서 중간관리층의 역할이 매우 큰 비중을 차지하기 때문이다. 물론 이것은 아직 추론적 가정일 뿐이며 향후 실증적인 연구가 뒷받침되어야 할 것이다. 또한, 상황 맥락적 정책 결정을 구현하기 위해 반드시 고려해야 할 것은 과거의 관료제적 구조와 마인드를 근본적으로 바꾸는 행정 혁신이 필요하다는 점이다.

2. 상황 맥락적 정책 결정을 위한 행정 혁신의 필요성: 전제 조건

1) 행정 혁신의 개념

일반적으로 행정조직은 경직되어 있고 관료적이며 수많은 절차와 규제 등을 양산하는 조직으로 인식되어 왔다. 따라서, 행정 혁신은 그러한 모습과는 반대되는 개념이라고 볼 수 있다. 즉, 행정 혁신은 좀더 유연하고 비관료적이며, 각종 불필요한 절차와 규제가 축소된 조직을 지향하는 개념이다. Bozeman & Straussman(1991)에 의하면, '혁신'은 두 가지의 의미를 지니고 있다. 첫째는 새로운 아이디어, 산출물, 각종 프로그램, 기술적 역량 등 실제 존재하는 유형 및 무형의 '실체'로서의 의미이고, 둘째는 '혁신하는 행위'인 과정적인 의미이다.

우선, 실체적 의미에서 행정 혁신은 기술적인 혁신 외에 '관리 혁신'과 '정책 혁신'이 있다. 관리 혁신은 새로운 인력 채용 방식, 자원의 재분배, 업무재설계 등을 포함(Daft, 1978)하며, 정책 혁신은 "조직의 주요 목표를 달성하기 위한 조직 핵심 전략의 변화"(Zaltman, Duncan, & Holbek, 1973: 16)라고 할 수 있다. 다시 말하면, 관리와 정책 영역에서의 혁신은 새로운 행정환경에 대응한 상황 적합적이며 기존의 방식과는 다른 관리 방법과 전략이라고 할 수 있다.

둘째, 과정(process) 측면에서의 행정 혁신은 과학 기술적인 발명, 새로운 아이디어 등과 관련된 창조(invention) 그 자체보다는 적응(adaption)과 집행(implementation) 과정에 초점을 두는 개념이다(Mohr, 1969; Zaltman, Duncan, & Holbek, 1973). 따라서, 이음새 없는 행정(한세억, 1998)과 같이 정책 결정과 정책 집행을 연계시키는 과정의 혁신을 의미한다.

위의 두 가지 측면에서의 개념을 종합해 보면, 행정 혁신은 "행정조직의 구성원들이 환경과 상호 교류하는 과정에서 환경에 시의 적절하게 적응하고 또한 변화를 유도할 수 있는 새로운 아이디어, 관리 방법, 전략, 기술적 해법"이라고 정의할 수 있다.

2) 행정 혁신의 결정 요인과 상황 맥락적 정책 결정

행정 혁신의 결정 요인은 크게 혁신의 목적, 환경, 사람으로 나누어 설명될 수 있다. 혁신의 목적은 과연 혁신을 하면 누가 얼마만큼 이득을 얻고 어떤 비용이 감소되는가의 문제와 관련된 결정 요인이고, 환경은 혁신 과정에 미치는 주로 이해관계자의 관계에서 나타나는 결정 요인, 사람은 조직 내 혁신 과정에서의 개인의 역할과 관련된 결정 요인들이다.

첫째, 혁신의 목적은 누가 혜택을 얼마나 받고 어떤 비용이 얼마만큼 소요되는가는 행정 혁신의 방향을 결정하는 중요한 요인이다. 한 연구에서는 행정기관의 구성원들과 고객은 주로 서비스의 질 향상을 위한 혁신을 지향하는 반면에, 선거직 공무원과 예산 관련 공무원들은 주로 가시적인 비용 감소를 위한 혁신을 지향한다고 한다(Lambright, Flynn, Teich, & Lakins, 1979). 한편, 비용적인 측면에서 볼 때 혁신 과정에서는 화폐 단위로 환산되는 절대적인 비용보다는 조직이 보유하고 있는 자원과 관계되는 비용이 더 중요하고(Perry &

Kraemer, 1978; Daft & Becker, 1978), 정치적인 비용 같은 비경제적 비용 혹은 간접적 비용이 얼마나 되느냐가 행정 혁신을 결정하는 요인이라는 견해도 있다(Dye & Page, 1988; Zaltman, Duncan, & Holbek, 1973). 이를 종합해 보면, 혁신 과정에서의 비용과 이득은 실제 비용과 이득이라기보다는 이해관계자들이 각각의 입장에서 바라보는 인지된 비용과 이득이라고 볼 수 있다(Bozeman & Straussman, 1991). 왜냐 하면, 행정 혁신은 상징적 의미를 지니는 것으로서 변화와 새로움, 그리고 일반적으로 긍정적인 것으로 어떠한 입장에서 보느냐에 따라 행정 혁신의 방향이 좌우되기 때문이다.

둘째, 환경 요인은 행정 혁신 과정에 영향을 미치는 다양한 이해관계자들로서 외부 행정기관(입법, 사법, 상위기관), 지역과 다른 지역의 정부기관, 민간조직(공급자, 자문기관, 전문가 협회, 방송언론 등), 지역 주민(이익단체 등) 등이 있다. 이러한 외부 환경은 변화를 유발하는 동기 부여를 한다(Bozeman & Straussman, 1991). 즉, 이해관계자들의 혁신에 대한 요구와 환경의 자극에 의해 조직 구성원들이 느끼는 혁신의 필요성이 존재한다(Downs, 1967). 이 때 양자가 인지하는 수행 격차(performance gap)가 발생한다. 예를 들면, 이해관계자들이 기대하는 서비스의 수준과 실제 서비스 수준 혹은 내부 조직 구성원들이 기대하는 서비스 수준과의 격차를 의미한다(Feller & Menzel, 1977). 즉, 양자 간의 격차를 어떻게, 얼마나 줄일 수 있는가가 행정 혁신의 성패를 결정하는 요인인 것이다.

셋째, 조직 내 혁신 과정에서의 개인의 역할과 관련된 요인으로서 Loveless & Bozeman(1982)은 행정기관의 혁신에서 개인의 역할은 네 가지 유형으로 분류한다. ① 선도자(initiators): 조직이 처한 문제, 기회, 해결 방안 등을 적극적으로 찾아내고 정보를 수집하는 사람들이다. 이러한 사람들의 역할은 내부의 행정 절차, 기술, 조직의 환경을 소상히 파악하는 것이고, 따라서 이들은 적극적이고 활동적이며 보통 전문가 네트워크를 형성하고 있다(Rogers & Shoemaker, 1971); ② 지원자(advocates): 제안된 혁신 방안을 적극적으로 수용하여 지원 방안을 제시하는 사람들이다. 이들의 역할은 저항을 극복하고 혁신을 끝까지 옹호하는 것이다. 이들은 일반적으로 위험을 기회로 파악하고 긍정적인 태도를 보이며 조직의 오피니언 리더가 많다; ③ 비준자(ratifiers): 주로 최종 의사 결정과 관계되는 사람들이다(예: 지역 의회, 시장, 기획실). 이들의 역할은 혁신을 승인하고 이를 실현하기 위한 자원의 적절한 배분을 하는 것으로, 조직과 지역의 수요와 한계 등을 잘 파악하는 능력이 요구된다: ④ 수용자(acceptors): 전형적인 관료들로서 혁신의 방향에 따라 일상적인 일의 방식과 태도를 바꾸는 것이다. 이들은 기존의 관리 방식을 새로운 혁신 방향에 맞게 재정립하고 재조직화하는 교량적 역할을 담당한다. 이렇게 행정 혁신의 과정에서 개인의 역할은 각각 다르게 나타나지만, 그 역할은 모두 중요하며 행정 혁신의 성패를 좌우하는 주요 결정 요인이 된다.

이러한 행정 혁신의 결정 요인들은 결국 상황 맥락적 정책 결정을 추구하는데 반드시 고려해야 할 요인들이다. 이러한 결정 요인들을 고려한 행정 혁신이 성공하면 상황 맥락적 정책 결정에서 추구하는 다양한 조직 구성원과 조직 내외의 이해관계자 간 학습 과정이 구체적인 형태로 나타날 수 있는 것이다. 다시 말하면, 정책 결정 과정에서 상하간 활발한 의견 교환 및 견제, 입장 차이로 인한 이해관계자 간의 상호 조율, 공감대 형성 등 일련의 조정과 학습 과정이 비교적 투명하게 드러남에 따라 주요 의사 결정과 집행이 한층 빠르고 합리적으로 이루어질 수 있다는 점이다.

결론적으로, 상황 맥락적 정책 결정은 조직 구성원들 간 공유되는 일치된 목적, 조직 구성원들과 이해관계자 간 기대 수준의 일치 및 수행 격차의 극복, 조직 내부의 선도자와 지원자 및 구성원들 역할 간 조화 등의 조건이 만족될 때 성공의 가능성이 높아진다. 상황 맥락적 정책 결정의 효과는 이러한 행정 혁신이라는 선행 조건이 만족될 때 극대화될 수 있다.

3. 상황 맥락적 정책결정 모형의 도출

이상과 같이 다양한 논의를 종합하면, ① 합리모형에 입각한 정책 결정에 대한 가정은 한계가 있으며, ② 정보시스템이 합리성에 기초하여 설계되었다 하더라도 실제 정보의 분배 및 사용시에 이론과 현실의 괴리가 발생하며, ③ 이러한 일반적 정보시스템의 한계를 극복하기 위한 대안으로서 업무 경험을 바탕으로 지식을 조직 구성원 간 상호 공유하여 지식의 흐름을 연계함으로써 종합적이면서도 합리적인 정책 결정을 할 수 있는 가능성을 보이는 지식 기반 행정의 접근이 필요하고, ④ 이러한 상황 맥락적 정책 결정을 구현하기 위해서는 조직 구성원 간 공유된 일치된 목적, 조직 구성원과 이해관계자들 간의 기대 및 수행 격차의 극복, 선도자를 중심으로 한 조직 구성원들 간의 조화 등 행정 혁신이 선행될 때 지식 기반 행정을 통한 정책 결정의 합리화가 가능하다는 점이다. 특히, 민간에 비해 현실적인 제약이 많은 공공기관의 경우, 합리모형에 입각한 정보시스템의 단순한 도입/적용보다는 다양한 이해관계자들의 요구를 수용하고, 실무와 행정 경험이 풍부한 구성원들 간의 상호 학습과 지식 공유를 통해 합리적이면서도 상황 적합적인 정책 결정과 대안을 제시할 수 있는 지식 기반 행정을 지향하는 것이 바람직하다고 본다. 이상과 같이 논의된 것을 종합해 보면 [그림 6-1]과 같은 상황 맥락적 정책결정 모형이 도출될 수 있다.

[그림 6-1] 합리모형의 한계를 극복하기 위한 상황 맥락적 정책결정 모형

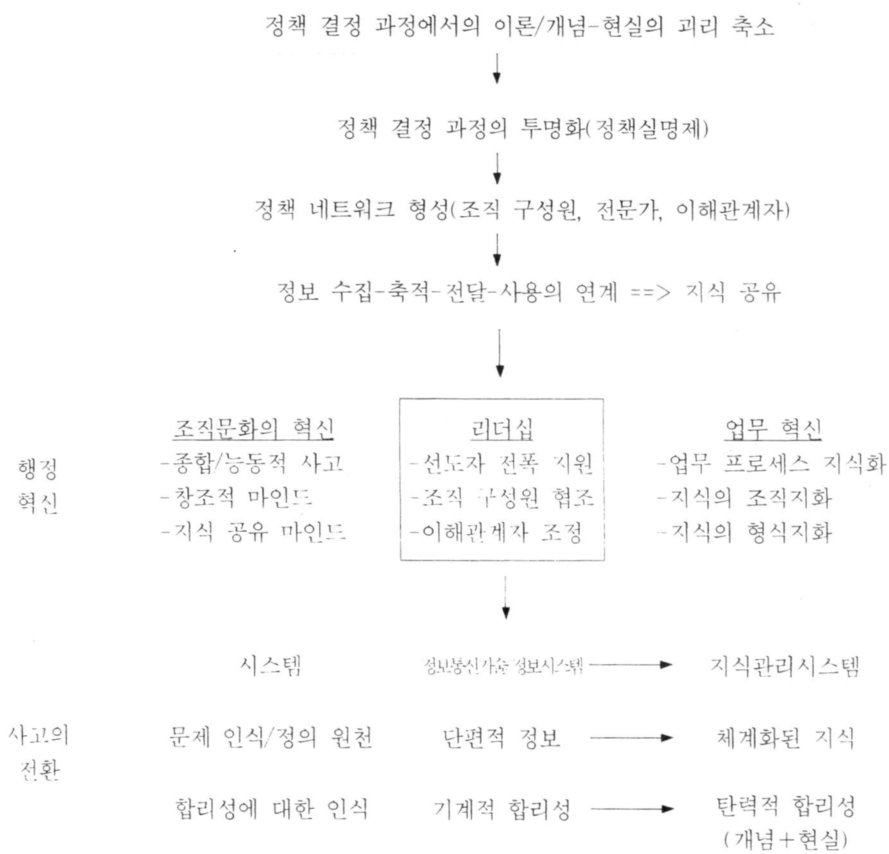

이상과 같이 상황 맥락적 정책결정 모형을 도출하기 위해 다양한 논의를 했다. 즉, 기존의 합리모형에 기초한 정책 결정 과정에 대한 가정은 현실적인 제약 요인 때문에 한계가 있고, 따라서 합리모형에 바탕을 둔 기존의 정보통신기술 및 정보시스템의 적용은 이론 혹은 개념과 현실과의 차이를 극복하지 못한다는 점을 지적했다. 이러한 문제를 해결하기 위해 단편적인 정보와 단절적인 정보시스템에 의존하기보다는 업무 경험과 집행상의 경험에 바탕을 둔 지식을 바탕으로 곳곳에 산재한 암묵지를 형식지화하고 조직지로 승화시킬 수 있는 지식관리시스템이 더욱 현실적일 것이라는 제안을 했다. 특히, 공공기관의 특성과 환경을 고려해 볼 때, 실무와 행정 경험이 많은 조직 구성원들을 중심으로 그 동안 체계화되지 못했던 경험과 시행착오를 바탕으로 축적된 지식을 공유할 수 있는 여건을 마련하는 것은 정책 결정 과정에서의 이론과 현실의 괴리를 축소하는 데 도움을 줄 것으로 판단된다. 그러나, 지식 기반 행정을 구현하려면 사고의 전환, 행정혁신, 정책 결정 과정의 연계와 네트워크 형성으로 정책결정 과정을 투명화하려는 체계적이고 전략적인 노력이 필요하다. 또한, 이론과 현실의 차이를 줄이려고 하는 마인드가 결국 현실적인 정책 결정에 가까워질 수 있다는 점을 인식할 필요가 있다고 본다.

요 약

기존의 합리모형에 기초한 정책 결정 과정에 대한 가정은 현실적인 제약 요인 때문에 한계가 있고, 따라서 합리모형에 바탕을 둔 기존의 정보통신기술 및 정보시스템의 적용은 이론 혹은 개념과 현실과의 차이를 극복하지 못한다. 따라서 첫째, 합리모형에 입각한 정책 결정에 대한 가정은 한계가 있으며, 둘째, 정보시스템이 합리성에 기초하여 설계되었다 하더라도 실제 정보의 분배 및 사용시에 이론과 현실의 괴리가 발생하며, 셋째, 이러한 일반적 정보시스템의 한계를 극복하기 위한 대안으로서 업무 경험을 바탕으로 지식을 조직 구성원 간 상호 공유하여 지식의 흐름을 연계함으로써 종합적이면서도 합리적인 정책 결정을 할 수 있는 가능성을 보이는 지식 기반 행정의 접근이 필요하고, 끝으로 이러한 상황 맥락적 정책 결정을 구현하기 위해서는 조직 구성원 간 공유된 일치된 목적, 조직 구성원과 이해관계자들 간의 기대 및 수행 격차의 극복, 선도자를 중심으로 한 조직 구성원들 간의 조화 등 행정혁신이 선행될 때 지식 기반 행정을 통한 정책 결정의 합리화가 가능하다는 점이다. 특히, 민간에 비해 현실적인 제약이 많은 공공기관의 경우, 합리모형에 입각한 정보시스템의 단순한 도입/적용보다는 다양한 이해관계자들의 요구를 수용하고, 실무와 행정 경험이 풍부한 구성원들 간의 상호 학습과 지식 공유를 통해 합리적이면서도 상황 적합적인 정책결정과 대안을 제시할 수 있는 지식 기반 행정을 지향하는 것이 바람직하다.

연구 문제

1. 정책 결정 과정에서 정보통신기술이 어떻게 영향을 미치는가?
2. 합리모형과 합리적 정책 결정에서는 어떠한 가정을 하고 있는가?
3. 합리모형과 합리적 정책 결정의 한계는 무엇인가?
4. 이론과 현실의 괴리는 왜 발생하는가?
5. 시스템적 사고의 문제점은 무엇인가?
6. 합리모형의 대안적 정책결정 모형은 무엇이 있는가?
7. 지식에 바탕을 둔 정책결정은 왜 합리모형적 정책 결정과 차이가 있는가?
8. 상황 맥락적 정책 결정의 의미는 무엇인가?
9. 지식과 정보의 차이는 무엇이고 왜 지식이 중요한가?
10. 상황 맥락적 정책 결정의 전제 조건으로서 행정 혁신의 핵심 변수는 무엇인가?

제7장

지방자치와 지역정보화

제1절 사회 변화 기제로서 정보화 · 지방화

'e지원(知園)을 통해 온라인으로 대통령이 업무를 처리'(청와대 대통령 비서실), '간부회의 생중계로 투명한 회의 공개'(교육인적자원부), '학습조직(Edu-Ship) 운영'(해양수산부), 'e-건교모니터단 운영'(건설교통부), 정보공개 실태평가(국방부), '웹기반 일일 혁신 기록 공유'(행정자치부), 사이버 민원실과 민원처리 온라인 공개 시스템(서울특별시), 도로 굴착 인터넷 민원 시스템과 인터넷 방송국(부산광역시), 종이 없는 건축 도면 이메일 제출(대전광역시), e-파발마(광주광역시), 업무추진비 집행 실태 온라인 공람 및 결재문서 원본 온라인 공개방(울산광역시), 혁신공유방 관리 시스템(경상북도), 이노베이션 카페(충청북도); 인터넷 교육방송(서울 강남구), 원스톱 통합 민원창구(ATM)(서울 동작구), 압류 재산 인터넷 공매(제주시), 체납액 PDA 징수 시스템 구축(충남 서천군); 부산 U시티프로젝트, U송도프로젝트, 창원 U도시, 유비쿼터스 한라산 등 이들은 정보화를 통해 중앙정부가 변하고, 지방정부가 변하고 있다는 구체적인 사례들이다. 국가사회의 정보화는 비단 우리 나라뿐만 아니라 각국에서 경쟁적으로 추진되고 있으며, 그에 따라 e-사회 건설, 시민에 의한 정부통제 강화, 프라이버시, 국제적인 전자상거래, 인터넷의 급속한 성장에 따른 사회적 변혁이 현실화되고 있다. 이제 정보화는 사회의 모든 측면에서 삶의 방식, 일하는 방식, 상호 교류의 방식을 바꾸어 놓고 있다.

1990년대 중반 이후 우리 나라는 국민에 대한 대응성과 정부의 생산성을 향상시키기 위한 정부 혁신과 지방분권을 국정의 주요 과제로 추진해 왔다. 각종 위원회 설치, 지방분권 관련 법률 제정은 그러한 노력의 일환이었으며, 참여정부는 분권을 모토로 3대 분권법－지방분권특별법, 국가균형발전특별법, 신행정수도특별법(위헌 판결 후 행정중심복합도시건설특별법)－을 제정하는 등 가속화하고 있다.

지방분권 추진 3대 원칙은 보충성의 원칙, 선분권 후보완의 원칙, 포괄성의 원칙이며, 정부혁신지방분권위원회를 중심으로 각종 개혁 과제를 단계적으로 추진해 왔다. 참여정부는 전자지방정부(local e-government)를 공식적인 정책 용어로 처음 사용하고 정부 혁신의 기제로 그 중요성을 부여하고 있다.

국가균형발전특별법에서는 자립형 지방화, 지역혁신협의회 구성, 지방대학 역량 강화(NURI), 지역특화발전특구제도 도입, 혁신기업도시 건설과 연계한 공공기관 이전 등 지역혁신 역량을 강화해 나가고 있다. 이 모든 것이 정보화를 기반으로 하는 국가사회 발전전략인 것이다.

정보화에 따른 사회적 변화가 구체화되면서 세계 각국은 국가사회 정보화를 21세기 무한경쟁 환경에서 생존하고 지속적인 발전을 추구하는 가장 중요한 요소로 인식하고 정보사회로의 전환을 경쟁적으로 추진해 왔다. 정보화정책은 우리 사회의 모든 분야의 정책에 영향을 미치는 국가 기반 정책이며 종합 정책으로 자리잡아가고 있다(김성태, 1999).

우리 나라 정보화정책은 중앙정부가 정보화 사업을 주도해 오면서 정보화 인프라 구축과 정보화 의식 수준의 확산에 중점을 두어 왔다. 2004년 12월 말 기준 인터넷 이용자 수는 3,158만 명, 인터넷 이용률은 70.2%이며, 성별 인터넷 비율도 남성 75.9%, 여성 64.6%로 어느 정도 격차가 줄어들고 있다(한국인터넷정보센터, 2005). 우리 나라의 전자정부 수준은 2002년 UN 평가에서 제4 단계인 전자적 거래(transaction) 가능 단계로 세계 상위 9% 안에 포함되는 정보화 선도 국가라는 평가를 받았고, 2004년 UN 세계 전자정부 평가에서 5위를, 2005년 주요 50개국을 대상으로 작성한 2005 국가정보화 지수에서 스웨덴, 미국에 이어 3위로 평가되었다(한국전산원, 2005).

이와 같은 가시적 성과는 지난 30여 년간 정보화정책을 지속적으로 추진해 온 결과이다. 지역 차원의 정보화는 1970～80년대 중반까지 초기 지방행정 전산화사업을 추진하여 지방세, 토지 기록 등을 전산화했으며, 1987～96년까지

1·2단계 행정전산망사업에서는 주민 등록, 지적관리 전산화사업, 주민등록 등·초본 전국온라인 발급 서비스, 주민 등록 전·출입통합관리 및 국토종합정보시스템이 구축되었다.

1993년부터 지방행정전산화기본계획을 수립하여 주전산기 설치, 업무 DB 구축, 전자문서관리시스템(e-NALA)과 공무원 1인 1PC 보급, 지방행정업무 전산개발표준규정을 제정 시행하는 등 국가 사회 전체에 걸쳐 다양한 정보통신기술이 도입되었다. 지역의 정보화는 전자지방정부와 지역정보화로 구체화되고 있다. 전자지방정부는 중앙과 지방의 협력 체계 속에서 시·군·구 행정종합정보화(1997~2003), 시·도 행정정보화(2003~2007)가 추진되었고, 중앙과 지방이 전자적으로 연계되면서 행정정보 공동 활용, 전자적 정보 공개를 통한 업무 처리 효율성과 주민의 정책 참여가 기대되고 있다. 행정정보화 인프라 정비와 추진 경험은 1990년대 중반 지역정보화 추진 배경이 되었고, 정보화가 산업, 생활 등 우리 사회 모든 분야로 확산되고 있다.

전자정부의 지역적 적용으로서 전자지방정부는 지방화와 함께 지역정보화의 핵심적 요소이다. 지역정보화는 전자지방정부를 중심으로 한 지방행정 정보화와 지역산업 및 생활정보화로 나타난다. 지역정보화의 목표는 지역 특성과 필요에 적합한 정보시스템 구축과 첨단 네트워크로 연계된 전자지방정부를 구축하고, 지역 내 의사소통과 정보 교환 역량을 강화함으로써 지역경제의 활성화, 지역 주민 삶의 질 향상에 있다.

[그림 7-1]에서는 지방자치의 중심 주체라 할 수 있는 지역 주민과 자치단체의 능력과 성격 및 상호 관계, 그리고 이들 중심 주체들과 중앙정부 및 다른 자치단체가 연계되어 있음을 나타낸다. 지방화로 정치행정권을 지방으로 이양하고 지방에서 정치·행정의 장을 연다는 것 자체가 어떠한 결과를 자동적으로 가져오는 것이 아니라 그러한 변화는 여러 관련 요소들과의 상호 작용을 통해 때로는 긍정적으로, 또 때로는 부정적인 결과를 낳을 수 있음을 의미한다(김병준, 1994).

정보화로 인한 변화가 진행되면서 기존의 중앙 및 지방의 관계에 긍정적·부정적 영향을 미칠 것으로 예상된다. 그림에서는 중앙-광역(①), 광역-기초(②), 기초-지역사회 및 주민(③)의 위계적 관계를 그리고 있지만, 네트워크로 연계된 정보화 사회에서는 다수 대 다수의 커뮤니케이션이 가능한 좀더 복잡한 관계가 예상된다. 정보화에 따라 지방자치의 계층구조, 행정구역 재편, 주민

[그림 7-1] 지방자치와 지역정보화

<table>
<tr><td>전자지방정부</td><td></td><td colspan="5">지역정보화</td></tr>
<tr><td>중앙정부/www.egov.go.kr</td><td></td><td colspan="2">행 정</td><td>산 업</td><td>생 활</td></tr>
<tr><td>↓ ① ↑</td><td rowspan="4">다른 자치단체</td><td>행정</td><td></td><td></td><td></td></tr>
<tr><td>광역자치단체/시·도 행정정보화</td><td rowspan="2">산업</td><td rowspan="2"></td><td rowspan="2"></td><td rowspan="2"></td></tr>
<tr><td>↓ ② ↑</td></tr>
<tr><td>기초자치단체/시·군·구 행정정보화</td><td>생활</td><td></td><td></td><td></td></tr>
<tr><td colspan="6">↓ ③ ↑</td></tr>
<tr><td colspan="6">지역사회·주민</td></tr>
</table>

참여, 지방공무원들의 정책 결정 및 업무 처리 능력 등이 변화의 이슈가 되고 있다. 그러한 변화의 지향점은 지역사회와 주민에 두어지고 있다.

최근 인터넷의 급속한 발전과 확산에 따라 전자지방정부가 구현되면서 지역정보화에 대한 개념도 바뀌고 있다. 인터넷이 가진 유연성은 정부로 하여금 기업뿐만 아니라 시민까지 비용 효과적으로 정보를 교환하고 거래할 수 있게 만들어 주었기 때문이다. 정부 간 상호 작용을 포함해서 국가 전체적인 맥락에서 고객 서비스를 위한 시민들의 기대 수준도 상승하고 있다. 이제 지역 주민들도 인터넷과 웹을 통해 일주일 24시간 내내 정부에 대해 필요한 정보를 알고 싶어 하며, 정보화를 통한 지역 문제의 창의적인 해결을 고대하고 있다. 정보화·지방화와 같은 정부조직을 둘러싼 환경 변화는 고객을 중심으로 한 전자정부의 새로운 패러다임을 만들어 가고 있다. 각국에서 정보화는 행정의 전통적인 수비 범위를 확장시키고 있으며, 지역 문제 해결에서도 전환 기제가 되고 있다. 그 핵심에 전자지방정부와 지역정보화가 있다.

제 2 절 전자지방정부

1. 전자지방정부의 개요

1) 개념 및 필요성

지방자치란 일정한 지리적 경계 내의 주민이 그들의 대표로 구성된 지방정부를 통해 지역적 성격의 문제를 자율적으로 처리하는 통치 양식으로 정의할 수 있다. 지방자치의 기본 방향은 민주성과 효율성 등 긍정적 결과를 얻는 데 있으며, 이를 위해 자치 권한의 확대, 중앙 및 지역 내 특정 이해관계자로부터의 자율성 확보, 지방정부 경영 능력, 시민통제의 강화가 기본적인 조건이다(김병준, 1994). 더욱이 지방정부의 정보화는 해당 조직의 운영 방식을 뿌리째 흔들고 있으며, 단순한 자동화·전산화를 통한 능률성 향상을 넘어 조직 혁신을 통해 경쟁력을 근본적으로 도약시키는 수단으로 인식되고 있다. 정부환경의 변화에 따른 지방정부와 시민사회의 관계가 사이버 공간상에서 웹 기반 e-거버넌스[1] 구현이 이루어지면서 지방정부는 사이버 공간상에서 일어나는 변화에 대한 관리와 프라이버시 보호 책임을 부여받고 있다.

지방정부 차원에서 전자정부의 구현을 의미하는 전자지방정부(local e-government)는 지방행정 정보화를 중심으로 내부적으로는 지방정부의 효율성과 서비스 향상을 도모하고, 외부적으로는 지역 주민, 지역 기업 등 민간 부문과의 양방향 커뮤니케이션 증대를 통해 궁극적으로 상위 목표인 민주주의와 지역 발전을 심화시키려는 전략적·혁신적 행정 체제를 말한다.

전자지방정부의 개념에는 다음과 같은 특성이 내포되어 있다.

첫째, 전자지방정부는 지방행정 업무의 수행 과정에 정보통신기술을 활용함

---

1) e-거버넌스는 cyber-governance, digital governance, internet governance 등 다양한 용어로 지칭된다. 이는 사이버 공간이라는 가상공동체에서 형성되고 있는 거버넌스의 한 형태로서 컴퓨터와 커뮤니케이션(computer & communication)을 매개로 한 사이버 공간(syberspace)은 정보공간이면서 동시에 커뮤니케이션 공간을 의미한다. 사이버 시대의 도래는 전자민주주의, 전자상거래, 전자행정, 사이버 전쟁, 사이버 인간, 사이버 네트워크의 확산으로 인해 새로운 '사이버 패러다임'을 정립할 필요성을 제기하고 있다(김석준, 2000).

으로써 효율적인 정부를 구현하는 데 있다. 기존에 정부가 보유한 문서나 지식 · 정보를 디지털화하고 네트워크를 통해 공유함으로써 행정 효율성을 추구한다. 이런 관점에서 '전자정부 구현을 위한 행정 업무 등의 전자화 촉진에 관한 법률'(이하 '전자정부법') 제2조에서는 "정보기술을 활용하여 행정기관의 사무를 전자화함으로써 행정기관 상호간 또는 국민에 대한 행정 업무를 효율적으로 수행하는 정부"로 개념 정의하고 있다 (강근복, 2002). 실제 전자지방정부는 이론보다 선도 정보통신기술이 적용과 그 사회적 적응이라는 과정을 되풀이하면서 정보화 우산(umbrella organization) 속에서 기업, 주민에게 통합적이고 집중적으로 정보, 서비스를 수집 · 제공하는 시스템을 기반으로 하고 있다 (Ho, 2002).

둘째, 전자지방정부는 기존의 업무 절차와 과정에 대한 정부 혁신의 성격을 갖는다 (오철호, 2002). 단순히 정보통신기술을 공공조직에 도입하는 것만으로 전자지방정부가 구현될 수는 없다. 이것은 공공조직에 컴퓨터를 기반으로 하는 시스템적 사고가 도입되는 것이며, 주민이 정부정보와 행정 서비스를 언제, 어디서나 접근할 수 있고 제공받을 수 있는 고객 지향적인 정부의 구현을 의미한다. 고객 지향적인 정부는 행정 업무 과정의 재설계를 통해 행정 업무의 처리 절차를 간소화하거나 불필요하거나 중복된 업무를 제거하는 지속적인 과정에 중점을 두어야 한다. 업무 프로세스 재설계와 정보통신기술을 적용함으로써 지역 문제의 전략적 해결을 도모한다.

셋째, 전자지방정부의 궁극적 목표는 정보통신기술을 활용하여 행정 업무 수행 및 정책 결정 과정의 투명성과 주민 참여를 향상시키려는 열린 정부에 있다. 열린 정부는 정부 정보를 전자적으로 생산하여 전자적 정보 공개를 촉진하고, 멀티미디어를 활용한 정부 정보에 접근성을 특징으로 한다. 이런 의미에서 최근 UN 주도로 개최된 '제6차 정부혁신 세계포럼'(2005. 5, 서울)에서도 참여와 투명성 확보를 위한 핵심 수단으로서 전자정부를 천명하고 있다.

개념상 전자지방정부는 전자정부의 지역적 적용으로 이해할 수 있다 (강근복 외, 1998). 전자지방정부와 전자정부는 차이를 긍정하는 입장과 부정하는 입장이 있다. 차이를 긍정하는 전자의 입장은 개별성 · 다양성 · 지역성을 강조한다.

부연하면 첫째, 정보의 내용 · 주체의 차이가 있기 때문에 지역의 여건을 고려하여 국가적 통합성보다는 개별성이 부각되어야 한다.

둘째, 지방정부의 특성은 주민들이 쉽게 알고, 접근이 용이하도록 추진되어

〈표 7-1〉 전자정부 개념의 공통점과 차이점

구 분	전자(중앙)정부	전자지방정부
공통점	인터넷, 유비쿼터스 등 정보통신 기반 기술의 활용	
	대내적인 행정의 효율성 추구	
	대외적인 행정의 민주성 추구	
차이점	전국 단위의 수직적 행정	지역공동체 단위의 수평적 행정
	기능적 분업행정	지역 문제 중심의 통합행정
	하향식 권력행정	참여와 협력 중심의 비권력행정
	전국적 통일성 강조	지역적 다양성 강조

출처: 충청남도(1998). 「전자지방정부 구현전략 수립 연구」에서 필자가 수정.

야 하기 때문에 전자적인 업무 처리가 좀더 다방면에서 이루어져야 한다.

셋째, 국가적 차원의 획일성·통일성·능률성을 강조하는 전자정부와 달리 전자지방정부는 대주민(對住民) 서비스, 원스톱 서비스 방식과 독특한 자기 개발 원리가 접목된 유연성과 개별성이 고려되어야 하는 등 주민의 실생활과 직결되는 지역망 구축이 필요하다.

넷째, 전자지방정부는 일정 지역 단위를 기반으로 정보 공유와 양방향 서비스를 통해 정보민주주의를 구체적으로 실현하는 데 있다.

차이를 부정하는 후자의 입장은 첫째, 대체로 추구하는 이념이나 목표가 동일하며 다만 일정 지역을 중심으로 구성된 지방정부의 활동을 대상으로 한다. 둘째, 정보의 흐름은 공간적·지역적 한계가 없다. 결국 양자는 시행 주체, 지역 특성, 차별화를 어떻게 볼 것인가에 달려 있으며, 공통점과 차이점을 균형적으로 인식하는 상황적 접근이 바람직할 것으로 보인다.

정보화와 지방화의 관계는 역설적으로 이해된다. 중앙정부 주도의 지방행정 정보화는 지역의 자율성과 개별성을 지향하는 지방자치의 본질이 침해될 수도 있다. 우리 나라의 전자지방정부 구축 사업은 공공 부문 업무 효율화를 통한 비용 절감이나 조직 규모의 축소, 그리고 전자적 민원 처리 절차의 구비 등 외형적 목표 달성에 치중해 왔으며, 그 결과 전자정부 고객과의 최접점인 자치단체의 대민 서비스 효율화가 무엇보다 중요하게 대두되고 있다. 결론부터 얘기한다면 전자정부와 지방자치는 한편으로 상충되면서 또 다른 한편으로는 조화를 이루는 일종의 패러독스로 이해될 수 있을 것이다(김현성, 2000).

첫째, 정보화의 추진 주체에 관한 문제로서, 즉 누구에 의해 주도되느냐이다. 정보통신기술의 적용은 표준화를 전제 조건으로 하며, 국가 기반 정보 데이터베이스의 중복적 구축을 방지, 정보의 공동 활용, 그리고 새로운 지역 자원으로서 정보를 통합 관리하는 통제 메커니즘과 같은 집권화의 당위성이 존재한다. 이처럼 집권적인 요소가 존재하는 것은 어느 정도 사실이지만, 분권화된 추진 주체 즉 전자정부 고객과의 최접점인 자치단체들의 민주적인 조정과 합의를 중시하지 않는다면 결국 전자정부의 최종 사용자인 국민의 지지를 얻지 못할 것이다.

둘째, 정보화의 구현에 따른 수혜 대상과 관련된 문제로서, 즉 누구를 위한 전자지방정부의 구현인가이다. '산업화는 뒤졌지만 정보화는 앞서가자'는 슬로건에서 보는 바와 같이 정보화를 통해 산업사회의 문제를 해결할 수 있다는 비전이 제시되고 있다. 지역 특성을 갖춘 정보화를 통해 부가 가치를 창출하는 것을 지역정보화라고 할 때, 기존의 지역 간 경제적 격차가 정보화를 통해 극복되고 있는지는 의문이 아닐 수 없다. 오히려 지역의 정보 콘텐트가 해당 지역 이외에는 관심을 끌지 못하고 정보 공유가 이루어지지 않는 정보의 지역화가 문제될 수 있다. 이러한 정보의 지역화를 극복하기 위해서는 좀더 부가 가치가 높은 지역정보 콘텐트를 개발해야 하는데 이 때 중앙정부의 정보 기반 구축 지원이 필요하다.

셋째, 전자정부의 윤리적 차원의 문제, 즉 무엇을 위한 전자지방정부의 구축인가이다. 정보사회로의 진전으로 시민들은 한 번의 클릭으로 필요한 곳이 연결되는 세상에 살고 있고, 또한 공공기관의 보유 정보에 대해 일반인의 접근권이 보장되면서 정책 결정에 시민 참여가 확대되는 계기를 맞고 있다. 이 과정에서 축적된 개인 정보가 잘못 관리될 때 프라이버시 침해가 예상되며 그 결과 George Orwell이 소설 『1984년』에서 묘사한 빅 브라더(Big Brother)가 등장할 수 있다. 이러한 통제를 극복하기 위해 시민 참여를 기반으로 하는 지방정부의 참여가 그 해결책이 될 수 있다.

2) 전자지방정부의 이념 · 영역 · 구성 요소

(1) 이 념

전자지방정부는 정보통신기술을 이용해서 행정 업무 처리 방식을 혁신하고 내부적으로는 행정의 효율성을 증대시키는 작고 능률적인 정부를, 외부적으로는 주민에 대한 행정 서비스의 질을 향상시켜 궁극적으로 상위 가치인 민주주의를 심화시키려는 정부를 지향한다. 이러한 개념 속에는 전자정부가 행정의 효율성과 민주성이라는 서로 대립되는 행정 이념을 동시에 달성하고자 하는 정부라는 의미가 내포되어 있다.[2] 즉, 그 동안 상충적인 것으로 논의되어 온 두 가지 전통적 행정 이념이 정보통신이라는 수단에 의해 행정 과정에서 조화롭게 구현될 수 있다는 전제에서 출발한다.

전자정부의 이념으로서 효율성은 전자정부의 내부적 측면에서 주로 논의되는 것으로 정부 운영의 능률성과 효과성을 추구한다. 양자의 개념은 실제적인 측면에서 구별하기 어렵지만 효율성을 업무 처리의 신속성, 행정 과정의 단순화와 같은 경제적 차원뿐만 아니라 지방정부가 표명하고 있는 정책 목표의 효율성을 포함하는 것으로 본다 (오철호, 2002). 효율성의 핵심 내용에는 전자 민원 처리를 위한 정부 대표 포털, 전자문서 유통, 조달 업무 전자화(EDI), 행정 업무 프로세스 개선(APR), 지식관리 등이 있다. 전자정부의 이념으로서 민주성은 행정이 국민 의사를 존중해 국민의 요구를 수렴하고, 이를 행정에 반영시킴으로써 대응성(responsiveness) 있는 행정을 실현하고, 주민에게 책임을 지는 책임행정을 구현하며, 일부 특수 계층이 아닌 지역 주민 전체를 위한 행정을 의미한다 (이종수 · 윤영진 외, 2005). 전자정부와 민주주의 목표 구현의 핵심 내용에는 정부 업무의 투명성(transparency), 정책 과정에 대한 주민 참여(participation), 지역 주민의 정부에 대한 상호 작용과 접근성(access) 등이 있다.

주요 선진국들은 효율성과 민주성을 추구하는 전자정부 서비스로서 행정 서비스와 시민의 최접점인 지방자치단체의 각종 민원 서비스를 시민 중심의 개별화된 맞춤형 서비스로 전환시키는 데 중점을 두고 있다 (이정아, 2003). 민간분야에서 특정 계층을 대상으로 한 CRM(Customer Relationship Management: 고객관계관리)과 개인 취향에 맞는 포털의 재구성은 대표적인 수단이 되고 있다. 영국은 지방정부의 행정 서비스를 시민 중심의 서비스로 변화시키

2) 전통적으로 능률성과 민주성은 갈등적 관계, 즉 하나의 가치를 달성하기 위해 다른 가치는 희생될 수밖에 없다고 이해되어 왔다. 그러나 정보통신기술을 활용함으로써 상대적인 관점에서 능률성을 확보하게 되었고, 더불어 정부사업에서 인터넷을 통한 당사자들의 의견 개진 기회와 정책 내용 공개를 통한 토론 활성화를 통해 이른바 참여적 정책 과정의 실현이 가능하게 되었다 (오철호 편, 2002: 27).

고 업무 효율화를 촉진시키기 위해 국가적인 이니셔티브로 'National CRM Programme'을 2003년 1월부터 시작했고, 지방정부의 서비스 수준의 개선과 이에 따른 프로세스 개선을 유도하기 위한 필요성에 따라 주도되어야 한다고 강조하고 있다. 미국 버지니아 주의 경우는 주정부 포털인 'My Virginia'를 통해 개인 취향에 맞게 포털을 재구성함으로써 단일 접근점(Single Access Point)을 제공함으로써 고객 서비스 향상과 업무 개혁이라는 성과를 동시에 추구하고 있다.

(2) 영 역

전자지방정부의 이념을 구현하기 위한 전자정부의 사업 범위와 영역은 미국 대통령 직속의 관리예산처(OMB)에서 제시한 E-Government Strategy(2002)에서 찾아볼 수 있다. 미국 연방정부 전자정부(www.firstgov.gov) 사업은 4개 영역에서 추진되고 있는데, 그것은 고객 중심의 서비스를 목표로 정부 대 시민(G2C), 정부 대 기업(G2B), 정부 대 정부(G2G), 그리고 내부 능률성과 효과성(IEE: Internal Efficiency and Effectiveness)의 기능 영역으로 구성된다. G2C는 개인에 대한 서비스로서 최상의 정부 서비스에 시민들이 쉽게 접근할 수 있도록 원스톱 숍(one-stop shops)을 구현하며, G2B에서는 기업에 대한 서비스로서 인터넷을 활용하여 기업에 부과되는 중복 보고를 통합함으로써 기업의 부담을 최소화하고, G2G에서는 정부 간 업무에 관한 것으로 연방 · 주 · 지방정부 데이터의 통합 및 공유, 지식관리를 포함하며, IEE는 e-비즈니스(e-business) 영역의 우수 사례를 정부 업무에 적용하는 벤치마킹 사례로 구성되어 있다. 연방 포털 사이트가 고객 중심의 사이트로 개편되면서 모든 차원에서 정부 서비스 전달 방식을 변화시키고 있다. 그 목표는 시민과 기업이 편리하게 행정 서비스에 접근할 수 있도록 하는 데 있다.

(3) 구성 요소

정보화 시대의 정보관리의 목표는 조직에 필요한 정보를 적시에 효과적으로 제공함으로써 조직의 본래 목적을 효과적으로 달성하려는 데 있다. 정보의 홍수 속에서 정부는 적시에 적합한 정보를 창출하기가 점점 어려워지면서 정보 창출을 위해 조직 내 다양한 자원을 활용하려는 통합적 노력이 요구된다. 정보를 창출하는 데 필요한 자원으로 기술(technology), 사람(people), 자료(data) 세 가지가 핵심적이다.

전자정부를 구성하는 핵심 요소는 정보통신기술이다. 정보통신기술은 하드웨어, 소프트웨어, 네트워크로 구성되며, 이들 세 요소가 결합되어 정보시스템을 이룬다. 정보통신기술이 점자 지능화(intelligent)되고 비용 절감을 가져오면서 조직 차원에서 정보시스템의 응용 분야가 확대되고 있다. 조직관리자들도 정보통신기술이 조직 전체적 차원에서 전략적으로 운영될 수 있도록 관리하고, 부정적 측면에서 문제점을 인식함으로써 새로운 업무에 직면한다. 인터넷으로 대표되는 정보통신망이 확산됨에 따라 정보통신기술의 응용 분야도 조직의 모든 영역에서 일상화되고 있기 때문이다.

정보시스템을 개발하고 활용하기 위해서는 조직과 인력이 중요하다. 능력을 갖춘 인력은 필요한 정보를 창출하고 정보통신기술을 적절하게 적용하는 데 익숙하다. 아무리 좋은 정보시스템을 갖추었다 하더라도 사용자가 활용할 수 있는 기술을 확보하지 못하면 쓸모없는 기계 덩어리에 불과하기 때문이다. 따라서 효율적인 전자정부 추진을 위해 조직관리 부서는 정보화 교육을 통해 구성원들의 정보 리터러시(literacy) 능력 향상은 물론 기술 요원의 발탁, 훈련, 배치, 경력관리 등 전략적·실용적인 관리로 뒷받침해야 한다.

현대 조직은 방대한 자료를 산출하고 있고, 이들 자료는 매우 중요한 조직자원이다. 문제는 어떻게 자료를 체계적으로 저장하고 필요할 때 활용할 수 있는가 하는 것이다. 컴퓨터 시스템에서 자료는 비트(bit), 바이트(bite), 항목(field), 레코드(record), 파일(file), 데이터베이스(datebase)와 같이 계층형[3]으로 구성된다. 디지털화된 자료의 관리를 효과적으로 수행할 수 있는 기술이 데이터베이스이다. 데이터베이스의 응용 기술 분야로 데이터웨어 하우스, 데이터 마이닝, 고객관계관리(CRM) 기법이 적용된다 (김성근·양경훈, 2001: 206-214).

이들 세 요소에 더해 공공 부문의 특징으로 정보화와 관련된 법과 제도를 들 수 있다. 정보통신기술을 적용한 사무자동화나 행정정보화는 기존의 업무 처리 방식과 다르기 때문에 이를 수용할 수 있는 제도의 뒷받침이 필수적으로 뒤따라야 한다. 이러한 이유로 각국에서는 정보화 관련 법·제도를 체계화하고, 이를 통해 강력한 추진력을 확보하고 체계적으로 정보화 분야의 장기적 발전을 모색하고 있다. 우리 나라도 공공기관의 개인 정보 보호에 관한 법률(1994), 공

---

3) 비트는 정보의 제일 작은 단위로서 보통 0과 1로 표시하며, 바이트는 8비트의 집합으로 한 개의 심볼을 구성한다. 레코드는 항목의 집합을, 파일은 레코드의 집합을, 데이터베이스는 파일의 집합을 말한다.

공기관의 정보 공개에 관한 법률(1996), 정보화촉진기본법(1997), 지식정보자원관리법(2000), 전자정부 구현을 위한 행정 업무 등의 전자화 촉진에 관한 법률(2001), 정보격차 해소에 관한 법률(2001) 등 정보화 관련법을 제정했으며, 지방 차원에서는 조례 제정을 통해 상응하고 있다. 법률과 조례에 나타난 정보화의 주요 이슈는 커뮤니케이션, 정보 접근, 서비스 전달, 정부 조달, 보안, 프라이버시, 관리 체계, 유지를 위한 인력과 재원, 정보 격차, 긴급 상황에 대한 응답 등이다. 중앙부처와 지방정부는 제도적 · 법적 기반하에서 조직의 정보자원 관리 전략, 업무 프로세스의 개편과 아웃소싱 전략 등 정보화 정책의 실효성을 거둘 수 있게 된다.

(4) 조직자원으로서 정보관리

사회의 급속한 발전과 환경 변화 속에서 정부는 정책 결정을 위해 정확한 정보를 필요로 하게 되었는데, 특히 국정관리에서 정보도 재정, 인력과 같거나 그 이상의 자원 가치를 갖는 것으로 그 중요성을 인식하고 있다. 정부의 정보자원의 관리에 문제가 있을 경우 어떤 현상이 벌어질 것인가를 단적으로 보여 준 사례가 2002년의 9 · 11테러일 것이다. 이 사건은 우리에게 국가적 차원에서 정보 공유 실패의 극단적인 상황으로서 한 번의 실수가 자국민의 생명과 재산 손실을 초래하는 국가적 위기로까지 연결될 수 있다는 사실을 실감하게 해 주었다. 정부 정보는 아무렇게나 구할 수 있는 것이 아니라 조직의 다른 자원들처럼 관리되어야 할 귀중한 자원인 것이다.

각국의 전자정부 추진 과정에서 조직의 중요한 정보자원을 효과적으로 취급하고 활용하지 못하고 있는 이유는 두 가지이다.

첫째, 정보 공유를 회피하는 현상이다. 정보 공유가 원활하지 못한 이유는 해당 조직의 구성원들이 원하는 정보가 어디에 있는지 모르기 때문에 이중의 노력을 기울이거나, 해당 부서에서 정보를 소유물로 인식하여 외부로의 유출을 꺼리거나 다른 부서와의 협상 무기로 사용될 수 있다는 인식 때문이다. 조직이 보유하고 있는 정보는 그것을 필요로 하는 모든 구성원들이 이용할 수 있도록 하는 것이 정보 공유의 핵심이다.

둘째, 정보에 대한 인식 부족이다. 조직의 정보는 관리자가 필요로 하는 시기에 필요한 방식으로 제공될 수 있어야 한다. 공공조직의 상급관리자들이 요구하는 정보는 조직의 외부환경에 관한 비계량적, 비정형적인 성격을 띤다. 관리자들은 컴퓨터로 처리되는 계량적 자료 이외에 필요한 자료를 외부로부터 제공받고 있다. 그러나 조직 구성원들은 컴퓨터로 처리하는 일상적인 업무 수행 과정의 부산물에 초점을 두고 일정 시점에서 요약 보고서로 관리자에게 보고하는 것으로 자신의 몫을 다했다는 인식이 지배적이다. 그런 인식의 문제점은 조직 구성원들이 조직관리자가 보고된 정보를 활용하는 문제가 자신들과는 무관한 문제라고 보는 데 있다. 조직정보의 자원화라는 관점에서 볼 때 정보는 일상 업무의 부산물이 아니라 자원이라는 점, 정보는 부서의 소유물이 아니라 조직 전체의 자원이라는 점, 정보의 출처는 컴퓨터뿐만 아니라 다양하다는 점을 인식해야 한다.

3) 전자지방정부의 발전 단계

전자정부 개념 속에는 능률성과 민주성이라는 대립되는 이념이 정보통신기술에 의해 조화롭게 동시에 달성이 가능하다는 전제에서 출발한다. 능률성 측면에서 전자정부는 미국적 전통으로서 과학적 관리(scientific management), 전사적 품질관리(TQM: total quality management), BPR에 연원을 두고 있으며, 정부 운영의 효율화와 정부 인력 감축 요구에 대한 정부의 대응으로 나타났다. 민주성 측면에서 전자정부는 유럽적 전통으로서 지역 개발에 정보통신기술을 적용하고 낙후 지역 주민들의 참여를 제고했던 1980년대 유럽의 지역정보센터 구축사업에 연원을 두고 있으며 인터넷과 웹 기술의 보급에 따라 각국 지방정부에서 인터넷 선거가 도입되고 있다. 능률성을 추구했던 미국의 정보화와 민주성을 추구했던 유럽의 정보화는 서로의 장점을 인식하면서 전자정부의 발전은 통합되는 경향을 보이고 있다.

전자정부의 발전 모형은 목적에 따라 기술적 측면에서 보는 입장, 전자정부 고객 측면을 강조하는 입장 등 다양하다. 어떤 경우든 발전 모형은 정책결정자들이 전자정부가 어떻게 진화되어 왔으며, 바람직한 방향은 무엇인가라는 청사진을 제시할 수 있어야 한다. Gartner Group(2000)은 비용과 복잡성, 그리고 시간과 고객 가치의 관점에서 4단계 전자정부 모형을, UN & ASPA(2002)는 Gartner Group의 수정모형을, Deloitte Research(2000)는 웹 기반 응용 프로그램의 활용과 고객 중심으로의 조직 변화 정도에 따라 6단계를, 그리고 Accenture (2002)는 정부의 고객관계관리(CRM) 수준과 온라인 서비스 제공 능력에 따라 5단계 모형을 제시하고 있다. 그러나 이들 모형은 실증적 검증을 거친 경험적 모형은 아니며 주로 웹 중심의 온라인 전자정부 포털 서비스의 진화의 관점에서 발전 모형을 제시하고 있다(오강탁·이연우, 2005).

지방정부의 경험을 토대로 한 전자정부의 진화 과정은 Moon(2002)이 제시하고 있다. 그는 미국 지방정부를 대상으로 적용되는 기술 수준에 따라 전자지방정부를 다섯 단계로 분류했다. 그것은 정부기관 간 능률적이고 협력적인 상호 작용을 위한 인트라넷 버전의 집중형 데이터베이스 구축 단계, 웹 기반 서비스 전달 단계, 정부 조달이나 계약 등 좀더 능률적인 정부의 거래 처리 활동을 위한 전자상거래 기술의 적용 단계, 투명성과 책임성 확보를 위한 전자민주주의 단계이다. 웹 기술과 다른 정보통신기술이 공공 부문에 다양하게 적용되기 시작하면서 공공 부문에서 납세 신고, 웹 기반의 대부(loan) 시스템, 온라인 선거[4]와 온라인 정책 포럼을 이용한 웹 기반 정치 참여가 점차 가시화되고 있다. 물론 이들 다섯 단계는 전자지방정부의 진화를 조사하는 하나의 개념적 도구이며 전자정부의 진화적 특성을 이해하는 실험적 도구일 뿐 실제 전자정부 구현에서 이러한 선형적 발전 단계를 따르지 않을 수도 있다. 예를 들어 어떤 정부에서는 4단계의 충분한 구현 없이도 5단계가 진행될 수 있으며, 각자의 환경 속에서 모든 단계들의 다양한 내용들이 동시 다발적으로 추진될 수도 있을 것이다.

공공 부문에서 웹과 정보통신기술이 내부에 적용되면 그 조직은 거대한 양의 자료나 정보를 수집하고, 저장하고, 조직화하며, 관리할 수 있는 잠재력을 확보하게 된다. 업로드와 다운로드 방식을 이용하여 자료와 정보를 실시간으로 인터넷상에 게시할 수 있고, 정부와 다른 기관 간 전자적으로 자금을 이체하거나 인트라넷과 인터넷을 통해 조직 구성원들에게 정보를 제공, 공유할 수 있다. 공사 부문 간 전자 인증의 원활한 처리를 위해 공인증과 사인증 간의 표준화가 중요한 쟁점이 되고 있다. 웹과 정보통신기술이 외부에 적용되면 서비스나 정치적 활동을 하는 시민, 다른 정부 기관과 기업과 정부 간의 연계를 촉진할 수 있다. 정부는 조직 구성원의 요구에 맞추어 실시간으로 일상적인 업무를 처리할 능력을 갖추게 되었다. 또한 정부의 웹 사이트는 일반 시민과의 커뮤니케이션이나 정부 홍보의 수단이다. 웹을 통해 기업, 시민단체, 이익집단 등 외부의

4) 온라인 선거는 최근 각국의 관심사가 되고 있는데, 미국에서는 인터넷 선거를 전국 선거에 도입하기 위한 사전 조치로 Internet Voting Task Force Team과 연방정부 각 기관에서 Pilot Study가 진행중이다.

〈표 7-2〉 시·군·구 행정종합정보화의 단계별 추진 목표

단계	추진 목표
1단계 (2000)	• 모든 시·군·구에 정보시스템 설치, LAN 등 통신망 구축 • 10개 업무 종합 데이터베이스 구축, 정보 공동 활용 • 기초생활보장 수급자 증명 등 10종 무인민원 발급 서비스 • 인터넷을 통한 민원 처리 사항 대국민 공개 서비스
2단계 (2003)	• 21개 업무 종합 데이터베이스 구축 확대 • 시·군·구 간, 시·도⇔중앙부처 수평적·수직적 정보 공동 활용 • 신청, 고지, 발급 등 각종 민원 업무 인터넷 서비스

이해관계자들과 쉽게 정보와 자료를 공유하고 이전할 수 있다. 상호 교류 기능을 하는 웹 게시판은 정책 결정 과정에서 정부가 정책과 관련된 각종 고시를 홍보하고 국민들과 의견과 정책 아이디어를 교환함으로써 국민들의 정책 참여를 촉진시키는 창구가 될 수 있다.

전자정부의 발전 모형은 전자정부가 지향해야 할 초점(focus)과 대상(locus)을 명확히 해야 한다(오강탁·이연우, 2005). 여기서 초점이란 전자정부가 달성하고자 하는 단계적 가치와 목표를 의미하며, 대상이란 전자정부 정책과 사업이 추진되는 중심 영역이라 할 수 있다.

대상 영역 측면에서 우리 나라 시·군·구 행정정보화는 2003년까지 주민행정, 지적행정, 차량행정 등 총 21개 업무 시스템을 완료했고(<표 7-2> 참조), 건축행정은 건설교통부 건축행정 시스템과 연계를, 재·세정 영역은 자치단체 지방세 시스템과 연계되어 있다. 이것은 하나의 표준 시스템이며 각 자치단체마다 시스템 도입 기반과 운영 수준에서 격차가 있고, 기술적 측면에서는 원스톱 통합 민원창구, 압류 재산 인터넷 공매, 체납액 PDA 징수 시스템, 유비쿼터스 한라산 등을 경쟁적으로 도입하고 있다. 2단계가 끝난 현재 우리 나라 자치단체의 전자정부는 통합 정보통신망 인프라를 기반으로 다양한 서비스들이 도입되고 있다. 납세 신고는 어느 정도 정착되었으나, 웹 기반의 대부(loan) 시스템, 온라인 선거와 온라인 정책 포럼을 이용한 웹 기반 정치 참여는 낮은 것으로 보인다.

한편 시·도 행정보화사업은 중앙과 기초 간 연계 통로로서 2007년을 목표로 진행중이다. 시·군·구 사업에서의 경험으로 시·도 정보화사업은 좀더 용이하게 추진되고 있다. 광역 수준의 정보화의 진행에 따라 각종 업무 데이터베

이스와 통합 정보통신망이 구축되면서 중앙정부에서 좀더 포괄적이고 구체적인 지역정보의 통합 분석 능력을 갖춤으로써 지방 차원에서는 자치권의 새로운 위협 요인이 될 것으로 예상된다.

2. 전자지방정부와 정부 혁신

1) 주요국의 지방정부에서 정보통신기술 도입과 정부 혁신[5)]

전자정부는 효율성을 강조하는 back-office와 민주성을 강조하는 front-office의 관점에서 접근할 수 있다. back-office는 정보통신기술을 활용한 업무처리 방식과 조직구조의 혁신이 적용되며, front-office는 back-office를 기반으로 질 높은 행정 서비스를 제공하고 정보 공개[6)]를 통해 정책 과정에 주민 참여를 활성화시킨다. 1990년대 중반부터 정보화 선진국들은 행정 개혁의 수단으로 전자정부를 적극적으로 추진하고 있다. 전자정부는 전 세계 모든 국가들의 공통적인 국가 발전 전략으로서 내부 지향적이며 기존 조직의 업무 프로세스를 단순 자동화하는 수준에서 벗어나 정부혁신 기제로서 장애 요인들을 극복하는 중요한 수단으로 인식되고 있다. 이러한 결과는 공공 부문의 성과 개선에 대한 압력과 민간 부문의 전자상거래 활성화에 자극받은 정부관리자들이 직접 정보통신기술 문제에 진지하고 적극적으로 대처할 때가 되었다는 공통된 인식 때문이라고 할 수 있다. 영국의 UK Online(2001), 미국의 A Bluepoint for New Beginning(2001), 일본의 U-Japan(2004), 유럽연합(EU)의 e-Europe 2005(2002), 호주 빅토리아 주의 MAXI 등은 그러한 인식의 결과이다.

1990년대 정보통신기술이 적용된 미국의 지방정부 혁신 사례들을 보면 뉴욕시의 경영정보시스템(CAMIS)과 세인트루이스의 CARE 프로그램, 민간기업과의 제휴를 통해 웹 사이트를 구축한 애리조나 주의 서비스애리조나(ServiceArizona) 자동차 등록 시스템과 조지아 주 코니어즈 시와 콥(Cobb) 카운티 정부, 기업과 관련된 캐나다 온타리오 주의 기업연계망(OBC)과 싱가포르의 무역정보망

---

5) 이 부분의 사례들은 미국 하버드대 혁신 사이트(http://www.innivations.harvard.edu), 박양열(2000), 삼성경제연구소 역(1996)을 주로 참고했다. 정보통신기술을 활용한 정부혁신뿐만 아니라 준비-사격-조준의 결과 다양한 혁신 사례들을 찾아볼 수 있다.

6) 광의의 정보 공개에는 정보공개 청구제도, 의무적 공표 제도, 그리고 정보 제공이 포함된다.

(TradeNet), 내부의 의식 개혁과 관련된 아이다호 주의 '훈련캠프(Boot Camp)', 주의회 의원을 대상으로 한 정보기술박람회(IT Fair), 공공 부문의 정보통신기술 활용 개선 방안을 모색하는 뉴욕주립대학 정부기술센터(CTG), 주정부의 기술 부문에 대한 전략적 투자로서 일리노이 주의 벤처테크(VentureTech), 펜실베이니아 정보기술국의 '에너지 폭발(energy bursts)'식 개발전략, 소형 컴퓨터를 이용한 버몬트 주 전체 도서관 자동화계획, 비영리조직인 전국전자결재연합(NACHA)의 개방형 표준인 퀘스트운영규칙(Quest Operating Rules),[7] 정부와 비영리조직이 첨단 기술을 활용하는 뉴욕 시 후원재단의 인터넷혁신센터, 매사추세츠 주의 공해 방지 프로그램 ERP 등이 있다. 1990년 중반의 대표적인 혁신 사례로는 미연방 환경청(EPA)의 배기가스 감축 시범사업(eCommute Plan)을 들 수 있다(유평준, 1997; 박양열, 2003).

정보통신망과 같은 인프라는 주민들에게 편익을 제공하고 그로 인해 수혜자들이 다수이기 때문에 인프라 구축의 주된 책임이 정부에 두어져 왔다. 정부가 정보 인프라를 구축하는 데는 정보정책의 방향 설정이 중요한데, 그 방향은 주민들이 거주하기 쉽고 기업이 사업하기 좋은 환경을 창출하는 데 있다. 앞서 언급한 각국의 지방정부의 정부 혁신 사례들이 시사하는 바는 정보 시대에 걸맞게 지방정부의 관리자들이 어떻게 대처해야 할지에 대해 그 방법을 모색했다는 점, 정보통신기술을 배출가스와 같은 사회 문제에 적용함으로써 행정의 수비 영역을 확대했다는 점 등일 것이다. 정보통신기술 문제에 대처하는 정부 관리자들의 역량에 따라 적용 범위가 달라질 수 있음을 보여 준다는 의미이다. 선진 사례를 통해 우리는 정보화 시대의 정부 혁신 내용과 정보통신기술의 적용으로 시간·기술적 장애를 극복할 수 있는 지혜를 배울 수 있다. 아래에서 정보통신기술을 이용한 혁신 사례들을 구체적으로 살펴보게 될 것이다.

(1) 인터넷 포털을 통한 정부 혁신

오늘날 지방정부 포털(portal)은 유인(appeal), 통합(aggregate), 수요 충족, 연계를 특성으로 하며(한국전산원, 2003; 서순복, 2003), 시민의 일상사를 중심으로 구축되고 있다는 점이 특징적이다. 전자정부 포털은 온라인으로 모든 정

---

7) 이는 1990년대 초반부터 주정부들이 전자급여(EBT) 시스템을 개발 보급했으며, 공공 및 민간 이해관계자들이 개방형 표준인 퀘스트 운영규칙을 은행 ATM망과 소매점 POS망에서 운영되는 EBT 시스템을 적용할 것을 결의했다. 좀더 자세한 내용은 박양열(2002)과 www.nache.org/ebt를 참고하기 바란다.

부기관의 정보와 서비스를 제공하고, 국민들의 의견을 수렴할 수 있는 대표적인 의사소통 창구가 되고 있다. 포털을 통한 각국 전자정부 구현의 공통된 특징은 정부 민원 서비스 포털로서 시민·기업·정부 공무원과 같이 대상 집단별로 포털이 구성되어 사용자 중심의 맞춤 서비스가 제공되고 있다는 것이다(박양열, 2000). 또한 포털이 지역 문제 해결에 어떻게 적용되느냐에 따라 지역주민들의 생활을 바꿀 수 있고, 행정의 수비 범위를 넓혀 줌으로써 전국적 문제의 공동 해결을 촉발시킬 수 있는 등 지방행정 혁신 기제로서 자리매김하고 있다.

먼저 빅토리아 주의 '온라인 2001'(1995)은 기관 간 정보 공동 활용을 통한 대민 서비스 개선의 대표적인 프로젝트이다. 그것은 리엔지니어링화된 서비스 제공을 통해 정부 변화를 촉진한 MAXI 프로그램이며, Bill Gates도 정보통신 기술을 활용하여 시민에 대한 정부 서비스 혁신을 구현한 선도적 사례로 호주 빅토리아 VicOne 계획을 최고의 이니셔티브로 평가한 바 있다.

미국의 지방정부의 경우 Government Technology는 매년 최우수 웹사이트상(Best of Web Awards)을 발표하는데, 2000년 수상 기관은 버지니아 주, 노스캐롤라이나 주, 조지아 주, 시애틀 시 등이다. 이들의 공통적인 특징은 생애주기를 고려하는 고객 지향적 특성, 주민들에게 개인화된 서비스를 제공했다.[8] 이것은 정보화 시대의 '요람에서 무덤까지'라는 슬로건으로서 전자적 출생 신고에서 사망 신고, 그리고 그에 따른 정부 서비스의 개시와 중단이 자동적으로 이루어지는 것이다.

인터넷 포털을 통한 지방정부 행정혁신으로 미국 연방환경청과 지방정부, 지역 기업들이 자동차 배출가스 오염이라는 지역환경 문제에 대한 시범사업에서 찾아볼 수 있다. 대기오염을 줄이기 위해 전통적 행정 방식은 지역의 참여 기업들을 대상으로 행정기관이 모두를 찾아다니며 참여 성과를 조사하고 감축 점수를 기록해야 한다. 이렇게 되면 시간과 비용이 많이 들고 적시에 자료를 종합할 수 없게 된다. 이런 상황에서 인터넷 기반의 텔레트립(Teletrips)은 환경 개선을 실천한 개인, 기업주에게 보상을 즉시 정확하게 해 줄 수 있는 자동화된 시스템이다. 시스템을 기반으로 지역 차원의 정보를 공유하고 좀더 의미 있는 정책정보로 전환할 수 있게 된 것이다. 이와같이 지역의 문제들이 연계를

8) 매년 수상기관에 대한 상세한 자료는 www.govtech.net에서 찾아볼 수 있다.

인터넷 포털과 배출가스 오염 사례

미국 연방 환경청(EPA)·5개 도시·지역 기업이 2년 계획으로 대기가스 방출 감축을 목표로 추진해 온 재택근무 파일럿 프로그램(Pilot Program)이 있다. 이 프로그램에 참여한 도시는 덴버, 필라델피아, 로스앤젤레스, 휴스턴, 워싱턴이다. 이들 도시의 실태는 남부 캘리포니아의 경우 통근자의 75%가 '나홀로 차량'이며 출근 시간이 1998년 32분에서 1999년 41분으로 지체가 증가되는 상황이다.

이 프로그램의 목표는 자동차 배출가스 오염이 심각한 기업을 대상으로 배출가스 감축과 교통 혼잡을 개선하기 위해 2년 간의 계획(eCommute Plans)하에서 주 1~2일 재택근무를 실시함으로써 생산성도 높이고 삶의 질을 개선하기 위한 새롭고 과감한 접근이라는 점이다.

관련법으로 The National Telecommuting and Air Quality Act(1999. 10), The Telework Tax Incentive Act(2001. 3), The Small Business Telecommuting Act(2001. 8)를 제정했고, 이 법은 참여 기업에 대한 강력한 인센티브를 제공하거나 오염 과태료와 상쇄할 수 있도록 했다. 이후 2000년 7월 시범사업비 200만 달러를 클린턴 대통령이 승인, eCommute Pilot Program에 착수했다. 참여 기업들은 물리적 시설을 갖추도록 하고, 이들이 얼마나 배기가스를 감축했는가는 인터넷 기반의 텔레트립(Teletrips)를 통해 자동차 배기가스를 자동적으로 추적, 산출하도록 했다. 텔레트립을 통한 감축 결과는 조세 감면(Tax Credits)으로 전환하여 시장에서 거래할 수 있도록 했다.

통해 해결할 수 있는 영역을 찾아 내는 것은 지방정부뿐만 아니라 지역 기업과 지역 주민의 열정과 역량에 달려 있다고 할 것이다.

(2) 정보 인프라에 대한 방향 설정

세계 각국은 정보 인프라를 새로운 사회간접자본으로 인식, 국가 정책의 초점을 맞추어 왔다. 미국의 경우에도 국가정보인프라(NII) 프로젝트는 정보고속도로를 개발하기 위해 기업, 대학, 정부 연구소들이 협력하여 이들 간의 커뮤니케이션 인프라 구축이 중요한 목표였다. 협력을 통해 기업과 연구소들의 파트너십을 유도하는 방식이다. 미국의 지방정부에서 정보통신기술은 NII 이전부터 도입되었으며 그 목표는 거주 및 기업환경 개선에 두고 있었다(이순철, 1998). 예를 들어 마이애미 비치는 도시가 쇠퇴함에 따라 정보통신기술을 시의 재무환경을 안정화시키는 데 방향을 설정하고 토지관리시스템과 사회복지 분야에 정보통신기술을 적용했다. 토지관리시스템은 빈민가에 대한 개발을 쉽게 하기 위한 것으로 여기에는 모든 빌딩에 대한 정보를 데이터베이스화했다. 사회복지 분야에서 정보통신기술은 서비스 전달 향상뿐만 아니라 개발업자나 사업가를 유인하는 데 더 중점을 두었고, 컴퓨터 통계를 이용해 지역들을 비교하고 도시 내 물리적 시설의 개선 필요성을 파악하기 쉽게 만들었다. 이와같이 정보 인프라를 구축하는 데도 방향 설정이 중요하며, 정보통신기술을 이용해 거주하기 쉽고 사업하기 좋은 환경을 창출할 수 있도록 고려하고 있다.

정보통신기술이 행정 변화를 가져온 두 번째 사례는 세인트루이스의 CARE (Computer Aided Report Entry) 프로그램이다. 이 컴퓨터 지원 보고서 작성 프로그램은 컴퓨터를 사용해 이전에는 문서로 되어 있던 경찰서 보고 업무를 음성 작동 컴퓨터로 대체한 것이다. 과거에는 순찰경관들이 모든 업무를 서면 보고하도록 한 것을 CARE 프로그램 도입으로 경찰관들이 정규 근무 시간 중 자투리 시간을 이용하여 컴퓨터로 보고 내용을 송신하도록 한 것이다.[9] 한 번의 키보드 입력으로 스케줄 담당자에게 전자적으로 연계시켜 불의의 사태에 대처할 수 있고 의사 결정에 대한 위험도를 축소시킬 수 있게 된 것이다. 경찰관들이 서면 보고를 구두 보고로 대체함으로써 일반사무 업무에서 벗어날 수 있게 되었고, 그 결과 순찰경찰관들이 순찰 활동이라는 본연의 업무에 더 많은 시간을 배정할 수 있게 된 것이다.

(3) 정보통신기술을 통한 행정 수비 범위의 확대

매사추세츠 주의 환경오염 방지를 위한 ERP(Environmental Results Program) 사업은 전통적인 배출 기준 규제로부터 산업에 따른 결과 기반 시스템으로 전환하는 대담한 시도라고 할 수 있다.

과거의 환경규제는 오염자에게 강제성을 띤 배출 기준과 그에 따른 벌칙을 강조하는 명령·통제 시스템에 기반을 두었으며, 그 결과 어느 정도 성과를 거두었다. 그러나 환경 문제가 배출보다는 오염 방지에 초점을 두어야 한다는 인식이 팽배해지면서 환경교육, 지원, 추적, 환경 규제 문화의 변화에 초점을 둔 ERP가 도입되었다. ERP는 해당 주의 실제적인 환경 결과를 전달할 수 있었는데, 이는 그 동안 주정부의 사정권 밖에 있는 방대한 소기업들을 규제 시스템

9) 2006년 우리 나라 행정자치부는 정부 원격근무 지원 서비스(GVPN)를 통해 언제 어디서든지 무선 온라인으로 회의 및 결재까지 가능하게 하는 유비쿼터스 행정을 구현하고 있다.

에 포함시켰기 때문이다. 배출 기준을 적용하려 하지도 않고 자신들의 환경 의무를 인식하지도 않는 지역 소기업(드라이클리닝 사업자, 사진 인화업자 등)들을 주정부의 레이더 스크린에 센서를 연결해 놓고 해당 기업들이 결과를 알 수 있도록 함으로써 실시간으로 주당국에서 성과를 추적할 수 있도록 설계되었다.

중요한 것은 지역 기업들이 혁신적인 새로운 시스템 속에서 자신들의 환경 실태를 개선하고 위반에 대해 스스로 규제할 수 있도록 시간표를 설치하도록 설득했다는 점이다. 처음에는 드라이클리닝 업자 10%만이 참여했으나 2001년 기준으로 95%가 등록하고 있다. 이는 정보통신기술을 통해 좀더 적은 인력으로 행정의 수비 범위를 확장시킨 사례라 할 수 있다.

(4) 기업과 지방정부의 파트너십

미국의 지방정부들에서 온라인 서비스를 제공한 서비스 도입시 민간 기업과의 제휴 관계를 통해 혁신 서비스 구현 과정에서 구심점과 탄력성을 확보했다는 점은 특기할 만하다.

민관 파트너십의 사례는 애리조나 주와 조지아 주에서 찾아볼 수 있다(박양열, 2000). 애리조나 주 차량등록과에서는 온라인 서비스에 대한 의지가 확고했지만, 서비스를 구현하는 데 필요한 자원을 구비하지 못했다. 이런 상황에서 해당 과는 온라인 차량 등록에 필요한 웹 사이트와 다이얼업(dial-up) 서비스 구축과 유지 보수를 민간기업인 IBM사에 의뢰했다. 주정부는 백 엔드 데이터베이스(back-end database)와 시스템 인터페이스, 고객 서비스 등을 관리하고 IBM은 신용카드 거래, 보안 등 프론트 엔드 어플리케이션(front-end applications)을 관리하는 협업 방식을 도입했다. 서비스애리조나(www.ServiceArizona.com)가 그것이다. 조지아 주의 코니어즈 시의회는 효과적인 전자정부 서비스를 제공하는 데 필요한 재정 및 인적 자원이 부족하다는 사실을 인식하고 민간 기업(GovHost.com)과 제휴하여 코니어즈 시 웹 사이트 구축을 추진했다. 조지아 주 코니어즈(www.conyersga.com)가 그것이다.

민관 파트너십 업무 처리에서 요금(convinence fee) 부과에 따른 수입은 양 기관이 상호 분배하는 방식을 채택했다. 서비스 첫 해에는 애리조나 거주 인구의 5%가 이용했는데, 그 중 99%가 긍정적인 반응을 보였다. 해당 과의 입장에서는 차량당 등록 업무 처리 비용이 과거의 창구 처리 방식을 사용할 때에 비해 76% 절감된 것으로 나타났다. 이런 방식은 기금을 조성하거나 직원을 신규 채용하는 전통적인 방식에서 벗어난 것이었다. 제휴를 통한 웹 사이트 구축에 따라 시민들은 GovHost가 구축한 시 웹 사이트를 통해 민원행정 서비스 요청, 재산세 정보 열람, 각종 인·허가 요청 등을 처리할 수 있게 되었다.

2) 우리 나라 지방정부에서 정보통신기술 도입과 정부 혁신

(1) 전자정부의 추진 과정

우리 나라 전자정부의 전개 과정은 중앙정부 주도로 진행되었으며, 시기적으로 구분해 보면 1·2차 행정전산화 사업계획(1978~1986), 1·2차 행정전산망 사업계획(1987~1996), 제1차 정보화촉진 기본계획(1996~2000), 제2차 정보화촉진 기본계획인 Cyber Korea 21(1999~2002), 제3차 정보화촉진 기본계획인 e-KOREA VISION 2006(2002~2006), 그리고 u-Korea(2005~2007)로 구분된다.

1980년대 1, 2차 행정전산망사업(1987~96) 시기에는 전자정부 구현에 필요한 기반이 조성되었다. 이 시기는 중앙정부의 계획에 따라 국민생활과 관련된 6대 업무(주민 등록, 부동산, 자동차, 고용, 통관, 경제 통계)와 전산화 효과가 클 것으로 예상되는 7개 업무 분야를 중심으로 정보화 기반이 구축되었다. 1990년대 들어 미국·일본·유럽 등이 경쟁적으로 초고속 정보통신 기반 구축에 나서자 우리 나라도 이에 필요한 교환·전송·단말 기술의 국내 개발을 목표로 HAN/B-ISDN사업을 추진했고, 1996년 정보화촉진기본법을 기반으로 중앙과 지방의 행정 업무에 대한 정보화, 정보화촉진 기본계획 수립 등 국가사회 전반에 걸친 정보화를 더욱 체계적으로 추진하는 계기가 되었다.

2000년대 '국민의 정부'에서는 그 동안의 행정정보화와 초고속 정보통신망 구축, 통합적인 제도적 기반을 바탕으로 전자정부 구현이 이루어졌다. 전자정부 추진 체제로서 2001년 1월 구성된 전자정부특별위원회 구성, 3월 '전자정부 구현을 위한 행정 업무 등의 전자화 촉진에 관한 법률(이하 전자정부법)' 제정, 전담 부서인 정보통신부에서 국가정보화의 청사진을 담은 'e-KOREA VISION'이 제시되었고, 2001년 11월부터 전자정부의 기본적인 서비스가 제공되기 시작했다. 2003년에는 세계 최고의 지능 기반 사회를 구현하기 위한 'u-Korea' 전략(2005)을 발표했다. u-Korea는 경제·사회·행정·일상 생활 곳곳에 유비쿼터스(ubiquitous) 정보통신기술이 스며들어 경제 성장과 국가사회 운영 시스템을 혁신하는 데 있으며, 구체적으로 'IT839전략'[10]을 통해 기술과 네트워크의 융합을 이루어 내고 지능 기반 사회를 건설하는 데 그 목표를 두고 있다. 추진 체제는 정부혁신 지방분권위원회 산하에 전자정부위원회(2003. 5~2005. 5)를 전자정부특별위원회로 격상시켜 전자정부 31대 로드맵을 추진하고 4개의 특별팀(TF)를 구성했다. 전자정부를 매개로 정부 혁신과 지방분권이 추진되면서 전자정부는 이제 모든 정부들에서 혁신 기제[11]로서 자리매김하고 있다.

우리 나라의 전자정부 목표는 세계 최고 수준의 열린 전자정부 구현에 두고 있으며, 바람직한 전자정부의 모습으로 서비스 전달의 혁신을 통한 네트워크 정부, 행정 효율성과 투명성 향상을 통한 지식정부, 진정한 국민 주권 실현을 통한 참여정부를 지향하고 있다. 이렇게 볼 때 전자정부가 지향해야 할 기본 원칙은 시민의 편의성을 도모하는 '시민을 위한 정부(G4C)'가 아니라 시민이 운영의 주체가 되고 정부의 잘못된 정책에 대해 통제할 수 있는 '시민에 의한 정부(GbyC)'로 기대감이 모아지고 있다(함께하는 시민운동, 2003).

(2) 전자지방정부의 추진 과정

지방 차원의 전자정부 목표는 지역정보화 기반 확충, 주민 편의 위주의 행정 실현, 정보 격차를 해소하는 데 있으며, 정보화촉진기본법 제6조(정보화촉진시행계획의 수립)에서는 자치단체장이 매년 지역정보화촉진 시행계획을 작성·추진하도록 의무화하고 있다. 지방행정 정보화의 기반 위에서 1990년대 중반 정보통신부, 산업자원부, 과학기술부, 농림부 등 중앙부처들이 해당 부처의 정보와 지식을 체계화하기 위한 지역정보화 모델을 제시하고 전국적 차원의 지역정보화 사업을 추진했다. 종합행정을 특징으로 하는 지방정부들은 비전과 목표 설정 등 포괄적인 구상 없이 중앙부처 사업에 단발적으로 대응했다. 그러나 중앙의 계획에 대응하는 타율적 지역정보화 사업은 그 운영이 매끄럽지 못했다(송충근, 2000). 지방정부들은 각 부처의 유사한 지역정보화 사업에 선정되기를 희망하면서 지역 차원의 중요성을 충분히 인식하지 못하고 당황한 것이 사실이며, 이에 대한 체계적 접근을 위해 행정자치부와 지방정부에서 지역정보

10) IT839란 정보통신기술 관련 8대 신규 서비스에 8을, 3대 첨단 인프라에서 3을, 그리고 정보통신기술 부문의 9개 신성장 동력에서 9를 조합한 말로 이들 간의 유기적 연계를 통해 정보통신기술 산업의 '가치 사슬 효과를 극대화'하는 전략이다(정보통신부, 2004).

11) 전자정부는 정부 혁신 기제로서 2006년 5월 서울에서 개최된 제6차 정부혁신 세계포럼에서 종합적·구체적으로 제시된 바 있다.

화 촉진조례를 제정, 지역정보화촉진협의회[12]를 구성하고 지역 차원의 정보화를 적극적으로 수용하게 되었다.

전자지방정부의 핵심 사업은 시·군·구 행정정보화와 시·도 행정보화이다. 먼저 1997년 시작된 시·군·구 행정종합정보화사업은 매칭 펀드(matching fund) 사업으로 지방비 부담이 약 57%를 차지했다. 이 사업은 2003년 완료되어 21개 업무 종합 데이터베이스를 구축했고, 수평적·수직적 정보 공동 활용을 통해 각종 민원 업무의 인터넷 서비스를 선보였다. 시·도 행정정보화는 시·군·구 정보화가 완료된 2003년 시작되었다. 중앙과 시·군의 정보화는 상당한 수준으로 높아졌지만 광역자치단체인 시·도는 전자문서 유통과 같은 내부 효율화에 그치고 있는 상황이었다. 2003년 현재 시·도의 정보화율은 약 20% 수준으로 시·군과 중앙정부에 비해 상대적으로 낙후되어 행정 계층 간 업무와 정보의 연계 효율성을 저해하고 있었다(행정자치부·자치정보화조합, 2003). 시·도 정보화의 기본 목표는 시·군·구와 중앙 부처를 연계하는 실질적인 전자정부 구현에 두고 있으며, 전자정부 로드맵(2003. 8. 14) 핵심 과제에 '전자지방정부의 구현'이 포함됨으로써 본격적으로 추진되고 있다. 사업예산은 국비, 지방비, 기금으로 운영되며 국비 재원은 좀더 안정적인 국가균형발전특별회계[13]로 반영되고 있다.

두 시스템 간 연계를 위해 시·도 행정정보시스템과 연계 항목이 시·군·구 행정정보시스템에 불충분하게 구축된 사항에 대해서는 가능한 시·군·구 행정정보시스템의 유지 보수 차원에서 추가·보완하고, 유지 보수 범위를 넘는 사항에 대해서는 2004년부터 추진되는 시·군·구 고도화사업에서 우선 개발하도록 하고 있다. G4C와 같이 이미 구축된 시스템과의 연계는 진행중인 사업에 대해서는 시·도 행정정보화사업에서 연계 항목을 파악하여 개별 시스템에서 연계 예산을 반영할 수 있도록 통보하고, 사업이 완료되어 운영중인 시스템은 사업의 규모 등을 파악하여 추가 요구 사항이 반영되도록 추진되고 있다.

12) 1990년대 중반 정보통신부는 지방정부, 체신청, 지역전문가로 구성된 지역정보화추진협의회를 구성, 운영했으나 지역체신청은 지역 추진 주체로서 위치가 불안정했다. 결국 행정자치부와 각 지방정부에서 지역정보화촉진조례를 제정하고 지역정보화촉진협의회가 구성되었다.

13) 국가균형발전특별회계(균특회계)는 인구 및 면적 등 기본 요소와 주민세소득세할, 노령인구 비율, 재정력 지수 등 낙후도 요소를 종합적으로 고려하여 시·도별 재원을 배분한다.

[그림 7-2] 시·도 행정정보화의 목표 시스템

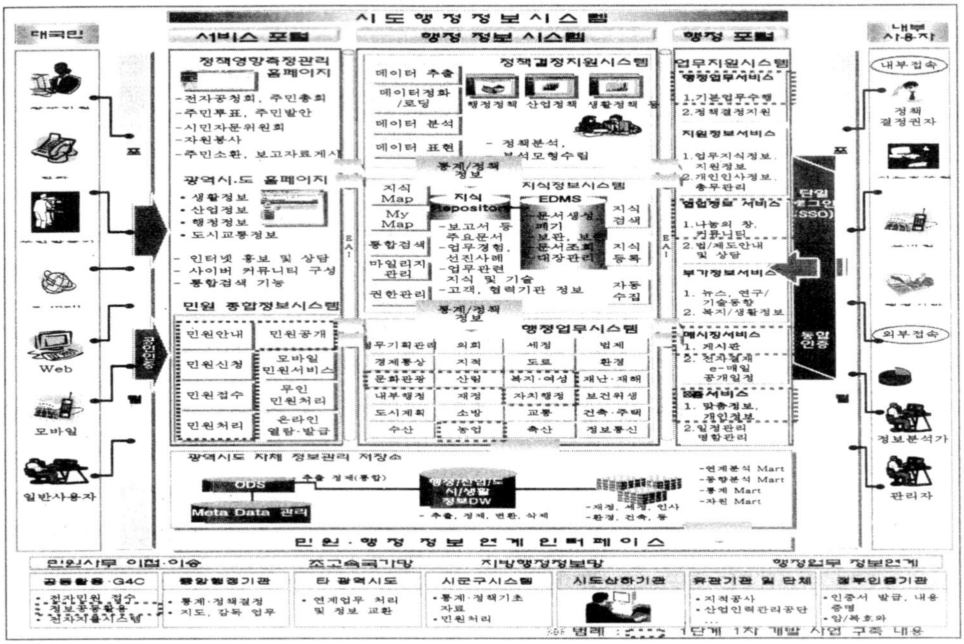

출처: 행정자치부(2004). 「시도행정정보화 사업계획」.

시·도 행정정보화를 통해 언제 어디서나 모든 매체를 통한 대민 서비스 혁신, 중앙부처-시·도-시·군·구를 연결하는 정보 공동 활용 서비스, 그리고 시·도 내부 행정 업무정보화·표준화를 통한 시·도 행정 체계의 효율성이 기대된다. 시·도 행정정보화의 추진 체계는 계층적 구조로서 정부혁신 지방분권위원회 산하에 전자정부특별위원회, 주관 기관은 행정자치부이며 실무추진반은 행정자치부와 16개 시·도 실무자로 구성되며, 기술 지원 및 감리는 한국전산원과 자치정보화조합이 전담 개발사업자로 구성된다. 시·도 행정정보화의 목표 시스템은 [그림 7-2]에서 보는 바와 같이 모든 국민은 창구 민원, 전화, 무인 단말기, 이메일, 웹, 모바일 등을 통해 시·도 행정정보시스템에 접근할 수 있고, 이를 처리하기 위한 시스템은 서비스 포털, 행정정보시스템, 행정 포털로 구성되고 있다. 서비스 포털은 광역시·도 홈페이지, 민원종합정보시스템으로, 행정정보시스템은 통계/정책정보를 기반으로 정책결정지원시스템, 지식정보시스템, 행정업무시스템으로, 행정 포털은 업무지원시스템으로 구성된다. 내부 사용자는 내부 접속과 외부 접속시 단일 로그인 또는 통합 인증 절차를 거치도록 하고 있다.

최근에는 분리 운영되어 오던 국가정보화 3대 정보통신망, 즉 정부고속망, 지방행정정보망, 전국전화망이 센터를 통합하여 '전자정부통합망센터(가칭)'를 구축하고 2004년 8월 통합을 완료했다. 이러한 3대 망 통합으로 음성 · 화상 · 고속데이터가 통합되어 멀티미디어 서비스, VoIP나 IPv6 등 신기술 적용 환경 기반을 구축했다(행정자치부, 2004). 2005년에는 한국전자통신연구원과 삼성전자 등 우리 나라 민간 기업에서 개발한 무선 인터넷인 와이브로가 세계 표준으로 채택(2005)되면서 언제, 어디서든지 접근 가능한 유비쿼터스 환경까지 갖추게 있다. 이렇게 고도화된 기술 환경하에서 향후 전자지방정부는 해당 지방정부들의 능력에 따라 고도화 · 다양화 · 차별화될 것으로 예상된다.

(3) 정보통신기술과 지방정부 혁신

지금까지 논의한 정보 공동 활용을 위한 시 · 도 및 시 · 군 · 구 행정정보화 사업과 더불어 지방정부의 전자정부의 특징적인 사업으로 eNALA 시스템, 정부지식 관리시스템 구축 사업, 지방재정통합 정보시스템, 서울시의 OPEN 시스템을 주목해 볼 필요가 있다. eNALA 시스템은 종이 없는 사무실을 구현하기 위해 1997년부터 시작되었으며 2003년부터는 인트라넷 버전으로 업그레이드되어 한 번의 로그인으로 전자결재, 문서관리(EDMS), 전자우편(e-mail), 게시판 등 시스템의 전체 기능 및 지식관리 등 연계 시스템을 이용할 수 있다. 현재 전자행정 포털로서 기관 내에 각종 서비스 및 정보를 공유할 수 있는 환경을 구축하고 있다.

① 서울시의 민원처리 온라인 공개 시스템(OPEN)

OPEN(Online Procedures Enhancement for civil applications) 시스템은 부조리가 발생할 수 있는 민원 업무의 처리 과정을 그대로 실시간으로 인터넷에 투명하게 공개함으로써 민원인이 24시간 감시하는 시스템을 말한다. 인 · 허가 서류의 접수, 허가 결정에 이르기까지 모든 과정을 각 단계마다 진행되는 과정을 실시간으로 공개한다는 점에서 완료된 최종 문서를 공개하는 기존의 정보 공개와 차이점이 있다.

OPEN의 개발 과정은 1998년 선포된 '부패와의 전쟁'에 기인한다. 서울시는 부패 척결을 위해 시정의 핵심 과제로 불합리한 규제의 과감한 철폐, 부조리 연결고리 차단을 위한 담당구역제 폐지 및 5대 취약 분야(주택, 건축, 위생, 세무, 소방, 건설공사) 근무자의 순환전보 인사 등 부조리 원인을 제거하는 대책을 추진했다(김찬곤, 2003). OPEN 시스템은 1999년 1월 본격적으로 개발을 시작, 2월 감사담당관 주관하에 공개 대상 업무 선정 및 개발팀 구성, 3월 내부 시험을 거쳐 1999년 4월 15일 처음으로 일반 시민에게 공개되었다.

서울시청이나 구청에 인·허가를 신청한 민원인이나 정보 공개를 청구한 시민은 서울시 포털 사이트(http://www.metro.seoul.kr) 메인 화면 좌측 하단에서 '민원처리 공개 시스템'을 선택하고 공개목록 보기를 선택하면 주택·건축 분야, 교통 분야 등 주요 업무에 따라 진행된다. OPEN 공개 업무는 1999년 4월 개통 당시 26개 업무와 2000년 3월 15개 업무 추가, 2000년 7월 13개 업무를 추가했고, 2005년 6월 현재 총 71개 업무를 공개하고 있다.[14]

OPEN 시스템은 국제투명성기구(Transparency International)에서 부패 방지를 위한 획기적 모델로 평가받은 바 있으며, OECD의 공공행정 분야 인터넷의 1999년 9월호 「뉴스레터」에 개혁적인 새로운 제도로 소개되었다. 국내적으로도 OPEN 시스템은 좋은 평가를 받아 공공 부문 경영 혁신의 첫 번째 우수사례로 선정되면서, 2000년부터 대부분의 중앙부처 및 자치단체가 이 시스템을 도입 운영하고 있다. 2006년부터 중앙 및 모든 자치단체에서 정책, 재정 및 감사 결과까지도 전자적으로 공개하도록 되어 있다. 국가 기록의 전자화를 통해 우리 나라 행정의 투명성과 민주성은 더욱 향상될 것으로 기대된다.

최근에는 민원 처리뿐만 아니라 정책 결정 과정에 관한 자료들이 인터넷을 통해 공개되고 있다. 그 중에서도 각국의 중앙 및 지방정부들이 웹상에서 예산 정보를 공개함으로써 재정민주주의를 강화하고 있다. 재정민주주의의 전제 조건으로서 정부는 시민들에게 정부 재정 운영에 관해 알기 쉽게, 상세히, 그리고 투명하게 공개할 의무를 가지고 있다. 재정 투명성과 관련한 국제적 규약으로 IMF의 투명성 규약, OECD의 예산 투명성 평가지침서, 미국 시민단체인 CBPP의 예산 투명성 지표가 있다. 미국과 우리 나라 지방정부의 재정 투명성

14) 공개 업무별 등록 현황은 주택·건축(9). 교통(11), 문화관광(7), 도시계획(6), 물품 구매(1), 건설(8), 환경(10), 산업경제(9), 보건복지(7), 소방(4), 위원회관리(1) 등 총 71개이다.

에 대한 만족도 조사 결과 광역은 미국 79%, 우리 나라 28.9%, 기초는 미국 80.5%, 우리 나라 18.5%로 미국에 비해 매우 낮은 수준이다(김태일 · 유창우, 2003).

② 지방재정 통합정보시스템

전자정부 사업 중에서 조세 관련 시스템은 각국의 지방정부에서 가장 먼저 관심을 갖는 사업이었다.[15] 이렇게 높은 관심에도 불구하고 최근에 와서야 비로소 전자적 서비스를 하게 되었다. 우리 나라 지방정부의 지방세 정보화는 지방세 전산화 태동기(1971~81), 전산화 도입기(1982~91), 전산화 추진기(1992~96), 전산화 발전기(1997~2002), 정보화 도입기(2003~현재)로 구분할 수 있다(행정자치부, 2004). 태동기인 1971년 서울시 중구청에서 최초로 지방세(재산세) 부과에 컴퓨터를 이용했으며, 1975년 서울시에 지자체 전산 시스템인 UNIVAC를 도입한 이래 지방세 수납 처리 전산화를 위한 OCR 체계 도입과 종합토지세 과세 전산화, 추진기에 시 · 군 · 구 중심의 PC 기반 전산화와 수납 전산화를 위한 OCR 고지서 시행, 발전기인 2000년대에 와서야 지방세 전자신고제를 도입하여 현재에 이른다. 2003년 이후 민원서비스 혁신(G4C) 시스템과 연계하여 지방세 제 · 증명 민원 신청(9종)이 구현되고 있다.

앞서 살펴본 시 · 도 행정정보시스템에서도 가장 부진한 재정 시스템, 지방세정시스템 등은 별도 프로젝트로 추진하도록 하고 있다. 이와같이 재 · 세정 분야는 전자정부의 가장 핵심적인 과제임에도 불구하고 업무의 복잡성, 자치단체간 표준화의 부재 등으로 정보화 수준이 낮은 분야 중의 하나이다. 따라서 예산 · 세정 · 회계를 아우르는 통합재정시스템의 완결은 지방정부 혁신의 실천적 방안으로서 고도화된 전자지방정부를 의미한다.

재정정보시스템은 중앙정부 차원에서 재정경제부, 행정자치부, 기획예산처, 감사원 등 재정 관련 기관이 범정부적으로 기획단을 구성하여 2007년 1월 시행을 목표로 디지털 예산 · 회계 시스템을 구축하고 있다. 이는 세입과 세출만 관리되는 방식에서 자산, 부채까지 모두 통합 관리되고, 중앙정부 채무뿐만 아니라 지방정부, 산하기관, 공기업 채무를 포함한 공공 부문 전체 채무를 파악할

15) 소득세에 대한 전자 서비스는 미국(1986)이 가장 먼저 도입했고, 1990년대 초반 호주(1990), 뉴질랜드(1991), 캐나다(1992)가 도입했다. 이후 각국은 전자신고와 납부, 전자세무 상담(call center), 이메일 전자정보 서비스를 경쟁적으로 도입하고 있다(행정자치부 정부혁신본부, 혁신의 창, 제12호).

수 있도록 하는 데 초점을 두고 있고, 현금의 수입과 지출 중심의 현금주의·단식부기 회계제도에서 자산·부채의 변동까지 포함하는 복식부기·발생주의 회계 제도로의 전환을 포함하고 있다. 지방정부와 관련해서는 행정자치부 재정과에서 전자정부 로드맵 추진 과제의 일환으로 추진하되 시·도 행정정보시스템과는 이미 구축된 지방예산회계 복식부기 시스템(LADI)과 연계하여 관련 시스템과 수직·수평적 연계를 하도록 하고 있다.

현재 지방세정의 정보화는 기존 시스템을 계속 운영시 수직적·수평적 연계가 미흡하고 운영 경비의 과다 지출 등의 문제로 중앙-시·도-시·군·구를 연계하는 일괄 시스템을 개발하도록 하고 있다. 지방세 정보화는 총 17종의 지방세[16]에 대한 부과관리, 징수관리, 수납관리, 체납관리의 표준을 만들어 호환성을 높임으로써 자치단체 간, 중앙과 지방 간 세정정보의 공동 이용과 지방세 통합 업무의 효율성 개선에 초점을 두고 있다. 난제 중의 하나로 서로 다른 지방세 시스템에 대한 표준화와 전자납부 방안을 마련함으로써 전자고지·납부, 무인 수납 등 수납사무가 획기적으로 개선될 것이다.

지방자치단체에서 예산회계 제도는 발생주의에 의한 복식부기 회계제도로 변화를 앞두고 있다. 복식부기는 일정 기간 동안의 경영 성과 또는 일정 시점상의 재정 운용 상태를 수시로 파악할 수 있는 회계 시스템 방식으로 이는 현금주의에 의한 단식부기 방식에 비해 재정 운영의 건전성 및 효율성 제고, 재정의 투명성이 개선될 수 있다. 현재 서울시 강남구, 경기도 부천시, 대전시 본청·서구 등에서 시범 운영하고 있으며, 2007년부터 모든 지방자치단체에 확대 시행될 예정이다. 정부 부문의 복식부기 도입은 기업처럼 완전한 발생주의로 갈 것인지 아니면 수정발생주의로 갈 것인지를 두고 의견이 일치되지 못하는 어려움을 겪고 있다(서원교, 1999). 따라서 발생주의를 택할 것인가 수정발생주의를 택할 것인가는 회계이론적 측면에서 그 우위성이 논의되어야 하고 시스템 사용의 편의성에 최우선이 두어져야 할 것이다. 전산 시스템의 사용 편리성만을 목적으로 수정발생주의를 선택할 경우 완전한 발생주의로 전환할 때 발생할 수 있는 어려움은 전혀 해소되지 못한 채 남아 있게 된다.

현재의 지방정부 예산회계는 단순 현금 흐름에 의한 단식부기, 수작업에 의

16) 지방세는 보통세 12종(취득세, 등록세, 면허세, 레저세, 주민세, 재산세, 자동차세, 주행세, 농업소득세, 담배소비세, 도축세, 종합토지세), 목적세 5종(공동시설세, 지역개발세, 지방교육세, 도시계획세, 사업소세)이다.

한 지방세 보조장부(징수부)[17] 운용, 월별 결산 체제를 유지하고 있어 월별 결산 체제에 따른 세입 현황 즉시 파악이 미흡하다. 이것이 단식부기 방식에 따른 각종 계수의 불일치를 초래하는 원인이 된다. 복식부기 회계제도에서 재무제표 생성과 일일 결산은 필수적이다. 이를 위해서는 월별 결산에서 일일 결산 체제로 전환하는 것이 과제이다. 일일 결산 체제에서는 세입 부서의 수기 징수부 사용이 장애 요인이기 때문에 전산 징수부 도입이 필수적이며, 모든 고지서를 OCR화하고 온라인 수납 체계로 바꾸어야 하는데, 이렇게 되면 기존의 지로 용지, ATM 납부 등은 폐지되는 것이 바람직하다. 지방재정 운용의 모든 과정에 걸친 완전한 전산화가 필수적이며, 수작업 관리나 예외적 관리를 두는 것은 전산화의 효율성을 반감시킬 수 있다. 1990년대 초 지방세 전산화와 관련된 부천세무서 등 지방세무서의 사고도 세무 과정 중 미납자 관리를 수작업으로 관리하면서 문제가 발생했으며, 또한 일일 결산 제도가 정착되고 전자은행으로 변신한 은행권에서의 사고도 수작업으로 관리되는 자금들이 사고의 대상이 되고 있다는 점을 잘 인식해야 할 것이다.

③ 지방정부의 지식관리시스템

정보통신기술의 급속한 발달로 산업사회 패러다임이 정보사회 패러다임으로 바뀌고 있다. 자본, 노동, 토지 등 산업사회 이래 전통적 핵심 요인들이 지식으로 대체되고 있다. 행정 지식은 행정적 문제 해결 과정에서 축적된 경험을 바탕으로 생성되기 때문에 이를 효과적으로 관리하고 공유하는 데 시간과 비용이 요구된다. 현장에서 사용될 수 있는 행정 지식은 실천적 지식으로 현장 지식으로 불리며(Davenport, 1998), 자신의 일을 개선, 혁신시켜 '끊임없이 부가가치를 창출할 수 있는 능력을 말한다. 이와같이 실천적 지식이 강조됨에 따라 행정지식의 범위도 확장되고 있다(El-Sayed & Abou-Zeid, 2002).

우리 나라 지방정부에서 지식관리는 도입 단계(2003~04), 확산 단계(2005~06), 정착 단계(2007~11)로 구분해 볼 수 있다(행정자치부, 2003). 도입 단계에서는 지식관리 추진 체제 정비, 지식관리시스템 도입, 인센티브 제도, 조직 분위기 조성이 강조되며, 확산 단계에서는 핵심 지식의 확보, 지식 공유 문화,

17) 징수부는 지방세의 징수 결정과 수납 및 미수납의 출납 상황을 표시한 지방세 업무의 보조장부를 말한다. 징수부를 운용하는 목적은 지방세의 징수 결정, 수납, 미수납, 불납결손액의 현재 금액과 수납액에서 과오납 반환 금액을 차감한 현금을 파악함으로써 지방세입의 흐름을 확인하는 데 있다(행정자치부, 2004).

[그림 7-3] 정부지식관리센터 메인 화면

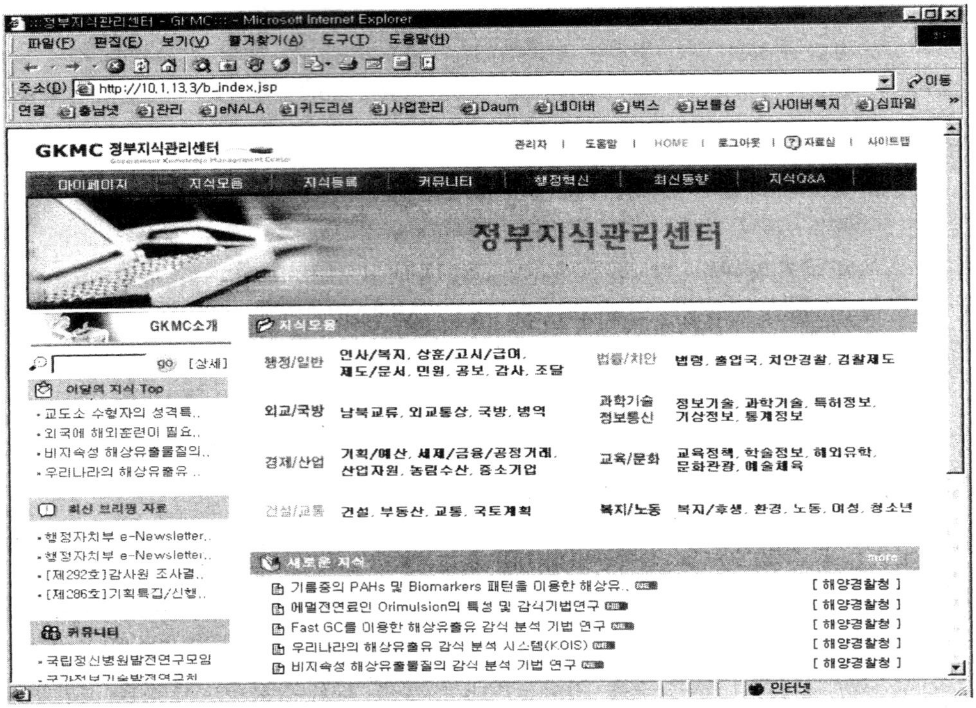

시 · 군 · 구와 통합 운영에 중점을 두며, 정착 단계에서는 지식 활동 조직으로서 커뮤니티 활성화, 지식관리 평가 등이 해당된다. 행정자치부의 정부지식관리센터는 중앙 및 자치단체를 통합 네트워크로 연계, 운영하고 있다.

지식관리란 지식을 창출하여 공유하고 그것을 잘 활용하게 하는 프로세스이다(송충근, 2004). 지식 창출 프로세스는 조직 내 학습공동체(CoP), 시스템상의 조직 구성원 간 대화 촉진, 인터넷 활용 장려 등이 포함되며, 구성원들로 하여금 조직 내부 및 외부에 있을 다양한 지식의 원천을 조직 내로 끌어들여 조직에 활용 가능한 질 높은 지식을 형성하게 하고, 그렇게 형성된 지식을 지식관리자(CKO) 또는 지식관리시스템에 제안, 상호 검증 과정을 거치도록 하는 유동적 과정이라 할 수 있다. 지식 공유 및 활용 프로세스는 지식 창출을 통해 검증된 지식을 지식 저장소에 등록시키고 다른 구성원들로 하여금 검색과 조회를 통해 활용하게 하는 과정을 포함하는 좀더 포괄적인 과정이다. 이러한 평가 과정을 거쳐 조직 지식이 형성된다. 조직 지식은 조직 전체 차원에서 축적된 지식을 의미하는 바, 이러한 조직 지식이 증가하게 되면 조직 경쟁력이 강화되고 그만큼 업무 프로세스가 개선된다는 전제이다(Davenport & Prusak, 1998).

일반적으로 지식관리는 정보통신기술 중심의 지식관리와 사람 중심의 지식관리로 구분할 수 있다(Sveiby, 2005). 정보통신기술 중심의 지식관리는 조직 내 지식관리시스템을 도입하는 것으로 이것의 성과 여부는 6개월 정도이며 이 기간 동안에 시스템에 축적된 지식량의 성패의 기준이 된다. 최근에는 조직 구성원들이 이메일을 통해 오고가는 현장 지식들을 지식관리시스템에 등록하게 함으로써 성과를 높이는 데까지 논의되고 있다. 사람 중심의 지식관리는 구성원들이 조직 지식을 활용, 문제 해결형 조직으로 혁신되는 것을 의미하며, 그 성과는 지식문화의 정착에 필요한 약 2~3년간의 기간이 소요된다. 우리 나라 지방정부의 지식관리는 주로 정보통신기술 중심으로 단기적 성과에 치중해 오면서 어느 정도 한계를 드러냈고, 따라서 사람 중심의 지식문화 정착은 지식관리 성과의 과제가 되고 있다. 사람 중심의 지식관리를 위한 중심에 학습공동체[18]가 자리잡고 있다.

정보통신기술 중심의 지방정부 지식관리시스템은 사람 중심의 학습공동체를 기반으로 그 성과를 보장받을 수 있다는 것은 주지의 사실이다(이홍재 · 강제상, 2005). 학습공동체는 소규모 조직으로서 조직 내 문제를 중심으로 조직화되는 수평적 조직을 의미한다. 지방정부에서 학습공동체의 활성화 요인으로는 최고관리자의 강력한 리더십과 지원, 조직 구성원들의 인식 전환 및 학습문화 정착, 인센티브제 강화, 체계적인 학습 시스템의 개발 등을 들 수 있다(한동효 외, 2004; 이홍재 외, 2005). 인센티브제 문제는 사기업에서는 부정적인 영향을 미친다는 주장까지 제시되고 있으며(Bok et al., 2005), 공공 부문에서는 우선순위는 낮지만 긍정적인 영향을 미치는 것으로 나타나고 있다(한동효 외, 2004;

18) 기존 연구에서 학습공동체와 학습조직은 구분된다. 학습조직은 기존 조직을 어떻게 학습조직화할 것이냐는 거시적 차원의 접근을 의미하며, 학습공동체는 좀더 미시적인 차원에서 조직 내에 문제 해결과 관련된 공식적 · 비공식적 실행 공동체로서의 성격을 지닌다(이홍재 · 강제상, 2005: 8).

송충근, 2005). 경제적 인센티브의 수준에 대해서는 향후 좀더 구체적인 논의가 필요하겠지만 바람직한 지식관리가 되기 위해서는 지식 조직인에 대한 조직 내 인정만으로도 지식을 공유하는 성숙된 조직문화가 이상적이다.

제3절 지역정보화

1. 지역정보화의 개요

1) 지역정보화의 개념 및 특성

지역정보화는 정보시스템의 도입과 같은 하드웨어 기반 정비뿐만 아니라 지역의 행정, 산업, 생활 분야의 총체적인 정보화의 의미로 이해되고 있다. 정부는 정보화의 촉진과 정보통신산업의 기반 조성 및 정보통신 기반의 고도화를 위해 필요한 시책을 수립·시행할 책무가 있다(정보화촉진기본법 제4조). 지방자치단체장은 행정 업무의 정보화와 의료·교육·문화 및 환경의 정보화 등 공공 분야의 정보화(제11조①), 지역사회의 특성에 적합한 지역정보화사업을 추진해야 하며, 중앙정부는 이에 상응하는 재정·기술 등 필요한 사항을 지원할 수 있도록 하고 있다(제11조②). 지역정보화는 행정 업무의 정보화를 기반으로 지역의 의료·교육·문화·환경 등 모든 부문으로 확대·연계되는 것을 말한다. 우리 나라 행정자치부(2005)는 지역정보화를 "지방자치단체나 지역 주민이 주체가 되어 지역의 문제 해결이나 지역의 발전을 위해 단위 지역 내 정보통신 기반시설을 조성하고, 다양한 정보통신 네트워크를 구축·활용하는 것"으로 정의하고 있다. 지역정보화는 전자지방정부를 중심으로 한 지방행정 정보화, 지역산업 정보화와 지역생활 정보화를 포함하는 개념으로 이해할 수 있다. 지역정보화의 기본 원칙은 민간 투자의 확대와 공정경쟁 촉진, 환경 변화에 능동적으로 대응하는 제도의 수립·시행, 정보통신 기반에 대한 자유로운 접근과 활용, 지역적·경제적 차별이 없는 균등한 조건의 보편적 역무 제공, 개인의 사생활 및 지적 소유권의 보호와 각종 정보 자료의 안전성 유지, 그리고 국제 협력의 촉진에 두고 있다(정보화촉진기본법 제3조).

지역정보화 개념에 대한 학자 및 실무자들의 정의는 다양하다(이수성 외,

1993; 김성태, 1995; 황주성, 1997; 한국전산원, 2001). 연구자들의 정의에서 다음과 같은 특징이 강조된다.

첫째, 국가정보화에 대한 상대적인 의미로서 일정 지역 단위에 국한된다는 점에서 일반적인 정보화와 구분된다. 이런 점에서 지방정부는 사업 내용면에서 지역의 특색을 고려해야 하고, 지역의 개별성을 토대로 그 지역의 필요에 부합해야 하며, 그 결과 지역이 의도하는 실질적인 지역 개발 효과가 발휘되도록 해야 한다. 이런 점에서 지역정보화의 주체는 지방정부, 지역 기업, 지역 주민이며, 중앙정부는 지역을 지원하는 역할이 기대된다.

둘째, 지역정보화는 낙후 지역의 정보화를 의미한다. 즉, 정보화를 통해 전국토의 균형 발전을 꾀하는 것으로 산업화 과정에서 드러난 지역 간 격차를 해소하는 데 중점을 두고 있다. 북유럽의 STAR 및 텔레카티지(Telecottage) 운동은 시범사업을 통해 우선 낙후된 지역의 공급 기반을 구축하는 데 중점을 두었고, 약간의 시차를 두고 지역의 정보화 수요를 촉진하는 전략을 추구했다. 이런 점에서 지역정보화는 정보화를 통한 지역 개발에 초점을 두고 있으며, 그 결과 지역 주민의 삶의 질 향상, 지역 간 균형 발전을 달성하는 데 있다. 지역 개발의 특성을 고려할 때 지방정부는 다양한 중앙 부처들의 계획을 통합·조정할 책임을 지게 된다.

셋째, 지역정보화는 지역정보 데이터베이스를 구축하는 데 초점을 둔다. 지역은 주민 등록, 자동차 등 국가 기반 자료를 보유하고 있다. 지역에는 기반 자료에 더해 지역적 특성을 띤 즉 지역의 농·특산물, 환경, 문화, 관광, 정책 자료 등이 산재한다. 지역정보화 초기 단계에서 정보통신부 산하 한국정보문화센터(ICC)[19]의 지역정보화 시범사업(1993~97)은 지역 단위 소규모의 지역정보센터를 구축하고 지역 데이터베이스 구축과 정보 발신을 시도했다.

이상 여러 차원의 특성들을 충족시킬 때 지역정보화는 지역공동체의 요구 특성에 맞는 전자지방정부 구축을 기반으로 정보 격차의 해소, 지역 발전과 지역 문제의 해결, 지역으로부터의 정보 발신을 통해 지역 가치를 창출해 내는 데 있다.

19) 현 한국정보문화진흥원(KADO).

2) 지역정보화의 세 영역

지역정보화는 지역 차원의 행정정보화, 산업정보화, 생활정보화 등 모든 정보화를 포함한다. 급변하는 경쟁 속에서 지역정보화는 시간적 · 공간적 제약과 지역의 한계를 극복할 수 있다는 믿음을 주었고, 지역 주체들이 지역경쟁력 강화, 지역 주민의 삶의 질 향상, 그리고 산업화로 인한 지역 격차 문제를 해소할 수 있다는 기대감을 심어 주었다. 먼저 지역의 행정정보화는 앞에서 살펴본 전자지방정부로 구현되고 있으며, 행정의 정보화를 기반으로 지역의 산업정보화와 생활정보화 기반을 동시에 추구하고 있다.

지역의 산업정보화는 부가 가치의 창출을 목적으로 기업 및 개인이 정보통신기술을 도입, 활용할 수 있도록 산업 관련 정보를 공유하는 기반 구축을 지원하는 것으로 '산업의 정보화'와 '정보의 산업화'의 두 측면을 포함한다. 산업정보화의 기본 방향은 부문별로 추진중인 무역, 산업 기술, 특허, 유통 등 단위정보화 사업을 상호 연계시켜 정보 활용도를 극대화하는 데 있다. 산업정보화는 지역 정보통신 하부구조의 구축을 통해 특정 지역의 정보망을 연계시켜 지역 경쟁력의 필요 조건을 갖추어 나가는 것이다(Gellespie, 1997). 여기서 지역산업 정보망이란 개념 속에는 지역정보화의 측면과 산업정보망이라는 두 차원에서 접근할 수 있다(김태환, 1998).

먼저 지역산업 정보망을 지역정보화의 차원에서 볼 수 있는데, 이 경우 지역정보화는 해당 지역의 다양한 이해관계자가 참여하여 지역 경쟁력 향상을 위한 정보통신 하부구조의 구축으로 나타난다. 지역산업 정보망은 통상적으로 외부 정보망으로서 기업의 유통, 생산, 서비스 등 제반 활동에 정보시스템의 활용을 높여 정보의 흐름을 통합하는 것이다. 여기서 중요한 것은 외부 정보망으로서 지역산업 정보망이 발전하기 위해서는 기업 내부의 정보시스템 구축이 선행되어야 한다.

둘째, 지역산업 정보망은 지역 자체가 능동적이고 혁신적인 산업단지로 변화할 수 있는 기업 간 정보 교류와 정보 검색을 뒷받침할 수 있는 정보통신 하부구조이다. 우리 나라의 지역산업 정보망 구축사업은 지역 균형 발전을 목표로 '위로부터의 정보망 확산'을 추진해 왔다. 구체적인 사업은 정보통신부, 과학기술부, 산업자원부와 그 산하기관인 연구개발정보센터(KORDIC)와 산업기술정보원(KINITI)을 중심으로 추진되었으며, 이들 두 산하기관은 현재 한국과학기술정보연구원(KISTI)으로 통합되었다.

셋째, 산업정보화는 지역정보 통신산업 육성으로 실리콘 밸리와 같은 정보산업단지를 지역 내에 조성하는 것을 목표로 하고 있다. 실리콘 밸리는 지역 대학, 지역 기업, 금융이 자연적으로 집적되었지만 후발 지역에서 이를 인위적으로 조성하는 문제는 지역 자체의 힘만으로는 어렵기 때문에 국가적·국제적 차원의 협력 사업으로 대응해야 한다.

생활정보화는 기존의 개별적으로 존재하던 의사소통 매체와 가전 기기들이 컴퓨터를 매개로 하나의 통합된 정보통신기술의 가정 내 보급, 확산, 활용하는 것이다(한세억, 2004: 34-36)). 인터넷 시대의 정보화는 경제 성장의 엔진이 아니라 삶의 질을 개선하는 수단이며, 교육·의료·기타 서비스에 접근하는 수단이다.

최근 수년 동안 각국의 정부들은 교육 건강과 같은 핵심 영역에서 정보통신기술이 그 잠재력으로 사람들에게 혜택을 줄 수 있도록 디지털 혁명을 추진해 왔다. 미국의 정보 기반 구조(NII for Home)라든가 일본의 FTTH(Fiber To The Home)를 통해 볼 수 있듯이 가정에 초점을 맞추고 있다. 이제 정보화의 궁극적 지향은 가정 생활을 중심으로 전개되는 정보환경에의 적응을 통해 개인이 정보통신기술을 어떻게 수용, 활용하느냐에 달려 있다.

생활정보화는 가정 내 일상 생활뿐만 아니라 산업 및 사회 전반에 걸쳐 영향을 미친다. 아무리 행정정보화가 잘 이루어져도 그것을 활용하는 최종 이용자인 가정의 정보화 수준이 낮으면 행정정보화의 효용은 반감될 수밖에 없고, 홈뱅킹이나 홈쇼핑 같은 서비스를 가정에서 이용할 수 있는 기반이 없다면 정보화 투자의 효용이 크게 떨어질 것이 분명하기 때문이다.

생활정보화의 가정의 차원으로 구체화되는 과정은 궁극적으로 컴퓨터를 비롯한 정보통신 기기가 시간·거리의 제약을 받지 않는다는 의미이다. 생활정보화로의 진전 과정에서 고려되어야 할 이슈로 학습과 교육, 여가 활동, 가정의 일상 규칙, 가족 기능, 재택 근무, 프라이버시, 지적 재산권 문제 등이 있다. 정보화를 추진하는 과정에서 지방정부는 예상되는 역기능, 개선 사항, 관련 이해관계자의 요구 조정 및 기술적·사회적 환경 변화를 주시해야 한다.

2. 주요 선진국의 지역정보화

1) 유럽의 지역정보화

유럽의 지역정보화는 STAR(1987~91) 프로젝트, 텔레마티크(Telematique, 1991~93)를 통해 지역정보 기반 시설을 확충했고, 지역 주민과 기업의 수요 촉진에 초점을 두고 있다. 텔레마티크는 STAR에서 미진했던 수요 촉진, 공공 부문의 정보화, 지역 개발에 효과가 큰 사업에 우선순위를 둔 전략적 접근[20]이 특징적이었다.

「벵게만 보고서(Bengeman Report)」의 권고(1994. 6)에서는 정보사회 전략의 핵심 요소로서 시장 원칙을 강조했다. 정부가 기존의 부양책(국가보조금, 간섭 등)을 축소하고 새로운 정보통신기술의 수요와 공급을 원활하게 하기 위해 열 가지 응용 서비스 분야를 공사 부문의 공동 실행계획으로 제안했다. 원격작업, 원격학습, 대학 네트워크, 중소기업을 위한 정보통신, 도로교통관리, 항공교통관리, 보건, 전자 입찰, 공공행정, 도시 정보고속도로 등이 그것이다.

후속적인 IRISI(1994. 11), Tele-region(1996) 등에서는 기존 프로그램과 차별화를 시도하고 있다. 즉, 참여 지역의 자발적이고 주체적인 역할을 강조하며 사업 분야도 특정 분야로 제한하지 않으며, 프로젝트를 수행 과정에서 지역 간 상호 학습을 강조한다. 이와같이 추진 원칙에서 변화가 있었지만 공통된 목표는 정보화를 통한 지역 발전에 두고 있다.

2) 일본의 지역정보화

미국이나 유럽의 경우에도 정보통신기술을 낙후 지역이나 문제 지역의 지역개발에 적용하려는 움직임이 있었지만 일본의 경우처럼 광범위하게 지역정보화를 전개하고 있는 예는 찾아보기 어렵다. 일본의 지역정보화는 중앙부처에서 다양한 모델을 제시하고 지방정부는 자신들의 특성을 고려하여 협력하는 방식을 취하고 있다. 우정성의 텔레토피아 구상과 통산성의 뉴 미디어 커뮤니티 구

---

20) 전략이란 일반적인 정책 중에서도 파급 효과가 큰 정책들의 집합체라고 볼 수 있다. 좋은 방향의 정책이라도 투자의 우선 순위나 자원의 제약이라는 측면에서 모두 집행할 수는 없으며, 이런 의미에서 우선 순위가 높고 파급 효과가 큰 몇몇의 정책군에 집중적 지원과 관심을 두는 데 의미가 있다(권기헌, 1997).

상은 모두 1980년대 중반부터 시작한 프로젝트로서 뉴 미디어에 의한 지역 활성화가 주가 되었다.

일본 지역정보화의 특징은 정보사회를 구축하기 위한 기본 전략적 측면과 국토의 균형적 발전을 위한 지역개발 전략의 양 측면을 목표로 추진했다는 점이다. 1980년대 중반부터 각 성(省)·청(廳) 중심의 지역정보화 관련 시책과 민활법(民活法)에 의한 지원을 바탕으로 지역을 위한 재정적·기술적 지원을 해주고 있다. 1987년 이후 자치성에서 매년 '지방공공단체에 있어서 지역정보정책에 관한 조사'를 해 오고 있으며, 각 자치단체들은 제3섹터 방식을 도입하여 추진하는 것이 특징적이다.

3) 미국의 지역정보화

미국의 지역정보화는 연방정부가 기본적인 원칙을 수립하고 지원하는 체제이다. 민간 차원에서 지역정보화는 Free-Net와 같은 자체 지역정보망을 구축했고, 지역 기업, 지역 대학, 시정부, 컴퓨터 회사, 자원봉사 시민 등이 주축을 이루었다. 1990년대 이후 주정부와 지방정부에서 정보통신 기반 구조를 바탕으로 지역 산업, 교육, 의료 서비스, 행정 서비스 등을 효율적으로 전달해야 한다는 인식하에 다양한 사업들이 추진되었다. 노스캐롤라이나의 NCIH, 아이오와 통신망 ICN, 조지아의 원격의료사업, 산타모니카의 PEN, 블랙스버그 전자마을 등이 이에 해당된다. 이러한 지방정부의 정보화 시책들은 외부의 후원과 자금 지원이 어떠하냐에 따라 비용 부담과 사업 방향이 다양하지만 주정부는 물리적 기반망 구축에, 시정부는 응용 서비스에 초점을 두고 추진되고 있다.

연방 차원의 지역정보화는 1995년 상무부 산하 NTIA에서 처음으로 도·농간 정보 격차 실태보고서를 발간한 이후 NTIA에서 TILAP사업을 추진했다. 이 사업은 주정부, 학교, 비영리 의료기관, 도서관, 대학 등 비영리기관의 Public Access Network(PAN)를 설립하거나 이용하는 것을 지원하는 프로그램이다. TILAP는 2000년 1월 TOP(Technology Opportunities Program)으로 개칭했다. 또 하나의 대표적인 정보 격차 해소를 위한 대통령의 특별한 조치가 CTC(Community Technology Centers) 프로그램인데, 이는 자신이 사업을 창업할 수 있도록 하는 등 저소득 가정에 힘을 불어넣을 수 있도록 인터넷 어플리케이션을 촉진하고 빈민지역 노동자의 정보통신기술 활용 능력 개선에 초점을 두고 있다.[21]

클린턴 행정부는 2000년 2월 2일 디지털 격차(digital divide)를 줄이고 미국 국민에게 새로운 기회를 제공하기 위해 컴퓨터와 인터넷을 학교, 도서관, 지역 공동체 및 가정에서도 전화처럼 보편적 서비스로 제공해야 한다는 취지에서 「디지털 격차에서 디지털 기회로(From Digital Divide To Digital Opportunity)」라는 제안서를 발표했다. 제안서에는 새로운 기회를 제공하기 위한 가이드라인 목표로 컴퓨터 · 인터넷 · 고속 네트워크 등 기술에 대한 폭넓은 접근, 시민들에게 숙련된 교사와 기술 습득 훈련 과정을 제공, 온라인 콘텐트와 어플리케이션의 발전 촉진이 제시되었다.

3. 우리 나라의 지역정보화

1) 지역정보화의 연혁

선진 국가들의 지역정보화는 1980년 중반부터 중앙정부, 지방자치단체, 민간 부문에서 다양한 형태로 추진되었고, 우리 나라는 1990년대에 들어서 비로소 지역정보화를 인식했다. 우리 나라 지역정보화 사업은 정보통신부 중심으로 정보화 마인드 확산을 위한 연구조사 단계(1991~93), 시범사업 단계(1994~96), 행정자치부와 각 지방자치단체가 지역정보화 사업을 적극 추진하는 전환 단계(1997~99), 지방자치단체 주도의 발전 단계(2000~현재)의 4단계로 진행해 왔다.

1995년 부활된 지방선거 이후 문민정부에서는 1997년을 '지역정보화 본격 추진의 해'로 선언했고, 유사한 시점에서 충청남도를 비롯한 전국 자치단체에서 경쟁적으로 '정보화 선언'이 뒤따랐다. 따라서 1997년은 우리 나라에서 본격적인 지역정보화의 원년이 되었으며, 이후 각 자치단체의 인터넷 홈페이지 구축과 맞물려 엄청난 양의 지역정보를 산출하게 되었다. 그럼에도 지방정부는 아직도 중앙의 계획을 따라가는 수동적 활동에 머물고 있으며, 지역정보화 기본계획 수립, 지역정보화 촉진조례 제정, 지역정보화 촉진협의회 구성, 정보화 책임관(CIO) 지정은 이 시기 지방정부에서 추진한 제도화의 주요 내용들이다. 최근에는 인터넷 중심의 지역정보화는 포털(portal), 멀티미디어(multi-media)

---

21) CTC NET은 센터의 설립 방법, 운영 방법, 직원 채용 등에 대한 가이드라인을 제공하고 있으며, http://ctcnet.org에서 좀더 상세한 내용을 볼 수 있다.

개념이 맞물려 포털에 대한 리엔지니어링이 이루어지고 있고, 인터넷과 멀티미디어 방송이 결합하면서 인터넷 방송까지 등장하여 풀뿌리 정보화로 확산되고 있다.[22] 현재 인터넷 방송국은 서울시(http://tv.seoul.go.kr)를 비롯해 250개 자치단체에서 운영되고 있다. 인터넷 방송국의 운영을 통해 이제 지방정부는 좀더 생생한 정보를 얻을 수 있으며, 따라서 더욱 현장감 있는 정책 구상과 추진 가능성을 높여 주고 있다.

2) 지역정보화 주요 사업

우리 나라 지역정보화사업은 지역정보센터 구축사업과 정보화마을 구축사업으로 대별된다. 먼저 지역정보센터는 민·관·산·학이 지역 차원에서 자생적으로 조직한 인천·경기지역정보센터인 인디텔이 최초였으며, 이의 경험에서 지방자치단체의 역할이 강조되었다. 이후 대구, 대전, 광주 등에서 정보통신부, 지방정부, 지역 전문가 등이 연합한 주식 회사형 지역정보센터가 나타났다. 1990년대 초 정보통신부의 주도로 시작된 지역정보센터 구축사업은 지역정보의 중요성에 대한 인식을 제고하는 데 성공적이었고, 각 센터는 3년간 지원하고 지역 주체들이 자립하는 방식으로 추진되었다. 1997년부터 지역정보센터사업은 지역 우체국을 중심으로 한 인터넷 이용센터(IT PLAZA) 구축사업으로 이어져 2005년 1월 현재 전국 읍·면·동에 8,263 개소가 개설되었다. 따라서 지역 주민들은 전국 어디서든지 IT PLAZA에 가면 무료로 인터넷을 이용할 수 있는 환경이 구축되었으며, 이를 기반으로 지역 특산품을 판매하는 인터넷 전자상거래를 통한 수익사업까지 영역을 확장하고 있다.

행정자치부의 정보화마을사업은 1990년대 말 경상북도의 '인터넷 새마을운동'을 벤치마킹한 정책 사례이다. 정보화마을 조성은 전국적으로 2001년부터 3차에 걸쳐 191개 마을이 선정·완료되었고, 20개 마을은 자치단체 자체에서 추진되고 있다. 이와같이 정보화의 열기가 동시에 다발적으로 확산되면서 2003년부터 자치단체와 민간 기업의 협력으로 2006년까지 해당 지역 전체 마을 홈페이지를 구축하는 계획을 추진하고 있다. 이제 개인들은 1인 1홈피, 블로그

22) 강남구의 인터넷 교육방송은 대학수학 능력시험을 위한 방송을 성공적으로 운영하고 있고, 전국적인 회원을 확보하면서 인기를 얻고 있다. 이에 자극을 받아 각 광역자치단체에서 초중고생을 위한 논술, 독서 지도 등 지역 주민이 필요로 하는 지식과 정보를 산출하는 영역으로 나아가는 추세이다.

(blog) 시대로 진화하고 있다.[23)]

최근 유비쿼터스 개념이 등장하면서 이를 지역 및 도시 개발에 적용하려는 시도가 나타나고 있다. 바로 U-시티(U-City) 계획으로 이는 현실 도시공간에 유비쿼터스 기술[24)]을 이용하여 재구축되는 도시를 말하며, 완전한 U-City에서는 도시 공간에 존재하는 모든 사물들이 유기적으로 상호 연결되어 정보를 교환할 수 있는 차세대 도시의 모델이다. U-City는 정보통신기술이 만들어 가는 지역정보화의 사례이다.

(1) 행정자치부의 정보화마을 구축사업

정보화마을 구축사업은 행정자치부와 자치단체의 협력으로 추진되는 우리나라의 대표적인 지역정보화 사업이다. 정보화마을은 3차에 걸쳐 191개(시·도 자체 조성 20개소)의 조성이 완료되었고, 4차 마을 89개(시·도 자체 조성 19개소)도 조성중(2005. 5~06. 2)에 있다. 3차 조성을 마친 마을이 221개(시도 자체 조성마을 포함), PC 보급 17, 138가구, 정보화 교육 67,811명으로 단기적으로 어느 정도 성과를 나타내고 있다. 정보화 시범마을사업은 각국에서 관심을 보이고 있으며, 후발 국가들에서 벤치마킹의 사례가 되고 있다.

중앙정부와 지방정부 간 협력으로 추진되는 정보화마을사업은 과거 정보통신부의 지역정보센터사업과 유사하게 3년간 지원하며 이후에는 자립적으로 운영을 원칙으로 한다. 그러다보니 각 마을별 수익 모델로 해당 지역의 특산물에 기반을 둔 전자상거래에 중점을 두고 있는데, 이것이 유럽의 텔레카티지나 미국의 CTC 네트워크와 다른 점이다. 정보화마을 대표 홈페이지는 www.invil.org이며([그림 7-4]), 전자상거래 사이트로 인빌 쇼핑(www.invil.com)을 운영하고 있다.

---

23) 블로그는 일종의 개인 인터넷 게시판, 신변잡기를 다룬 글이나 사진, 특정 주제에 관한 에세이 등을 올리는 곳으로 미국과 유럽에서 큰 인기를 얻고 있으며, 핵심 이념으로 공유와 개방운동을 주도하고 있다. 미국의 블로거들은 관심 있는 주제에 대해 진지하게 파고들며 이들은 주로 특정 분야의 마니아로 지식량이 엄청나다(동아일보, 2005. 7. 22).

24) 유비쿼터스는 제록스사 PARC의 Mark Weiser 박사가 1991년 *Scientific American* 9월호에 「21세기를 위한 컴퓨터」라는 논문에서 처음 사용했으며, pervasive computing, embeded computing, wearable·implant computing, silent computing, nomadic computing, sentient computing 등 다양하게 불린다.

[그림 7-4] 대한민국 정보화마을 포털 사이트

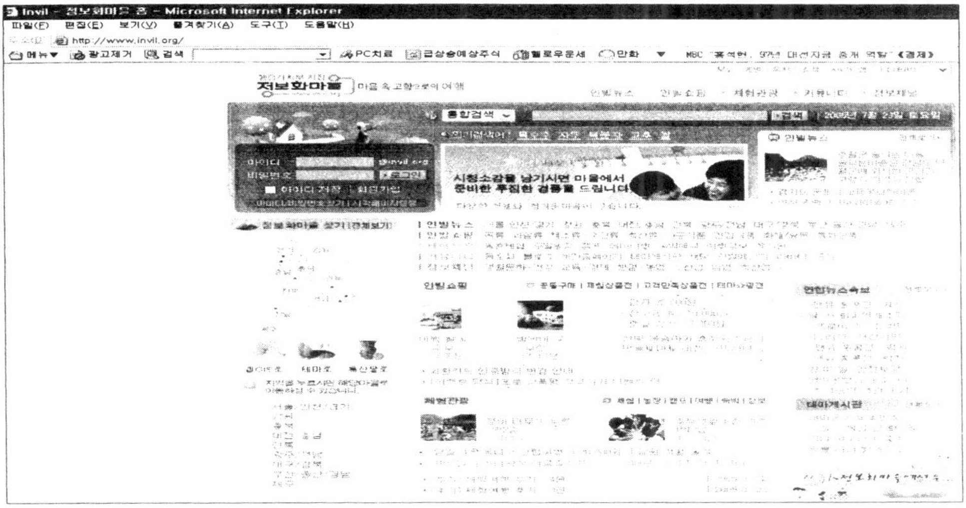

(2) 도시개발전략으로서 U-시티(U-City)

U-City는 현실 도시공간에 유비쿼터스 기술[25]을 이용하여 재구축되는 도시를 말하며, 완전한 U-City에서는 도시 공간에 존재하는 모든 사물들이 유기적으로 상호 연결되어 정보를 교환할 수 있는 차세대 도시이다. 즉, 도시의 기본 인프라와 다양한 시설, 지방정부 및 공공 서비스, 시민들의 커뮤니케이션 기기에 유비쿼터스 컴퓨팅이 활용됨으로써 지금까지 물리공간으로서 도시들이 가진 문제점들을 극복할 수 있는 도시를 말한다(고영삼, 2003).

전 세계에 걸쳐 첨단 정보통신기술을 도시 개발에 접목시키려는 국가들이 점차 늘어나고 있다. 각국의 U-City는 자신들의 기술 수준과 문화에 따라 차별적이며 단일의 모델은 없는 실정이다. 대표적으로 유럽연합(EU)에서 정보사회기술(EU Information Society Technologies) 연구 제6차 프레임워크 프로그램에서 수행하고 있는 INTELCITY는 6개 유럽 도시를 지정해 이들 도시를

25) 유비쿼터스 컴퓨팅은 pervasive computing, embeded computing, wearable · implant computing, silent computing, nomadic computing, sentient computing 등 다양하게 불리고 있다.

2010년까지 유비쿼터스 네트워크로 통합한다는 계획이며, 이 밖에도 말레이시아의 사이버시티 멀티미디어 수퍼 코리더(super corridor) 프로젝트,[26] 일본의 지능도시(Intelligent City of Information Infrastructure) 등이 있다.

우리 나라의 U-City는 중앙 부처(건설교통부, 정보통신부)와 지방정부, 민간기업(KT 등)이 참여하는 '대한민국 U-시티 포럼'과 '한국 U-시티협의회' 등에서 지속적으로 논의되고 있다. 지방정부들에서 유비쿼터스 컴퓨팅을 접목시키려는 시도로 유텔리전트(Ubiquitous-Intelligent) 도시 강남, 인천 자유경제구역 U송도 프로젝트, 제주 텔레매틱스 시범도시, 서울 상암동 디지털 미디어 타운, 창원 U도시, 유비쿼터스 경북, 부산 U-시티 프로젝트들이 등장하고 있다. 서울의 강남구와 부산광역시는 좀더 구체적인 계획과 추진 의지를 갖고 상용화하려는 선도 지역으로 떠오르고 있다.

그러나 유비쿼터스는 받아들이는 의미가 사람마다 다르기 때문에 우리 나라에서 정책적 용어로 사용될 때 그 의미를 좀더 구체화시킬 필요가 있다(강홍렬, 2005). 우선 유비쿼터스는 현재 진행중인 기술이어서 컴퓨팅의 최신 기술을 전부 담고 있다고 할 수 있다. 아직은 기술결정론적으로 접근되면서 수요자 중심적 사고는 미흡한 상태이다. 이렇게 볼 때 유비쿼터스는 정보통신기술의 주요 구성 요소를 중심으로 논의하는 것이 바람직하며, 그와 함께 유비쿼터스 기술이 지역사회 전반에 어떤 영향을 미칠 것인가에 대한 준비가 필요하다. 어쨌든 현재 유비쿼터스 컴퓨팅을 기반으로 하는 U-City 개념은 지역개발 차원에서 모바일, GIS와 함께 정보화를 통한 상상력을 자극하는 기폭제가 될 것이다.

제4절 지방자치와 지역정보화의 과제와 전망

지역 차원의 정보화사업은 많은 예산과 인력이 투입되는 방대한 사업이다. 우리 나라에서 추진된 다양한 지역정보화 사업들이 본래 목적을 어느 정도 달

---

26) 대표적으로 콸라룸푸르 타워에서 콸라룸푸르 국제공항까지 뻗어 있는 가로 15킬로미터 세로 50킬로미터의 지하 광섬유 케이블망인 멀티미디어 수퍼 코리더 내 남쪽 성장 코리더에 위치한 푸트라자야는 '인텔리전트 도시'로 계획되었다. 이 계획은 1993년 수립되고 1995년 착수되어 2010년을 목표로 추진되고 있다. 이러한 사례는 우리 나라의 행정중심복합도시에 하나의 시사점을 던져 주고 있다.

성했는가를 돌아볼 때 긍정적인 것만은 아니다. 전자정부는 그 출발부터 정부 혁신의 비용을 줄이기 위해 전략적으로 시작되었지만 대부분 정보사회 패러다임의 변화 방향에 대한 사회적 합의가 지체되었고, 그로 인해 많은 사업들이 소기의 성과를 거두지 못하는 것으로 보인다. 지역의 정보화와 지방자치와 관계에서 정보화를 바탕으로 한 통제가 가속화될 것이라는 부정적 관점과 조직의 적응성이 증대될 것이라는 긍정적 관점이 있다(김성태, 2003). 그 방향은 한 국가와 지역이 어떤 방향을 지향하느냐에 따라 서로 다른 결과를 가져온다고 볼 수 있다. 이런 점을 인식하면서 지역의 정보화와 지방자치의 발전 방향을 기술해 보고자 한다.

1. 전자지방정부 기반으로서 프로세스 혁신 기법의 통합

공공조직의 수직적 조직 체제를 바꾸기 위한 혁신 기법으로 BPR과 TQM이 있다. 현재 업무 프로세스를 인정하면서 점진적인 개선을 도모하는 것이 TQM이며, 현재 프로세스를 기본으로 하지 않고 영기준(zero-base)에서 시작하여 바람직한 프로세스를 정비하는 것이 BPR이다. 양자는 접근법과 개선 속도에 차이가 있으나 개선의 대상이 프로세스라는 데에 공통점이 있다.

시·군·구 행정정보화와 시·도 행정정보화사업에서 지방자치단체 간 공통된 업무를 분석 대상으로 행정 업무의 재설계를 추진한 바 있다. 그러나 이들 업무를 제외한 대부분의 업무 프로세스들이 수작업으로 이루어지고 있는 것이 현실이며, BPR적 접근은 대상 업무의 방대함으로 인해 현실적으로 적용 가능성이 떨어진다. 따라서 TQM을 도입한 한 지방정부의 경우 정보통신기술을 접목시켜 업무 프로세스 개선이 지속적으로 유지되도록 추진하고 있다(송충근, 2003). 즉 정보통신기술을 통해 원점으로 회귀하는 것을 방지하려는 목적이다. 해당 지방정부의 TQM 전담 조직에서도 향후 해당 정부의 TQM 과제는 대상 범위의 확대와 더불어 개선된 프로세스의 디지털화에 두고 있음을 분명히 하고 있다. 정부 혁신은 단순히 그들의 조직 도표상에서 부서를 재배치하는 것보다는 핵심 프로세스를 변화시키는 것이 더 적합하고 흥미로운 전략이기 때문이다. 업무가 이루어지는 방식에 변화가 일어날 수 있도록 만드는 것이 중요하다.

2. 시민에 의한 지방정부

"전자지방정부는 누구를 위해서 구축하는 것인가?', '전자지방정부는 무엇을 위해서 구축하는가?' '전자지방정부의 비전 달성을 위해서는 자율성이 침해를 어느 정도 용인해야 할 것인가?', '전자지방정부는 시민 참여를 활성화할 것인가 아니면 시민통제가 될 것인가?'라는 의문이 자연스럽게 나타난다. 이런 의문점들을 생각해 볼 때 전자정부와 지방자치, 전자정부와 시민 참여는 논쟁의 핵심에 있다. 분권화, 자율화, 탈규제화라는 오늘날 행정에서 전자정부의 구현 과정은 오히려 중앙의 강력한 통제 메커니즘 속에 있을 수 있지만 분권화를 등한시하는 전자정부 추진은 결국 성과를 보장받을 수 없을 것이다. 과거의 전자정부가 시민을 위한 정부(G4C)였다면 미래의 전자정부는 시민에 의한 정부(GbyC: Government by Citizen)이어야 한다는 주장은 의미 있는 주장이다(함께하는 시민운동, 2002). 결국 전자지방정부와 지역정보화의 추진으로 분권화의 가치가 훼손되어서는 곤란하며, 어디서 무엇을 어떻게 추진할 것인가에 대해서도 시민적 합의를 도출하여 추진하는 것이 바람직하다. 공통적으로 지역정보화 전문 인력, 검증되지 않은 정보통신기술의 적용, 늘 부족한 재정, 프라이버시 보호와 같은 애로 사항들에 대해 지역적 수용은 매우 중요하기 때문이다. 정보화의 최종 수혜자인 지역 주민, 지역 기업, 지역사회의 입장에서 모든 것이 평가되는 것이 바람직하다.

3. 정보 격차의 해소와 지역균형 발전

정보화로 인해 탈산업사회로 이행되면서 종래 산업사회의 문제를 완화시킨다는 낙관적 주장(Bell, Toffler 등)과 정보화가 진전될수록 정보 부자와 정보 빈자로 나뉜다는 비관론이 있다(Shiller 등). TV와 같은 전통적인 정보 기기들은 크기, 가격, 질의 차이에도 불구하고 제공하는 서비스의 질은 동일하다. 그러나 인터넷 시대의 정보 기기는 접속과 사용이 계층화되면서 격차를 유발한다. 정보통신 기기의 구입 능력과 이용 능력의 격차, 고학력 주민과 저학력 주민의 학력 수준 간 소득 격차, 정보화의 사각지대에 있는 정보 취약집단이 상존한다.

지역 차원에서 정보 격차 해소와 균형 발전은 최대의 과제이다. 현재의 도시들은 중산층 지역에 병원, 도서관, 박물관 등 편의시설이 집중됨으로써 총체적인 격차를 확대시키고 있으며, 중산층과 저소득층이 겉으로는 한 도시에 살고 있지만 실질적으로는 서로 다른 세계에 살게 되는 이중도시(dual city)가 현실화되고 있기 때문이다.

정보격차 해소를 위해 첫째, 저소득 주민의 정보 기기 보유 및 서비스 이용을 돕기 위한 실질적 지원이 고려되어야 한다.

둘째, 시장 경쟁 원리와 정보 기기의 도입으로 인해 심화된 부의 불균형을 해소하기 위한 노력이 지속되어야 한다. 정보화를 통한 지역 균형 발전은 각국에서 정보접근센터 구축을 통해 시간・거리의 비용을 줄이는 데는 성공적이었지만 지역의 정주권 확보에는 미흡한 것으로 보인다.

전통적인 산업이 대부분을 차지하는 지역산업의 어려움은 점점 가중되고, 시장 경쟁 원리와 정보통신기술의 도입으로 과거 저임금 단순 직종 취업 기회가 감소하고 있다. 이러한 해결책으로 정보통신 교육 기회의 확대, 정보접근센터 구축, 전통기업의 첨단기업화(bricks & clicks), 지역 특성을 살린 문화산업과 지식도시 건설 등이 제시되고 있다.

우리 나라에서도 산업의 수도권 집중 억제, 행정 기능 및 정부 산하기관의 분산, 혁신기업도시 건설 등 다양한 사업들이 진행중이다. 거대한 홍수 속에서 큰 통나무는 목적지가 없지만 그 속을 헤엄쳐 올라가는 송사리는 생명력을 갖고 있듯이 균형 발전을 위한 지방정부의 주체적이고 주도적인 노력이 기대되고 필요한 시기이다.

4. 지역 문제의 혁신적 해결 수단

정보통신기술이 만들어 내는 사이버 공간도 물리적 장소와 어떤 차이가 없다. 커뮤니티에 기여하지 않는 네트워크는 성공 가능성이 없다(Cohill & Kavanaugh, eds., 20002). 지역 커뮤니티의 문제를 정보통신기술이 자동적으로 해결해 주는 것은 아니며 가상적이든 실제적이든 그 커뮤니티에 속한 사람들이 유사한 관심을 가진 사람들을 얼마만큼 조직화하느냐에 달려 있다. 이런 방법으로 네트워크는 커뮤니케이션 도구로서 공동체에 기여한다. 정보화는 지역 혁신의 기제로서 그 성과는 지역 주체들의 창의적인 아이디어에 달려 있다.

정보통신 네트워크의 기반 위에 정보화마을, U-City 개발 등 지역 커뮤니티 구축으로 나타나고 있다. 이러한 사업들이 정보화를 통한 지역 문제 해결책으로는 미흡하다. 중앙정부는 전국적 차원의 큰 그림이나 공통적인 이슈에만 관심이 있으며, 실질적으로 정보통신기술을 지역 문제 해결책으로 적용하는 것은 여전히 지역 주체들의 몫으로 남아 있다. 지방자치 선진국들의 사례에서 보았듯이 지방정부는 창의적 아이디어를 적용하는 데 중요한 역할을 하고 있었다.

5. 지방의 가치를 존중하는 자율적 정보화

전자정부와 지방자치의 관계에서 분권화, 지역정보화, 시민 참여 활성화는 지속적인 관심의 대상이 되어야 한다. 초기 지방정부의 전자정부 추진 상황은 주로 정보통신기술을 행정 업무에 활용함으로써 행정 능률성 향상과 고객 지향적인 서비스 제공에 주력해 왔다. 상대적으로 지방정부 정책 과정의 투명성, 정보 공유 및 공개, 온라인 주민 참여를 통한 지역 주민과 함께 하는 노력은 아직까지도 미약한 실정이다. 이제 전자정부는 새로운 배경에서 중앙과 지방의 형식적 구분이 존재하지 않는 총체적 시민자치의 공간이 되고 있다(김현성, 2000). 따라서 지역정보화 실행은 계층별 · 지역별 수요자 중심으로 수립되는 것이 바람직하다. 이를 위해 지역의 정보자원에 대한 현황 조사와 각종 정보화 사업에 대한 평가를 기초로 한 계획의 수립이 중요하다. 지역 차원의 수요조사는 지역정보화의 사업 방향에 대한 정보를 제시해 줄 것이고, 정보화사업에 대한 평가는 무엇이 잘못되고 있는지와 같은 지역정보화의 목표를 수정해 줄 수 있기 때문이다. 지금까지는 지방정부들이 중앙부처의 유사한 프로젝트에 선정되기를 희망하면서 매년 줄서기하는 의존적 정보화를 추진해 왔다면 이제는 지역 차원에서 전자적 공간과 정보통신기술의 가치를 충분히 이해하고 선택하는 자율적인 정보화가 기대된다.

요 약

정보화 · 지방화와 같은 행정환경의 변화는 고객을 중심으로 한 전자정부의 새로운 패러다임을 만들어 내고 있다. 각국에서 지방정부는 정보통신기술을 도입하고 있으며, 그 방향은 주민이 거주하기 쉽고 기업하기 좋은 환경을 창출하는 데 두고 있다. 인터넷 포털을 통한 지방정부의 행정혁신, 새로운 사회간접자본으로서 정보 인프라 구축, 정보통신기술을 통한 행정 수비 범위 확대, 기업과 지방정부의 파트너십 등은 대표적인 사례이다. 우리 나라 전자지방정부의 핵심사업은 시 · 군 · 구 행정정보화와 시 · 도 행정보화사업이며, 전자정부통합망센터를 통한 멀티미디어 서비스 환경이 구축되면서 지방정부들의 능력에 따라 고도화, 다양화, 차별화될 것으로 예상된다. 정부 전자문서 유통 기반인 이나라(e-NALA) 시스템, OPEN 시스템, 지방재정통합정보시스템, 지방정부의 지식관리시스템 등은 그 예이다. 지역정보화는 전자지방정부를 중심으로 한 지방행정정보화와 지역산업 및 생활정보화로 나타난다. 각국에서 지역정보화는 대체로 중앙정부의 계획과 지원하에 낙후 지역 개발, 디지털 기회 격차 해소에 초점을 두고 있다. 우리 나라의 지역정보화는 1991년 체신부(현 정보통신부)의 지역정보센터 구축사업이 시발점이 되었으며 지방선거가 부활된 1997년을 기점으로 지방정부에서 본격화되었다. 지방정부 포털, 인터넷 방송국 등을 갖추었고 전자상거래를 기반으로 하는 정보화마을 구축사업, 유비쿼터스 기술을 이용한 U-City가 등장하면서 정보화를 통한 지역 발전의 상상력을 자극하고 있다. 지역정보화와 지방자치와의 관계에서 정보화를 바탕으로 한 통제가 가속화될 것이라는 관점과 조직의 적응성이 증대될 것이라는 관점이 있다. 그 방향은 한 국가와 지역이 어떤 방향을 지향하느냐에 따라 서로 다른 결과를 가져올 것이겠지만, 미래의 전자지방정부는 지방자치의 가치를 훼손시키지 않는 시민에 의한 정부이어야 한다.

연구 문제

1. 정보화가 지방자치의 위협 요인인가 촉진 요인인가 토론해 봅시다.
2. 인터넷 게시판은 초기 전자타운(electronic town)의 모델이었고, 포털에서 전자공동체(electronic community)로 진화되었다. 우리 나라 지방정부 차원에서 전자공동체의 실태를 조사해 보고 그 성공 요건에 대해 토론해 봅시다.
3. 미국의 정보화는 효율성을 기반으로 과학적 관리, 전사적 품질관리(TQM), BPR, 전자정부로 전개되어 왔으며, 유럽의 정보화는 전통적인 민주주의를 보완하는 접근이라는 평가가 있다. 각국에서 이들 두 경향을 조사하고 향후 방향에 대해 논의해 봅시다.
4. 우리 나라 지방정부에서는 ISO 9000 시리즈, 행정 서비스 헌장제도, 전사

적 품질관리(TQM), BPR 등 경영 혁신 기법들을 도입해 왔다. 이들 혁신 기법들의 공통된 관심사는 고객의 만족을 목표로 프로세스(process)를 정비하는 데 있음을 볼 수 있는데, 각 기법들의 적용 실태와 정보통신기술의 역할에 대해 조사해 봅시다.

5. 우리 나라에서는 국가균형 발전정책의 일환으로 수도권 오염총량제를 도입하고 있다. 한 지역의 오염총량은 개별 공장의 가동률과 오염의 종류에 따라 산술적으로 계산이 가능할 것이다. 그러나 수작업으로 오염 총량을 산출하고 접근하는 데 한계가 있기 때문에 총량제의 실효화 방안은 정보통신기술과 환경에 대한 경영자의 환경 의식에 달려 있다. 이처럼 정보통신기술이 행정의 수비 범위를 확대시킨 사례와 우리 나라에서 적용 가능성을 조사해 봅시다.
6. 선진 지방정부들에서 포털, 재정 수입 프로그램 등을 외부위탁(outsourcing)하고 있다. 우리 나라 지방정부에서는 정부 정보의 중요성, 프라이버시 보호 등을 이유로 아웃소싱에 대해 소극적이다. 아웃소싱의 타당성을 재검토해 보고 적용 방안에 대해 논의해 봅시다.
7. 1980년대 유럽의 몇몇 중앙정부와 지방정부에서는 정보통신기술을 낙후지역 개발을 위한 정책 수단으로 채택했다. 이들의 거둔 성과를 정책 목표, 정책 수단, 성과 요인 등의 측면에서 1990년대 우리 나라의 지역정보화와 비교해 봅시다.
8. 정보화 선진국의 지방정부에서 지역정보화의 핵심 사업으로 원격의료, 원격교육 등을 채택해 왔다. 현재 이에 대한 각국의 추진 상황을 조사해 보고 그 성과는 어떠했으며, 정보통신기술이 고도화된 현재에는 어떤 방향으로 진행되고 있는지 그 추세를 예측해 봅시다.
9. 1990년대 이후 우리 나라도 정보화 관련 법을 정비해 왔고 이에 상응하여 지방의회에서도 정보화 관련 조례를 만들었다. 조례를 만드는 과정에서 지방행정 관리자와 지방의회가 어떤 인식을 하고 있는지 해당 지방의회의 회의록 등을 통해 조사해 보고, 지식정보 시대의 지방행정 관리자와 지방의회 의원들의 역량에 대해 논의해 봅시다.
10. 전자선거는 전통적인 민주주의를 보완하는 역할이 기대되고 있다. 현재 브라질, 미국, 우리 나라 등에서 전자선거의 실태를 조사하여 유형화해 보고 그 가능성을 토론해 봅시다.

제 8 장

전자정부와 행정 서비스의 제공

제 1 절 전자정부에서 행정 서비스 제공의 의미와 중요성

행정의 궁극적인 존재 이유는 국민에게 더 나은 질 높은 행정 서비스를 제공하는 것이다. 행정 서비스는 국민의 관점에서 행정의 대행을 위탁받은 정부가 행정의 주체인 국민에게 응당 제공해 주어야 할 공공 서비스로 볼 수 있다(박재희, 1998: 4).[1] 거버넌스 환경의 대두에 따라 기존의 행정에서 제공하던 행정 서비스의 개념은 이와같이 대국민(對國民) 중심의 고객 지향적인 관점이 더욱 강조되었다.

급속하게 진행되는 행정환경의 변화는 결과적으로 정부가 행정의 자체적인 변화를 통해 새로운 환경 변화에 대응하게 했다. 행정 개혁 혹은 정부 혁신은 이러한 노력이 구체화된 것이다. 정보통신기술은 이러한 변화를 가져오게 했을 뿐만 아니라 새로운 정부의 모습을 촉진하게 한 중요한 변수로 평가되고 있다.

---

1) 일반적으로 공공 서비스라는 용어로 사용되고 있는 행정 서비스는 일명 공공재(public goods)라고 할 수 있으며, 민간재(private goods)와 구별되는 말로서 공공기관을 통해 제공되는 재화와 서비스를 지칭하는 것으로 이해된다(김동건, 1994: 76). 학자에 따라서 '재화'와 '서비스'를 구분하는 사람도 있다. 예를 들어, Hill(1977)은 재화와 서비스를 구분하여 '재화'는 경제적 단위(economic units) 사이에서 사유할 수도 있고 양도될 수도 있는 물리적 물체(physical object)인 반면, '서비스'는 다른 경제적 단위의 활동 결과에 의해 개인이나 재화의 상태에 초래되는 변화로 정의하고 있다. 그러나 서비스와 재화의 구분 기준이 항상 명확하지도 않으며, 실제로 구분의 큰 의미가 없기 때문에 서비스와 재화를 동일시하여 사용하는 것이 일반적인 추세이다.

정보통신기술을 활용하여 행정의 재창출은 전자정부의 구현으로 구체화되었다.

정보통신기술의 발전과 확산이 급속도로 진전되면서 기존 우리가 경험한 행정은 새로운 도전에 직면하게 되었다. 예를 들면, 지금까지 규제와 통제가 강조되고, 복잡한 행정 절차에 익숙했던 행정의 모습이 정보통신기술과 행정이 접목하여 좀더 투명하고 신속하며 효율적인 정부를 구현하고자 하는 행정의 비전이 전자정부의 구현을 통해 실현되고 있으며, 또한 대국민 서비스의 질적 수준을 획기적으로 제고하는 정부의 모습을 가능하게 했다. 우리 나라는 행정정보화 기본계획이 수립되는 시절에서부터 최근 유비쿼터스 환경을 강조하고 있는 오늘날에 이르기까지 지속적으로 향후 예상되는 새로운 환경 변화에 정부가 어떤 모습을 갖추어야 할 것인가를 제시한 바 있으며(한국전산원, 2002a, 2002b, 2003), 구체적으로 정보통신기술을 활용하여 최소의 비용으로 최고의 서비스를 생산하는 정부로 변화가 필요하다는 점을 인식하고 행정과 정보화의 결합으로 특징되는 작지만 능률적인 전자정부의 구현을 중요한 정책 목표로 설정했다. 이러한 정책 방향의 설정은 결국 정보화를 통해 새로운 행정환경의 변화에 정부가 효율적으로 대응하고 그 결과 국민 우선의 정부 구현을 가능하게 하겠다는 것으로 이해할 수 있다.

정보통신기술의 발달과 확산은 한편으로는 새로운 행정환경의 변화를 가져오게 했지만, 다른 한편으로는 정부가 새로운 변화에 대응할 수 있는 촉진제의 역할도 함께 한 셈이다. 결과적으로 정보통신기술을 통한 행정의 변화를 통해 정부는 행정 서비스를 제공하던 기존의 틀을 획기적으로 개선함으로써 좀더 국민에게 가까이 다가갈 수 있는 계기가 되었다. 즉, 전자정부가 추진되면서 행정 서비스는 전자적 방식을 통해 제공됨에 따라 기존의 행정 서비스가 제공되던 방식과 내용면에서 획기적인 전환기를 맞이하게 되었다. 공공기관의 행정 서비스를 전자적으로 전달하고자 하는 정부의 노력은 민간 기업보다 늦게 출발했지만, 최근에 와서 매우 활발하게 논의되고 있다.

국민을 고객의 관점에서 볼 때, 1980년대에는 정부기관에서의 정보통신기술의 활용이 일부 고객 업무에 대한 자동화를 지원해 주는 수준에 머물렀으며, 1990년 초에 들어와서 미국을 중심으로 키오스크(Kiosk) 등을 이용해 행정 서비스의 전달이 전자적으로 이루어지게 되었다. 그러나 1990년대 초반만 해도 정보통신기술이 발달함에도 불구하고 많은 정부기관에서 정보통신기술을 활용하는 노력이 민간 부문에 비해 너무나 뒤떨어져 있었던 것이 사실이다(NPR,

1993). 최근에 들어와서 이러한 사실은 급격하게 변화하고 있으며, 실제로 많은 공공기관에서 정보통신기술을 이용해 기존의 행정 서비스의 전달 방식을 탈피하여 질적으로 향상된 행정 서비스를 제공하고자 노력하고 있다.

일반적으로 행정 서비스의 전달 과정에는 기본적으로 세 가지 각기 다른 참여자 그룹이 존재한다. 그 첫 번째는 서비스 제공자(service provider) 그룹이고, 두 번째는 서비스 생산자(service producer) 또는 공급자(supplier) 그룹, 그리고 세 번째는 서비스 사용자(service user or consumer) 그룹으로 구분된다. 이들 세 그룹 간의 관계를 제시하면 [그림 8-1]과 같다(박재희, 1998: 7-8).

서비스 사용자(또는 소비자)는 서비스를 직접적으로 획득하거나 받는 자로서 서비스 이용자는 개인, 가족, 지역 주민, 또는 공통된 속성을 지니고 있는 사회계층(예를 들어, 저소득층, 학생, 노동자, 농민 등)이 될 수도 있다. 서비스 생산자는 실지로 고객을 위해 서비스 업무를 직접 수행하거나,[2] 소비자에게 그 서비스를 전달하는 사람 또는 기관으로 중앙 및 지방정부, 민간 기업, 자발적 시

[그림 8-1] 소비자, 제공자, 생산자 간의 관계

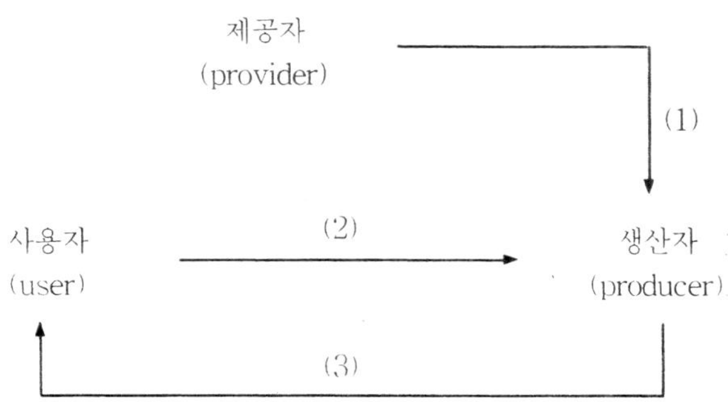

(1) 제공자는 생산자를 선정, 지정하거나 생산자에게 서비스 공급권을 부여함
(2) 서비스 비용의 지불
(3) 서비스 제공

2) 예를 들어, 경찰서 방범대원의 경우 해당 지역을 순찰하는 활동이 바로 서비스 생산 활동이고 보건소 의사는 자신의 환자를 진료할 때 서비스를 생산하게 된다. 또 보건복지부는 노인과 장애인을 위한 복지 서비스를 생산하고, 국방부는 국가방위 서비스를 생산하고 있다고 볼 수 있다.

민단체, 비영리기관 또는 소비자 자신이 될 수도 있다. 한편, 서비스 제공자는 사용자에게 생산자를 배정하거나 반대로 생산자에게 사용자를 배정하고, 혹은 사용자에게 봉사할 수 있는 생산자를 선정하는 주체를 의미한다.[3)]

이러한 일반적인 행정 서비스의 전달 과정은 전자적 방식에 의해 행정 서비스를 제공하는 구체적인 노력이 전자정부의 구현을 통해 나타나고 있다. 무엇보다도 이러한 전자적 방식의 도입은 가상 현실을 통해 새롭게 가능해지거나 형성된 사회 관계를 통해 행정 서비스의 전달이 가능해졌기 때문이다. 최근에는 인터넷을 기반으로 단일 창구를 통한 통합된 행정 서비스의 제공이 실현되고 있으며, 웹을 기반으로 하는 기술이 발전함에 따라 국민 중심의 통합된 행정 서비스의 제공은 결국 하나의 창(single window)을 통해 정부가 제공하는 행정 서비스를 통합하여 국민들에게 전자적인 방식으로 다양한 행정 서비스를 제공하고 있다 (IAB, 1999: 5).

정부가 하는 일의 대부분은 정보에 관련된 것이며, 행정의 중요한 존재 이유 또한 국민들에게 행정 서비스를 제공하는 데 있다. 최근에 급속하게 발전하고 있는 인터넷의 대두는 국민의 입장에서는 가상공간에서 필요한 정보에 무제한적인 접근을 가능하게 하며, 정부의 입장에서는 국민의 요구에 즉각적인 반응을 가능하게 하는 점에서 정부가 행정 업무를 수행하는 데 효과적인 환경을 제공하고 있다. 특히 전자적 방식에 의한 행정 서비스의 제공은 효과적인 서비스 제공에 제약이 되어 왔던 기존의 오프라인 방식에서 한계로 여겨졌던 많은 문제점을 해결해 주는 대안으로 인식되고 있다. 그 결과 대부분의 국가들에서 전자정부를 추진함으로써 기존의 오프라인과 함께 정부의 행정 서비스의 온라인 방식에 의한 제공에 초점을 두고 이를 가능하게 하는 내부 행정 업무의 변화에 많은 노력을 기울이고 있는 것이 대체적인 경향이다. 그러나 문제는 공공기관에서 이러한 전자적 행정 서비스 제공의 주요 채널로서 인터넷을 이용한 경험이 아직 미약하며, 다양한 서비스가 여전히 제공되고 있지 못하다는 사실이다. 또한 대부분의 공공기관은 인터넷을 통한 행정 서비스 제공에 대한 시대적인 조류를 인식하고 있으며, 공공기관의 책임자는 물론 업무를 담당하는 담당자와

---

3) 예를 들어, A 지자체가 아스팔트 도로의 재포장을 위해 민간 도로포장 업체를 고용했을 경우, 이 지자체는 서비스 제공자인 동시에 서비스 공급 주체이고, 민간고용 업체는 서비스 생산자이며, 재포장된 도로를 이용하는 사람들은 서비스 사용자 또는 서비스 소비자가 된다.

전산 담당자도 여러 경로를 통해 변화의 압력에 직면하고 있지만, 현실적인 상황은 변화와의 갈등 관계 속에 있는 경우가 많다는 주장이 제기되고 있다 (Clift, 1996).

국민이 쉽게 접근할 수 있는 양질의 행정 서비스 제공은 효율적인 정부 운영과 함께 행정이 추구해야 할 중요한 가치가 된다. 행정 서비스에 대한 국민들의 불만은 곧 정부에 대한 불신으로 연결되는 사실은 행정 서비스의 질적 향상을 위한 지속적인 노력이 얼마나 필요한지를 단적으로 보여 준다(김번웅, 1999: 5). 정보통신기술의 발전은 기존의 정부가 수행하던 업무와 행정 서비스의 제공 방식에 급격한 변화를 가져오고 있으며, 국민을 고객으로 좀더 향상된 행정 서비스의 제공을 위한 수단이 되고 있다. 특히 인터넷의 등장은 국민들로 하여금 행정 서비스에 대한 접근을 향상시키고 정부가 추구하고자 하는 새로운 행정의 모습을 현실적으로 가능하게 한다. 인터넷은 정보를 제공해 주는 중요한 수단으로 사용됨에 따라 한 걸음 더 나아가 공공 부문에서 쌍방향 웹 기반을 통해 국민들에게 직접 행정 서비스를 제공해 줄 수 있는 것으로 인식되고 있다. 최근에 선진국에서 시행되고 있는 인터넷을 통한 통합행정 서비스의 제공은 이러한 기술적 발전과 인터넷을 통한 행정 서비스의 제공을 접목한 중요한 사례가 된다.

제2절 전자적 행정 서비스: 사이버 공간과 새로운 행정 서비스의 제공 방식

1. 전자적 행정 서비스의 개념적 이해

1980년대 정부기관에서 정보통신기술을 활용하는 수준은 일부 행정 업무에 대한 자동화를 지원해 주는 수준에 머물렀으며, 1990년대 초에 들어와서 키오스크(Kiosk) 등을 이용해 행정 서비스를 전자적 방식으로 전달할 수 있는 계기가 이루어지게 되었다. 정부가 전자정부의 구현을 중요한 정책 목표로 설정하고 노력한 결과, 인터넷을 기반으로 단일 창구를 통한 통합된 행정 서비스의 제공이 실현되기에 이르렀다. 이와 같은 변화는 정부가 더 이상 정보를 수집하는 기관에 머무를 수 없으며, 정보의 제공자로서 행정 서비스를 전자적으로 제공해 주어야만 하는 환경적 변화에 직면했던 것으로 이해할 수 있다.[4] 또한 행정 서비스의 제공 방향은 웹을 기반으로 하는 정보통신기술의 발전을 반영해 국민 중심의 통합된 행정 서비스를 하나의 창구를 통해 통합적으로 국민들에게 제공하고자 했다(IAB, 1999: 5).

인터넷으로 대표되는 최근의 정보통신기술은 기존의 행정 서비스 전달 방식에서 일대 전환을 가져오고 있다. 새로운 행정 서비스 전달 방식은 전산화된 행정 시스템과 데이터베이스와 같은 기존의 정보통신기술을 바탕으로 하고 있다는 점과 이미 은행이나 기타 민간 기업에서 사용되어 왔던 현금 자동지급기와 같은 기기와 시설 등을 구체적으로 활용하고 있다는 차원에서 볼 때는 전혀 새로운 것으로 볼 수 없을 것이다. 그러나 지금까지 행정 서비스의 전달이 공식적인 기관을 통해 그리고 국민들이 직접 방문하여 필요한 행정 수요를 충족했던 방식이었다는 측면에서 비교하면, 새로운 행정 서비스의 제공 방식은 많은 변화를 보여 준다.

전자적인 방식을 통한 행정 서비스의 전달(electronic delivery of public service)은 국민들에게 공공기관의 다양한 정보와 서비스를 전자적 방식을 통해 제공하는 일체의 노력을 말한다(서진완, 2000). 구체적으로 정보통신기술을 이용하여 행정정보의 제공,[5] 행정민원인의 의견 수렴, 민원 서비스, 민관 간의 전자문서 처리[6] 등 다양한 응용 서비스를 통해 원격, 그리고 전자적으로 행

---

4) 1998년 유럽 국민들을 대상으로 향후 온라인 서비스가 필요한 분야에 대한 설문조사의 결과에서도 행정 분야를 향후 원격행정(tele-administration)으로 전환해야 할 것이라고 대답한 비율이 응답자의 47.8%로 나타나 여타 분야보다도 훨씬 높은 비율을 차지한 것은 앞으로 행정 서비스가 어떻게 변화해야 하는지를 단적으로 보여 준 좋은 사례라고 생각된다(Eurobarometer, 1998).

5) 정보화 시대에 행정정보 제공은 정보통신기술의 활용에 의해 전자적 공개를 통해 좀더 진전된 형태로 이루어진다. 행정정보의 전자적 공개는 정보 제공의 다양화, 고품질화를 도모할 수 있는 방편이 된다. 우선 정보 제공은 정보의 수요자가 쉽게 이용할 수 있는 형태로 제공되어야 한다. 정보통신기술의 발달에 따라 이용 가능한 매체는 더욱 다양화되고 발전되어 정보 수요자의 입장에서 지리적인 여건에 관계 없이 편리한 시간에 편리한 형태로 정보를 제공받을 수 있음은 물론 정보 제공자의 입장에서도 인쇄물이나 사본을 대량으로 준비할 필요 없이 업무 수행 과정에서 전자적 입력만으로도 행정정보를 신속하게 제공할 수 있다. 이는 정보 네트워크가 고도화됨에 따라 더욱 촉진될 수 있다.

6) 행정기관이 국민에게 부여하는 각종 신고, 신청, 보고 등의 전자화도 행정기관과 국민 모두에게 부담을 경감시키는 기능을 한다. 이러한 각종 문서의 작성으로 인한 비용은

[그림 8-2] 전자정부의 구현

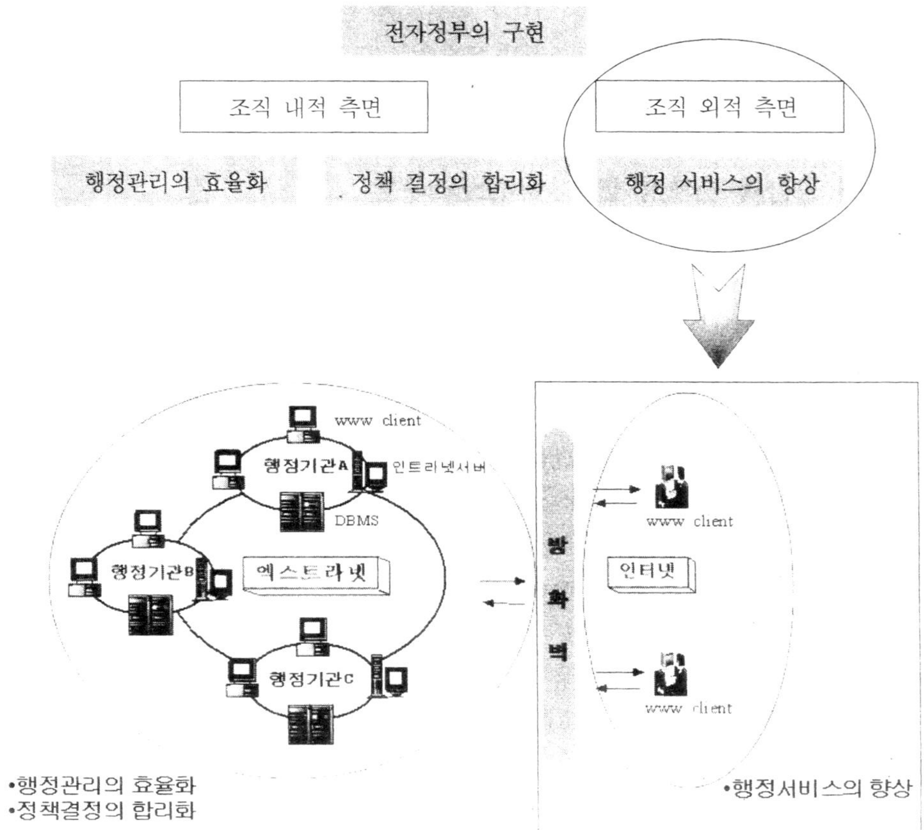

출처: 서진완(2001).

미국 연방정부가 문서감축법(Paperwork Reduction Act)을 제정하게 한 배경이 되기도 한다. 국민들은 이미 전자화되어 있는 정보를 관청에 신고, 신청하기 위해 종이에 출력하여 소정 양식에 기입하고, 행정기관에 이것을 다시 시스템으로 입력하는 일련의 노력은 필요하지 않도록 해야 한다. 이는 정보 전달의 전자화를 통해 행정 서비스가 이루어지는 것으로 해결될 수 있으며, 이로 인한 행정 서비스의 질적 향상을 도모할 수 있다. 이것은 국민의 행정기관에 대한 정보 전달에만 국한되는 것이 아니라 지방자치단체와 중앙기관 간의 관계에서도 해당된다. 기관 간에 컴퓨터를 통해 표준 양식의 문서를 전자적으로 처리하는 시스템(EDI)은 무서류(paperless) 행정 서비스를 고도화하기 위해 기관 간, 행정기관과 민간 간에 이루어지는 정보 전달의 전자화 사례로 볼 수 있다.

정 서비스를 제공하는 것이 포함될 수 있다. 이러한 행정 서비스의 전자적 전달은 고객 중심의 서비스 행정을 구현할 수 있을 뿐만 아니라 접근성의 제고를 통한 투명성과 신뢰성을 가져다 줌으로써 열린 행정을 실현하는 기반이 되고 있다. 따라서 전자적 행정 서비스의 전달은 결국 전자정부를 구현하는 구체적인 출발점이며 동시에 중요한 수단이 되고 있다.

2. 사이버 공간과 전자적 행정 서비스의 구현

정보통신기술의 획기적인 발전과 보급, 그리고 인터넷의 등장은 엄청난 양의 다양한 정보와 데이터의 전송을 가능하게 했으며, 이를 통해 필요한 정보가 쉽게 서로 교환되어 공동으로 활용될 수 있게 했다. 이러한 활동들이 인터넷상의 다양한 장소와 작업 영역에서 활발하게 일어나고 있다. 전자정부의 구현이 구체화됨에 따라 정부의 다양한 정보와 서비스가 온라인으로 제공되며, 인터넷을 통해 국민들은 필요한 정보를 편리하고 손쉽게 제공받을 수 있다. 정부가 제공하는 정보와 서비스가 전자적 방식으로 제공되는 인터넷상의 공간, 다양한 정보들의 공유되고 활용되는 온라인 공간은 바로 사이버 공간으로 이해되며, 온라인상에서 존재하는 실질적인 공간이기도 하다. 사이버 공간의 등장은 새로운 행정환경으로서 웹 방식에 의한 새로운 서비스의 제공 방식이 실제로 이루어지는 곳이며, 또 한편으로는 정부와 국민이 만나는 공적인 장소가 되고 있다(서진완, 2000b).

사이버 공간은 가상적인 공간을 의미하지만, 현실적으로 존재한다는 차원에서 특징적인 공간이다. '가상'이라는 용어는 소프트웨어 공학에서 유래했으며, 하드웨어의 한계를 뛰어넘어 실제로 메모리가 있는 것처럼 컴퓨터가 작업하는 방식을 말한다. 가상이라는 단어는 이와같이 컴퓨터에서 일어나는 모든 현상을 포함하고 있다는 점에서 이미 형식적이 아닌 실질적인 현실을 의미하는 것으로 이해할 수 있다(Heim, 1991/1994: 59-60). 또한 사이버 공간은 어떤 물체가 차지하고 있는 현실적 공간을 의미하는 것은 아니며, 실제의 하드웨어적인 공간과는 다르지만, 그럼에도 불구하고 무엇인가가 존재하고 작동해서 마치 실제 공간처럼 여겨지는 그런 공간을 의미하기 때문에 사이버 공간은 실제 현실적인 공간의 한 틀 속에서 만들어지는 것이다.

사이버 공간에 대한 논의가 이루어지던 초반기에는 범지구적인 네트워크로 구축되어 있으며, 컴퓨터에 의해 이러한 네트워크가 유지되고, 다차원적인 인공적 현실 또는 가상 현실로 이해할 수 있는 발전된 형태의 사이버 공간은 공상 과학영화나 소설에서 주로 허구적인 관점에서 논의되었으며, 다만 사이버 공간이 현실적으로 발전할 수 있는 다양한 가능성을 주목할 필요가 있다는 주장이 조심스럽게 제기되는 수준에 머물렀다 (Benedikt, 1991: 123). 그러나 이후 정보통신기술의 발전과 인터넷의 확산으로 사이버 공간에서 일어나는 다양한 활동들이 직접 우리들의 일상 생활 속으로 들어오게 되었으며, 더 이상 허구적인 논의의 수준에 머무르지 않게 되었다. 이제 사이버 공간은 새로운 사회적 공간을 창출하여, '매트릭스'나 '뉴로맨서'와 같은 영화나 소설에서만 그려지는 낯선 공간이 아니라 일반 국민들이 일상적으로 생활하는 삶의 공간이 되고 있다 (서진완, 2000b).

컴퓨터의 화면을 두고 한쪽은 뉴턴적 공간으로서 현실 공간이며, 다른 한쪽은 가상적인 사이버 공간인 것이다 (Poster, 1995/1998: 37-38). 그러나 인터넷의 활용을 통해 많은 사람들이 가상 현실을 실재적으로 경험함에 따라 사이버 공간은 더 이상 낯선 공간이 아니라 사람들이 실재감(sense of being)과 장소의식(sense of place)을 느끼는 현실적 공간으로 다가선 것이다 (Steuer, 1992: 75-76; Rheingold, 1993: 118). 즉, 국민들은 웹을 통해 행정기관을 방문하고, 공개토론방을 통해 각종 정책적 이슈에 대해 토론할 때, 다른 어떤 곳에 실제로 존재한다는 느낌을 받고 있는 것과 같다. 공통의 관심사를 갖고 있는 사람들이 모여 의견과 정보를 교환하는 경우에는 어떤 의미에서는 공동체 의식까지도 함께 느끼고 있는 측면이 있다.[7] 이는 사이버 공동체(cyber community)라고도 불리는 가상공동체(virtual community)에서도 역시 참여자들은 가상공간의 특정 영역에서 장소 의식을 갖게 된다.[8]

이와 같은 사이버 공간에서 벌어지는 가상 현실 속에서 참여자들이 얼마나 자연스럽게 현실감을 느낄 수 있느냐는 결국 사용자에게 얼마나 친화적인 인

---

7) Rheingold(1993)는 가상공동체를 실제 공동체의 상실에 따른 보상으로 보고 있지만, Poster(1995)는 새로운 영토를 탐색하고 그 가능성을 정의하는 방향으로 이해하여 가상공동체를 바라보는 시각에 차이가 있다.

8) Rheingold(1993)는 가상공동체를 인터넷상에서 충분한 수의 사람들이 충분한 인간적 정서(sufficient human feeling)를 가지고 충분히 긴 시간 동안 공개적으로 토론을 수행함으로써 대인 관계망을 형성하게 될 때 나타나는 사회적 집합체로 이해하고 있다.

영화 '매트릭스'와 사이버 공간

1999년 국내에 소개된 영화 '매트릭스(Matrix)'는 사이버 공간을 이해하는 데 도움을 준다. 키아누 리브스(Keanu Reeves)가 연기한 주인공은 물리적 세계에서 육체적 인간으로서 네오(Neo)로 그리고 가상 세계인 매트릭스에서는 비육체적 존재인 앤더슨(Anderson)으로 각각 등장한다.[9] 흔히 사이버펑크(cyberpunk)류의 영화나 소설에서 나타나고 있는 육체와 의식의 분리, 이른바 육체이탈(disembodiment)이라는 현상을 보여 주고 있는 이 영화는 1984년 깁슨(William Gibson)의 소설 '뉴로맨서(Neuromancer)'에서 케이스라는 주인공을 통해 이미 우리에게 보여 주었던 것이다. 문제는 사이버 공간이라는 것이 '매트릭스'라는 영화에서만 허구적으로 보여 주고 있는 것이 아니라는 사실에 있다. 즉, 이 영화에서 보여 주고 있는 육체와 의식이 서로 이탈되는 현상과 이러한 현상이 사이버 공간에서 벌어지고 있는 점은 미래에 벌어질 수 있는 가상적인 것을 묘사한 것이 아니라 현재 인터넷상에서 벌어지고 있는 현실에 대한 형상화라고 하는 점이다.

인터넷의 발달에 따라 앞으로 인간과 기계 간의 인터페이스(interface) 기술이 점차 발전하면서 인간과 기술이 일치화되는(embodiment) 방향으로 나가게 될 것이라고 조심스럽게 예상하는 주장도 있다. 이러한 견해는 결국 인간이 육체를 버리고 기계 속으로 들어가 버리는 육체 이탈을 가능하게 해 주는 의미가 있다(이재현, 2000: 243-245). 이것은 우리가 상징적 공간에 들어갈 수 있음을 의미하는 것이며, 예를 들어 책을 읽거나 그림을 감상하는 것과 같이 일종의 다른 세계를 즐기는 행위로서 이 공간에는 현실과 다른 세계가 존재하고 있다는 것을 암시하며, 이를 가상 현실(virtual reality)로 설명하고 있다.

터페이스(user-friendly interface)를 제공하는 것과 밀접한 관련이 있다. 또한 가상 현실에의 참여를 자연스럽게 생각하는 이용자가 많아지는 추세에 있는 현실을 고려할 때, 가상 현실과 이를 통한 경험은 행정 서비스의 제공 방식에서도 중요한 고려 사항이며, 새로운 가능성을 보여 준다. 따라서 공공기관에서 제공하는 전자적 행정 서비스 자체의 문제와 함께 웹 사이트라는 공간적 측면도 함께 고려되어야 한다(서진완, 2000b).

3. 전자적 행정 서비스 제공의 편익

William Gibson이 사이버 공간(cyberspace)이라는 용어를 처음으로 만든 이후(Harris, 1995: 34-35), 사이버 공간은 우리 사회에서 중요한 의사소통의 수단이 되고 있을 뿐만 아니라 정보 교환과 활용, 더 나아가 일상 생활의 중요한 공간이 되고 있다. 사이버 공간은 이제 공공기관에서도 제2의 공공기관으로 그 중요성이 강조되고 있으며, 실제로 미국의 경우 지역사회의 정보 네트워크에서 electronic town hall을 구축하여 기존의 마을회관을 이용하는 것보다 더 많은 지역 주민이 시간에 구애받지 않고 이를 이용할 수 있게 함으로써 공공기관과 지역 주민과의 자유로운 의견 교환을 가능하게 하는 것은 물론 새로운 행정환경에 대응하는 공공 서비스의 전달 방식에 새로운 기회로 제공한 것으로 평가되고 있다.

기존의 행정 서비스의 전달 방식이 이루어지던 오프라인에서 탈피해 온라인 방식에 의해 행정 서비스가 제공될 수 있는 근거는 바로 사이버 공간의 활용과 이를 이용하는 사람들이 편안하게 이러한 환경에 적응하고 있는 것에서 찾을 수 있다. 실제로 인터넷을 활용하는 것에 대해 자연스럽고 편안하게 느끼는 사람이 증가할수록 행정 서비스의 제공 방식은 불가피하게 이와 같은 방향으로 가지 않을 수 없을 것이다. 왜냐 하면 실제로 많은 공공기관에서 정보통신기술을 이용하여 기존의 행정 서비스의 전달 방식을 고집하지 않고, 새로운 온라인

9) 원래 매트릭스란 '어머니'를 일컫는 라틴어에서 유래한 것으로 생산적인 근원을 의미한다(Heim, 1993/1997: 148). 그러나 William Gibson은 사이버 공간을 일종의 가상 현실로 보고 사이버 공간을 통해 접근하는 공간, 즉 컴퓨터 네트워크, 하드웨어, 소프트웨어, 그리고 데이터에 의해 구축되는 사이버 공간을 '매트릭스(matrix)'라고 언급한 바 있으며, 이 경우도 여기에 해당된다.

방식에 의해 행정 서비스를 도입하는 것이 실질적인 편익이 있다고 믿기 때문이다(Dawes, et al., 1999).

행정 서비스를 전자적 방식으로 제공하는 것은 다양하게 이루어지고 있지만, 공공 부문에 이러한 전달 방식이 도입된 목적은 크게 두 가지로 정리할 수 있다(Taylor, et al., 1996: 266). 첫째는 국민의 행정 수요에 대한 대응 속도를 향상시키고 행정 서비스의 능률성과 정확성을 향상시켜야 하는 필요성 때문이다. 두 번째는 정부가 좀더 국민들에게 다가설 수 있어야 하며, 정책 결정 과정에 국민들의 참여를 폭넓게 확장시킬 필요가 있었기 때문이다.

인터넷의 확산과 활용은 행정 내부의 차원에서 행정관리를 효율적으로 수행할 수 있게 했다. 예를 들면, 지리적으로 멀리 떨어져 있는 행정기관이나 관료들이 수행하는 업무 활동의 조정을 용이하게 하며, 서로 다른 장소에서 일하는 관료들 사이의 협력을 가능하게 하여, 업무 활동의 질을 향상시키고 비용과 시간을 절감할 수 있게 했다. 그리고 정책 결정자들의 의사 결정을 지원하기 위한 데이터와 정보의 폭을 향상시켜 주어, 정책 결정이 합리적으로 이루어질 수 있게 하는 계기를 마련했다. 이러한 행정 내부적인 측면에서 질적인 변화와 더불어 대국민 서비스의 획기적인 개선을 가능하게 하는 전자적 행정 서비스의 제공은 궁극적으로 전자정부의 구현을 통해 정부가 추구하는 방향이 되었다. 따라서 전자정부의 구현은 정부가 내부적으로는 행정기관 내부의 행정관리와 협력을 증진시키고, 외부적으로는 정보와 서비스에 대한 대국민 접근을 향상시킴으로써 새로운 환경 변화에 효과적으로 대응할 수 있는 혁신적인 수단이 되고 있다(Holley & Topp, 1994).

전자적 방식에 의한 새로운 행정 서비스의 제공은 행정 내부의 정보화를 통한 효율성이 전제되어야 가능하다는 측면에서 국민은 물론 행정 서비스를 제공하는 정부의 편익을 함께 기대할 수 있다.

첫째, 인터넷에 기반을 둔 행정 서비스의 제공은 국민들이 24시간 언제 어느 곳에서든 네트워크 서비스를 통해 접근할 수 있으며, 정부의 행정 서비스의 제공이 인터넷 환경에 맞게 전환된다. 이 결과 국민들의 입장에서는 지금까지 행정 서비스를 제공받기 위해 정해진 업무 시간에 특정 공공기관을 방문할 수밖에 없었으며, 이로 인해 발생했던 시간적·경제적 비용과 불편에서 이제는 벗어날 수 있게 된다. 이러한 측면에서 보면 전자적 방식에 의한 행정 서비스의 제공은 지금까지 행정 서비스를 획기적으로 개선하기 위해서 한 장소를 통해 모든 행정 서비스를 제공하고자 했던 원스톱 서비스(one-shop service)의 개념과는 근본적인 차이가 있다(Kubicek & Hagen, 2000). 이제는 더 이상 정부로부터의 정보나 서비스를 제공받기 위해 여러 곳을 다닐 필요가 없으며, 자신의 입장과 요구 사항에 대해 반복해서 설명할 필요가 없게 될 것을 생각해 볼 수 있으며, 이러한 서비스는 단일 창구(single window) 혹은 통합적 서비스의 제공을 통해 가능하다(Federal Benchmarking Consortium, 1997: 3).

둘째, 정부의 입장에서도 전자적 방식을 통한 행정 서비스를 제공하게 됨에 따라 행정 업무를 정보화를 통해 제공하게 되고, 이에 따라 중복 업무로 인한 업무 부담을 줄일 수 있으며, 반복적 노동 집약적 업무에서 벗어나 지적 창출 업무로의 전환을 가능하게 한다(DiCaterino & Pardo, 1996: 13-14).

결국 전자적 행정 서비스의 제공은 바로 국민과 기업은 물론 행정 업무를 수행하는 공공기관 모두에게 혜택을 줄 수 있는 대안으로 대두되고 있다.[10]

제 3 절 전자적 행정 서비스의 유형 분류와 서비스 내용

정보통신기술의 발전과 행정환경의 변화는 행정 서비스의 전달 방식에 영향을 주었으며, 그 결과 대부분의 공공기관에서 웹 사이트를 구축하여 다양한 정보 및 서비스를 제공해 주고 있다. 이러한 전자적 행정 서비스는 크게 수혜 대상, 정부와 국민과의 관계적 측면, 서비스의 발전 단계에 따라 분류해 볼 수 있다.

---

10) Center for Technology in Government의 보고서에 따르면, 웹 사이트를 통한 행정 서비스의 제공으로 기대되는 편익은 이와같이 저렴한 비용으로 행정정보 및 서비스에 시간과 장소에 제한 없는 접근(improved access at a reduced cost)을 가능하게 하는 것 이외에 사용자가 이해하기 쉽고 편리한 방식의 사용자 친화적인 접근 환경(user-friendly interface)의 제공, 업무 절차의 간소화(ability to streamline the business process), 웹 사이트를 통한 다양한 시스템이나 데이터베이스의 통합(ability to integrate diverse systems), 또한 쌍방향적 정보 교환이 용이하여 협동적인 업무 수행을 촉진하는 것 등이 있다. 따라서 전자적 방식에 의한 행정 서비스를 제공하는 것은 정부와 국민이 함께 편익을 누릴 수 있는 계기가 된다.

1. 수혜 대상별 전자적 행정 서비스의 유형 분류 및 서비스 내용

전자적 행정 서비스를 제공받는 집단은 크게 시민(G2C), 기업(G2B), 공무원(G2G)으로 나눌 수 있다. 전자정부의 구현은 이들 세 집단에 대해 전자적 행정 서비스를 제공하며, 구체적으로 국민들에게 다가서기 위해서는 일반 국민에 대한 행정 서비스의 제고 차원에서 이루어지는 행정 서비스(G2C, Government to Citizen), 기업 활동 환경의 조성 차원에서 이루어지는 행정 서비스(G2B, Government to Business), 그리고 정부 내부 업무의 효율화 차원에서 부처 내, 부처 간 이루어지는 서비스(G2G, Government to Government)의 세 가지로 구분한다.

[그림 8-3] 전자적 행정 서비스의 수혜 대상별 구분

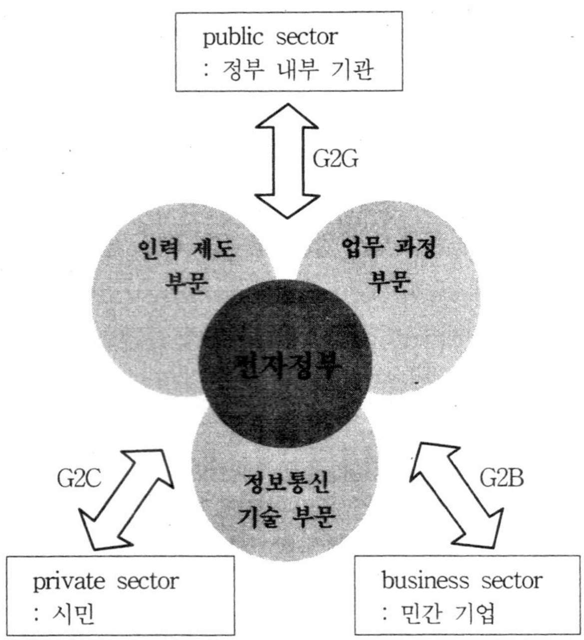

출처: 서진완(1999: 20).

1) 일반 국민을 위한 전자적 행정 서비스

정부가 추진한 전자정부 사업 가운데 일반 국민에 대한 전자적 행정 서비스의 제공은 민원서비스 혁신사업(G4C, Government for Citizen), 4대 사회보험 정보 연계 시스템, 인터넷을 통한 홈택스 서비스(HTS) 등이 대표적이다.

(1) 정보화를 통한 민원서비스 혁신(G4C)

G4C 사업은 기획예산처, 행정자치부, 정보통신부가 범부처 차원에서 대(對) 국민 민원 서비스의 혁신을 도모하기 위해 김대중 정부 당시 대통령 자문 정부혁신추진위원회의 정부 혁신 의제 가운데 하나로 추진해 이후 행정자치부가 주관 부처로서 시스템 개발 및 운영을 담당했다. 노무현 정부에 들어와서는 인터넷 민원 서비스의 고도화 사업으로 계속 추진되고 있다.

G4C는 첫째, 인터넷상에서 정부를 대표하는 포털 사이트를 구축하여 각 행정기관의 정보를 연계 제공하는 단일 창구(http://www.egov.go.kr)를 제공하고 있다.

둘째, G4C는 전자정부 단일 창구를 통해 민원사무 처리기준표에 수록된 4,000여종의 민원사무 전체에 대한 처리기관과 절차, 수수료, 구비 서류, 법·제도 등의 정보를 개인과 가정, 부동산 등 12개로 대분류하여 각종 민원에 대해 민원 내용, 처리 절차, 처리 방법 등을 알기 쉽게 안내하고 있다.

셋째, 전자정부 단일 창구를 통해 390여종의 민원을 인터넷으로 직접 신청하도록 했다. 이 민원들은 1차적으로 각종 증명의 발급을 비롯해, 구비 서류가 없거나 구비 서류를 행정기관 간 정보 공동 이용을 통해 갈음할 수 있는 민원 등으로 한정했다. 신청된 민원의 발급 서류는 우송 또는 지정 관청에서 수령할 수 있도록 했다.

G4C는 고객인 국민에게 양적·질적 서비스를 더 많이 제공할 수 있다는 측면에서 개발되었다.

첫째, 질적인 차원에서 국민은 굳이 행정기관이나 대행사를 찾지 않아도 된다. 사무실이나 가정에서 직접 민원 신청이 가능해짐으로써 관청 방문에 소요되는 불필요한 시간적·물질적 비용을 절감할 수 있다.

둘째, 민원인에 대한 공무원의 대면적인 증명 발급 업무가 대폭 감소하여 업무 처리의 효율성과 투명성이 높아질 수 있는 계기가 마련되었다.

셋째, 정보의 공동 이용으로 구비 서류를 감축하고, 전자적 열람 서비스를

[그림 8-4] G4C 단일 창구(http://www.egov.go.kr)

[그림 8-5] G4C에서 제공하는 전자적 방식의 민원 서비스 분류

통해 많은 행정 비용을 절감할 수 있다.

그러나 G4C를 통한 민원 서비스 대부분이 민원 안내, 열람, 신청에 제한되어 있고, 장애인 등 정보 소외 계층을 위한 서비스가 미흡하여 노무현 정부에 들어와서 인터넷을 통한 민원 열람, 신청, 발급 업무의 확대 및 음성, 모바일 등을 활용한 민원 서비스의 고도화를 추진하고 있다.

(2) 4대 사회보험 정보 연계 시스템

우리 사회에서 국민건강보험, 산업재해보상보험, 고용보험, 국민연금보험의 4대 보험은 가장 중요한 사회보험 제도이다. 그런데 이러한 보험 제도는 각각 상호 연계성 없이 따로 정보화사업이 이루어져 고객에 대한 정확하고 편리한 정보 제공을 저해하고, 사회안전망으로서 기능과 역할을 제대로 수행하지 못하고 있다는 지적이 있어 왔다. 이에 따라 보건복지부와 노동부가 공동 주관기관으로 고객의 자격관리 등 4대 보험의 공통 업무를 중복 신고하지 않고 1회 신고로 일괄 처리하는 방안을 강구하게 되었다. 즉, 4대 사회보험 정보 연계 시스템 구축사업은 고객 서비스와 업무 효율성을 향상시키는 방안으로 추진되었다. 이 사업은 4대 사회보험 정보시스템 사이의 정보자원을 상호 연계하여 창구 일

[그림 8-6] 4대 사회보험 정보 포털 서비스(http://www.4insure.or.kr)

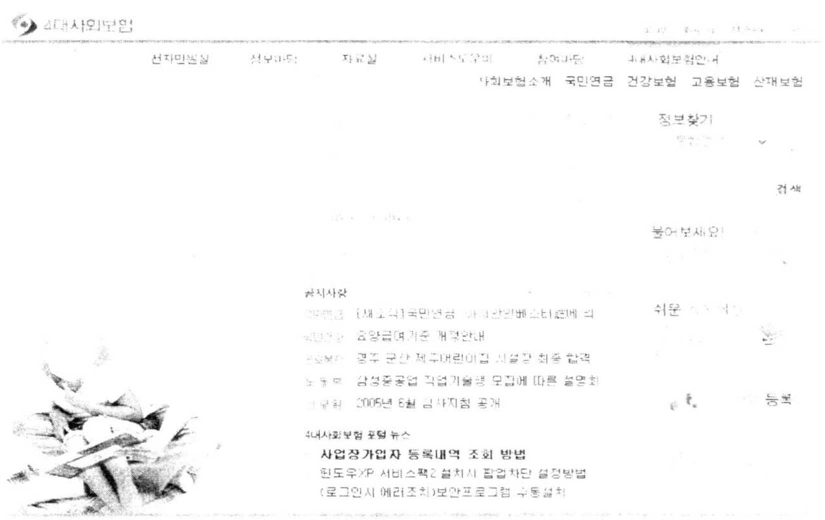

원화를 도모함과 아울러 공통, 유사 민원 업무를 공동으로 접수·처리하며, 공동정보 데이터베이스 관리를 통해 정보의 정합성과 재활용성을 증대하는 데 초점을 두었다.

주요 시스템 구축 내용은 업무 절차 개선, 공통 업무 처리 시스템 구축, 공동정보 데이터베이스 구축 및 관리, 정보 연계 게이트웨어 시스템 구축, 법·제도 개선 및 표준화, 정보 인프라 구축 등을 통해 사회보험 정보 포털 서비스(http://www.4insure.or.kr)를 통해 국민들에게 제공되었다. 사회보험 정보 포털 서비스가 가능하기까지 35종의 업무를 8종으로 줄이고, 26종의 첨부 서류 중 15종 폐지 및 11종에 한해 제한적인 첨부 서류를 징구하는 등의 문서 간소화를 이루었다. 또한 원스톱·논스톱 인터넷 신고가 가능하도록 신고 서식을 표준화하고, 공통 업무 접수 처리 시스템을 구축하여 민원인의 편의와 관리의 효율화를 도모했다.

사회보험 포털 서비스를 통해 국민들은 4대 공단 지사별로 3회씩 신고하던 것이 어느 공단 지사에서나 1회 신고만으로 일괄 처리할 수 있게 되었다. 동시에 24시간 365일 인터넷 민원 신청 및 진행 결과 조회를 할 수 있게 되어 무정지 인터넷 포털 서비스가 가능해졌다. 다른 한편으로는 장애인 내역 정보 연계, 누락 사업장 및 누락 기입자 관리, 민원 신고 시기 일원화를 통한 보험 간 자격 관리 내역 일치 등 행정 내부의 효율성을 제고하는 데도 크게 기여했다.

(3) 인터넷을 통한 홈택스 서비스(HTS)

인터넷을 통한 홈택스 서비스(HTS: Home Tax Service through Internet)는 납세자가 세무서를 방문하지 않고 사무실이나 가정에서 인터넷으로 세금 업무를 처리하는 서비스를 말한다. 국세청이 주관하는 이 사업은 첫째, 모든 국세행정을 가정 납부 서비스화하여 납세자의 편의를 도모했다. 둘째, 정보 사회에 부응하는 행정정보를 실시간 제공해 주고 있다. 셋째, 세무행정의 능률성과 투명성을 획기적으로 제고하는 계기가 되었다.

HTS는 국세청 홈택스 서비스 포털(http://www.hometax.go.kr)을 통해 국세에 대한 신고, 고지, 납부, 민원 처리 및 부가 서비스를 인터넷으로 할 수 있게 한다. 2000년부터 시행된 세무대리인의 부가가치세와 원천세 전자 신고에 이어, 2002년 11월부터 특별소비세 주세, 증권거래세, 인지세, 교통세 등 5개의 간접세와 교육세, 농어촌특별세 등 2개 세목의 부가세를 전자 신고하도록 했다.

[그림 8-7] 홈택스 서비스(http://www.hometax.go.kr)

그리고 모든 국세에 대한 전자 고지를 통해 세무 공무원의 주소지 방문이나 등기우편 송부 등 불완전한 고지 업무를 보완했다. 또한 전자 납부는 모든 세목에 대해 인터넷 뱅킹, 현금 자동 지급기 등을 통해 납부할 수 있도록 했다. 이밖에 전자민원 및 안내 서비스는 전자적 방법으로 국세 납부 등에 대한 서비스를 제공해 주고 있다. 무엇보다 HTS는 납세자의 세무서 방문을 통한 세무 공무원과의 대면 접촉을 감소시켜 세무행정의 투명성을 제고하는 데 기여하고 있으며, 민원인의 시간 절감과 공무원의 업무 감축, 그리고 정확한 세무행정을 가져오는 데 효율적인 것으로 평가된다.

2) 기업 활동을 위한 전자적 행정 서비스

정부가 추진한 전자정부 사업 가운데 기업 활동을 지원하기 위한 전자적 행정 서비스는 국가종합전자조달 시스템(G2B)이 가장 대표적이다. 공공 조달은 국가통합 재정의 거의 절반에 육박하는 규모를 갖고 있다. 그런데 전통적으로 복잡한 절차와 수많은 구비 서류가 수반되어 효율성과 경쟁력이 미흡하다는 지적을 받아 왔다. 이러한 상황에서 중앙부처, 지방자치단체, 공기업 등 모든 공공기관의 조달 정보를 일목요연하게 보고 입찰 절차를 거치는 단일 창구의 구축이 필요했다. 이러한 단일 창구를 통해 국가 경쟁력을 제고하고 행정 투명성과 재정 절감을 실현하고자 기획예산처와 조달청은 범국가적인 인터넷 기반의 국가종합전자조달 시스템을 추진하게 되었다.

G2B사업은 국가종합전자조달 나라장터(http://www.g2b.go.kr)를 통해 사업자 등록, 업체 실적, 입찰, 낙찰, 계약, 문서 유통 및 전자 결재 등 전자 조달(e-procurement)과 관련된 전체 생애주기를 전자화하여 1회 등록으로 전국의 공공기관 입찰을 가능하게 했다. 이와같이 G2B사업을 통해 조달행정은 투명성과 공정성을 제고하고, 기업경쟁력을 향상시키는 데 크게 기여하게 되었다. 조달행정의 투명성과 공정성 제고는 조달 시장의 수요와 공급 체계를 과학화·표준화하는 계기가 되어 모든 입찰정보의 인터넷 공개, 대폭적인 구비 서류 제출 폐지 및 조달 과정의 온라인화, 대금 지불 절차의 단순화, 전자적 자금 이체, 전자 카탈로그 확대를 통한 공공기관 업무의 효율화, 복수 업체 계약 확대 및 직발주·직대금 지급, 국가목록정보에 의한 국가통합 자원관리를 위한 기반 구축 등을 달성하게 되었다.

[그림 8-8] 국가종합전자 조달 나라장터(http://www.g2b.go.kr)

3) 정부 내부 업무의 효율화 차원에서 부처 내, 부처 간 이루어지는 서비스(G2G)

정부 내부의 업무를 효율화하기 위한 행정 서비스는 국가재정정보시스템(NAFIS), 시·군·구 행정종합정보화시스템, 시·도행정정보화시스템, 전자인사관리시스템(PPSS) 등이 대표적이다. 이러한 시스템은 국민이나 기업을 대상으로 제공하는 대국민 서비스와 달리, 행정 내부적으로 업무의 효율성과 생산성 향상, 그리고 합리적 정책 결정 제고를 위해 서비스가 제공되고 있다. 이러한 정부 내부 업무의 효율화 차원에서 이루어지는 서비스는 공무원이 수혜 대상이 된다.

2. 고객과의 관계에 따른 유형 분류

전자적 행정 서비스는 제공하는 정부와 수용하는 국민과의 관계적 측면에서 정보 배분(information dissemination), 국민과 정부 간의 의사소통(citizen-government communication), 그리고 시민 참여(citizen participation)로 분류된다. Shi & Scavo(2000: 255)는 이러한 구분에 따라 전자적 행정 서비스의 유형을 구분하고, 이러한 유형에 따른 세 가지 유형을 전자적 행정 서비스가 갖는 중요 기능으로 보고 있다. 이들은 전자적 행정 서비스를 제공하는 온라인 공공정보 시스템을 세 가지 유형을 제공하는 관점에서 이해하고 있다.

1) 정보 배분

정보 배분은 정부가 생성하거나, 이용자의 필요에 맞추어 제공된 정보를 일방향으로 제공하는 형태를 말한다. 예를 들면, 공공기관에서 제공하는 정보를 단순히 읽어볼 수 있도록 구성된 홈페이지에서 제공되는 정보 형태로서, 대부분의 공공기관에서 정보를 제공하는 데 사용하고 있는 형식이다.

2) 의사소통

정부와 국민 간의 의사소통은 쌍방향적 정보 제공을 의미한다. 정부가 보유하고 있는 정보에 대한 국민의 제공 요청에 따라 정부가 정보를 제공하거나 정보에 대한 국민의 의견을 정부로 환류하는 쌍방향적인 정보 제공 형태를 말한다. 행정정보 공개청구는 대표적인 예가 될 수 있다.

3) 시민 참여

시민 참여는 정책 참여의 의미를 포함하는 형태로 행정 과정이나 정책 결정 과정에서 국민들이 적극적이고 능동적인 의사를 표명하여 정책에 대해 토론하고, 정책을 제안하는 등 참여 활동에 관여하는 형태를 말한다. 예를 들면, 시민들이 게시판, 정책 포럼 등 쌍방향 홈페이지에 접속하여 자신의 견해를 제기할 수 있는 형태가 포함된다.

정보 배분은 일방향적인 관계에 국한되지만, 의사소통이나 시민 참여는 정부와 국민 간의 쌍방향적인 관계를 전제로 전자적 행정 서비스가 이루어지는 것을 말한다. 다만, 이러한 구분은 전자적 행정 서비스가 제공되는 방식과 표현 방식에 따라 엄격하게 구분되기 어려울 수가 있다. 예를 들면, 전자우편 주소, 메일링 리스트(mailing list), 혹은 게시판(bulletin board)을 제공하는 경우, 전자우편은 시민과 공무원 간의 개별적 의사소통을 위한 수단이 되고 있으며, 메일링 리스트 혹은 게시판은 시민들과 공무원들이 함께 정책적 과제에 대해 토론할 수 있는 참여의 공간으로서 기능할 수 있다. 또한 전자우편이나 메일링 리스트의 경우는 단순히 의사소통의 수단은 물론 정보의 제공이라는 차원에서도 활용되고 있다.

3. 전자적 행정 서비스의 발전 단계별 유형 분류

최근에 들어와서 전자적 행정 서비스를 분류할 때, 단순히 정보 제공 서비스에서 온라인 업무 처리 서비스로 진행됨에 따라 이용자에게 주는 가치와 생산성 증가 측면에서 수준이 높은 단계로 진전되는 것을 보여 주는 방식이 일반화되고 있다.

이와 같은 발전 단계에 따른 분류는 전자적 행정 서비스의 제공 수준의 단계에 따른 분류와 전자적 행정 서비스 전달의 발전 단계에 따른 분류로 구분된다.

1) 전자적 행정 서비스의 제공 수준

전자적 행정 서비스의 제공 수준에 따라 전자적 행정 서비스 또한 학자들에 따라 약간의 차이는 있지만, 대체적으로 정보 배분, 쌍방향 서비스 제공(interactive service delivery), 그리고 온라인 업무 처리(online transaction)로 구분하고 있다(Atkinson & Ulevich, 2000: 16-23). 최근에는 이러한 분류 또한 간략하게 정보 제공(publish), 쌍방향 서비스 제공(interact), 그리고 온라인 업무 처리(transact) 등으로 분류하고, 이를 단계적인 측면으로 이해하고 있다(KableNET.com, 2000; UN DPEPA, 2002). 여기서 정보 제공, 쌍방향 서비스 제공, 온라인 업무 처리는 정부가 제공하는 서비스의 수준에 따라 분류한 것으로 앞에서 이미 언급한 정보 배분, 쌍방향 서비스 제공, 온라인 업무 처리 등과 같은 의미로 이해할 수 있다. 이러한 분류는 단순 정보의 제공 수준에서 시민이나 기업이 제공한 정보에 대한 대응, 그리고 좀더 상위의 거래 수준으로 온라인 업무 처리를 구분하여 전자적 행정 서비스의 제공 수준을 측정하는 기준으로 활용되기도 한다.[11)]

(1) 정보 제공 단계

정보 제공은 정부가 생성한 정보를 이용자에게 일방적으로 제공하는 단계를 말한다. 대부분의 공공기관에서 단순히 홈페이지를 통해 행정정보, 생활정보, 기타 정보 등을 제공하는 수준을 말한다.

(2) 쌍방향 서비스 제공 단계

정부가 제공하는 정보가 정부에 의해 일방적으로 제공되는 것이 아니라 쌍방향적으로 정보 제공이 이루어지는 단계를 말한다. 쌍방향 서비스 제공은 사용자가 필요한 정보를 검색, 획득하고, 전자 메일이나 게시판을 통해 상호 질의, 의견 전달, 그리고 응답 등이 이루어지는 수준을 말한다.

(3) 온라인 업무 처리 단계

온라인 업무 처리는 사용자가 제품이나 서비스를 온라인으로 이용하기 위한 거래 및 업무 처리가 전자적으로 이루어지는 단계를 말한다. 금전적 거래가 이루어지는 온라인 세금 납무 업무가 전자적으로 이루어지는 행정 서비스의 경

---

11) 전자적 행정 서비스의 제공 수준은 이후 이러한 분류 기준에 따라 다양한 분야에서 평가가 이루어지고 있다. Anderson Consulting사(http://www.ac.com)는 157개국에서 제공하고 있는 온라인 정부 서비스를 단계별 분류 기준에 따라 국가별 순위를 선정한 바 있다(KableNET.com, 2000). Nunn & Rubleske(1996)는 미국과 호주의 전자적 행정 서비스의 제공 수준을 학문적으로 분석, 평가하는 데 이 분류 기준이 사용되었으며, 정부기관의 차원에서, 호주 감사원(Australian National Audit Office, 1999-2000)은 공공기관에서 제공하는 전자적 행정 서비스의 제공 수준을 서비스 제공 수준에 따른 단계별로 평가한 바 있다.

우가 대표적인 예가 된다.

이러한 단계적 구분은 전자적 행정 서비스의 제공이 단순히 정부가 생성한 정보를 보여 주는 수준에서 기업이나 국민들로 하여금 정부와의 상호 의견을 주고받을 뿐만 아니라 나아가 온라인 거래에 관여할 수 있게 하는 것까지 논의를 포함한다. 정보 제공 단계는 정부가 웹 사이트를 통해 필요한 정보를 제공하는 것이기 때문에 기관의 입장에서 비교적 쉬운 수준으로 받아들여질 수 있다. 그러나 최근에 들어와서 각국에서 전자정부의 실현을 강조하고 구체적인 사업이 진행되면서 정부와 국민이 상호 정보를 교환하는 쌍방향적인 정보 제공과 더 나아가 정부와 금전적 거래를 포함한 온라인 업무 처리를 가능하게 하는 수준의 전자적 행정 서비스가 이루어지고 있다.

2) 전자적 행정 서비스 전달의 발전 단계

인터넷을 통한 정부기관의 행정 서비스 제공 수준 및 단계를 파악하기 위해 발전 단계 모델을 이용하고 있다. 예를 들면, 전자적 행정 서비스 전달의 발전 단계는 시작 단계(beginning stage), 활성화 단계(activated stage), 성숙 단계(mature stage), 통합 단계(integrated stage)로 구분된다.[12)]

(1) 시작 단계

각 기관이 웹 사이트를 개발하여 활용을 개시하는 단계이다. 이 단계의 목표는 국민들에게 정보 제공의 매체, 그리고 의사 소통의 채널 및 메커니즘을 확보하는 것이다. 이를 통해 각 기관은 국민들에게 공공의 뉴스와 유익한 정보를 제공하고, 국민들과 의사소통할 수 있고 의견을 수렴할 수 있는 통로를 마련하는 것이다. 대부분의 기관들이 이러한 단계로부터 인터넷을 통한 전자적 행정 서비스를 시작하게 된다.

(2) 활성화 단계

이 단계는 시작 단계에서 개시된 서비스를 바탕으로 한층 심화된 전자적 행

---

12) 문신용(2000)은 이와 같은 전자적 행정 서비스 전달의 발전 단계를 소개하고, 이에 따라 국내의 전자적 행정 서비스 전달 수준을 분석하면서 현재 많은 정부기관들은 1단계인 시작 단계를 지나 2단계인 활성화 단계에 진입한 것으로 평가했다. 따라서 정부기관의 대부분은 본격적인 전자적 행정 서비스를 준비하는 단계에 이르렀다고 분석할 수 있지만, 현재의 활성화 단계에서 성숙 단계로 이행하기에는 제도적·기술적 보안과 노력이 병행되어야 한다고 언급했다.

정 서비스를 제공하게 된다. 국민들은 각 기관이 보유하고 있는 데이터베이스를 활용할 수 있게 되고, 이를 통해 기본적이지만 전자적 행정 서비스를 수혜할 수 있는 단계라고 볼 수 있다. 기본적인 G2C(Goverment to Citizen) 서비스가 제공되는 단계인 것이다. 예를 들면, 이 단계에서 국민들은 기관들이 보유하고 있는 데이터베이스를 탐색해 필요 정보를 찾고 활용할 수 있다. 구직 데이터 베이스를 통해 직업을 구한다든지, 필요한 정부 통계를 살펴보고 이를 통해 가치를 창출해 내는 것이 좋은 예라고 볼 수 있다. 또한 국민들은 민원행정 서비스를 위한 서식 등을 다운로드받아서 활용한다든지 간단한 서비스를 요청하는 일들이 이 단계에서 가능하다. 이 밖에도 국민들과 정부기관 간 세금 등의 공공요금 지불과 같은 간단한 금융 거래도 이 단계에서 수행된다. 이러한 측면에서 이 단계는 본격적인 전자적 행정 서비스가 태동되는 단계로 이해할 수 있다.

(3) 성숙 단계

이 단계는 행정기관이 인터넷을 통해 좀더 성숙된 전자적 행정 서비스를 제공하게 되고, 이러한 서비스가 기관 간의 정보 공동 활용을 통해 추진되는 단계이다. 전 단계에서의 행정 서비스가 개별 기관 수준으로 수행된 반면 성숙단계에서는 여러 기관이 개입된 행정 서비스가 이루어짐으로써 완전한 통합 서버스에 이르지는 못하지만 어느 정도 원스톱 서비스가 가능하다. 이를 통해 국민들은 여러 기관을 방문하는 번거로움을 어느 정도 덜 수 있게 되고 경비도 줄어드는 효과를 기대할 수 있다.

(4) 통합 단계

이 단계는 인터넷을 통한 전자적 행정 서비스의 발전을 완성하는 단계로서 진정한 의미의 원스톱 그리고 논스톱 서비스가 제공된다. 정부의 통합 웹 사이트를 통해 행정 서비스가 제공되고 정부기관의 전자행정 서비스 시스템이 정보를 공유하여 상호간에 연계되고 무서류의 행정 서비스가 보편화된다. 따라서 민원인들은 하나의 통합된 서비스 접근점을 통해 사소한 주소 변경에서부터 인·허가에 이르는 복합 민원 처리에 이르기까지 편리한 서비스를 수혜받게 된다. 이는 많은 국가들에서 추진하고 있는 전자정부 구현의 중요한 성과가 되는 것이다. 이를 위해서는 전자서명의 효력과 민원인과 정부기관 간의 전자거래에 수반되는 많은 제약 요건들의 제거가 제도적으로 수반되어야 한다.

제 4 절 전자적 행정 서비스의 제공과 보편성

전자적 민주주의의 실현이라는 측면에서 행정 서비스는 투명하고 보편적인 기반 위에서 제공되어야 한다. 정부가 더 나은 행정 서비스를 제공한다는 것은 좀더 개방된 공공기관들에 의해 국민들이 더 좋은 환경에서 공공정보에 쉽게 접근할 수 있는 것을 전제로 할 때 가능하다. 정보통신기술의 도입은 정부가 행정 서비스를 제공할 때 개방성을 통해 행정 서비스의 투명성과 국민과의 상호 작용을 가능하게 한다는 차원에서 더 나은 행정을 위한 계기가 되고 있다. 특히 행정 서비스의 제공에 있어서 개방성은 공공기관들이 국민들의 입장에서 자유롭고 보편적으로 폭넓게 정보를 제공할 뿐만 아니라 더 나아가 국민들과 직접적인 대화가 가능한 정도를 의미하며, 보편적으로 접근이 가능하게 하는 것을 말한다(Deutsch, 1989: 377; Clift, 1996).

정보통신기술이 급속히 발달함에 따라 정보에 대한 접근도가 높은 고소득층과 낮은 저소득층 간의 정보 격차가 더욱 심화되고 있는 상황에서 전자적 행정 서비스의 제공에서도 역시 보편적 서비스(universal service)의 확보는 중요한 정책적 관심이 되고 있다. 이는 행정의 원리인 공익이나 형평성의 실현이라는 점에서 전자정부를 지향하고 있는 정부의 입장에서 중요한 목표가 된다.[13] 구체적으로 보편적인 서비스의 제공에 대한 관심은 1993년 정보고속도로 구축을 위해 클린턴 행정부가 'NII: Agenda for Action'을 발표하면서 아홉 가지 원칙의 한 가지 요소로서 포함되면서 정책적인 이슈로 부각되었다. 정보사회에서 보편적 서비스의 제공은 정보 부자(information rich)와 정보 빈자(information poor)로 사회가 양극화되는 것을 지양하면서 모든 사람들이 정보화 사회의 혜택을 골고루 향유함으로써 동등하게 사회에 기여할 수 있게 해야 한다는 사실을 확인한 것으로 볼 수 있다(류석상, 2000: 14).[14]

---

13) 우리 나라의 경우도 1995년 정보화촉진기본법 제3조에서 정보통신정책의 기본 원칙으로 지역적·경제적 차별이 없는 균등한 조건의 보편적 서비스가 제공되어야 함을 강조하고 있다. 또한 19965년 10월 '국가경쟁력 강화를 위한 정보화 전략 구상'에서도 보편적 서비스의 제공을 중요한 원칙으로 제시하고 있다.

14) 1998년 7월 미국 상무부가 정부 차원에서 심화되고 있는 정보 격차를 해소하기 위한 정부 차원의 정책적 대안 마련의 필요성을 처음으로 제기한 이래 클린턴 행정부는 정보

전자정부의 구현으로 더 많은 행정정보가 정보통신 네트워크를 통해 이루어지는 것을 상정할 때, 이에 대한 접근이 용이하지 않을 경우, 공공정보 서비스의 불균형적 상태가 더욱 심화될 것은 자명한 사실이다. 여기서 보편적 공공정보 서비스의 확보는 경제적 차이, 신체적 장애, 그리고 지역에 관계 없이 모든 국민들이 쉽게 정보통신 서비스에 접근하여 필요한 공공정보를 활용할 수 있게 하는 것을 의미한다. 그러나 최근 들어서 지금까지 경제적 차이나 신체적 장애, 그리고 지역적 차이로 인한 정보 격차의 문제에 비해 상대적으로 관심의 사각지대에 머물러 있던 콘텐트에 대한 관심도 증대되고 있다. 정보에 대한 접근이라는 차원의 시각에서 더 나아가 정보 그 자체에 대해 제기되는 문제는 정보사회가 성숙되면 될수록 더욱 격차가 벌어질 수 있는 가능성이 있기 때문에 새롭게 관심을 가져야 할 필요성이 제기된다(서진완, 2002).

1. 보편적 서비스의 개념과 의미

보편적 서비스는 가능한 한 모든 국민이 합리적인 요금으로 공공 부문의 서비스를 향유할 수 있도록 하는 것을 의미한다. 이것은 19세기 말 철도사업 등 교통 부문에서 시작된 것이지만 20세기에 들어오면서 주로 통신 부문에서 사용되어 왔다. 통신 부문에서의 보편적 서비스는 1908년 당시 AT&T의 사장이었던 Theodore Vail이 AT&T 연차보고서에서 "하나의 정책, 하나의 시스템, 보편적 서비스(One Policy, One System, Universal Service)"라는 말을 사용한 데서 유래한다. 이 당시 '보편적'이라는 의미는 모든 사람들, 즉 가입자를 염두에 둔 개념이라기보다는 모든 지역 또는 모든 장소라는 공간적 의미를 갖고 있었다. 동시에 여기에서의 보편적 서비스는 경쟁자의 진입을 막고, 벨 시스템(Bell System)의 전화에 대한 독점을 정당화하려는 의도를 포함하고 있었다

격차 해소를 국가 정보화의 최우선 과제로 선정하고 민간 부문의 참여도 함께 촉구하고 있다. 클린턴 대통령이 각 부처에 지시한 특별 조치로는 다음과 같다. ① 소득, 교육, 인종, 성, 지역, 연령에 따른 정보 격차의 특성과 현황을 지속적으로 파악하기 위한 정보 격차 현황 조사(Falling through the Net Survey) 실시, ② 정보통신기술을 사용할 수 없는 미국인들에게 기술 접근을 제공하기 위해 지역기술센터(Community Technology Centers) 네트워크 확대, ③ 자신의 사업을 창업할 수 있도록 하는 등 저소득 가정에 힘을 불어넣을 수 있도록 인터넷 활용(internet applications) 촉진, 그리고 ④ 빈민 지역 노동자들의 정보통신기술 활용 능력 향상 지원 등이 있다.

(Hayashi & Tagawa, 1995). 이렇게 시작된 보편적 서비스 개념은 1934년에 제정된 미국의 통신법(Communication Act)에서, 통신법 제정의 취지를 "보편적 서비스의 원활한 제공"이라고 규정하고, 전화의 보편적 서비스 목표를 합리적인 요금으로 광범위하게 제공하는 것이라고 정의하면서 구체화되었다. 이 당시의 보편적 서비스는 지리적으로 가용하고(available), 경제적으로 허용할 수(affordable) 있으며, 신체적으로 접근할 수(accessible) 있는 특징을 갖는 것으로 이해할 수 있으며, 주로 서비스의 확대라기보다는 접근 기회의 확대에 초점을 두고 있다(서이종, 1998: 278).

그런데 최근 전화의 보급이 어느 정도 충족되고, 통신시장에서의 경쟁이 본격화되면서 독점 체제하에서 유지시켜 오던 보편적 서비스의 기반이 흔들리고 있으며, 또한 정보통신기술의 발달에 따른 정보통신 서비스의 다양화와 정보화 수준의 고도화, 그리고 국가정보 기반 구조로서의 초고속정보통신망의 구축은 보편적 서비스에 대한 지금까지의 규정을 새롭게 해석되어야 할 필요성을 제기하고 있다. 특히 인터넷의 발전, 그리고 통신과 방송의 융합은 더욱 복잡한 고도의 네트워크로 발전을 가져오게 되어 단순하게 접근의 여부를 중심으로 하는 보편적 서비스의 개념은 수정되어 접속으로부터 획득되는 서비스(정보 및 응용)의 성격에 의해 규정되는 질적인 측면이 중요해졌다(NTIA, 1994).

1996년 통신법 개정에서 고도화된 보편적 서비스의 개념은 보편적 서비스 개념을 확장하는 문제에 대한 반응으로 볼 수 있으며, 여기서 '확장'은 두 가지 의미를 지닌다. 첫 번째 의미는 보편적 서비스 수혜자의 확장이고, 두 번째 의미는 전화 이외의 최신 정보통신 서비스를 보편적 서비스 대상에 추가하는 것이다(정국환, 1997). 이러한 맥락에서 각국은 보편적 서비스의 개념을 확대하여 현실에 반영하기 위한 다양한 노력을 전개해 오고 있다. 미국은 폭넓고 현대적인 개념의 보편적 서비스를 설정하여 모든 자국민들이 소득과 장애 그리고 지역에 상관 없이 고도 정보통신 서비스에 쉽고 적절한 비용으로 접근할 수 있도록 보장해 주는 데 주력하고 있다. 여기서 미 행정부의 보편적 서비스에 대한 관심 영역은 주로 소득, 장애, 지역 등 세 가지로 구성되어 있음을 알 수 있다.

이러한 관심 영역은 영국에서도 동일하게 나타나고 있다. 영국은 보편적 서비스를 지역(those in high cost area)과 장애(those with a disability), 그리고 소득(those on low income)의 세 가지 차원에서 접근하면서, 거주 지역과 비용 부담 능력에 상관 없이 원하는 사람에게 기본 통신 서비스를 제공하고 특별한 욕구나 장애를 가진 소비자에게도 적절한 조치가 취해져야 함을 원칙으로 삼고 있다(김기훈 외, 1995).

이와 같은 보편적 서비스의 개념을 수혜자의 확장과 새로운 서비스의 추가라는 측면에서 보면 행정 서비스에서도 동일하게 적용될 수 있다. 특히 전자정부의 구현을 위해서는 전자적 행정 서비스가 경제적으로 어려운 계층과 장애인들, 그리고 지역적으로 멀리 떨어져 있는 곳을 포함하여 전국적으로 모든 계층의 국민들에게 제공될 수 있어야 하며, 이러한 형평성의 문제는 효율성 차원보다 공익을 위해 우선적으로 고려되어야 한다.

행정 서비스의 전자적 전달에서 형평성의 개념은 접근(access)과 서비스에의 평등함(equity)을 의미하며 정보통신기술을 활용하여 제공되는 서비스의 특성상 접근과 서비스의 수혜가 어려운 계층과 지역 등 불평등을 초래할 수 있는 다양한 측면을 고려한 정책적인 배려가 필요하다. 예를 들면, 행정 서비스의 제공은 모든 지역에 거주하는 모든 사람들이 자유롭게 접근할 수 있도록 해야 하며, 온라인으로 연결되지 못하거나 온라인으로 연결할 수 있는 컴퓨터와 같은 수단이 없는 경우도 고려해야 한다. 그리고 컴퓨터를 사용할 수 없는 컴맹들도 대상에 포함할 필요가 있다(Shi & Scavo, 2000: 257). 또 다른 예로서 장애인의 인터넷 접근을 용이하게 하기 위해 호주 정부가 추진하고 있는 일련의 정책적 배려도 주목할 필요가 있다. 모든 국민들로 하여금 인터넷에 접근할 수 있도록 호주 정부는 1992년에 차별법(Discrimination Act)을 제정하여 장애인들에게 행정정보는 물론 정부의 다양한 행정 서비스를 제공받을 수 있도록 했으며, 최근 호주 인권평등위원회(Human Right and Equal Opportunity Commission)에서는 장애인들이 인터넷을 사용할 수 있도록 월드와이드웹 커미션(World Wide Web Commission)으로 하여금 User Agent Accessibility Guideline과 Authoring Tool Accessibility Guideline을 마련하는 등 웹접근 추진계획(Web Accessibility Initiative)을 요구하기도 했다. 호주는 더 나아가 2001년 6월 1일까지 정부의 모든 웹 사이트에 대한 접근 가능성을 웹 사이트의 성과 측정 수단으로 포함시키는 등 다양한 정책적 배려가 돋보이고 있다(정용관, 2000: 17).

보편적 서비스를 더욱 확장된 개념에서 보편적인 행정 서비스의 개념으로 확대하여 이해하는 경우에도 여전히 신체적·정신적 능력이나 특성과 관계 없이 누구나 쉽게 정보통신 서비스를 이용해 행정 서비스를 제공받을 수 있어야 한다. 이와 같은 행정 서비스의 보편성을 지역, 소득, 장애에 관계 없이 제공되어야 한다는 측면 이외에 구체적으로 어떤 측면의 보편성이 요구되고 있는지에 대해 문신용(1999: 118)은 접근의 보편성, 이용의 보편성, 그리고 혜택의 보편성으로 나눈 바 있다. 접근의 보편성은 행정정보 서비스의 보편적 접근을 가능하게 하는 접근점 제공을 확대하여 지리적, 경제적, 그리고 신체의 장애에 의해 제한을 받지 않도록 하는 것을 의미한다. 이러한 접근의 보편성과 함께 저렴한 비용으로 이용할 수 있어야 하는 점과 낙후 지역에 거주하는 사람들도 함께 혜택을 받을 수 있어야 한다는 점에서 이용 및 혜택의 보편성도 함께 논의되고 있다.

정보통신기술의 발달로 초래될 미래의 사회는 낙관적으로만 생각할 수 없는 부분이 있다. 많은 학자들이 정보사회로 인해 야기될 사회의 변화를 비판적인 시각으로 보고 있는 것도 정보사회를 긍정과 부정의 어느 한쪽 방향으로만 예측할 수 없기 때문이다. 정부에서 더 나은 행정 서비스를 제공하기 위한 대안으로 논의되고 있는 전자적 행정 서비스의 제공 또한 긍정적인 시나리오의 실현을 위해 노력해야 하겠지만, 이와 함께 소외되고 낙후된 지역의 국민들에게도 함께 정보사회로 인해 누릴 수 있는 혜택을 함께 해야 한다. 왜냐 하면, 기존에 논의되었던 지역, 소득, 장애로 인해 행정 서비스에 대한 접근, 이용, 혜택의 보편성이 보장되지 못할 경우 지속적인 정보 격차의 가능성이 제기될 수 있기 때문이다(서진완, 2002).

2. 보편적 서비스의 확보와 새로운 노력

정보통신기술이 제공하는 미래 사회의 부정적인 이미지의 하나인 정보 격차에 대한 논의는 주로 정보의 접근과 이용이 각 개인마다 다르게 적용됨에 따라 나타나는 정보 불평등 현상에 주목해 왔다. 지금까지 온라인 정보를 이용할 수 있는 사람과 그렇지 못한 사람 간의 정보 불평등 문제를 해소하기 위해 많은 노력을 기울이고 있지만, 대부분의 접근 방식은 주로 정보통신망과 PC 보급, 그리고 인터넷 접속 제공 등을 중심으로 접속과 관련된 정책이었다. 이러한 정보 격차가 발생하는 원인을 사회경제적 차이, 이용 능력의 차이, 정보통신기술의 영향, 정보 추구 욕구의 차이 등으로 보고 있다(전석호, 1995: 387-395; 박홍수·김영석, 1997: 262-265, 서진완, 2000a; Gandy, 1986: 12-14; 한상완, 1997: 316-319). 한편, 한국정보문화센터(1999)의 경우는 집단 간 정보 격차를 정보화 인식, 정보 매체 접근, 정보 매체 이용 역량, 그리고 정보 매체 사용자 수 등을 지수화하여 비교한 바 있다.[15]

그러나 이러한 정보 격차의 문제는 지금까지 서비스에 접근하거나, 인식하거나, 이를 이용하는 등 수요자 중심에서 주로 접근한 반면, 최근 들어 전자적 행정 서비스를 제공하는 차원에서 정보 격차 혹은 정보 불평등의 문제가 발생할 수 있는 새로운 가능성이 지적되고 있다. 이것은 점차 인터넷 이용이 보편화되고 인터넷을 이용해 다양한 응용 콘텐트들이 개발되어 제공되고 있으나 이러한 콘텐트를 이해하지 못하거나, 제공되는 콘텐트가 다양하지 못하고 유용하지 못한 경우 기존의 정보 격차를 가져왔던 요인들과 결합하여 더욱 심각한 정보 격차의 가능성을 제공할 수도 있다고 보는 관점이다.

콘텐트는 일반적으로 문자, 영상, 소리 등의 정보를 제작하고 가공해서 소비자에게 전달하는 정보 상품으로 정의하고 있다(콘텐츠비즈니스연구소, 2000: 17). 이렇게 본다면, 극장에서나 비디오로 감상하는 영화, 텔레비전에서 방송되는 프로그램, 서점에 진열된 각종 잡지와 책, 다양한 신문, CD와 라디오를 통해 듣는 음악, 어린이로부터 어른까지 누구나 열광하는 컴퓨터 게임, 인터넷으로 유통되는 정보 등 모든 것이 콘텐트인 것이다. 그러나 디지털 기술의 발전으로 음성, 문자, 이미지, 데이터, 영상 등 모든 형태의 정보가 디지털화를 통해 융합되고 있으며, 이런 흐름에 따라 과거 단순한 내용물 혹은 목차 등만을 지칭하던 개념에서 그 의미가 영화, 방송, 뉴스 등 미디어에 담긴 내용물로서 여기에 디지털이 결합된 컴퓨터 관련 저작물의 내용을 지칭하는 용어로 사용되고 있다(임은모, 1998, 2000; 한국전산원, 2000: 423).

최근 미국의 The Children's Partnership은 2000년 3월 저소득 주민과 취약계층을 위한 온라인 콘텐트에 관한 보고서를 통해 우리의 정보 불평등 해소를 위한 기존의 접근을 한 단계 뛰어넘는 계기를 제공해 주고 있다.[16] 이 보고서

15) 정보 인식 지수는 정보사회의 이해와 수용 정도, 정보 접근 지수는 초고속통신망과 모뎀 등 네트워크에의 접근성과 PC 등 정보통신 기기의 보유 여부, 정보 이용 역량 지수는 컴퓨터 이용 능력 정도, 그리고 정보 이용 지수는 컴퓨터와 인터넷의 사용 정도를 나타내는 것으로 파악하고 있다.

16) 이 단체는 7,000만 어린이와 청소년, 특히 낙후 지역의 어린이와 청소년의 욕구를 실현하기 위해 연구, 분석, 홍보를 주로 하는 단체로서, 1994년 이래 디지털 시대의 도래가

는 1999년 4월부터 12월에 걸쳐 인터넷을 이용하는 저소득 주민 100여명과 지역 주민에게 기술 교육을 담당하는 관련자 100여명을 면접했고, 1,000여 개 이상의 웹 사이트를 분석한 결과를 담고 있다(Children's Partnership, 2000). 이미 존재해 왔던 취약한 상황은 취약 계층에게 더 많은 장애 요인으로 작용하고 있으며, 콘텐트와 관련하여 주요 장애 요인은 지역 정보의 결핍, 용어 장애, 다양한 문화의 결핍, 그리고 언어의 장애 등이 중요한 요인으로 지적되었다.

특히 공공기관에서 이러한 장애 요인을 얼마나 배려하고 있는지를 살펴본 결과 첫째, 지역의 특수성을 고려한 콘텐트보다는 일반적인 콘텐트가 대부분을 차지하고 이 역시 교육 수준이 낮은 주민이 이해하기 어려운 내용으로 구성되어 있다.

둘째, 웹 사이트의 대부분은 언어 능력이 평균 이상이 되는 사람들을 위한 것으로 언어 수준이 낮은 경우는 대부분 청소년 혹은 어린이를 위한 콘텐트로서 언어 습득 수준이 낮은 성인을 위한 콘텐트는 전체의 1%에 불과한 것으로 나타났다.

셋째, 저소득층이 원하는 지역 혹은 동네 수준의 취업 정보, 저기술 직종 관련 구직 정보, 값싼 주택 임대 정보 등을 소개하는 사이트는 1% 미만이다.

끝으로 인터페이스 설계나 검색 기구들이 저소득 주민들이 이용하기에는 불편했다. 예를 들면, 원하는 정보 검색 시간이 너무 길며, 웹 편집이 저소득 주민의 욕구나 관심을 반영하지 못하고 있다. 면접에 응한 사람들의 80%가 원하는 정보를 찾는 데 너무 많은 시간을 허비한다고 응답했고, 65%는 사이트의 편집이 쉽게 이해할 수 없게 되어 있으며, 또한 쉽게 이용할 수 있는 사이트가 없다고 응답한 사실 등은 우리의 행정기관에서도 참고할 만한 지적이다.

이와 같은 문제는 무엇보다도 지금까지 정보 격차의 원인으로 파악하고 있었던 다양한 변수들과 함께 얽혀 향후 심각한 정보 격차의 문제로 이어질 수 있다는 측면에서 큰 의미를 가진다. 경제적 차이나 이용 능력의 차이, 그리고 교육 수준의 차이에 따라 제공되는 정보를 이해하지 못하거나 정보 격차의 문

어린이와 청소년에게 어떤 영향을 주었는지에 대해 연구해 왔다. 최근 들어 캘리포니아의 11개 저소득 지역과 협력하여 지역기술센터(Community Technology Center)를 자체적으로 운영하고 있으며, 4,000여 명의 청소년에게 컴퓨터 교육과 직업훈련을 실시했다. 현재는 National Urban League, National PTA, 미국도서관협회, 교육부뿐만 아니라 AOL, AT&T, MS 등과 같은 민간 사업자와도 협력 관계를 유지하고 있다. http://www.childrenspartnership.org.

제를 경험하고 있는 계층에서 필요로 하는 정보가 제공되지 못하는 상황이 심화되는 문제는 현재의 우리를 되돌아보게 한다. 결국 공공기관에서 정보를 제공하는 차원에서 제공되는 정보 자체에 대한 정책적 관심과 노력이 필요한 시점에 있다.

제 5 절 전자적 행정 서비스 제공의 기본 방향

전자적 행정 서비스는 정보통신기술을 사용하여 행정정보의 제공, 행정민원인의 의견 수렴, 민원 서비스, 민관 간의 전자문서 처리 등의 응용 서비스를 통해 원격, 전자적으로 행정 서비스를 제공해야 한다. 정부는 급속하게 발전하는 정보통신기술을 조직 내부의 행정뿐만 아니라 조직 외적인 대민 서비스에도 활용할 수 있어야 한다.

효과적인 행정 서비스의 제공은 기본적으로 고객 중심의 서비스 행정을 구현할 수 있어야 하며, 생산적인 행정의 수행에 도움이 되어야 하고, 접근성의 제고를 통한 투명성과 신뢰성이 있는 열린 행정이 구현되는 기반에서 이루어져야 한다. 또한 대응성과 신속성이 보장되는 행정 서비스가 제공되어야 하며, 다기능의 통합적인 서비스가 이루어져야 한다. 그리고 전자적 행정 서비스의 제공으로 인해 개인의 프라이버시 침해의 문제가 중요하게 고려되어야 한다. 이와 같은 기본적인 전제는 전자적 행정 서비스의 완전한 제공을 확보하는 출발점이 된다.[17]

1. 고객 중심의 서비스 행정

정보화 시대의 행정이란 고객인 국민을 위주로 하는 행정이어야 한다. 행정정보화는 행정 자체를 위한 효과성과 효율성에서 벗어나 고객 위주의 편의와 서비스를 제공하는 수단으로 개념이 바뀌어야 한다. 행정정보시스템도 정부만이 사용하는 시스템이 아니라 국민 중심으로 운영되고, 정부에 의해 수집, 관리, 활용되는 정보가 개인의 생활에 유용하게 이용되며, 시민이 다양한 의견을

17) 이하의 내용은 문신용(1997: 115 120)의 연구보고서의 내용을 편집, 재작성했음.

제시할 수 있고 정부의 활동에 참여할 수 있는 정보민주주의의 실현이 이루어져야 한다. 한번 방문으로 행정 서비스의 일관 처리가 가능한 원스톱 서비스(one-stop service)[18]나 언제 어디서나 이용할 수 있는 논스톱 서비스(non-stop service)[19]의 제공을 통해 고객인 국민이 만족할 수 있는 방향으로 행정 서비스가 구축 활용되어야 할 것이다.

인터넷을 통한 원스톱 서비스를 지향하기 위해서는 정보의 공동 활용을 통한 구비 서류 축소, 나아가서는 첨부 서류의 소멸, 처리 시간 단축, 그리고 처리 절차 투명화 및 명확화를 위한 제도적 정비가 요구된다. 또한 논스톱 서비스를 가능하게 하기 위해서는 24시간 운영되는 시스템의 완비와 다양한 서비스 전달 통로의 확보, 서비스 전달 매체의 이용 편리성 확보, 그리고 이러한 전달 매체에의 접근성 제고 등이 전제되어야 한다.

2. 효율적이고 효과적인 행정의 수행

행정의 정보화는 행정 업무의 성과를 높이고 원활한 행정 업무 수행에 필수적인 요소가 되고 있다. 사무자동화를 거쳐 전산화, 그리고 정보화가 이루어지는 과정에서 행정은 효율적이고 효과적인 행정 업무의 수행과 경쟁력을 확보할 수 있게 된다. 여타 부문에 비해 행정의 경쟁력이 상대적으로 뒤지는 것은 행정정보화의 수준이 미흡한 점에서도 원인을 찾을 수 있을 것이다. 전자적 행정 서비스의 제공은 고객인 국민에게만 혜택이 돌아가는 것이 아니라 행정 자

---

18) 원스톱 서비스는 행정 서비스의 수요자가 언제, 어디서든지 표준화된 행정 서비스를 한번의 신청으로 제공받을 수 있도록 하는 것이다. 예를 들면, 각종 민원 업무를 일괄적으로 가까운 기관에서 처리할 수 있도록 하는 것으로 현재 여러 행정기관에 흩어져 있는 주민등록, 호적관리 업무 등을 가장 가까운 관청에서 한번에 처리함으로써 국민의 편의성을 높여 줄 수 있다. 또한 각종 인·허가 신청이나 의견, 요망 제출 창구를 일원화하는 것이다. 이 경우 복수 부처가 관련된 복합 민원의 해결이나 행정 서비스에 대한 상담, 행정 시책에 관한 의견 제시 등을 행정정보의 공동 활용을 통해 통합적으로 실현함으로써 국민들은 하나의 서비스를 위해 여러 관청을 돌아다니는 수고를 덜게 된다.

19) 논스톱 서비스는 행정 서비스를 필요로 하는 국민의 행정 서비스 이용 시간대를 확대해 편리한 시간에 행정 서비스를 제공받을 수 있는 시스템을 구축하여 제공하는 것을 말한다. 예를 들면, 키오스크(Kiosk)와 같은 자동 교부기를 통해 주민등록, 호적, 인감증명 등을 시간에 구애됨이 없이 제공하여 서비스 공급 시간을 연장하는 방법과 정보통신 네트워크를 이용하여 행정 서비스를 신청 접수하고 전자적으로 이를 발급받을 수 있게 하는 방법이 있다.

체에도 커다란 효과를 발휘해야 한다. 많은 시간을 국민과의 업무 처리에 매달림으로써 자기 발전이나 행정 업무의 발전을 위한 시간의 사용에 제한을 받아왔던 과거에 비해 정보통신기술을 통한 전자적 행정 서비스의 제공으로 자기 발전이나 시간적 여유가 생기고, 고객과 대화도 할 수 있으며, 자기 발전을 위한 계발 기회도 생겨날 수도 있다. 행정정보화는 이와같이 공무원 개개인의 생산성 향상뿐만 아니라 부처 간 행정 자료의 중복 처리 방지와 네트워크를 통한 부처 간 수평적 협조 증대를 이룰 수 있다. 이러한 기대 효과는 결과적으로 행정의 경쟁력을 제고하게 된다. 따라서 전자적 행정 서비스의 제공 역시 이러한 효과가 충분히 조직 내에서 발휘될 수 있도록 구축, 운영되어야 한다.

3. 투명성과 신뢰성의 확보

정보통신기술을 활용한 행정 서비스의 제공은 열린 행정을 구현하여 투명성과 신뢰성을 확보할 수 있는 최적의 수단이며, 시스템의 구축 또한 이러한 방향으로 이루어져야 한다. 행정 업무 수행 과정이 국민에 의해 모니터링될 수 있고, 정책 결정 과정에 국민이 참여할 수 있게 하여 폐쇄적인 과거의 행정 행태에서 벗어날 수 있는 계기가 되어야 한다. 따라서 시스템을 운영하는 과정에서 투명성과 신뢰성을 제고할 수 있는 접근성을 제고하는 노력이 가장 중요하게 고려되어야 한다. 고객 중심의 행정 구현이 가능하기 위해서는 모든 국민들이 차별 없이 행정에 참여할 수 있는 전자민주주의가 이루어질 수 있도록 행정 서비스의 제공이 요구된다.

4. 전문성의 제고

행정 서비스를 제공하기 위해 구축되는 시스템은 행정 전문가들의 전문성을 발휘하고 제고할 수 있도록 구축, 운영되어야 한다. 단순한 민원 업무를 처리하기 위한 시스템의 구축은 시대에 뒤떨어지는 것일 뿐만 아니라 효용 가치도 떨어진다. 사용자로 하여금 사용의 용이성을 제고할 뿐만 아니라 전문성을 발휘할 수 있으며, 고객들에게도 좀더 전문적인 서비스를 제공할 수 있도록 구축되어야 한다. 이러한 노력은 궁극적으로 행정 서비스의 질적인 향상은 물론 행정 업무 자체의 전문성 향상에도 기여하게 된다.

5. 대응성과 신속성의 제고

전자적 행정 서비스의 생명은 대응성과 신속성의 확보가 이루어져야 한다는 것이다. 국민의 필요와 요구에 비대응적이고 신속하지 못했던 과거의 행정 서비스는 변화되어야 하는 시점에 와 있다. 초고속 통신망을 통한 행정정보 서비스가 신속하게 대응하는 시스템이 되도록 구축하고, 행정관료들의 사고 또한 이에 걸맞게 바뀌어야 한다. 기술적인 진보가 관료들의 행태 변화와 동시에 이루어지지 않는다면 정보사회의 행정을 과거의 것과 차별화화는 것은 무의미하다. 24시간 온라인 행정 서비스의 제공은 이러한 대응성과 신속성의 제고를 위한 기술적인 진보뿐만 아니라 행정관료들의 발상의 전환을 요구한다.

6. 통합적 행정 서비스의 제공

행정정보화에 따른 전자적 행정 서비스는 모든 정부기관이 정보 공유(information sharing)를 통한 다기능적이며 통합적인 서비스가 제공되어야 한다. 각 기관을 일일이 방문해서 민원 업무를 처리해 왔던 기존의 시스템에서 탈피하여, 가까운 한 기관을 방문하여 정부기관과의 모든 업무를 해결할 수 있고 서비스를 받을 수 있는 시스템 구축이 이루어져야 한다. 이를 위해서는 모든 정부기관이 행정전산망과 같은 네트워크를 통해 서로 데이터베이스를 공유하고, 효율적인 데이터베이스 관리 체제를 갖추는 노력이 전제되어야 한다. 즉, 개별 기관 중심의 서비스 전달에서 벗어나 서비스의 접근점을 단일 창구화함으로써 국민들에게 상당한 편리함을 제공하고 업무 수행의 효율성도 높일 수 있게 된다.

7. 다양한 계층의 참여

전자적 행정 서비스가 제공되기 위해서는 국민, 공무원, 시스템 엔지니어, 업무의 전문가, 그리고 정책 결정을 담당하는 고위관리층 등 다양한 계층이 참여하여 함께 의견을 개진하고, 정보를 공유하여 시스템 구축에 반영되어야 한다. 기존의 여러 가지 정보관리시스템이 시스템 엔지니어에 의해서만 구축되어 사용자나 업무의 전문가들의 의견이 충분히 반영되지 않아 시스템 운영의 효율성과 효과성이 떨어졌던 점에 비추어 전자적 행정 서비스의 제공이 제대로 이루어지기 위해서는 시스템의 구축 단계에서 다양한 계층의 의견이 반영되는 것이 필수적이다.

제6절 전자적 행정 서비스의 전달 모형

최근 선진국을 중심으로 포털과 같은 단일 웹 사이트를 통해 모든 정부 서비스를 제공하고자 하는 노력이 진행되고 있다. 예를 들면, 미국의 FirstGov프로젝트, 유럽 및 대양주 국가들이 추진하고 있는 프로젝트들은 모두 인터넷을 통한 통합적인 정부 서비스 제공을 목표로 전자정부 구현의 일환으로 범정부적 차원에서 관심을 기울이고 있다.

포털 서비스를 통해 통합적 행정 서비스를 제공하고자 하는 것은 단순히 하나의 접속점에 의해 모든 정부 부처 기관의 정보 및 서비스를 제공함으로써 행정 서비스 제공 방식의 전환만을 의미하는 것이 아니라 새로운 형태의 정부, 즉 전자정부로의 전환을 예고하는 것이다. 이러한 포털을 통한 행정 서비스의 제공은 지속적인 과정이고, 정부는 이를 정부 변화의 핵심으로 이용하는 구체적인 노력임과 동시에 발전적인 형태의 전자적 행정 서비스 전달 모형이 되고 있다.

1. 포털을 통한 행정 서비스 전달의 의의

포털 서비스를 통한 통합적 행정 서비스 전달은 정부와 사용자인 국민들에게 단일의 접속점에서 빠르고 정확하고, 비용 효과적인 서비스와 정보를 제공한다는 데 의의가 있다. 포털을 통한 행정 서비스 전달의 기본 모델은 등록, 서비스 처리 과정, 전자적 지불까지를 포함하는 오프라인상에서 수행되는 기본적인 과정을 구현하는 것이 필요하다.

첫째, 통합적 서비스 기능을 들 수 있다. 포털은 각 정부기관에 분산되어 있는 서비스에 접속할 수 있는 방법에 대한 정보를 통합하고 있어야 하며, 고객중심적인 원스톱 서비스를 위해 제공하는 서비스를 연계할 수 있어야 한다. 이를 위해서는 정부기관들의 데이터베이스를 연계하고 이를 국민들의 정보와 연계할 수 있는 시스템의 포털 서비스가 되어야 한다.

둘째, 포털 서비스는 국민들의 요구가 최대한 반영되는 고객 중심적인 새로운 서비스 전달 모델로 작용하게 될 것이다. 고객 중심적인 포털은 기존의 방문 형식의 행정 서비스 전달 방식이 제공하던 대부분의 서비스 즉 민원 신청과 결과 수혜 등의 민원 서비스, 공과금 납부 등의 금전 거래, 정보 제공 등의 서비스 수요를 충족시킬 수 있어야 한다. 국민들이 과거 이용해 왔던 행정 서비스 제공 방식의 하나로서가 아니라 포털을 통해 대부분의 행정 서비스를 수혜할 수 있는 새로운 고객 중심적 과정을 수행할 수 있어야 한다.

셋째, 포털 서비스는 국민들에게 편리함을 제공할 뿐만 아니라 지속적으로 방문할 수 있도록 구축되어야 한다. 이를 위해서는 콘텐트의 격차를 해소할 수 있는 배려, 사용의 편의성, 그리고 결과가 국민들의 요구를 만족시킬 수 있어야 한다. 그리고 무엇보다도 기존의 전통적인 방법에 의해 행정 서비스를 수혜할 필요가 없다는 인식을 줄 수 있어야 한다.

2. 포털을 통한 행정 서비스 전자적 전달을 위한 고려 사항

이러한 포털을 통한 행정 서비스의 전달을 위해서는 고려해야 할 사항들이 있다.

첫째, 적절한 서비스 제공 방식을 도입해야 한다. 온라인 행정 서비스의 대부분은 서류 양식이 있는 정형적인 서비스로서 민원 서류의 신청, 등록 업무, 세금 신고, 제한적인 공공요금의 납부 등 비교적 개별 기관에서 처리가 가능한 간단한 업무가 중심이었으며, 이러한 서비스들이 포털을 통해 원스톱 서비스를 제공할 수 있는 성공적인 사례가 된다. 그러나 여러 기관이 관여하는 복합적인 행정 서비스와 같이 전통적인 방식으로 제공되는 행정 서비스는 포털 서비스로 완전히 구현하기에는 어려움이 있다. 정부의 정보 시스템이 완전히 연계되고 정보를 공동으로 활용할 수 있게 되면 그 가능성은 커질 수 있다. 따라서 시민들이 일상 생활에서 빈번하게 발생하는 일들을 중심으로 행정 서비스를 분류하고 제공하는 것이 포털을 통한 행정 서비스의 전자적 전달을 활성화할 수 있으며, 이 밖에도 다양한 채널을 통해 서비스를 제공함으로써 시민과 접촉하는 최선의 서비스 방식이 무엇인지를 고려하고 각 서비스의 온라인상 구현의 가치를 명확하게 할 필요가 있다.

둘째, 시스템 간, 그리고 서비스 제공 프로세스 간의 표준화가 이루어져야 한다. 현재 각 기관의 시스템 간 데이터 교환에서 서로 다른 컴퓨터 환경이 도입되어 있는 경우가 많고, 정부기관들 간에 데이터의 정의와 제공 양식에 서로 다른 방법을 적용하고 있는 경우도 많다. 또한 행정 서비스의 처리 절차와 프로세스에서도 기관마다 서로 다른 경우가 많아 민원인들에게 번거로움과 불편함을 주는 경우가 발견된다. 따라서 기술적으로 전자문서 양식과 통신 매체의 표준화 등 웹 어플리케이션을 지원하는 인프라의 완전한 연결과 함께 제도적으로 처리 절차 및 프로세스의 표준화 노력이 요구된다.

셋째, 포털 서비스는 개인 정보의 집중 현상이 불가피하며, 이에 따라 개인의 프라이버시 침해와 보안 문제를 고려해야 한다. 통합적인 행정 서비스가 편리하고 혜택이 많은 것이 사실이지만, 정부기관의 정보시스템과 개인 정보가 연계 혹은 통합되면 해킹 혹은 불법적 활용에 따른 부작용이 심각한 사회 문제로 대두된다. 따라서 이에 대한 기술적 방어 인프라의 구축과 제도적으로 개인 정보 유출에 대한 방어책이 함께 고려되어야 한다.

넷째, 포털을 통한 원활한 행정 서비스를 제공하기 위해서는 포털 서비스를 지원하는 인프라의 정비가 선결 과제이다. 예를 들면, 전자문서와 전자서명의 공식적인 인정은 포털을 통한 전자행정 서비스의 중요한 제도적 인프라가 된다. 전자문서와 전자서명이 좀더 일반화될 경우를 대비하여 제도적 보완이 필수적으로 이루어져야 한다. 또한 정보시스템의 연계와 아울러 정보 공동 활용 시스템의 구축은 포털 서비스를 위한 중요한 인프라 구축이 된다. 사실상 이러한 정보 공동 활용 시스템이 구축되어 있지 않다면 포털 서비스와 같은 통합적 행정 서비스의 제공은 불가능하게 된다. 따라서 포털 서비스는 포털을 지원하는 인프라에 따라 그 영역이 확대될 수 있고 더욱 건실해질 수 있다는 점을 고려해야 한다.

다섯째, 포털 서비스를 통해 고객에게 더 나은 서비스를 제공하기 위해서는 지방자치단체를 포함한 각 정부기관의 협력이 필수적이다. 그러나 정부기관 간의 협력이 증가할수록 수반되는 비용과 관리의 문제, 그리고 수익의 배분 문제가 중요한 사안으로 등장하게 된다. 즉, 어느 기관은 더 많은 이익을 얻을 수 있고, 그렇지 못한 경우도 물론 발생하게 되어 협력 관계가 어려워질 수도 있고 경쟁 관계화될 수도 있다.

요 약

행정의 궁극적인 존재 이유는 국민에게 더 나은 질 높은 행정 서비스를 제공하는 것이다. 전자정부가 추진되면서 행정 서비스는 전자적 방식을 통해 제공됨에 따라 기존의 행정 서비스가 제공되던 방식과 내용면에서 획기적인 전환기를 맞이하게 되었다. 특히 인터넷의 등장은 국민들로 하여금 행정 서비스에 대한 접근을 향상시키고 정부가 추구하고자 하는 새로운 행정의 모습을 현실적으로 가능하게 했다. 구체적으로 인터넷은 정보를 제공해 주는 중요한 수단으로 사용됨에 따라 인터넷을 통한 통합 행정 서비스가 가능한 수준에 이르고 있다. 전자적인 방식을 통한 행정 서비스의 전달(electronic delivery of public service)은 사이버 공간을 이용해 공공기관의 다양한 정보와 서비스를 전자적 방식을 통해 제공하는 일체의 노력을 말한다. 이러한 행정 서비스의 전자적 전달은 고객 중심의 서비스 행정을 구현할 수 있을 뿐만 아니라 접근성의 제고를 통한 투명성과 신뢰성을 가져다 줌으로써 열린 행정을 실현하는 기반이 되고 있다. 따라서 전자적 행정 서비스의 전달은 전자적 민주주의의 실현이라는 측면에서 투명하고 보편적인 기반하에서 제공되어야 하며, 보편적 서비스의 확보를 위한 다양한 정책적 노력을 필요로 한다.

연구 문제

1. 전자정부에서 행정 서비스의 제공이 갖는 의미와 중요성은 무엇인가?
2. 전자적 행정 서비스의 개념은 무엇인가?
3. 사이버 공간에서 제공되는 전자적 행정 서비스의 편익은 무엇인가?
4. 전자적 행정 서비스의 수혜 대상별 유형 분류와 서비스의 내용은 무엇인가?
5. 전자적 행정 서비스의 고객과의 관계에 따른 유형 분류와 서비스의 내용은 무엇인가?
6. 전자적 행정 서비스의 발전 단계별 유형 분류와 서비스의 내용은 무엇인가?
7. 보편적 전자적 행정 서비스의 의미와 중요성은 무엇인가?
8. 전자적 행정 서비스 제공의 기본 방향은 무엇인가?
9. 전자적 행정 서비스의 전달 모형으로서 포털 서비스를 통한 통합적 행정 서비스의 제공의 의의와 핵심적 고려 사항은 무엇인가?

제 9 장

전자정부에서의 시민 참여

제 1 절　전자정부에서 시민 참여의 개념적 논의

1. 전자정부에서 시민 참여의 개념

1) 개 념

전자정부에서 시민 참여라는 것은 간단히 말해서 정보통신기술을 활용하여 정부의 다양한 의사 결정 과정에 시민이 참여하는 것과 관련된 개념으로 이를 통해 민주적 의사 결정 과정을 지원하고 대의적 민주주의를 강화시키는 것을 목적으로 한다.[1] 즉 전자정부 발생 이전에 기존의 오프라인 정부(off-line government)에서도 정부의 의사 결정 과정에 다양한 시민의 참여가 이루어졌다면, 이러한 시민의 참여 기제가 정보통신기술 매체를 활용한 형태로 이루어지는 것을 말한다.

1) 전자정부에서의 시민 참여의 개념은 단순히 정보통신기술을 기반으로 시민이 참여하는 것으로 대체시키는 단순한 개념이 아니라 시민 참여로 인한 진정한 민주주의를 달성하고 강화시킬 수 있는가를 지향하는 좀더 복잡한 개념과 연관된다. 즉 전자적 기술을 사용한 시민 참여의 강화는 선출 정부나 공무원들로 하여금 시민들에게 좀더 대응적으로 봉사하고, 나아가 진정한 민주주의를 달성하는 등의 근본적인 문제와 관련된다 (MacIntosh, 2004).

2) 기존 오프라인 정부의 시민 참여 범위

그간 전자정부 이전부터 시민 참여의 개념에 대한 논의가 활발하게 이루어져 왔다(조희정, 2003; 김갑모, 2004; 윤상오, 2003). 조희정(2003)은 일반적으로 참여는 대표자를 선출하거나 주요 정책 결정 과정에 대한 참여로서의 정치적 참여(선거, 투표)와 정책 집행 과정에 대한 모니터링, 공직자 및 관료에 대한 통제와 감시, 행정에 대한 요청 등의 행정 참여 등으로 구분한다.

김갑모(2004)는 국회나 지방의회가 시민의 의사를 제대로 대변하지 못하는 경우 자연스럽게 시민들 스스로 자신들의 의사를 개진하기 위한 정치적 참여와 지방자치 실시와 더불어 행정기관 스스로 지역의 복잡한 문제를 시민의 참여를 통해 논의함으로써 행정의 공개성과 정당성을 확보할 수 있는 행정적 참여로 구분한다.[2] 이들이 제시하고 있는 오프라인 정부에서의 시민 참여의 범주는 크게 정치적 측면에서의 참여행위와 행정적 의사 결정 과정에서의 참여행위를 모두 포함하는 것으로 인식할 수 있다.

3) 전자정부의 시민 참여 범위

그런데 최근에 주로 제기되는 전자정부에서 시민 참여의 범주는 투표나 선거를 통한 정치적 측면에서의 참여보다는 주로 정부의 행정 및 정책 형성과 의사 결정 과정에 비중을 두는 경향을 보인다. 말하자면, 시민이 전자정부를 통해 참여할 수 있는 영역은 크게 두 개의 범주로 구분될 수 있는데, 첫째는 전자투표를 포함한 선거 과정을 다루는 것이고, 다른 하나는 정책적 의사 결정 과정에서 시민의 전자적 참여를 다루는 것이다.

이와 관련하여 지난 2002년 8월 영국 정부에서는 전자민주주의 관련 페이퍼를 발간했는데, 여기서 전자민주주의를 전자 투표(e-voting)와 전자 참여(e-participation) 등 두 개의 명확한 영역으로 구분해야 한다고 주장하고 있다

2) 그 외 Zimmerman(1986)은 시민 참여의 유형을 소극적 참여와 능동적 참여로 구분하고, 소극적 참여로는 시민에 대한 정보 제공, 여론조사를 제시하고, 능동적 참여로는 주민 총회, 공청회, 민간자문위원회, 주민투표, 주민발안, 주민소환, 그리고 자원봉사를 포함시켰다. Okot-Uma(2001)는 또 다른 관점에서 정보에 대한 접근과 공공 서비스의 이용 등을 소극적 참여로 보고, 국민들이 행정과 적극적으로 상호 작용하면서 자신들의 의사를 관철시키는 것을 적극적 참여로 보았다(윤상오, 2003: 81). 그 외 시민 참여 유형을 실질적 참여와 형식적 참여 또는 공식적(제도적) 참여와 비공식적(비제도적) 참여로 구분하기도 한다(김수신, 2003).

[그림 9-1] 전자 투표와 전자 참여의 비교

전자 투표(e-voting)	**전자 참여(e-participation)**
• 정보통신기술을 활용하는 것은 법령에 명시되어 있는 투표와 선거에 참여하는 것을 증대시킴 • 전자 투표는 다음에서 이루어짐 -의회나 지역 의회의 선거 -국민투표 -법령에 명시된 민간 투표	• 정보통신기술의 이용은 선거와 선거 사이의 민주적인 과정에 참여의 새로운 채널을 열어 줌 • 다음 사항에서 시민들의 전자적 참여가 이루어짐 -정부정책 과정 -정책설정 과정, 법률 입안 과정 그리고 선출된 대표자들을 감사하는 과정 -정당에서 정책 형성 과정 -시민사회 조직의 활동

출처: HM Government UKOnline, "In the Service of democracy," 2002: 15(시정개발연구원, 2002: 32 재인용).

(MacIntosh, 2004)([그림 9-1] 참조). 나아가 이 페이퍼에서는 전자정부에서의 시민 찬여 수단으로서 전자 투표라는 것이 아직 기술적 실현 가능성의 측면에서 문제가 내재되어 있어 아직 많은 논의가 필요하기 때문에, 전자 참여야말로 정부와 시민 간의 협의와 대화에서 상당한 가능성을 제공할 것이라고 제시하고 있다. 결과적으로 현재의 정보통신기술 수준에서 바라보는 전자정부에서의 시민 참여의 영역은 정치적 참여로서의 전자투표 행위보다는 정부의 행정 및 정책 의사 결정에서의 적극적인 시민 참여의 개념으로 국한하여 논의되는 추세이다.

2. 전자정부 이념과 시민 참여의 의의

전자정부가 추구하는 행정 이념에는 능률성, 효율성, 고객 지향성, 민주성, 투명성 등 다양하며, 이 중에서는 민주성이나 투명성은 전자적인 시민 참여를 통해 가능하다. 특히 전자정부가 성숙해 감에 따라 능률성이나 효율성보다는 민주성이나 투명성에 대한 지향점을 갖게 되는데, 따라서 전자적 시민 참여의 문제는 전자정부의 성숙 과정에서 반드시 논의되어야 할 중요한 문제이다.

1) 전자정부의 영역과 추구 이념

그 동안 전자정부는 back-office 측면과 front-office 측면의 2개 영역으로 추진되어 왔다. 먼저 back-office 측면에서는 정보통신기술을 도입하여 정부 내부 업무 비용을 절감하고 업무 처리 시간을 단축하며 이를 통한 능률성과 효율성을 추구하는 것과 관련된다. 둘째 front-office 측면은 정보통신기술을 활용하여 국민에 대한 질 좋은 서비스를 제공하는 동시에 궁극적으로 시민의 참여를 증대시켜 민주성을 제고하는 것을 목적으로 한다.

일반적으로 전자정부 사업은 우선 인프라로서의 성격을 갖는 back-office 사업이 우선 추진되고 이후 시민 서비스 제공 및 참여 확대로 이어진다. 이러한 의미에서 그 동안 back-office 구현을 중점으로 전자정부가 추진되어 왔으며, 다음으로 front-office 구현의 질 좋은 서비스 제공 중심의 전자정부가 이루어져 왔다. 최근에는 참여정부 출범 이후 전자정부 31개 세부 과제에 전자정부 시민 참여가 포함되면서 전자정부에서의 시민 참여를 활성화하기 위한 기틀이 마련되었다.

2) 전자정부 성숙 단계와 시민 참여와의 관계

이처럼 전자정부가 지향하는 이념은 단계적 성숙도를 갖는데 1단계로 정부 운영의 효율성 및 능률성을 추구하고, 2단계로 정보통신기술 및 통신을 통해 공공 부문의 내부 및 외부 관계를 변혁시켜 고객 지향적인 정부 서비스를 제공하고, 마지막 3단계로 궁극적으로는 전자적 시민 참여를 통한 민주성 및 투명성을 달성하고자 한다. 따라서 전자정부가 지향하는 행정은 궁극적으로는 민주성에 도달하는 것을 최상위의 목적으로 하며, 이러한 측면에서 전자적 시민 참여는 성공적인 전자정부를 달성하기 위한 중요한 이슈이다.

즉 전자정부에서 능률성 및 효율성, 그리고 고객 지향성을 넘어 민주성 및 투명성을 제고하기 위해서는 시민이 정부의 의사 결정에 손쉽고 편리하게 참여할 수 있는 정보와 참여 채널을 제공해 줌으로써 참여를 활성화해야 하며, 오늘날의 정보통신기술 기반의 도입・확충은 이러한 손쉽고 접근 가능한 참여 가능성을 높여 줄 것으로 예상된다. [그림 9-2]는 전자정부의 성숙 단계와 시민 참여의 관계를 보여 준다.

[그림 9-2] 전자정부 성숙도와 시민 참여와의 관계

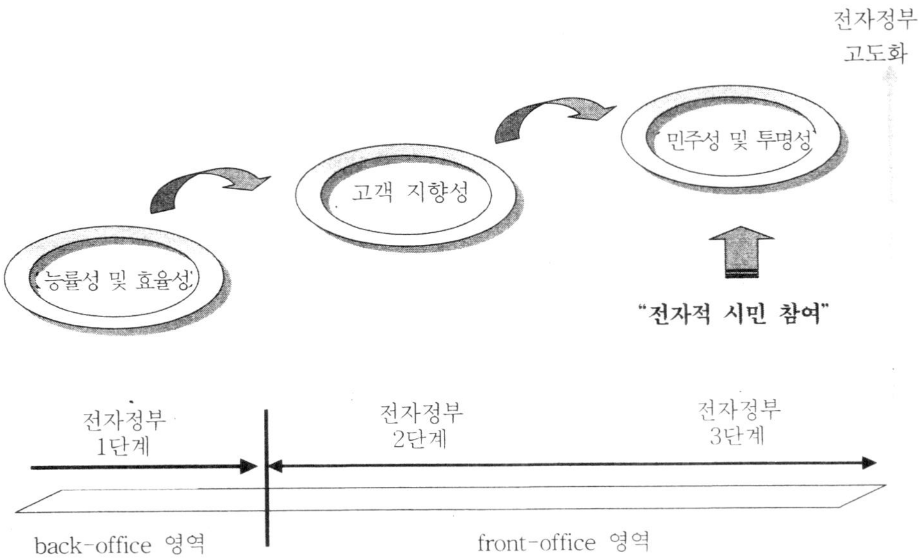

3) 전자정부의 시민 참여와 과제

지금까지 정부의 전자정부 사업은 주로 행정의 효율성 향상과 대민 서비스 제공에 초점을 두어 왔다. 반면에 정부의 정책 결정 및 집행 과정에서의 시민들의 참여와 관련된 사업은 매우 형식적으로 이루어져 왔으며, 활성화되지도 않은 것이 사실이다. 전자정부 아젠다는 주로 정부의 서비스를 온라인으로 전달하는 것에 집중하고 있으며, 기존의 전자정부 정책은 비용적 측면에서 효율성뿐만 아니라 시민에게 폭넓고 편리한 서비스를 제공하는 것을 주요 목표로 한다.

그간의 전자정부는 전자정부의 성공적 구축과 민주주의를 강화하는 것 간의 본질적인 연계성을 확보하지 못했으며, 실제 몇몇 성공적인 전자정부 서비스 전달 시스템을 구축한 나라들조차도 민주주의 제고 방식은 마련하지 못하는 수준에 머물러 있다. 따라서 전자정부와 전자민주주의 간 연계성을 확보하는 것이 주요한 과제로 대두되고 있다. 즉 전자정부의 성공적인 서비스 전달이 나아가 전자민주주의를 확보하는 방안까지 연계되는 지속적인 발전 모형을 제시해야 한다(Coleman, 2001: 5).

이러한 시점에서 지금의 정보통신기술인 디지털 미디어가 내재적으로 갖고 있는 속성은 신속하고 대응적인 피드백 시스템으로 전자적 시민 참여를 용이하게 달성할 수 있도록 한다. 그러므로 정보통신기술을 활용하여 전자정부의 일차원적인 서비스 전달 모델에 더해 피드백적인 민주주의 모형을 구축할 수 있을 것이다. 말하자면 단순히 온라인 세금 납부 시스템을 구축할 것이 아니라 시민들의 세금이 어떻게 사용되는지에 관한 참여나 토론을 위한 온라인 시민 참여 공간을 마련해야 한다는 것이다.

3. 전자정부에서 시민 참여의 필요성

전자정부의 시민 참여의 필요성은 다양한 측면에서 제시될 수 있다. 다음에서는 크게 세 가지 관점에서 그 필요성을 제시하고 있는데 첫째, 기존 오프라인 시민 참여의 한계, 둘째, 새로운 시민 참여 패러다임의 등장, 그리고 마지막으로 새로운 정보통신기술의 발전 등에서 전자정부 시민 참여의 필요성을 살펴본다.

1) 기존 오프라인 시민 참여의 한계

(1) 기존의 시민 참여 유형

기존 오프라인 정부의 시민 참여는 주로 지방자치단체 차원의 주민 참여 측면에서 논의되며, 주민 참여 제도에서는 주민투표제, 주민발안제, 주민소환제, 주민감사청구제, 시민단체의 참여, 옴부즈만 제도, 시민헌장 제도, 행정정보 공개 제도, 기타 주민 참여 제도 등이 있다(김수신, 2003). 이 중에서 특히 주민의 참여 행위가 좀더 직접적으로 이루어지는 기타 주민참여 제도는 다양한 형태가 있으며, 그 대표적인 예는 다음과 같다(김병준, 1995: 452-458).

① 반상회

반상회는 잘 알려진 바와 같이 행정조직의 최하위 단위인 반(班)에서 이루어지는 월례 주민모임이다. 아무런 제약 없이 쉽게 참여할 수 있어 가장 많이 활용되는 주민 참여 제도라 할 수 있다. 그러나 중앙정부 또는 자치단체 입장의 홍보 내지는 시책 전달의 성격이 강하고, 토의라는 안건의 성격이 생활에 따른 고충처리의 차원에 머문다는 것과 참여 기피 현상이 높다는 데서 뚜렷한 한계를 지니고 있다.

② 공청회

공청회는 정책 사안에 따라 개최되는 것으로 이해관계자 및 전문가들의 의견 수렴을 그 목적으로 하는 모임이라 할 수 있다. 공청회는 정책담당자와 자치단체장, 그리고 지방의회의 의지에 의해 개최될 수 있겠으나 특정 사안에 대해서는 그 개최가 의무화되어 있기도 하다. 공청회 역시 그 동안 적지 않은 문제점이 지적되어 왔다. 쓰레기 매립장 문제와 같이 주민의 이해 관계가 직결되어 있는 경우가 아닌 경우 주민의 관심이 높지 않아 형식화되어 버리는 경향이 있으며, 발표자의 선정과 참석 범위까지 때로는 집행기관에 의해 이루어져 의견을 수렴하기보다는 집행기관의 정책안이 거의 확정되어 가는 단계에서 최종안의 선택을 놓고 이루어지는 경우가 많아 기능상의 한계가 뚜렷하다는 점이 그 대표적인 예라 하겠다.

③ 위원회

각종 위원회 역시 참가자인 위원의 대부분이 일반 시민이라기보다는 교수와 언론인, 그리고 공무원 등의 전문가들이라 순수한 의미의 시민 참여라고 보기에는 무리가 있고, 실제 활동은 없이 형식만 갖추고 있는 경우가 많으며, 정책안의 작성 때부터 참여하는 것이 아니라 최종 심의 단계에서 형식적으로 참가하는 경우가 많다는 등의 문제가 지적되어 왔다.

④ 민원 및 청원 제도

주민은 자치단체의 집행기관에 민원을 제기하거나 지방의회에 청원을 제기함으로써 자치단체의 운영에 관여하기도 한다. 민원의 경우 그 동안 지속적으로 증가되어 왔는데 각종의 시민 참여 메커니즘 중에서 가장 활발하게 이용된다고 할 수 있다. 그러나 이러한 민원은 그 상당 부분이 재산권을 보호하거나 그 가치를 높일 것을 목적으로 하는 등 시민 전체의 이익보다는 개별적 이익을 추구하는 경향이 있어 다른 형태의 시민 참여와 같은 맥락에서 볼 수 없다는 문제점이 있다.

⑤ 감시와 감독 및 독려

시민들은 지방의회와 집행기관에 대한 좀더 직접적인 감시와 감독, 그리고 독려라는 형태로 자치단체의 운영에 참가하기도 한다. 지방자치법은 일반 시민에게 지방의회 방청권을 부여하고 있고, 지방의회에 대해서는 회의를 기록으로 남길 것을 의무화하고 있다. 집행기관에 대해서도 마찬가지이다. 예·결산서의 분석과 업무 처리 결과의 분석 등을 통해 감시와 독려를 해 나가고 있는 경우가 많다. 이 역시 경제정의실천시민연합과 YMCA와 같은 시민단체들이 중심이 되어 벌이고 있는 활동이다. 그러나 전반적으로 보아 아직도 이러한 감시와 독려는 초기 단계에 있다고 볼 수 있다. 농촌 지역은 말할 필요도 없고 대다수의 도시 지역에서도 이러한 감시와 독려 조직이 제대로 갖추어져 있지 않은 상태이다.

⑥ 집단행위(시위와 집단민원)

헌법이 보장하고 있는 집회의 자유와 '시위와 집회에 관한 법률'에 의해 일반 시민은 평화적인 집회 또는 시위를 할 수 있는 권리가 보장되어 있다. 이러한 권리를 이용하여 시민들은 자신들의 신념과 이해 관계를 자치단체의 운영에 반영하게 된다. 제6공화국 출범 이후의 민주화 추세 속에 이러한 시위성 참여는 큰 폭으로 증가해 온 것으로 알려지고 있다.

(2) 기존 시민 참여의 한계

앞서 제시한 바와 같이 우리 나라에서의 시민 참여는 반상회에서 시민투표에 이르기까지 다양한 형태로 이루어지고 있다. 하지만 현행의 시민 참여는 각각의 제도적 기반이 허약하고 또한 한정적으로 행정의 일부분에서만 활용되고 있으며, 그 운영도 부실하여 시민 참여 모형이 제한을 받고 있는 실정이다(김갑모, 2004: 43). 다음에서는 오프라인 시민 참여의 한계를 제시하고 있으며, 이러한 한계적 측면의 검토는 전자정부의 시민 참여의 필요성을 도출하는 기본적 논의가 된다(이재성, 2001, 2004; 윤상오, 2003; Kakabadse, 2003).[3]

3) 기존의 시민 참여의 한계는 접근성의 부재, 분권화의 미비 등 다양하게 접근해 볼 수 있다. 그러나 본문에서는 이 중에서도 특히 전자정부 시민 참여의 필요성을 도출하기 위한 한계적 특징을 중심으로 살펴보았다. 예를 들어 분권화의 미비 등은 기존 시민 참여의 한계 사항이지만 본문에서는 제외되고 있다.

① 참여 방식의 제약

오프라인 시민 참여의 참여 방식은 형식적 · 제한적이고 소극적인 참여 방식으로 이루어진다. 예를 들어 시민 참여에서 가장 중요한 수단인 공청회의 경우 이를 개최하여 시민 및 관계 전문가들로부터 의견을 청취하고 협의를 통해 이를 계획에 반영하도록 하고 있다. 이는 시민들의 직접적인 참여라기보다는 정부 부처에서 계획을 입안한 후에 시민들의 의견을 청취하는 방식의 형식적 · 제한적이고 소극적인 참여 방식이다. 이런 점에서 우리 나라의 참여 제도는 민주적인 시민 중심의 참여가 제대로 이루어지지 않고 있다고 볼 수 있다.

한편 오프라인 시민 참여의 시간적 · 공간적 제약은 동시에 참여 방식의 제약으로 작용한다. 대부분의 참여 제도가 특정 시간 · 특정 장소에서 개최되는 경우가 대부분이기 때문에, 예를 들어 공청회 개최 시간에 사정이 있으면 회의에 참석하여 자신의 의견을 진술할 수가 없다. 이러한 시간적 · 공간적인 제약 조건으로 인해 광범위한 주민 참여가 제한을 받아 왔다.

② 참여 비용의 제약

오프라인 참여를 하기 위해서는 많은 시간 · 비용 · 인력이 필요하며, 참여를 통한 편익보다 비용이 더 크게 인식되고 있다. 여기서 제시하는 참여 비용 측면에는 정보 수집 비용, 참여 기회 포착 비용, 참여 활동 비용 등이 있다(윤상오, 2003: 83-84).

첫째, 정보 수집 비용의 과다이다. 시민 참여를 위한 가장 기본적인 전제 조건은 참여에 필요한 정보의 획득이다. 여기에는 참여하고자 하는 대상에 대한 정보와 참여 절차 및 방법에 관한 정보를 모두 포괄한다. 그러나 현실적으로 시민들은 정부 활동에 대한 각종 정보를 획득하기가 매우 어렵다. 대의제하에서 정부의 기본적인 성향은 정보 독점이며, 따라서 정책 결정 과정에 관한 정보를 공개하지 않거나 부분적이고 단편적으로만 공개하며 또한 시민들의 정보 접근권을 제한하고 있기 때문이다. 따라서 시민들은 원하는 정보를 얻기 위해 많은 시간과 노력을 투자해야 하고, 심지어 정부와 법적 · 정치적 투쟁까지 벌여야만 한다.

둘째, 참여 기회의 포착 비용이다. 시민 참여를 위해서는 다양한 기회와 채널이 필수적이다. 그러나 실제로 국민들에게 참여에 필요한 정보가 충분히 제공된다 하더라도 참여할 수 있는 기회를 잡기가 쉽지 않다. 근대 이후 확산된

대의민주주의 체제하에서 시민들의 참여 기회는 대표자를 뽑는 국민투표 등으로 매우 제한되어 왔다. 즉 시민들에게는 대표자 선출 등의 간접 참여 기회만 제공되고, 직접 참여 기회인 주요 사안에 대한 주민투표 등은 극히 적은 횟수로만 이루어지며, 그 밖에 주민소환, 주민발안, 주민감사청구 등은 제도화되어 있지 않거나 일정 수의 시민들이 연합하지 않는 한 행사가 불가능하게 되어 있기 때문이다.

셋째, 참여 활동 비용이다. 참여는 활동을 전제로 하는 개념이다. 시민이 정부와 행정에 영향력을 미치기 위해서는 소극적인 요청이나 신고로부터 적극적인 시위, 공청회, 토론회, 총회, 투표와 같은 활동들이 필요하다. 이를 위해서는 시민들이 모이고, 의견을 표출·결집하고, 행동으로 옮기기까지 많은 시간과 노력이 필요하다. 또한 정부는 의도적으로 복잡한 참여 절차와 요구 조건을 동원하여 참여 장벽을 높임으로써 시민들의 참여 활동을 제한해 왔다.

③ 참여 범위의 제약

시민 참여는 모든 시민의 참여를 통해 그 효과를 얻을 수 있다. 하지만 오프라인 참여는 특정 계층 등이 참여를 함으로써 특정 집단·계층에 그 효과를 갖는 불합리한 참여가 발생하며, 그 결과 정책 과정과 행정 과정상의 비효율과 혼란을 가져온다. 이는 주민 참여의 대표성 및 정당성의 문제와도 관련된다.

먼저, 참여 대상이 제약되는 문제를 들 수 있다. 공청회 같은 참여 방법은 특정 시간과 장소에서 개최되는 경우가 많아 공청회에 참석하여 의견을 제시하고자 하는 신체장애인이나 노인들은 공청회에 참석하여 자신들의 의견을 개진하는 것이 거의 불가능하다. 정부 부처의 관련 공무원을 만나 면담해야 하는 경우에도 마찬가지로 볼 수 있다.

이러한 참여 대상의 제약으로 인해 결과적으로 참여의 왜곡과 정책 결정 및 집행의 질적 저하가 나타난다. 실제 적극적으로 주민 참여를 활용하고 있는 주민은 대다수 주민을 대표하고 있는 것이 아니라 특정 이익을 대표하는 엘리트 주민이 대부분일 경우가 많다. 참여 주민이 특정 이익이나 관심을 가진 경우 정책 결정의 내용이 편파성과 왜곡되는 현상이 발생해 공정성을 해치기 쉽고 집행 과정에 대한 법적 책임의 부족으로 대의성이 제대로 이루어질 수 없다. 오늘날의 대의민주주의는 조직화되어 있지 않은 또는 비공식적 섹터에 반하는 제도로서 강력한 로비력을 가진 집단에게 재원을 동원하게 하여 정부 어젠다에 그들의 견해를 반영시키게 만든다는 비판을 받고 있다.

2) 새로운 시민 참여 패러다임의 등장

전자정부가 지속적으로 구현되어 감에 따라 초기의 행정 내부의 효율성 측면보다는 시민 중심적인 전자정부를 지향하고 있으며, 이는 궁극적으로 전자민주주의(e-democracy) 및 전자 거버넌스(e-governace)라는 새로운 시민 참여 패러다임으로 이어지고 있다. 또한 최근에 Accenture를 중심으로 민간에서 주로 활용되던 CRM(Customer Relationship Management) 기법을 정부 영역의 전자 서비스 제공시 활용하자는 논의를 중심으로, 무엇보다도 시민의 수요와 요구를 먼저 파악하여 이에 대응한 서비스를 제공하는 방안이 모색되고 있다(Accenture, 2003). 이들 시민 중심적 전자정부 패러다임, 즉 전자민주주의 또는 전자 거버넌스론이나 고객 관리 방식의 변화 등은 전자정부에서의 새로운 시민 참여 패러다임으로 인식되며, 이를 달성하기 위해서는 좀더 다양한 정보통신기술을 활용한 실질적인 전자적 시민 참여 방식이 요구된다.

(1) 시민 중심적 전자정부의 지향

초기의 전자정부는 정부 내부의 업무 효율화를 목표로 추진되어 왔지만 전자정부가 성숙될수록 이용자인 시민의 가치, 즉 비용 효율성, 서비스의 품질 및 가용성, 적시성, 접근 가능성, 임무 수행 등을 향상시켜 주는 시민 중심적 전자정부(citizen-centric e-government)로의 전환이 요구된다. 그런데 시민 중심적 전자정부란 단순히 전자정부 서비스에 대한 시민 편의적인 접근과 이용, 그리고 이용자의 가치 향상이라는 목표를 실현하는 데 그치는 것은 아니다. 시민은 단순한 정부 서비스의 대상이 아니라, 정부의 일상적인 활동 내용이나 방법에 대해 관여하고 참여하며 또 정부를 구성하고 통제할 수 있는 주권자로 인식된다(고경민, 2004: 4).

(2) 전자민주주의 또는 전자 거버넌스의 지향

전자 거버넌스는 중앙정부와 같은 과거의 독점적 행위자뿐만 아니라 매우 다양한 행위자들이 인터넷이라는 가상의 공간 속에서 상호 네트워크의 구성을 통해 수평적 관계를 유지하고 문제 해결을 위한 협력을 추구하는 형태로, 정보통신기술의 발전으로 인해 가상공간상에 참여의 확대를 통해 궁극적으로 민주주의를 심화·발전시킬 수 있을 것이라는 기대를 갖게 한다(한국전산원, 2004:

3-4). 전자정부가 성숙하면서 주요 정책 결정 과정이나 집행에서 시민의 참여를 확대시켜 민주주의를 증대시키는 것이 전자 거버넌스의 목적이다. 이러한 관점에서 볼 때 전자민주주의나 전자 거버넌스를 지향하는 새로운 패러다임의 등장은 전자정부에서의 시민 참여를 확대시키는 동인이 된다.

(3) 새로운 고객 관리 방식(CRM)의 지향

초기 전자정부 서비스는 주로 서비스를 개발・전달하는 공급자적인 관점에서 이루어져 왔다. 그 결과 실제 전자정부 서비스의 활용은 여전히 낮은 수준에 그치고 있어 시민의 서비스 활용률 및 참여의 저조는 전자정부의 큰 제약점으로 제시되어 왔다. 이러한 문제점을 극복하고자 최근 새로운 접근 방법으로서 시민 만족도의 제고 관점에서 공급자 측면이 아닌 수요자 측면의 전자정부 서비스 제공 방안에 대한 필요성이 제기되고 있다. 특히 최근에는 민간에서 주로 활용되던 CRM(Customer Relationship Management) 기법을 정부 영역의 전자 서비스 제공시 활용하자는 논의를 중심으로, 무엇보다도 시민의 수요와 요구를 먼저 파악하여 이에 대응한 서비스를 제공하는 방안이 모색되고 있다.[4] 이처럼 전자정부에서 고객 관리 방식의 변화로 인해 만족도가 높은 서비스를 전달하기 위해서는 좀더 적극적인 시민 참여를 유도하여 시민의 수요와 요구를 도출・활용하는 방안이 모색되는 것이다(김선경, 2005).

3) 정보통신기술의 발전

오늘날의 새로운 상호 작용적인 미디어 정보통신기술은 시민의 동의나 공동의 토대를 구축하고 시민 의식을 활성화하는 역할을 한다. 또한 시민의 직접적인 참여와 더불어 시민 참여에 대한 실시간적인 피드백은 공무원이 공공 이슈에 광범한 정책 여론을 고려할 수 있게 한다. 기존의 민주주의의 개념이 있어 왔다면, 민주주의의 두 번째로 새롭게 형성되는 것은 정보통신기술이 출현하면서 시작된다.

이러한 기술은 시민의 커뮤니케이션에서 새로운 환경을 가능케 하는데, 즉 상대적으로 진입하기가 쉽고 시간이나 거리의 제약을 적게 만든다. 정보통신기

4) CRM은 정부에서 시민을 고객으로 보고, 비용 절감적인 측면보다는 서비스의 질인 시민 만족도에 집중하자는 개념이다. 즉 시민의 의도에 맞추어 서비스 전달 능력을 재조직화함으로써 시민인 고객과의 관계를 극적으로 향상시키는 것을 목적으로 한다(Accenture, 2003).

술은 시민들의 작업, 쇼핑, 은행 업무, 친구와의 커뮤니케이션에 심오한 영향력을 미치게 됨으로써, 결국 정부와 시민 간의 새로운 접속 채널을 구축하게 할 것이다.

새로운 정보통신기술 매체는 시·공간을 초월하여 신속한 의사소통을 강화시키고, 쌍방향적인 커뮤니케이션이 가능해짐에 따라 시·공간을 초월한 정보를 공유하고, 시민의 수요를 즉각적으로 인식하고 대응할 수 있게 하며, 정보유통 방식이 공개적으로 이루어지게 됨으로써 정보의 투명성이 확보되어 정부정책 결정 과정의 투명성을 증대시킬 수 있다. 이렇듯 정보통신기술의 발전은 일반 시민들에게 다양한 정치정보에 쉽게 접근할 수 있는 아주 강력한 수단을 제공해 줄 뿐만 아니라 또한 시민들이 자신들의 견해를 정치인들이나 행정기관, 그리고 다른 시민들과 아주 용이하게 공유할 수 있도록 해 준다.[5)]

제 2 절 전자정부에서 시민 참여의 이론적 논의

전자정부에서 시민 참여의 이론적 논의는 주로 전자적 참여 모형과 그 특징을 중심으로 이루어지고 있다(OECD, 2001; MacIntosh, 2004; Te Komohana O Nga Tari Kawanatanga, 2004; Caldow, 2004; 이재성, 2004; 윤상오, 2003). 이들 논의를 보면 전자적 시민 참여는 성숙의 과정을 거치며 그 단계에 따라 참여의 정도와 각 단계의 참여적 특징이 달라진다고 제시한다.

1. OECD 모형: 참여 수준을 중심으로

참여 수준의 논의는 시민이 어떻게(how for), 어떤 수준(what level)으로 관여되어야 하는가를 다루며, 이와 관련하여 가장 대표적인 모형으로는 OECD의 3단계 모형이 있다. OECD(2001)는 민주적인 정치적 참여의 문제는 반드시 다음과 같은 세 개 영역을 포함해야 함을 제시하고 있다. 즉 정보를 제공받는 수단, 의사 결정 과정에 참여하는 메커니즘, 참여를 통해 정책 아젠다에 영향을

5) 전자정부에서 새로운 정보통신기술의 특징과 의의에 대한 내용은 제3절 "전자정부에서 시민 참여의 주요 정보 기술" 부분에서 더욱 자세히 제시하고 있다.

[그림 9-3] 정책 과정에서 주민 참여 및 영향력의 변화

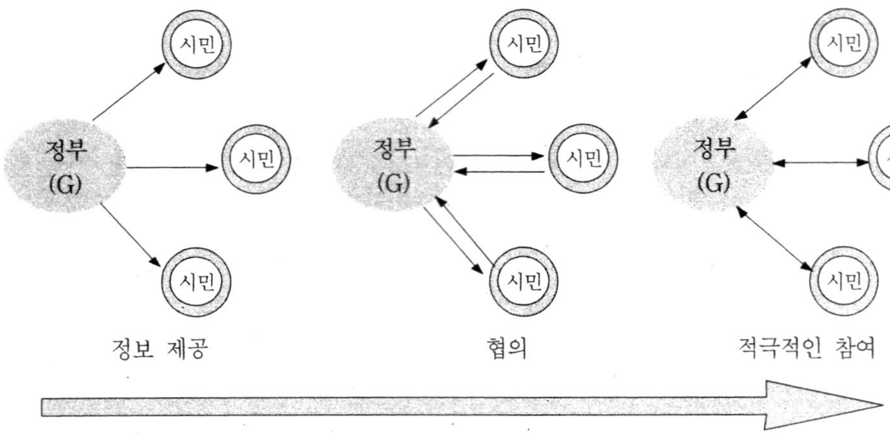

출처: OECD(2001: 239; 이재성, 2004: 3 재인용).

미치고 공헌하는 능력을 부여해야 한다는 것이다. 이와 관련한 3단계 참여 모형은 다음과 같다([그림 9-3] 참조).

1) 정보 제공

정보 제공(information)은 시민이 활용하는 정보를 정부가 산출하고 전달하는 일방향적 관계이다. 이 단계에서는 정부가 생산한 정보를 정부가 일방적으로 제공하는 형태로서 관심이 없거나 수동적인 주민은 혜택을 보지 못한다.

정보는 양적 · 질적 측면에서 모두 충분히 제공되어야 하며 동시에 정확성을 갖추어야 하는데, 예를 들어 신속성, 정확성 그리고 신뢰성 있는 정보 속성을 갖추어야 한다. 이러한 정보는 시민들로 하여금 정부와의 상호 작용 속에서 반드시 필요한 기본 조건이다.

2) 협 의

협의(consultation)는 시민이 정부에 피드백을 제공하는 쌍방향 관계로 일방적인 것이 아니라 쌍방향적인 의사소통이 이루어지는 단계이다. 하지만 이 단계는 주로 정부의 주도에 의해 일방적인 의사소통이 이루어진다.

정부는 협의를 위한 이슈들을 정의하고 질문 사항들을 제시하며 프로세스를 관리하는 반면 시민은 그들의 견해나 관점을 제시하도록 요청받는다. 즉 이 단계는 정부가 주도하여 정의한 이슈들에 대해 시민들이 피드백을 하는 방식으로 진행되며, 그러한 시민들의 견해가 의사 결정 과정에 알려지게 된다.

3) 적극적인 참여

적극적인 참여(active participation)는 시민이 정책 형성 과정과 결정시에 적극적으로 관여함으로써 정부와 파트너십에 근거한 관계를 구축하는 단계이다. 이 단계에서는 의제 설정에서 시민이 동등한 입장에 있으며 다만 최종 의사결정의 책임은 정부에 있다. 즉 정책 의사 결정의 과정과 내용뿐만 아니라 서비스 디자인과 전달 방식을 고안하는 데 시민과 기업이 정부와 동등한 기회를 갖게 되는 적극적인 시민 참여 관계가 형성된다.

2. MacIntosh 모형: 참여 목적을 중심으로

위의 OECD의 용어에 근거하여 MacIntosh(2004)는 e-참여의 목적을 고려해 좀더 구체적으로 다음의 세 가지 단계를 제시했다. 이 모형은 각국에서 이루어지는 전자정부의 e-참여 사업이 어떤 단계에 해당되는지의 판단 기준을 제시한다([그림 9-4] 참조).

1) 전자적 참여 기회 제공(e-enabling)

이 단계에서는 참여가 가능하고 용이하도록 하기 위해 정보통신기술을 사용하는데, 인터넷에 접근할 수 없었던 사람들을 지원하고, 이용 가능한 정보를 많이 활용할 수 있도록 하는 단계이다. 이 단계에서 고려해야 하는 문제는 다양한 기술적 능력과 의사 전달 능력을 가진 시민들을 만족시키는 정보통신기술을 제공함으로써, 어떻게 하면 정보통신기술이 다양한 시민들에게 좀더 잘 접근될 수 있는가 하는 것이다. 동시에 기술은 더욱 접근 가능하고 이해 가능한 포맷으로 적합한 정보가 제공될 필요가 있다. 즉 정보의 접근성(accessibility)과 이해 가능성(understandability)이라는 두 개의 관점이 이 단계에서 다루어지는 주요한 이슈이다.

[그림 9-4] MacIntosh의 참여 목적에 따른 참여 수준 모형

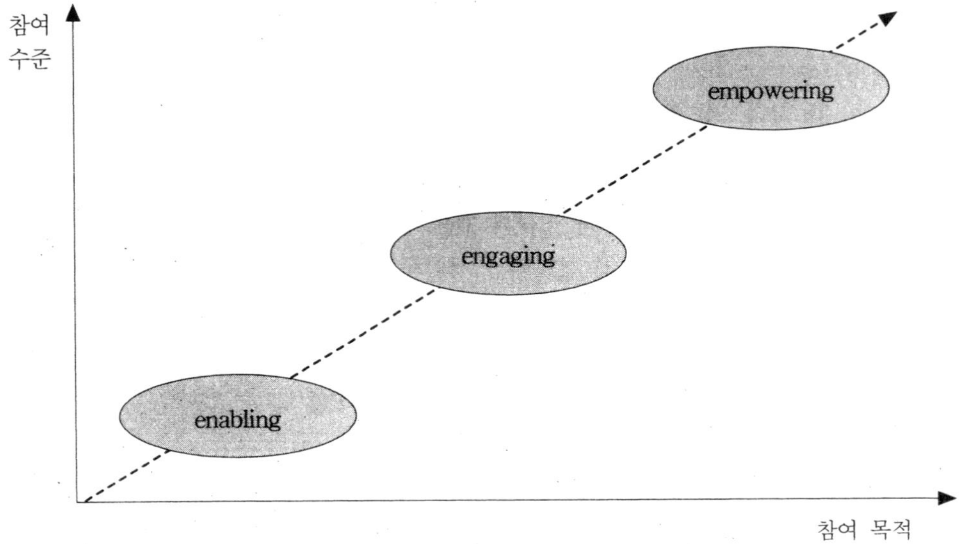

출처: MacIntosh(2004) 그림 1의 재구성.

2) 적극적인 전자적 참여(e-engaging)

이 단계에서는 시민을 적극 참여시키기 위해 정보통신기술을 사용한다. 시민의 적극적인 전자적 참여는 정책 이슈에 관해 더욱 깊이 있게 관여할 수 있도록 하고 동시에 정책 이슈에 대한 신중한 논쟁을 지원하기 위해 어떻게 하면 더 광범위한 시민층과 협의하는가를 고민한다. 이러한 맥락에서 적극적인 관여라는 용어가 사용된 것은 정부 또는 의회에 의해 시민의 상의 하달식 협의(top-down consultation)가 이루어짐을 의미한다.

3) 전자적 권한 부여(e-empowering)

이 단계에서는 시민에게 권한을 부여하기 위해 기술을 사용한다. 시민에게 권한을 부여하는 단계는 정치적 합의에 영향을 미치는 하의 상달적인 아이디어(bottom-up ideas)를 활성화시키고, 적극적인 참여를 지원하는 방법을 고민

하는 단계이다.

이전에 상의 하달식의 민주주의 관점은 정부 주도로 제공되는 정보에 대한 사용자의 접근성과 대응 방식으로 이루어지는 것에 반해 하의 상달식 관점은 시민이 단지 정책의 소비자라기보다는 공급자로서 대두되는 것이다.

3. Te Komohana O Nga Tari Kawanatanga 모형: 신뢰 수준을 중심으로

Te Komohana O Nga Tari Kawanatanga(2004)는 전자정부를 성숙 과정에 따라 3단계로 구분하고, 이를 OECD의 전자적 참여 3단계 모형과 연계시켰다. 더불어 참여의 수준에 따라 시민들의 정부에 대한 신뢰 수준이 증대한다고 보고 신뢰 수준을 3단계로 제시했다. 결과적으로 그는 전자정부 단계, 전자적 참여 단계, 신뢰의 단계를 연계·통합하여 전자정부 시민 참여의 수준을 제시하고 있다([그림 9-5] 참조).

[그림 9-5] 전자정부, 시민 참여, 그리고 신뢰 수준의 연관 모형

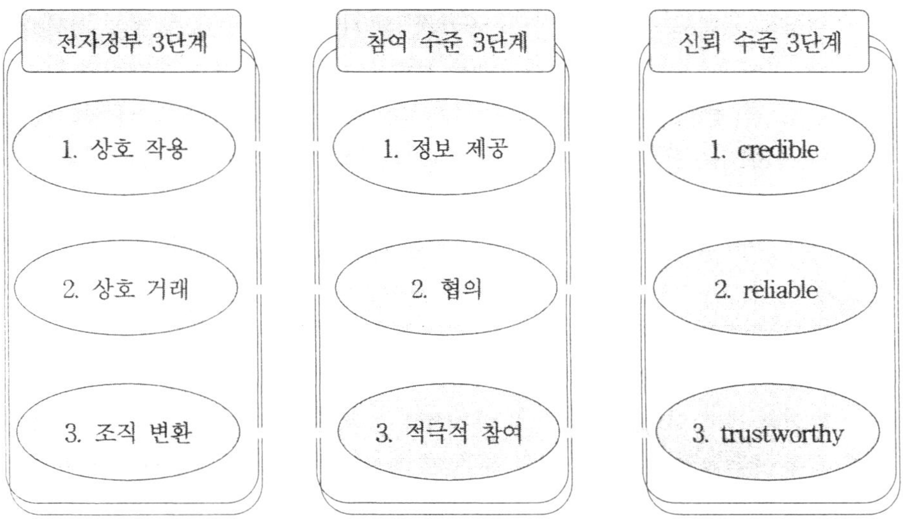

실제로 각국에서는 전자정부의 발전 전략을 모색하면서 참여 기회를 증대시키는 전자정부 활동 로드맵을 마련하고 있다. 전자정부의 전략 목표는 접근 또는 상호 작용(access or interaction), 상호 거래(transaction), 그리고 상호 변환(transformation)으로 이루어지며, 이는 참여의 수준과 신뢰의 수준이 함께 연계되어 새로운 모형으로 제시된다. Te Komohana O Nga Tari Kawanatanga가 제시하는 신뢰의 수준은 3단계로 credible, reliable, trustworthy로 보고 있다.

먼저 1단계 신뢰 수준인 credible은 개방되고, 정직하고, 접근 가능하고 편리함을 통해 달성되는 개념이고, reliable은 공평함과 대응성을 통해 달성되는 개념이다. 마지막으로 trustworthy는 상호 이해 관계와 가치를 교환하는 과정의 파트너십을 통해 달성되는 개념으로, 이들 신뢰의 수준은 전자정부가 성숙하고 그에 따라 참여의 수준이 증대함에 따라 성숙된다고 보고 있다.

4. 전자정부학회(IEG) 모형: 전자민주주의 논의를 중심으로

전자민주주의 모형에 대한 선행 연구들이 많은데 OECD의 3단계 전자민주주의 상호작용 모형 이외에도 Gartner Dataquest에서는 시민에게 서비스를 전달하는 것뿐만 아니라 시민의 전자적 참여를 위한 4단계 모형을 제시하고 있다. 전체적으로 단계가 진행될수록 시민과 정부 간 관계를 확대시켜 나가는 것으로, 즉 정부의 정책 형성에 영향을 미치기 위해 적극적으로 시민을 참여시키는 방향으로 성숙해지는 것이다. 그러나 이러한 모형들의 한계는 전자민주주의의 전략적 비전을 제시하기에는 무리가 있다는 점이다(Caldow, 2004).

이러한 관점에서 전자정부학회(The Institute for Electronic Government: IEG) 모형은 다음과 같은 측면에서 전자민주주의 즉 전자적 시민 참여를 정의하고 이행해 나가는 데 한 발 앞선 모형으로 제시된다([그림 9-6] 참조). 즉 이 모형은 정부가 현재 전자적 환경에 직면하여 얼마만큼 적극적으로 전자기술을 활용한 시민 참여를 이행하고 있는지를 좀더 구체적으로 분석해 볼 수 있는 기준을 마련해 준다. 이 모형은 두 가지 축으로 구성되며, 하나는 시민의 참여 정도를 측정하고 다른 하나는 영향력을 측정한다. 각 사분면에 대한 자세한 내용은 다음과 같다.

[그림 9-6] 전자정부학회(IEG)의 전자민주주의 모형

시민 참여도		
	2사 분면 **: 쌍방향, 비동시성** (asynchronous) • 이메일 • 온라인 여론조사 • 온라인 서베이 • 이메일 경보(email alerts)	**4사 분면** **: 상호 작용적, 전략적** • 전자 청원 • 전자 협의
	1사 분면 **: 수동적, 일방향** **비동시성(asynchronous)** • 정보 탐색 • 웹 캐스트(Web Cast)	**3사 분면** **: 협동적, 상호 작용적** • 뉴스미디어와 인터넷의 역동적인 모니터링 • 자발적 공고나 조정(공동 작업) • 온라인 기금 마련, 온라인 포럼

영향력 수준

(1) 1사 분면

1사 분면 단계는 정부가 시민에게 전자상으로 정보를 제공하는 것으로 현재 대부분의 정부에서 1사 분면의 단계는 잘 이행하고 있다. 이 단계는 전자적 시민 참여, 즉 전자민주주의의 가장 기초적인 단계로서, 정부는 시민과 커뮤니케이션하기 위해 좀더 정교한 정보통신기술을 활용해야 하며, 오늘날의 민간 부문에서 행해지는 정교한 정보 제공 방식을 벤치마킹하려고 노력해야 한다.

(2) 2사 분면

2사 분면 단계는 정부가 시민과의 쌍방향적인 커뮤니케이션을 모색하는 단계로, 여전히 비대칭적인 특성을 갖고 있다. 대표적인 시스템으로는 이메일 경보 시스템으로 시민에게 다양한 이슈에 대해 이메일 경보를 보내기 위해 시민들의 가입 응모를 한다. 이 시스템은 시민 개개인이 정부 업무의 궁금점을 일일이 찾아다니지 않아도 자동적으로 알 수 있게 해 줌으로써, 시민의 불필요한 개별적 이메일을 감소시킨다는 이점이 있다.

버지니아 주 알링턴 카운티 안보국에서는 시민이 비상사건에 즉시 접근할 수 있도록 하는 비상경보 시스템을 운영중에 있다(www.arlintonalert. com). 나아가 버지니아 주의 페어팩스 시는 비상사건뿐만 아니라 일상적인 사건에 대해서도 예를 들어 세금 납부일, 도로 부분 봉쇄, 휴교일, 도시의 사건이나 날씨 등을 경보해 준다.

(3) 3사 분면

3사 분면 단계는 상호 작용적 능력을 확대시키는 단계로, 여전히 비대칭적인 특성이지만 커뮤니케이션은 좀더 협동적인 국면으로 접어든다. 이 단계에서 흔히 참여 시스템이 정치적 과정에 응용되며 시민이 자발적으로 여론을 공모하고 조직화하며 온라인 기금 마련, 온라인 캠페인, 온라인 투표 등이 이루어진다.

많은 나라에서 기존의 투표 시스템을 대체할 새로운 전자 투표 방식을 모색중인데, 특히 브라질, 호주 그리고 영국과 스위스 등이 대표적이다. 이들은 투표장과 투표장 이외에서 사용될 수 있는 기술들로 터치 스크린 투표 장치, 상호 작용적 음성 방식 기술(IVR), 키오스크(Kiosk), 상호 쌍방향 디지털 TV, 그리고 단문자 메시지 서비스를 통한 이동전화 투표 방식 등을 모색중에 있다. 그러나 이들 전자적 투표 방식은 가청성(audibility), 책임성(accountability), 신뢰성(reliability), 그리고 재검표 역량(recount capability), 단일 표준화 결여 등의 문제로 논쟁적인 상황이다. 따라서 실제로 인터넷 투표 파일럿 테스팅이 이루어진 경우가 드문 실정이기는 하나, 지난 2003년 스위스 제네바 외곽 아니에레(Anieres)의 작은 빌리지에서 인터넷 투표를 법적인 제도적 장치를 마련하여 실제로 실시한 바 있다.

(4) 4사 분면

4사 분면 단계는 전자민주주의를 추구하기 위한 최상위의 수준으로 전략적이고 상호 작용적이며 대칭적으로 시민의 전자적 참여를 가능하게 한다. 정부가 이처럼 최상위의 전자적 시민 참여를 추구하는 이유는 ① 복잡성이 증대하는 정책 과정 환경 속에서 더 폭넓은 정보자원을 이용하여 더 질 좋은 정책을 산출하고, ② 정보사회에서 요구되는 더 넓고 더 빠른 시민과의 상호 작용 수요에 대응하고, ③ 정책 형성 과정 속에 시민의 의견을 효율적으로 통합시키고, ④ 정부의 의사 결정 과정의 투명성과 책임성을 제고하고, ⑤ 이를 통한 정부의 신뢰성을 증진시키기 위해서이다.

이러한 단계는 그간 몇몇 나라에서 시도되어 왔으며, 호주의 퀸즐랜드(Queensland) 웹 사이트(www.gld.au)는 시민이 온라인 사이트에서 정책 이슈의 배경이나 현재 입안중인 법제 정보를 제공받고 이에 대해 시민이 자신의 견해를 사이트에 제시하면, 이들 정보들은 의회에 연계됨으로써 다양한 정책 및 입법 기준을 마련하게 된다. 그 밖에 스코틀랜드 의회의 전자청원 시스템(www.scottish.parliament.uk/)도 시민이 정책 결정 과정에 참여하는 수준 높은 사이트로 알려져 있다.

제 3 절 전자정부에서 시민 참여의 주요 정보통신기술

전자적 시민 참여를 성공적으로 이끌기 위해서는 무엇보다도 사회적 · 문화적, 그리고 조직적 이슈들이 중요한 요소이며 기술적인 문제는 부차적인 것이다. 그러므로 기술적 이슈는 일차적으로 다루어지는 문제가 아니다. 그럼에도 불구하고 기술적 이슈들은 온라인 시민 참여를 성공적으로 구축하기 위한 기본적인 필수 조건으로 정보통신기술이 적절히 구축되지 못하면 불가능하다는 전자적 시민 참여의 필수 사항으로 인식된다(Coleman, 2001: 33).

1. 전자적 시민 참여의 주요 정보통신기술: 초고속 정보통신 인터넷에 기반한 다중 통신 매체

전자적인 시민 참여를 위해서는 전자공간 안에서 의사소통이 자유롭게 전달될 수 있는 정보통신기술, 즉 다양한 통신 매체 기술 기반이 구축되어야 한다. 최근에 전자적 시민 참여 사이트가 구축되고 운영될 수 있는 가장 큰 원인은 이러한 필수적인 정보통신기술 기반인 다양한 전자통신 매체가 개발되고 활용될 수 있기 때문이다.

다양한 전자통신 매체에는 PC통신, 케이블 TV, 쌍방향 디지털 TV 등이 있지만 이 중에서도 전자적 시민 참여의 가장 기본적인 기술 기반은 초고속 정보통신을 기반으로 한 인터넷 기술이다. 인터넷은 언론 매체를 통해 일방적으로 정보를 수용하는 수동적인 라디오나 TV와는 달리 여러 사람들이 동시적, 그리고 쌍방향적인 통신을 가능케 한다. 현재 인터넷을 통한 유즈넷 뉴스그룹, IRC 등[6] 다중통신 매체들의 활용이 전자적 시민 참여를 가능케 하는 기술들이다.

2. 전자정부 시민 참여 영역에 따른 정보통신기술

전자적 시민 참여를 매우 단순하게 2개 영역으로 구분한다면 하나는 시민의 정보 수요에 효과적으로 대응하는 측면과 다른 하나는 시민을 정책 의사 결정에 적극적으로 참여시키는 측면으로 구분할 수 있다. 따라서 이러한 구분에 따라 활용되는 정보통신기술 기반의 특성을 고려해 볼 수 있다.

1) 시민의 정보 수요에 대응하는 기술

그 동안 소극적이든 적극적이든 간에 시민의 정보 수요에 효과적으로 대응하기 위해 사용된 정보통신기술은 일반적으로 웹상의 텍스트에 기반한 정보통신 전달 기술이다. 그러나 향후 더욱 혁신적인 방법이 고안되어 아바타 기술이나 자연언어 프로세싱(NLP), 그리고 음성 기술까지도 구축·활용될 전망이다.

2) 시민의 적극적 참여를 위한 기술

최근 정보통신기술을 활용한 전자 포럼, 대화방, 전자투표 등은 인터넷망을 기반으로 한 CMC(Computer Mediated Communication) 기술의 발전으로 인해 다양한 멀티미디어에 의한 의사소통이 가능해지고, 이에 따라 정부와 주민 간의 쌍방향 의사소통이 활발하게 이루어질 수 있게 되었다. 즉 토론 포럼 기술(discussion forum technology) 기반으로 시민의 적극적인 전자적 참여가 가능하게 되었다.

전자적 시민 참여의 가장 대표적인 형태인 포럼(Issue & Policy based

6) 유즈넷(Usnet)이란 User's Network의 약자로 전 세계적으로 분산된 토론 그룹의 집단을 지칭한다. 이러한 뉴스 그룹들은 주제별로 다양하게 구분되어 있으며, 이들 네티즌들은 각자 관심이 있는 뉴스 그룹을 선택해 자신의 생각이나 의견을 게재하고 또한 사람들이 게재한 의견이나 주장에 대해 반박하기도 한다. 한편 IRC란 Internet Relay Chat의 줄임말로 인터넷상에서의 채팅으로 IRC의 장점은 무엇보다도 빠른 속도이다. 예를 들어 이를 이용하면 도시정부의 도시계획 담당관과 시민 간의 1대 다중으로 동시에 통신할 수 있다(김갑모, 2004: 50).

forums)은 정책형성자, 이해당사자 그룹 또는 전문가에 의해 포럼이 조직화되고, 하나 또는 그 이상의 토론의 장이 엮혀서 포럼이 다양하게 형성된다. 포럼의 장이 구성되면 포럼 구축자 외에 다른 외부집단의 여론을 측정하고 다양한 아이디어를 구하기 위한 여론 수렴 기술들이 활용되고, 동시에 포럼의 토픽과 관련한 정보를 탐색할 수 있는 웹 사이트에 링크시키는 기술 등이 활용된다.

아직까지 혁신적인 새로운 기술이 사용되지는 않고 있지만 다음과 같은 기술 사용을 고려해 볼 수 있다. 즉 다양한 참여 시민들이 이슈에 대해 더 깊게 심사숙고할 수 있도록 하기 위해 온라인 논쟁시 그래픽 도식 등을 제공해야 하며, 이를 위해 공동 의사 결정을 위한 지원 기술(Computer Supported Collaborative Argumentation: CSCA)과 토론 과정의 시각화 지원 기술(Computer Supported Argument Visualization: CSAV) 등[7]이 활용될 수 있다. 이러한 토의 지원 방식들은 토론 과정의 시각화를 위한 언어 및 그래픽 도식 지원 시스템인 이슈 기반 정보 시스템(Issue Based Information Systems: IBIS)에 근거하는 것이다. 그 밖에 면대면 미팅을 지원하는 열린 심의 과정을 촉진하기 위해 개발된 방법들이 많이 있으며, 그러한 기술들은 전자적 적극 참여 과정(e-engagement)을 지원하기 위해 채택 가능한 방법들이다(Kirschner, 2003).

3. 전자적 시민 참여의 기술 어플리케이션

전자적 시민 참여를 가능하게 하는 기술 기반은 흔히 알려진 인터넷이라고 불리는 온라인 채널 이외에도 다음과 같이 온라인 의사소통과 의사 전달이 가능한 다양한 방식이 있다(Coleman, 2001: 24-26).

1) 전자우편

전자우편은 일 대 일 의사 소통 방식이며, 시민 참여에 가장 기본적이면서도 활용성이 높은 어플리케이션이라고 알려져 있다. 그러나 새롭고 흥미로운 커뮤니케이션 툴(communication tool)들이 개발되면서 이메일의 자리를 대신할 가

---

7) CSCA나 CSAV는 다양한 이해당사자(multi-stakeholder) 간 잘 구조화되지 않은 문제들을 이해시키고 협상하도록 도와 주는 소프트웨어 툴이다. 이러한 툴은 인간의 인지적 과정과 토론적 과정을 지원하고, 적절한 도식적 표현과 서비스 그리고 사용자 인터페이스를 지원한다(Kirschner, 2003).

능성이 대두되고 있다. 예를 들어, 오늘날의 시민들은 상호 커뮤니케이션 도구, 모바일을 통한 전자우편, 실시간 라우팅 시스템(routing system) 등에 대한 수요가 증대되고 있다.

2) 인스턴트 메시지

인스턴트 메시지(instant messaging)는 일 대 일 또는 몇몇 사람 간 의사소통 방식으로 10대 등의 젊은 층에서 활용성이 높다. 이는 점차적으로 널리 흩어져 있는 작업군, 고객 서비스, 그리고 사내의 실시간 상호 의사소통 수단으로 일 대 일 또는 소수 사람들 간의 의사소통시에 그 효과성이 급격히 증대되고 있다.

전자적 시민 참여에서 시민 간 의사 소통을 위한 인스턴트 메시지 어플리케이션은 프라이버시와 보완성, 그리고 사용이 용이해야 하며, 더욱 활용성을 높이기 위해서는 전화와 웹에 기반한 서비스와 상호 호환성을 갖추고, 오픈 소스(open source) 기술 기반으로 모든 플랫폼에 상관 없이 시민, 어플리케이션 그리고 시스템 간 자유로운 의사소통을 가능하게 해야 할 것이다.[8)]

3) 메일링 리스트

인터넷 메일링 리스트(mailing lists)는 다수 대 다수의 의사소통 방식으로 인터넷상 가장 안정적인 기술들 중 하나이다. 기본적으로 이러한 기술들은 지난 10년 동안 거의 변화하지 않고 지속적으로 활용되어 왔으며, 표준성이 높고 관리 가능성도 용이하다.[9)] 그러나 메일링 리스트는 웹 통합성이 약하고 공개 메타데이터 표준화(open metadata standards) 부재 등의 문제가 존재한다.

4) 다양한 웹 형식(방명록부터 웹 블로그까지)

웹상의 다양한 종류의 어플리케이션 기술이 존재하는데 그 중에는 방명록(guest book)에서부터 웹블로그(web-blog) 등이 있으며, 이는 일 대 일 또는

---

8) 예를 들어 인스턴트 메시지 솔루션 사로 유명한 자버(Jabber) 재단(www.jabber.org)에서는 이러한 관점에 초점을 맞추어 인스턴트 메시지 시스템을 개발해 왔으며, 이를 통해 전자적 시민 참여를 위한 인스턴트 메시지 시스템의 가능성을 열어 주고 있다.

9) 1986년 E. Thomas에 의해 개발된 'ListServ'라는 이메일 리스트 관리 소프트웨어는 전세계적으로 선두적인 이메일 리스트 브랜드이며, 그 외 Majordomo, Mailman, GNU, Lyris 등 다양한 메일링 리스트 브랜드가 존재한다.

일 대 다수의 의사소통 방식이다. 이러한 형식들(forms)을 웹상에서 활용하는 기술은 매우 간단하지만 문제는 그러한 웹 형식에 내용을 채우는 사람들이 얼마나 적극적으로 활용하느냐에 관한 것이다.

5) 채팅방

채팅방(chat rooms)은 일 대 일, 일 대 다수, 다수 대 다수의 의사소통 방식으로 특히 청소년층이 서로 사소하고 평범한 상호 작용을 위해 활용되는 것으로, 종종 온라인 상호 작용 시스템으로 가장 흔히 활용되는 수단이다. 따라서 이러한 채팅방 시스템은 특히 전자적 시민 참여 형태 중 협의 단계(consultation)에서 활용되면 효과적인 수단이 될 수 있다. 그러나 문제는 채팅방의 경우 협의의 과정이 혼동된 무질서한 상황이 될 수 있다는 것이다.

6) 게시판

게시판(bulletin boards)은 다수 대 다수 간 의사소통 방식으로 웹에 기반한 대화 공간으로 알려져 있으며, 온라인 포럼이나 온라인 협의는 다양한 게시판 소프트웨어 어플리케이션에 근거하고 있다. 포럼이나 온라인 협의를 위한 게시판 어플리케이션은 두 가지 종류가 있는데, 하나는 1차원의 단선형 소프트웨어(linear software)이고, 다른 하나는 다차원의 스레드형 어플리케이션(threaded application)이 있다.

먼저 1차원의 단선형 소프트웨어는 하나 뒤에 하나씩 제시되는 시간적 순서(chronological order)에 따라 게시되기 때문에 대화형의 관계 구축형 상호 작용에 적합하다. 한편 다차원의 스레드형 어플리케이션은 특정 상황이나 장소에 특별히 대응하는 데 적합하고, 또한 필요시 하위 스레드로 구분되기도 하여 종종 원거리 학습이나 Q&A 어플리케이션에 유용하게 활용된다.

4. 전자적 시민 참여의 기술적 측면의 고려 사항

전통적으로 전자정부에서는 정보 격차나 인터넷에 대한 보편적 접근을 위한 민주주의 문제가 중요하게 고려되어 왔으며, 이들 문제들은 기존에 전자정부의 전자적 참여에서 주로 다루어졌던 전통적인 문제들이다. 다음에서는 이들 문제들을 기술적 차원에서 시민들이 디지털 기술을 편리하게 사용할 수 있도록 하기 위해 제기될 만한 주요 이슈들을 제시한다(Coleman, 2001: 26).

1) 접근의 용이성

전자적 시민 참여를 구축하려면 접근을 용이하게 하는 것이 중요하다. 접근의 용이성(accessibility) 이슈는 정보 격차 문제와 관련되는 것으로, 예를 들어 시각적 장애를 갖는 집단들도 배제되지 않고 모두 참여가 가능하도록 설계되어야 한다. 이 문제를 해결하기 위해 정부는 전자정부의 웹 사이트를 설계할 때는 접근 가능성을 반드시 고려해야 하는 가이드라인이나 규칙 등을 마련해야 할 것이다.

2) 유용성

전자적 시민 참여의 유용성(usability)을 제고하기 위해서는 시민 참여를 위한 웹 사이트가 효율적이고(efficient), 직관적이며(intuitive), 지원적이고(supportive), 적극적으로 참여(engaging)가 가능해야 한다. ① 효율적이기 위해서는 사용자가 웹 사이트 활용 방법을 쉽고, 명확하게 이해할 수 있고, 대응 시간이 신속해야 하며, ② 직관적이기 위해서는 시민들의 인지 방식에 따라서도 사용이 용이해야 하며, ③ 지원적이기 위해서는 실수를 쉽게 철회할 수 있고, 이를 위한 어드바이스나 참고 설명들이 잘 지원되어야 하며, ④ 적극적인 관여가 가능하기 위해서는 시민이 스스로 사이트를 운영·통제하고, 시민이 자신의 경험을 잘 반영할 수 있도록 고안되어야 한다.

3) 신뢰성

신뢰성(reliability) 문제는 기술적이라기보다는 정치적인 문제와 더욱 밀접하게 관련된다. 신뢰성은 참여자가 자신의 의견이 잘 반영되고 있는지를 피드백받기를 원하는 것으로, 신뢰성을 제고하기 위해서는 참여의 모든 과정에서 비당파적인 신뢰성 있는 정보가 공개되도록 지속적인 관리가 이루어져야 한다.

4) 보안성

오늘날 전자적 참여 활동을 포함한 모든 온라인 활동은 보안성(security)이 중요한 이슈이다. 이와 관련하여 기술적 고려 사항은 ① 기술 플랫폼이 보안 품질 보증이 되어 있는가, ② 표준 소프트웨어 패키지를 사용한다면 그 플랫폼은 가장 최신의 안전한 버전인가, ③ 그 플랫폼이 사용자가 관련 자료를 업로드할 수 있으며, 그 과정에서 바이러스 통제 메커니즘이 구축되어 있는가 등과 관련된다. 따라서 이들 문제들을 고려한 철저한 보완 지향적인 통제가 이루어져야 한다.

5) 읽기의 용이성

읽기의 용이성(readability)을 위해서는 평범하고 쉬운 용어를 사용하는 것이 중요하며, 평범한 언어는 민주주의를 제고하고, 시민의 법적 권한과 효율성을 증대시킨다. ① 평범하고 명료한 용어 사용은 시민이 공문서의 내용을 손쉽게 이해하고 그에 따라 자신의 견해를 제시할 수 있기 때문에 민주주의를 제고하며, ② 법을 더 쉽게 이해하고 해석할 수 있으므로 시민의 법률적 권리를 확보하게 하며, ③ 시민과 더불어 공무원이 쉬운 문서를 읽게 됨에 따라 시간을 단축할 수 있어 효율성을 증대시킨다.

6) 최신성과 포괄성

모든 참여 활동은 유한 또는 무제한적인 시간 범위를 갖는데, 제공되는 정보가 최신성(current)과 포괄성(comprehensive)에 맞게 항상 업데이트되는 것이 중요하다. '새로운 정보 코너(What's New?)'는 일반적으로 유용한 서비스로 활용된다. 계속해서 진행되고 있는 토의 과정에서는 새로운 정보, 링크, 관련 인쇄물 등이 지원되어야 하며, 그러한 자료들은 '정보센터(resource center)'에서 제공·삭제되어야 한다.

7) 진입 수준

단일하고 보편적인 서비스 원칙(one size fit all)은 이미 구식이 되어 버린 원칙이다. 오늘날 웹 서비스의 커뮤니티 포털과 콘텐트 관리 시스템은 개인화 및 맞춤 서비스가 표준 요소이다. 예를 들어 진입 수준(levels of entry)에는 다양한 멤버십 수준의 서비스들이 종종 요청되며, 공공 영역 내·외에서 폐쇄형의 개인화된 협의의 장이 요구되며, 이에 대한 맞춤형 서비스가 요구된다.

8) 인 증

정책 토의 과정에서 참여자는 익명성을 선호하며 그것이 허락되어야 함에도 불구하고 보완성의 문제로 인해 종종 등록을 요청받는다. 이러한 과정에서 보완성이 있는 인증 과정이 필요하다.

9) 필터링

참여 과정에서 과도한 정보가 창출되고 제공되기 때문에 참여자들, 특히 관리자들은 정보의 흐름을 관리할 수단이 필요하다. 여러 가지 방식의 다양한 필터링(filtering) 기술들이 있는데 가장 단순한 방식으로는 프로필 필터링(profile filtering)으로, 예를 들어 키워드나 리스트를 미리 지정하면 소프트웨어가 알아서 그것과 맞지 않는 정보는 거부하는 형식이다.

제4절 전자정부에서 시민 참여의 특징 및 유형

1. 전자정부에서 시민 참여의 특징

전자정부에서 시민 참여는 무엇보다도 기존의 오프라인상의 시민 참여가 갖는 몇몇 제약점을 극복해 준다. 기존 시민 참여에서 시민의 수동적이고 간접적인 참여로 인한 한계를 벗어나 새로운 정보통신기술 매체를 통해 좀더 직접적이고 적극적이며 실시간적으로 참여할 수 있도록 한다.

무엇보다도 기존 시민 참여에서는 제도적으로 다양한 장치가 마련되어 있음에도 불구하고 참여를 위한 시·공간적인 제약으로 인한 한계가 내재되어 있

〈표 9-1〉 전통적 시민 참여와 전자정부 시민 참여의 특성 비교

구 분	전통적 시민 참여	전자정부 시민 참여
참여 형태	수동적/반응적	적극적/상호 작용
참여 영향	간접적	직접적/즉각적
참여 방법	한정적	다양화
의사 소통	일방향성	쌍방향성
참여 장소	물리적 공간	사이버 공간
참여 인원	한정적 소수	다수 시민

출처: 오형국(2004: 44).

었다. 그러나 인터넷을 중심으로 한 새로운 정보통신기술 환경에서는 포괄적이고 직접적인 참여를 가능하게 함으로써 <표 9-1>과 같은 차별성을 갖는다.

1) 적극적/상호 작용

전자정부 시민 참여에서는 시민이 단순 정보의 수용자가 아닌 정부가 제공하는 정보에 직접적으로 자신의 의견을 피드백함으로써 정부와 시민 간 상호작용성을 향상시킨다. 즉 기존 정부의 정보 제공과는 달리 정부가 제공하는 정보에 대해 시민의 즉각적이고 자유로운 의견 제시가 가능하고 그것이 공개됨으로써 정보 공급자 및 운영자로서 정부는 끊임없이 정보를 관리하고 시민의 요구에 응답하는 상호 피드백적인 관계가 형성된다.

2) 직접적/즉각적

전자 거버넌스적인 관점에서 전자정부 시민 참여에서는 정부에 대한 시민의 직접적인 행정 서비스의 요구는 물론 정부의 정책 의사 결정 과정에 직접적으로 참여할 수 있는 기회가 확대되어 새로운 거버넌스가 달성된다. 또한 정보통신기술의 활용으로 더욱 빠르고 저렴하게, 그리고 폭넓게 참여가 가능함으로써 주민들은 다양한 정보를 가지고 즉각적으로 정부의 행정 과정에 참여할 수 있게 된다.

3) 다양화

복잡해지고 다원화되는 현대 사회에서는 시민의 개별성이 증대되고 다양한 수요가 제기되며, 이로 인해 정부는 좀더 쉽게 정보를 수집하고 재구성할 필요가 있다. 오늘날 개별화된 접근 및 전달이 가능한 정보통신기술로 인해 전자공간에서 다양한 개개인의 의견 제시가 가능해지고 다양하고 활발한 의사소통이 가능하다.

4) 쌍방향성

정보통신기술은 의사소통 방식을 기존의 일 대 일(one-to-one), 일 대 다(one-to-many) 모델을 뛰어넘어 다 대 다(many-to-many) 모델이 가능하게 해 준다. 즉 정보통신기술을 활용한 전자 포럼, 전자 투표, 대화방 등 CMC 기술의 발전으로 인해 다양한 멀티미디어에 의한 의사소통이 가능해지고, 이에 따라 정부와 주민 간의 쌍방향의 의사소통이 활발하게 이루어질 수 있다.

한편 전자정부 시민 참여의 쌍방향성은 정부와 시민의 일방향적인 관계가 상호 작용적인 관계로 변화하는 것에 더해 다수 시민들 간의 쌍방향적인 상호 정보 교류를 가능하게 함으로써 시민들의 정부에 대한 요구가 단순한 개별적인 요구에 그치지 않고 좀더 집단화되고 공개적으로 형성되게 한다.

5) 사이버 공간

전자정부의 시민 참여는 가상공간상에서 형성되는 것으로 온라인 주민 참여는 사이버 공간상에서 참여가 이루어짐으로써 가상 공동체를 형성하게 한다. 특히 공익과 관련된 문제 해결을 온라인 주민 참여의 가상 공동체에서 수행함으로써 가상 공동체의 기능이 사회적 · 정치적으로 중요한 존재가 되고 있으며, 그 영향은 매우 커지고 있다.

6) 다수 시민

기존 오프라인 시민 참여의 제약 중 하나는 장애 및 소외 계층들의 참여의 제약으로 소수의 이해 관계를 갖는 한정된 집단의 참여로 인해 실질적인 참여로서의 의의를 갖지 못하는 것이었다. 이는 참여를 위한 시간적 · 공간적 제약이나 참여 비용의 과다 등 전체 다수 시민들의 참여가 용이하지 않은 결과였다. 그러나 전자정부의 시민 참여에서 새로운 통신 매체는 좀더 용이하고 저렴한 참여 비용으로 다수 시민의 참여가 가능해지게 된다.

2. 전자정부에서 시민 참여의 유형

앞서 제시한 바와 같이 기존에 이미 시민 참여를 위한 다양한 제도적 장치가 마련되어 왔다. 현재 우리 정부의 시민 참여를 위한 행정 제도는 정보공개 제도, 행정절차 제도, 위원회, 시민 제안, 공청회, 민원, 청원, 주민 투표, 주민발안, 주민감사청구, 반상회, 간담회, 시민 감시, 여론 모니터 제도 등 다양한 행정 제도가 시민 참여의 통로 역할을 담당하고 있다.

이러한 기존 오프라인 참여에 더해 전자정부에서의 시민 참여에는 행정정보의 인터넷 공개 확대, 전자정부 서비스 이용 활성화, 전자정부 공청회, 전자정부 의견 수렴(전자정부 게시판), 전자정부 포럼, 전자 투표, 전자선거제, 전자

여론조사 등이 있다. 특히 전자정부 포럼은 현재 각 부처의 홈페이지에 독립된 형식으로 제시되고 있으며, 시민들의 정책 결정 과정에의 대표적인 참여 방법이다.[10] 제시된 바와 같이 다양한 전자정부 시민 참여 기제가 있는데, 다음에서는 전자정부 시민 참여 유형에 대한 다양한 측면의 논의들을 제시한다.

1) 의사소통 방식에 따른 유형

전자정부 시민 참여를 가장 단순하게 의사소통 방식에 따라 일방향적 참여 유형과 쌍방향적 참여 유형으로 구분한다. 먼저 일방향적 방법으로는 홈페이지 활용을 기본으로 하고 이를 통해 정부의 다양한 계획 과정에서 관련된 조사 및 제안을 받을 수 있다. 기본적인 일방향적 단계를 넘어서면 쌍방향적 의사소통을 통해 온라인 토론 포럼, 온라인 서비스 제공, 온라인 의견 제시, 온라인 의사 결정 등의 유형이 제공된다.

2) 참여 방식에 따른 유형

온라인 시민 참여를 의사소통 확대 형태와 의사 결정 수행 형태로 구분할 수 있다. 먼저 온라인 포럼과 같은 토론 기제는 정부 부처의 관련 정책 의제와 내용들에 대해 국민의 의견을 수렴할 수 있는 장치인 반면, electronic town hall meeting 등은 지역 주민의 의견 수렴을 통해 지역정부의 정책을 결정하는 기제이다. 즉 정부 부처의 웹 사이트를 통해 시민의 참여를 유도하는 기제는 다양한 의견 수렴을 통해 정부와 시민 간의 의사소통 채널을 확대시키는 형태와 주민들이 직접 정책 사안에 대해 의사 결정을 수행할 수 있는 기제로 구분된다.

3) 의사소통 성숙도에 따른 유형

전자정부 참여 유형을 전자정부에서의 정부와 시민 간 의사소통 유형에 따라 분류하기도 한다.[11] 첫째, 정보 공개 유형으로는 웹 사이트 즉 정부 포털 사

10) 이들 전자정부 시민 참여의 실제적 유형은 제5절 "전자정부에서 시민 참여의 구현 사례"에 좀더 자세히 제시되어 있다.

11) 전자정부 의사소통 모형은 크게 정부의 정보 공개 단계를 거쳐 정부와 시민 간 상호 작용 단계, 그리고 마지막으로 정부에의 시민의 적극적 참여 단계 등 3단계로 구분한다 (OECD, 2001).

이트나 전자우편이 있고, 둘째, 정부와 시민 간 상호 작용 유형으로는 전자우편, 전자민원 시스템, 전자인증 시스템, 시민 관계 관리시스템이 있다. 그리고 마지막으로 시민의 적극적인 참여 유형으로는 전자 게시판, 사이버 공청회, 사이버 포럼, 전자 투표, 사이버 시민 패널, 사이버 심의회 등이 있다.

4) Coleman에 따른 유형

전자정부에서의 시민들의 참여 방법에 관한 유형으로 Coleman(1999)은 인터넷 기술이 전통적 참여 방식과 결합됨으로써 '가상 공공 영역(virtual public space)'에서 전자정부 시민 참여 유형을 형성하는 것을 설명하고 있다. 전자정부 시민 참여 유형으로는 ① 온라인 정책제안(online policy proposal), ② 온라인 자문(online consultation), ③ 위원회의 공공 참여(public involvement in select committees), ④ 온라인 회의(online conference), ⑤ 쌍방향적 정보 교환(interactive information), ⑥ 온라인 정책평가(online evaluation) 등을 제시하고 있다(오형국, 2005: 49-50).

제 5 절 전자정부에서 시민 참여의 구현 사례

국내·외적으로 전자정부에서의 시민 참여를 위한 정부의 노력들이 진행되고 있다. 중앙정부 차원뿐만 아니라 지방자치단체 수준에서도 이미 다양한 온라인 참여 기제를 통해 시민을 정부의 정책 결정 및 집행 과정에 참여시키고 있다. 다음에서는 국·내외 전자적 시민 참여 사이트들을 중심으로 전자적 시민 참여의 구현 사례들을 소개한다.

1. 국내 사례

지난 2003년을 기점으로 하여 중앙정부 차원에서 전자적 시민 참여에 대한 관심이 증대되고 다양한 활용 사이트를 구축·운영해 오고 있다. 이와 더불어 각 자치단체에서도 온라인 포럼, 정책 제안 및 토론, 메일링 리스트, 온라인 투표 및 여론조사, 담당자 전자우편 공개, 기관장(구청장)과의 대화 등의 사이트를 제공하고 있다. 다음에서는 중앙정부 차원의 사이트를 중심으로 하고, 자치단체 중에서는 전자정부 벤치마킹의 위상을 갖는 서울시와 강남구에 한정하여 활용 사례를 소개하고자 한다.

1) 행정자치부

참여정부는 전자적 국민 참여 확대를 위한 우선 추진 과제로서 '온라인 국민 참여 확대'를 선정한 바 있고, 온라인 국민 참여 확대를 위한 세부 시행 계획은 행정자치부의 주관 아래 진행되고 있다. 따라서 행정자치부는 전자정부에서 시민 참여의 가장 주도적 기관으로 다음과 같이 대표적 사이트들을 운영하고 있다.

(1) 사이버 광장

행정자치부는 지난 2003년 정부기관으로는 처음으로 인터넷 토론이 가능한 '사이버 국민 참여 광장'(forum.mogaha.go.kr)을 개설하고 시행에 들어갔다. '사이버 광장'은 수백 명이 실시간 참여하여 토론이 가능한 사이트로 전자정부와 국민 참여를 결합한 실시간 인터넷 토론 시스템이다. 이는 국민들의 자발적 국정 참여를 유도하고 국민이 제안한 의견을 국정에 반영하는 것을 목적으로 한다.[12)]

(2) '정부혁신 · 지방분권' 참여마당

행정자치부는 참여정부 주요 국정 과제의 하나인 '정부혁신 · 지방분권' 추진 부서로서, 국민과 함께하는 개혁 추진을 위해 일반 국민 및 공무원들의 소중한 의견과 제안을 받기 위해 행정자치부 홈페이지에 지난 2003년에 '정부혁신 · 지방분권' 참여마당을 개설하고 동년 5월 1월부터 운영을 시작했다.[13)]

---

12) 실제로 각 기관에서 사이버 토론방을 운영하고 있지만, 대부분 네티즌들이 게시판에 의견을 남기는 방식인데 비해, 행정자치부의 '사이버 광장'은 게시판을 통한 의견 수렴은 물론 수백 명이 동시에 참여하여 실시간 토론을 할 수 있고, 토론 진행과 함께 여론조사도 병행할 수 있다. 이 시스템을 활용하면 사람들을 한 곳에 모으지 않고도 수백, 수천 명이 자신의 의견을 밝히고 바람직한 결론을 도출할 수 있으며, 각종 회의와 간담회를 대체할 수도 있어, 공무원과 국민들의 정보화 마인드 향상과 전자정부에 대한 이해도를 높이는 데 기여한다.

13) '정부혁신 · 지방분권' 참여마당은 5개 분야로 ① 정부 운영 혁신, ② 제도 · 관행 개선, ③ 자치단체 개혁, ④ 지방분권 추진, ⑤ 제안 · 제언 등으로 구성되어 있으며, 제안자는 형식에 구애 없이 자유롭게 의견을 등록할 수 있다. 또한 접수된 제안은 행정자치부 소

(3) 전자정부 참여광장

행정자치부는 그 동안 장소와 시간의 제약에 따라 전자정부 관련 정부 정책이나 국민의 관심 사안에 대한 토론이나 의견 개진이 자유스럽지 못했던 문제점을 해소하기 위한 방안으로 실시간 토론이나 의견 개진이 가능한 '전자정부 참여광장'을 개설했다.[14] '전자정부 참여광장'은 실시간 토론뿐만 아니라 전자정부 토론마당, 전자정부 포럼 광장, CIO협의회, 전자정부연구회, 사이버 국민평가단, 전자정부자료실 등 여섯 개 메뉴로 구성되어 있다([그림 9-7] 참조).

[그림 9-7] 행정자치부 '전자정부 참여광장'

속 '정부혁신·지방분권추진단'에서 일차로 과제 채택 여부를 검토하고, 채택된 과제는 '정부혁신·지방분권추진단'과 관련 부서에서 개선 방안을 수립한 후, 대통령 자문기구인 '정부혁신·지방분권위원회'의 심의를 거쳐 시행한다.

14) 행정자치부에서는 장기적으로 온라인 국민 참여 포털의 수립·확대·고도화를 추진하기로 계획하고, 온라인 국민 참여 포털의 수립에 앞서 2004년 9월 10일 '전자정부 참여광장'(http://forumegov.go.kr) 홈페이지를 개설했다(행정자치부 전자정부정책과 보도자료, 2004. 9. 11).

(4) 온라인 국민 참여 포털 사이트 운영

행정자치부는 국정에 관한 국민의 소리를 인터넷으로 취합, 처리하는 '온라인 국민 참여 포털 사이트'를 지난 2004년 12월에 개설·운영중에 있다. 온라인 국민 참여 포털 '참여마당 신문고'는 민원 처리기관에 상관 없이 단일화된 접근 채널을 통한 국민 참여가 가능하도록 하는 시스템이다(http://www.epeople.go.kr/).[15)]

온라인 국민 참여 포털 사이트는 기존에 각 기관(부처, 지방자치단체, 공공기관)별로 접수되는 민원이나 제안에 대한 민원 업무 처리의 중복 및 반복으로 인한 행정 비능률 현상 발생, 진행 상황에 대한 모니터링 및 기관별 협력을 요하는 민원에 대한 처리 체계 미흡 등 국민에게 불편을 주고 있는 한계를 극복하고자 일원화된 단일 창구를 마련해 국민의 불편을 해소하고 국민 참여를 확대하고자 하는 것이다.[16)] 단일 창구로서의 온라인 국민 참여 포털 사이트는 하나의 인터넷 포털에서 정책 참여, 제안 및 민원 서비스 신청까지 원스톱으로 제공할 수 있게 되어 국민의 눈높이에 맞는 신뢰받는 정부를 구현한다([그림 9-8] 참조).

2) 문화관광부

문화관광부는 문화관광부의 '주요 정책 결정 과정'을 공개함으로써 기존의 인터넷 정보 공개를 한 단계 향상시키는 한편, 단순히 국민들의 수동적인 정보 습득만이 아니라 동반자적인 관계에서 적극적으로 정책을 결정해 나가게 되었다. '주요 정책 결정 과정'은 최근 현안이 되고 있는 문화관광부 정책 중에 국민들이 궁금해 할 만한 정책 30개를 선정해 각 업무 담당자들이 내용을 수시로 게재하며, 국민들은 문화관광부 홈페이지(http://www.mct.go.kr/)의 '정보공개 자료방'에서 이를 활용할 수 있다.

---

15) 이를 위해 업무재설계(BPR)와 정보화전략계획(ISP)을 수립하여 본격적인 시스템 구축 작업을 시행한 바 있다.

16) 온라인 국민 참여 포털 사이트의 구체적 기대 효과는 다음과 같다. ① 신속한 고충민원 처리 서비스 및 인터넷 공개를 통한 민원처리 만족도가 증가할 것이고, ② 시민 참여 클럽을 통한 정제된 제안의 품질 향상이 기대되며, ③ 정책기초 자료 수집, 정책 입안, 집행, 모니터링까지 시민의 적극적인 참여로 정책 실행의 예상 부작용 파악 및 정책 예비 실험 가능으로 정부 신뢰도가 높아질 것이다(정보화동향, Vol 3, No. 18).

[그림 9-8] 온라인 국민 참여 포털 사이트 구성도

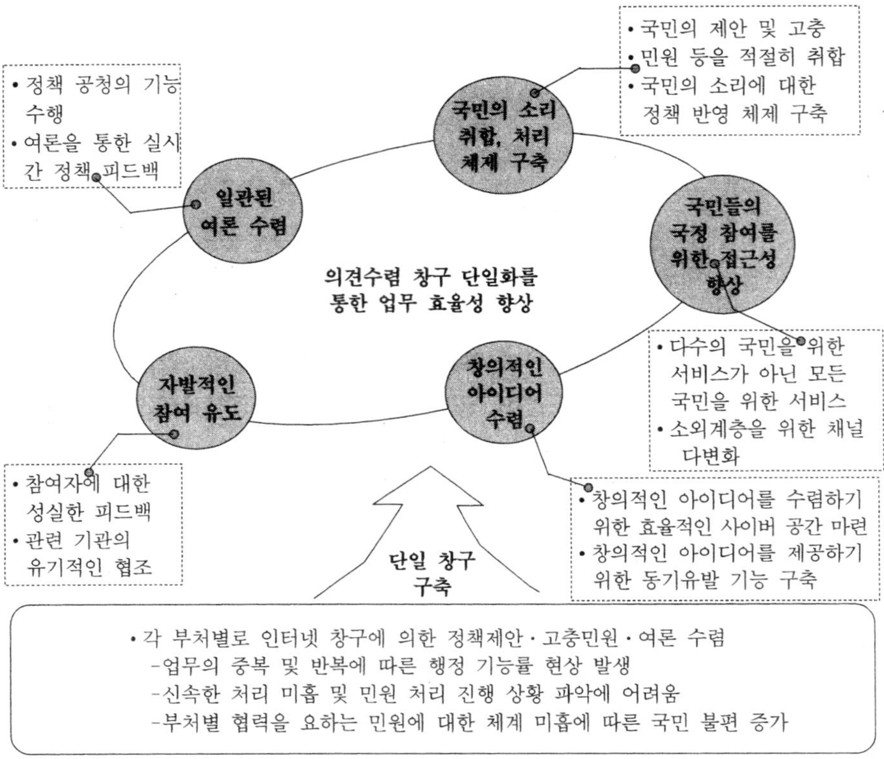

출처: 행정자치부 전자정부과 보도 자료(2004. 6. 17).

3) 관세청

관세청은 인터넷 상담을 신청하는 민원인의 만족도를 높이기 위해 공공기관으로서는 최초로 고객 감동 지수를 실시간 인터넷으로 측정하는 제도를 지난 2004년 6월 1일부터 운영하고 있다. 관세에 대한 업무 전반에 대해 궁금증이 있는 민원은 국내 · 외 어디에서든지 관세종합상담센터 홈페이지를 통해 상담을 신청할 수 있으며, 답변 내용은 전자우편으로 신청인에게 통지될 뿐 아니라 인터넷상에 자동으로 등록된다 (http://call.customs.go.kr/).

4) 산림청

산림청은 참여정부 출범과 함께 정부와 국민이 수평적 쌍방향으로 소통하는 산림행정을 구현하기 위한 국민 참여를 활성화하기 위해 '현장 임정자문위원' 제도를 신설하고 '산림정책 모니터' 제도와 '사이버 정책 포럼' 운영을 활성화했다. 특히 사이버 정책 포럼 운영을 활성화하기 위해 포럼 과제를 특정한 산림 정책 현안에서 국민 의견 수렴이 필요한 산림행정 모든 분야로 확대하고, 특정 과제를 중심으로 선정하여 활발한 토론을 유도했으며, 이를 통해 산림 경영에 국민 참여를 활성화했다.

5) 철도청

철도청에서는 참여정부의 국정 이념에 맞추어 2004년 철도 예산 편성 과정에서 '국민 참여 설문조사'를 실시하고, '예산편성 자문회의'의 구성·운영을 통해 일반 국민들과 시민단체 및 철도 직원 등 각계의 의견을 수렴하여 적극 반영함으로써 예산 편성의 투명성과 신뢰성을 높여 나가고 있다.[17]

6) 해양수산부

해양수산부는 민원인이 집이나 사무실에서 인터넷을 이용해 민원을 신청하고, 민원 접수부터 처리 완료까지의 진행 상황을 실시간으로 확인할 수 있는 '전자민원 시스템'을 운영하고 있다.[18] 특히 민원인의 편의를 위해 정부 부처 최초로 행정자치부의 정부민원 혁신 시스템(G4C)과 공유해 민원인이 G4C, 해양수산부 홈페이지 또는 해양수산 관청의 민원 창구를 통해 다양한 방법으로 민원 신청을 할 수 있도록 했다.

---

17) 이처럼 철도청에서는 철도 예산 편성의 국민 참여로 투명·신뢰성을 제고하고자 했다. 실제로 '국민 참여 설문조사'는 일반 국민과 철도 직원을 대상으로 지난 2003년 4월 15일부터 24일까지 10일간에 걸쳐 철도청 홈페이지(www.korail.go.kr)에 게시되어 진행된 바 있다.

18) 주요 서비스의 내용으로는 ① 해양수산 관련 340여종의 민원 서식에 대해 작성 방법, 첨부 서류 등 안내, ② 어업 개시 신고 및 선박 계선 신고 등 각종 신고, ③ 선박원부 등초본 및 항만시설관리권 등초본 교부 및 열람 등 27종 서류를 전자민원으로 신청할 수 있다.

7) 기 타

(1) 대통령비서실: 기관장 인터넷 후보자 추천 제도화

정부 산하단체의 기관장 인선에 국민의 참여를 보장하기 위해 인터넷을 통한 후보자 추천이 제도화되었다. 기획예산처와 중앙인사위원회는 2003년 4월 14일 이 내용을 담은 '정부 산하단체 인사운영 쇄신지침'을 발표하고, 15일 정부 중앙청사 별관에서 정부 인사혁신 담당관 회의를 개최해 세부 실천 방안을 논의한 바 있다.

(2) 교육부

교육인적자원부는 '참여교육'의 정책 방향에 따라 새로 구성될 정책자문위원회 위원 선정시에 기존의 외부 기관 및 내부 추천 외에 홈페이지를 통한 인터넷 공모를 실시하고 있다(http://www.moe.go.kr).

(3) 여성부

여성부는 2004년 10월 말에 여성부에서 운영하는 여성 포털 사이트인 위민넷에 '기초의회 여성 의원 커뮤니티'를 개설했다(http://www.women net.net/). 이 커뮤니티는 전국 각지에서 흩어져 활동하는 기초의회 여성 의원들의 온라인 네트워크 형성을 통해 여성의 정치 발전에 기여하기 위한 목적으로 구축되었다.

8) 서울시

우리 나라의 지방자치단체들 중에서 주민 참여를 활성화시키기 위해 인터넷을 이용하고 있는 대표적인 곳은 서울특별시이며, 서울특별시는 특히 시정 관련 민원 처리 및 시정에의 주민 참여를 증가시키기 위해 대표적인 민원 처리 온라인 공개 시스템을 구축·운영중에 있다(http://open.seoul.go.kr/). 이 민원 처리 온라인 공개 시스템은 교통 분야, 주택·건축 분야, 환경 분야, 도시계획 분야, 건설공사 분야, 산업경제 분야, 위생·복지 분야, 소방 분야, 그리고 기타 분야 등으로 구분하여 처리된 민원의 내용을 수록하고 있다.

9) 강남구

강남구는 '사이버행정 참여 시스템'을 구축하여 공식 홈페이지상에서 전자우편과 인터넷 설문을 통해 강남구의 행정에 시민이 직접 참여할 수 있는 시스템을 구축하는 한편 정책토론방을 운영하여 각 이슈들에 대해 시민의 자유로운 의견 게재를 할 수 있도록 했다.

이미 강남구는 지난 2001년 9월부터 인터넷으로 주민의 의견을 수렴하여 정책에 반영함으로써 투명하고 객관적으로 주민 다수가 원하는 방향으로 정책을 집행하고 있으며, 예산 편성은 물론 지하철 역명 결정이나 뒷골목 무인 카메라 설치 등 주민 설문 결과에 의거해 정책에 반영한 사례가 500건에 이른다(http://esurvey.gangnam.go.kr/actfront/MainServlet).

2. 해외 사례

1) 영국 온라인 참여 시스템(e-consultation system)

영국[19] 정보화국(Office of the e-Envoy)은 시민의 포괄적인 참여를 유도하기 위해 정부와 공공 영역에서 새로운 커뮤니케이션 미디어를 얼마나 적극적으로 활용하고 있는지를 정부조직 상호간에 모니터링하기 위해 설립되어 운영중에 있다. 동시에 시민들이 정책 형성과 서비스 전달 과정에 효과적으로 참여할 수 있도록 지침과 리더십을 개발하기 위해 주요 이해당사자 시민들과 공동작업을 하고 있는 중이다. 여기서는 정부 모든 부서에 걸쳐 그리고 공공 영역으로 광범위하게 확대시켜 온라인 참여의 원칙을 확산시키기 위해 적극적인 도움을 줄 계획에 있다.

여기서 제시되는 전자적 시민 참여 사업은 ① 유전자 조작 식품, 연금 또는 EU의 미래 같은 주제에 대해 온라인 논쟁을 할 수 있도록 하며, ② 공동의 이해를 갖는 시민들 간에 양호한 정보를 교환하는 온라인 스페이스를 개발한다. ③ 시민이 협의에 참여함으로써 정부정책을 형성하도록 하는 전자협의 사이트를 개설하는 것으로 온라인 참여 시스템을 운영중에 있다(http://www.consultations.gov.uk/)([그림 9-9] 참조).

19) 영국의 전자민주주의 정책은 시민과 국가 간 커뮤니케이션을 가능하도록 지원하는 민주적 과정에서 참여를 더욱 활성화시키고 광범위하고 깊이 있는 참여를 유도하고자 한다. 영국의 전자민주주의는 크게 전자 투표(e-voting)와 온라인 참여(online participation)로 구분된다(Te Komohana O Nga Tari Kawanatanga, 2004: 16).

[그림 9-9] 영국의 온라인 참여(e-consultation) 시스템

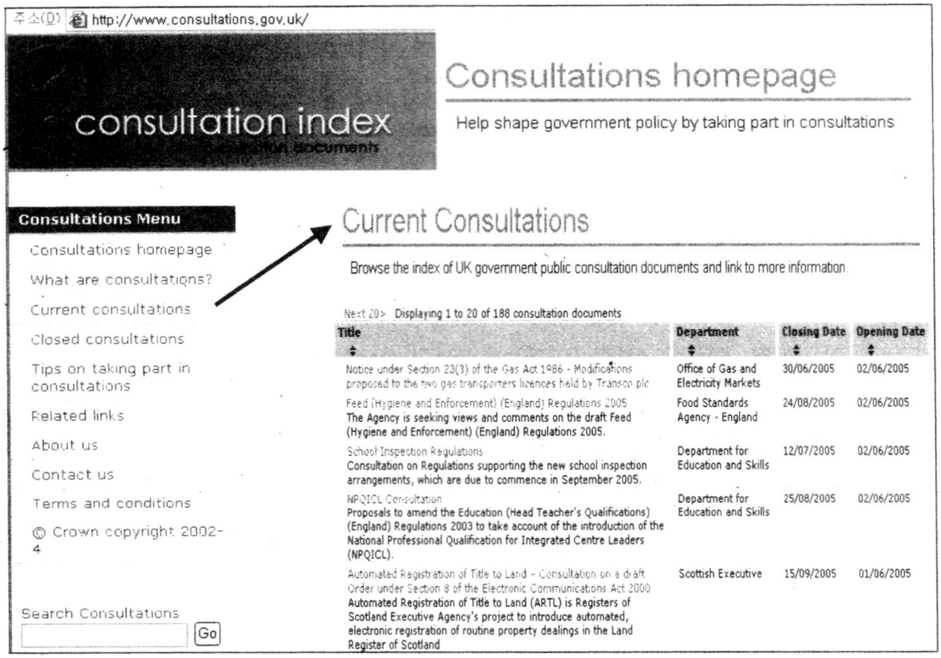

2) 호주의 전자협의 시스템(Citizenscape)

호주는 연방정부 외에 주정부 차원에서도 시민의 전자적 참여에 지속적인 관심을 기울임으로써 새로운 시민 참여 전략들이 모색되어 오고 있다. 주정부 차원에서도 특히 서호주(Western Australia)는 지난 2004년 'A Voice for All: Strengthening Democracy'라는 시민참여 전략을 계획하여 2004년에서 2008년에 이르는 상세 계획안을 제시했다. 이러한 기본 전략하에 전자적 시민 참여를 위한 서호주 정부의 웹 사이트 'Citizenscape'가 운영중에 있다(http://www.citizenscape.wa.gov.au/)([그림 9-10] 참조).

이 사이트에서는 많은 실용적인 정보를 제공하고 있는데, ① 정부의 일하는 방식과 민주적 과정을 더 잘 이해시키기 위해 설계되고, ② 시민 의식 능력을

[그림 9-10] 서호주의 전자협의 시스템(Citizenscape)

배양시키기 위해 구축되었으며, ③ 정부의 의사 결정 과정에 시민 참여를 더욱 촉진시키기 위해 구축되었다. 특히 이 사이트 내에 구성되어 있는 Consult WA는 서호주 정부에서 진행되고 있는 시민의 전자적 협의 과정이 온라인상에서 운영되고 있는 사이트로 상당히 활발히 활용되고 있다.

3) 스코틀랜드 행정부의 전자협의 시스템(e-consultant system)

스코틀랜드는 국가가 당면한 지속 가능한 개발 이슈에 관련해 시민들의 온라인 참여 기제인 전자협의 시스템을 구축・운영했다. 이 시스템은 2001년 6월에서 8월 사이에 진행・마감되었으나, 지금도 홈페이지는 개설되어 열람이 가

[그림 9-11] 스코틀랜드의 전자협의 시스템

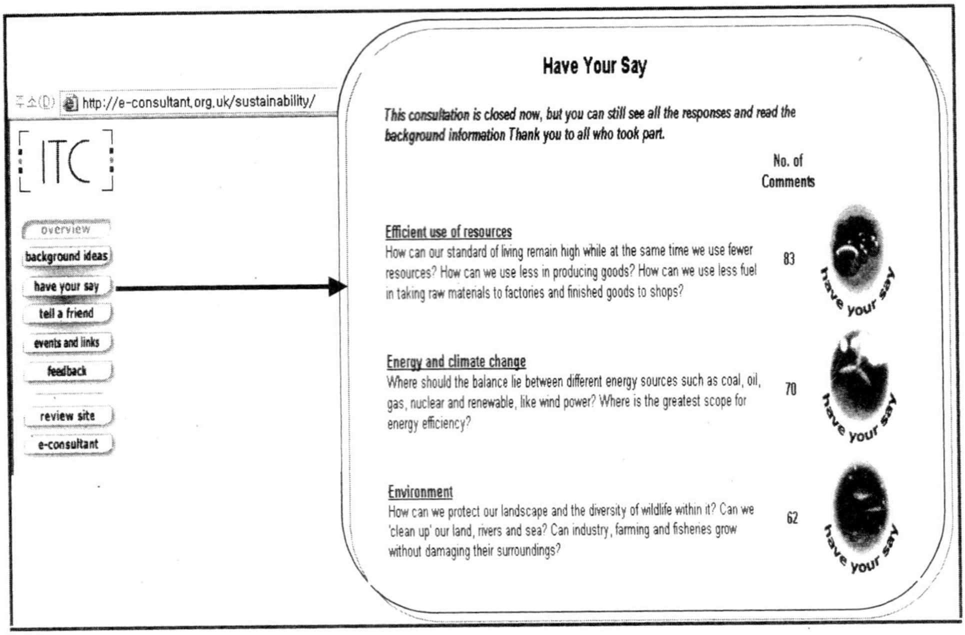

능하다(http://e-consultant.org.uk/sustainability/)([그림 9-11] 참조).

전자협의 시스템 운영의 목적은 2002년 남아프리카에서 지속 가능한 개발을 주제로 한 세계 정상회의를 앞두고 스코틀랜드 장관이 지속 가능한 개발계획을 발표하기 위해 자국민의 의견을 수렴하여 기초 자료를 마련하고자 시도되었다(The Millennium debate on Scotland's future-in preparation for the World Summit on Sustainable Development in 2002).

e-consultant라는 웹 기반의 어플리케이션 시스템은 인터넷 사용자들이 환경 문제와 관련한 협의 이슈들에 자신의 견해를 제안하고, 그 협의 이슈에 관련한 다른 시민들의 견해를 읽고 다시 자신의 의견을 덧붙이는 형식으로 진행된다. 이와 동시에 행정공무원이나 전문가가 시민들의 견해에 대한 피드백을 해 주는 형식으로 이루어진다.

[그림 9-12] 스코틀랜드 의회의 전자청원 시스템

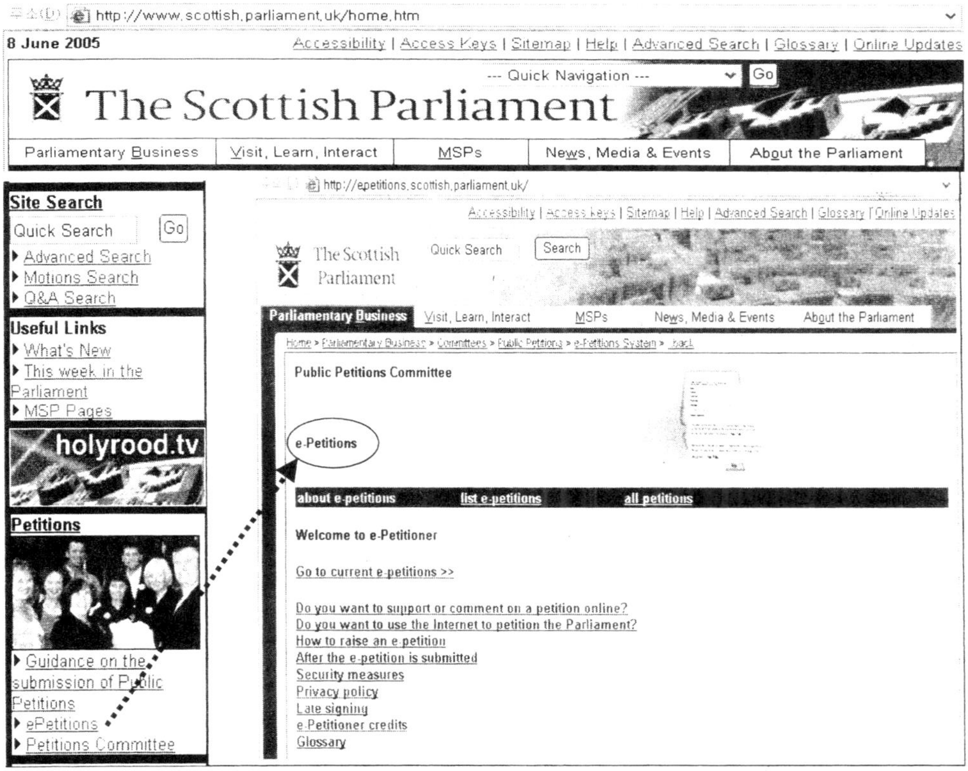

4) 스코틀랜드 의회의 전자청원 시스템(e-petitioning system)

스코틀랜드 의회는 의회의 전자 참여 아젠다를 적극적으로 지원하기 위해 '전자청원 시스템'을 구축했다. 이미 스코틀랜드 의회는 청원을 장려하고 관련 문제들을 다루기 위해 특별국민청원위원회(Special Public Petition Committee: PPC)를 구성하여 시행중에 있었는데, PPC의 요청에 의해 스코틀랜드의 의회 웹 사이트에 '전자청원자(e-petitioner)'라는 새로운 항목을 통합시킨 것이다(http://epetitions.scottish.parliament.uk/)([그림 9-12] 참조). 이는 스코틀랜드 의회에 청원을 하기 위한 전자적 청원 시스템을 활용함으로써 시민의 전자적 참여를 전자적 권한 부여(e-empowerment) 수준까지 시도한 사업이다.

'e-petitioner' 시스템은 웹에 근거한 툴로 시민이 온라인상의 텍스트로 제시된 청원 내용을 보고 온라인상으로 서명을 하고 자신의 견해를 첨가시키는 형식이다. 또한 온라인 토론 포럼과 연계되고 시민들이 각각의 전자청원 이슈에 대해 찬성이나 반대의 의견을 기술하는 것이다.

5) 네덜란드의 전자협의 시스템

네덜란드의 공공정치회(IPP: Institute for the Public and Politics)는 정부

[그림 9-13] 네덜란드 IPP의 전자협의 시스템

와 시민 간 상호 작용적인 온라인 협의 시스템을 구축했는데, 이는 정치 과정에 시민을 참여시키는 정치적 참여 센터이다(http://www.publiek-politiek.nl/)([그림 9-13] 참조). 이 시스템의 웹 토론의 4개 주요 참여 주체로는 중재자(moderator), 정치가(politician), 시민(individual citizen), 그리고 관련 공무원(civil servants)이다. 공무원은 정부 대표자로 참여했고, 토의 안건의 전문가로서 참여하면서 집행을 위임받는다. 토의의 개요는 매주 사이트에 올려지는데, 이는 시민들이 즉시 토의 안건을 인지하여 토론 중간에 어느 때라도 참여할 수 있도록 하기 위함이다. 또한 이미 제안된 논쟁점과 의견들을 종합한 일반적인 아이디어도 제공된다.[20]

6) 캐나다의 전자협의 시스템

캐나다 미래에너지기술(Energy Technology Futures)에서는 온실가스 배출과 미래 경제 성장과 관련한 연구 프로젝트를 실시하면서 관련 집단들의 실시간적인 의견 교환을 위해 가상회의 시스템을 구축하여 정부, 민간 부문 연구 전문가와 NGO를 주축으로 오프라인의 면대면 미팅(face to face meeting)을 병행한 가상 미팅(virtual meeting)으로 의견을 수렴했다. 이 웹 시스템은 여론 주체를 확대해 나갔는데 전 세계의 미래 에너지 관련 관심 조직이나 시민들이 ETF 웹 사이트에 등록하면 모두 정책 과정에 참여할 수 있는 시스템을 구축하고 상호 컨퍼런스 및 의견을 등록할 수 있도록 했다.

그 결과 영국, 미국, 유럽, 그리고 아시아와 아프리카의 등지에서 참여했으며, 참여자들이 협의 과정 중에 발생한 정책 이슈들의 이해를 증진시키기 위해 참여자들에게 참여 결과에 대한 소책자를 배송하고, 그에 대한 견해를 다시 피드백하도록 요청했다. 온라인 협의 방식으로 가상회의가 진행됨에 따라 그 주제가 캐나다 연방정부의 웹 사이트로까지 확대 이행되어 캐나다 정부 가상 협의 어젠다로 결정되어 성공적인 전자 참여 시스템으로 인식되었다(http://www.nrcan-rncan.gc.ca/international/index_e.html).

---

20) 이러한 토론 내용에 대해 암스테르담대학에서 프로젝트의 평가를 담당했는데, 평가 결과 지속적으로 온라인 사이트가 운영되어야 한다는 결론과 함께 15개의 권고 사항을 제시함으로써, 시민과 정부 간 간격(gap)을 연계시키기 위한 네덜란드의 다른 공공 부문의 혁신 사례로서 활용되었다(Coleman, et al., 2001: 40).

7) 일 본

일본 가나가와 현(神奈川縣) 야마토 시(大和市)는 정책 입안 과정에 일본 최초로 주민 참여의 요소를 도입한 자치단체로 야마토 시는 정책 결정 과정에 주민 참여를 적극 유도하기 위해 공청회, 간담회와 같은 기존의 참여 방식뿐만 아니라 인터넷 전자우편을 이용한 새로운 주민 참여 방식을 채택하여 적극 활용했다 (http://www.city.yamato.kanagawa.jp).

제6절 전자정부에서 시민 참여의 한계와 향후 방향

1. 전자정부에서 시민 참여의 한계

전자정부에서 시민 참여가 갖는 다양한 의의에도 불구하고 근본적으로 내재된 많은 문제가 제기될 수 있다. 가장 근원적 원인으로 전자적 시민 참여는 '기술적 대중영합주의(technopopulism)'라는 중요한 문제점에 직면한다. 즉 정책 형성 과정이 모든 시민들에게 열려 있고, 모든 과정에 시민을 참여시킨다고 해서 시민의 수요가 실질적으로 반영되는 것인가? 또는 반영된다고 하더라도 시민의 의도나 견해들이 모두 반영되어야 하는 것인가? 말하자면 시민들의 제안이나 적극적인 참여로 인한 여론 형성이 국가 공동 전체적으로 바람직할 것인가? 이러한 근원적인 문제는 정보통신 매체를 통한 새로운 전자정부의 시민 참여 활성화를 앞두고 심도 있게 논의되어야 할 문제이다. 이 밖에도 전자정부에서 시민 참여가 갖는 제약점은 다양하다.

1) 정보 격차 문제

전자적 시민 참여에서는 오프라인 시민 참여가 갖는 계층적·참여적 격차가 더욱 심화될 가능성이 있다. 정보화 시대의 직접 민주주의는 새로운 차원의 사회적 차별 문제를 양산할 수 있는데, 즉 개인적·사회적 기반에 따르는 정보 부자와 빈자의 문제가 발생할 것으로 보인다. 또한 참여 가능한 계층이 인터넷을 좀더 용이하게 다룰 수 있는 한정적 계층에 국한될 수 있는 소지가 있다. 따라서 인터넷을 잘 활용할 줄 아는 사람들의 의견만을 의사 결정 과정에 반영시키고 사용할 줄 모르는 사람들의 의견을 제대로 수용할 수 없게 된다.

2) 정책 결정의 왜곡 문제

전자적 시민 참여에서는 소수의 로비스트나 잘 조직화된 그리고 정보자원이 많이 확보된 소수 집단이나 이해 당사자들의 적극적 참여로 인해 논쟁 과정이 왜곡될 소지가 있다. 말하자면 전자공간상에서는 과거보다 자신의 이해를 위해서 빈번하고 과도한 참여가 이루어질 가능성이 높으며, 그 결과 침묵하는 다수 시민들의 의견에 반하는 정책 결정이 될 수 있다.

3) 과도한 참여의 문제

적절치 못한 시간에 과도한 시민의 온라인 참여는 정부 업무를 마비시킬 수가 있다. 전자민주주의는 기존의 '아날로그 민주주의'에서 발전되어 온 제도적인 제약이 존재하지 않기 때문에 민주적 의사 결정 영역이 개인이나 기업의 의사 결정 차원으로 머물러야 할 영역으로까지 과도하게 확산될 수 있는 위험성이 내재한다. 실제로 정부의 정책은 대외적으로 비밀이 보장되어야 그 효용성을 극대화할 수 있는 경우가 존재하기 때문에 모든 정부의 정책을 온라인으로 공개적으로 토론하고 결정할 수는 없는 것이다.

4) 정책 반영상의 문제

디지털 민주주의는 주로 개인 컴퓨터 키보드를 통해 개인의 견해를 표현하기 때문에 시민들의 집합적 행동을 권하거나 확신시키는 법적인 방식이 없이는 적절한 방식으로 그들의 선호를 집합하기가 어렵다는 한계가 있다. 실제로 정부 정책 과정에 어떻게 반영할 것인가 또는 어떻게 반영시켜야 할지에 관해서 많은 논쟁이 야기되며, 시민들을 주요 정책 결정 과정에 무한정 참여시키고 시민들의 요구를 무작정 수용하는 것은 정책의 일관성과 방향성을 잃고 합리적이지 못한 의사 결정이 이루어질 가능성이 있다.

5) 기술적 차원의 문제

IT 범죄 즉 온라인 카드, 아이디(ID) 위조 또는 절도 문제, 해킹, 바이러스 공격, 데이터에 불법적 접근 등은 전자 민주주의를 부식시킬 위험이 있다. 또한 기술 기반 차원에서 볼 때 컴퓨터 사용 기반 조성이 미비하고 전자적 시민 참여를 위한 접근 가능한 매체가 모든 시민에게 제공·활용될 수 있는지의 문제가 야기된다.

2. 전자정부에서 시민 참여의 향후 방향

종합적으로 정보통신기술은 양날을 가진 칼이라고 할 수 있는데, 이를 통한 시민 참여는 많은 장점이 있는 반면 이것이 잘 관리되지 않을 때는 단점이 발생할 수 있다. 즉 부적절한 공무원 훈련 상태, 기술 변화에 적응하기 위한 과도한 비용 투자 등이 발생하면 정보통신기술의 단점을 발생시킬 것이다. 이와같이 전자정부에서의 시민 참여가 갖는 제약점은 향후 실질적인 전자적 참여의 방향을 모색할 때 고려되어야 할 문제들이다. 이 밖에 다음과 같은 이슈들과 향후 방향성이 제시될 수 있다.

1) 적절한 참여 모형 모색

정책 형성 과정에 시민의 전자적 참여 형태는 매우 다양하며, 중요한 것은 정보 기반 수준이나 정치적 환경 등 각국 또는 자치단체에 적절한 상황에 맞는 적절한 참여 모형을 선택하는 것이 중요하다. 또한 온라인 전자적 참여를 위한 목적도 다양한 측면이 있으며, 따라서 참여 주체인 시민들이 자신의 정보나 견해를 제시하는 데 어떤 목적을 갖고 참여해야 하는지를 고려해야 하고 또한 그러한 목적을 잘 이해하는 능력을 함양시키는 노력이 필요하다. 정부는 온라인 시민 참여 기제를 마련하는 목적을 시민을 교묘하게 속이기 위한 정치적 수단으로 삼아서는 안 되며, 정치적 과정에 시민을 잘 통합시키고 실제적으로 정책에 반영하는 지속적인 노력을 해야 한다.

2) 문화적·제도적·조직적 차원의 모색

OECD는 정부가 시민을 참여시키기 위한 법적, 정책적 그리고 제도적 틀을 구축하는 데 적절한 시간과 자원을 투자해야 하며, 정부의 시민 참여 여부 및 수행을 평가하는 방법과 수단(tool)을 모색해야 한다고 제시하고 있다. 정책 형성 과정에서 전자 시민 참여에서 오는 어려움은 기술적인 것이라기보다는 오히려 문화적, 조직적 그리고 관행적인 문제이다. 이러한 문제를 극복하기 위해서는 정부 내부적 차원뿐만 아니라 시민들의 전자적 시민 참여에 대한 인지를 제고하고 실행 능력을 향상시키기 위한 노력이 필요하다.

무엇보다도 전자민주주의는 기본적으로 정보통신기술의 문제가 아니라 문화의 문제이다. 현대 사회에서 시민 참여가 부진한 이유는 기술 때문이 아니다. 현재 우리 나라를 비롯한 전자정부 선진국에서 정보통신기술은 전자민주주의의 모든 측면을 지원하고 있음에도 불구하고 전자민주주의가 정착되지 않는 데에서 그 문제를 인식할 수 있다. 결국 이것은 정보통신기술이 아무리 참여비용 절감과 참여 편익 제고를 보장해 준다고 하더라도 시민과 정부의 의식과 문화가 민주화되지 않은 한 시민 참여가 활성화되기는 어렵다는 것이다.

3) 실질적 참여 가치의 증대

전자적 참여를 통해 시민들의 참여 가치를 제고하는 것이 중요한데 이를 위해서는 정부가 제공하는 서비스를 실질적으로 향상시킬 필요가 있다. 즉 단지 온라인 환경에서 참여했을 뿐 서비스는 기존의 오프라인의 참여와 다를 게 없다면 지속적인 시민 참여를 유도하기 어려울 것이다. 시민들은 자신의 의견이 정책 의사 결정에 반영될 때 민주적 과정에 참여할 유인(誘因)을 얻는다. 따라서 더 빠른 서비스와 대응, 더 질 좋은 정보 제공, 그리고 알맞은 지원과 통제가 이루어져야 한다.

4) 참여 범위의 지속적 확대

전 세계적으로 볼 때 현재 전자적 시민 참여 단계에서는 정부 주도로 구축한 협의 사이트에 시민이 응대하는 수준이다. 아직은 이 단계가 정책 과정에 시민이 영향을 미칠 수 있는 가장 흔히 사용되는 참여 방식으로 인식된다. 그러나 향후에는 정보통신기술을 활용한 더 폭넓고 다양한 참여 기제가 지속적으로 모색되어야 할 것이다.

그간의 전자적 시민 참여의 경험에서 볼 때 책임성 있고 효과적이고 편리하게 정보에 접근할 수 있는 어플리케이션이 구현될수록 시민들의 참여도가 높은 것으로 나타났다. 이에 정책 결정 과정이 복잡하지 않고 커뮤니티의 관심도가 높은 정책 과정에 우선적으로 전자적 시민 참여를 활용하여 점진적으로 그 범위를 확대해 나가야 할 것이다.

한편 시민 참여에서 자칫 정보 접근성이 좋은 시민들만이 성공적으로 참여할 수 있다는 문제가 있으므로 정책정보를 모든 시민에게 이용 가능하도록 해야 하며, 정책 설계와 정책 실행 과정에서 구체화하는 데 필요한 정보에 접근하기 위한 커뮤니케이션 기술 사용 방법을 교육시켜야 할 것이다.

요 약

전자정부에서 시민 참여의 개념은 정보통신기술을 활용하여 정부의 다양한 의사 결정 과정에 시민이 참여하는 것이다. 전자정부에서의 시민 참여의 영역은 정치적 참여와 행정적 참여 2개 영역이 있으며, 이 중에서 현재 시점에서는 정치적 참여로서의 전자투표 행위보다는 정부의 행정 및 정책 의사 결정에서의 적극적인 전자적 시민 참여의 개념으로 국한하여 논의되는 추세이다. 전자정부에서는 성숙 단계에 따라 능률성 및 효율성, 그리고 고객 지향성을 넘어 민주성 및 투명성을 제고하려는 목적을 갖는다. 전자정부의 궁극적인 목표 달성을 위한 민주성 및 투명성 제고를 위해서 정보통신기술을 기반으로 한 활발한 전자적 시민 참여가 예상된다. 전자정부에서 시민 참여의 필요성은 첫째 기존 오프라인 시민 참여의 한계, 둘째 새로운 시민 참여 패러다임의 등장, 마지막으로 새로운 정보통신기술의 발전 등으로부터 제기되고 있다.

전자정부에서 시민 참여는 다양하게 모형화되고 있다. OECD는 참여 수준을 중심으로 정보 제공, 협의, 적극적 참여 단계를 제시하고 있다. MacIntosh의 모형은 참여 목적을 중심으로 e-enabling(전자적 참여 기회 제공), e-engaging(적극적인 전자적 참여), e-empowering(전자적 권한 부여) 단계를 제시한다. Te Komohana O Nga Tari Kawanatanga 모형은 신뢰 수준을 중심으로 전자정부 단계, 전자적 참여 단계, 신뢰의 단계를 연계·통합한 모형을 제시하고 있는데, 이 때 신뢰의 수준은 전자정부가 성숙하고 그에 따라 참여의 수준이 증대함에 따라 성숙된다고 본다. 전자정부학회(IEG) 모형은 전자민주주의 논의를 중심으로 전자참여의 4단계 모델을 제시하고 있다. 이 모형은 시민의 참여 정도와 영향력이라는 2개의 축으로 구성되어 있다.

전자정부에서 시민 참여를 지원하는 다양한 정보통신기술들이 있다. 전자적 시민 참여의 주요 정보통신기술은 초고속 정보통신 인터넷에 기반한 다중 통신 매체이다. 다양한 전자통신 매체에는 PC통신, 케이블 TV, 쌍방향 디지털 TV 등이 있지만 이 중에서도 전자적 시민 참여의 가장 기본적인 기술 기반은 초고속 정보통신을 기반으로 한 인터넷 기술이다. 전자적 시민 참여의 기술 어플리케이션 역시 주요 정보통신기술에 속한다. 전자적 시민 참여를 가능하게 하는 기술 기반은 흔히 알려진 인터넷이라고 불리는 온라인 채널 이외에도 온라인 의사소통과 의사 전달이 가능한 다양한 방식이 존재한다. 이메일, 인스턴트 메시징, 메일링 리스트, 다양한 웹 형식(방명록부터 웹 블로그까지), 대화방, 게시판 등이 있다. 전자적 시민 참여의 기술적 측면의 고려 사항으로는 접근 용이성, 유용성, 신뢰성, 보안성, 읽기 용이성, 최신성·포괄성, 진입 수준, 인증, 필터링 등을 들 수 있다.

전자정부에서 시민 참여는 새로운 정보통신기술 매체를 통해 좀더 직접적이고 적극적이고 실시간적으로 참여할 수 있도록 해 준다는 특징을 지닌다. 즉 적극적·상호작용적 참여, 직접적·즉각적인 참여, 참여의 다양화, 쌍방향적 참여, 사이버 공간상의 참여, 다수 시민의 참여의 특징을 갖는다. 전자정부에서의 시민 참여에는 행정정보의 인터넷 공개 확대, 전자정부 서비스 이용 활성화, 전자정부 공청회, 전자정부 의견 수렴(전자정부 게시판), 전자정부 포럼, 전자투표, 전자선거제, 전자여론조사(cyber polling) 등이 있다. 이를 다시 의사소통 방식에 따른 유형, 참여 방식에 따른 유형, 의사소통 성숙도에 따른 유형, Coleman에 따른 유형으로 구분할 수 있다.

국내·외적으로 전자정부에서의 시민 참여를 위한 정부의 구체적인 노력들이 진행되고 있다. 국내 중앙정부 차원뿐만 아니라 지방자치단체 수준에서도 이미 다양한 온라인 참여 기제를 통해 시민을 정부의 정책 결정 및 집행 과정에 참여시키고 있다. 한편 국외의 전자적 시민 참여 사이트들을 중심으로 다양한 전자적 시민 참여의 구현 사례들이 나타나고 있다. 그러나 전자정부에서 시민 참여와 관련하여 여러 가지 한계가 지적되고 있다. 근원적인 한계로는 전자적 시민 참여는 '기술적 대중영합주의'라는 중요한 문제점에 직면하게 된다는 점이다. 더불어 정보 격차의 심화 문제, 정책 결정의 왜곡 문제, 과도한 참여의 문제, 정책 반영상의 문제, 기술적 차원의 문제 등이 제기되고 있다. 따라서 전자정부에서의 시민 참여가 갖는 제약점은 향후 실질적인 전자적 참여의 방향을 모색하기 위해 고려되어야 할 문제들이 된다. 이 밖에도 적절한 참여 모형 모색, 문화적·제도적·조직적 차원의 모색, 실질적 참여 가치의 증대, 참여 범위의 지속적 확대 등이 고려되어야 할 것이다.

연구 문제

사례 행정자치부의 온라인 국민 참여 포털 사이트(http://www.epeople.go.kr)

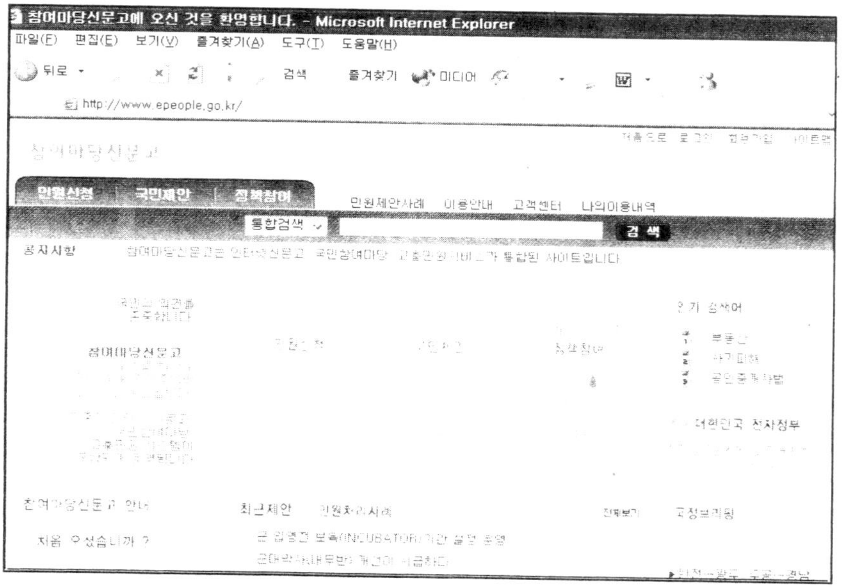

행정자치부는 전자정부에서 시민 참여의 가장 주도적 기관으로서, 국정에 관한 국민의 소리를 인터넷으로 취합, 처리하는 '온라인 국민 참여 포털 사이트'를 지난 2004년 12월에 개설하여 운영중에 있다. 온라인 국민 참여 포털 '참여마당 신문고'는 민원 처리 기관에 상관 없이 단일화된 접근 채널을 통한 국민 참여가 가능하도록 하는 시스템으로, 위의 그림과 같이 민원신청, 국민 제안, 정책참여 등 다양한 전자정부 참여 기제를 제시하고 있다.

1. 행정자치부의 온라인 국민 참여 포털 사이트는 본문에서 제시하고 있는 전자정부의 네 가지 이론적 모형에서 OECD의 3단계 모형에 근거하여 구체적으로 어떤 단계에 해당하는지를 제시하고 근거 이유를 설명해 봅시다.
2. 행정자치부의 온라인 국민 참여 포털 사이트가 기존 오프라인의 시민 참여와 차별화되는 특징이나 장점에 대해 논의해 봅시다.
3. 행정자치부의 온라인 국민 참여 포털 사이트를 실제적으로 활용할 때 제기될 수 있는 문제점이나 한계 사항에 대해서 논의해 봅시다.

제10장

전자정부에서의 행정윤리: 전자부패를 중심으로

제 1 절 정보통신기술과 윤리[1)]

기술, 좀더 구체적으로 정보통신기술이 사회에 미치는 영향에 대해서는 양면적 · 대조적인 설명이 제시되고 있다. 기술의 양면성을 가능하게 하는 결론은 기술은 결정론적인 것도 아니고 중립적인 도구도 아니며, "정보와 통신은 현대 사회의 '생명의 피(living blood)'이자 '바이러스(viruses)'"(Howard, 1993)라는 것이다. 이러한 측면에서 보면, 정보사회의 발전 과정은 정보통신기술에 의한 편익 창출 및 증진이라는 한 축과 정보통신기술이 제기하는 위협 요인이라는 다른 한 축 간의 변증론적 발전으로 볼 수도 있다.

정보통신기술은 사람들에게 익숙해진 컴퓨터나 인터넷, 그리고 휴대폰을 넘어서 유비쿼터스 기술로의 조류 변화가 확인되고 향후의 다양한 기술 발전이 예상되는 등 정보통신기술의 향후 진보는 미래 사회가 현재와는 매우 다른 모습을 띨 가능성마저 던져 주고 있다. 정부의 정보화 계획에 포함된 정보화 사업의 주요 항목들을 보더라도 정보통신기술이 지닌 원격성, 네크워크성, 확장성, 대체성, 호환성 등을 통해 사회 · 경제 · 정치 · 문화 등 사회의 모든 부문에서 인간, 조직, 기업, 정부, 사회, 그리고 국가의 행동에서 편리성, 만족감, 효율성, 생산성, 효능감 등의 진작이 이루어질 것이라는 전망을 가능하게 한다.[2)]

1) 이 절은 정보통신윤리위원회(2005), 제7장 "정보통신기술과 윤리"의 내용을 중심으로 수정 · 보완한 것임을 밝힌다.

한편 이러한 정부계획에서도 지적되고 있듯이 정보통신기술은 기술적으로 또 다른 한 모습, 즉 위험의 모습을 갖고 있다. 특히 정보통신기술 발달의 지속 및 그 이용의 확산과 맞물려 위험은 점차 복잡해지고 다양한 수준에서 결합이 이루어지는 시스템에 의해 초래될 가능성도 높아지고 있다(Perrow, 1984)는 점에서 정보사회의 기술 위험은 단순히 기술적 차원을 넘어서 사회적 차원으로까지 증폭되고 있다. 정보통신기술의 위험 요인으로는 바이러스, 해킹, 시스템 오작동, 천재지변으로 인한 시스템 손상 등에서 최근 정보전쟁으로까지 그 가능성이 확대되고 있다.

1. 정보통신 윤리 개관

정보통신 윤리[3)]가 관심을 받게 된 것은 1940년대 초 Nobert Wiener의 작업에서 비롯된다.[4)] Wiener는 컴퓨터가 사회 속으로 확산되어 통합되어 감에 따라 사회의 재형성, 즉 제2의 산업혁명을 이끌 것이며, 따라서 사회의 규범적 기반인 윤리도 변화될 것이라고 보았다. Wiener의 컴퓨터 윤리에 대한 생각은 1960년대까지 경시되어 왔다. 1960년대에 들어 컴퓨터 범죄가 사회 문제화되면서 Donn Parker 등을 중심으로 하여 미국컴퓨터산업협회 윤리강령이 수립되었다.[5)] 1960년대 후반 Joseph Weizenbaum의 ELIZA 컴퓨터 프로그램의 개

2) 정보통신부의 '글로벌 리더, e-Korea 건설을 위한 제3차 정보화촉진기본계획(2002~2006)'에 반영된 정보사회의 모습을 보면 경제 분야에서는 모바일 뱅킹/트레이딩, TV 뱅킹, e-mail 뱅킹, 웹폼 뱅킹, 전자 조달, 전자화폐, 인터넷 예약, 전자통관, e-Marketplace, 전자적 가내기업; 사회 분야에서는 telework(재택근무를 포함하는 원격근무, 이동근무 등), 전자출판(신문, 서적, 저널 등), 전자적 동호회, e-learning(원격교육, 사이버 강의, 멀티미디어 수업 등), 원격진료; 교육연구 분야에서는 e-learning, 원격교육, 사이버 강의, 멀티미디어 수업, 원격연구, 원격자료 검색, 전자적 기술 이전 행정 전자민원 처리, 전자결재, e-CRM, smart card, 전자정부, m-Govenrment 및 이동공공 서비스(mobile public service), u-Government, 사이버 공청회, 전자 투표, 사이버 데모, 전자적 정치행정 참여 등 다양한 미래상을 제시하고 있다.

3) 정보통신기술 윤리의 역사적 전개 과정에 대해서는 Bynum(2000; 2001) 참조.

4) Wiener는 전투기를 요격할 수 있는 무기를 개발하는 과정에서 사이버네틱스(cybernetics)라는 정보 환류 체계에 관한 학문을 창시하게 되었으며, 사이버네틱스로부터 현재의 정보통신기술로 불리는 기술의 윤리적 의미를 도출해 내었다.

5) Parker를 주축으로 하여 개발된 윤리강령은 1973년 ACM(Association for Computer Machinery)의 윤리강령으로 공식 채택되었다. 이 윤리강령은 1980년와 1990년대에 수정되었는데, 1992년에 개정된 윤리강령은 http://www.acm.org/constitution/code.html

발은 심리치료에의 응용 가능성에 대한 기대를 높이면서 컴퓨터 윤리에 대한 관심을 촉발했다. 1970년대 중반에 들어서면서 Walter Maner가 처음으로 컴퓨터 윤리라는 용어를 사용했는데, 매너는 컴퓨터 기술에 의해 악화, 변형 또는 창출되는 윤리적 문제를 다루는 분야로 컴퓨터 윤리를 정의했다.[6] 1980년대에 들면서 컴퓨터를 이용한 범죄의 발생, 컴퓨터 오류로 인한 재난, 컴퓨터 데이터베이스를 통한 개인 정보의 침해 사고 발생, 소프트웨어 소유권을 둘러싼 분쟁 등 다양한 문제들이 발생하기 시작했다. 1980년대 중반 James Moor나 Deborah Johnson 등에 의해 컴퓨터 윤리에 대한 논의가 체계화되고, Terrell W. Bynum에 의해 컴퓨터 윤리는 학문 사회에서 기반을 넓혔으며 대학 교과목으로서도 더욱 체계화되었다. 정보통신 윤리학자들은 1990년대 이후를 제2세대 컴퓨터 윤리기로 부르고 있다.

정보통신 윤리가 접목되는 분야는 매우 다양할 뿐만 아니라 다기화되어 가고 있다. 1960년대와 70년대 정보윤리의 초기 단계에서 주된 초점은 공공기관 또는 사기업의 대규모 데이터베이스에 개인 정보의 저장 및 교환과 관련된 것이었다. 1980년대 PC 등을 통한 개인 차원의 컴퓨팅이 보편화되면서 지적재산권 등과 관련된 쟁점들이 정보통신 윤리의 범위에 포함되었다. 1990년대 인터넷의 등장과 함께 표현의 자유, 익명성 등과 관련된 쟁점이 정보통신 윤리의 쟁점으로 부각되었다(Tavani, 2000). 여기에 더해 정보통신기술이 다양한 분야로 확산되면서 정보통신 윤리에 대해 근본적인 물음이 다시 제시되고 있다.

정보통신기술의 쟁점이 일상 생활 속으로 확산되면서 제기되는 물음 중 하나는 새로운 정보통신기술의 전개가 새로운 윤리 문제를 유발하는가 하는 점이다. 이에 대한 전통적인 논의는 Maner와 Johnson에게서 발견된다(Tavani, 2000). Maner는 컴퓨터 윤리를 전통적인 윤리이론을 컴퓨터 기술에 응용하는 응용 분야로 보려고 했던데 반해, Johnson은 컴퓨터 윤리를 응용윤리학의 분야로 보기는 했지만 Maner와 달리 컴퓨터가 완전히 새로운 도덕적 문제를 유발한다고는 생각지 않고 컴퓨터는 이미 알려진 문제를 새롭게 보이게 했다고 생각했다. Moor는 컴퓨터 윤리를 "정보기술의 사회윤리적 이용에 관한 정책 진공 상태 또는 개념적 방황 상태를 다루는 분야"로 정의했다. Moor는 컴퓨터

참조.

6) 컴퓨터 윤리와 관련하여 Maner의 공헌은 컴퓨터 윤리를 대학의 정규 교과목으로 채택하기 시작했다는 점이다.

혁명의 발현 단계를 2개 단계로 나눈다(Tavani, 2000). 제1단계는 기술 도입 단계로서 컴퓨터 기술이 개발되고 세련화된다. 제2단계는 기술 확산 단계로서 컴퓨터 기술이 일상 생활 및 사회 제도 속으로 통합되어 교육, 근로 등과 같은 근본적인 개념들의 의미가 변형되는 단계이다.

Echeverr(2003)는 과학, 기술 및 과학기술(techno-science)을 구분하면서 과학기술을 인공물이 아닌 세상을 변개시키는 활동으로 간주하고 과학기술 활동의 구성 요소 및 관련 가치 체계를 제시한다.[7] 특히 Echeverr는 과학기술을 단순히 진리의 탐구 활동이 아니라 선악의 문제와 관련되어 있는 것으로 보고 있다. 이런 관점에서 보면 정보통신 윤리는 새로운 과학기술의 전개에 따라 항상 가변적이고 유동적인, 따라서 계속하여 형성되는 분야로 파악하는 것이 적절해 보인다.

2. 과학기술의 윤리적 통제: 문화지체이론

정보통신 윤리가 가변적이고 지속적으로 형성되는 분야라는 점은 한편에서는 정보통신기술의 발달에 대해 관련 윤리의 형성이 뒤처지는 현상임을 반영한다. 이러한 현상을 W. F. Ogburn은 문화지체(cultural lag)라는 개념으로 형상화했다. 문화지체란 문화나 사회 제도가 기술 발달에 뒤처지는 현상(Ogburn, 1964)을 지칭한다. 오그번에 의해 제시된 문화지체이론은 다음과 같은 몇 가지 논거에 의거하고 있다.

첫째, 문화는 물질문화와 비물질문화로 구분된다. 기술은 물질문화의 일부로 간주되며, 기술의 이용에 관한 윤리는 비물질문화로 간주된다.

둘째, 문화를 구성하는 요소들이 모두 동일한 속도로 변화하지는 않는다.

7) Echeverr(2003)는 과학기술 활동의 가치 체계로 다음과 같이 제시하고 있다: 인식론적 가치(진실성, 응집성, 정확성, 엄밀성, 검증 가능성, 경험적 적합성, 단순성, 일반성, 객관성 등), 기술적 가치(혁신성, 기능성, 효율성, 효험성, 성능, 효용성, 응용성, 가변성, 사용용이성, 처리 속도, 신축성, 내구성, 양립성, 구성 가능성 등), 경제적 가치(재산 가치, 이윤, 자원 최적화, 산출, 비용, 경쟁, 상업성 등), 생태적 가치(보건, 환경, 보존, 생물다양성 등), 정치적·사회적 가치(친밀감, 프라이버시, 자율성, 안정성, 보안성, 공개성, 단결성, 정의, 합법성, 표준화, 상호 의존성, 권력, 자유 등), 윤리적·종교적 가치(자유, 존엄, 책임, 양심 자유, 존경, 관용, 자선, 무관심 등), 군사적 가치(승리, 애국심, 계층제, 기강, 비밀 등), 심미적 가치, 기본 가치(생명, 건강, 행복, 확신, 복리 등).

셋째, 사회 변화의 기저를 이루는 네 가지 과정, 즉 발명(invention), 축적(accumulation), 확산(diffusion), 적응(adjustment)이 존재한다. 이 가운데서 가장 중요한 변화 동인은 발명이며, 이것이 물질문화를 변화시키고 이를 통해 다시 비물질문화를 변화시킨다.[8] 물질문화를 수반하는 발명이 사회 변화의 대부분을 설명해 주며 비물질문화의 변화는 지체된다. 즉 물질문화의 발전 속도는 비물질문화의 발전보다 빠르며, 이에 따라 문화지체 현상이 발생한다.

Ogburn에게 문화지체는 중대한 윤리 문제로 간주된다. 왜냐 하면, 기술의 적합한 이용에 관한 사회적 합의를 형성하지 못하면 사회 결속이 붕괴되거나 사회 갈등이 야기될 수 있기 때문이다. Marshall(1999)은 이러한 문화지체를 유발하는 구조적 요인들로 다음의 네 가지를 들고 있다.

첫째, 기술 개발의 비용구조나 복잡성으로 인해 기술 개발이 기업의 통제구조 내에서 이루어지게 됨에 따라 오로지 연구 개발의 효율성만을 강조하게 된다는 점이다.

둘째, 새로운 기술이 경제적 수익 가능성을 보여 주지만 매우 경쟁적인 환경에서 이루어지기 때문에 기술 개발에서는 시장 경쟁력의 확보를 위해 특허 획득 및 제품의 시장 선점이 중요하게 된다는 것이다.

셋째, 물질적 기술 개발은 자연 세계의 법칙을 발견하고 이를 응용하는 것을 추구하는데, 이러한 활동들이 통제된 실험환경에서 이루어지지만, 물질적 문화를 지배하는 윤리 체제의 개발은 다음과 같은 몇 가지 요인 때문에 제약을 받는다는 점이다. 이러한 제약 상황은 윤리는 통제된 환경에서 개발되는 것이 아니며, 윤리의 도입에 대한 금전적 보상을 제공하는 경쟁시장 구조가 존재하지 않으며, 윤리 체제가 규율하려는 사회 상황은 물리적 세계만큼 통제 가능하지도 관리 가능하지도 않으며, 사회적으로 수용 가능한 윤리가 도입되려면 새로운 기술이 도입되어 사회적으로 확산되었을 때에야 가능하다는 점이다.

Ogburn의 논거의 적합성에 대해서는 찬반이 있을 수 있으나, 분명한 것은

8) Ogburn은 비물질문화에서 변화가 먼저 발생하고 후에 물질문화에서 변화가 발생할 가능성도 있음을 언급하고 있지만 이에 대해서는 거의 논의하고 있지 않다는 점에서 사회 변화에 대한 기술결정론적 관점으로 분류되기도 한다(Volti, 2004). Ogburn은 기술 진보를 천재 발명가의 산물로 보는 입장을 강하게 부정하고, 문화(cultural base)가 기술 진보에 더 중요한 영향을 미친다고 본다는 점에서, 기술 발전에 대한 사회구성론(social constructivism)적 입장도 피력하고 있으나 전체적인 논거는 기술결정론적인 인상을 많이 보이고 있다.

문화지체 현상은 사회 변동의 자연스러운 부분이라는 점이다. 이와 아울러 최근 들어 기술 발전이 급속히 일어나면서 이러한 지체 현상이 더욱 심화되고 있어 사회적 합의에서도 상응하는 신속성이 요구되고 있다는 점 또한 분명하다. Ogburn의 문화지체론에 따르면 가속화되고 있는 기술 변화는 신기술과 이의 이용을 위한 윤리의 수립 간에 괴리가 확대될 수 있는 가능성은 항상 존재한다. 윤리의 확립을 위해서 사회적 합의가 반드시 필수적이지는 않지만 윤리가 사회 내에서 광범위하게 실질적 효과를 지니기 위해서는 사회적 합의는 불가결하다. 그러나 사회적 합의를 도출해 내는 담론(dialogue)을 생성하는 장치는 대체로 속도가 느리고 때로는 충격과 감상에 의존하여 설득하는 대중매체나 정치적 메커니즘에 의해 왜곡되기도 한다(Marshall, 1999).

제2절 전자정부에서의 윤리 문제: 전자부패

> 부패를 척결하는 데 거래의 투명화, 적용 규칙이나 기준의 공개 이상으로 더 강력한 것은 없다 …… 정보통신기술은 좋은 거버넌스(good governance)를 위한 강력한 도구일 수 있다(OECD, 2001).
>
> 컴퓨터 체계가 정부 운영 과정에서 사용되고 반부패 장치—기술적·문화적·관리적—가 결여되는 경우는 어디서나 전자부패(e-corruption)의 개연성이 존재한다(ICAC, 2001).

전자부패에 대한 학술적인 논의는 매우 부진한 상태에 있다. 이는 학계나 실무계에서 전자정부에 대한 합리주의적 접근이 지배해 온 때문이기도 하다. 전자부패에 관한 일부의 경험적인 논의들도 체계성을 띠기보다는 성립 가능성 또는 존재 가능성에 대한 탐색적 접근이 일반적이다.

1. 전자부패의 의의

전자부패란 "공공 부문에서 컴퓨터 시스템을 사용하여 공무원, 계약업자, 기타 권한을 부여받은 사람에 의해 저질러지는 부조리, 부패 또는 범죄"로 정의된다(ICAC, 2001, 3). 전자부패를 이렇게 정의할 때 전자부패는 일반적인 부패나 컴퓨터 범죄에 대한 통상의 개념 정의보다 부패의 주체 및 부패의 내용 등의 면에서 더 넓은 의미를 지닌다. 전자부패는 컴퓨터를 수반하는 범죄 행위를 의미하는 컴퓨터 범죄 또는 전자적 범죄와는 구분되는 개념이다. 전자부패는 공공 부문의 업무 환경에서 합법적인지만 '수용하기 어려운' 행위까지도 부패의 범위에 포함시킨다(ICAC, 2001). 이러한 점에서 전자부패 개념은 정보 시대의 행정 또는 전자정부에서 공무원 또는 행정윤리의 새로운 개념으로 받아들일 수 있을 것이다.

2. 전자부패 취약성에 대한 선진국들의 인식과 사례

전자정부 사업의 추진 과정에는 사용자 윤리 및 온라인상에서의 문화와 관련하여 일정 부분 위험이 수반된다. 전자정부 사업에서 주된 위험을 명확히 하고 이러한 위험들을 경감시키기 위한 활동들이 필요하다. 여기에서는 전자부패의 위험성을 인식하고 있는 국가들의 사례를 중심으로 지금까지 드러난 전자부패의 취약성들을 정리해 보고자 한다.

1) 미 국

미국 노동부는 전자정부의 위험 요인 측정을 위해 <표 10-1>과 같은 측정 기준을 제시하고 있다. 미국에서 전자정부사업의 추진과 관련된 위험 요소의 관리는 사업 성공의 필수적인 요소로 인식되고 있다.

〈표 10-1〉 미국 전자정부의 취약 요인 측정을 위한 분류

요인의 유형	요 인
내적 요인	대민 접촉 민원처리 웹/인트라넷 IT/데이터베이스 기술 지원과 조달 수용(accommodation)
외적 요인	정치적 요소 환경적 요소 사회적 요소 기술적 요소

출처: Office of the Chief Information Officer(2001), U.S. Department of Labor.

이처럼 취약 요인을 내적 요인과 외적 요인으로 분류하고 취약 요인의 측정을 위한 항목들을 <표 10-2>에서와 같이 다섯 가지로 세분하여 관리하고 있다.

〈표 10-2〉 미국 전자정부의 취약 요인 측정을 위한 항목

항 목	설 명
위험 요인	위험 요인의 기술
영향	위험 요인으로 인한 발생하게 될 사건들
가능성	발생 가능성의 정도(H/M/L)
엄격성	영향의 수준(H/M/L)
예방 활동	위험의 발생 가능성을 줄이기 위한 활동

출처: Office of the Chief Information Officer(2001), U.S. Department of Labor.

2) 호 주

호주 공무원들의 정부를 상대로 한 사기 행위는 오랫동안 직·간접적으로 지속되어 왔다. 직접적으로는 푼돈을 훔치고 정부의 소유물을 가로채거나, 공무와 관련 없이 자동차나 컴퓨터를 사용하는 등 정부의 물품을 공공연하게 남용한다. 공무원들은 직위를 이용해 뇌물을 받고 이름 없는 면허를 발급해 주거나 구입하지도 않은 상품에 대한 비용을 청구한다. 사기 행위의 규모는 식사 비용을 부풀리는 것과 같이 사소한 것에서부터 부서의 공금을 횡령하는 심각한 것에 이르기까지 다양하다. 하지만 정부가 입은 손실의 특성과 범위에 관한 체계적인 연구는 거의 이루어지지 못했음을 지적하고 있다. 정부 부처들은 내적 통제를 위해 사기 행위의 범위에 관한 정보를 기록하고 있지만, 좀처럼 공개되지 않는다. 그나마 알려지는 것은 거물급 주요 인사들의 부정부패 사례에 관한 연간 보고서나 언론 보도를 통해 간략하게 요약되는 것이 전부이다. 적절한 방지 대책를 마련해 두지 못한 데에 대한 비난을 피하기 위해 정부는 공무원 사기 행위에 관한 정보를 공개하지 않으려 한다.

호주는 일찍이 반부패독립위원회(ICAC)를 중심으로 전자정부 등장에 따라 새롭게 등장하게 될 신종 부패의 양태에 주목하고 있다. 특히 정보통신기술을 이용한 새로운 형태의 사기 행위가 나타나고 있음에 주목하고 있다. 컴퓨터가 광범위하게 사용되면서 정부는 빈번히 사기 행위의 대상이 되어 왔고, 정부 부처들이 계속해 정보통신기술을 이용하면서 사기행위의 가능성은 증가하고 잠

재적으로 심각한 결과를 초래할 것이다. 이러한 관심의 일환으로 뉴사우스웨일스 주에 근무하는 공공기관 관리자 및 전산 담당 간부들을 대상으로 한 조사에서 전자부패의 위험성에 대한 핵심적인 요소를 다음의 다섯 가지로 제시하고 있다.

① 자동화와 신속성(automation and immediacy)
② 부차적인 정보의 손실(loss of collateral information)
③ 접근성과 편재성(accessibility and ubiquity)
④ 새로운 사업 모형(new business models)
⑤ 암호화(encryption)

좀더 구체적으로 호주 정부 내에서 벌어진 전자부패의 최근 사례를 정리해 보면 다음과 같다.

(1) 발매 관련 전자 사기

뉴사우스웨일스에서 반부패독립위원회는 Manly Wharf의 시드니 유람선에서 근무하는 몇몇 공무원들이 전자 발매 시스템을 조작해 1994년 6월부터 1997년 2월까지 약 20만 4천 달러를 횡령한 사례를 조사했다. 티켓 발급기의 결함으로 발매되지 못한 표들이 사용될 수 있다는 사실을 발견한 티켓 판매원들은 컴퓨터를 조작해 발매되지 않은 4,390개의 표를 가로채 합법적으로 판매하거나 환불을 통해 이득을 챙겼다. 티켓은 실제로 발급되지 않았기 때문에 당일 결산액에 포함될 필요가 없었다.

(2) 사회보장수익금 관련 전자 사기

정부수익사업이 점차 전산화되어 감에 따라 사회보장수익금의 횡령 가능성 또한 증가하고 있는데, 현재 호주에서 활용되고 있는 전자수익금 전환 시스템(EBT) 또한 악용되어 왔다. 전자수익금 전환 시스템은 1997년부터 호주의 몇몇 주요 도시에서 사회보장수익금을 관리하는 데 사용되어 왔다. 시스템은 국가 차원에서 관리되고, 수표를 사용해 왔던 경우에는 제한적으로 적용된다. 공식적으로 인증된 수령자는 카드를 이용해 자동인출기에서 현금을 인출할 수 있다.

호주에서는 1997년 12월과 1998년 1월에 EBT 컴퓨터 시스템을 이용해 공금을 횡령한 혐의로 몇몇 공무원들이 기소되었다. EBT 카드는 가명으로 발행되어 때문에 범죄자들은 자동인출기에서 현금을 인출할 수 있었다. 어떤 경우는 횡령한 돈으로 마약을 구입하기도 했다.

(3) **기금 전환 관련 전자 사기**

보고에 의하면, 1998년 호주에서 재무부의 한 재정 고문은 다른 사람의 이름과 비밀번호를 이용해 재무부 컴퓨터 네트워크에 접속한 후 8,752,000달러를 사기업들에게 전송해 이득을 챙겼다. 당사자는 공금을 횡령한 혐의로 기소되었다. 보고된 바에 의하면, 경찰에서 조사를 했지만 횡령된 돈 가운데 548,000달러는 아직 확인되지 않고 있다.

(4) **의료수익금 관련 사기**

호주의 의료보험위원회는 의료 서비스 제공에 대한 비용 지급과 다양한 정부사업으로 인한 여타 수익금의 지급을 요구하고 있다. 많은 거래가 전자적으로 이루어지고 있는데 돈의 액수가 커 공금 횡령의 상당한 위험이 있다. 예를 들어, 1997년 7월부터 1998년 6월 사이 상대적으로 작은 비율이기는 하지만 청구된 6,334,000,000달러 상당의 202,200,000건의 의료 서비스 중 7,461,353달러에 달하는 128,023건의 의료 서비스들이 전자적으로 처리되었는데 앞으로 그 비율이 상당히 증가할 전망이다.

ICAC(반부패독립위원회)에 의해 적발된 건들 중 대부분은 의료 서비스 제공자 또는 의료 수익금을 허위를 신고하려는 시민과 관련된 것들이지만 위원회 직원에 의한 전자비용 청구 시스템의 조작 가능성 또한 증가하고 있다. 그 위험성이란 전자청구 양식의 위조 및 조작, 전자 서명의 신뢰도 하락, 전자 시스템을 이용한 불법 기금 이전 등의 가능성과 관련된다. 예를 들어 1997년에 두 명의 HIC 직원들은 허위로 의료 서비스 제공자 계좌를 만들어 총 45,000달러 이상을 불법으로 청구해 유죄 판결을 받았다.

(5) **신용카드 관련 사기**

정부 신용카드를 이용한 사기 행위의 가능성 또한 있다. 예를 들어 호주항공안전국은 최근 공무를 위해 발급된 여행 카드를 남용한 두 건의 부정행위를 적발했다. 그 중 한 명은 부서의 여행 카드를 이용해 숙식비와 사내 비디오를 계산했고, 다른 한 명은 개인 용도를 위해 돈을 출금하고 편리할 때 입금하는 형식으로 여행 카드를 이용했다. 신용카드 관련 부정 행위는 대부분은 공무와 관련 없이 카드를 사용하는 것이지만, 도난되거나 위조된 신용카드를 이용한 부정 행위의 가능성 또한 존재한다.

(6) 정보범죄

컴퓨터의 데이터베이스에서 정보를 빼내는 사이버 범죄행위도 증가하고 있다. 예를 들어 호주 사회안전부의 한 직원은 부서의 데이터베이스에 있는 많은 기록들을 없애 처벌을 받았다. 데이터베이스에 있던 개인 정보들은 한 정보 수집가에게 팔렸는데 그는 다시 개인 정보들을 보험회사에 팔아넘겼다. 1996년에는 전직 경찰 출신인 사회안전부의 한 직원이 불법으로 부서의 정보시스템에 침입하여 정보를 유출한 죄로 200시간의 사회봉사 명령과 750달러 벌금형에 처해졌다.

경제 스파이 활동을 위해 컴퓨터가 사용되기도 했다. 호주에서 몇 년 전 반부패독립위원회는 정부 비밀정보를 정보 수집가에게 팔아넘긴 국영 통신회사의 직원들을 조사했다.

(7) 컴퓨터 하드웨어와 소프트웨어 절도

공무원은 또한 중요한 소프트웨어와 때로는 민감한 정보를 담고 있는 컴퓨터 장비를 훔치기 좋은 위치에 있다. 호주 연방경찰의 최근 조사에 의하면, 정부 부처들은 민감한 정보가 저장되어 있는 컴퓨터들을 도난당해 왔다. 그 중 한 대는 찾았고 세 명이 처벌되었다. 관련 부서는 보안 점검을 실시하고 재발 방지를 위해 조치를 취했다.

(8) 정보통신기술의 부적절한 사용

공무원들은 공무상 제공되는 정보통신기술을 다른 목적으로 부적절하게 사용하기도 한다. 근무장 내 인터넷의 부적절한 사용에 대한 명확한 경고가 있었음에도 불구하고 인터넷의 잘못된 사용은 끊이질 않고 있다. 널리 알려진 몇몇 사례들에서 공무원들은 직장 내 컴퓨터의 부적절한 사용을 이유로 훈계나 해고 조치를 당했다. 예를 들어 뉴질랜드에서는 가정부 소속 네 명의 직원이 포르노사이트 접속 등 컴퓨터의 부적절한 사용을 이유로 해고 조치되었다. 그런 사람들을 사이버 범죄자로 묘사하는 것은 문제가 있지만, 그들의 행동은 직장 내 비전문가적 분위기를 만들고 잠재적으로 법적 책무성의 문제를 일으킬 뿐만 아니라 상당한 생산성의 저하를 초래할 수 있다.

이 문제를 살펴보기 위해 전형적인 한 사례를 좀더 심층적으로 고찰하고 재발 방지를 위한 조치들을 논의하도록 한다.

제3절 전자정부의 부패 취약 요인

여기에서는 전자부패의 잠재적 위험성을 인지하고 지속적인 연구를 진행하고 있는 호주 뉴사우스웨일스(New South Wales) 주의 ICAC(반부패독립위원회)에서의 연구 결과들을 중심으로 전자정부 서비스의 부패 취약 요인을 제시하고자 한다.

이와 함께 네트워크 환경하에서의 내부자에 의한 보안 위협과 우리 나라 전자정부의 부패 취약 요인들을 정리해 볼 것이다. 네트워크 환경의 급속한 확대는 보안 유지의 측면에서 위험도를 증가시키며, 여러 가지 부수적인 문제점을 야기시킨다(Donovan, 1993). 이에 따라 정보시스템의 안정적인 이용을 저해하는 위협으로부터 정보시스템을 보호하기 위한 여러 가지 수단을 강구하는 것이 정보시스템 관리 분야의 중요한 과제가 되고 있다(Dickson, et al., 1984; Niderman, et al., 1991). 선행 연구에 의하면, 네트워크에 연결된 정보시스템은 업무의 효율성을 증가시킬 수 있는 장점이 있으나 접근의 용이성 등으로 인해 오히려 보안에 대한 위협이 증가된다고 강조하고 있다(Kelly, 1988; Rivera, 1991; Loch, 1992). 사이버상에서 진행되는 범죄 행위는 정보통신기술을 단지 하나의 범죄 수단으로 이용하기에 그 행위의 범죄성 여부에 논란을 일으킬 만한 여지가 적다. 반면에 분명히 정보화의 역기능이라고 할 수는 있지만 법적인 책임을 물을 수 없는 종류의 행위도 존재한다(황주성 외, 2002: 368).

정희태(1998)는 이러한 행위들을 '부적절한 행위'로 통칭하며 포괄적인 수준에서 건전한 정보통신 활동을 방해하나 범죄 구성 요건에 해당하지 않는 비범죄적인 행위들을 포함했다. 이런 행위 이외에 인터넷상의 각종 정보 유포는 현재까지 현실법의 잣대로 불법 여부를 판단하고 있기는 하지만, 이것이 타당한 것인지에 대한 논란이 많이 일고 있기에 이를 범죄 내지는 비범죄라고 구분하는 것은 쉽지 않다. 이러한 구분들을 정리한 것이 <표 10-3>이다.

다양한 내용과 수준의 역기능 중 시스템을 대상으로 하거나 시스템을 이용해서 오프라인의 범죄행위를 좀더 효과적으로 행하고자 하는 문제에 대해서는 사회적 이론의 여지 없이 엄중하게 대처하는 것이 각국의 입장이다(황주성 외,

〈표 10-3〉 정보화 역기능 유형 분류

	시스템 대상의 역기능	시스템 활용의 역기능	정보적 역기능
범죄	해킹, 컴퓨터 바이러스 유포, 사이버 테러, 전자우편 폭탄	사이버 도박, 인터넷 사기, 인터넷 마약밀매 · 매매춘 · 무기 판매, 전자상거래 범죄	음란, 폭력, 반사회적 정보유통, 유언비어 유포, 개인 정보 오 · 남용, 지적재산권 침해 등
비범죄	악의적이지 않은 해킹	부적절한 행위(게시판 도배, 네티켓 위반 등	

출처: 황주성 외(2002: 369).

2002: 369). 그러나 논란이 되는 부분은 정보적인 측면에서 발생하는 역기능에 해당하는 내용들이다. 현재까지는 기존 법 · 제도를 통해 정보적 역기능에 대해 규제하고 있다. 이런 가운데 기술 고도화로 변화된 사회구조에 적합한 법 · 제도로의 개정을 추진하고 있고, 다양한 논의들이 진행되고 있지만 사회적 합의를 도출하기가 쉽지 않다. 다만 전자부패의 문제는 전자정부의 구현에 간과할 수 없는 중요한 요소임이 분명하지만 위기관리라는 큰 그림 속의 한 부분으로 다루어야 한다(Jambrich, 2001).

Summer(2000)는 정보시스템을 구축할 때 내재된 위험 요인들을 기존의 연구 결과들을 정리하여 <표 10-4>와 같이 제시하고 있다.

공공 부문의 관리자들은 부패 통제에서 좀더 거시적인 시각을 가져야 하며, 공공 부문의 정보시스템을 수립하는 데 정보통신기술과 부패의 연계성을 인식하고 있어야 한다(황주성, 2002).

우리보다 한 발 앞서 전자정부 시스템의 취약성에 대해 관심을 가지기 시작한 호주의 공공 부문 관리자들을 대상으로 한 설문의 경우, 컴퓨터 보안망을 뚫고 들어올 가능성이 있는 소스를 묻는 질문에 불만을 품었거나 기회를 노리고 있던 내부 직원일 가능성이 가장 높다는 결과가 보고된 바 있다(ICAC, 2001). 재무 시스템이나 기업 데이터 역시 조직 자체의 내부 시스템을 통해 접근하는 것이 가장 쉬우며 내부 시스템을 위험의 근원으로 꼽았다고 지적했다. 즉, 범죄행위자가 피해 조직의 직원이거나 혹은 계약 당사자, 공급 업자 등과 같이 조직과 공식적인 관계를 맺고 있는 자일 가능성이 높다는 점이다.

미국에서도 내부자에 의한 정보 유출의 심각성에 주목하고 있다. 비록 민간 부문에 국한되는 자료이기는 하지만 정보통신기술의 속성을 감안한다면 공공 부문에서 전자부패의 문제에도 적지 않은 시사점을 제공한다. [그림 10-1]은

〈표 10-4〉 정보시스템 구축의 위험 요인들

위험 요인	학 자
기술적 인프라의 부족	Ewusi-Mensah(1997)
기술적 생소함 기술적 능력의 맹신 특정 수요에 부합하지 못하는 기술	Barki, Rivard, Talbot(1993), Boehm(1991), Block(1983), Cash & McFarlen(1992)
사업 목적에 대한 합의 도출 부족	Ewusi-Mensah(1997), Block(1983)
기술적 전문가의 부족	Ewusi-Mensah(1997)
응용 지식의 부족	Ewusi-Mensah(1997), Barki, Rivard, Talbot(1993)
사용자의 열의 부족, 비효과적인 사용자 간의 의사소통	Keil, Cule, Lyytinen, & Schmitt(1998) Block(1983)
고위관리자의 참여 미흡	Ewusi-Mensah(1997) Keil, Cule, Lyytinen, & Schmitt(1998)
응용의 복잡성(기술의 복잡성)	Barki, Rivard, & Talbot(1993)
변화하는 요구에 대한 잘못된 분석	Keil, Cule, Lyytinen & Schmitt(1998) Boehm(1991), Block(1983), Cash & McFarlen(1992)
조직적 환경(가변적 상황과 부족한 자원)	Barki, Rivard, & Talbot(1993), Block(1983)
비현실적인 추진 계획과 예산	Boehm(1991)
효과적인 방법론의 부재 부실한 평가 실질적인 수요에 부합하지 못하는 성과	Keil, Cule, Lyytinen, & Schmitt(1998) Block(1983)
목적과 범위의 가변성	Keil, Cule, Lyytinen, & Schmitt(1998)
사용 부서 간의 갈등	Keil, Cule, Lyytinen, & Schmitt(1998)
부적절한 인력 구성 인적자원의 부족	Keil, Cule, Lyytinen, & Schmitt(1998) Boehm(1991), Block(1983)
대인관계 및 인간성의 상실	Block(1983)
위험통제를 위한 측정 시스템의 부족 사업 추진의 부적절한 관리 방식	Ewusi-Mensah(1997)

출처: Summer(2000: 181-82).

[그림 10-1] 미국 민간 부문의 내부자 정보 유출

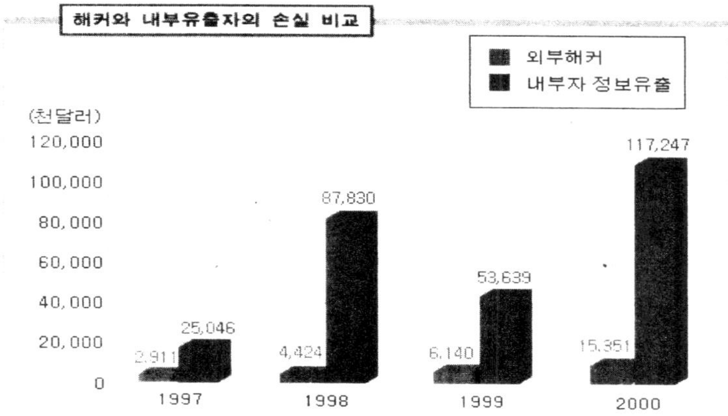

출처: CSI/FBI(2001), Computer Crime and Security Survey.

미국 민간 부문의 내부자로 인한 정보 유출의 심각성을 보여 주고 있다.

또한 [그림 10-2]는 다양한 민간 부문의 피해 유형들 중 내부자에 의한 오용과 기밀 유출로 인한 경제적 손실의 심각성을 보여 준다. 이러한 결과는 업무의 생산성 저하에도 영향을 주는 것으로 알려져 있다. 직원들이 받는 메일 중 30%가 비업무용 메일로 밝혀졌고, 이러한 전자우편의 수신 또는 발신으로 업무 시간을 허비하고 있다.[9] 호주의 여론조사 결과[10]는 많은 정부기관들이 전자부패

9) 미국 FBI의 자료에 따르면, 직원이 1천 명인 기업의 경우, 한 명이 하루 평균 10통의 전자우편을 받을 경우 하루 5백 달러, 한 달이면 1만 5천 달러가 낭비되는 것으로 보고된 바 있다.
- 직원들이 전자우편을 확인하는 데 하루 평균 30분을 소비하는데 이 중 10분을 낭비한다고 지적
- 직원들이 스팸 메일을 확인하는데 적어도 1인당 50센트의 비용이 소요된다고 산출

10) 호주의 The Information Management and Technology의 여론조사 결과에서 나타난 전자부패의 취약성은 다음과 같다.
- 정보인증, 정보가격, 정보의 질과 통합에 관한 전략의 미진(전체 조사 대상 기관의 63%가 이러한 부문에 대한 취약함을 인정하고 있었다.)
- 저조한 정보감사의 비율(전체 조사 대상기관의 5%만이 이에 대한 감사를 시행했고, 앞으로 시행할 예정이라고 응답한 비율이 52%에 불과한 것으로 나타났다.)
- 정보통신기술에 대한 보안계획의 결핍
- 정보보안에 대한 의식과 보안교육의 부족

의 위험에 노출되어 있음을 보여 주는 사례도 보고되고 있다.

그렇다면 직원들로 하여금 신기술을 사용해 그들 자신의 조직을 전복시키려는 기도를 하게 만든 동기는 무엇인가? 이에 대해 Phukan(1999)은 정보통신기술 전문가들이 비윤리적인 행위의 유혹에 특히 노출되어 있다고 지적한다.

> 정보시스템 전문가들은 무엇이 정보통신기술의 윤리적인 사용인지 또는 비윤리적인지에 대한 합의를 도출해 내는 데 어려움을 겪는다. 결과적으로 정보통신기술의 사용과 관련한 법적 · 윤리적 이슈들은 여전히 불분명한 상태로 남아 있다. 다수의 국가들이 정보통신기술의 범죄적 사용을 규정하는 법률을 가지고 있기는 하지만 발생하는 새로운 사건들마다 전에 검토해 보지 못한 새로운 윤리적 · 법적 문제들을 야기시키고 있는 것이 사실이다. 이러한 상황들로 인해 정보시스템 전문가들은 새로운 사안들에 대해 혼돈스런 입장에 처하게 되며 전문가들 사이의 의견 일치도 어려운 상황이 된다.

[그림 10-2] 미국 민간 부문의 유형별 피해 규모

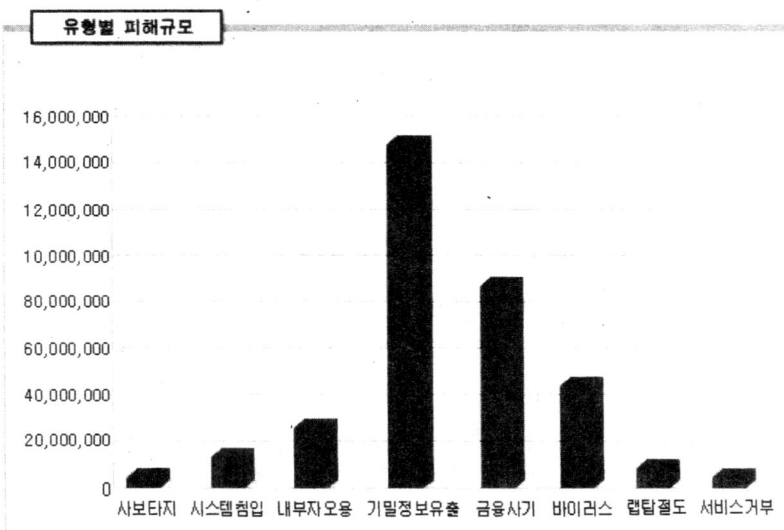

출처: CSI/FBI(2001), Computer Crime and Security Survey.

또한 Phukan은 다음과 같이 언급하고 있다.

……인터넷 사용이 늘어남에 따라 정보통신기술의 비윤리적 사용의 잠재적 가능성도 늘어나는 추세이다. 더욱 심각한 것은 사람들이 정보통신기술의 비윤리적 사용에 대한 이해를 가지고 있으면서도 실제로 행동할 때는 자신들이 가지고 있는 윤리 기준을 무시해 버린다는 데 있다. 즉 알면서도 잘못을 저지른다는 것이다.

이와 같은 시각에서 호주의 반부패독립위원회(ICAC)에서는 전자부패를 확대시킬 수 있는 조직적 요인으로 다음과 같은 행위들을 제시하고 있다.

① 문제라고 인정하거나 받아들이지 않는 행위
② 발생 사실을 인식하지 못하는 행위
③ 정확히 보고하지 않는 행위
④ 철저히 조사하지 않는 행위
⑤ 부패 방지 능력이나 내부 보고 체계를 갖추지 못한 행위

또한 지나치게 정보통신기술에 의존하는 경우 동료 간의 유대를 느슨하게 만들고 전자부패의 적발 가능성을 낮추는 결과를 초래할 수 있다고 지적한다. 즉 직원들의 윤리적 관점을 왜곡시키는 결과를 가져오게 된다는 점이다(Phukan, 1999).

호주의 반부패독립위원회(ICAC)는 신기술이 사기 행위 등 새로운 부패의 기회를 제공할 수 있으며, 기업과 정부기관들은 외부 또는 내부로부터의 이러한 위협에 노출되어 있음을 강조한다. 이들 중 내부자는 가장 심각한 위험 중의 하나로 상존한다. 상황에 따라 내부자 사기(internal fraud)나 직원 사기(fraud by employees) 역시 부패 행위가 될 수 있다. 호주의 전문가들은 정보통신기술의 비윤리적 사용이라는 주제에 대해 정보통신기술 실무자들이 잘못 이해하고 있으며, 많은 범법 행위들이 눈감아지고 있다고 한다. 즉 전자정부에서 이루어지는 기술적인 절차를 완벽히 파악하고 있는 공무원이 새로운 형태의 지대(地代, rent)를 추구하게 되는 경우가 발생할 수 있다. 문제의 심각성을 더하는 것은 이러한 지대 추구의 원인을 단순히 부패의 신세대적·기술 관료적 변형쯤으로 여긴다는 것이다(Pacific Council in International Policy, 2002: 10). 이러한 신기술 범죄의 동기로서 직접적 금전 이익보다는 일반적으로 보복, 권태, 도전, 탐욕, 호기(好機) 등을 지적하는 견해도 있다(Bell &

Zipparo, 2001: 12).

제 4 절 전자정부 구현사업 추진 실태 감사 결과

감사원은 전자정부 추진 전반에 대한 최초의 성과감사를 실시했다. 여기서 주목할 만한 점은 전자부패의 유발 가능성과 관련된 내용이다. 여기서는 전자정부 사업에 대한 감사원의 지적 사항을 중점적으로 살펴봄으로써 전자부패의 취약 요소와의 공통점을 발견해 보고자 한다. 먼저 감사의 내용을 간략히 정리하면 다음과 같다.

첫째, 거시적인 차원에서 전자정부 사업의 추진 체계와 평가 체계, 그리고 종합적인 예산 지원 체계의 적정성에 대한 평가가 이루어졌다.

둘째, 각 세부 사업별로 관련 사업 간 연계성이 확보 여부, 유사 사업 간 중복 투자 여부, 시스템 구성의 안정성 등에 대한 검토가 이루어졌다.

셋째, 전자정부 구현 사업은 국가 행정 업무를 전산화하여 정보시스템으로 구축하는 것이므로 시스템 보안에 문제가 있을 경우 국가 기밀의 유출, 국민 사생활 침해 등 심각한 문제가 발생할 수 있다는 점을 감안해 시스템의 보안 상태에 대한 점검이 시행되었다.

다음은 이와 관련한 전자정부 사업의 감사 결과와 관련한 보도 내용이다.

> 국세청이 운영하는 국세통합 시스템(TIS: Tax Integrated System)이 개인이나 기업의 중요 세정정보가 손쉽게 외부로 유출될 가능성이 있는 등 보안관리가 허술했던 것으로 드러났다.
>
> 감사원은 10일 안영근 의원에게 제출한 자료에서 "지난 해 11월 4~20일 TIS 보안 실태를 점검한 결과 국세청 보안 체계도, 공무원 재산조사 명세, 각종 세적(稅籍) 자료 등이 보관된 직원 개인용 컴퓨터 36대가 파일 공유 상태에서 비밀번호가 설정되어 있지 않았던 것으로 나타났다"고 밝혔다.
>
> 특히 감사원은 모든 국세청 직원이 마이크로소프트 사의 윈도 프로그램을 사용하면서도 윈도용 해킹 방지 프로그램을 설치하지 않아 비밀번호가 설정된 일부 직원용 컴퓨터마저 인터넷에서 쉽게 구할 수 있는 해킹 프로그램을 이용하면 비밀번호가 간단히 해독되는 상태였다고 지적했다.
>
> 또 국세청은 각종 프로그램 개발을 위해 전산정보관리관실에 상주한 5개 정

보시스템 개발업체 종사원 186명도 국세청 직원들과 같은 사무실에 근무하도록 하고, TIS에 연결된 직원용 컴퓨터를 사용케 하는 등 보안 의식이 허술한 것으로 드러났다고 감사원은 밝혔다.

이에 따라 감사원은 국세청에 대해 직원의 개인용 컴퓨터 보안교육 철저, 컴퓨터 보안 패치 프로그램 설치, 개발업체 종사원과의 전산망 분리 및 별도 장소 근무 등 전산 보안대책 마련을 요구했다(출처: 전자신문 2003년 8월 11일자).

1. 정보화 계획과 집행 간 괴리 및 사업 추진 전담 기구의 조정 기능 미흡

정보통신부에서 정보화촉진기본법에 따라 정보화촉진 기본계획과 시행계획을 수립·운용하면서 국가 정보화의 기본 골격인 정보화촉진 기본계획을 추진 도중 두 차례나 중단·수정하여 시행계획과 일치하지 않는 등 기본계획으로서의 역할을 제대로 하지 못하고 있었으며, 정보화촉진기금을 운용하면서는 최근 3년간 공모·정책 과제 명목의 정보화 지원사업 예산 1,700억여 원 중 256억원이 정보화추진위원회(위원장 국무총리)의 심의·의결 없이 지원되었다.

1) 정보화 전담 인력의 전문성 부족으로 인한 민간 업체 의존도 심화

18개 중앙행정기관에서 2001년에 추진한 정보화사업 12개 중 58.2%인 106개 사업을 전문성이 미흡한 행정직 등이 담당하고 있을 뿐 아니라 지방자치단체의 전산 전담 인력 1,459명 중 비전공자가 24.3%(355명)이며, 전담자가 1명 이하인 지방자치단체도 36개나 되는 등 정보통신부를 비롯한 중앙행정기관, 지방자치단체 및 한국전산원 등 각급 기관의 정보화사업 추진 전담 인력 부족 및 전문성 저하 등으로 인해 제안 요청시 작성에서부터 공정관리, 준공, 유지, 보수 등 정보시스템 구축사업 관련 업무 전반을 업체에 의존하고 있는 경향이 심했다. 또한 개발업체와 특수 관계에 있거나 행정직 등 전문성이 없는 사람이 기술 평가에 참여하여 정보시스템 사업자를 선정하는 등 불합리한 계약 심사 제도를 운영하고 있어 업체 선정의 공정성을 확보하지 못하고 있었다.

행정자치부에서 행정 표준 코드를 제정만 한 채 보완하지 않아 전자정부 11대 중점 사업별로 서로 다른 코드를 사용하고 있는 등 표준화가 미흡해 시스템 개발과 운영에 혼란을 주고 있으며, 국가 정보시스템 연계·통합에 대한 백업 시스템 구성 표준화 등 제도적 기반이 미비해 사업이 비효율적으로 추진되고 있었다. 또한 정보화사업을 추진하는 행정기관에서는 사업의 타당성과 실현 가능성에 대한 사전평가 절차를 거치지 않고 있고 전문성을 갖추지 못한 정보화 인력이 주로 외부 민간 업체에 의존하여 정보화사업 계획을 수립·추진하고 있는 것으로 나타났다.

2) 시스템 유지 보수시 민간 업체에 종속될 위험성

중앙인사위원회에서 인사정책 지원시스템을 개발하여 중앙행정기관 및 지방자치단체 등에 이를 단계적으로 확산하는 사업을 추진하고 있다.

위 관서는 2000. 11. 2. OO(주)와 시스템 구축 계약(계약 금액 10억 5,000만 원)을 맺으면서 위 업체가 개발·사용중인 PDSS 패키지를 도입하여 위 업체의 소유권을 인정해 주고, 2002. 4. 28. 동 시스템을 31개 중앙행정기관에서 별도 계약(계약 금액 134억 5,000만 원)을 맺었다. 이로 인해 사용권(license) 확보에 따른 지불액이 위 인사정책 지원시스템 확대에 48억 9,607만 원, 국방부 국방 인사시스템 구축에 57억 3,000만 원 등 계 106억여 원이 집행되었거나 집행될 예정이며, 이 밖에도 2002. 9. 11. 행정자치부의 의견에 따라 232개 기초자치단체에 보급(중앙부처 보급단가 1copy당 5,669만 원 적용시 132억 원 상당 소요)할 예정에 있어 당초 신규 개발 비용 추산액(117억여 원)보다 많이 소요될 뿐만 아니라 향후 시스템 유지 보수 및 수정 갱신시 항상 위 업체에 의존하거나 종속될 위험이 있다.

3) 일관성 없는 자료관리와 입찰정보의 임의 수정

행정자치부, 건설교통부, 대법원 등은 각 데이터베이스를 서로 연계하거나 적시에 수정·갱신하는 방안을 마련하지 않고 있어 부동산 등기 시스템에 저장된 전국의 국·공유지 등기정보를 대상으로 표본 추출한 450,922건을 토지대장과 비교한 결과 139,169건만 비교 가능했으며 나머지는 토지대장에 없었고 비교된 자료도 소유자, 면적, 지목 등이 서로 맞지 않는 등 부정확한 것으로 나타났다.

또한 전자입찰에 참가한 업체가 투찰한 가격은 공식적인 개찰 시간 이전에는 누구도 투찰 가격에 대한 정보를 알 수 없도록 구축해야 하고, 만약 재무관 등이 임의로 열어 보았다면 이러한 사실이 공개되도록 구현되어야 입찰의 공정성을 확보할 수 있다. 그런데도 SQL×PLUS(미국 오라클 사 제품)와 같은 데이터베이스 관리 도구 등을 이용하여 개찰 시간을 수정할 수 있는 등 계약 집행 공무원이 개찰 관련 정보를 임의로 수정할 수 있도록 시스템을 개발하여 입찰의 투명성과 공정성이 떨어질 수 있다.

4) 교육훈련계획 및 용역관리 미흡

재정경제부는 약 2개월간 2만 명의 회계 담당 공무원에게 순회교육을 실시하고 시스템 운영기관(중앙행정기관 등) 및 국세공무원교육원과 교육 일정 등에 대해 구체적으로 협의하지 않고 2002년 11월부터 1만 명에게 교육을 실시한다는 실현 가능성이 없는 교육계획을 갖고 있으며, 국세청은 전산실 교육장에서 2차례 교육을 실시한 후 700명에게 전달 교육을 한다는 막연한 계획만 있을 뿐 교육 대상자 현황 분석, 교육 장소 협의, 교육 실시자 등에 대한 구체적인 방안을 세우지 않고 있을 뿐 아니라 국세공무원교육원 등 산하 교육기관을 이용하여 시스템 운영과 관리에 대한 상설 교육훈련 과정을 마련하지 않고 있다.

또한 정보통신부 체신금융 시스템의 용역 계약업체인 (주)OO가 제안서상의 협력업체 17개 중 3개 업체를 임의로 변경하고 2개 업체를 임의 추가했으며 제안서에 명시된 용역 참여 요원 76명 중 34명을 임의로 교체하는 등(34명 중 13명이 제안서에 명시된 인력보다 기술 등급이 낮음) 용역을 계약 내용대로 수행하지 않고 있는 것도 확인도 하지 않는 등 용역관리에 소홀했다.

그 결과 이대로 사업이 진행될 경우 위 사업의 내용을 잘 모르는 신규 업체나 인력이 원칙 없이 투입되어 사업이 부실하게 수행될 수 있다.

5) 프로그램 수정, 기록관리 미흡으로 인한 불법 조작 가능성

시스템 운영 측면에서는 금융 업무 처리를 위한 프로그램과 데이터베이스가 임의로 변경되는 일이 없도록 적절한 관리 체계를 수립해야 하며 고객정보 보호 등에 대해서도 합리적인 대책을 마련해야 한다.

정보통신부 우정사업본부에서는 프로그램 변경 목적을 세분화하지 않고 변경의 필요성 및 변경 내용 요지 등 핵심 사항을 누락한 채 근거 문서번호만 관리하고 있어 프로그램의 변경 목적과 그 내용 등을 확인하기가 곤란하며 변경된 프로그램을 시스템에 설치하기 위해 개발자가 배포하는 실행 프로그램이 정당하게 작성된 것인지 여부를 확인할 수 있는 절차가 없고 프로그램 테스트 및 근거 서류 작성 등 관련 규정을 준수하고 있는지 여부에 대한 제3자 검증 등 객관적인 확인 절차도 없이 운영자가 위 배포된 실행 프로그램을 그대로 시스템에 설치하여 우체국 금융 업무에 적용하고 있다.

또한 데이터베이스의 변경 내용을 관리하면서 데이터베이스 내용을 임의로 조회할 수 있는 프로그램인 Golden을 26명이나 사용하고 있는데도 그 사용 내역을 기록 관리하지 않는 등 통제 장치가 없었으며 금융 거래 내용을 기록하는 전산원장을 수정할 때에 시스템 관리자가 데이터베이스 관리 도구인 SQL×PLUS를 이용하여 금융 전산원장 자체를 직접 수정하면서 오류 원인과 수정 내용 등을 제대로 기록·관리하지 않고 있어 수정의 적정성조차 파악하기가 곤란하다.

이와 같은 관리 체계 미흡으로 인해 2002년 6월까지 프로그램 오류, 우체국의 입력 착오 등으로 전산원장 계수가 실제 금융거래 내용과 일치하지 않는 오류가 775건 발생했을 뿐 아니라 프로그램과 데이터베이스의 불법적인 조작과 금융정보의 유출 등에 의한 금융사고의 위험성이 높았으며, 시스템 관리자나 운영자가 고객 정보를 유출하여 부정하게 사용할 경우에도 이를 확인·통제할 수 있는 제도적 장비가 미비한 실정이다.

6) 전산감사 체계 미흡

시스템에 대한 감사에서는 시스템 오류 등 문제점을 조기에 확인하고 조치할 수 있도록 효과적인 감사 체계를 마련해 운영해야 한다.

정보통신부 우정사업본부는 전산감사에 대한 구체적인 절차와 방법 등에 대한 지침이 없는 것으로 나타났다. 산하 광화문(감독)우체국은 관내 우체국의 구체적 점검 사실(전화 확인 사항 등)을 기록 관리하는 반면 서울체신청은 관내 감독 우체국을 관리하면서 점검 결과 확인 건수만 기재하는 등 일관성이 없으며, 체신청의 경우 중립적 위치의 감사 담당이 아닌 금융 업무 담당이 전산감사 업무를 맡고 있어 객관성이 결여되고 시스템을 총괄 관리하는 전산관리소 내부에는 우체국 금융 시스템의 프로그램을 변경하거나 전산원장을 수정하는 사항에 대한 일상 감사 기능이 없으며, 우정사업본부 감사 담당관실도 2년에 1회 정기감사만 실시하고 있다.

7) 내부 직원에 의한 자료 변조 또는 자료 유출에 취약

행정자치부 정부전산정보관리소 등 기관에서는 각종 정보시스템과 통신망 등의 보안관리를 위해 내부통제 등 보안관리 체계를 수립·시행하고 있다. 정보의 불법적인 유출 또는 삭제·변조 등 문제가 발생하지 않도록 정보시스템에 대한 접근 통제 등 보안관리 체계를 수립하여 시행해야 하며 보안사고가 발생할 경우에 대비해 합리적인 대응 체계를 마련해야 한다. 그런데도 행정자치부 정부전산정보관리소와 한국전산원의 경우 서버 관리자 계정으로 공통 계정을 사용하거나 보안사고에 대한 탐지·대응 전담 조직이 없는 등 보안관리 체계가 미흡한 것으로 나타났다.

또한 정보통신부 우정사업본부(체신금융 시스템)와 국세청(인터넷을 통한 종합국세 서비스 체제)의 경우에도 정기적인 로그 분석 작업을 하지 않는 등 보안관리 체계가 미흡했다. 그 결과 내부 직원에 의한 자료 변조 또는 자료 유출 등으로 인한 피해가 발생할 수 있다. 이 밖에도 외부로부터의 웹 페이지 임의 조작, 데이터베이스 변조, 사용자 정보 유출, 통신망 마비 등도 가능한 것으로 지적되었다.

전자입찰 시스템의 경우 지방자치단체들이 개별적으로 시스템을 개발하여 사용함으로써 시스템의 보안성이 떨어져 해킹 또는 전자입찰 조작 사례가 발생할 가능성이 높은 등의 문제점도 지적되었다.

이상의 감사 지적 사항들은 뒤에서 언급하게 될 호주 반부패독립위원회(ICAC)에서 지적하고 있는 전자부패 취약성과 일맥상통하는 내용들이다.

이하에서는 호주 정부의 전자부패에 대한 인식 및 이에 대한 대처 방안들을 제시함으로써 선진 외국의 새로운 위험 요인에 대한 대처 현황을 살펴볼 것이다. 이와 더불어 실제 사건으로 드러난 우리 나라와 세계 각국의 사례를 통해 전자부패의 존재 양식을 파악하고자 한다. 이를 통해 위험 요소로 제기되고 있는 사항들과 실제로 구현된 사건을 비교 검토함으로써 발생 가능한 전자부패 위험 요소들의 모습을 좀더 구체화할 수 있을 것이다. 이는 아직까지 전자부패에 대한 인식과 적절한 분류 체계가 갖추어져 있지 않아 그 유형조차 파악하기 어려운 현실에서 전자부패에 대한 인식과 그것의 위험성을 파악할 수 있게 해준다는 면에서 의미 있는 작업이 될 것이다.

2. 전자정부 업무환경에 대한 현실 인식

전자정부의 업무환경에 대한 인식은 이 연구에서 파악하고자 하는 전자부패의 위험에 얼마나 노출되어 있는지를 파악할 수 있게 해 주는 객관적인 자료가 될 것이다. 전자부패를 유발할 수 있는 요인에 얼마나 노출되어 있는지를 파악하는 것은 우선적으로 파악해야 할 부분이다.

OECD는 조달과 세무 등 기존의 부패에 취약한 직종에 대해 특별한 관심을 가지면서 이해 갈등(conflict of interest)을 확인 및 보고하고, 구체적인 규제와 지침, 엄격한 통제, 그리고 정기적인 재배치 등과 같은 반부패 조치를 취할 것을 권장하고 있다(OECD, 2000: 3).

현재 행정부패의 발생 원인은 관료의 재량권, 업무 처리의 독점성, 업무의 복잡성, 대면 접촉의 강제성, 업무 처리의 지연성, 이의 제기의 곤란성 등으로 요약된다(강정석, 2001; 박홍식, 2002). 이는 투명성이 책임성과 긴밀한 상관관계가 있다는 점을 고려한 결과이다. 이는 Klitgaard의 공식에서 지적하고 있듯이 부패는 독점과 재량권에 비례하고 투명성에 반비례하는 것으로 파악한다.

전자정부의 구현으로 투명성이 제고될 것이라고 기대하는 학자들의 논의는 이처럼 기존의 부패 취약 영역에 한정되어 있다. 그러나 전자정부의 구현이 이러한 부패 취약 영역을 일소한다는 것을 의미하지는 않는다. 즉 이러한 문제들이 자동적으로 해결되리라는 기대는 단지 기대에 불과하다. 기존의 부패 취약 부문에 대한 관리의 차원 이외에 새롭게 대두되는 신기술, 즉 정보통신기술의 특성을 이용한 새로운 유형의 부패가 발생할 수 있는 환경에 대한 파악이 절실하다. 이를 파악하기 위해 새로운 기술적 요소와 일처리 방식이 새로운 유형의 부패를 유발할 가능성은 없는가? 이에 대해 다음과 같은 사항을 점검해야 할 필요가 있다.

① 전자부패 방지를 위한 제도적 지침 또는 시스템 여부
② 온라인상에서의 업무 처리 기준 여부
③ 정보통신기술의 오남용 방지를 위한 시스템 구축 여부
④ 정보통신기술에 대한 공공 부문의 역량에 대한 판단 여부

1) 전자정부의 전자부패 취약 부문 파악

행정 업무의 관행과 프로세스의 개선은 전자정부사업 등 행정정보화의 기본 활동 범위에 포함되어 있다. 클린턴 행정부에서 추진된 전자정부사업이 정보통신기술을 활용한 리엔지니어링이었음은 주지의 사실이다. 이는 현행 업무 프로세스와 관행을 그대로 둔 채 정보통신기술을 접목하는 수준만으로는 어떠한 형태의 정부혁신 성과도 크게 나타나지 않는다는 것을 의미한다.

따라서 정보통신기술의 특성에 대한 이해를 바탕으로 호주 반부패독립위원회(ICAC)에서 지적하고 있는 취약 부문을 참고하여 다음의 네 가지 부문에 대한 측정을 통해 이루어진다.

① 내부자의 보안 관련 취약성
② 정보통신기술을 이용한 사적 이득의 취득 가능성
③ 민간 의존도의 심화로 인한 전자부패의 유발 가능성
④ 공직 부문의 전문성 부족으로 인한 전자부패의 유발 가능성

2) 전자부패의 발생 원인

전자정부에서 핵심적인 요소인 정보통신기술이 지니는 일반적인 부패 유발적 특성에 대해 호주 ICAC에서는 자동화와 신속성, 부차적인 정보의 손실, 접근성과 편재성, 새로운 사업 모형, 암호화 등 다섯 가지로 지적하고 있다.

이와 같은 일반적 특성들은 전자정부로 인한 기회 제공의 측면에서 설명될 수 있는 반면 부패 행위자의 입장에서는 정보통신기술을 이용해 부패 행위의 적발 가능성을 낮추고 은폐할 수 있는 기회를 제공하게 된다. 호주 ICAC에서 제시하고 있는 이러한 부패 유발적 특성에 대해서는 뒤에서 자세히 언급하기로 한다. 이 연구에서는 이러한 동전의 양면과 같은 특성들을 전자부패의 원인적 측면에서 접근하고자 한다. 호주의 연구 결과 제시된 요인들을 고려해 좀더 거시적 차원으로 고려한 전자부패의 원인을 이해하기 위한 사항은 다음과 같다.

① 정보통신기술에 대한 전문성과 이해 부족
② 정보통신기술의 기술적 특성
③ 온라인 윤리 또는 조직문화의 미성숙

3) 전자부패 방지를 위한 대응 방안

전자부패를 방지하기 위한 최종적인 작업은 이에 대한 대응 방안의 수립이다. 전자부패의 유발 가능성을 인식하고 이에 대한 취약 요소들을 체계적으로 관리해야 할 필요성이 있다. 이와 같은 점들을 고려해 전자부패의 대응 방안에 대해서는 다음의 네 가지를 설정했다.

① 전자적 업무에 적용 가능한 업무 지침과 시스템 구축
② 관리자들의 책임성 및 역량 강화
③ 전자부패 억제를 위한 감시 · 통제 확립
④ 온라인 조직문화의 확립

3. 전자부패의 유형

1) 호주 ICAC의 전자부패에 대한 대응

전자부패의 심각성을 인지하고 이에 대해 체계적인 논의를 진행시키고 있는 호주 반부패독립위원회(ICAC)의 보고서를 비롯한 관련 문헌에서 지적되고 있는 전자부패 취약성 및 이에 대한 대응 방안들을 살펴보기로 한다(Bell & Zipparo, 2000).

2) 일반적인 요인

(1) 자동화 및 신속성

행정 업무를 수작업으로 진행할 때 정확성이 의심되었던 절차가 자동화된 컴퓨터 시스템을 사용함으로써 좀더 신뢰성을 가지게 될 수 있다. 그러나 범죄자들이나 외부인과 공모한 직원들은 이들 시스템의 거래 감독, 수작업 검토, 분리된 사용 인증 등의 절차에서 허점을 찾아 이를 이용하려들 것이다. 전통적인 감사나 회계 방식도 새로운 환경하에서는 부적절하게 된다. 수작업 시스템은 느리고 비효율적일지는 모르지만 직원의 부패나 직권 남용에 대한 적절한 방지책이 되어 왔다. 그러나 사람의 간섭이나 감독이 줄어듦으로써 오히려 부패의 위험은 더 커졌으며 전자상거래상의 빠른 거래 속도로 인해 부패에 적절히 대처할 시간도 줄어들었다. 그러나 이것이 경영진으로 하여금 신기술의 채용을 거부하게 하는 합리적인 이유가 되지는 못할 것이다. 새로운 위험에 대해서는

이를 식별하고 인지하며 관리할 필요가 있다.

컴퓨터에 기초한 회계 시스템을 사용함으로써 수작업 시스템과 관련한 내부 통제 관련 업무 중 일정 부분은 불필요하게 될 것이다. 컴퓨터는 같은 계산 업무를 사람보다 훨씬 더 정확하게 수행할 수 있으며, 한 번 프로그램된 거래의 처리에서는 절차적 일관성을 유지할 수 있고, 어떤 부정직하거나 불충한 동기도 가지고 있지 않기 때문이다. 그러나 입력, 처리, 저장, 출력 등과 관련해서 중요한 내부적 통제의 문제가 발생할 수 있다.

(2) 부차적인 정보의 손실

전자정부에서 부패 위험과 관련된 신기술의 일반적인 특징은 이른바 호주의 RGEC(Research Group into the Law Enforcement Implications of Electronic Commerce)에 의해 부차적 정보라고 명명되고 있는 부차적 정보의 손실을 말한다. 여기서 부차적 정보[11]라 함은 거래 당사자들 사이의 신뢰 구축을 위해 전통적으로 필요한 정보를 지칭한다.

공공기관과 전자정부 서비스를 이용하는 고객들은 미심쩍거나 부자연스럽다든지 혹은 비정상적인 행동을 나타내는 이른바 '사회적 정보(social cues)'를 이용할 여지가 줄어들게 된다. 이들은 공급업자, 감독관, 기타 직원의 전자적 비인격화에 의한 희생자가 될 소지가 있다.

> ……컴퓨터나 기술적으로 앞선 통신 장비를 사용함으로써 사람들이 서로 의사소통을 하는 방식이 바뀌게 되었다. 사적인 대면 접촉이 줄어들었으며 의사결정은 더 빨라졌지만 덜 신중한 결정일 가능성이 높다. 비윤리적 사용 가능성의 증가도 단순히 어떤 행위의 결과에 대해 심사숙고할 수 있는 시간이 없어졌다는 사실에 기인한 것이다.

연방 국방부의 신분 위조의 최근 사례로는 1999년 2월 중요 방위 기구의 스태프 멤버 중 하나가 국방성의 핵심 재무관리시스템에 허위로 공급자를 만들

11) 정보통신기술이 좀더 보편화됨에 따라 대면 접촉의 기회는 줄어들 것이며, 기계 대 인간 혹은 기계 대 기계의 접촉으로 대체된다. 이러한 전환과 더불어 일반적 외형이라든지 인상, 어조 혹은 신체언어, 음성, 복장, 태도, 외형적 권위 등 대면 접촉을 통해 얻을 수 있었던 사회적 혹은 사업적 정보를 더 이상 얻을 수 없게 될 것이다. 이러한 정보는 거래의 목적에 필수적인 것은 아니지만 거래의 당사자들에게는 유용한 상황적 정보가 된다.

어 200,000달러에 달하는 액수를 사취한 사례12)가 보고된 바 있다.

(3) **접근성 및 편재성**

광범위하게 네트워크화된 시스템을 다양한 장소와 시간에 접속할 수 있는 경우에도 위험 요인이 발생할 수 있다. 특히 새로운 시스템이 적용되는 경우나 민감한 정보를 다루는 데 익숙지 못한 기관의 경우 위험성은 커진다. 과도한 접근성을 가지는 시스템의 경우 위험한 것은 원자료만이 아니다. 부가가치가 높은 콘텐트와 프로세스 역시 정보경제에서는 통화와도 같은 것이다. 이러한 지적 생산물을 복제하거나 절취하는 행위가 정부 공무원에 의해서도 발생할 수 있다.

전자정부에서는 기존에 가능했던 것보다 훨씬 더 광범위한 중요 정보를 수집, 저장할 수 있다. 공공 부문 기구들이 일일 단위로 수집한 정보 역시 부패행위의 타깃이 될 수 있을 것이다. 일부 문헌에서는 '정보의 검은 시장'이라는 신조어도 나타나고 있다. 공공 부문의 직원들은 불법으로 정보시스템에 접근하려하거나 외부자와 공모하여 그들의 시스템 접근을 도울 수도 있다. 조직의 기능에 대한 접근성은 좀더 광범위한 지역으로 확대되는 추세이므로 특정 기능의 보안에 대해 책임 있는 말을 하기란 어렵다. 부패 행위의 동기는 다양하다. 10년 전 Operation Tamba에서 드러난 거대한 정보의 암시장의 재출현에 자극받은 경우로부터 최근 뉴사우스웨일스 국유회사에서 한 직원이 자신의 공과금 납부 기록을 위조하려고 하는 등 개인의 직접적인 이익을 도모한 경우에 이르기까지 다양하다.

뉴사우스웨일스의 공공 부문 업무 현장에서는 직원들이 시스템에 너무 쉽게 접근할 수 있음으로 해서 부당한 이득을 보는 경우가 생기게 된다는 지적이 일어나고 있다. 일례로 내부 직원의 채용 사례에서 한 직원은 자신 역시 지원자이면서 채용과 관련한 내부 정보를 담은 디스켓을 소유하고 있는 경우도 있었다. 구체적으로 그 디스켓은 면접 질문과 답안을 포함하고 있었다. 채용 담당자

---

12) 온라인상에 위조 사업자명을 사용 다수의 공급자 신분을 허위로 만들어 내 이들에 대한 40회에 달하는 지불을 인증했다. 그러나 이 지불은 결과적으로 하나의 은행 계좌로 들어가게 되어 있는데 이는 범인이 가명으로 만든 계좌였다. 방위 기구의 직원 시스템에 문제가 있었던 탓에 사기적인 기술을 부릴 수 있는 여지가 생기게 되었으며 결국 범인은 각기 다른 두 사람에 의해 수행되어야 할 역할을 동일인으로서 행사했다. …… 그녀는 또한 동료들의 로그 온 패스워드를 획득할 수 있었으며 좀더 광범위한 시스템 접속이 가능하게 되었다. …… 또한 그녀는 방위 기구의 사기방지계획도 담당하고 있었다.

는 면접 질문이 회사 내의 하드 드라이브 중 하나에 저장되어 있었던 사실을 시인했다.

접근성 및 편재성 증가의 문제점과 관련한 많은 사례는 패스워드 사용 혹은 패스워드의 보호가 완벽하지 않다는 점으로부터 일어나는 경우가 많다. 대부분의 업무 관련 사용자들은 데스크 톱 컴퓨터상에서 사용자명과 패스워드를 사용해 회사 네트워크에 접속하는 일에 익숙해져 있다. 사용자명/패스워드 방식은 이제 신기술이라고도 할 수 없으나 신구를 막론하고 컴퓨터 시스템 접속을 통제하는 가장 흔한 방법이라고 할 수 있다. 사용자명/패스워드 방식은 제한적인 접속의 경우에는 유용한 것이 사실이지만 많은 경우에 누설되거나 짐작으로 알아낼 수 있다. 따라서 특정 데이터와 관련된 거래나 활동시에 사용자명/패스워드 시스템이 사용자의 권한을 최종적으로 인정해 줄 수 있는 수단은 아닌 것이다.

예를 들어 동료들끼리 흔히 패스워드를 서로 주고받는 등의 보안 의식 결여도 정보통신기술 범법자들이 발각될 위험을 감소시키는 요인으로 작용하고 있다. 경찰서나 자동차 등록소와 같이 고도의 정보 보안 의식을 가지고 있는 조직(반복되는 정보 도난 혹은 해킹 사례의 결과로서)의 경우 패스워드가 더욱 잘 관리되고 있다. 반면 컴퓨터 시스템에 그다지 큰 중요성을 부여하지 않는 조직의 경우 직원들은 업무를 완수하는 것만 중요시한 나머지 업무 관련 주요 자료가 특정 직원에 의해 불법으로 접속될 수 있다는 사실을 간과할 수 있다. 이러한 점이 전자부패(e-corruption) 혹은 전자사기(e-fraud)의 광범위한 장을 제공하고 부패 행위를 저지른 공무원들의 기소를 어렵게 만든다.

(4) 새로운 사업 모형

신기술 도입시 분산 및 수렴의 과정을 거쳐 새로운 사업 모형의 개발이 이루어진다. 기존의 사업계와 산업계는 전통적으로 그 영역이 분리되어 있었으나 현재에 와서는 그 경계가 모호해지고 있는 추세이다. 기존에 아날로그 기술로 제공되던 서비스의 디지털화 현상은 원격통신, 컴퓨터 계산, 미디어, 정보 및 지식 시스템이 하나로 수렴하고 있다는 것을 의미한다. 수렴이라는 현상은 예기치 못한 범죄 혹은 부패의 위험을 동반할 수 있다.[13] 예를 들어, 컴퓨터 계산

13) 그러한 현상이 광범위하게 일어난다면 신기술에의 접근 가능성 여부 및 친밀도에 따라 새로운 사회적 격차가 발생한다. 신기술 제품을 사용할 수 없는 사람들은 사회적 격리

과 통신이 서로 수렴하는 추세를 들면서 2인의 저명한 범죄학자는 '정보 격차' 현상이 나타날 수 있다고 경고하고 있다.

새로운 환경은 부패로 연결될 수도 있는데 이는 신기술에 익숙지 못해 이에 대한 접근이 불가능한 그룹이 생겨나기 때문이다. 예를 들어, 검색이 복잡하거나 어려운 행정 시스템은 이의 중간 매개 산업을 발생시킨다. 이 과정에서 공무원들은 행정적 혹은 기타의 복잡성을 해결해 주는 대가로 뇌물을 받을 수 있는 여지가 생기게 된다. '정보 격차'를 초래하게 되는 이러한 투명성 및 공정성에 대한 위협은 중간 매개층에 의한 심각한 부패의 가능성을 나타내고 있다. 이와 함께 서로 다른 기관의 기능을 '가상적으로(virtually)' 통합한다든지 아웃소싱 기능의 가상적 통합, 사적 기구와 공적 기구의 밀접한 합작 등은 사업 수행 및 서비스 공여의 신모형이 되고 있는 추세이다. 신기술의 발달에 따른 이러한 신모형의 구체적인 예는 응용 서비스 제공자(Application Service Providers), 기업자원 시스템(Enterprise Resource Systems), 공유 서비스 장치(Shared Service Arrangements) 등이다.

(5) 암호화

데이터의 암호화는 공공 부문 기구 이슈에서 아직 큰 부분을 차지하고 있지는 않지만 각종 수사기관에서는 잠재적으로 심각한 장애로 작용할 위험이 있다.[14] 부패 행위를 입증할 중요한 증거가 수사관의 수사를 회피하기 위해 암호화될 수 있으며 통화 역시 해독 불가능할 경우가 생긴다. 단기 혹은 중기적 차원에서 이 문제는 좀더 악화될 것으로 보이는데 이는 암호화 소프트웨어의 사용이 쉬워지고 일반적인 OS(PC의 운영 체제)의 응용 프로그램 혹은 워드프로세싱 프로그램의 패키지로 제공되는 추세이기 때문이다.

이에 대한 해결책의 하나로 특별한 이유나 권한 없이 업무 현장에서 암호화

감 및 박탈감을 느낄 수 있으며 이는 범죄로 연결될 수 있는 환경을 만들어 낼 수 있다.

14) 암호화는 법집행 기관이 증거에 접근하는 것을 결정적으로 방해할 가능성을 가지고 있다. 왜냐 하면, 이는 법적인 개입 없이 서로 정보를 주고받을 수 있으며 법적인 수색이나 압류의 힘이 미치지 못하는 문서를 만들 수 있는 수단을 제공하기 때문이다. 이는 탈세, 돈 세탁, 스파이 활동, 불법 자료의 저장 및 마케팅의 도피처 제공 등 다양한 형태의 범법행위를 예방하거나 색출해 내는 데 심각한 장애로 작용할 수 있다. 전자정보의 검은 시장도 생겨날 수 있으며 내부자는 이를 통해 비밀리에 민감한 정보를 빼돌릴 수 있다. 암호화 기술의 확산을 효과적으로 통제할 수 있는 방안을 마련해 내는 것이 중대한 법적 과제이다.

된 파일을 사용하고 주고받는 것을 금하는 조치가 필요할 것이다.

3) 기술적 요인

(1) 전자우편(e-mail)

전자우편은 불법적 행위나 부패 행위에 유용한 도구로 사용될 수 있다. 반대로 인터넷이나 인트라넷을 통해 전자우편을 이용하는 공공조직이 늘어날수록 부패행위를 입증할 수 있는 중요한 근거가 된다. 이러한 중요성의 인식하에 감사기관들은 각 정부기관의 과거 전자우편 기록들을 확인할 수 있어야 하고 실시간으로 전자우편을 감독할 수 있어야 한다.

사 례 10-1 공무원에 의한 전자우편 오용

공무원에 의한 전자우편 오용 사례로 기관의 전자우편 시스템을 통해 세 명의 공무원이 포르노 사진과 동영상을 교환한 사례가 있다. 또한 같은 기관에서 네트워크를 관리하는 간부가 다른 네 명의 직원에게 새로 도입된 시스템에 통제정책이 없음을 알려 주고 이를 무력화시키는 방법을 전자우편을 통해 알려 준 사례가 있다

출처: Bell & Zipparo(2001: 30).

사 례 10-2 부패 · 탈법 수단으로서의 전자우편

전자우편이 부패하고 탈법적인 수단으로서 중요성을 가지는 사례는 미국 법무성의 불법 선거자금에 대한 조사에서 나타났다. 법무성이 클린턴 행정부의 불법 선거자금 모금 혐의를 포착하고 이를 기소하기 위해 전자우편 자료를 넘겨받으려고 했으나 전자우편 보안의 논리에 밀려 자료를 입수하지 못했다. 이와 관련해 컴퓨터 계약자는 청문회에서 증언을 통해 백악관의 보좌관들의 지시를 따르도록 위협받았으며 불법적인 내용의 전자우편에 대해 함구할 것을 요구받았다고 증언했다.

출처: Mikkelsen, 2000.

(2) 정보통신기술의 아웃소싱과 응용 서비스 공급자(ASP)[15]

응용 서비스 공급자들로 인해 정부의 각 기관들은 자체적으로 정보통신기술

15) ASP란 원거리 데이터센터에 하드웨어, 솔루션 등 정보통신기술 장비를 상주시키고 네트워크를 통해 고객이 필요한 각종 응용 소프트웨어를 제공하고 전문 인력이 고객을 대신하여 이를 구축 운영해 주는 어플리케이션 임대 서비스 사업 모델이다. 일반적으로 ASP 제공자는 한 ASP 제공자가 단독으로 모든 서비스를 제공하지 못하기 때문에 파트너 제휴와 같은 형태로 서비스를 제공하는 경우가 많다. Internet Data Center(IDC),

시스템을 구입하거나 운영하는 것보다 저렴한 비용으로 시스템을 구축할 수 있다. 이러한 시스템 속에서 정부의 기밀문서가 절취되어 팔리거나 접근 차단(blocked access) 등으로 인해 중요 정보를 통제할 수 없게 될 위험성이 존재한다.

공공기관들은 아웃소싱한 정보통신기술 계약자들에게 포획될 수 있는 위험에 노출되어 있다.

- 공급자의 계약 불이행 : 공급 회사의 부도 등으로 인해 계약을 불이행하거나, 의도적으로 계약을 불이행할 경우 안정적인 서비스를 보장받을 수 없다.
- 공급업체 종속 가능성 : 정보시스템 아웃소싱의 경우 이전된 서비스에 대해 다시 내부로 수용하거나 제3의 업체에게 서비스를 이전하기가 어려운 것이 현실이다.
- 통제력의 상실 : 정보시스템에 대한 많은 권한이 외부 업체에 이관됨에 따라 내부 정보화 수준이 저하되어 외부 전문기관에 대한 통제력이 상실될 가능성이 있다.
- 보안 유지의 어려움 : 내부에서 운영되던 정보시스템이 외부 서비스 제공업체로 이전됨에 따라 각종 정보 및 기능에 대한 보안 유지가 어려워질 가능성이 있다.

이와 같은 아웃소싱에 대한 장점 중에서 우리 나라의 경우 비용 절감을 가장 기대하고 있으며, 업체의 전문성 등의 순서로 아웃소싱에 대한 기대 효과를 나타내고 있다. 그러나 전 세계적인 추세로 볼 때 비용 절감에 대한 기대는 사실상 다른 기대 요인에 비해 상대적으로 낮고, 오히려 업체의 전문성, 핵심 역량 강화에 더욱 초점을 맞추고 있다.

(3) **전사적 자원관리**(ERP)[16]

전사적 자원관리 체제는 거대한 소프트웨어 기업에 의해 상당 부분 시장화

Network Service Provider와 Application 제공자는 밀접한 관계를 가지고 서비스를 지원하게 되고, 고객지원 서비스(Ongoing Support)와 보안 제공자는 개별적인 서비스 제공자와 각각 관계를 맺고 서비스를 제공하게 된다(http://www.noat.co.kr/3_asp/asp_0101.asp).

16) ERP(Enterprise Resource Planning란 생산, 판매, 자재, 인사, 회계 등 기업의 전반적

된 영역이다. 이러한 시스템하에서는 한 명의 공무원이 통제와 인증 절차를 손쉽고 빠르게 바꿀 수 있다. 이러한 변화는 감사나 부패통제의 관점에서 위급한 상황을 만든다. 관리자들은 이러한 시스템의 변화에 따라 지속적으로 권한이 변화한다. 권한의 위임에 관한 총괄적인 계획이 즉각적으로 변할 수 있다. 전통적으로 회계감사는 각 부분으로 나뉘어 있어서 한 사람이 주도권을 쥐고 다른 한 사람은 승인을 하는 방식을 취한다.

(4) 전자인증

전사적 관리 체제(ERP)는 조직의 일처리 과정과 통제구조를 급속히 변화시킨다. 그럼에도 불구하고 ERP는 조직의 운영 방법, 일 처리 과정, 그리고 통제구조를 급속히 변화시키고 있다.

(5) 정보통신기술 시스템에 의한 정보의 집중, 정보통신기술 능력과 신뢰 시스템

만약 전자적인 형태로 된 모든 기관의 정보가 효과적으로 활용된다면 관료적 절차나 사업의 단계에 관한 인식의 차이를 줄일 수 있을 것이다. 이러한 영역에서 몇몇 전문가들에 의해 주장되고 있는 관점의 하나로 정보가 물리적으로 분리될 때 견제와 통제가 더욱 강화될 수 있다는 것이다. 전통적인 절차의 긍정적인 면은 반복적이지 않은 과정, 의사 결정, 교환의 각 단계를 실행하면서 생각할 수 있는 시간을 가질 수 있다는 점이다.

인 업무 프로세스를 하나의 체계로 통합 및 재구축하여 관련 정보를 서로 공유하고 이를 통해 신속한 의사 결정 및 업무 수행이 가능하도록 도와 주는 전사적 자원관리 패키지 시스템이다. ERP는 기업 활동을 위해 쓰여지고 있는 기업 내의 모든 인적·물적 자원을 효율적으로 관리하는 통합정보 시스템이라고 할 수 있다. 기업은 경영 활동의 수행을 위해 생산, 판매, 인사, 회계, 자금, 원가, 고정자산 등과 같은 많은 운영 시스템을 갖고 있는데 ERP는 이처럼 전 부문에 걸쳐 있는 경영자원을 하나의 체계로 통합적 시스템을 재구축함으로써 생산성을 극대화하려는 대표적인 기업 리엔지니어링 기법이다. 기존의 경우 경영 지원을 위한 각 하부 시스템들은 해당 분야의 업무를 처리하고 정보를 가공하여 의사 결정을 지원하기도 하지만 별개의 시스템으로 운영되어 정보가 다른 부문에 동시에 연결되지 않아 불편과 낭비를 초래하게 되었다. 이러한 문제점을 해결하기 위해 ERP는 어느 한 부문에서 데이터를 입력하면 회사의 모든 부문이 동시에 필요에 따라서 정보로 활용할 수 있게 하자는 것이다. ERP를 실현하기 위해 공급되고 있는 소프트웨어를 ERP 패키지라고 하는데 이 패키지는 데이터를 어느 한 시스템에서 입력하면 전체적으로 자동 연결되어 별도로 인터페이스(interface)를 처리해야 할 필요가 없는 통합 운영이 가능한 시스템이다(http://www.erp.id.ro).

만약 상급자가 그들이 관리하는 직원보다 정보통신기술에 대한 이해가 적다면 이러한 지식의 차이는 문제를 야기시킬 수 있다. 특히 신기술을 도입한 부서의 경우는 더욱 심각하다.

■ **사 례**

호주 반부패독립위원회의 조사에 따르면 지방 자동차 등록 업무를 맡은 공무원이 도난 자동차를 재등록해서 판매하는 자동차 딜러로부터 정기적으로 금전을 수수한 사실이 밝혀졌다. 등록소의 매니저는 시스템의 경고를 무효화시킬 수 있었고 강제로 정보를 입력할 수 있었다. 또한 그는 등록된 자동차의 질을 판단할 수 있는 위치에 있었고 일부 감사 기능도 가지고 있었다.

(6) 주변 기기(스캐너, 인쇄 매체)를 이용한 사기 행위

ID 위조나 재정적 도구들은 모든 법체계 속에서 이슈가 되고 있다. OSCA는 위조와 같은 기술 혁신의 영역은 갈수록 넓어지고 일상화되어 조사의 어려움이 증가할 것으로 보고 있다.

(7) 크래킹/해킹

공공 부문의 전자상거래에 대한 몇 가지 잘못된 이해가 있다. 하지만 공공부문에서 이것의 실체는 다르다. 거시적으로 정부조직은 전자적으로 상품과 서비스를 판매하지 않는다. 정부조직은 필요로 하는 물품에 대해 전자 조달과 전자 구매를 이용한다.

(8) 해킹 프로그램

해킹 도구들은 많지 않은 기술적 노하우 없이도 인터넷에서 쉽게 다운로드 받을 수 있다. 이는 특히 정보통신기술 전문가가 부족한 소규모 기관에서 문제될 수 있다. 또한 정부 웹 사이트에 축적되어 있는 데이터와 서비스나 정책에 관련된 정보들이 외부의 공격에 의해 파괴될 수 있다. 해킹은 정보시스템에 대한 외부의 공격이라고 정의된다. 그러나 내부 직원이 컴퓨터 시스템의 접근 통로를 외부자로 하여금 침투할 수 있게 도움을 줌으로써 행해지는 범죄는 내부자에 의한 부패 행위가 된다.

이상에서의 논의를 바탕으로 다음에서는 우리 나라에서 보도된 사례를 수집하고, 이를 중심으로 전자부패의 확산 시나리오를 제시하게 될 것이다.

4. 정보통신기술과 부패의 관계

정보통신기술과 공공 부문 부패의 관계를 체계적으로 다룬 연구 결과는 매우 드물다. 현재까지 경험적인 연구가 축적되어 있지 않은 상태에서 정보통신기술과 부패 간의 관계에 관한 논의는 매우 구전적(口傳的, anecdotal)인 성격을 지니고 있고, 설사 그것이 경험적인 연구(목진휴 · 명승환 · 윤태범, 2002; 최영훈, 2003)인 경우에도 체계성이 미흡한 상태이다.[17] 행정부패의 내용과 범위 혹은 정도 등도 그 속성에 따라 다양성이 존재한다. 예를 들어 부패는 부패하지 않음의 상태를 전제로 논의되나, 부패하지 않음에 대한 합의가 쉽지 않다. 부패는 또한 문화적으로도 결정되기 때문에, 그 내용면에서도 나라별로, 계층별로 혹은 시기별로 동일하지 않다(Robinson, 1998: 18-22; Pora & Vannucci, 1999: 16).

정보통신기술과 행정부패의 관계에 대한 국내 논문으로는 목진휴 · 명승환 · 윤태범의 논의가 있다. 이 연구 결과에서 행정부패의 문제는 전자정부의 도입, 즉 정보통신기술과 직접적으로 관련이 있다기보다는 공공조직의 행정행위를 구속하는 법제도 등 구조적인 요인과 조직문화 등 심리적 또는 관례적 요인들과 밀접한 관련이 있다고 주장한다. 또한 정보통신기술의 속성인 정확성, 투명성을 통한 재량권 남용에 대한 통제는 제도적으로 보장될 때 효과적이라는 결론을 도출하고 있다.

아직까지 행정부패와 정보통신기술 간의 인과성 등에 대한 구체적인 논의는 존재하지 않으며 단편적으로 이들 간의 상관성의 존재에 대한 논의만 있을 뿐이다(목진휴 외, 2002). 다만 행정정보화가 부패를 탐지 및 제거하는 데 기여하지만, 새로운 부패 기회를 제거하는 데 아무런 효과가 없거나 심지어 새로운 부패의 기회를 제공할 수 있다고 보는 견해가 제기된 바 있다(Heeks, 1998).

---

17) 목진휴 · 명승환 · 윤태범(2002)과 최영훈(2003)의 논문은 동일한 조사 자료를 이용해 분석의 맥락만을 달리하고 있다. 전자는 정보통신기술-레드테이프-부패 간의 일반적(global) 관계성의 파악에, 후자는 민원 분야라는 특정 맥락성에서 관계를 파악한 것이다. 이러한 맥락의 차이 및 이에 따른 분석 내용의 차이를 제외하면, 양 연구는 개념의 구성, 전개 및 서술에서 근본적으로 동일하다. 이는 전자의 연구이론 부분 중 문제의식 및 정보통신기술과 레드테이프(redtape)에 관한 논리 전개를 후자의 저자가 담당했었기 때문이다.

정보통신기술과 부패의 관계에 관한 논의가 미진한 가운데, 양자의 관계에 대한 다양한 개연성이 제시되고 있다. 정보통신기술이 공공 부문의 부패에 미치는 효과에 대해서는 다음의 세 가지 입장(Heeks, 1998)으로 나누어 볼 수 있다.

1). 부패 방지 효과

정보통신기술의 부패 방지 효과(removal/detection effect)를 대표하는 것은 부패통제에 대한 '원형 감옥 관념(panoptic conception of corruption control)'이다(Anechiarico & Jacobs, 1994). 원형 감옥은 Jeremy Bentham이 고안해 낸 감옥의 한 유형으로서, 그가 사용한 설계 개념은 한 사람의 간수가 모든(pan-) 죄수들을 그들이 관찰되고 있는지 아닌지 알지도 못하게 관찰(observe)할 수 있도록 하는 것이다. 따라서 죄수들에게 간수는 '보이지 않는 신(ominscience)'과 같이 느껴지게 하는 심리적 효과를 지닌다는 것이다. 이러한 관념의 요체는 부패통제의 관건은 어떠한 관리 기법을 사용하는가에 달려 있다는 것이다. 이러한 논거에 따르면 정보통신기술은 관리통제를 가능하게 하는 주된 수단이 될 수 있다. 즉 한 사람의 간수가 재소자들의 일거수일투족을 관찰할 수 있도록 만들어진 원형 교도소와 마찬가지로, 정보 시대의 조직의 보이지 않는 곳에서 관리자가 직원들의 제반 행동을 관찰할 수 있게 된다. 이러한 특성을 이용해 부패를 통제할 수 있다는 것이다(Roszak, 1994).

정보통신기술에 의한 부패 제거 및 적발 효과는 두 가지 측면에서 이루어질 수 있다(Heeks, 1998: 6). 하나는 부패 유발의 원천이 되는 자원(예컨대, 인·허가 권한, 정보 등) 또는 의사 결정 과정에 대한 접근을 제한하는 것이다. 접근을 제한하는 방법은 의사 결정 과정을 자동화(automation)하여 인간의 접근 필요성을 제거하거나, 자원에 대한 접근 자격을 한정하는 것이다. 또 다른 하나는 상기의 원형 감독 은유에서 유추해 볼 수 있듯이 정보통신기술을 통해 업무 환경이 투명해지는 경우 공무원들이 스스로 인지하게 되는 자율성이 낮아지게 되고 이에 따라 부패가 억지될 가능성이 커진다.

정보통신기술의 부패 방지 및 적발 효과가 직접적인 것인지는 경험적으로 좀더 체계적으로 검증할 필요가 있는 문제이다. 기존의 경험적인 연구 결과들은 양자 간의 명확한 관계를 보여 주고 있지 못할 뿐 아니라, 정보통신기술과 반부패 효과 간의 관계가 간접적일 수 있다는 시사를 던져준다. 예컨대 목진

[그림 10-3] Bentham의 원형 감옥 개념도

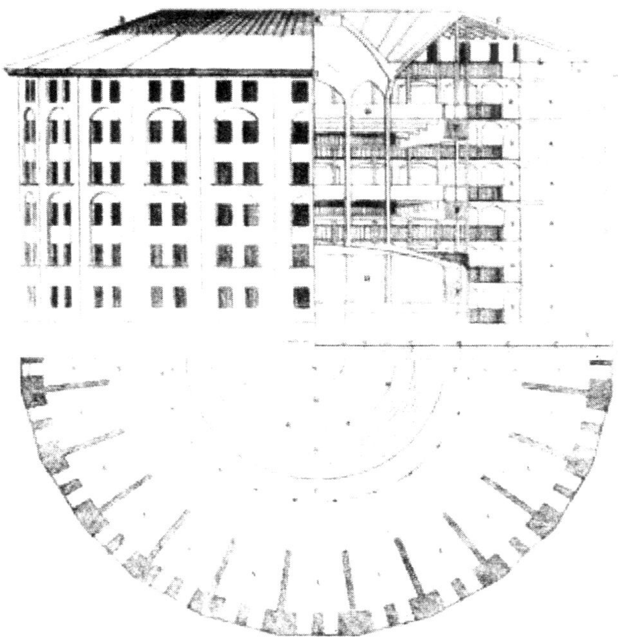

출처: http://cartome.org/panopticon1.htm

휴・명승환・윤태범(2002)은 행정 혁신 등의 변화를 통해서, 그리고 최영훈(2003)은 적용 분야에 따라서 다른 결과를 보일 수 있음을 경험적으로 밝히고 있다. 전자와 관련해서, 행정부패의 발생 원인이라고 할 수 있는 구조적 특성들, 예컨대 관료의 재량권, 업무 처리 절차의 경쟁성, 업무의 복잡성, 대면 접촉의 강제성, 업무 처리의 지연성, 이의 제기의 용이성 등(강정석, 2001: 544- 548)을 통해 부패가 억지 또는 방지될 수 있다는 주장도 가능하다. 같은 맥락에서 남궁근 외(2002: 36-40)는 정보통신기술이 정보 공개량의 증대, 재량적 업무의 제한, 대면 기회의 축소, 경쟁의 촉진 등을 통해 부패의 감소 및 방지에 기여할 수 있다고 보고 있다.

2) 부패 유발 효과

부패 유발 효과(inducement/creation effect) 역시 다양한 방식으로 발생할 수 있다. 하나는 정보통신기술에 대한 접근 권한의 집중화에 따른, 정보통신기술에 대한 전문지식을 지닌 이들의 부패 유발 가능성 증대이다. 힉스(Heeks, 1998: 7)는 정보통신기술이 공무원의 기술(skills), 확신(confidence), 접근성(access), 통제(control) 등에서 변화를 유발함으로써 부패를 창출 또는 유발할 수 있다고 주장한다.

첫째, 정보통신기술 또는 전산화는 부패의 기술을 고도화한다. 즉 정보통신기술을 지닌 사람들에게는 기회가 되지만 정보통신기술을 지니지 못한 이들에게는 그런 기회가 주어지지 않는다.

둘째, 원형 감옥 관념에서 알 수 있듯이 비전문가들은 정보통신기술을 '객관적이고 모든 것을 관찰하고 전지전능한 기계'로 믿어 부패를 저질렀을 때 적발되지 않을 것이라는 확신을 낮추게 하나, 정보통신기술을 잘 이해하고 있는 이들은 오히려 정보통신기술에 대한 이러한 이미지를 통해 경합 또는 적발의 확률을 낮추려고 할 수 있다.

셋째, 네트워크화되면서 기록이나 문서 등에 대한 부패 목적의 접근 기회가 크게 증가하고 있다.

넷째, 인간의 접근에 의한 부패 유발 가능성을 막기 위해 정보통신기술에 기계적 통제 기제를 설치하는 경우 정보통신기술을 잘 아는 사람들에게 좀더 커다란 자율성을 주게 되어 부패를 유발할 가능성이 있다.

또 다른 효과는 커넥션 효과(connection effect)로서(Bac, 2001) 투명성의 부패 감축 효과와 관련한 일반론에 대한 비판으로 볼 수 있다. 정보통신기술은 공무원의 신상(identities)에 관한 정보를 외부인이 좀더 상세히 알 수 있게 해 줌으로써 부패의 목적으로 커넥션을 구축하기 위한 유인을 증대시켜 줄 수도 있다. 이 경우 일반적인 투명성이론 그리고 전자정부에 관한 논의와는 정반대로 투명성이 증진됨에 따라 적발 효과보다는 커넥션 효과가 더 커질 가능성도 있다(Bac, 2001). 핵심 공직자와 커넥션을 갖고 있다는 것은 부패의 맥락에서는 물론 행정 서비스를 위해서도 매우 귀중한 자산이다. 부패의 목적으로 커넥션을 구축하는 것은 상호 신뢰를 형성하기 위한 상당한 비용을 요하는 투자 행위이다. 이상적으로는 완전히 투명한 행정환경하에서 커넥션이 부패의 목적으로 오용되는 것이 불가능하다고 볼 수 있지만, 이런 경우에도 개개인들은 부패를 위해 커넥션을 형성하고 이용하려는 유인을 갖고 있다. 이 경우 투명성이 높다고 반드시 부패가 줄어든다고 말할 수 없다. Bac(2001)은 투명성 증진으로 부패가 증가 또는 가능해질 수 있는 상황의 모형화를 시도하고 있다.

정보통신기술과 전자부패의 이러한 관계성은 실제적 쟁점을 제시해 준다. 부패는 이를 통해 지대를 추구하는 양측의 거래 행위, 또는 적어도 양측의 이해의 합치에 의해 이루어진다는 점이다. 즉 부패는 반드시 공무원에 의해서만 범해지는 것이 아니라 이를 통해 이득을 보는 일반인에 의해서도 이루어지는 호혜적 관계의 산물이라는 점이다. 비록 부패에 대한 언급은 없지만 이러한 측면은 Kaufman(1977)의 레드테이프에 대한 처방을 되새기게 한다. Kaufman은 레드테이프의 완벽한 제거는 불가능한데 이는 레드테이프의 발생이 국민들의 이기적인 요구 또는 행위에 근거하고 있기 때문이다. 따라서 Kaufman의 처방은 '레드테이프와 함께 살아가는 법을 배워야 한다'는 것이다. 다소 자조적이고 비윤리적으로 보이는 이러한 처방의 의미는 공직이 '어항(fish bowl)'처럼 투명하기 위해서는, 또 투명한 효과가 발휘되기 위해서는 일반 사회, 즉 국민도 같은 만큼 투명해야 한다는 점이다.

3) 무관계

정보통신기술과 부패 간의 무관계성(no effect)을 주장하는 논거들은 다양하다. 한 가지는 정보시스템의 설계와 관련된다. 전산화가 이루어지더라도 부패 관련 자원이나 과정이 전산화되지 않는 경우이다(Heeks, 1998a: 7). 이 경우 전산화가 이루어지더라도 여전히 부패의 가능성이 잔존하게 된다. 이와 유사한 결과를 보여 주는 경험적인 연구 결과도 제시되고 있다. 예컨대, 목진휴·명승환·윤태범(2002)은 광역자치단체 민원 관련 공무원을 대상으로 한 조사 연구를 통해 정보통신기술과 행정부패의 감축과는 직접적인 관계가 없음을 밝히고 있다. 이러한 결과를 토대로, 이들은 정보통신기술의 도입으로 행정 투명성이 제고되어 행정부패가 바로 제거 또는 감소되기보다는 업무재설계나 법제도 같은 구조적인 조치가 선행되고 정보통신기술이 적용될 때 기대했던 효과가 나타난다고 주장한다. 한편 목진휴·명승환·윤태범(2002)과 같은 데이터를 사용하여 민원 업무별 정보통신기술과 부패 관계를 다룬 최영훈(2003)은 정보통신기술과 부패 간의 관계는 민원 업무별로 명확한 차이는 보이지 않지만 차별적

일 수도 있다는 증거를 제시하고 있다. 박홍식(2002)은 전자정부의 반부패 효과의 관점에서 전자정부의 효과를 간접적·부분적·부수적이라고 보고 있다. 반부패 효과는 재량행위의 통제와 같은 정치·행정적 노력에 의한 것이고, 전자정부는 정보통신기술적 표현으로 정보의 접속·흐름에는 효과적이나 정보의 완전성까지 보장하는 것은 아닌 것으로 보고 있다.

이러한 국내의 연구 결과 이외에도 이를 뒷받침하고 있는 해외의 연구 결과도 있다. 예컨대 아프리카 국가들의 정보통신기술과 재정정보와의 관계를 다룬 Barata & Cain(2001)의 연구는 정보통신기술보다는 정보 자체의 중요성을 강조한다. 이들에 따르면, 기록의 유지·관리 등과 같은 근본적인 전제 조건이 확립되지 않은 경우 정보통신기술이 부패를 감소시킬 가능성은 줄어든다고 보고 있다. 여기서 기록관리, 특히 정보통신기술을 이용한 기록 관리가 중요한 쟁점이 되는 이유는 기록 관리가 단순히 기록을 수집·저장·보관·활용하는 것이 아니라 조직의 기존 가치와 책임성 간의 새로운 균형을 가져오는 조직의 새 틀을 짜는 것이기 때문이다 (Meijer, 2001).

Heeks(1998)는 부패 통제의 문제는 기술적인 요인에서라기보다는 의사 결정의 관리적 요인 내지 좀더 광범한 조직적 환경적 차원의 요인들에 의한 영향이 더 크다는 점을 지적하고 있다. 간단히 말해 포괄적 시각(panoptic vision)에서의 정보통신기술 기반 시스템들은 부패의 원인이라기보다 부패한 시스템에 영향을 미친다고 할 수 있다. 이에 따라 공공 부문의 관리자들은 부패 통제에서 좀더 포괄적인 시각을 가져야 할 필요성을 제기하고 있다. 또한 공공 부문의 정보시스템을 수립하는 데 정보통신기술과 부패의 관련성에 대한 인식을 강조한다.

제 5 절 전자부패 확산의 시나리오

전자정부의 맥락에서 나타날 수 있는 부패 현상의 양태는 다양하나 분석의 목적을 위해 단순화하면 세 가지 가능성으로 축약할 수 있다. 하나는 정보통신기술의 적발 효과로 인해 부패가 줄어드는 심리적인 부패의 축소 효과에도 불구하고 관행화된 부패가 잔존할 가능성이고, 다른 하나는 정보통신기술이 기존의 부패 형태를 좀더 용이하게 하거나 은폐시킬 가능성이고, 또 다른 하나는

[그림 10-4] 전자부패의 대두와 확산에 대한 가상 시나리오

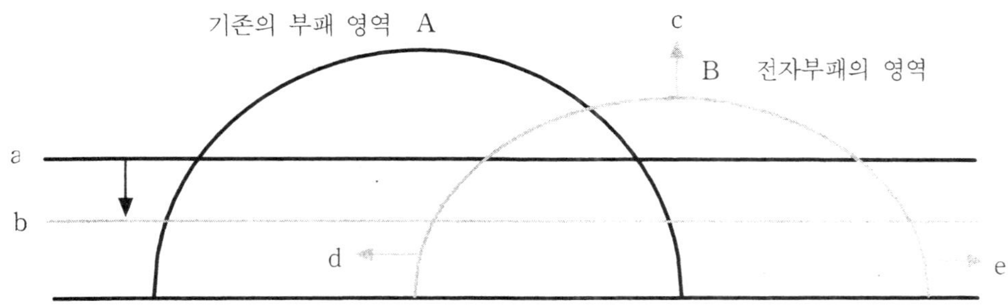

주: a: 기존의 부패 수준 b: 전자정부의 부패 수준 c: 전자부패의 적발 가능성
d: 기존 부패의 전자부패로의 전이 가능성 e: 새로운 전자부패의 확대 가능성
출처: 한국전산원(2003: 80).

정보통신기술로 인해 지금까지 없었던 새로운 유형의 부패가 발생할 가능성이다.

1. 전통적 부패

기존의 전통적 부패에서 가장 많이 인용되는 부패의 원천은 조세나 조달, 공직 인사와 관련된 부패가 있다. 조세 부패를 예로 들어보면 이는 대체로 명확한 법령이 있고, 납세자와 공무원 사이의 대면 접촉을 없애면 줄어들 수 있지만 세법과 관련 규정이 지나치게 복잡하고 어려워 법률적 조언이 필요하거나, 세금 납부를 위해 납세자와 공무원 사이에 빈번한 접촉이 필요하게 되는 점, 그리고 세무 비리가 잘 적발되지 않고 적발되더라도 처벌이 미약한 점 등이 문제가 된다. 이와 같은 전통적인 부패의 경우 관료의 재량 축소, 업무의 경쟁성 강화 내지 간소화, 대면 접촉의 기회 축소, 이의 제기의 용이성 등 행정 업무의 투명성을 제고하는 조치들로서 통제가 가능하다.

전자정부사업들은 이러한 요소들을 강화하는 데 어느 정도 기여할 수 있을 것으로 기대된다. 이러한 효과를 나타낸 것이 [그림 10-4]에서 제시하고 있는 a에서 b로의 이동이다. 즉, 투명성의 제고로 인해 전통적인 부패의 적발 가능

성을 높여 주는 역할을 할 것으로 기대된다. 그러나 이에 대한 논의는 이 연구에서 상정하고 있는 전자부패의 발생 가능성 및 존재 양식을 확인하는 것과는 별개의 문제이므로 자세한 논의는 피하기로 한다.

2. 전통적 부패의 전자부패화

이는 이 연구에서 상정하고 있는 전자부패 발생 시나리오에서 과도기적 상황을 대변하는 것이다. 기존의 전통적인 부패 행위가 행위 자체는 변하지 않고 정보통신기술의 특성을 이용하여 부패 행위를 좀더 용이하게 하거나 적발을 곤란하게 만드는 행위들이다.

예를 들어 사례 10-3에서 제시하고 있는 바와 같이 정부 내부의 수사 기밀을 정보통신기술을 이용해 좀더 용이하고 신속하게 유출한 경우를 들 수 있다. 휴대전화의 통신 기능을 전자정부 서비스라고 볼 수는 없지만 공무원에 의한 기밀 유출이라는 측면에서 시사하는 바가 크다.

사 례 10-3 문자 메시지 결정적 증거로

휴대전화의 단순 부가 기능인 문자 메시지가 국정원 휴대전화 도·감청 의혹의 베일을 벗기고 있다. 검찰은 22일 국정원 광주지부장 이모씨를 국정원 고위 간부로는 최초로 내부 정보 유출 혐의로 구속 영장을 청구했다. 이씨는 대선을 눈앞에 둔 지난해 12월 11~12일 휴대전화 문자 메시지 발신 등 방법으로 '도·감청 의혹' 사건 내부 감찰 조사 진행 상황을 외부로 유출한 것으로 검찰 수사 결과 드러났다. 검찰은 이씨가 송신한 문자 메시지 내용을 기밀 유출 증거물로 법원에 제출했다. 휴대전화 문자 메시지는 휴대전화 통화 내용과 마찬가지로 이미 강력한 증거 수단으로 주목받아 왔다. 특히 문자 메시지는 통화 사실만 알 수 있는 휴대전화와 달리 발신 사실은 물론, 메시지 내용까지 알 수 있기 때문이다. ……

이 같은 문자 메시지 특성을 누구보다 잘 알고 있었을 정보기관 고위간부가 내부 정보를 문자 메시지로 유출했던 것은 대선을 코앞에 두고 있던 절박함 때문으로 검찰은 보고 있다. 검찰은 이씨의 정보유출 동기와 정보 전달자에 대한 진술을 확보하고 정보 유출 커넥션 규명에 수사력을 집중하고 있다. 수사팀 관계자는 "주로 남녀의 불륜 흔적이던 문자 메시지가 이번엔 정보기관의 비뚤어진 줄대기의 증거물로 잡혔다"며 씁쓸해 했다.

출처: 문화일보, 2003년 3월 22일자

사례 10-4, 10-5, 10-6은 공적 서류를 조작해 주는 대가로 뇌물을 수수하는 형태의 부패행위가 컴퓨터 입력 자료를 조작하는 형태로 나타난 것이다. 이러한 사례는 외국에서도 빈번히 소개되고 있다. 또한 기존의 부패 취약 영역으로 손꼽히던 조세 부문의 비리도 전산 조작의 대상이 되고 있다. 이러한 유형의 부패는 공직자가 자신의 지대를 추구하기 위해 서류를 조작한 경우인데 이와 같이 전환적인 부패가 심각성을 가지는 이유는 그것의 적발 가능성과 적발을 위한 시스템의 부재에 기인한다. 전산화된 시스템의 사용 기록이 유지되고 관리되고 있는지가 문제시된다. 또한 면허증을 발급한 직원을 확인할 수 있는 패스워드의 관리가 철저히 이루어져야 한다. 시스템 사용 기록이 유지된다고 하더라도 면허시험장의 컴퓨터를 조작하는 직원들이 업무의 편의를 위해 패스워드를 공유하거나 의심 없이 누설함으로써 부패 행위자의 적발이 곤란하게 될 수 있기 때문이다.

사례 10-4 면허시험장 컴퓨터 조작, 면허 부정 발급

서울경찰청 수사과는 20일 뇌물을 받고 면허시험장 컴퓨터를 조작, 운전면허증을 부정 발급해 준 서울 도봉면허시험장 전 전산실장 임○○씨(44)와 전산전문직 공무원 정○○씨(36)를 뇌물 수수 등 혐의로 구속했다. 경찰은 또 브로커 김모씨(31) 등 5명을 뇌물 전달 등 혐의로, 뇌물을 준 김○○씨(41.여) 등 5명을 뇌물 공여 등 혐의로 각각 불구속 입건했다. 경찰에 따르면 임씨 등은 면허 발급 등의 업무를 담당하면서 지난 1994년 4월 15일 오후 1시께 면허시험장 앞 D음식점에서 브로커를 통해 가정주부 김모씨로부터 5백만 원을 받는 등 4명에게 모두 2천 여 만원을 받고 운전면허증을 부정 발급해 준 혐의를 받고 있다. 경찰 조사 결과 이들은 브로커를 통해 면허증 발급 부탁을 받은 뒤 컴퓨터에 입력된 낙방 기록을 면허증 분실로 조작한 뒤 수험생에게 분실 신고를 하도록 하고 재발급받는 것처럼 속이는 수법을 사용한 것으로 밝혀졌다.

출처: 조선일보, 1996년 5월 21일자

전자정부의 출범으로 인한 투명성 제고의 노력은 대민 업무 담당 부서 직원들의 면대면 접촉을 원천적으로 차단함으로써 실현 가능한 것으로 논의되고 있다. 그러나 전자정부가 출범하기 이전인 1990년대 중반에도 이를 이용한 자료 조작 사례가 감사 결과 밝혀진 바 있다.

사 례 10-5 **뇌물받고 세금 줄여 줘/경인세무원 30명 적발/전산 조작 39억여 원 탈루**

감사원은 12일 지방세무서에 대한 부동산 과세 자료 수집 실태 감사 결과 세무공무원들이 양도소득세와 상속증여세 관련 부동산 과세 자료를 수집하지 않거나 자료를 부당하게 처리, 39억 8천 5백 38만 원의 세금이 탈루된 사실을 밝혀냈다. 감사원은 지난 1월 17일부터 2월 26일까지 경인 지역 54개 세무서를 감사한 결과 이 같은 사실을 밝혀 내고 관계 세무공무원 등 14명을 고발하고 16명을 징계 또는 인사 조치하도록 했다.

감사 결과에 따르면, 경기 파주세무서 최모씨 등은 양도소득세를 부담하는 조건으로 부동산을 산 현직 경찰관 김모씨 등 4명으로부터 양도세를 내지 않게 해달라는 부탁과 함께 1천 8백만 원을 받고 파주등기소에서 넘어온 부동산 과세 자료를 없앤 뒤 전산 조작을 해 모두 1억 3천 4백 53만 원의 세금을 탈루케 해 준 것으로 드러났다.

출처: 동아일보, 1994년 4월 14일자

사 례 10-6 **전산 조작 밭 만 평을 대지로 변경/군청 직원 등 8명 구속**

수원지검 여주지청은 18일 부동산 중개업자들로부터 돈을 받고 군청의 토지대장 컴퓨터를 조작, 지목을 변경해 준 전 여주군청 지적과 길준균(27), 김상진 씨(36) 등 전 현직 공무원 2명과 이들에게 뇌물을 준 김익회 씨(35) 등 부동산 중개업자 6명 등 모두 8명을 허위 공문서 작성 및 뇌물 공여 등 혐의로 구속했다.

검찰은 또 달아난 부동산 중개업자 윤형구 씨(49) 등 2명을 같은 혐의로 수배했다.

길씨 등은 여주군청 지적과에 재직하던 지난 해 6월 15일 부동산 중개업자 김씨로부터 여주군 흥천면 외사리 237의 1 등 밭 4필지 4천 2백 87m^2의 지목을 대지로 바꿔달라는 부탁을 받고 토지대장 컴퓨터 단말기에 지목을 변경해 입력시킨 뒤 프린터로 출력시켜 허위의 토지대장 등본을 작성하는 등 여주군 내의 밭 19필지 3만 2천 8백 10m^2의 지목을 대지로 조작한 혐의다.

검찰 수사 결과 길씨 등은 이 과정에서 중개업자 김씨로부터 1천만 원을 받는 등 부동산 중개업자 8명으로부터 10여 차례 걸쳐 모두 4천 1백만 원을 받은 것으로 드러났다.

출처: 동아일보, 1992년 9월 19일자
http://www.donga.com/fbin/searchview?n=199209180670

다음으로는 민간 부문의 정보 보안에서 사회적 이슈로 제기되고 있는 문제점들이 공공 부문에서도 예외 없이 나타나고 있다는 점이다. 정보사회에서 개인정보 보호는 여기서 논하고자 하는 전자부패의 문제보다는 비교적 심도 있는 논의가 진행되고 있는 부분이다. 교육인적자원부의 NEIS(교육정보시스템)

실행에 대한 이견이 대두되었고 신용카드 회사들의 고객정보가 유출되어 사회적 문제로 대두된 바 있다. 10-6의 사례가 전자부패의 사례로서 중요성을 가지는 것은 계약직 또는 일용직 근로자의 관리에 대한 문제 때문이다. 이와 관련해 전자정부의 출범으로 인해 업무의 상당 부분이 전산화되고 이를 위한 운영요원이 필요하게 된다. 정보통신기술을 가진 계약직 신분의 운영 요원 내지 일용직 근로자들에 대한 관리가 문제점으로 부각될 수 있다. 이들이 처리할 수 있는 업무의 범위를 한정하고 관리해야 할 필요성이 제기된다. 호주의 ICAC에서는 공공 부문에서 전자부패의 문제는 거시적으로 민간 부문의 기술 내지 수법들을 모방하게 될 것이라는 점을 지적하고 있다.

사 례 10-7 검찰 직원에 의한 개인정보 유출

검찰청 일용직원이 컴퓨터 범죄 수사를 보조하면서 취득한 수만 명의 개인 신상정보를 인터넷을 통해 팔아오다 덜미를 잡혔다.

서울지검 컴퓨터수사부(부장 이창세)는 17일 2만 6천여 명의 신용카드 정보 등을 돈을 받고 판매한 혐의(신용정보의 이용 및 보호에 관한 법률 위반)로 같은 부서 소속 일용직 공무원 이 아무개(28) 씨를 구속했다.

이씨는 지난 8월부터 최근까지 서울 방이동 집 근처 PC방 등에서 검찰 수사 업무를 보조하면서 수집한 2만 6,679명의 이름과 주민등록번호, 신용카드 정보 등을 12차례에 걸쳐 전자우편과 메신저 등을 이용해 민 아무개씨 등에게 넘기고 모두 302만 원을 받은 혐의를 사고 있다. 이씨는 이 가운데 116명의 것은, 검찰 수사 자료에 기재된 신용카드 비밀번호 앞 두 자리를 카드 소유자의 생년월일, 전화번호 등과 비교하고 인터넷 신용카드 조회 서비스로 확인하는 방법으로 네 자리 번호를 모두 알아낸 뒤 판매한 것으로 밝혀졌다.

검찰 관계자는 "이씨가 판매한 신용카드 정보 등이 다른 범죄에 이용된 사례가 5~6건에 이르며, 앞으로 더 늘어날 수 있다"고 말했다. 이와 관련해 신용카드 전문가들은 "카드 비밀번호 앞 두 자리만 있어도 카드 소유자 명의를 도용해 인터넷 상거래를 할 수 있고, 네 자리 모두를 알면 카드 복제까지 가능하다"고 설명했다.

출처: 한겨레신문, 2003년 10월 17일자

사례 10-8의 경우는 컴퓨터 조작의 오류로 인해 문제가 발생한 경우이다. 정부 물품 입찰에 중요한 자료가 될 수 있는 자료가 직원의 고의나 실수로 외부에 유출되는 경우가 많아질수록 전자정부 서비스를 이용하는 고객인 국민의 신뢰는 떨어질 수밖에 없다. 이러한 오류의 문제가 전자정부에서 빈번하게 일어날 것으로 예상되지는 않는다. 그러나 문제의 심각성을 더하는 것은 이러한 오류들이 즉각 수정되거나 오류를 확인할 수 있는 시스템이 부족하다는 점이다. 전자정부의 구현으로 인해 얻어지는 정보 전달의 신속성은 정확하게 전달된 정보의 경우 새롭고 가치를 창출할 수 있는 서비스를 제공할 수 있지만 이와같이 오류로 인한 정보 전달의 경우 치명적인 결과를 초래할 수 있게 된다. 전자부패의 문제는 반드시 범죄의 구성 요건을 충족할 필요는 없다. 전통적인 부패의 문제가 윤리적 차원까지를 포괄하고 있다는 점을 고려할 때 전자부패의 개념적 범위 역시 포괄적으로 다루어야 할 것이다. 이와 함께 전자적인 정보의 속성상 중요성을 가지는 것은 한 번 잘못 전달된 자료를 회수하는 것이 아무런 의미를 가지지 못한다는 점이다. 따라서 직원의 오류를 자동으로 점검할 수 있는 시스템 구축과 이를 운영하는 직원들의 전문성에 대한 관리가 요구된다.

사 례 10-8 철도청 예산 관련 자료 유출 사건

최근 철도청의 예산 집행 관련 중요 문서가 전자우편을 통해 외부로 유출된 것으로 밝혀져 경찰이 수사에 나섰다.

18일 경찰청 사이버범죄수사대에 따르면 지난 8일 철도청의 예산 집행 관련 문서인 「2000년도 물품수급 관리계획 요구서」가 정보통신업체 직원 정모(41) 씨에게 전자우편을 통해 전달되었다.

메일을 받은 정씨는 즉시 경찰에 신고했고 조사 결과 전기물품 조달 업무를 담당하는 철도청 직원 박모(43) 씨가 이 문서를 전자우편을 통해 보낸 것으로 밝혀졌다.

유출된 문서는 전동선 등 철로 배설과 운영에 필요한 각종 전기물품과 기자재의 품목·수량·예상 납품 단가 등이 기록된 중요 문서로 납품업자들에게 들어갈 경우 입찰가 조작 등에 악용될 소지가 높은 것으로 알려졌다.

박씨는 "철도청 내 다른 직원에게 전자우편으로 서류를 보내는 과정에서 주소 입력과 키 조작을 잘못해 엉뚱한 사람에게 메일이 간 것 같다"고 주장했다.

경찰은 박씨가 실수로 문서를 메일로 보냈을 가능성이 높지만 특정 납품업자와 유착 가능성도 있다고 보고 박씨의 전자우편 전송 기록 등을 통해 고의성 여부를 조사중이다.

출처: 한국경제, 2000년 2월 19일자

기존의 문서화된 자료를 조작하는 경우 서류 조작의 흔적을 발견할 수 있었던 점과 달리 공무원이 외부인과의 결탁해 내부의 전산화된 정보를 변경하는 경우, 진위 여부를 판단할 수 없게 된다. 이와같이 자신의 업무 관련 권한을 이용하여 도난 차량을 정상적인 차량으로 둔갑시키는 불법 행위를 저지르는 경우에 대처하기 위해서는 시스템 사용 기록의 유지가 필수적이다.

사례 10-9 공무원 공모 차량 절도/전산 기록 변조 8억 챙겨

서울경찰청 형사기동대는 30일 고급 승용차를 훔친 뒤 차량의 전산 기록을 변조해 팔아온 혐의를 받고 있는 盧모(57) 씨 등 차량 전문절도단 3명을 구속했다.

경찰은 이들의 부탁을 받고 절도 차량의 전산 기록을 변조해 준 혐의를 받고 있는 서울시 공무원 李모(42·한강관리사업소) 씨도 구속했다.

노씨 등은 지난 2월 서울에서 훔친 다이너스티 승용차를 포함, 지난 1993년 1월부터 지금까지 모두 41대를 훔쳐 도난 차량이 아닌 것처럼 위장해 파는 수법으로 8억 1천여만 원을 챙긴 혐의를 받고 있다.

출처: 동아일보, 1997년 7월 30일자

사례 10-10은 정보와 권한의 독점이라는 전통적인 부패의 원인이 전산화된 업무환경에서도 나타날 수 있음을 보여 준다.

사례 10-10 도세 유형/조작 — 누락 마음대로… '지능' 총동원

서울시 산하 일부 구청의 주차관리 직원들은 불법 주차된 차량에 부과된 과태료를 돈을 받고 누락시켜 준 것으로 검찰 수사에서 나타났다. 이들은 과태료 부과 전산 자료를 독점 관리하는 점을 이용, 주로 화물 차량의 업주 등으로부터 돈을 받고 불법주차 차량으로 단속되더라도 고지서가 발급되지 않도록 서류를 조작해 준 것으로 밝혀졌다.

검찰에 적발된 서울시 보라매공원 관리사무소 직원 육동기 씨(33·구속중)는 자신이 양천구청 주차관리계에 근무하던 지난 1992년 8월부터 올해 8월까지 화물운송업자 김용원 씨(45)로부터 과태료 2천 2백 38만 원을 누락시켜 주는 대가로 5백 50만 원을 챙겼다.

출처: 동아일보, 1994년 12월 2일자

전자부패의 부드러진 특성 중 하나는 부패 행위의 증거를 은폐하기 쉽다는 점이다. 시스템 사용 환경에 익숙한 잠재적인 부패 행위자들은 그것을 은폐하기 위한 방법에 대해서도 잘 알고 있다.

사례 10-11 전철 정액권 대량 횡령 경인선 7개 역 13명 적발

전철과 지하철의 승차권 자동발권기를 조작해 정액승차권(1만 원권)을 수백~수십 장씩 횡령한 경인선 7개 구간의 철도청 소속 공무원 13명이 적발되었다.

서울지검 특수2부(부장 · 안대희)는 18일 정액승차권을 무더기로 빼낸 뒤 전산 시스템의 마감 전표를 조작해 범행을 은폐한 혐의로 이재서 씨(30 · 서울역)와 유영호 씨(43 · 백운역) 등 9명을 구속했다. 이들에게는 개정 형법의 '컴퓨터 등 장애 업무 방해' 혐의가 처음 적용되었다.

이들의 횡령 액수를 9백 30만~33만 원씩만 밝혀냈지만 마감 전표의 보존 시한이 1개월뿐이어서 실제 횡령 액수는 훨씬 많을 것으로 보인다고 말했다.

이들이 1986년 9월부터 프랑스에서 수입, 현재 경인선, 경수선 지하철 1~4호선의 역마다 3~5개씩 설치된 자동발권기의 출력 장치를 조작, 발권기의 감지 단계를 통과하기 직전에 승차권을 빼낸 뒤 발권 내용을 자동으로 집계하는 마감 전표를 조작하는 방법을 사용했다고 밝혔다. 이씨가 부평역에 근무하던 1995년 4월쯤, 1만 원권 정액승차권을 빼낸 뒤 승객들에게 판매한 뒤 전산기와 중앙전산처리 장치에는 당일의 판매 금액 등이 입력되는 마감 전표를 조작해 전산 시스템에서 범행 흔적을 없애는 수법을 개발했다고 밝혔다. 또 이씨가 근무지 이동 등에 따라 부평역은 물론, 주안-백운-동암-제물포-부천-오류역의 직원들에게 이 같은 수법을 전파시켰다고 말했다.

출처: 조선일보, 1997년 3월 19일자

3. 새로운 유형의 전자부패

전자조달 시스템은 입찰 단가의 조작이나 입찰자들의 담합 행위를 예방하고 입찰 과정의 투명성을 제고하기 위해 도입되었다. 사례 10-12에서 보는 바와 같이 시스템의 개발 단계에서부터 전자부패를 의도한 예이다. 여기서 문제점으로 지적될 수 있는 점은 전자조달 시스템의 통합적인 개발 및 관리가 문제시될 수 있다. 지방자치단체의 경우 전자조달 시스템을 자체 개발할 수 있도록 방치함으로써 민간 업체와의 공모를 통한 전자부패가 나타나게 되었다. 외국의 경우 공공 서비스를 제공하는 업무를 위탁받은 민간 서비스 업체가 그들의 요구조건을 관철시키기 위해 서비스를 일방적으로 중단하는 사례도 보고된 바 있다.

정보통신기술에 대한 특성과 관련해 중요성을 가지는 것은 자동화된 절차에 대한 맹신이다. 정보통신기술의 자동화에 대한 맹목적인 신뢰는 고도의 전문성을 지니고 있는 부패 의도를 가진 공무원에게 기회를 제공하게 된다.

사 례 10-12 전자 입찰 '부정 낙찰' 첫 적발

전라남도 전자입찰 시스템을 통한 입찰 과정에서 건설업자·담당 공무원과 입찰 시스템을 개발한 업체 등에 의해 250억 원대의 부정 낙찰이 발생한 것으로 밝혀졌다. 전자입찰은 관급공사에서 제기된 담합·예정가 유출 등 각종 불법 행위를 방지하기 위해 입찰부터 개찰까지 모든 과정을 컴퓨터 시스템에 의해 자동으로 진행하는 것으로 전자입찰 부정사건은 이번이 처음이다.

경찰청 사이버테러대응센터(단장 하옥현)는 14일 전남도에 전자입찰 시스템을 공급한 뒤 시스템의 허점을 이용해 이미 응찰한 업체의 입찰 가격을 변경하는 방식으로 부정 낙찰받은 건설업체 대표와 전자입찰 시스템을 개발한 업체 및 유지 보수 업체 관계자 등에 대해 구속 또는 구속영장을 신청했다고 밝혔다. 이와 함께 이를 묵인한 전남도청 회계과 직원도 구속했다.

사이버테러대응센터에 따르면 G종합건설 이사인 유모씨 등은 광주 소재 중·소규모 프로그램 제작 업체인 H정보통신을 내세우고 담당 공무원인 장모씨와 결탁, 지난 해 11월 전남도청과 '실시간 전자입찰 소프트웨어 설치 및 개발' 계약을 체결했다. 유씨 등은 제품 설치 과정에서 실제 입찰이 이뤄지는 메인 시스템은 보안시설이 전혀 없는 외부 업체의 인터넷데이터센터(IDC)에 두고 웹서버만 도청 회계과 내에 설치, 조작이 가능하도록 했다. 또 담당 공무원인 장씨는 시스템을 검수하면서 통합 메인 시스템이 회계과 내에 설치된 것처럼 허위로 검사조사를 작성한 것으로 밝혀졌다. 또 이 시스템의 개발자인 이모씨 등은 전자입찰 시스템 내부의 파일만 바꾸면 간단히 이미 응찰한 입찰 금액을 바꿀 수 있는 점을 악용, 유지 보수 업자와 짜고 낙찰받기 원하는 건설 업체들을 상대로 대가를 받고 낙찰받게 해 준 혐의를 받고 있다. 이들은 이 같은 방법으로 지난 해 11월부터 올 8월까지 총 21건에 대해 250억 원 상당의 공사를 부정 낙찰받았다고 사이버테러대응센터는 밝혔다.

그 동안 대부분의 광역 및 기초자치단체는 행자부의 권장에 따라 조달청의 전자입찰 시스템을 이용했으나 전남도는 독자적인 전자입찰 시스템을 도입, 사용해 왔다. 전남도는 이 같은 비리가 표면화되자 '잦은 전산 장애'를 이유로 지난 8일부터 시스템 운영을 중단하고 국가종합전자입찰시스템(G2B)을 사용하도록 했다. G2B는 공개키 기반구조(PKI)를 적용, 각종 입찰 관련 데이터를 암호화해 전송하므로 안전한 것으로 알려져 있다.

출처: 전자신문, 2002년 10월 15일자

전자부패는 부패 발생의 동기와 관련해 시사하는 바가 크다. 사례 10-13에서 제시한 바와 같이 조직에서 자신의 능력에 대한 가치를 높이기 위해 정보통신기술을 이용하는 경우가 많다.

사 례 10-13 자신이 설계한 프로그램에 논리 폭탄을 설치한 프로그래머

General Dynamics의 Atlas Missile Program에서 계약직으로 근무하는 Michael Lauffenberger는 31세의 프로그래머이다. 부서의 처우에 불만을 가지고 있던 그는 프로그램 설계시 '논리 폭탄(logic bomb)'을 시스템에 장착해 놓고 그의 계약 기간이 만료된 후 중요한 자료들을 지우도록 설계해 놓았다. 시간이 지난 후 문제가 발생하면 그 부서에서는 시스템 설계시 참여했던 그를 찾을 것이고 자신은 시스템의 문제점을 해결할 가치 있는 사람으로 평가받으며 금의환향할 것을 기대하고 있었다.

출처: http://www.nnsi.doe.gov/C/Courses/CLAwareness_Guide/Treason/Infosis.htm

사 례 10-14 보안사기죄가 부과된 FBI 요원

뉴욕(AP연합) - FBI요원에게 보안사기죄가 선고되었다. 전하는 바에 의하면 이들은 인터넷 주식분석가에게 비밀정보를 제공하기 위한 계획에 참여한 것으로 알려졌다. 기소장에 의하면, 연방검사는 작년에 사임한 전 오클라호마 시 FBI 담당요원인 제프리 로이어와 뉴멕시코 주 앨버커커 시 FBI담당 요원인 라인 윈게이트에게 보안사기죄를 부과했다. 주식분석가 앰르 '토니' 엘긴디는 주식시장에서 돈을 벌기 위해 FBI 내부 정보를 이용한 것으로 전해졌다. 이를 위해 두 명의 FBI 요원들은 돈에 대한 대가로 공범들에게 공적으로 거래되고 있는 회사에 대한 정보를 제공하기 위해 FBI의 데이터베이스를 이용한 것으로 드러났다. 법원에 제출된 서류에 의하면 엘긴디와 데릭 클리블랜드는 2000년과 2001년에 걸쳐 공범자인 당시 FBI 요원 로이어에게 30,000달러를 보낸 것으로 알려졌다. 엘긴디는 InsideTruth.com이라는 회사의 홈페이지에 이 회사에 대한 부정적인 정보를 유포하고 자신의 이메일 뉴스레터를 통해 이 회사의 주식 청약자들에게 부정적인 정보를 흘린 것으로 알려졌다. 주가가 하락할 것이라는 소문은 확실한 사실이었다. 법원 서류에 의하면, 피고인들은 때때로 자신들이 목표한 회사들에 대한 각종 법률적 규제를 가하기 위해 그 회사에 대한 부정적인 정보를 증권거래위원회와 FBI에 보고하기도 했는데 이들은 이러한 행위들이 공식화되면 주가가 급격히 하락한다는 것을 알고 있었다. 로이어는 FBI의 비밀 '국립범죄정보센터'의 데이터베이스를 조사하여 'Nuclear Solution'이라는 회사의 최고관리자에 대한 범죄 기록을 찾아내었다. 같은 날 엘긴디는 이 최고관리자를 '중죄가 선고된 사람'이라 묘사한 이메일을 발송했고 곧장 이 회사의 주식을 판 것으로 나타났다. 수사당국은 "또한 엘긴디와 클리블랜드는 회사 명예 훼손 행동을 그만두기로 합의하는 대신에 해당하는 회사 주식을 싼 값이나 무료로 편취했다."라고 발표했다. 이들이 대배심원의 수사 선상에 오르자 윈게이트는 로이어와 엘긴디의 피고용인에게 소환장에 대한 정보 등이 포함되어 있는 비밀정보를 전달했다. 알렌 바인그래드 미 검사는 "이번 사건은 이들이 불법으로 개인 재무의 입수를 착수키로 한 것에 대한 주식 전문가와 법 집행기관 요원 간의 충격적인 파트너십을 나타낸다."고 말했다. 로이어와 윈게이트는 수요일에 풀려났으며 다음 주 화요일에 법원에 출두할 것을 명령받았다. 나머지 3명의 용의자들은 법원에 출두하게 될 때까지 감금되어 있는 상태이다.

윈게이트의 변호사인 스티브 맥큐는 '윈게이트는 3년 동안 FBI의 충실한 직원이었다. 만약 모든 죄항에 대해 유죄가 선고된다면 로이어와 엘긴디는 65년간의 징역형에 처해질 수 있다. 윈게이트는 45년간의 징역형에 처해질 수 있으며, 나머지 피고인 클리블랜드와 트로이 피터스는 각각 40년간의 징역형에 처해질 수 있다.

출처: 2002년 5월 23일 CNN 보도

사 례 10-15 대만 해군 관계자 인터넷을 이용해 군사 기밀 중국에 유출

타이베이, 대만(로이터통신)-대만에서 중국에 첩보행위를 한 해군 관계자가 체포되었다고 검찰과 지역 언론은 보도했다. 군검찰 대변인 유퉁룽은 수요일 성명에서 리우 유에룽 상사가 군 비밀을 유출하고 국가보안에 위협을 주는 혐의로 구류중에 있다고 발표했다. 검찰측은 리우 유에룽이 군 비밀을 유출한 궁극적인 목적이 무엇인지 자세히 언급하지 않았지만 대만의 유력 신문인 차이나타임과 케이블뉴스 네트워크 ETTY는 "리우(31세)는 군항만, 비행선, 그리고 여러 무기들의 사진을 인터넷을 통해 중국으로 보낸 혐의로 체포되었다."라고 보도했다. 첩보행위 혐의가 인정되면 리우는 사형까지도 선고받을 수 있다.

리우와 그의 가족은 어떠한 성명도 내놓지 않았다. 타이베이와 베이징은 1949년 '중국 시민전쟁' 말에 갈라진 이후 계속해서 서로 첩보행위를 해오고 있다. 1999년 중국 군법회의는 육군소장 리우 리안컴(58세)과 대령 샤오 쟁종을 대만에 첩보 활동을 한 혐의로 사형을 집행한 바 있었다.

중국 소식통에 의하면, 대만은 1995~1996년 사이에 대만 인근 해의 군 전략에 대한 정보와 대만에 대항할 무기들의 정비에 대한 정보를 제공받는 대가로 적어도 1백 60만 달러를 지불한 것으로 알려졌다. 베이징은 타이완을 분할 영역으로 간주하고 있으며 대만이 독립을 주장하거나 통일 회담에 꾸물거릴 때면 2천 3백만이 거주하는 민주주의 섬을 공격하겠다는 위협을 해오고 있다.

출처: 2002년 6월 12일 CNN 보도

사 례 10-16 전장의 작전정보

전장의 미군 장병들이 인터넷으로 세세한 전쟁 소식을 전하면서 군사 기밀 유지에 비상이 걸렸다고 31일 일본 요미우리(讀賣)신문이 보도했다. 미 국방부는 인터넷 중독증에 빠진 젊은 병사들을 무조건 막을 수 없어 홈페이지 작성이나 개인 메일은 제한적으로 허용하고 있다. 그러나 인터넷 활동을 일일이 검열하지 못하기 때문에 작전시간 전투 상황 등 위험 수위의 내용까지 게재되고 있다.

출처: 한국일보, 2003년 3월 31일자

사 례 10-17 영국 공공 부문의 고스트 워커

영국의 공공 부문에서는 실제로 존재하지 않는 사람들의 이름이 급여명부에 등재되어 있었고 그들에게 급여가 지급된 이른바 고스트 워커(Ghost Workers)의 존재가 문제된 바 있다. 누군가가 가명으로 급여명부에 존재하지 않는 직원의 이름을 등재시키고 급여를 수집하는 방법이다. 급여 시스템의 전산화가 진행되는 과정에서 급여명부상의 이름과 실제 근무자들의 대조 작업이 실시되었으나 전산화된 시스템에는 여전히 존재하지 않는 고스트 워커의 이름이 삭제되지 않았다. 이러한 사건이 발생한 지 18개월 만에 한 전산 직원이 급여 시스템에 접근해 30명의 고스트 워커들을 등재시키고 그들의 이름으로 지급된 급여를 갈취한 사실이 적발되었다.[20]

사 례 10-18 영국 국립대학의 성적관리 시스템 변조 사건

영국 국립대학에서의 시험성적 관리는 문서의 형태로 보관되며 이에 대한 관리는 소수의 신뢰할 수 있는 직원들에 의해 수작업으로 평균과 최종 성적이 계산된다. 사용할 때를 제외하고는 이 자료들은 안전한 곳에 보관된다. 많은 학생들에게 편의를 제공하고자 하는 목적으로 이에 대한 성적의 계산 및 표기 수단 전체에 전산화가 이루어졌다. 이는 성적 정보를 네트워크에 연결되지 않는 컴퓨터에 보관하고 패스워드로 시스템에 접근할 수 있게 하며 그것도 극소수의 직원들만 그 패스워드를 공유케 함으로써 좀더 안전하게 관리될 수 있을 것이라는 가정을 전제로 한 것이었다. 그러나 평소에 성적이 우수하지 않은 학생의 최종 성적이 눈에 띄게 향상된 것을 이상하게 여긴 한 강사에 의해 부정행위가 우연히 발견되었다. 조사 결과 전산 담당 관리자가 그 학교에 재학중인 자식의 성적을 조작한 것으로 드러났다. 장차 직업을 구하는데 대학 성적이 중요하다는 점을 걱정해 성적관리 데이터베이스에 접근해 자식의 성적을 조작한 사례이다.

제6절 전자부패에 대한 대응 방안

지금까지 전자부패에 대한 외국의 인식과 사례를 중심으로 살펴보았다. 그렇다면 우리 나라에서의 전자부패에 대한 인식은 어떠한가? 이에 대한 실증적인 접근을 위해 여기서는 우리 나라의 중앙 및 지방자치단체 공무원들이 인식하

18) 급여명부상의 이름과 실제 직원의 명단을 자동으로 확인할 수 있는 기능과 고스트 워커에게 지급된 급여를 자동으로 추적할 수 있는 기능이 있었다면 이러한 형태의 부패는 막을 수 있었을 것이다.

고 있는 전자부패의 발생 가능성 및 처방에 대한 설문조사 결과를 통해 논의해 보기로 한다. 최영훈·명승환·이태영(한국전산원, 2003)[19]은 한국에서 전자부패의 존재 양상과 대처 방안에 대한 연구를 위해 전자정부사업에 참여하고 있는 중앙부처 및 지방자치단체 공무원(행정직 및 전산직)들을 조사 대상으로 했다.

조사의 주된 내용은 현재의 업무환경이 전자부패에 어느 정도 취약한지, 전자부패의 발생 가능성은 어느 정도인지, 전자부패의 가능한 발생 원인은 무엇인지, 전자부패에 대한 대응 방안은 무엇인지 등이다.

현재의 업무환경에 대한 인식 수준을 보면, 제도적 요인과 기술적 요인에 대해서는 전반적으로 긍정적인 인식을 하고 있는 반면 윤리적 요인에 대해서는 비교적 비관적임을 알 수 있다. 여기서 윤리적 요인에 해당하는 설문의 내용을 살펴보면 먼저 부서 내부 직원에 의한 컴퓨터 오·남용 실태 관련 항목에 대한 응답의 평균이 다른 항목의 평균에 비해 높게 나타났다. 다음으로는 부서 내에 자신의 패스워드를 알고 있는 직원이 있느냐는 질문에 대해 부정적인 응답을 보였다. 또한 부서 내의 직원이 마음만 먹으면 자신의 업무와 무관한 정보도 알아낼 수 있느냐는 설문에 대해 긍정하는 응답이 다른 문항에 비해 높게 나타났다. 반면 방화벽 테스트가 정기적으로 시행되는지의 여부에 대한 설문에 대해서는 대단히 긍정적인 인식을 보이는 것으로 나타났다. 이는 외부로부터의 침입에 대비한 기술적 시스템의 신뢰를 반영하는 것이다.

다음으로 전자부패의 발생 가능성에 대한 공무원들의 응답은 사익 추구, 기술적 취약성, 민간 부문과의 결탁으로 유형을 나누어 보았을 때, 전자적 방법을 사용한 사익 추구나 민간 부문과의 결탁을 통해 부패가 발생할 가능성은 비교적 낮은 것으로 인식되고 있다. 다만 기술적 취약성 중 시스템의 안정성 및 보안성 테스트를 개발 회사에 위탁할 가능성이나 소프트웨어의 도입에서 시간의 문제로 안정성 검증이 제대로 이루어지지 못할 가능성은 상대적으로 높은 것으로 나타났다.

정부의 정보시스템의 개발과 관련하여 내부 개발(in-house production)이 좀더 비용 효과적이라거나 적합한 경우가 아닌 한 외주를 한다는 원칙이 소위

19) 이 설문조사 결과는 한국전산원의 학술연구 용역으로 수행한 "전자부패의 존재 양식 및 대처 방안에 관한 연구"(연구책임자-최영훈, 공동연구자-명승환, 이태영)를 말한다. 여기서는 별도의 인용 부호 없이 이 보고서의 내용을 요약하여 제시하고자 한다.

전자정부법에 의해 권장되고 있으나, 안정성 및 보안성 테스트까지도 시스템 개발 업체에 의존하는 것은 이 연구의 주제인 전자부패 취약성을 완화하기 위해서는 물론 외주 본연의 취지에서도 재고되어야 할 것으로 판단된다. 시스템 도입 전 안정성에 대한 충분한 검증이 이루어지지 못하는 것도 정보시스템 개발 및 도입에서 좀더 체계적이고 엄격한 프로젝트 경영(project management)이 이루어져야 할 필요성을 제기하고 있다.

전자부패의 발생 원인으로는 정보통신기술의 기술적 특성, 인력 및 전문성, 온라인 문화 등과 관련된 거의 모든 항목이 전자부패의 잠재적 요인이 될 수 있음을 나타냈다. 대체적으로는 '보통' 이상의 평균을 보여 주고 있지만 긍정의 비율이 상대적으로 적음을 알 수 있었다. 특히 전자부패의 주된 요인이 조직문화나 개인 윤리에 있다는 응답자들의 인식이 높게 나타났다. 이러한 결과는 공공 부문도 민간 부문과 마찬가지로 정보 오용의 문제가 존재하기 때문이라는 원인에 대한 인식도 같은 맥락에서 이해할 수 있을 것이다.

마지막으로 전자부패에 대한 대응을 위한 방안에 대해 '관리자의 정보통신기술 역량 강화'와 같은 감독 책임을 맡고 있는 관리자의 정보통신기술 능력의 배양, 그리고 정보시스템을 실제적으로 담당하는 '담당자의 책임성 강화' 및 시스템 관리자는 물론 일반 공무원 전체의 '시스템 사용 윤리 교육'들로 나타났다.

이러한 시각은 전자정부화의 긍정적 측면과 함께 부정적 또는 위험적 측면을 고려함으로써 전자정부사업 및 전자정부 논의에 균형을 제공하자는 취지에서 비롯된 것임을 밝혀 둔다. 여기서 다룬 전자부패의 문제는 그것이 가시화되어 사회적 문제로 대두되었기 때문이라기보다는 전자정부화의 과정에서 발생할 수 있을 것으로 예상되는 취약 요인을 도출하기 위한 노력의 일환이라고 할 수 있다. 이를 위해 호주 ICAC 등 외국의 사례를 인용했을지라도, 이 연구에서의 탐색적 모색은 향후 발생될 가능성이 있는 미래 사안에 대한 현재적 평가의 성격을 지니고 있다.[20]

---

20) 여기서 인용하고 있는 최영훈 · 명승환 · 이태영(한국전산원, 2003)의 연구는 이러한 성격으로 인해 비록 일부 신문 등에서 보도된 관련 사례들을 제시하기로 했지만, 논의의 주된 근거를 전자정부사업에 참여하고 있는 공무원들의 부패 취약 요인에 대한 자기평가(self-assessment)에 기반한 인식조사를 통해 얻은 결과를 사용했다. 부패라는 용어의 부정적 함의, 특히 전자정부사업을 담당해 온 공무원 자신에 대한 조사라는 본질적인 한계를 이 연구가 안고 있다는 점을 전제로 발견 사실들을 이해할 필요가 있다.

최영훈·명승환·이태영(한국전산원, 2003)의 연구 결과는 다음과 같이 요약해 볼 수 있다.

첫째, 전자적 업무 환경면에서 보면 제도적으로나 기술적으로는 전자부패가 발생할 가능성이 낮은 편이나 윤리적인 측면에서는 전자부패에 취약할 개연성이 높은 것으로 인식되었다. 중앙의 경우 제도적·기술적 환경은 지방에 비해 좀더 잘 구축되어 있지만 윤리적 측면에서는 지방에 비해 낮은 것으로 조사되었다. 일반행정직 공무원보다는 전산직 공무원이 전자적 업무환경에 대해 좀더 조심스러운 평가를 하고 있었다.

둘째, 전자부패의 가능성을 사익 추구, 기술적 취약성, 민간 부문과의 결탁으로 나누어 보았을 때, 전자적 방법을 사용한 사익 추구나 민간 부문과의 결탁을 통해 부패가 발생할 가능성은 비교적 낮은 것으로 인식되고 있다. 다만 기술적 취약성 중 시스템의 안정성 및 보안성 테스트를 개발 회사에 위탁할 가능성이나 소프트웨어의 도입에서 시간의 문제로 안정성 검증이 제대로 이루어지지 못할 가능성은 상대적으로 높은 것으로 나타났다. 지방이 기술적 취약성 및 민간 부문과의 결탁 등에서 중앙보다 부패 가능성을 잘 인식하고 있었다. 전자부패의 가능성에 대한 통계적으로 유의미한 차이는 직종간 거의 없는 것으로 나타났다.

셋째, 정보통신기술의 기술적 특성, 인력 및 전문성, 온라인 문화 등과 관련된 거의 모든 항목이 전자부패의 잠재적 요인이 될 수 있는 것으로 조사되었다. 그 중에서도 조직문화나 개인 윤리의 불건전성이 주된 요인일 수 있는 것으로 나타났다. 전자부패의 원인에 대해서는 중앙-지방 간, 직종 간 통계적으로 유의미한 인식차는 거의 발견되지 않았다.

끝으로, 전자부패에 대한 대응을 위한 유효한 방안에 대해 설문에 제시된 모든 항목에 대해 긍정적으로 동의한 것으로 나타났다. 이 가운데서도 특히 높게 평가된 대응 방안은 '관리자의 정보통신기술 역량 강화'와 같은 감독 책임을 맡고 있는 관리자의 정보통신기술 능력의 배양, 그리고 정보시스템을 실제적으로 담당하는 '담당자의 책임성 강화' 및 시스템 관리자는 물론 일반공무원 전체의 '시스템 사용 윤리 교육' 등이었다.

향후 전자정부화가 진전되고 정보통신기술이 업무의 전반에 걸쳐 활용되는 경우를 가정할 때, 발생 가능한 전자부패 또는 그 취약 요인을 극복하기 위한 방안으로 무엇보다 업무환경 자체를 윤리적으로 만들 필요가 있다. 윤리적 업무환경은 우선적으로 오프라인상에서의 공직윤리 또는 행정윤리가 전제로 되어야 함은 물론이다. 다만 이러한 오프라인상의 공직윤리에 추가하여 전자정부 시대에 부합되는 정보통신기술의 이용 관련 윤리규범의 제도화가 필요할 것으로 보인다. 윤리규범의 실행은 그 자체로는 한계가 있다. 윤리규범이 실질적인 효과를 발휘하기 위해서는 그에 상응하는 전자적 업무환경에 맞는 감사 기법이나 교육훈련이 병행되어야 할 것이다.

둘째, 전자정부에서 부패의 취약성을 회피하기 위해서는 시스템의 안정성 및 보안성 관련 내부 역량을 확보하는 것이 중요한 과제가 될 수 있다. 외주가 당초의 취지를 달성하기 위해서는 내부에서 핵심 역량을 갖추고 있어야 한다. 특히 시스템의 개발은 외주의 형식을 취하더라도, 이의 보안 및 안정성 테스트 등 실질적으로 운영과 관련된 핵심 역량은 내부에서 확보하고 있어야 하며, 이를 위해서는 인력 및 시설 등에 대한 더 많은 투자가 이루어져야 한다. 정부가 이러한 역량을 갖추기 위해서는 정부전산소(현 정보화능력개발센터)나 전산원 등의 기능을 보완하여 전문화하는 방안을 고려할 수도 있을 것이다. 이러한 기관들은 공공 부문의 시스템에 대한 유지 관리 및 보안·안정성 확보, 외주 업체 및 외주된 시스템에 대한 감독 기능, 관련 공무원 교육 등을 실시하는 기능을 부여받을 수 있을 것이다.

셋째, 시스템 도입 전 안정성에 대한 충분한 검증이 이루어지지 못하는 것도 정보시스템 개발 및 도입에서 좀더 체계적이고 엄격한 프로젝트 경영이 이루어져야 할 필요성을 제기하고 있다.

넷째, 전문적인 관리자의 선임과 기존의 관리자들을 대상으로 한 정보통신기술 역량을 확충하는 것이 시급하다.

끝으로, 전자정부 환경에서의 부패 위험도 측정 기준을 설정하고 전자부패 위험도를 평가하고 관리하기 위한 개념틀을 마련할 필요가 있다. [그림 10-5], [그림 10-6], 그리고 <표 10-5>는 전자부패 위험도 평가지도 및 관리 기준으로 예시된 것으로서, 취약성 수준과 현재의 통제 수준 간의 다양한 위험도의 조합에 따라 전자부패의 차별적인 상황이 발생하고 상이한 대응이 필요함을 보여 주고 있다.

[그림 10-5] 전자부패 위험도 평가 지도(예시)

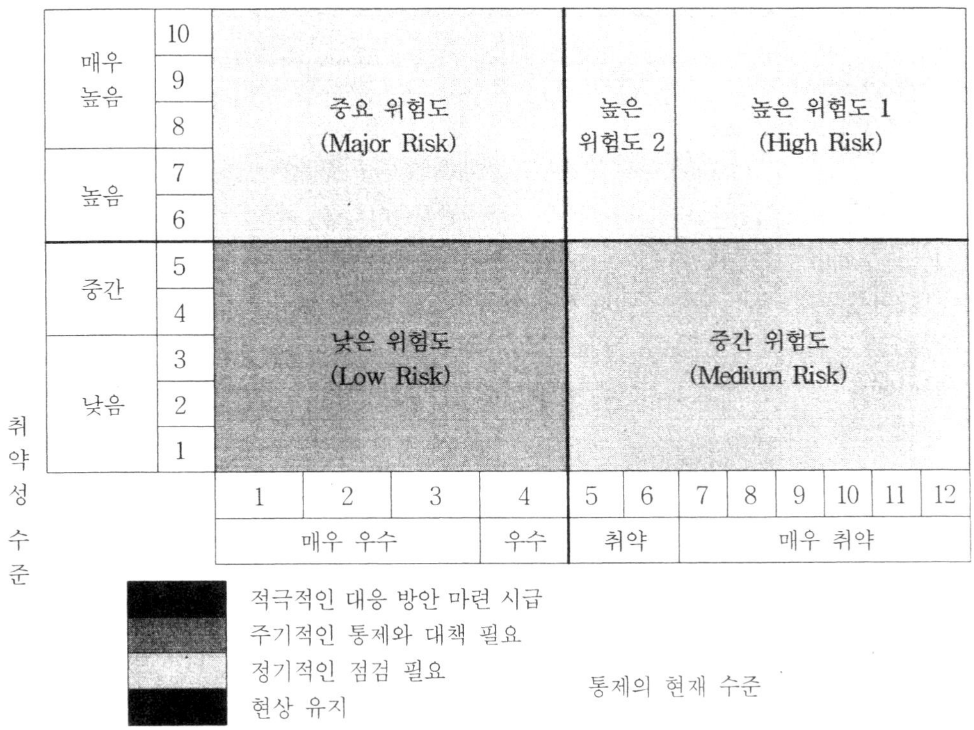

〈표 10-5〉 전자부패의 위험 수준과 개념

관리상의 위험 수준	설 명
High Risk (8~10)	최고위층의 전면적인 대책 수립 및 결단이 시급히 요구되는 단계
Major Risk (6~7)	상급관리자들의 지속적인 관심과 부분적인 방지 대책이 요구되는 단계
Medium Risk (4~5)	각 직무에 대한 관리통제의 범위를 명확히 해야 하는 단계
Low Risk (2~3)	일상적인 통제와 절차를 현재 상태로 유지해도 되는 단계

[그림 10-6] 정보의 중요도와 부패 취약성에 따른 관리 기준

	정보의 중요도(consequence)				
전자부패의 가능성	매우 미약	미약	보통	중요	매우 중요
매우 확실	6	7	8	9	10
확실	5	6	7	8	9
중간	4	5	6	7	8
드묾	3	4	5	6	7
매우 드묾	2	3	4	5	6

요 약

"정보와 통신은 현대 사회의 '생명의 피'이자 '바이러스'"라는 Howard(1993)의 언급에서 알 수 있듯이 정보사회의 발전 과정은 정보통신기술에 의한 편익 창출 및 증진이라는 한 축과 정보통신기술이 제기하는 위협 요인이라는 다른 한 축 간 변증론적 발전으로 볼 수도 있다. 정보통신의 역기능에 대한 논의는 1940년대 초 Nobert Wiener의 작업에서 시작되어 1990년대 이후의 제2기 정보통신 윤리 시대로 접어들고 있다. 특히 정보통신기술의 쟁점이 일상 생활 속으로 확산되면서 새로운 정보통신기술의 전개가 새로운 윤리 문제를 유발하는가 하는 의문에 대한 궁금증이 더해지고 있다. 특히 정보통신기술에 대한 합리주의적 관점에서 정보통신기술을 정부가 그 동안 노정해 왔던 역기능에 대한 해결책으로 회자되는 시점에서 전자부패에 대한 논의는 그 동안의 전자정부 논의에 대한 공백을 메우는 중요성을 지닌다.

전자부패란 "공공 부문에서 컴퓨터 시스템을 사용하여 공무원, 계약 업자, 기타 권한을 부여받은 사람에 의해 저질러지는 부조리, 부패 또는 범죄"로 정의된다. 전자부패에 대한 이러한 정의의 특징은 전자적 범죄와는 달리, 전자부패는 공공 부문의 업무환경에서 합법적인지만 '수용하기 어려운' 행위까지도 부패의 범위에 포함시킨다는

점에서, 정보 시대의 행정 또는 전자정부에서 공무원 또는 행정윤리의 새로운 개념으로 받아들일 수 있을 것이다. 호주를 비롯한 일부 국가들의 경우 전자부패의 위험성을 인식하고 이에 대한 체계적인 대응 노력을 전개해 오고 있다. 호주 반부패독립위원회(ICAC)가 뉴사우스웨일스 주에 근무하는 공공기관 관리자 및 전산 담당 간부들을 대상으로 한 조사에서 전자부패의 위험성에 대한 핵심적인 요소로서 자동화와 즉시성, 부차적인 정보의 손실, 접근성과 편재성, 새로운 사업모형, 암호화 등을 제시하고 있다. 또한 기술적 취약 요인들로서 이메일, 정보통신기술 아웃소싱, 전사적 자원관리 체계(ERP), 전자인증, 정보시스템에 의한 정보의 집중이나 정보통신기술 능력과 신뢰 시스템, 주변 기기(스캐너, 인쇄 매체)를 이용한 사기행위, 크래킹이나 해킹 등이 지적되기도 한다.

정보통신기술과 공공 부문 부패의 관계를 체계적으로 다룬 연구 결과는 매우 드문 상태에서 양자의 관계는 세 가지로 개념화해 볼 수 있다. 하나는 부패 방지 효과로서, 이는 한 사람의 간수가 재소자들의 일거수일투족을 관찰할 수 있도록 만들어진 원형교도소와 마찬가지로, 정보 시대의 조직에서 보이지 않는 곳에서 관리자가 직원들의 제반 행동을 관찰할 수 있게 됨으로써 부패를 통제할 수 있다고 본다. 둘째는 부패 유발 효과로서, 이러한 관점은 정보통신기술에 대한 접근 권한의 집중화에 따라 정보통신기술에 대한 전문지식을 지닌 이들의 부패 유발 가능성이 증대된다는 입장과, 정보통신기술은 공무원의 신상에 관한 정보를 외부인이 좀더 상세히 알 수 있게 해 줌으로써 부패의 목적으로 '커넥션'을 구축하기 위한 유인을 증대시켜 줄 수도 있다고 보는 입장이 있다. 끝으로 정보통신기술과 부패 간에 아무 관계가 없다는 주장이 제시되기도 한다.

정보통신기술의 부패 유발 효과의 양상은 iceberg 모형을 통해 좀더 구체화할 수 있다. 이 모형은 분석의 목적을 위해 전자정부의 맥락에서 나타날 수 있는 부패 현상의 양상을 세 가지 가능성으로 축약한다. 하나는 정보통신기술의 적발 효과로 인해 부패가 줄어드는 심리적인 부패의 축소 효과에도 불구하고 관행화된 부패가 잔존할 가능성이고, 다른 하나는 정보통신기술이 기존의 부패 형태를 더욱 용이하게 하거나 은폐시킬 가능성이고, 또 다른 하나는 정보통신기술로 인해 지금까지 없었던 새로운 유형의 부패가 발생할 가능성이다.

전자부패에 대해 어떠한 대응책이 필요한가? 한 경험적 연구에 따르면 우리의 경우 전자적 업무환경면에서 보면, 제도적으로나 기술적으로는 전자부패가 발생할 가능성이 낮은 편이나 윤리적인 측면에서는 전자부패에 취약할 개연성이 높으며, 전자부패의 가능성을 사익 추구, 기술적 취약성, 민간 부문과의 결탁으로 나누어 보았을 때 전자적 방법을 사용한 사익 추구나 민간 부문과의 결탁을 통해 부패가 발생할 가능성은 비교적 낮은 것으로 인식되고 있다. 다만 기술적 취약성 중 시스템의 안정성 및 보안성 테스트를 개발 회사에 위탁할 가능성이나 소프트웨어의 도입시에 시간의 문제로 안정성 검증이 제대로 이루어지지 못할 가능성은 상대적으로 높은 것으로 나타났다. 특히 이 조사에서 흥미로운 것은, 정보통신기술의 기술적 특성, 인력 및 전문성, 온라인 문화 등과 관련된 거의 모든 항목이 전자부패의 잠재적 요인이 될 수 있는 한편으로, 그 중에서도 조직문화나 개인 윤리의 불건전성이 주된 요인일 수 있는 것으로 나타났다는 점이다. 이러한 조사 결과를 토대로 볼 때, 향후 전자정부화가 진전되고 정보통신기술이 업무의 전반에 걸쳐 활용되는 경우를 가정할 때, 발생 가능한 전자부패 또는 그 취약 요인을 극복하기 위한 방안으로 무엇보다 업무환경 자체를 윤리적으로 만들 필요가 있다. 그리고 전자정부에서 부패의 취약성을 회피하기 위해서는 시스템의 안정성 및 보안성 관련 내부 역량을 확보하는 것이 중요한 과제가 될 수 있다. 또한 시스템 도입 전 안정성에 대한 충분한 검증이 이루어지지 못하는 것도 정보시스템(IS) 개발 및 도입시에 좀더 체계적이고 엄격한 프로젝트 매니지먼트가 이루어져야 할 필요성이 있다. 끝으로, 전문적인 관리자의 선임과 기존의 관리자들을 대상으로 한 정보통신기술 역량을 확충하는 것이 시급하다.

연구 문제

1. 정보화의 급속한 발전으로 인해 발생 가능한 역기능에는 어떤 것들이 있을까?
2. 전자정부의 도입으로 인해 우리 나라의 공직부패는 과연 얼마나 줄어들 수 있을까? 찬반 의견을 제시하고 각 입장에서 논리적 근거를 가지고 토론해 봅시다.
3. 온라인 공간에서만 나타날 수 있는 새로운 유형의 역기능적 행위들을 수집하고 유형에 따라 분류해 봅시다.
4. 부패행위가 정보화의 편리함에 편승하게 되었을 때 나타날 수 있는 현상들을 정리해 보고 사회 전반의 차원에서 득과 실을 토론해 봅시다.
5. 온라인상에서의 부패가 기존의 부패보다 사안의 심각성을 더하는 이유를 고민해 봅시다.
6. 기존의 부패와 전자부패 중 사회에 미치는 영향력의 차원에서 어떤 것이 더 많은 영향을 미칠까? 그 이유를 토론해 봅시다.
7. 이러한 유형의 부작용들에 대한 예방 차원의 보완점들을 제시해 보고, 이를 위해 어떤 노력들이 필요한지 논의해 봅시다.
8. 전자부패가 한 사회의 문화와 가지는 연관성에 대해 논의하고 우리 나라의 상황에 적용해 토론해 봅시다.
9. 전자부패가 발생하게 되는 근본적인 이유를 따져 봅시다.

제 3 편

전자정부의 성찰과 미래

제11장

전자정부 구현 노력의 성찰

제 1 절 전자정부에 대한 성찰적 접근

정보사회에서 추구되는 전자정부는 합리주의에서 보듯 그 자체가 목적이 될 수 없으며, 단순히 목표 성취를 위한 도구가 아니다. 사회 구성원 간과 조직 간 문제 상황의 본질에 대한 이해, 공유 그리고 상호 신뢰의 바탕에서 해결되는 과정으로 볼 수 있다(Harmon, 1981: 102). 전자정부가 장밋빛 미래만을 담고 있는 것은 아니며 구현 과정에서 순기능만 기대되는 것은 더더욱 아니다. 그동안 전자정부 추진 과정에서 드러난 부작용 징후들이 짙게 드리워지면서 전자정부에 대한 비판적 성찰이 시도되었다(오철호, 2001; 윤영민, 1996). 하지만 전자정부 추진 과정에서 표출된 부작용이 본질로서보다는 피상적으로 다루어졌다.

행정정보화의 줄기로서 그 흐름이 확장되고 있는 전자정부는 인간의 실존적 체험의 바탕에서 삶의 질적 향상을 도모하며, 생활 세계에서 인간 및 조직 간 소통적 상호 작용성 증진에 있다는 점에서 전자정부 현상에서도 주관과 객관 간 관계 및 실제 정보화된 생활 세계를 구성하는 과정에서 상황적 요인, 주체 간 균형과 조화의 유지가 요구된다. 하지만 이에 관한 이론적 논의는 미흡했다. 특히, 행정정보화 현상에서 드러난 전자정부는 사실과 사상(事象)을 포함하며 질서정연한 모습으로 드러나지 않으며, 복잡성과 역동성을 지니기에 그 본질과 형상을 이해, 규명하는 것이 쉽지 않다.

지금까지 전자정부는 구축 과정에서 능률성 제고와 삶의 질 향상이라는 모토를 지향했다. 전자정부 비전은 정보통신기술을 활용한 낙관적 전망으로 장밋빛 환상이 제시되었다. 웹 기반 환경의 고도화에 따라 드러나는 정부 모습과 역할이 전자정부를 통해 구체화되고 있지만, 그 동안의 변화 과정에서 야기된 전자정부의 성과와 관련하여 기대와 우려가 엇갈리는 듯하다. 전자정부에 담긴 희망은 마치 시민의 삶이 "완전히 새로운 세상, 새롭고 멋진 세상을 보는 눈, 완전히 새로운 세상, 전에는 알지 못했던 눈부신 곳, 완전히 새로운 세상, 새롭게 펼쳐진 세상"인 양 그려져 왔던 것이 사실이다. 하지만 전자정부 구현 노력에 비할 때 그 현상에서 드러난 문제와 한계로 인한 실망과 우려도 적지 않다. 분명 전자정부는 산업사회 이후의 정부 이념형으로 그 타당성을 인정받고 있지만, 전자정부에 대한 담론은 당위성과 정보통신기술에 매료된 채 추진 과정에서 부작용에 대한 성찰 없이 전개된 듯하다.

정보통신기술의 혁신과 함께 그 가치와 안정성이 증가하고 있는 전자정부는 역사상 유례가 없을 정도의 속도로 진전되고 있다. 전자정부 구현 노력은 행정전산화에서 비롯되며, 행정전산망 사업과 행정정보화로 줄기를 형성하면서 지식정부로 진화하는 듯하다. 노무현 정부의 출범과 함께 본격적으로 서비스 집행 단계에 접어들고 있는 전자정부 사업을 둘러싸고 다양한 논의가 표출되었다. 이 가운데 과연 정부의 전자화 수준은 어느 정도이며, 전자정부의 방향은 바르게 설정되었는가? 전자정부의 수요자인 국민들은 서비스를 체감, 만족하고 있는가? 이 같은 의문을 둘러싼 평가적 인식과 논의도 명암이 엇갈린다. 그렇지만 전자정부 구상의 취지로서 행정 내부의 생산성 향상과 대국민 서비스의 제고라는 두 가지 축에 대해서는 이론이 없는 듯하다.

지금껏 전자정부 구상의 양적 확장은 성과를 거둔 것으로 보인다. 하지만 실질적인 측면에서 적지 않은 한계를 드러낸다. 개념 수준과 비전에 비할 때 실행을 위한 구체적 전략과 프로그램을 마련할 때 선진국에 비해 뒤떨어진 수준을 보여 준다. 전자정부 추진 주체를 둘러싸고 부처 간 소모적 갈등이 지속되고 있으며, 전자정부의 환경 변화에 적응하지 못하는 인식과 행태, 이를테면 고위 공직자들의 경우 인터넷을 사용하지 못해 비서에게 이메일 확인을 지시한다거나 전자 결재와 별도로 대면 결재가 이루어지는 이중 업무의 양상 등을 들 수 있다.[1] 그뿐만 아니라 부처 홍보에 치중한 나머지 시민에게 편익을 제공하

1) 중앙부처의 차관급 공직자의 "사실 시간이 없어요. 컴퓨터를 배우지도 못했을 뿐 아니라 그나마 앉아서 이메일 온 거라도 보려고 하면 결재를 기다리는 간부들이 문 앞에 줄

지 못하는 경우가 허다하며, 전자정부의 구현 과정에서 개인 정보 보호 등 제도적 장치가 미비하며,[2] 자칫 전산망의 오작동으로 인한 정부 및 공공기관 활동의 일시적 마비 등의 위험성[3]을 내포하고 있어 국민의 신뢰를 얻지 못하는 것으로 드러났다(중앙일보, 2003년 5월 25일자).

이 장에서는 전자정부 구현 과정에서 드러난 문제와 한계가 대안적 전자정부 실천 방안의 탐색을 시사한다는 문제 인식의 바탕에서 기존 전자정부에 대한 성찰적 논의로서 사회·문화적 관점에서 전자정부를 이해하고, 실천적 접근을 모색하는 데 그 목적을 둔다.

제 2 절 전자정부의 본질과 논의의 한계

범세계적으로 확장되는 정보 네트워크가 모든 국가의 정치·경제·사회적 활동에 영향을 주고 지배하는 네트의 시대가 되었다. 이른바 e-commerce, e-business에 이어 e-government가 정보통신기술 분야의 화두로 떠올랐다. 이 과정에서 전자정부에 대한 기존의 접근과 노력은 사회·문화적 맥락과 상황에 바탕을 둔 전자정부를 떼어낸 채 사회 구조와의 내포적 외연성이나 의미 관계에 대한 내성적 고려 없이 피상적 설명으로 시도되어 온 듯하다.

1. 전자정부의 경험적 교훈

정부 고객인 국민의 요구에 따라 국민들과 상호 작용하고 국민에 봉사하는 정부 구현을 위해 미국, 영국, 일본 등 선진국들은 이미 1993년부터 전자정부

을 서고 있어요"라는 말은 전자정부 구현의 이상이 얼마나 요원한지를 적나라하게 보여 준다.

2) 예를 들어 인터넷을 통한 민원 서류 발급 및 증빙서류 제출의 경우 신분 확인과 수수료 지불 시스템이 갖추어지게 되며, 이 과정에서 개인 정보 유출이나 해킹 방지를 위한 기술적 장치와 법·제도가 요구된다.

3) 지난 2001년 3월 초 행정전산망이 5시간 마비되는 사태가 벌어져 자료 검색은 물론 외부와의 이메일 통신, 민원 서비스가 두절되는 사고가 발생했다. 당시 행자부는 "행정전산망 사용자가 한꺼번에 밀려 접속이 안 되는 비지(busy) 현상 때문"이라고 설명했지만 아무튼 전자정부는 효율의 극대화라는 장점에 못지않게 철저한 준비를 하지 않을 경우 국가 전체를 위험에 빠뜨릴 수 있다는 점을 보여 준다.

계획을 수립, 집행해 왔다. 특히, G7에 속하는 국가들은 디렉토리 서비스와 정부정보 공동 활용 등 정부 온라인 프로젝트를 추진중이며 가시적 성과를 드러냈다. 선진국의 전자정부 추진 경험에서 드러나는 교훈은 정보 인프라를 바탕으로 대국민 고객 지향적 서비스 개선에 추진 배경을 두면서 국민의 편익 증진과 행정 개혁을 통한 효율화와 민간 주도의 전자정부 구현에 비전과 추진 전략이 담겨 있다. 특히, 미국과 영국의 경우 시민, 고객의 목소리를 수용하는 장치를 마련하여 점진적으로 정책에 대한 참여를 유도하는 방식을 채택하고 있다. 영국에서는 사회 및 기술 변화에 능동적으로 대응하기 위해 e-Envoy와 같은 추진 조직을 마련하여 변동 관리 능력이 나타난다. 홍콩의 경우 민간 부문과의 협력 관계 유지 및 정보 접근성의 확장을 통해 전자민주주의 가능성을 유지하는 것으로 평가된다(OGC, 2000). 그리고 행정 서비스의 경우 선진국은 서비스 제공의 대상을 정보화 수준이 낮은 소외 계층까지 고려하면서 정보 기반 구조에서는 초고속 네트워크 기술과 개방형 시스템 구도, 멀티미디어형 정보통신기술의 최적화 적용을 이룬다. 이러한 점들은 향후 우리 나라 전자정부 추진에 적지 않은 시사점을 남겨 준다.

2. 전자정부론의 한계

지금까지 우리의 전자정부 현상을 돌이켜보건대 전자정부 구현을 가능하게 하는 기술적 능력과 정책 의지는 공공적 정당화를 요구하거나 허용하지도 않은 채 무반성적으로 수행된 듯하다. 하지만 전자정부는 정보통신기술의 진보와 사회적 삶의 맥락에서 이해될 필요가 있다. 즉 기술적 지식과 능력에 대한 사회적 잠재력을 실천적 지식과 의지에 합리적으로 연결되도록 해야 한다. 그 동안 전자정부 구현을 위한 논의는 많은 학자들에 의한 다양한 연구를 통해 만개되었다(권기헌, 1997; 한세억 · 김경섭, 1997; 정충식, 1998/1998; 한국전산원, 1996; 김현성, 2000; 조덕호 · 권윤희, 2002; 김성태 · 오철호, 2003; 최영훈 · 명승환, 2004).

기존 논의들은 <표 11-1>에서 보듯 정보사회의 등장이라는 상황적 맥락 속에서 미래 행정의 모습이 어떠해야 하는가에 대한 방향에서 다양한 견해를 반영했다. 게다가 전자정부의 개념에는 정보통신기술적 인프라 구축을 바탕으로 하여 행정 목표 재설계와 행정 서비스 측면에서 정부 개혁이라는 지향성이 내포되었다. 그뿐만 아니라 행정 분야에 정보통신기술을 활용하여 얻게 될 편익이나 순기능적 측면이 강조되어 왔다. 이러한 논의의 전개 과정에서 정보통신기술은 가능 인자(enabler factor)로서 독립 변수적 기능이 강화되었다. 하지만 당위성과 규범적 성격이 강했기에 상대적으로 전자정부에 대한 비판적이며 성찰적 노력이 미약한 듯하다. 그렇지만 전자정부도 일종의 제도이자 사회적 구성물이라는 점에서 정보화가 갖는 기술적 가능성이나 상상된 미래를 벗어나 사회성을 반영한 현실적이며 공동체적인 가치를 함축해야 한다.

자칫 정보사회에서 시민에게 부담으로 작용할 수 있는 정보 과부하로 인해 행정에 대한 무관심과 방관이 야기될 수 있다. 이 경우 제도적으로 확보되지 못한 통제 장치가 확립된다면, 정보 관료가 행하는 결정의 폐해는 오히려 대중의 정선되지 못한 참여보다 작다는 가능성을 전적으로 배제할 수 없다. 또한 전자정부는 컴퓨터와 통신기술의 충분한 활용이라는 전제하에 그 환경에 맞게 조직과 제도 그리고 의식·문화의 정비라는 근본적 개념 설정이 중요하다.[4]

〈표 11-1〉 전자정부에 대한 시각과 논의

관점	핵 심 어	개 념 정 의	한 계
기술적 관점	• 정보통신기술의 도입, 활용 • 네트워크 연결 • 문서 및 정보의 디지털화 • 전자적 업무 처리	"정보통신기술의 활용으로 전 부처 간 네트워크를 통해 형성된 사이버 공간에서 전자화된 DB와 정보의 디지털화를 통해 전자적으로 업무를 처리하는 정부"	사회·문화적 관점의 미흡
행정 서비스 관점	• 쌍방향의 일괄 서비스 • 신속·정확한 서비스 • 논 스톱/원 스톱 서비스	"정보통신기술을 통해 원 스톱 서비스 등의 신속·정확한 행정 서비스를 제공하는 고객 지향적 정부"	
행정 자체의 관점	• 행정의 생산성 제고 • 행정정보의 공유 • 정부 업무의 재설계 • 국가 경쟁력의 강화	"정보통신기술의 활용으로 정부 업무를 재설계함으로써 행정의 생산성 제고와 국가경쟁력 강화 및 정부 혁신을 통한 고객 지향적 정부"	

4) 행정의 디지털화 또는 전자화 등으로 표현되는 전자정부와 전산화, 네트워크화를 포함한 기존의 행정정보화 간 비교는 전자정부의 정체성을 이해하는 데 유용하다. 양자는 정보통신기술의 이용, 행정의 생산성 및 효율성 추구, 정보통신 기반 구축, 중앙 부처 주도의 정보화 등의 공통점을 지니는 반면에, 전자정부의 경우 네트워크 구축을 통한

전자정부에 대한 논의는 기존의 기술적 및 경제적 시각에 조화를 이루는 방향에서 사회적 및 문화적 관점에서의 접근이 필요하다(<표 11-1> 참조).

행정정보화가 행정의 효율성을 중심으로 내부 지향적 성격이 강한 반면, 전자정부는 효율성 향상을 통한 국민 편익 증진이라는 고객 지향적 측면이 강하다. 기존 행정정보화가 정보통신기술을 행정 업무에 활용하는 점에 역점을 두었다면, 전자정부는 행정 기능과 조직의 개편으로 대국민 서비스 수준을 획기적으로 증대시키는 것이다. 즉 정보통신기술의 활용이 행정 업무의 신속한 처리에 머무는 것을 행정정보화(전산화)라고 일컫는 반면 고객을 만족시키기 위한 노력으로 발전될 때에 전자정부라고 말할 수 있는 것이다(이윤식, 1998: 95). 여기서 더 나아가 사회문화적 요구와 성격이 체화될 때 전자정부의 사회적 의미와 가치가 부여될 수 있다.

제3절 전자정부의 실태: 진단과 성찰

지난 국민의 정부는 출범 당시 국가정보화 수준을 향상시켜 당시 세계 22위에서 5위로 끌어올리겠다고 공언한 바 있다. 그 가운데 중추적인 핵심 사업으로 전자정부가 설정, 추진되어 왔다. 비록 집행 과정에서 전자 주민카드 백지화 등 어려움을 겪었지만, 전자정부 구현을 위한 법령 정비 등 관심과 노력을 기울여 전자정부 구현 수준에서 한국이 선도 국가로 평가되기에 이르렀다.[5] 이처럼 우리의 전자정부는 짧은 기간 동안 급속한 양적 확장과 발전을 경험했다. 이제는 본격적 전자정부 서비스 실시와 관련하여 전자정부 강국으로서 성과와 한계를 성찰할 시점이다. 자칫 성찰 없는 바쁜 과정이 이어지는 경우 위험을 향한 질주에서 벗어나지 못할 수 있다. 더구나 전자정부 구축 과정에서 그 편익과 순기능의 측면에 도취되어 온 듯하다. 만일 전자정부 구축에 따른 폐해와 역기능을 간과하거나 예방적 노력을 소홀히 한다면 그 동안의 노력이 헛된 일

통합 시스템화, 고객 지향적 정보화 지향, 행정 절차의 리엔지니어링을 통한 대민 서비스 제공 등을 추구한다는 점에서 행정정보화와 차이점을 드러낸다(한국전산원, 1997: 8-24).

5) 유엔 사무국이 미국 행정학회(ASPA)와 공동으로 190여 유엔 회원국을 대상으로 전자정부 구현 수준을 평가한 결과 우리 나라가 전자정부 선도 국가군에 속하는 것으로 나타났다.

로 그칠 수 있다. 실제 공간에서 정부 역할이 사회 질서 유지와 위해(危害)의 방지에 있듯이 사이버 공간에서 전자정부 역할도 사이버 공간의 안전과 질서 유지에서 자유로울 수 없다. 오늘날 사이버 공간에서 표출되고 있는 예기치 못한 문제들로서 역기능 현상은 전자정부의 희망을 절망으로 바꾸어 놓지 않을지 염려스러우며 더 이상 방치될 수 없는 지경에 이르렀다.

1. 전자정부의 제도적 실상

우리 나라의 전자정부 구축은 1978년 행정전산화를 시초로 1980년대 행정전산망사업을 기반으로 하며, 1996년 전자정부 구현 과제를 실시하면서 전자정부 구축이 본격화되었다. 즉 1980년대 행정전산화사업(1978~86년), 행정전산망사업(1987~91년) 등 업무 효율성 증대를 위해 추진된 행정전산화가 기반을 이루었다. 이후 1996년 정보화촉진기본법에 의거 국가경쟁력 제고를 목적으로 전자정부 구현 10대 과제가 제시되고, 국가정보화의 일환으로 진행된 행정정보화가 전자정부의 근간을 형성한다. 그 동안 전개되어 온 전자정부의 단계별 제도 구성을 살펴보면 <표 11-2>와 같이 정리할 수 있다.

〈표 11-2〉 전자정부의 추진 단계별 제도 구성

구 분	행정전산화 단계 (1978~86)	행정정보화 단계 (1987~96)	전자정부 단계 (1997~)
정책 초점	• 계획과 집행의 연계 미비 • 목표 달성 위주의 부처별 단위 업무 전산화 강조	• 법률 기반(전산망법)의 공식적 업무 분담 • 부처 간 전산망 구축 강조	• 세부적 실천계획과 범부처별 추진 과제 중심의 업무 분담 • 국가 차원의 정보화 맥락 강조
주요 조직	• 총무처(정부전자계산소) 중심 • 부처 위상에 따른 정책 수단 확보상 한계	• 체신부, 전산망조정위원회 중심 • 최고결정권자의 관심과 지지	• 정보통신부, 기획예산처, 행정자치부 • 전자정부특별위원회 중심 • 대통령의 관심과 지지에 의한 정책 수단 확보
조정 기구	• 행정전산화추진위원회 • 강제 규정 부족	• 국가전산망조정위원회 (부처별 역량 강화와 정권 교체로 인한 한계)	• 정보화추진위원회 및 전자정부특별위원회 • 법률(전자정부법)·제도적 기반 확보

전자정부 구축 과정에서 드러난 정책 초점, 주도 조직, 조정 기구로 구분할 수 있다. 여기서 정책기관 간 상호 작용은 주로 갈등과 협력의 반복적인 양상을 보여 주었다. 즉 특정 부처 간의 지속적인 주도권 장악이나 부처 간 연합이 관찰되는 것이 아니라 각 단계별 계획과 핵심 정책 이슈와 의제에 따라 주도 기능과 조정을 장악하기 위한 노력이 전개되었다. 특히 행정전산화와 정보화 단계에서 총무처와 체신부, 이후 행정자치부와 정부통신부, 기획예산처 간 주도권 경쟁이 이루어졌다. 이 과정에서 전자정부 추진을 위한 법률, 정책 등 다양한 제도 구성이 이루어졌다. 이후 전자정부사업이 확장되고 우선 순위가 강조되면서 정책기관 간 갈등이 표출, 지속되자 조정 기제의 역할이 더욱 중요하게 대두되었다. 그렇지만 위원회 방식의 조정 기제로 인해 대통령의 관심에 따라 조정력이 발휘되었으며, 제도적으로 정책기관 간 갈등을 효과적으로 통제하는 데 한계에 부딪혔다.

전자정부 구현 사업은 민원 서비스는 물론 행정기관 내 전산망 구축 등 생산성 향상에 초점이 맞추어졌다. 하지만 전자정부 구현 과정에서 정보통신부와 행정자치부 간 갈등이 빚어졌다.[6] 전자정부 구현 업무는 행정자치부에 있지만, 정책 수단(예산과 기술 등)의 부족으로 정보통신부 및 예산 관련 기관에 의존함으로써 행정자치부의 범정부적 영향력이 미흡하며, 행정정보화 사업만으로 그 의미가 정착된 상황이다. 또한 전자정부의 추진 체계의 경우 관련 부처 및 기능의 분산 및 다기화로 인한 정책 혼선과 집행의 차질, 정책 완성도 및 전자정부 구현 속도의 저하되고 있다. 기존 정보통신부(정보화추진위원회), 행정자치부(문서감축위원회), 기획예산처(정부혁신위원회 산하 전자정부특별위원회) 간 전자정부 구현 관련 주도권 행사가 나타났다. 물론 행정 개혁(기획예산처) 및 행정 혁신(국무총리실) 업무 담당 기관에 정보통신기술 반영을 위한 기구 및 인력 부재, 정보통신기술 전담 정부 부처(정보통신부) 및 기관(국무총리실 산하 정보화추진위원회) 정부 혁신 기능의 부재 등이 추진 체제의 취약성을 드러냈다. 이런 맥락에서 행정정보화 사업은 행정자치부가 총괄하되 각 부처별로 전자정부 구현을 위한 행정정보화 사업을 추진하고 있다. 그리고 전자정부 사업 추진 체제에 한국전산원이 정보화 전문 기술 지원 및 감리를 담당하고, 정부 전산정보관리소가 행정정보공동이용센터 구축 및 공통 행정 업무 전산화와

6) 정보통신부는 국가정보화 사업 전체를 전자정부에 포함시킨 것이었고, 행정자치부는 행정정보화 사업 부문만을 국한시켜 진행해 왔다.

전산 교육을 담당하는 것으로 설정되어 있다. 그뿐만 아니라 국내 전자정부 사업의 경우 추진 과정에서 미국 등 외국과 다른 양상을 보여 준다.[7] 이 밖에도 2001년 2월 28일 제218회 임시국회 본회의에서 '전자정부 구현을 위한 행정 업무 등의 전자화 촉진에 관한 법률'이 제정되면서 행정 업무와 민원 처리의 효율성은 물론 대민 서비스의 질적 수준 제고의 제도적 여건이 마련되었다.[8]

2. 전자정부 구현 성과와 전망

그 동안 전자정부 구축 노력에 의해 행정 처리 방식과 절차 효율성을 제고하여 국민들에게 행정 서비스를 획기적으로 향상시키는 데 기여했다. 2003년 12월 기준으로 행정기관 전자 결재율 93.8%, 전자문서 유통률 88.9%, 전자 조달 시스템의 공공기관 이용자 수 및 조달 업체 이용자 수가 증가하고 있다. 그뿐만 아니라 소득세, 부가가치세 등 국세에 대해 인터넷을 통한 신고, 고지, 납부는 물론 사업자등록 증명, 납세사실 증명 등 112종의 민원증명 발급이 가능한 종합국세 서비스(HTS)의 가동으로 사업자 및 세무대리인의 전자적 활용이 급증하고 있다. 현재는 과도기적 전자정부 유형에서 완전 전자정부 유형으로 이전되고 있는 중간 단계로 인식된다. 완전 전자정부가 이루어지는 경우 투명한 행정 시스템, 행정 처리의 연간 비용 절감, 편리한 민원 서비스 제공 등의 효과를 거둘 수 있다(한국전산원, 2004).

이러한 성과를 바탕으로 우리 나라는 전자정부 수준과 관련하여 세계 최상위권으로 평가받고 있다. 2002년 6월, 190개 UN 회원국의 전자정부 수준을 비교 분석 평가한 UN 전자정부 서비스 벤치마킹 보고서에 따르면, 우리 나라는 전자정부 수준 5단계 중 제4 단계인 전자 거래 단계에 속해 세계 상위 9% 안에 포함되는 정보화 선도 국가로 분류되었다. UN이 작성한 전자정부 지수를 기준으로 볼 때 세계 평균은 1.62인데 우리 나라는 2.30으로, UN 회원국 190개국 중 15위를 기록했다. 이어 2004년 12월 UN 경제사회국이 세계 191개국을

7) 미국과 일본의 경우, 지방자치단체를 중심으로 한 분산된 정보화 사업이 추진되고 있는 반면, 국내에서는 중앙정부 주도로 이루어진 통치 체계의 강화에 중점을 두고 있고, 대부분의 프로젝트가 정부 부처별로 진행되는 상황이다.

8) 7월 1일부터 본격 시행된 전자정부법은 모두 7장 52조(부칙 1조 포함)로 구성되어 있으며, 국가기관과 지방자치단체의 전자정부 구현에 필요한 시책을 적극적으로 추진, 행정 업무의 생산성 제고와 대국민 서비스의 획기적인 개선을 목표로 하고 있다.

대상으로 조사한 전자정부 지수의 평가 결과 세계 5위를 달성했다(행정자치부, 2005). 특히, UNDP에 의하면 정보화의 단계별 발전은 <표 11-3>과 같이 5단계로 구분하여 각 국가별 수준을 적용하고 있다. 한국은 4단계인 전자 거래 단계에 해당하는데, 이 단계에서는 행정의 능률성 및 투명성 등이 강조되고 기반이 되어야 하는 단계이기도 하다. 그렇다면 우리 나라는 이러한 평가에 걸맞도록 행정의 능률성과 투명성, 국민의 만족도에서 특별한 성과를 보이고 있을까? 전자정부 서비스에 영향을 미치는 것은 기술, 시스템 측면뿐만 아니며, 실제로 그 시스템을 이용해 어떻게 행정을 운영할 것인지가 더욱 강조되기 때문에 이 부분에 대한 평가가 함께 적용되어야만 좀더 정확한 수준의 함의를 도출해 낼 수 있을 것이다.

〈표 11-3〉 전자정부의 발전 단계

단 계	특 성	해당 국가
① 시작 단계 (emerging)	소수의 개별적 공식 정부 사이트 개설, 기본 정보의 제한적 제공	앙골라, 부룬디, 미얀마, 아이티, 카타르, 시리아, 토고 등(32개국)
② 발전 단계 (enhanced)	콘텐트 및 정보의 정기적 업데이트	알제리, 카메룬, 모나코, 이라크, 베트남, 온두라스 등(65개국)
③ 상호 작용 단계 (interactive)	인터넷을 통한 대정부 의사소통 가능, 민원 양식의 전자적 제공	남아공, 아르헨티나, 칠레, 벨기에, 스웨덴, 러시아, 네덜란드, 중국, 일본, 인도, 태국 등(55개국)
④ 전자 거래 단계 (transactional)	행정 서비스에 대한 온라인 지불, 조세 납부 등 금융 거래 가능	호주, 프랑스, 이탈리아, 스페인, 독일, 영국, 미국, 캐나다, 멕시코, 한국, 싱가포르 등(17개국)
⑤ 통합 처리 단계 (seamless)	행정 부처 및 기관 간 총체적 온라인 서비스의 통합	해당국 없음

출처: UNDPEPA & ASPA. Benchmarking E-government(2002. 6).

최근까지 정부가 역점을 두고 추진해 구축 완료한 11대 전자정부 과제와 새롭게 추진되고 있는 전자정부 로드맵의 31대 과제들을 살펴보면, 부처 간, 사업 간 연계 및 조정이 필요한 범정부적 차원의 정보화 과제들이 대부분이라는 공통점을 발견할 수 있다. 즉 이제 한국의 전자정부는 각 개별 기관의 정보화 수준을 넘어서 기관 간 서비스 및 정보 시스템의 연계(crossagency)로 그 영역을 확장해 가고 있다.

더구나 21세기 국가 경쟁력을 강화하고 인터넷과 PC 통신이라는 네트워크를 통해 언제 어디서나 모든 국민에게 고품질의 행정 서비스를 제공할 수 있는 기반을 마련하기 위해 행정정보화가 추진되고, 전자정부 구현을 위해 정보통신 기술을 바탕으로 전면적인 행정 개혁과 경영 혁신을 하겠다는 강한 의지가 최고정책 결정권자에 의해 피력되었다. 그 동안 전자정부 구현을 위해 행정생산성 향상, 민원행정 서비스 개선, 행정정보화 기반 강화 등 3개 분야 16개 부처의 21개 사업이 추진되었다. 이를 몇 가지로 정리하면 다음과 같다.

첫째, 행정의 생산성 향상과 경쟁력 강화와 관련하여 '행정정보 공동 이용 시스템 구축 · 설계'를 통해 기관 간 정보 중계 시스템과 전자적 정보 조회 · 확인 시스템 모델을 제시함으로써, 기관 간 행정정보 공동 이용 활성화를 위한 기반을 마련했다.[9] 각급 행정기관에서 구축한 행정정보 파일의 목록을 데이터베이스화하고, 목록집을 발간 · 배포하여 각 기관에서 공유할 수 있도록 했다. 그리고 문서 업무 재설계 연구 용역 사업을 추진해 전자문서 처리에 적합하도록 사무관리규정 및 동 시행규칙을 개정했고, 행정기관 간 전자문서 유통 표준을 확정 · 고시하여 민간 개발업체에서 표준 적용 전자문서 시스템을 개발할 수 있도록 하는 등 그 동안 불가능했던 기관 간 전자문서 유통을 가능하게 함으로써 전자정부의 기반을 마련했다. 또한 공무원 인사관리 종합시스템 등 정부 공통 행정 업무를 개발, 각 기관에 보급하여 중복 투자를 방지하고, 관련 기관 간에 공동 활용할 수 있도록 했으며, 공무원사이버교육센터를 구축하여 교육 수요자가 원하는 시간에 언제든지 교육을 받을 수 있는 신개념의 교육훈련 시스템을 운영함으로써 좀더 다양한 교육 기회를 제공했다. 이 밖에도 공무원에 대한 전자우편 보급을 확대하여 전자적 정보 유통으로 종이문서 감축 등 행정의 생산성을 제고했다. 특히, 모든 국내 물품 조달 및 대금 지급 업무 프로세스의 EDI화, 물품 납품 등 15종의 전자문서를 개발하여 조달 EDI의 기반을 확대하는 등 정부 부문에도 전자상거래를 도입했다.

둘째, 기관별 홈페이지 확충 등 민원 행정 서비스를 개선했다. 홈민원센터 구축 및 서비스, 상훈 기록 확인서의 인터넷을 통한 발급, 인터넷 정책 포럼의 운영 등 전자적인 민원행정 서비스의 기반을 조성했으며, 국민의 알 권리 충족

9) 주민 전산 자료(행정자치부)의 공동 활용으로 운전 면허 관련 민원 업무의 정확성을 제고하고, 면허 취득자의 주소 변경 신고제를 폐지했다(경찰청).

을 위해 행정정보 소재 안내 서비스 등 정부정보의 공개를 촉진했다. 각 행정기관별로 홈페이지를 구축, 기관 소개, 행정정보 제공, 민원 안내 및 처리 등 홈페이지 서비스 체제를 개선했고, 특히 우체국 전자상거래 시범사업의 추진으로 정부 부문 전자상거래 모델을 제시했다. 그리고 각급 통계 작성 기관별로 분산 관리하고 있는 국가 통계정보를 통합 관리하여 공동 활용 체제를 구축하고, 이용자에게 원스톱 서비스를 제공했다.

셋째, 행정정보 통신망 확충 등 행정정보화 기반을 강화했다. 행정종합정보통신망을 76개 기관망과 16개 광역시·도로 연계하여 전국적인 정부 인트라넷으로 확충했으며, 정보통신기술과 사용자 요구 사항을 반영한 PC 표준 규격 개정, 공무원 PC 보급률 제고, 민간 우수 소프트웨어의 조달 가격 공급을 통한 소프트웨어 보급 확산, 정품 소프트웨어 사용 촉진 등 행정정보화 기반을 조성했다. 그리고 중앙 부처 실·국장 고위 공무원에 대한 정보화 특별 교육 실시, 정보화 교육 표준 교재의 발간·보급(22종 56,000부, 42개 기관) 등 공무원 정보화 교육을 확대했으며, 각 부처별로 정보화책임관(CIO)을 임명하고, 4차에 걸친 CIO협의회를 개최하는 등 기관 간 행정정보화 협조 체계 및 행정정보화 추진 체계를 강화했다. 또한 국가 사이버 정보전에 대응한 대책 수립, 신종 바이러스에 대한 신속한 전파 및 대응 체계 마련 등 전자정부의 안정적 운영 기반을 조성했으며, 정부전자서명 인증 시스템을 구축하여, 전자문서·행정자료 등의 유통 안전성과 신뢰성 확보 기반을 마련했다.

이 밖에도 행정정보화 5개년 계획의 3차 연도인 지난 1998년부터 각 부처의 정보화사업 실적이 구체적으로 드러났다. '행정정보 공동 이용에 관한 규정', '정보화책임관(CIO) 지정·운영에 관한 지침' 등의 제정으로 정보 공동 활용 및 정보자원의 체계적 관리를 위한 법적·제도적 기반이 마련되었다. 전자정부 추진과 관련하여 부처 간 이견 조정·점검·평가 기능 등을 담당하기 위해 민간 전문가와 관련 부처 차관으로 전자정부특별위원회가 구성·설치(2001. 1)되었다. 이 위원회를 중심으로 제1차 회의(청와대: 2001. 3. 19)에 이어 전자정부 구현 종합 점검을 위한 2차 회의(2001년 12월 24일)에서 전자정부사업의 기본 틀로서 11개 전자정부 핵심사업[10)]을 2002년까지 우선 완료하기로 했다. 하지만

10) 전자정부 11개 핵심 사업은 ① 단일 창구를 통한 민원업무 혁신(G4C), ② 시·군·구 행정종합정보화, ③ 정부통합 전자조달시스템 구축(G2B), ④ 전국 단위의 교육행정정보시스템 구축, ⑤ 인터넷을 통한 종합국세서비스 제공, ⑥ 표준인사관리시스템 구축, ⑦

전자정부 핵심 사업의 추진에 대한 우려가 제기되고 있다.[11] 기존 전자정부특위가 업무 조정 기능을 수행했지만, 일부 사업의 경우 갈등 양상을 보여 주었다. 이에 당초 일정과 지연될 가능성이 있는 사업으로 정부기관 정보시스템 백업센터 구축과 관련한 정부통합전산센터 구축 사업과 범정부적 전자인증·전자관인시스템 구축 및 확산 사업, 4대 보험 정보 연계 시스템 구축사업 등은 상황에 따라 정보화의 주도권이 갈릴 수 있어 각 부처 간 갈등이 예상된다.

3. 전자정부의 비판적 성찰

다른 정책과 마찬가지로 전자정부 정책이 합리성을 지향하며 효율성을 추구하는 것은 당연하며 의당 그래야 한다. 그런데 소망과 의도와 달리 정책 과정이나 정책 산출과 성과가 합리적이며 효율적이었는가? 달리 말해 노력과 투자된 만큼의 실효 또는 성과를 거두었으며, 문제 상황의 해결에 어느 정도 도움이 되었는가?, 고객인 국민과 정책 대상 집단을 얼마나 만족시켜 주었는가 등의 질문에 대한 해제를 명쾌하게 제시하지 못하는 듯하다. 그 동안 전자정부 구현에 막대한 예산은 투입되어 왔지만, 실제 정부 생산성 제고, 투명성, 행정 민주화 등에는 효과가 미미한 것으로 인식된다. 즉 우리 나라의 전자정부 구현 사업은 1995년 이후 지금까지 많은 자금이 투입되었다. 그러나 선택 사양적 사업화 추진, 강력한 사령탑 부재, 부처 할거주의, 느슨한 성과 평가 및 행정 개혁과 유리된 전자정부 구현 사업이 추진되고 있어, 신속한 추진이 요구되는 시점에서 많은 문제점이 상존했다. 그뿐만 아니라 현상과 제도 간 괴리, 행정 개혁 작업과 전자정부 구현 작업 간 별도 진행 등의 문제점이 드러나며, 정보통신 관련 사업예산 배정시 목표·목적 달성 가능성을 사전에 담보하지 못하고, 사후 평가·교정 작업도 미미한 실정이다.

국가 재정정보시스템 구축, ⑧ 전자결재 및 전자문서 유통시스템 구축, ⑨ 전자서명·전자관인시스템 구축, ⑩ 정부전산센터 통합, ⑪ 4대 사회보험시스템 연계 구축사업 등이다.

11) 이와 관련하여 업계 관계자들은 사업이 제대로 집행되기 위해서 책임 있는 당국자가 적극적인 대응이 요구된다는 의견을 개진하고 있다. "이번 전자정부 핵심 과제는 일부 기반 인프라 구축을 마무리한다는 점에서 좀더 적극적인 접근이 필요하다"며 "현재 의견 충돌을 겪고 있는 사업은 부처이기주의가 아닌 전자정부의 미래형을 감안해 부처 책임자가 나서 빠른 시간 내 결론을 내리는 것이 최선"이라고 말했다.

1) 사례분석: 전자정부의 일그러진 모습

전자정부 추진은 정당성이 당연히 주어지는 것이 아니다. 여느 정책과 마찬가지로 사회적 과정을 통해 정당성이 확보되어야 한다. 정보통신기술의 채택이 이념적으로 정당화되는 현상은 보편적이지만 기술적 담론이 사회적·문화적·철학적 담론을 압도하거나 담론 사이에 지나친 단절이 발생한다면 전자정부는 화려한 기술적 외피를 걸치고 있지만, 시대착오적 국가 기구의 정체를 감추는 퇴행적 구성물로 전락할 수 있다.

(1) 낮은 수준의 인식과 이용률

전자정부의 전개 과정에서 전자적 시민 서비스의 활성화를 통한 전자적 거버넌스의 확장이 추구되고 있다. 일상 생활에 전자정부가 주요한 역할을 하면서 시민의 전자적 생활 양식이 구현되는 과정이다. 시민들은 공통의 정보통신 기반 위에 네트워크화된 다양한 공공 서비스를 언제, 어디서나, 다양한 방법으로 제공받고 상호 커뮤니케이션하기를 원한다. 이처럼 전자적 거버넌스에서는 행정이 시민사회와 상호 작용하는 방식으로의 변화를 통해 시민의 전자적 생활 양식과 전자민주주의가 정보통신기술 기반 위에 실현된다. 이는 기존의 공급자 중심적 관점을 변화시키고자 하는 시도이며, 정보통신기술을 도구적으로 이용하여 전자행정을 민주적 형태로 이행하려는 시도이다. 이 과정에서 인터넷, 네트워크 공간 등이 효율적으로 이용될 수 있다. 이런 맥락에서 전자정부는 행정 주체들 간 정보와 지식의 공유를 가능케 하고, 행정 수요자와는 쌍방향 의사소통이 가능한 신뢰 환경을 만들어 낼 기회 공간이자 새로운 구조로서 그려진다. 그런데 이러한 구조가 시민 생활과 맞닿기 위해서는 전자정부가 시민의 일상 속으로 스며들어야 한다. 그러기 위해서는 무엇보다도 전자적 민원 서비스가 기존의 오프라인 서비스를 대체할 수 있도록 시민 활용이 제고되어야 하며, 시민 참여의 영역이 활성화되어야 한다. 전자적 거버넌스는 시민과 행정 영역의 상호 작용이 활성화될 때에만 실현 가능하기 때문이다. 하지만 그 동안 전자정부 구축 노력에 비할 때 그 인식과 이용 수준은 미약한 수준이다. 지난 2003년 중앙정부의 전자정부 로드맵에 따르면 전자정부 이용률의 경우 2003년 기준 23%에 불과하다(변미리, 2005). 그뿐만 아니라 당초 로드맵 계획과 달리 2년여가 지나도록 정보 공유 및 민원 서비스 개선에 대한 국민적 욕구를 전혀 채워 주지 못하는 등 진척을 보지 못하고(세계일보, 2005년 10월 27일자), 사용자에 대한 배려 미흡으로 인한 접근성의 저하, 투명성 미비, 정보의 질적 및 양적 미흡 등으로 시민의 관심과 인식을 높이지 못하고 있으며(함께하는 시민행동, 2002), 시민의 자발적이며 능동적인 참여가 부족한 채 정부 주도적 운영 양상에서 벗어나지 못하고 있다.

(2) 이념과 현실 간 격차: 구조와 기능 간 괴리

전자정부의 진전에 따라 정보의 양과 질이 높아질수록, 그리고 정부기관의 가상공간으로의 이행이 가속화될수록 정부 기능과 역할에 일대 변화를 요구한다. 특히, 정부조직은 가장 많은 환경과 영향을 주고받으며 이러한 과정에서 우월적 지위, 대등적 지위, 비우월적 지위 등 여러 관계에 영향을 주고받는다. 그러나 내적으로 볼 때, 정부의 성격은 우월적이라고 볼 수 있으며, 가상공간과·정보통신기술 등은 그러한 정부의 환경과 주고받는 기존 관계를 변화시킨다. 이는 전자정부가 진행되고 정보통신기술이 발전할수록 공공기관에 환경과의 교호 작용에서 더욱 많은 변화를 가져오게 된다. 그러한 변화는 정부 이념에 의문을 갖게 하고 다른 조직에 비해 경직적인 구조상 적응을 더디게 하여 혼돈을 야기하게 한다. 달리 말해, 정부 조직은 하드웨어가 발전해 가는 속도를 소프트웨어가 따라가지 못하는 현상을 경험하고 있다. 실제로 전자정부는 공공재의 비시장적 특성으로 인한 정부실패를 극복하고, 정부재창조의 이념적 기반으로서 신자유주의가 사상적 토대가 된다. 이런 맥락에서 공공 부문의 인력 감축, 성과 중심의 관리, 고객 지향의 서비스 제공을 중심으로 한 개혁 작업이 이루어지고 전자정부는 행정 개혁을 성공적으로 추진하기 위한 촉매 작용으로 인식되었다. 하지만 우리 전자정부 현상에서는 대조적 양상을 보여 주었다. 중앙정부와 지자체가 효율성과 신속성을 구현하기 위한 전자행정 구축 사업을 별도로 추진함으로써 예산과 행정력의 낭비 현상을 드러냈다.

"경기도는 1999년 9,600만 원을 들여 인사관리 전산화 프로그램을 개발하고 본청 공무원 3,000여명의 인사 자료를 입력했다. 수원·성남·용인시 등 도내 기초자치단체들도 독자적 인사관리 프로그램을 가동하고 있다. 광주광역시도 2000년 2,700여만 원의 예산을 투입, 인사관리 프로그램을 개발, 2001년 3월부터 시 본청 및 사업소 공무원 3,840명의 인사 자료를 입력하고 있지만, 광주 서·북·광산구 등도 2000년 서울 중앙전산소가 개발한 인사관리 프로그램을 제공받아 2001년 1월부터 업무에 활용하고 있다. 이런 가운데 행정자치부는 지자체들이 사용하고 있는 것과 호환이 이뤄지지 않는 인사관리 프로그램을 개발, 2000년부터 전국의 자치단체에 보급하고 있다. 이에 따라 새로 보급된 인사프로그램을 도입하는 시·군들은 이미 개발한 프로그램을 폐기하거나 기존 프로그램과 일치하지 않는 부분에 대한 수정·보완 작업에 많은 인력을 투입하는 등 불편을 겪고 있다."[12] 이 같은 이유로 도 본청과 성남·용인·과천·군포·안성·화성시 등 7개 자치단체는 행자부가 개발한 프로그램의 사용을 포기하고 기존 프로그램을 사용하고 있다. 게다가 2003년에는 중앙인사위원회에서 개발한 인사 프로그램을 전국의 자치단체에 보급하여 혼란과 불편이 초래되기도 했다.

(3) 공급자 위주의 전개: 편향적 관계

사회적 측면에서 전자정부 공간의 주체는 사회 구성원이며, 현실과 사이버 공간의 상호 작용에 의해 사회 발전이 지속되어야 한다. 그럼에도 불구하고 지금까지 수요자인 시민이 소외된 채 공급자 위주의 일방향적 양상을 보여 주었다. 지난 2001년 2월 제정된 전자정부법의 핵심은 단지 기존 행정 운영의 관행을 전자적 처리로 대체하는 것이 아니라 행정정보를 전자적 형태로 공개함으로써 행정 전반의 혁신을 도모하고 효율적이고 열린 정부로 만들어 가는 데 있다. 그러나 전자정부법의 취지는 행정자치부 검토 과정에서 시민사회단체 및 연구자들이 제안한 원안의 취지가 훼손되어 전자적 공개의 범위와 수준이 제한된 폐쇄적 법률안으로 전락했다. 게다가 행정자치부는 원안의 취지와는 달라진 법안에 대해 명백한 이견이 존재함에도 불구하고 충분한 의견 수렴도 거치지 않고 서둘러 국무회의를 통과시킨 후 국회 상임위에 상정함으로써 그 입법 절차 또한 폐쇄적으로 진행했다. 미래 열린 정부 구현의 가장 주된 수단이자 공개행정의 밑그림 역할을 담당할 이 중요한 법안이 핵심이 빠진 채 시민과 관련 전문가들의 의견 수렴도 제대로 거치지 않고 졸속으로 추진되었음을 보여준다. 이 밖에도 행정관료의 편의주의 발상에서 제기되었던 전자 주민카드의 경우 국민들의 실생활에 적지 않은 영향을 미침에도 불구하고, 여론의 검증 절차 없이 행정적 수준을 통해 추진을 강행하려다 실패하여 공급자 위주의 편향

12) 경기도 관계자는 "행자부가 보급하고 있는 인사 프로그램이 자치단체가 쓰고 있는 프로그램과 기관 코드가 맞지 않는 등 호환성이 없어 사용을 포기했으며, 결국 중앙과 지방 간의 별도의 사업 추진으로 예산과 행정력을 낭비하게 되었다"고 지적했다.

적 관계의 실상을 극명하게 드러낸다.

(4) 폐쇄적 문화: 은둔과 비밀

정부 중앙행정기관들의 홈페이지가 기관당 평균 100개 이상의 오류를 범하는 등 엉망으로 운영되고 있는 것으로 드러났다(국무조정실, 2002). 그뿐만 아니라 행정기관 홈페이지를 통한 온라인 정보 공개 청구 및 정보 공개 실적이 저조하다. 정보화를 통한 국민과의 직접 접촉이 전자정부 구현의 필수 사항임에도 불구하고, 대부분 기관은 홈페이지에 정보 공개에 대한 소개 정도에 그칠 뿐 온라인으로 정보 공개를 청구하거나 이에 대한 정보 공개 기능을 제공하고 있지 않다. 또한 상당수의 부처에서는 기관장 전자우편 주소의 제공과 업무 담당자에 대한 정보를 제한적으로 공개하고 있다. 순환보직 때문에 담당자의 잦은 교체가 예상되고, 정부기관에 아직도 소극적이며 폐쇄적 분위기가 존재할 뿐만 아니라 담당자 성명과 전자우편 주소의 공개 및 관리가 쉽지 않기 때문으로 지적된다(오철호, 2001).

(5) 추진 주체의 혼선: 갈등과 분절

전자정부사업 관할을 놓고 정보통신부와 행정자치부 간 갈등을 드러냈다. 그러나 현재 각 중앙부처가 추진하는 정보화사업은 광의의 전자정부 업무에 포함시킬 수 있기 때문에 전자정부의 추진 체제가 문제가 있다는 것은 곧 정보화 추진 체제가 문제 있음과 직결된다. 특히, 각 분야별 정보화 중에서 행정정보화(전자정부 구현) 분야는 거의 대부분의 부처에 해당되기 때문에 각 부처의 시행 계획과 추진 실적을 행정자치부의 행정정보과에서 일차적으로 종합하는 과정을 거쳐 행정정보화분과위원회에 제출하게 된다. 따라서 행정 부처의 정보화를 둘러싸고 행정정보화를 한 부분으로 포함하여 전반적으로 국가정보화를 계획하고 추진하는 정보통신부와 행정정보화를 주관하는 행정자치부 사이에 전자정부사업의 주도권 확보나 중복 사업 발생 등 갈등과 마찰이 야기되면서 분절적 양상을 드러냈다.

그 동안 전자정부사업은 1996년 이후 총 7조 7,000억 원이 투입되었으며, 2001년 3월 19일 정부혁신추진위원회 자문 기구로서 전자정부특별위원회가 한시적(2002년까지)으로 설치되는 등 범정부적으로 추진되었다. 하지만 그 실태를 조사한 결과[13] 정보통신부 및 정보화추진위원회의 역할이 기대에 미치지 못하고 있음을 지적했다. 아울러 정보화촉진기본법과 전자정부법의 역할이 중복되고 있음도 지적했다. '전자정부 구현을 위한 행정 업무 등의 전자화 촉진에 관한 법률'에서는 행정자치부가 중장기 전자정부사업계획을 수립하도록 되어 있어 정보화촉진기본법에 따른 추진 체계와 업무 중복으로 혼선이 지적되었다. 김대중 정부에서 전자정부특별위원회가 형식상 정부혁신추진위원회 산하기구로 설치되었으나 실제적으로는 독립된 대통령 자문기구로 운영되었다. 이 과정에서 조직 혁신과 정보통신기술 활용의 절묘한 결합이 쉬운 과제가 아님을 보여 주었다. 노무현 정부의 경우 정부혁신 추진기구 내에서 전자정부가 주도되면서 정부 혁신, 특히 조직 혁신과 인사 개혁 기능과 연계되어 정보화 작업이 추진될 수 있는 점에서는 바람직하다.

그러나 정부 혁신의 다른 분야에 비해 전자정부는 정보통신기술적인 측면이 중요한 측면임을 감안할 때 정부혁신지방분권위원회 내에서 온전히 수행되기에는 어려움이 있다. 실제로 정부혁신지방분권위원회의 주요 관심사와 추진력이 지방 분권에 모여 있는 인상을 주고 있으며 지방 분권과 전자정부 과제는 연관도가 그리 높지 않은 것이 사실이다. 따라서 전자정부 추진 과제가 정부혁신지방분권위원회 내에서 차지하는 비중이 상대적으로 높지 않을 것으로 추측할 수도 있다. 더구나 전자정부 과제 추진에서 정부혁신지방분권위원회 또는 전자정부전문위원회의 조정력이 높지 않을 경우 행정자치부와 정보통신부의 첨예한 이해 관계가 부각되면서 전체 전자정부 추진의 효율성이 저하될 수도 있다. 사실 전자정부의 영역이 정부혁신지방분권위원회의 모든 기능과 관련되어 있어, 각기 다른 분과 전문위원회와의 업무 중복 혹은 사업 추진상의 추진력, 예산의 확보 측면에서 다른 위원회들과의 경쟁과 갈등이 예상되며 새로운 딜레마에 빠질 가능성이 높다. 자칫 특정 정치적 이슈의 등장과 상황 변화에 따라서 우선 순위에서 밀릴 가능성도 높다. 더욱이 전자정부사업의 주체가 행정자치부로 결론이 내려졌기 때문에 정보화추진위원회와 정보통신부와의 경쟁과 갈등 관계를 어떻게 조정할 것인지도 의문스럽다.

한편, 2004년 8월 전자정부 추진 로드맵의 발표로 어느 정도 추진 방향과 전략은 제시되었으나, 전자정부전문위원회의 위상으로 볼 때, 정부의 일하는 방

13) 감사원은 지난 2002년 6월부터 9월까지 정보통신부 등 47개 기관을 대상으로 지식정보강국 실현을 목적으로 전자정부 구현 사업이 제대로 수행되도록 하기 위해 '전자정부 구현사업 추진 실태'에 대한 감사를 실시했다.

식을 근본적으로 개선하여 통합적 정보자원 관리 체제를 구축하는 데에는 많은 장애가 예상된다. 또한 추진 과제도 31개(위원회 핵심 추진 과제 13개, 사실상 부처의 사업인 위원회 중점 관리 과제 18개)로 업무 영역이 너무 포괄적이고 중복의 가능성도 배제할 수가 없다(최영훈·명승환, 2004).

이 밖에도 정보화 조직과 관련해 범국가적으로 모든 행정조직에 CIO가 지정되어 있으나 이들은 각 조직 내뿐만 아니라 조직 간 수평, 수직적으로 유기적인 상호 작용 체계를 구축하지 못하는 한계가 있다. 국가정보화와 관련된 법령과 제도 역시 전자정부법을 비롯해 정보화촉진기본법, 정보보호법 등 수많은 법령이 여전히 정비되지 못하고 있다. 전자정부 및 정보화가 진행되는 과정에서 부서 간 이해 관계로 인한 협조 체제의 어려움 등이 선결되어야 한다.

(6) 부실한 전자정부: 속빈 강정의 홈페이지

전자정부는 사이버 공간의 홈페이지를 통해 드러난다. 사실 홈페이지는 다양한 소수자를 위한 배려나 정보공개법에 명시된 주요 문서 목록의 제공 등 행정기관을 비롯하여 공공 부문의 투명성을 높일 수 있는 좋은 방법임에도 많은 정부기관 홈페이지는 이러한 기본에 인색하다. 가령 대한민국 전자정부 홈페이지의 '인터넷 정보 공개' 검색 시스템은 내용의 빈약과 검색의 오류로 신뢰를 주지 못하고 있다. 시민단체(함께하는 시민행동)가 접근성, 투명성, 민주성을 기준으로 실시한 모니터링에 의하면, 경북 문경시의 경우 '주요 문서 목록'을 검색할 경우 검색이 0이지만 '문서'를 입력하면 '2000년도 주요 문서 목록(아주 부실하지만)'을 찾을 수 있는 것처럼 겉모습과 속의 내용은 판이하다. 중앙부처 중 교육인적자원부, 해양수산부는 인터넷 정보공개청구 메뉴조차도 없는 현실이다. 조사 대상 35곳의 군 단위의 홈페이지에서 주요 문서 목록의 제공은 '화순군' 한 곳이었다. 교육청 단위의 홈페이지를 보면 '정보 공개'와는 담을 쌓고 있는 것처럼 보인다. 이것은 정보 격차의 또 다른 형태이다. 몇 년 단위로 홈페이지를 바꾸며 화려하게 구성한 곳은 많지만 2000년도 이전에는 공공기관이 없었던 것처럼 2000년도 이전 자료는 찾아보기도 힘들다. 전자정부 홈페이지 정책 포럼은 형식이 있을 뿐 내용이 부실하다. 노동부의 정책 포럼 메뉴, 법무부의 정보 공개 사례 메뉴를 보면 내용이 아무것도 없다. 대한민국 전자정부 홈페이지의 정책 포럼도 부실하다. 거창한 계획보다는 기본에 충실하게 중앙과 지방의 격차를 줄여 나가는 것이 요구된다. 전자정부는 선언으로 되는 것이 아

니라 기본에 충실한 기반에서 서서히 변화하는 과정이 되어야 한다(함께하는 시민행동, 2002).[14)]

(7) 역기능의 심화: 충격과 무방비

지금껏 우리는 사이버 공간을 조기에 확장하고 전자정부를 구축하기 위해 범국가적 노력을 기울였다. 그 지향은 정보사회의 정부 이념형으로 전자정부가 갖는 순기능의 꿈과 가치를 희구하는 데 맞추어져 왔다. 하지만 역기능 문제가 방치되거나 해결되지 못한다면 전자정부의 비전은 흉몽과 비극으로 끝날 수 있다. 자칫 사이버상 역기능으로 인해 전자정부가 지닌 가치와 안정성은 물론 사이버 공동체의 가치와 안정성이 위협받을 수 있다(한세억, 2003). 주지하다시피 전자정부에 관한 한 한국은 인터넷을 통해 거래가 가능한 상위 수준에 속한다. 이러한 수준을 성숙시키기 위해서는 전자정부가 인간 삶의 질과 사회의 복지 증진에 기여하도록 역기능의 문제를 신중하게 검토하고 이를 최소화하도록 해야 한다.

전자정부의 역기능은 정보화 역기능의 문제의 선상에서 이해될 수 있다. 비록 정보사회 일반의 문제와 전자정부의 문제를 분리해서 생각한다면 다소 그 양상은 차이가 있을 수 있다. 가령 불건전 정보의 유통 문제의 경우 전자정부 상황에서 상정하기 어려울 것이다. 하지만 전자정부도 하나의 정보통신망이라고 본다면, 누군가 정부 홈페이지에 들어와 게시물을 업로드한 경우, 그 내용이 유언비어의 유포이거나 타인을 비방하는 것이라면, 정부 홈페이지의 운영자의 법적 책임이 문제될 수 있다. 왜냐 하면 정보시스템의 불법 침입 및 파괴는 전자정부라 하더라도 예외는 될 수 없기 때문이다. 김대중 정부에서 완성된 전자정부 기반은 이후 정부에서 더욱 성숙, 고도화되어야 한다. 정보통신기술에 대한 국가행정의 의존도가 증가함에 따라 전자정부에서 정보 보호의 중요성이 높아진다. 국가 기밀과 국민의 개인 정보에 대한 보호, 그리고 안정적 시스템 운영은 전자정부의 성패를 가름하게 된다. 그뿐만 아니라 개인의 통신 프라이버시 침해와 개인 정보의 오·남용 문제의 경우 전자정부에서 한층 그 중요성이 강조되어야 한다.

---

14) 함께하는 시민행동은 한국정보문화운동협의회 후원으로 지난 2002년 7월 26일부터 9월 15일까지 중앙기관 30곳, 자치단체 89곳, 교육청 49곳 등 총 168곳의 홈페이지를 접근성·투명성·민주성의 관점에서 모니터 결과를 발표했다.

2) 전자정부(G4C) 구축 과정의 내용별 진단

전자정부 구축에 관한 경험은 실천적이며 현실적으로 공감할 수 있기에 의미를 지닌다. 이 가운데 G4C 사업의 경우 프로젝트 단계별로 이슈가 된 문제의 대부분은 이전 단계에서 해결되지 못한 채 이후에도 계속 영향을 미치는 것으로 드러났다. 그래서 내용 간 상충되는 부분이 발생했다. 따라서 각 현안들을 내용별로 접근하되 문제들에 대해 실제 프로젝트에서의 해결 방식과 그 결과를 중심으로 살펴볼 수 있다(양태종 외, 2004).

(1) 업무적 측면

업무적 측면에서 전자정부사업은 다수의 기관들이 참여하는 사업이라는 특성으로 인해 사업의 진행 단계에서 발생할 수 있는 부처 간 이견이나 분쟁을 조정과 중재를 통해 해결할 수 있는 강력한 권한을 갖춘 기관이나 조직의 부재가 문제로 지적된다. 이로 인해 통합적 계획 수립과 전체적 사업 추진 과정에서 문제가 야기되었다. 업무 처리에서의 비연속성과 통합적인 계획 수립의 한계는 사업 내용을 민원 서비스의 단순 온라인화로 한정시키는 문제로 이어지게 했으며, 그로 인해 사업에 대한 기대 효과도 제한적일 수밖에 없었다. 따라서 개별 기관 및 다부처 연계 시스템 간의 역할 및 책임이 명확하게 구분되지 못해 발생할 수 있는 문제에 효과적으로 대처하고, 기관별 독립적인 정보화 추진으로 인한 중복 투자 및 향후 연계 문제를 해결하며 사업의 전체적인 운영과 관리를 위해서도 조정과 중재를 전담할 상시적인 조직이 절실히 요구되었다. 앞서 제시되었던 업무적 측면에서의 현안들은 <표 11-4>와 같다.

기본적으로 해당 사업의 중요성에 대해서는 관련자들이 인식하고 있었으나 실제 사업 추진상에서 직접 협조를 이끌어 내는 것이 쉽지 않았다. 주관 기관은 각 기관과의 개별 접촉을 통해 이러한 문제를 극복하고자 주관 기관의 공무원들이 직접 기관 방문을 실시하고, 담당자와의 면담을 통해 사업의 목표에 대해 충분히 설명하고 합의를 이끌어 내는 데 주력했다. 이러한 과정에서 각 기관의 현황과 요구를 파악하여 사업에 반영하는 등의 긍정적인 효과가 있었으나, 조정과 중재를 전담할 조직의 부재라는 근본적인 문제는 해결하지 못했다. 그로 인해 혁신적인 사업의 추진보다는 개별 부처의 독립적인 단순 정보화에 그치거나 실현 가능성이 부족한 개선안의 설계로 가시적인 결과를 도출하지 못했다.

〈표 11-4〉 업무적 측면의 문제와 현안

추진 단계	업무적 측면
착수	-사업 목표와 사업 범위의 명확한 정의 및 공유 미흡 -충분한 사용자의 요구 조사 및 의견 반영 미비
계획 수립	-실현 가능성 낮은 개선안 도출 -민원 서비스의 단순 온라인화 지향 -정보 제공 기관의 업무 비협조 -좀더 근본적인 개선안 도출 실패
실행(구축)	-개별 기관과의 사전 협의 미흡으로 재협의 발생 -법제도 개선의 지연, 정보 공유 및 제공의 한계 -업무 처리에서 개별 기관과 다른 부처 연계 시스템 간 명확한 역할 및 책임 분장 부재
유지 보수	-개별 기관의 업무 변경 사항 지속적 반영 -예상하지 못한 추가적 업무 발생 -새로운 요구 사항에 대한 즉각 대응 한계

또한 시스템 구축 이후 개별 부처 내의 변경 사항을 반영하거나 새로운 요구 사항에 대해 즉각적으로 대응하지 못한 결과 운영상의 차질을 초래했다. 이 밖에도 사업 추진 과정 전반에 거쳐 법·제도적인 문제 또한 중요한 이슈였다. 인터넷을 통한 온라인 민원 서비스에 대한 법적 근거의 부재는 사업 자체에 대한 정당성 문제를 야기했고, 부처 간 근거 법령 차이로 인해 원활한 민원 서비스 제공을 위해 공유해야 하는 행정정보 수준을 합의하는 데 걸림돌이 되었다. 이에 행정자치부에서는 사업 수행 전 기간에 결쳐 G4C 서비스의 활성화를 위해 다각적인 법·제도 개선 작업을 수행했다. 구체적으로 행정자치부에서는 '전자정부 구현을 위한 행정 업무 등의 전자화 촉진에 관한 법률', '민원사무 처리에 관한 법률', '전자서명법'과 같은 법률을 제개정했다. 또한 정부 보유 행정정보 공동 이용의 제도적 근거를 위해 '행정정보 공동 이용에 관한 규정', '민원구비 서류 감축을 위한 행정정보 공동 이용 지침' 등과 같은 규정/규칙 등을 제개정하여, 총 25개 법령(법률 6, 시행령 6, 시행규칙 13)을 개정했다. 이를 위해서 관계 부처에 의견 조회를 실시했으며, 두 차례에 걸쳐 수립한 법령 정비 계획을 수립하고 해당 부처에 통보하는 등의 작업을 수행했다. 그러나, 주관 기관의 이러한 노력에도 불구하고 한국의 법·제도 체계상 단기간에 필요한 모든 법률을 개정할 수는 없었다. 특히 법률의 개정은 주관 기관인 행정자치부가 아

니라 개별 부처에서 담당할 사안이므로 법률 개정을 위한 각 부처의 적극적인 노력의 부족 등은 지속적인 이슈로 제기되었다.

(2) 정보통신기술적 측면

정보통신기술적 측면에서 발생하는 대부분의 문제는 부처 간 정보화 수준의 다양성 및 시스템 간의 연계와 관련이 있다. 다른 시스템과의 연계에 대한 고려가 부족한 개별 부처의 독립적인 정보화 추진은 통합적인 시스템을 구축하는 데 커다란 장애 요소가 되었다. 부서 간의 정보화 격차와 표준 지침의 부재, 행정정보 공유의 필요성에 대한 합의 부족은 필연적으로 추가적인 작업을 발생시켰으나 사업 기간 및 예산상의 제약 등으로 인해 심층적인 조사 및 분석이 제한적으로 이루어질 수밖에 없었다. 앞서 제시한 정보통신기술적 측면에서의 현안은 <표 11-5>와 같다. 이를 극복하기 위한 방안으로 주관 기관은 기존에 실시했던 기관별 정보화 현황 조사를 바탕으로 현재 수준에서 가능한 연계 방식을 다각도로 모색하고, 향후 연계를 위한 시스템 표준안을 마련했다. 또한 원활한 연계 서비스를 위해 각 기관의 정보화 수준에 맞는 서버 증설, 어플리케이션 구축 등의 추가 작업을 실시했다.

또한 정보의 상호 교환을 위한 시스템 연계와 같은 기술적 문제와 더불어 데이터 규약과 관련한 문제가 발생했다. 정보 이용을 위해 각 제공 기관이 오프

〈표 11-5〉 정보통신기술적 측면의 문제와 현안

추진 단계	정보통신기술적 측면
착수	-사업의 정보통신기술적 측면의 실현 가능성 검토 미흡
계획 수립	-기관 간의 정보화 수준 격차 상이 -개별 기관 보유 정보 자원에 대한 정보 부족 -향후 연계와 통합을 고려한 표준의 미비
실행 (구축)	-단일한 표준 연계 방식 적용 불가 -새로운 기술 적용에 따른 기존 기술과의 통합 어려움 -시스템 간 물리적 이격에 따른 성능 확보 -데이터 관리의 문제 서비스 확산 및 개시시 기존 서비스의 무중단 보장의 어려움
유지 보수	-개별 시스템 성능 유지 보장의 어려움 -개별 시스템 변경 사항의 지속적 반영의 어려움 -무중단 서비스를 위한 통합적 재해 복구 체계 확보 어려움

라인상에서 민원 처리에 필요한 민원 신청 서식과 같은 특정 양식을 요구함에 따라 이를 수용하여 G4C 시스템에 적용했다. 그러나 결과적으로 연계가 이루어진 기관 사이에 정보 흐름의 온라인화는 이루어졌으나 업무 방식에서의 개선이 없어, 오프라인에서 일어나던 과정이 온라인으로 옮겨간 것 이상의 의미는 없었다. 그뿐만 아니라 정보 요청기관과 제공기관 사이의 데이터 송수신시에 정보통신기술상 발생할 수 있는 데이터 변조, 소실 등의 문제에 대해 책임 소재를 명확히 정리하지 못했다.

(3) 사업관리/추진 측면

사업관리/추진 측면에서는 사업 추진을 위한 주관 기관 선정과 의사 결정 체계를 유지하는 것이 중요한 현안으로 대두되었다. 이는 <표 11-6>에서 보듯이 업무적 측면에서 강력한 조정 기능이 배제된 사업 추진 체계의 부재로 인해 발생한 문제의 연장선으로 이해할 수 있다. 사업 진행상의 항상성 유지와 의사결정자의 변동으로 인한 재협의 최소화, 개별 기관의 업무 개선을 위한 예산 확보, 개별 기관의 정보시스템 개선 작업에 대한 일정 관리, 그리고 사업에 참여하는 기관들과 국민들의 요구를 반영한 개선 모형 수립 등의 과제 해결을 위해 원활한 의사소통 체계 및 강력한 조정 기능의 확보는 사업 전반에 걸쳐 중요한 이슈로 대두되었다. 실제 사업의 진행에서는 사업 주관 부처 및 소관 부처의 의사 결정자 교체로 인해 기관 간 재협의를 피하는 방법으로 각 부처에

〈표 11-6〉 사업관리/추진 측면의 문제와 현안

추진 단계	사업관리/추진 측면
착수	-사업 추진 과정상의 강력한 조정 기능이 배제된 추진 체계 -부처 간 의견 조정 및 신속한 정책적 의사 결정, 기관 간 동의 강제의 한계 -소관 부처 민원 업무 담당자의 정보화 목표 이미지에 대한 이해 부족
계획 수립	-해당 기관의 구속력 부족으로 개선 모델 사업 진행의 지연 -관련 기관들의 개선 모델에 대한 의견 수렴 부족
실행 (구축)	-의사 결정 체계의 지속적 유지 어려움 -개별 기관의 개선 작업에 대한 일정관리 -개별 기관 개선 작업 필요 예산 확보의 어려움
유지 보수	-의사 결정 체계의 지속적 유지 -지속적인 사용자 교육의 필요성 -신규 시스템에 대한 인지도 및 활용도 제고의 어려움

핵심 인물(key person)을 지정하여 이를 통해 사업 진행에 따른 제반 사항들을 합의했다. 그러나 주관 부처와는 달리 소관 부처의 경우 상황에 따라 담당자의 업무에 대한 영향력 수준과 권한 수준에 차이를 보였다.

또한 주관 기관은 기관 간 원활한 의견 교환 및 합의와 적극적인 협조를 유도하기 위해 사업 추진의 주요 단계에서 워크숍을 실시했으며, 업무 담당자들의 의견을 수렴하기 위한 전화 면담 및 서면조사 등의 방법을 이용했다. 그러나 의견 교환과 합의의 문제를 위한 주관 부서의 구속력 문제는 여전히 해결하기 어려운 문제로 남았다. 주관 기관은 구체적인 기관의 현황을 조사하고 의견을 수렴하기 위해 기관 방문조사와 담당자 인터뷰를 수시로 실시했다.

그러나 서비스 민원을 선정할 때 향후 온라인 서비스의 효과와 활용도와 같은 부분에 대한 조사가 제대로 이루어지지 않았을 뿐만 아니라 해당 민원의 온라인화 가능성 및 용이성과 같은 서비스 제공자의 입장만이 반영됨에 따라 시스템 구축 후 예상보다 저조한 활용도, 사용상의 불편함 등의 문제가 발생했다. 더불어 시스템의 원활한 운영을 위해서는 개별 기관의 서비스 담당자 변동에 따른 업무 공백 최소화 및 새로운 시스템에 대한 적응, 인지도와 활용도 제고를 위한 대책 마련이 시급했다. 주관 기관은 업무 담당자의 변동에 의한 업무 차질을 최소화하고 새로운 업무에 신속하게 적응할 수 있도록 담당 공무원을 대상으로 교육 콘텐트 제작과 온라인 교육 방안을 마련했으며, 민원 서비스의 최종 수혜자인 국민을 대상으로 한 홍보 전략 및 이용 활성화 전략을 수립했으나 이용도 제고 등의 가시적인 효과는 미미한 수준이다.

3) 전자정부의 자화상

그 동안 추진된 행정정보화사업을 통해 드러난 문제점을 정리하면 다음과 같다(행정자치부, 2000; 한국전산원, 2004).

첫째, 생산성 향상을 위한 행정정보 공동 활용이 미흡하다. 정부 차원의 범용적 행정정보 공동 이용 시스템이 부재할 뿐만 아니라 각종 행정정보의 연계 등 행정정보 공동 활용에 대한 각 기관의 참여 의지도 미흡하다. 이를테면 960개의 데이터베이스를 구축·활용하고 있으나 79개(8.2%)만이 공동 활용되는 실정이다. 여기에 각종 행정정보 데이터베이스 간 정보의 불일치로 행정 생산성의 저하를 드러내고 있다. 전자정보 공개와 관련하여 현행 전자정부법 제9조는 행정정보 공개의 원칙을, 제37조에서는 행정정보의 전자적 제공을 규정하고 있다. 하지만 정부의 정보 공개에 관한 일반법인 공공기관의 정보 공개에 관한 법률에서는 기존의 종이 위주의 공문서 공개를 주된 내용으로 하면서 전자적 정보 공개를 부분적으로 한정해서 인정한 것이기 때문에 전자적 정보 공개를 본격적으로 시행하는 데 그 절차나 방법상에 어려운 점이 많다(김성태, 2004). 즉 정보 공개의 전자적 신청에 관한 규정의 미비로 인해 전자적 형태로 정보 공개를 요구한 신청자의 요구를 재량적으로 거부하기에 용이하다.[15] 또한 동법 제9조가 정보에 관해 특정 범위를 지정하지 않은 채 광범위하게 비공개 대상으로 규정하므로 전자적 정보 공개를 포함한 정보 공개의 가능성을 과도하게 제약한다.[16]

그리고 전자행정 서비스 및 전자 거래의 활성화와 관련하여 전자행정 서비스가 전자정부의 핵심적 영역으로 등장하고 있는 가운데, 전자정부에 관한 일반법이라 할 수 있는 전자정부법이 비방문 민원처리에 국한하여 규정하고 있는 것은 문제가 있다. 즉, 전자적 행정 서비스의 관문인 동시에 인터넷을 기반으로 행정 업무, 정부 서비스, 내·외부 사용자, 커뮤니티 등을 통합한 정부 포털에 대한 규정 없이 단순히 인터넷 전자 민원창구 설치 운영 조항만 규정하고 있다. 그것도 행정기관장의 재량에 의한 설치·운영을 규정하고 있는 것은 문제라 할 것이다. 또한 동법에서 정부 포털에 관한 설치, 효율적 운영, 합리적이고 정기적인 평가 등에 대한 규정이 미비하기 때문에 현재 구축·운영되고 있는 전자정부 포털의 질적 발전이 이루어지지 못하고 있다. 전자상거래의 활성화를 위해 그 동안 전자상거래에 관해 전자거래기본법 등의 각종 입법이 이루어졌으나, 지적 재산권의 영역에서 논란이 해결되지 않고 있으며, 정부의 조달 관련 법령의 정비도 적절하게 이루어지지 않고 있다. 전자거래기본법 제20조는 "정부는 전자거래 촉진계획을 수립·실행하여야 한다"고 규정하지만 관련 사항들의 추진 주체는 모호한 실정이다.[17] 또한 성질상 민간 부문을 대상으로 하

15) 공공기관의 정보 공개에 관한 법률 제15조 제2항은 "공공기관은 전자적 형태로 보유·관리하지 아니하는 정보에 대하여 청구인이 전자적 형태로 공개하여 줄 것을 요청한 경우에는 정상적인 업무 수행에 현저한 지장을 초래하거나 당해 정보의 성질이 훼손될 우려가 없는 한 그 정보를 전자적 형태로 변환하여 공개할 수 있다"고 규정하고 있다.

16) 또한 비공개 정보인 경우 공개의 시기의 설정 없이 지속적으로 비공개 정보로 존속시키는 경우가 대부분인 점도 문제점으로 지적되고 있다(이기식, 1998). 이는 중앙행정기관의 정보 제공 평가에 관한 실증적 연구에서 정보 제공 점수가 50점에 머무르고 있다는 결과와 일치한다(윤상오, 2003).

17) 산업자원부 장관이 관계 중앙행정기관의 부문계획을 종합하여 전자거래정책위원회를

는 전자거래기본법과 전자정부법 및 관련 법령에서 규정하고 있는 정부 부문 전자문서의 호환성과 통합성을 확보하기 위한 체계 역시 미흡한 실정이다(윤종섭 · 신은철, 2005).

둘째, 민원행정에 대한 종합적인 전자적 서비스 계획 부재 등으로 인해 민원 서비스 개선이 미흡하다. 범정부적으로 일원화된 전자적 민원 창구 부재로 국민 불편을 초래하고, 각 기관별로 일부 민원에 한정된 전자민원 서비스로 효과가 미흡하다. 또한 쌍방향 대화 통로 활성화 대책 및 전자민주주의 도입을 위한 실천적 방안이 미흡하며, 정부기관 홈페이지 콘텐트 부족 등 대국민 서비스 강화를 위한 정책 및 제도적 장치도 미비하다. 전자적 민원 처리를 위한 민원인 인증 시스템 구축, 위 · 변조 방지, 민원 수수료 전자 지불 시스템 구축 등 전자적 민원 서비스에 대한 기반이 취약할 뿐만 아니라 행정정보 소재 안내 시스템의 실제 행정정보와의 직접 연결 및 다른 정보 소재 안내 시스템과의 연계 방안이 확보되지 못한 실정이다.

셋째, 전자정부 서비스를 위한 행정정보화 기반이 미흡하다. 중앙부처망(정부고속망)의 단일 장비 체계로 청사 간 연계 장비나 청사 내 백본 장비 장애시 행정 업무의 혼란 초래 가능성이 내재하며,[18] 인터넷 사용의 급증에 따라 인터넷 병목 구간이 발생하고 있으며,[19] 정보통신기술의 급속한 발전에 따라 신종 소프트웨어가 출시되고 있지만, 인증시험 기준 마련 미비 등 소프트웨어의 완전성이 미비하다. 그리고 원활한 전자 결재 등을 위한 펜티엄급 이상의 PC 보급이 미흡하며, 정보통신기술의 급속한 발전에 대응할 수 있는 체계적인 정보화 교육계획 부재 및 교육 시설도 부족하다. 게다가 정부 전자서명 인증 기반 완비를 위한 범정부적인 추진 체계 미비 및 관련 전문 인력 확보도 미흡할 뿐

거쳐 정보화추진위원회(위원장: 국무총리, 부위원장: 재정경제부 장관)에서 확정하고 있어 관련 사업의 추진 과정에 관한 주도권과 권한의 선점을 위한 부처 간 갈등의 가능성도 있다.

18) 38개 부 · 처 · 청과 3개 위원회 등 41개 중앙 정부기관과 산하기관 등 모두 95개 기관 가운데 49곳(51.6%)이 백업 시스템(데이터+프로그램+하드웨어)을 전혀 갖추지 않았으며, 백업 시스템을 갖춘 46곳도 대부분이 별도의 장소가 아닌, 주전산센터 건물 내 인접 공간에 시스템을 설치해 놓고 있어 실효성이 의문시되고 있음이 드러났다(국무총리실, 2002).

19) 정부전산정보관리소의 관계자는 "서버 1대당 1천 명이 접속할 수 있는 용량을 갖추었으나 대당 2천 5백 명의 유저를 수용하다보니 자주 다운될 수밖에 없다"에서 확인할 수 있다.

만 아니라 행정정보 자원의 효율적인 관리 체계도 확립되지 못한 실정이다.

넷째, 행정정보화 인력 부족 등 추진 기반이 미흡하다. 가령 분야별 정보화 추진분과위원회 소관 업무 범위가 모호하며, 행정의 생산성 향상과 대국민 민원행정 서비스 개선 등 범정부적인 행정정보화 업무가 각 부처별 분과위원회로 잘못 분류되어 운영되고 있는 실정이다. 그리고 신기술을 접목, 활용할 수 있는 정보화 인력과 행정정보화 예산이 부족하고, 급속한 정보통신기술의 변화에 대한 적응력도 취약하며, 행정정보 공동 이용 등 다기관 간 연계 사업의 경우 유관 기관 간 협조 체제가 미흡하다. 그리고 다른 기관의 행정정보화 추진 사례 및 우수한 정보시스템에 대한 공유 정보도 부족한 실정이다.

다섯째, 부처 간 협력과 상호 연계 미비로 통합 서비스가 제공되지 못해 국가정보 자원의 효율적 활용에 큰 장애가 되고 있다. 이를테면 시스템 간 연계, 통합, 표준화, 상호 운용성, 정보 공동 활용 등의 경우를 들 수 있다. 일부 전자정부 사업이 같은 기능의 시스템을 별도 개발하거나 유사 정보의 연계 및 통합 방안이 마련되지 않아 사업비 중복 투자 등 예산 낭비의 요인이 있는 것으로 지적되었다. 각종 전자정부 사업 추진으로 국민 편익과 행정 능률이 향상되었지만 일부 시스템의 경우 개발 중복과 시스템 간 연계 방안 미비로 예산의 낭비를 초래했으며 부실한 기초 자료의 입력으로 시스템 활용에 문제가 있는 것으로 나타났다(감사원, 2003). 그뿐만 아니라 민원서비스 혁신(G4C) 시스템 구축 사업 중 전자정부 단일 창구와 정보 공동 이용 시스템은 시·군·구 행정종합정보화 사업, 정부전자문서 유통관리센터 확충 사업과 각각 중복되고 공동으로 이용하는 정보라도 각기 자료 갱신 주기 등이 달라 이용자의 활용에 혼선이 예상된다는 지적이다. 특히, 시·군·구 행정종합정보화사업의 일환으로 구축한 주민행정·토지 지적 등 10개 시스템은 주민 등록·차량 등에 관한 자료가 실시간으로 제공되지 않고 기능상 불필요한 XML 서버 등을 도입해 예산을 낭비한 것으로 드러났다(감사원, 2003).

또한 부처별 및 기관별 시스템 간 상호 운용 미흡과 관련하여 자치단체의 경우도 예외가 아니다. 지방자치단체 업무는 기관위임사무나 단체위임사무 등 중앙으로부터의 위임사무가 대다수를 차지하고 있음으로 인해 일선자치단체에서는 각 부처에서 개별적으로 보급한 정보시스템들이 여러 종이 운영되고 있다. 각 시·군·구 민원실에서 운영중인 전산 시스템도 평균 7종에 달하며, 이들은 단순 보고용이거나 중앙 편의 위주로 부서와 업무별 단위 시스템으로 개발되어 사용되다 보니 전자정부 구현에 걸림돌로 작용하는 경우가 있다. 아울러 전자정부 관련 사업을 만들기는 쉽게 하지만 유지 및 보수 관리의 부실함이 지적될 수 있다. 당해 배정받은 예산을 모두 다 사용하려 하는 속성이 있으며, 다음 해에는 더 많은 자원을 배정받으려 한다는 법칙이 작용해서 예산을 받기 위한 사업 중심으로 진행시키다 보면 신규 사업이 우선되는 경우가 다반사여서 기존 사업을 계승·발전시키는 일이 어렵다. 이는 전자정부사업 추진 과정에서 갈등이 각 부문 간의 비협조를 유발하며, 이는 시스템 연계 미흡과 중복 투자로 이어진다.

여섯째, 전자정부가 기술적인 의미로 좁게 정의되어 행정정보화와 행정 개혁이 연결되는 데 어려움이 있다. 사실 전자정부는 정부가 국민을 고객으로 이해하여 고객인 국민에게 편리한 행정 서비스를 제공해야 한다는 원칙하에 성과 지향적이며 고객 지향적인 정부, 반응적이고 효율적인 정부의 실현을 목표로 했다. 이제는 단순히 비용 절감이나 정부 규모 축소와 같은 외형적 실현에 그치지 않고 국민의 만족도를 높이고 민주주의의 심화라는 좀더 상위의 목표를 추구하는 정부 개혁 운동으로 확대된 개념이라고 할 수 있다. 따라서 전자정부의 핵심은 정부 혁신이란 단어로 함축될 수 있으며, 단순한 통신망의 구축이나 정보통신기술의 도입이 아니라 행정 부문의 리엔지니어링을 통한 행정 개혁의 일환으로 추진되어야 한다. 그러나 우리 나라의 경우 전자정부는 기존의 행정 업무를 완전히 전산화하고자 하는 목표를 갖고 전개되었기에 자체적으로 한계를 벗어나지 못했다. 특히, 정부 업무 처리에서 정보화가 가속화되고 정보 및 정보 가공 기술이 보편화된 지식 창출 수단이 되는 시대적 상황에의 대응이 미흡하다. 왜냐 하면 단순한 정부 행정 업무의 효율적 수행이라는 목적하에 전산화·정보화의 추진이 목적인 전자정부 구현은 지식사회의 대응에 한계를 드러낼 수밖에 없기 때문이다. 그뿐만 아니라 또한 정보통신기술을 이용한 전자정부의 구현 목표를 실현하고, 전자정부 구현으로 행정 개혁을 성공시키기 위해서는 기술적·경제적 기반을 확충하는 것 이외에 정치적 타협을 필요 조건으로 고려되어야 한다.

사실 그 동안 우리 나라의 전자정부는 그 출발부터 정부 혁신의 정치적 비용을 줄이기 위한 전략적 선택으로 시작되었다. 물론 우리 나라뿐만 아니라 대부분의 국가에서 정부 내에 더 많은 정보통신기술을 적용하기 위한 방법이나 정보통신기술 도입에 따른 경영 체제의 변화 방법 등과 같이 기술적·경제적 관점에서 전자정부 정책을 입안하여 추진해 왔다. 하지만 정보관리 패러다임의 변화에 내재한 정치적 쟁점들은 정보화 추세에 대한 비합리적 반응으로 간주하면서 정책적 고려에서 제외했다. 이처럼 비정치적 접근으로 인해 전자정부 구현에 필수적인 정보관리 패러다임의 변화 방향에 대한 사회적 합의와 관료 정치의 조정이 지체되었고, 그 결과 전자정부 프로젝트 자체가 많은 투자와 노력에도 불구하고 의도한 성과를 내지 못하고 있다. 이 밖에도 대국민 맞춤형 서비스가 실현되지 못하고 있으며, 초고속 통신망의 유선 인터넷 기술에 기반하고 있어 장소 등에 제약이 따르고 정보가 실시간으로 연계되지 못하고 있다(한국전산원, 2004). 또한 우리 나라의 정부조직은 계층제적 조직 구조, 폐쇄적이고 비대응적인 구조, 등이 문제점으로 지적되어 왔다. 그 동안 전자정부의 추진 과정에서도, 일련의 행정 혁신의 노력이 부재한 기술결정론적 접근의 한계를 보여 왔다. 비록 전자정부법 제4조 제2항은 행정 혁신과 전자정부의 구현을 위한 사업 간 연계를 규정하고 있지만 정부조직법에서는 조직 구조에서 전자정부 구현을 위한 어떠한 관련 규정도 찾아볼 수 없다.

4) 평가적 논의: 소통적 담론

전자정부 구현의 주무 부처인 행정자치부는 정부조직 가운데 국민 생활과 밀접하므로 그 자체의 내용뿐만 아니라 추진 과정도 직·간접적으로 다른 부처나 기업, 국민들에게 미치는 영향이 크다. 이러한 의미에서 행정자치부 및 관련 기관에서 수행된 정보화 프로젝트를 둘러싼 문제점은 중요한 고려 대상이 된다.

첫째, 전자정부는 기존 업무 처리 방식을 그대로 둔 채 단순한 정보통신기술 도입만으로 성공할 수 없다. 자칫 기존 업무 흐름에 시스템을 맞추는 경우 문제점이 야기되면서 공급자 및 수요자 모두에게 피해를 줄 수 있다. 가령 전자결재 시스템의 도입 과정에서 패키지로 감당할 수 없는 개별 커스터마이징(customizing)을 각 기관마다 요구했다는 점이다. 즉 기존 업무 관행이나 수작업 문서 처리 형태를 바꾸지 말고 그대로 되게 해달라는 주문이다. 이러한 시스템은 불필요한 시간과 노력의 낭비는 물론 변화의 걸림돌이 될 수 있다.[20]

20) 공급사의 한 관계자는 "정부의 각 책임자들이 자기 조직의 정보화에서 확실한 정보화 마인드, 즉 왜 정보화를 하는지를 이해하지 않고서는 전자정부의 구현은 구호에 그칠 수 있다"고 지적한다.

둘째, 프로젝트 형성 및 사업 추진 방식의 문제이다. 시스템 개발 이전에 표준이 정해지고, 그 표준에 따른 개발이 착수되어야 하지만 단위 부문별 사업 추진으로 인해 부문 간 조정은 물론 동일 사업에서 문제를 야기했다. 예컨대 하나의 프로젝트가 예산, 기간, 규모 등의 측면에서 장기간에 걸쳐 단계별로 추진되는 경우 초기 사업자는 사업 획득을 위해 무리하게 수주하고 후속사업을 통해 손해를 보전하려 한다. 하지만 정부 조달 방식에 의거, 후속 사업을 다른 업체가 저가로 수주하는 경우 문제가 발생한다. 후속 사업자는 여러 가지 이유에 의해 이전 사업자가 정한 사양에 맞추기 어렵기에 자신의 사양에 맞도록 전·후 시스템 간 인터페이스를 재개발하는 사례가 빈번하다.21) 하지만 이와 대조적으로 미국 국방성의 경우 하나의 시스템에 대한 기본 설계구조에 대한 사양이 개발, 착수되기 전에 표준이 정해지고, 새로운 정보통신기술의 등장에 따라 반영된 변경 사양이 계속 공개됨으로써 그 표준에 입각한 업체면 누구나 참여, 개발 및 장비 납품이 가능하다. 이런 점에서 국정정보 보고 시스템의 경우 특정 사양대로 개발되고 후속사업이 원활하게 진행되지 않을 경우 정부 부처 간 행정 효율 및 대민 서비스 향상을 위한 시스템화 노력이 무용지물이 될 수 있다.

셋째, 관료문화에서 기인한 것으로 행정편의주의나 책임 소재 문제 등으로 인해 대규모 SI(System Integration)사업의 경우, 업체 선정 과정부터 중소기업의 참여 기회가 배제되고 있다. 이와 대조적으로 미국의 경우 이미 1970년대 후반부터 정부 발주 조달사업의 35% 수준을 의무적으로 중소기업 간 경쟁으로 제한함으로써 벤처기업 활성화의 토대를 마련, 제도화시켜 왔다. 여기서 정부 역할은 표준 제정, 고시 및 법·제도 개선 등 정책 방향과 환경 제시에 충실할 뿐 나머지는 민간 부문에서 담당하고 있다.

원래 전자정부는 국민 지향적 행정 서비스를 기본으로 했지만 지금까지 국민의 참여가 사실상 배제된 채 정부 주도적으로 진행되었다. 지방자치단체 역시 참여가 저조한데 현 정부의 전자정부 사업은 지나치게 중앙정부에 집중되었으며, 구축 시기에 집착하여 사업을 추진했기 때문으로 보인다. 이를테면 전자정부 사업의 2002년 완수라는 목표에 너무 집착하여 자칫 치적주의, 전시적 성과주의를 벗어나기 어렵다. 그뿐만 아니라 정보 보호의 문제가 중요한 과제

21) 개발자의 표현을 옮기면 "결과적으로 시스템은 누더기가 되고, 결국 비용은 비용대로 들어가고, 라이프 사이클이 짧은 시스템을 양산하는 것을 반복"하게 된다.

로 제기되는데 전자정부 추진 과정에서 정부의 디지털화 및 집중 관리가 이루어지는 과정에서 행정 절차 간소화의 장점이 있지만, 개인 정보의 침해 우려라는 문제도 제기된다. 이처럼 전자정부의 추진 과정에서 드러난 부정적 편린들은 전자정부의 평가 과정 및 차세대 전자정부의 방향 설정 과정에서 음미, 교정되어야 할 것이다.

넷째, 국가 사회적 차원에서 거론되기 시작한 행정 개혁을 위한 전자정부라는 수단적 차원의 목표와 실질적인 정보통신기술의 도입 사이에는 중대한 갭이 존재하는 것으로 파악된다. 따라서 행정 부문 개혁의 필요성에 의해 탄생한 전자정부의 개념이 실행 가능하고 기술적인 수단에 의해 세분화될 수 있어야 한다. 아울러 기술적인 구성 요소에 의해 그려진 정보통신 수단의 체계가 조직, 인력관리라는 제도적 접근과 연계되어 체계적으로 설계되어야 한다. 그뿐만 아니라 정보통신기술을 공공 분야 개혁에 적용할 때 공공 부문만의 고유한 특성, 정보 수요, 그리고 환경적 요인 등을 감안하여 공공행정의 맥락에 적합하도록 변형·도입시켜야 한다. 즉, 공공 부문에 도입된 정보통신기술을 효율적으로 관리하기 위해서는 전문적이면서도 종합적인 관리자로서의 지식과 자질이 필요하다는 점 등도 사전에 파악해야 할 것이다.

제4절 전자정부의 진화와 적응

전자정부가 미래 지향적 이념형으로 제시되었지만, 궁극적인 최선의 모습은 아니다. 사회·문화적 변화, 수요자 요구, 이념적 변화, 시민 관계에 적응하여 지속적으로 진화되어야 한다. 전자정부의 모습은 갖추었을지라도 문제 해결 능력과 유의미한 가치 창출 능력을 갖추지 못한다면, 온전한 전자정부라고 할 수 없다. 이런 점에서 전자정부의 적응적 진화가 모색되어야 한다.

1. 지능적 전자정부의 방향과 구조

전자정부는 정보화 정책의 근간으로서 정책의 실효성을 좌우하고, 정보 주권자인 국민에 대한 서비스 구현의 성패를 결정한다는 점에서 그 존재 의의를 찾을 수 있다. 이러한 점에서 전자정부란 정보통신 기기를 활용하여 모든 행정 과정을 혁신함으로써 정부의 업무 처리가 효율적이고 생산적으로 개선되고, 정부의 고객인 국민과 기업에 대해 질 높은 행정 서비스를 제공하는 정부를 의미한다. 이것은 근본적으로 정부의 업무 프로세스가 정보통신기술에 의해 효율적으로 개선되고, 정부 내·외망이 인터넷과 연결될 때 가능하다. 즉 인터넷을 기반으로 행정 업무, 정보, 행정 서비스, 커뮤니티를 통합하는 것이다. 여기서 전자정부는 <표 11-7>에서 보듯 통합된 포털의 구축에 의해 구현될 수 있는데, 정부 포털은 정보 포털-협업 포털-전문가 포털-지식 포털의 4단계 유형과 구조를 갖추어야 한다.[22)]

〈표 11-7〉 정부 포털의 전개 유형과 구조

구 분	내 용
정보 포털	정보를 체계화하고, 필요한 곳에 정보가 활용될 수 있도록 정보 풀(pool)을 만든다.
협업 포털	1차적으로 정부 내부 구성원 간 및 정부기관의 업무 수행시에 협업을 할 수 있는 환경을 만드는 것이며, 이를 바탕으로 외부 관련 기관이나 기업과 협업이 가능하도록 확장하는 단계이다.
전문가 포털	정보와 전문가 네트워크가 통합되어 지식이 축적, 활용될 수 있도록 분야별로 전문화되고 개인화된 형태이다.
지식 포털	정보와 전문가 네트워크가 통합되어 지식이 축적, 활용될 수 있도록 분야별로 전문화되고 개인화된 형태이다.

여기서 고려해야 할 것은 기존 업무 시스템과 정보 체계, 업무 프로세스를 어떻게 효율적으로 통합할 것인가의 문제이다. 정부 포털을 구축한다고 해서 기존의 시스템이나 프로세스를 완전히 무시하고 모든 것을 새롭게 만드는 것은 아니다. 기존의 자원과 역량을 최대한 활용해 하나로 통합하고, 이를 효율적으로 운영할 수 있는 체제를 구축하는 것이다. 이 과정에서 업무 단절이나 손실이 발생하지 않도록 업무의 연속성을 유지하면서 새로운 체제로 전환해 나가야 하며, 환경 변화에 따라 요구되는 새로운 기능을 추가함으로써 기존 시스템을 보강하고 전체적 효율성을 높이는 방향으로 전개되어야 한다. 또한 지능

22) 정부 포털이란 기업의 인트라넷, 엑스트라넷, 인터넷을 모두 통합하여 고객, 종업원, 공급자, 수요자, 사업 파트너 등 모든 이해관계자와 각각의 기능적 특성을 웹 사이트라는 하나의 접점으로 모으는 것이다.

적 전자정부는 사용자인 국민의 입장에서 적응, 진화되어야 한다. 이를테면 정보 공개, 보편적 서비스, 정보 활용과 관련하여 국민이 공공 정보에 대한 쉬운 접근과 값싼 혹은 무료 접근이 가능하도록 정책적 고려가 요구된다. 즉 전자정부의 구현을 위해 다양한 기반 및 시스템의 구축이 사용자 지향적으로 설계되고, 사용자가 적은 비용으로 언제, 어디서든 전자정부의 다양한 서비스를 이용할 수 있어야 한다. 물론 구축 과정에서 민간 분야의 자율과 경쟁의 논리가 적용, 관리되어야 한다. 아울러 전자정부의 기술적 구성 형태에 대한 아키텍처뿐만 아니라 전자정부를 구성하는 기능과 역할과 산출물, 운영 방식, 부문 간 관계 및 대국민 관계 등이 포함되어야 한다. 나아가 기존 서비스의 전자화를 넘어 사회 및 문화적 요구에 대한 파악, 이해를 바탕으로 수요자 욕구와 이념을 충족시키는 신규 행정 서비스 창출 노력이 병행되어야 한다. 이 과정에서 전자정부를 진화적 목적의 상태를 반영하기 위한 연구와 실천이 지속되어야 한다 (Hendrick, 1994).

2. 세련된 전자정부 구현을 위한 방안

전자정부가 미래 사회에 대한 낙관적 환상만을 제시해서도 안 되며, 실천적 기능을 담당해야 한다. 즉 기술적, 경제적 그리고 사회적 측면이 조화된 3차원적 전자정부 정책을 지향하면서 이를 통해 궁극적으로 전자정부의 인간화를 실현해야 한다. 이하에서는 앞에서 지적된 문제점을 해결하고, 나아가 사회·문화적 차원에서 전자정부 구현을 위한 정책 방안을 모색하기로 한다.

1) 이념 : 전자정부 비전과 전략의 연계

한국은 광대역 인프라가 전자정부 분야 선도 국가인 캐나다 수준의 경쟁력을 확보하고 있으며, 최고지도자와 정치인의 구현 의지, 그리고 전문 인력과 자금이 확보되어 있다. 그러나 전체적인 비전과 구현 전략 측면에서 보완의 여지가 있다. 대부분의 정부가 back-office를 먼저 합리화하고, 이를 기반으로 대고객 서비스를 제공해야 하지만 서비스부터 추진하는 경향을 보여 주었다. 전자정부를 성공적으로 구현하려면 국민(people), 정책(policy), 프로세스(process) 등 3P가 조화를 이루어야 한다. 여기서 정부는 명확한 비전과 변화를 관리하고 프로젝트를 추진할 수 있는 능력을 갖춰야 하며, 프로세스의 변화를 이끌 수 있는 방향을 제시해야 한다.[23] 특히, 범정부적 차원에서 법제도, 정부관리 프로세스의 제도화 등 정책적 지원이 필요하며, 이것이 갖춰져야 성공적인 전자정부를 구현할 수 있다. 이와 함께 전자정부 정의에 대한 범부처적 합의가 필요하다. 가령 미국 연방정부는 정부 운영 시스템에 e-commerce를 도입 활용하는 것을 전자정부로 정의하고 있다. 전자정부의 목표는 효율적이고 생산적인 정부에 우선하여 국민이 체감하고 혜택을 받는 정부여야 한다. 여기에 물론 전자정부 서비스는 시공을 초월한 서비스여야 한다. 사실 전자정부의 비전과 전략과 관련하여 전자정부 이론과 제도 간 '현실적 적합성'이 고려되어야 한다. 이는 전자정부 연구자들이 검증된 전자정부 지식의 응용을 무시하거나 무능해서가 아니라, 전자정부와 정보행정에 적용되고 있는 지식 기반이 부적합한 데 원인이 있다. 따라서 행정인뿐만 아니라 시민과 기업을 막론하고 누구든지 전자정부 추진 과정에서의 무의식적인 역할과 관행에 대해 자기 성찰적인 태도를 취해야 한다. 지금껏 무의식적으로 거리낌없이 수용되고 있는 행정 관행은 자칫 전자정부 이론과 제도의 위기를 초래할 수 있다. 이러한 습관적 행정행위에 대한 비판적이며 성찰적 노력과 그 실천을 위한 이념적 및 철학적 기반에 대한 모색은 전자정부의 비전 설정 과정에서 절실하게 요구되는 과제가 아닐 수 없다. 아울러 정보통신기술 기반 전자정부 구현이라는 합목적성의 왜곡된 물화(reification)로 나타나는 전자정부의 합리성의 지배에서 벗어날 수 있는 이념 및 철학적 기반이 정립되어야 한다.

2) 지향 : 수요자 지향적 e-공공 서비스의 구현

민간기업의 서비스에 익숙해진 시민들은 상대적으로 기대 이하의 공공기관 업무 처리 및 서비스에 불만을 가질 수 있다. 공공기관도 고객 지향적 마인드를 갖춘 민간 기업처럼 변화해야 한다. 공공기관에 적합한 새로운 모형은 시민과 공공기관 사이의 다양한 채널(인터넷, 이메일, 전화, 팩스, 직접 대면, 파트너 등)을 통해 이루어지는 대화의 일괄 처리를 지원해야 하며, 조직 내부 문제나 운영 과정보다는 시민들의 편의에 초점이 맞추어져야 한다. e비즈니스 어플리케이션을 통해 공공기관들은 시민과 직원의 만족도를 높이고, 시민과 납세자

23) Commerce one과 더불어 미국정부 관련 4곳의 전자정부 프로젝트를 추진한 경험이 있는 SAP 공공 부문 수석 부사장 디트마 팔러와의 인터뷰 내용이다(시사컴퓨터, 2002년 1월호).

들의 부담을 덜어 주어 유효성과 효율성을 증대시키며, 시민들에게 정부에 대한 믿음을 심어 줄 수 있어야 한다. 특히, 민간 부문에 비해 저조한 정부 서비스의 전자화 등에 적극 대응하되 인터넷 사용 인구의 급속한 증가와 전자상거래의 확산에 따라 정부 부문의 민원 및 행정정보의 사용에 대한 수수료 부과 등 정책 마련과 정부 부문의 정보화에 행정 생산성 향상, 대국민 서비스 개선 등 간접적 기여에서 전자상거래 등 경제 발전에 직접 기여할 수 있는 정부 부문의 정보화를 강화해야 한다.

3) 사회 · 문화와 조화된 기술적 진보: 기술의 사회화

전자정부 정책은 기술과 사회 간 균형적 조화의 맥락에서 이루어져야 한다. 이런 점에서 정책관료는 물리적 및 사회적 기술, 지식, 경험에 대한 균형 감각을 유지해야 한다. 이를테면 정보통신기술의 진보와 고도화에 부수되는 문제는 기술적 접근이 필요하다. 즉 전자정부 공간에서 야기된 역기능과 부작용은 기술적으로 해결해야 한다. 이를테면 정보망의 안전성, 신뢰성, 프라이버시 보호 등을 들 수 있다. 다만 기술적 문제 해결이 지나치게 강조되면서 전자정부가 사회통제 장치로서의 성격을 지녀서는 곤란하다. 달리 말해 기술적 합리성에 지배되어 비판 능력을 상실하고 기존의 통제 체제를 벗어나지 못하는 1차원적 정책으로 길들여져서는 곤란하다. 즉 기술적 이성을 벗어나 비판적 이성을 회복하는 데 초점을 두어야 한다. 장차 인터넷의 생활화에 따라 구체적인 개인정보 보호 정책, 관리책임자의 홈페이지 고시 등 방안이 강구되어야 하며, 수준 높은 서비스를 위해 다양하고 풍부한 콘텐트 개발, 개발된 콘텐트에 대한 보호 · 보상정책이 마련 · 시행되어야 한다. 왜냐 하면 전자정부의 구축은 민간 부문의 기술 개발 수준을 능가할 수 없기 때문이다. 다만, 전자정부 구축 및 논의 과정에서 인문 · 사회과학자, 기술자, 시민의 협동 과정이 필요하다.

4) 투명한 공개: 참여적 서비스

시민들은 자유롭게 행정과의 대화 채널을 선택할 수 있어야 한다. 시민들은 전화, 팩스, 우편, 전자우편, 인터넷이나 직접 대면을 통해 공공기관과 의사소통을 할 수 있다. 여기서 대화 채널의 다양성보다 중요한 것은 시민들이 자신에게 가장 편리한 대화 채널을 선택할 수 있어야 한다. 가령 정보나 서류 양식을 찾는 경우 인터넷 사용이 가장 편리하다. 하지만 이와 관련된 도움이 필요하거나 질문 사항이 생기면 인터넷 대신에 전화, 또는 직접 대면을 통한 공무원과의 의사소통이 효과적이다. 마치 민간 기업이 고객에게 양질의 서비스를 제공하고 고객과의 대화 채널을 유지하기 위해 노력과 투자를 아끼지 않는다는 것을 시민들이 알고 있기 때문에, 시민들은 행정(공무원)에게도 높은 기대 수준을 갖게 마련이다.

나아가 국민 삶의 질을 제고할 수 있는 종합적 전자적 민원 서비스 노력을 강화하되 범정부적으로 일원화된 종합 전자민원 서비스 창구를 개설하고, 민원행정 정보화의 효율적 추진을 위해 각 부처 및 부서의 역할 분담 정립이 요구된다. 그리고 민원행정 정보화에 대한 체감 효과 분석을 위한 분석 도구와 모형을 개발·활용하며, 정부기관 웹 사이트에 대한 정책 방안[24]이 강구·시행되어야 한다.

아울러 시민의 높은 기대 수준이 공공기관을 무능력하고 비효율적인 기관으로 폄하하기 전에 새로운 모델을 통한 대책이 지속되어야 한다. 아울러 전자정부는 기술력과 행정 과정의 통합이 이루어지는 것이며, 정부의 총체적인 능력을 제고하는 것이라는 점에서 민간과의 협력이 필수적이다. 또한 행정은 홈페이지를 통해 단순히 정보를 제공하는 차원을 넘어 실제적으로 국민들에게 편의를 제공할 수 있도록 서비스 확대 차원에서 온라인 정보 공개 청구 및 정보공개가 개선될 필요가 있다. 이를 통해 투명한 전자정부 과정이 확보되도록 한다. 전자정부는 그 결과로서 행정을 투명하게 만드는 데 기여한다. 그러나 결과만이 아니라 정보화 진행 과정도 투명해야 한다. 수년간 국가 청렴도 1위인 핀란드의 경우 1999년 통합 헌법에 의해 더욱 강화된 '정부활동공개법'을 한 예로 들 수 있다. 이 법에 따르면 핀란드 국민이면 누구나 정부가 관장하는 모든 자료의 열람을 요구할 수 있도록 하고 있다. 정보 공개의 강도나 투명성의 확보는 현재의 핀란드를 정보통신기술 강국으로 만든 주요 요인 중의 하나이다. 물론 우리 나라도 자료의 열람이나 공개 관련 입법들이 추진되었고, 제정이 이루어져 있지만 과정에 대한 투명성을 위해 쉽게 접근할 수 있도록 적극적인 홍보와 신뢰를 확보하는 일도 선행되어야 할 것이다.

24) 가령, 홈페이지의 대민 서비스 항목 명칭의 통일, 익명 게재자에 대한 대응 방안 강구라든지 개인 정보 보호 정책의 게시, 홈페이지의 콘텐트에 대한 신뢰성 강화 및 전자기록물(contents) 보존 방안 제시, 특정 웹 사이트에 대한 견제·비판 기능을 수행하는 안티(anti-) 사이트 등의 출현에 대한 대비책 강구, 정책 포럼 운영 등 모범 사례에 대한 분석 및 여론 수렴 기능 강화 등을 들 수 있다.

5) 경험적 지식 활용: 문제점 발굴 및 보완

실패 사례를 적극적으로 발굴할 필요성이 있다. 각종 다양한 전자정부 관련 사업 중에서 실패 사례를 확보하기가 용이하지 않다. 설령, 정보화 부문에서 뛰어난 성과를 보이고 있다고 해도 모든 사업이 다 성공했다고 할 수는 없다. 더구나 행정 업무의 효율성과 투명성이 가시적이지도 않은 상황에서 실패 사례를 확인하는 작업은 몇 가지 시사점을 준다.

첫째, 정보시스템 사업의 허점 내지 취약점은 실제 이용자가 아니면 알아 내기 어려운 특성을 지니고 있기 때문이다. 서면 보고나 시스템 시연 정도에만 의존할 수밖에 없는 정책 입안자와 전문가들로서는 그 실상을 정확하게 파악하기 어렵다. 따라서 문제점을 좀더 명확히 파악하기 위해서는 잘못된 시스템의 사례 분석을 해보는 것이 상당히 효과적일 수 있다.

둘째, 행정정보시스템의 일차 이용자는 현업 공무원들이기 때문에 조직문화적으로 잘못된 부분의 지적이 용이하지 않다. 따라서 전자정부의 단계를 고도화하기 위한 전략으로서 실상을 파악하기 위한 노력이 필요하다.

셋째, 전문가들의 경우 이용자가 아니기 때문에 원론적 지적은 가능해도 구체적으로 무엇이 잘못되어 있는지는 알 수 없을 뿐만 아니라, 알더라도 이를 공개적으로 지적, 논의할 수 있는 개방적 여건이 조성되어 있지 않다(김영미, 2004).

제5절 결 론

전자정부에 관한 성찰은 곧 전자정부의 이념 및 철학과 일맥상통한다. 달리 전자정부에 대한 성찰은 정체성에 관한 문제이기도 하다. 여기서 전자정부의 정체성은 전자정부에 대한 반성과 비판을 통해 그 성격이 분명히 드러나게 되며, 이론과 실천 사이의 간격을 좁히려고 노력할 때에 인간 지배를 위한 수단적 기술학으로 전락할 가능성을 막을 수 있다(유광호, 2001). 나아가 전자정부에 대한 자율적이며 인간 중심적 통제를 위해 성찰적 전자정부를 추구해야 한다. 성찰적 전자정부에서는 행정의 목적을 "새로운 가능성과 반응성을 열고 행정가의 역사적 자기 인식을 제고하기 위해 공공행정 및 행정가의 일상 생활을 전환시킬 수 있는 여건을 형성하는 것"으로 이해할 수 있다. 또한 "이분법적 방법론의 배격과 변증법적 관점의 이해" 및 "성찰적 사고를 위한 철학적 기반으로서의 현상학"이 요구된다(전종섭, 2001).

정보화의 성숙, 고도화에 따라 사이버 공간이 공공 부문의 도메인으로 넘쳐나고 있다. 중앙정부는 물론 지방정부도 앞다투어 웹 기반의 행정 서비스 제공에 역량을 결집하고 있다. 하지만 그 결과는 물리적 공간 세계에 존재했었던 것만큼 혼란스럽고 복잡한 양상을 드러내는 듯하다. 현재 그 모습이 구체화되고 있는 전자정부사업이 당초 계획대로 개발되어 가동된다면, 우리 행정은 민주성이나 효율성 이외에 투명성도 획기적으로 제고될 수 있다. 왜냐 하면 전자정부사업은 국민의 알 권리와 정보 접근을 보장하고, 부패를 적절히 통제하는 데 필요한 투명성을 제고하는 데 기여하며 행정 능률을 제고하는 핵심 수단이기 때문이다. 그러나 전자정부는 이러한 목표를 달성하기 위한 필요적 기회를 제공할 뿐이다. 충분한 결과까지 보장하지는 않음을 명심해야 한다. 그뿐만 아니라 단순한 비트의 삶에 중독되고 초고속의 삶에 취한 전자정부가 아니라 인성(人性)을 지니면서 사회적 꿈을 담아내는 전자정부를 지향해야 한다. 전자정부의 노력과 성취가 단순히 기술로 전락한다면 이는 자칫 인간의 삶을 심각하게 위협할 수 있을 것이다. 이런 점에서 이제 전자정부를 재발견하는 것과 함께 공공 부문 웹 사이트는 사이버 공간에 부합하는 관료주의를 새롭게 창조함으로써 기술 중심적 전자정부 그 이상의 의미를 창출해야 한다.

장차 행정이 웹에 쏟는 노력을 성공시키기 위해서는 새로운 패러다임이 요구될 것이다. 전통적 정부 서비스와 커뮤니케이션 기능을 재구축하고 온라인 사회를 확장시켜 시민의 요구를 만족시키는 방향으로 통합하는 것이다. 이를테면 행정이 전자정부 구현을 위해 front-office에서는 인터넷 기반으로 통합된 대국민 포털 환경을 갖추며, 전화와 스마트카드 등을 활용해 다각적 서비스 환경을 구축해야 한다. 아울러 back-office 차원에서는 효율적 업무 지원 환경과 부처 간 업무 프로세스 연계 등 기반 정비가 이루어져야 한다.

이러한 바탕에서 첫째, 전자정부를 활용한 정부 생산성은 물론 사회적 능률과 생산성 향상을 추구해야 한다. 정보통신기술을 정부 자체는 물론 정부와 시민 간 관계를 변화시키는 도구로 활용해야 한다. 즉 정보통신기술의 활용은 단순한 전산화 개념과 수준을 벗어나 기존 업무 형태에 대한 개혁이 선행되어야 한다.

둘째, 경쟁력 있는 정부 서비스를 비롯한 전자정부의 콘텐트 제공 방안이 지속적으로 개발되어야 한다. 아울러 개인정보 보호, 사용자 인증, 지식·정보·

자료의 최신화 보증, 통신 보안 등의 대책 마련과 함께 온라인 서비스의 가격 정책 제정, 시스템 구축 표준 및 프레임워크(framework) 제공 등 소프트웨어적 인프라 구축이 필요하다.

셋째, 전자정부에 시민 참여를 활성화시키면서 사회적으로 공감대를 확산시켜 나가야 한다. 전자정부의 구축 과정에서 다양한 의견과 요구가 수렴되도록 하며, 정보 접근·소외 계층에 대한 교육 등의 지원과 정보통신기술을 이용한 비정부기구(NGO) 및 시민 참여 확대 방안이 모색되어야 한다. 사실 전자정부는 근원적으로 시민이 행정에 더욱더 접근을 용이하게 하기 위해 진행되고 있는 것이다. 그러나 그 진행 과정에서 시민의 접근이 여전히 용이하지 못하다. 행정의 투명성 강화를 위해서도 시민의 적극적 참여는 필요하며 기관에서도 각 행정 과정상에서 효율성이 약간 감소되는 면이 있더라도 시민의 참여를 통해 공청회를 적극적으로 열며, 모든 사항을 인터넷 등에 공지하는 방안으로서 시민의 참여를 적극적으로 유발하는 방안을 강구하는 것이 전자정부 진행에서 필요하다.

요 약

정보통신기술의 혁신과 함께 그 가치와 안정성이 증가하고 있는 전자정부는 역사상 유례가 없을 정도의 속도로 진전되고 있다. 전자정부 구현 노력은 행정전산화에서 비롯되며, 행정전산망사업과 행정정보화로 줄기를 형성하면서 지식정부로 진화하는 듯하다. 이처럼 전자정부는 구축 과정에서 능률성 제고와 삶의 질 향상이라는 모토를 지향했다. 그래서 전자정부 비전은 정보통신기술을 활용한 낙관적 전망으로 장밋빛 환상이 제시되었다. 웹 기반 환경의 고도화에 따라 드러나는 정부 모습과 역할이 전자정부를 통해 구체화되고 있다. 하지만 그 동안의 변화 과정에서 야기된 전자정부의 성과와 관련하여 기대와 우려가 엇갈리는 듯하다. 분명 전자정부는 산업사회 이후의 정부 이념형으로 그 타당성을 인정받고 있지만, 전자정부에 대한 담론은 당위성과 정보통신기술에 매료된 채 추진 과정에서 대한 성찰이 없이 전개된 듯하다. 노무현 정부의 출범과 함께 본격적으로 서비스 집행 단계에 접어들고 있는 전자정부 사업을 둘러싸고 다양한 논의가 표출되었으며, 전자정부 현상을 둘러싼 평가적 인식과 논의도 명암이 엇갈린다. 그렇지만 전자정부 구상의 취지로서 행정 내부의 생산성 향상과 대국민 서비스의 제고라는 두 가지 축에 대해서는 이론이 없는 듯하다. 이 장에서는 전자정부 구현 과정에서 드러난 문제와 한계가 대안적 전자정부 실천 방안의 탐색을 시사한다는 문제 인식의 바탕에서 기존 전자정부에 대한 성찰적 논의로써 사회·문화적 관점에서 전자정부를 이해하고, 실천적 접근을 모색하는 데 그 목적을 둔다.

연구 문제

1. 그 동안의 전자정부 전개 과정에 대해 살펴보고 추진 과정에서 드러난 문제점과 극복 방안에 대해 논의해 봅시다.
2. 전자정부의 추진 과정에서 드러난 역기능을 살펴보고 극복 방안에 대해 논의해 봅시다.

제12장

전자정부의 향후 연구 쟁점

짧게는 10여년, 길게는 20여년에 걸친 전자정부 구현을 위한 노력은 다양한 이론적·실무적 연구 쟁점을 남기고 있다. 이러한 연구 쟁점 가운데 핵심적인 것들은 이 책의 각 장에서 충분히 다루어졌다고 여겨진다.

이 장에서는 각 장에서 다루어진 전자정부 관련 쟁점들을 관통하여 제기되어 왔거나 제기되었어야 할 것들 중에 각 장의 범위의 문제로 다룰 수 없었던 쟁점들과 아울러 향후 전자정부와 관련하여 제기될 수 있는 쟁점들에 초점을 맞추고자 한다.

여기서 다루는 쟁점들은 결코 망라적이라거나 핵심적이라거나 한 것들은 아니다. 추가적인 쟁점을 나열하는 주된 이유는 지금까지 정보통신기술이라는 기술적 측면에 과다하게 치우쳐 다루어져 온 전자정부에 대한 논의를 좀더 행정학 본류의 맥락에서 풍성하게 하기 위한 몇 가지 소재를 던지자는 것이다. 전자정부는 정부이지 결코 정보통신기술 그 자체는 아니니기 때문이다.

이 장에서는 전자정부와 관련하여 향후의 쟁점을 다룬다는 점에서 각 쟁점에 대해 간략하게 해당 쟁점이 어떤 것이며, 왜 쟁점이 되는지, 각 쟁점의 구체적인 내용이 무엇인지를 제시해 보고자 한다.

1. 행정과 정보통신기술 변화에 대한 실증분석을 토대로 한 전자정부의 재정의

전자정부에 대해서는 법률상의 정의, 학자들의 견해 등 다양한 견해들이 존재하지만 전자정부에 대한 정의는 "정의하는 사람이 어떤 위치에 있느냐에 따라 달라지는" 개념상의 혼돈 상태를 보이고 있다(Hwang, Choi & Myeong, 1999). 전자정부에 대한 개념상의 혼란은 사회과학 연구에서 자연스러운 것이지만, 일반 현상과 달리 정책적 관심과 투자가 이루어지는 현상에서 개념상의 혼란은 적어도 투자 효율성 면에서 바람직한 것은 아니다. 이러한 개념적 문제의 해결을 다소 완화시키려는 노력이 발전단계론 또는 성숙단계론이라고 볼 수도 있지만, 단계론 역시 개념적이고 추상적인 구성물에 불과하다.

흥미로운 점은 정부의 전자정부 구현 노력이 좀더 구체적으로 진전되고 활용이 증대되면서 전자정부라는 개념화된 정부의 모습이 구현되는 일면으로, 전자정부란 이전의 정부와 크게 다르지 않은 정부일 수 있다는 생각을 가능케 하는 단초들도 나타나고 있다. 이는 아직 경험적으로 검증되지 않은 주장이어서, 전자정부 학계에서 다소 논란을 불러일으킬 수 있는 주장이라고 여겨진다. "전자정부란 과연 무엇인가?"라는 물음을 다시 던지려는 다소 이해하기 어려울 수 있는 시도에 대해서는 학문적으로 좀더 진지하고 체계적으로 대응할 필요가 있다. 이러한 물음에 대한 대응을 위해서는 전자정부에 대한 핵심적인 논의, 특히 경험적 근거를 바탕으로 한 개념적 논의가 필요하다.

전자정부의 재개념화 또는 이의 필요성을 검증 또는 반증하려는 노력에서 반드시 답해야 할 물음의 시작은 전자정부가 과연 이전의 정부와 다른 것인가이다. 이러한 물음에 답할 때 제기되어야 할 것은 전자정부의 개념적 토대에서 '전자'라는 기술적 부분과 정부라는 비기술적 부분의 관계성이다. 좀더 구체적으로 말하자면, 기술적 요소와 비기술적 요소 간에 상대적 비중 또는 포괄 관계에 대한 경험적 파악이 필요하다.

[그림 12-1]에서 볼 수 있듯이 기술 발전과 행정 발전은 독립적인 현상으로서 전자정부는 기술 진보에 따른 기술적 특성과 행정 발전에 따른 행정적 필요가 맞물리는 상호 작용 영역에서 형성된다(Prissen, 1997). 기술 발전으로 인한 기술적 특성, 행정 발전에 따른 행정적 필요에는 서로 쉽게 결합되지 않는 특성들을 지니고 있어 서로 무관하게 진행되는 영역들이 존재한다. 물론 후속적인 기술 발전 및 행정 발전에 따라, 그리고 상호 작용의 결과로 각 영역에 변화가 유발될 수도 있다.

[그림 12-1]에서 제시되는 연구 쟁점으로는 무엇보다 우선적으로 정보통신기술과 행정에서 상호 작용을 가능케 하는 측면들이 무엇인가라는 물음이다. 이 물음에 대해 답하기 위해서는 정보통신기술의 진보를 통해 나타나는 특성

[그림 12-1] 기술과 행정의 관계 영역

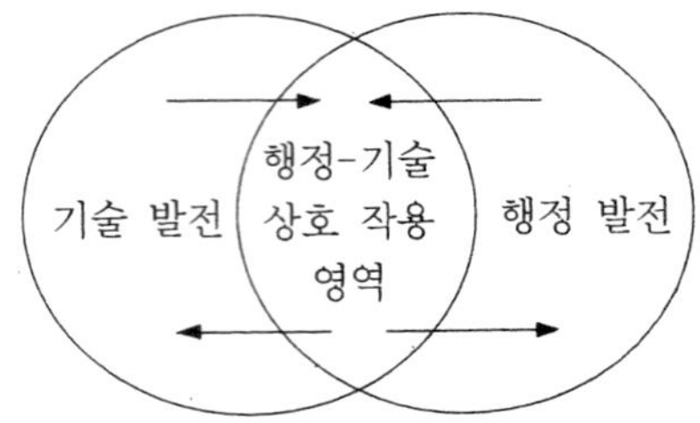

들에 대한 이해가 필요함과 동시에 행정의 발전 과정 속에서 제시되는 행정 수요, 또는 행정 혁신 수요에 대한 면밀한 검토 작업이 요청된다. 이러한 작업은 탐색적으로만 이루어져서는 현실적인 의미를 갖기 어렵다. 기술-행정의 관계성을 파악하여 전자정부에 대한 바른 개념화가 이루어지고 지속적으로 보완되기 위해서는 역사적인 접근, 즉 한국의 공공 부문에서 정보통신기술의 도입, 응용, 활용 역사에 대한 회고적 분석 작업이 필수적이다. 아니면 적어도 유사 부문, 또는 유사 기술의 사례를 통한 유추 작업이 이루어져야 한다(최영훈, 1997b; Mazlish, 1965).

2. 정부 부문에서 기술 도입사 분석

전자정부 개념을 한국의 맥락에 놓아 두면 어떤 모습으로 그려질 것인가? 지금까지 전자정부에 관한 학술적 그리고 실무적 논의에서 주류적인 입장은 서구적 관점에서 제시된, 특히 이 책이 여러 장에서 언급된 전자 뱅킹에서 시작된 서구적 의미의 전자정부를 다루어 왔다. 전자정부 수준 또는 성숙도에 대한 여러 기관의 평가가 이루어지고 있지만 과연 이이 평가기관들이 사용하는 지표들을 합성했을 때 우리에게 걸맞은 정부의 모습이 나타날 것인가? 과거가 곧 현재를 통해 미래를 보여 주는 절대적인 기준은 아닐지라도, 정보통신기술의 정부에의 적용에서 나타나는 각종의 현상을 설명할 때 과거는 매우 중요한 일단의 정보를 제공해 준다.

넓게는 과학기술, 좁게는 정보통신기술이 정부 부문에 도입되어 온 역사를 되짚어 보는 의미는 크게 두 가지로 볼 수 있다. 하나는 기술적인 것으로서 어떤 정보통신기술이 정부 부문에 언제 어떤 목적을 위해 도입되어 어느 정도 활용되어 왔는지 그 역사적 궤적을 확인하는 의미를 지닌다. 이의 목적하에서 전개할 수 있는 연구의 주제는 당대에 이용 가능한 정보통신기술의 정부 부문으로의 도입-확산에 관한 연구(innovation adoption-diffusion),[1] 정보통신기술의 도입-확산과 관련해서 공공 부문과 민간 부문의 비교에 관한 연구, 기타 정보통신기술의 도입-확산에 따른 정부 내외의 구조적, 행태적, 권력 관계(Kling, 1996) 등의 변화 등을 들 수 있다.

다른 하나는, 그러나 좀더 중요한 의미는, 정보통신기술의 도입을 통해 정부의 역량에서 나타난 변화를 역사적으로 확인하는 데 있다. 물론 여기서도 도입-확산 관련 주제들이 경시되지는 않는다. 그럼에도 정부 역량 변화에서 주된 의미를 찾는 입장에서 보면, 중요한 것은 사람(즉, 공무원)과 정보통신기술 간의 관계이다. 기술의 도입-확산은 인간이 정부에 대해 그리고 구현해 나가려는 비전에 달려 있다. 이러한 의미에서, 기술 또는 정보통신기술을 연구한다는 것은 곧 정부 자체를 연구하는 것이 된다(Agar, 2003: 3).[2]

3. 전자정부 시대의 새로운 헌법?

전자정부 시대에 맞는 새로운 헌법이 필요한가? 헌법을 국가-사회의 관계 및 이를 위한 국가 권력의 구조 및 권한 관계를 규율하는 근본적인 규범이라고 했을 때, 과연 정보화, 좀더 구체적으로 전자정부 시대가 이러한 근본 규범의 제·개정을 요구하는지는 입장에 따라 상이할 수 있다. 다만 전자정부를 광의로 확대 해석하려는 입장에서 보면 그리고 전자정부를 이전의 정부와 완전히 새로운 행정 패러다임으로 보려는 입장에서 보면 전자정부 시대에 걸맞은 새로운 헌법의 필요성을 주장할 수 있는 여지도 있다.

행정학에서 헌법에 대한 논의는 특히 한국의 행정학계에서는 매우 미약한

1) 기술의 도입-확산에 관한 쟁점을 가장 포괄적이고 구체적으로 다룬 문헌은 Rogers (2003)라고 생각된다. Everett M. Rogers는 단순히 기술 분야에서의 혁신의 채택-확산만을 다룬 것이 아니라 일반 사회 현상 등 다양한 분야에서의 혁신의 채택-확산에 관한 논의도 망라하고 있다.

2) 사실 이러한 주장은 [그림 12-1]의 기술과 행정의 관계 영역과 배치된다. 이러한 배치 관계는 경험적으로 검증해 볼 흥미로우면서도 중요한 주제가 된다.

실정에 있다. 현재까지 행정학적 입장에서 헌법을 다룬 논의는 행정 이념으로서 합법성을 Rosenbloom(1989)류의 헌법적 이해로 재정립하려 시도한 김항규(1996)와 기존 행정 이념의 관리적 편향성에 대한 반성으로서 헌법적 접근을 제시한 표시열(1994) 정도에 불과하다. 기존의 이런 논의들에 대한 대안으로 전자정부 시대 헌법에 대한 좀더 근본적인 주장들을 제시하는 학자들[3)]도 있다. 그러나 전자정부의 맥락에서든, 일반 행정 이념의 맥락에서든 헌법적 접근에 대한 주장들은 한국의 주류 행정학자들 사이에서는 별다른 관심을 끌지 못하고 있다.

그럼에도 이 장에서 이러한 그 동안 경시된 논의를 다시 거론하는 가장 큰 이유는 학계의 현재적 무관심에 상관 없이 헌법은 행정학 및 행정 현상에서 '살아 움직여야 할' 근본 규범이라는 점이다. 비록 한국의 경우 파행으로 얼룩진 헌정사 속에서 헌법에 대한 무관심을 이해할 수 있는 충분한 근거가 있고(한상범, 1997), 또한 포스트모더니즘을 주장하는 입장에서 헌법이라고 하는 불변하는 근본 원칙(foundation)을 인정하지 않으려는 점(Farmer, 1995; Fox & Miller, 1996: Miller, 2002)도 이해할 수 있지만, 헌법을 무시한 행정은 '근본이 없는' 행정과도 같은 것이다.

전자정부 시대에 헌법을 재이해하려는 주장은 사변적으로 보아 크게 세 가지로 나누어 볼 수 있다. 하나는 현재와 전혀 다른 새로운 헌법을 제시하는 입장이고, 다른 하나는 전자정부의 맥락에 맞게 현재의 헌법의 관련 조항을 개량할 필요성을 제시하는 입장이다. 또 다른 하나는 현재의 헌법 조항을 전자정부에 적용하려는 입장이 있을 수 있다.

위의 어떤 입장을 취하든지 헌법을 만드는 것보다는 그것을 운영하는 것이 훨씬 더 어렵다는 점은 Woodow Wilson 등의 강조(Wilson, 1887; Rohr, 1986)에서는 물론, 우리의 헌정사를 통해서도 쉽게 알 수 있다. 이러한 점에서 전자정부 시대의 새 헌법을 주장하는 입장보다는 전자정부에 맞도록 현행 관련 헌법 조항의 수정·보완 입장이 더 현실적이라고 볼 수 있다. 그럼에도 전자의 완전히 '새로운 헌법' 제정론자들의 주장은 후자의 수정개량주의자들의 입장에 따라 헌법을 수정·보완하는 경우 등대와 같은 안내 지침으로서 신중하게 검토되고 실현 가능한 범위에서 최대한 반영되기 위한 방안이 연구되어야 한다.

---

3) 가장 대표적인 행정학자로는 한국외국어대학교 황성돈 교수가 있다.

특히 한국 행정학계 역시 헌법을 본래의 위치, 즉 국가 사회의 근본 규범으로서의 위치로 되돌리기 위해 헌법을 행정에 부단히 적용하고 이를 통해 헌법 논의에서 행정학적 의미를 부여하려는 노력들이 게시되어야 한다. 특히 전자정부를 주장하는 학자들의 입장에서 전자정부를 전자정부의 구현을 국가와 국민 간의 정부의 구조, 운영, 행태 등에 대한 새로운 사회계약으로 보든(최영훈, 2001) 아니든, 전자정부를 이전과 새로운－물론 새로움이 어느 정도인가는 학자에 따라 상이하지만－패러다임으로 보려고 한다면 헌법에 대한 이해와 재이해는 필수적이다.

4. 인간 본성과 전자정부의 구현

전자정부의 맥락에서 인간의 본성을 거론하는 것은 다소 어색하지만, 현재 전자정부에 대한 논의들을 접하면서 전자정부를 통해 얻어지리라는 많은 기대들이 구현되고 적용되는 인간 자체에 대한 궁금증으로 이어진다. 그렇다면 인간의 본성(human nature)에 대한 서로 다른 이해가 존재한다면 그에 따라 전자정부를 구현하려는 정책, 또는 전자정부하에서의 정책에도 영향을 미칠 것인가? Somit & Peterson(2003)은 인간의 본성을 설명하는 상이한 관점으로서 표준 사회과학 모형(Standard Social Science Model)과 진화 모형(Evolutional Model)을 들고 있다. 표준 사회과학 모형의 요지는 인간 본성, 따라서 인간 행태는 문화(culture)에 의해 형성된다는 것이다. 즉 양육(nurturing)이 강조된다. Somit & Peterson이 기술하는 표준 사회과학 모형의 핵심 논거는 ① 인간은 내재적인(innate) 행태적 경향성을 갖고 있지 않다, ② 인간 본성은 학습과 사회화, 즉 문화의 산물일 뿐이다, 그리고 ③ 인간 본성(따라서 인간 행태)은 본질적으로 변화 가능(malleability)하다 등으로 요약된다. 이에 반해 진화 모형은 인간의 본성은 유전된 행태적 경향성을 지닌다고 봄으로써, 자연 질서(nature)를 강조한다.

이러한 양 모형의 차이점을 토대로 했을 때, 전자정부를 통해 얻어지리라 예상되는 결실들이 정보통신기술과 제도적 변혁을 통해 가능해질 수 있을 것인지에 대해 상이한 결론에 도달하게 된다. 인간 본성은 본질적으로 가변성을 지니기 때문에 인간이 사회화를 통해 항상 기대되는 행태를 보일 수 있다는 표준 사회과학 모형에 따르면, 과거와 현재의 한국 행정의 모습은 전자정부에서 전혀 다른 모습으로 나타날 수 있다. 표준 사회과학 모형이 설명하듯이, 공무원과 일반 국민 또는 일반 사회의 지속적인 사회화를 통해 흔히 주장하는 Thomas S. Kuhn이 말하는 과학적 혁명의 궤도를 움직이는 새로운 패러다임의 정부, 그리고 거버넌스의 모습을 만들어 낼 수 있을 것이다.

이와 대조적으로 돌연변이 현상(mutation)을 제외하면 진화된 인간 행태는 본질적으로 불변하다는, 즉 역사적 일관성이 미래 행태 예측의 기반이 된다는 진화론적 모형에 따르면 전자정부가 그리는 미래상의 달성은 과거에서 현재로 오는 정치행정적 행태의 규칙성에 의해 지배될 수밖에 없다. 이 경우 전자정부를 구현하기 위한 정책에 주는 함의는 표준 사회과학 모형이 제시하는 바와 근본적으로 달라질 수밖에 없다. Somit & Peterson(2003)이 주장하듯이, 인간의 행태를 변화시키려는 시도가 과거에 지속적으로 성공적이지 못한 경우라면 앞으로도 성공적이지 못할 가능성이 높다.

5. 전자정부 맥락에서의 공무원-국민 관계

거버넌스에 대한 관심이 증대하면서 거버넌스 자체는 물론 전자 거버넌스 또는 전자정부와 거버넌스에 관한 논의들이 구체적으로 나타나기 시작했다(김석준 외, 2001). 많은 논의들이 이루어져 왔으나 대부분의 논의들은 거버넌스를 바람직한 것으로 전제로 한 상태에서 거버넌스를 달성하기 위한 방안에 초점을 두고 있다. 거버넌스 논의에서 먼저 제기되는 물음은 거버넌스란 모두 "같은 것인가?"라는 질문이다. 이에 대해 문헌은 준비된 답을 제시해 준다. 다양한 차원의 거버넌스 유형론이 그것이다. 이 유형론에 대해 다시 제기되는 물음은 유형론이 그리는 관계가 "어디에 근거를 두고 있는가?"라는 질문이다. 유형론들은 이에 대해 부분적인 설명을 줄 뿐이다. 더욱이 그러한 유형론 및 그 근거가 "어떤 맥락을 바탕으로 하고 있는가?"라는 질문에는 문헌들은 대체로 침묵하고 있다. 오히려 어떤 바람직한 유형을 설정하고 그 유형의 상태를 달성하기 위한 조건이나 방안을 제시하려고 한다. 하지만 그에 대한 근원에 대한 논의는 없는 상태이다.

거버넌스를 맥락적 관점에서 논의하기 위해서는, 따라서 좀더 현실적 의미를 전달하는 거버넌스에 대한 논의를 위해서 던져질 수 있는 쟁점 사항들을 들어보고자 한다. 그 중 가장 핵심적인 것은 정부-국민의 관계, 또는 공무원-우리

관계성이다. 거버넌스에 대한 바른 이해를 위해서는 공무원과 우리 간의 본질적인 측면에 대한 경험적인 논의가 선행되어야 한다. 이 관계성의 정립 여하에 따라 거버넌스의 모습은 물론, 다른 유형의 거버넌스로 옮아가기 위한 조건 등이 논의될 수 있다.[4] 특히 전자정부의 맥락에서 흔히 그려지는 전자정부의 이상이 과연 가능한 것인지? 가능하기 위해서는 그 핵심적인 요소가 무엇인지 등의 물음에 대한 의미 있는 답을 제공하는 것이 가능하다. 이를 통해 전자정부하에서 국가와 사회, 국가와 비국가적 행위자 간의 관계성에 대한 처방을 그릴 수 있다.

그 다음으로는 중앙정부와 지방 간 관계성이다. Daniel Bell을 비롯한 미래학자들이 예상하듯이 정보통신기술의 발달은 중앙으로부터 지방으로의 권력의 이동을 유발할 수 있고, 정보통신기술의 지리학을 다루는 이들이 주장하듯이 오히려 지방으로부터 중앙으로의 권력 이동을 더욱 강화할 수도 있다. 정보통신기술의 중앙-지방 간의 관계성에 주는 영향을 어느 한 방향으로만 설정할 수 있는 것은 아니지만, 중앙-지방 관계의 다면성들에 정보통신기술이 어떤 조건하에서 어떤 영향을 미치는지는 경험적으로 논의해야 할 과제 가운데 하나이다.

6. 전자정부와 대표관료제

전자정부가 행정의 대표성(bureaucratic representativeness)을 증진시킬 것인가? 정부의 대표성, 또는 대표관료제는 행정의 대국민 반응성, 책임성은 물론 행정의 효과성 및 적실성, 그리고 더 나아가 행정의 궁극적 목적이라고 할 만한 다원주의적 공익의 달성을 위한 불가결의 수단이 된다(Mosher, 1968).

---

4) 한 예로, 최영훈(1997)은 정부의 시장 지향성에 대한 연구에서 공무원의 대민 우열의식(우월 대 열세), 공무원의 책임 소재(조직 대 국민) 두 변수를 이용하여 2×2 매트릭스를 구성하고 세 가지의 추가적인 질문을 던진다: 첫째는 공무원들이 민간 부문보다 역량이 뛰어나면서도 국민에 대한 책임 의식을 지니고 있을 때는 정부가 시장 주도의 경제행정을 펴는 것이 불가능한가? 더 나아가 그러한 정부의 대(對)시장정책이 더 바람직하지 않은가? 둘째, 역량이 뒤지는 정부 능력으로 수행할 수 있는 정부의 활동 범위는 어떤 것인가? 나아가 그러한 정부 능력으로 진정으로 국민에게 책임감 있는 행정을 할 수 있을 것인가? 셋째, 만약 정부가 국민에게 책임감 있는 행정을 하기 위해서는 더욱 적극적인 차원에서 공무원의 역량을 신장시키려는 노력을 해야 하지 않겠는가?

이러한 맥락에서 행정부는 대의민주주의 정치 체제에서 국회가 지닌 대표성의 한계(주로 수적인 의미에서)를 완화시키는 보완적인 체계로 간주되어 왔다 (Mosher, 1968; Rohr, 1986).

사회의 다양한 집단의 이해관계 또는 요구를 정부의 의사 결정에 반영하여 전통적으로 대표성을 확보하는 방법은 크게 두 가지로 나누어 볼 수 있다. 하나는 전통적인 대표관료제 논거에서 찾아볼 수 있는 소우주론(microcosm)이다. 소우주론은 공무원의 구성(주로 출신을 기준으로)을 사회의 구성과 동일하게 하여 사회의 축소판으로 만들게 되면 대표성을 확보할 수 있다는 입장이다. 이를 Federick C. Mosher는 소극적 의미의 대표성이라고 부른다. 대표관료제에 대한 소우주론에서 중요한 것은 공직의 인적 구성과 이러한 인적 구성을 얻기 위한 공무원의 선발이다. 다른 하나는 정부의 산물(계획, 정책, 사업, 기타 일상 업무에서의 선택이나 결정 또는 행위 등)의 내용이 여론 또는 국민의 의사를 반영하도록 하는 실체론이다. Mosher는 이를 적극적 의미의 대표성[5]이라고 부른다.

여기서의 쟁점은 관료제가 대표성을 지닐 수 있는지 여부도 아니고, 소우주론과 실체론 중 어느 것이 더 우월하냐 하는 문제도 아니다. 전자정부와의 맥락에서 관료제의 대표성과 관련된 쟁점은 또 다른 차원의 일단의 쟁점을 던져준다.

첫째, 전자정부가 공무원의 인적 구성에서 사회의 축소판으로서의 소우주를 얼마나 완성시킬 수 있을까? 전자정부에서 이러한 인적 구성을 확보하기 위한 선발 방법은 무엇인가? 전자정부가 공무원의 사회경제적·사회인구학적 배경에서 전자정부 이전의 정부와 의미 있는 차이를 보일 것인가? 만약 그러하다면 전자정부가 어떻게 그런 차이를 만들 것인가? 만약 그렇지 않다면, 전자정부에서 대표성은 어떻게 확보될 수 있을까? 후자의 대안으로 각종의 정보통신기술을 통한 사회 각계각층의 다양한 의견을 수렴할 수 있는 가능성의 증대를 들 수 있다. 그렇다면 현실적으로 정보통신기술을 이용하여 정부에 의견을 제시하거나, 공무원이 의견을 묻는, 사회집단의 구성은 어떠한가? 전자정부하에서 정부에 대한 의사 표명 과정에서 사회집단의 대표성을 확보할 수 있을 것인가? 확보하려면 어떤 노력과 제도적 장치, 그리고 공무원의 인적 구성이 필요할 것

5) Mosher는 공무원이나 개개인이 자신의 소속집단(국민 전체이든 또는 그 일부분이든)의 이익을 반영하도록 행동하는 것을 적극적 의미의 대표성이라고 보고 있다.

인가?

둘째, 정보통신기술의 활용을 통해 정부의 산물이 얼마나 대표성을 높일 수 있을까? 어떻게? 정보통신기술의 활용으로 무수한 의견들이 정부로 투입된다고 했을 때 이를 정부의 산물로 반영하는 과정에서 공무원들의 역할은 무엇인가? 공무원들에게 지금과 다른 능력이 요구될 것인가? 그렇다면 어떤 능력이 필요할 것인가? 이와 연관하여, 문헌에서 전문지식을 토대로 이를 지배의 도구로 사용한다고 비판받는 기술관료(technocrat)는 전자정부에서도 여전히 부정적으로 인식될 것인가?

정보통신기술에 의해 가능하리라 예상되는 다양한 참여 또는 의견 반영의 장치들의 중요성 및 실현 가능성에 대한 기대 수준이 낮게 평가되고 있는 현실에서(명승환, 최영훈, 2005), 전자정부에 대한 기대들이 대표성 측면에서 어떻게 발현될 것인지를 경험적으로 연구하는 것은 매우 필요한 학술적·실무적 작업이 될 것이다.

7. 전자정부 구현과 추진 체계의 중복 및 정책 갈등

전자정부 구현 정책 또는 정보화 정책의 문제점을 다루는 문헌들에서 항상 제시되는 쟁점 가운데 하나는 바로 전자정부 추진 체계의 문제점이다. 전자정부 추진 체계의 문제 영역은 매우 다양하지만 크게 보아 두 가지로 나누어 볼 수 있다. 하나는 추진 체제의 리더십 또는 권한 구조에 관한 것이고, 다른 하나는 중앙부처 간 또는 중앙부처와 지방자치단체 간 그리고 지방자치단체 간 소관에 관한 것이다. 최근 신공공관리의 움직임에 힘입어 정부 기능의 효율적 배분이 크게 강조되고 있고, 효율적인 정부 기능 배분의 요체는 정부 부처 간 중복 관할의 정비로 요약되고 있다. 현재의 시대적 흐름 속에서 정부 부처 간 관할의 중복은 Simon(1947)류의 제한된 합리성의 정부조직적 구현이나 Landau (1991)의 가외성을 통한 위험의 해소 또는 부처간 특화된 업무 처리와 이를 통한 상승 효과의 획득(김영평·송희준, 1993) 등의 긍정적인 측면으로 이해되고 대처되는 측면은 매우 약하다. 그보다는 오히려 부처이기주의 또는 그에 따른 갈등, 정부 정책의 일관성 및 체계성 상실, 정부 전체의 비효율성 등 정부 부처 간 기능 중복은 부정적으로 인식되고 있다. 관할 중복과 관련하여 좀더 적절한 해결책은 해당 기관의 단순한 통폐합 또는 존폐의 논의가 아니라 관할 중복의 구체적인 양상을 살펴보고 그에 따른 대응 처방을 내리는 것이다.

이를 위해서는 먼저, 전자정부 구현을 하나의 정책 영역으로 파악하고 그 정책 영역의 구성 요소와 행위자들을 파악할 필요가 있다. 먼저 전자정부 구현을 정보화 정책 영역 속에서 파악할 것인지, 아니면 전자정부 자체 영역을 설정할 것인지를 결정해야 한다. 정책 영역의 설정에 따라 중복의 모습과 역동성이 전혀 달라질 수 있다. 그 다음은 정책 영역 속에서 관할 영역의 중복이 발생하는 차원을 확인할 필요가 있다. Levine & White(1961: 597)는 한 조직의 관할 영역을 "문제 영역(problems defined), 대상 집단(population served), 서비스(services provided)로 이루어진 다차원적인 공간"으로 설정하고 있다. 조직 관할 영역의 이러한 세 가지 차원들은 한 조직이 추구하고자 하는 '구체적인 목표' 및 그 조직이 이러한 목표를 달성하기 위해 수행하는 '기능'을 반영한다. 이처럼 조직 관할 영역은 한 조직이 다른 조직과의 관계에서 차지하는 상대적 위상뿐 아니라 그러한 위상과 관련하여 중요한 환경적 관계를 결정해 준다고 볼 수도 있다(Molnar & Rogers, 1979: 409). 따라서, 조직들 간의 관할 영역의 중복 현상은 문제 영역, 대상 집단 및 서비스가 두 개 이상의 조직들에 의해 공동으로 점유되고 있는 현상을 의미하는 것으로 정의할 수 있을 것이다(최영훈, 1997a).

그 다음 설정된 정책 영역 속에서 관련 조직들 간의 관할 중복의 양태를 구체화할 필요가 있다. 이를 위한 하나의 관점은 Downs(1967)의 정책 공간 개념에서 구할 수 있다. Anthony Downs는 정책공간 개념의 이론적 의미로서 몇 가지를 제시하고 있다. 첫째는 조직 간 기능적 상호 의존성 또는 거리감에 대한 강조이다. 둘째, 한 조직의 기능은 정책 공간에서 그 소재를 갖는다는 점이다. 복수의 기능을 지닌 조직은 정책 공간에서 동시에 복수의 위치를 갖게 된다. 셋째, 이 점에서 정책 공간은 조직공간과는 다르다. Downs에 따르면, 한 조직의 기능적 소재를 둘러싸고 있는 정책 공간은 내부 영역(interior), 주인 없는 지대(no-man's land), 그리고 외계 영역(exterior)로 나뉜다. 내부 영역은 다시 조직의 심장부(heartland)와 내지의 외곽 지대(interior fringe)로 나뉘고, 외계 영역은 다시 주변 영역(periphery)과 남의 영역(alien territory)으로 나뉜다. 이러한 영역은 한 조직이 정책 공간의 특정 부분에서 행사하는 지배력의 정도에 따라 결정되며, 중복이 이들 영역의 어디에서 발생하는지에 따라 조직 간 갈등의 정도, 중복의 성격, 이에 대한 대응 등이 달라진다. 또한 관할 중복에 대한 논의는 이러한 영역을 정책 과정상의 단계별로 접근해 볼 수도 있을 것이다.

그리고 이러한 중복이 발생한 원인이 무엇인지, 과연 중복이 부정적인 것인지 아니면 긍정적인 것인지, 중복의 결과를 협력적 결과로 끌어내는 방법은 무엇인지 등 다양한 쟁점들이 다루어져야 한다.

참고 문헌

[국내 문헌]

감사원.(2003). 전자정부 구현사업 추진실태 감사 결과.

강근복 · 기영석 · 송충근.(1998). "전자지방정부의 모형과 구현전략." 추계학술대회 발표 논문집. 한국행정학회.

강성철 외.(2002). 새인사행정론(개정3판). 서울: 대영문화사.

강정석.(2001). "행정절차의 구조적 특성과 부패유발 효과." 한국정책학회 동계학술대회 발표 논문집.

강홍렬.(2005). 국가전략 수립을 위한 유비쿼터스의 의미. 정보통신정책연구원.

고경민.(2004). "시민 중심적 전자정부 구현을 위한 정책 방향: 서울시 홈페이지에 대한 시민평가를 중심으로." 2004 전자정부연구소 학술세미나. 전자정부와 e-거버넌스: 도전과 과제.

국무조정실.(2002). 국가기관 전산자원 관리 실태.

권기헌.(1997). 정보사회의 논리. 서울: 나남출판.

______.(1997). "전자정부와 행정개혁의 연계 방안." 한국행정학회 동계학술대회 발표 논문집.

김갑모.(2004). "인터넷을 통한 시민 참여의 활성화 방안: 대전광역시 자치구 홈페이지를 중심으로." 대전대학교.

김동건.(1994). 현대재정학. 서울: 박영사.

김동현.(2001). "전략적 정보기술 활용의 성숙도 모형에 의한 중앙행정기관 평가 사례." 정보화정책 제8권 1호. 한국전산원.

김번웅.(1999). "21세기를 대비한 행정 서비스의 과제와 전망." 한국행정연구 제8집 2호. 5-23.

김병준.(1994). 한국지방자치론. 서울: 법문사.

김병찬.(1986). "행정의 이념과 구조." 한국행정학보 20(1): 1-14.

김석주.(2003). "전자정부와 행정개혁." 서울행정학회 정보화정책 세미나 발표 논문집.

김석준.(2000). 뉴 거버넌스 연구. 서울: 대영문화사.

김석준 외.(2001). 뉴 거버넌스와 사이버 거버넌스 연구. 서울: 대영문화사.

김선경.(2005). "서울시 유비쿼터스 서비스 구현 방안에 관한 연구: 시민 인식 조사를 중심으로." 한국지방자치학회보. 17(1).

김성근 · 양경훈.(2001). 경영정보관리. 서울: 문영사.

김성태.(1999). "전자정부 조기 구현을 위한 행정정보 공동활용 저해 요인 분석." 정책분석평가학회보 8(1): 199-211.

______.(2000). "광역자치단체의 전자정부 추진 실태 분석: 정보화 지표와 지표 간 관계를 중심으로." 한국행정학보 34 (4): 235-255.

______.(2003). 전자정부론: 이론과 전략. 서울: 법문사.

김성태 · 오철호.(2003). "효율적 전자정부 구현을 위한 기반 기술 도입 정책분석." 한국행정학회 하계학술대회 발표 논문집.

김수신.(2003). 지방자치행정론. 한국방송통신대학교출판부.

김영미.(2004). "전자정부의 효과성을 높이기 위한 BPR: 수준과 가능성." 한국행정학회 동계학술대회 발표 논문집.

______.(2005). "전자정부와 정부혁신: 변화의 과정과 방향." 한국행정학회 하계학술대회 발표 논문집.

김영삼.(2004). "전자정부 개념 논의의 비판과 연구 방향." 한국행정학회 춘계학술대회 발표 논문집.

김영평.(1993). 행정개혁의 신화와 논리. 서울: 나남출판사.

김재기.(2002). 최신인사행정론. 서울: 형설출판사.

김찬곤.(2002). "투명행정의 사례: 서울시 민원처리 온라인 공개시스템." 오철호 편.

______.(2002). 정보통신기술과 행정. 서울: 대영문화사.

김태일 · 유창우.(2003). "웹을 이용한 예산정보의 투명성 평가." 함께하는 시민운동(2003). 시민에 의한 전자정부(G by C) 만들기 사업백서: 시민의 손으로 만드는 전자정부.

김태환.(1999). "지식산업정보망의 발달과 지역산업의 성장." 국토연구. 27: 47-63.

김항규.(1996). "현대행정과 합법성 이념의 재음미." 한국행정학보 30(2): 1-15.

김현성.(2000). "전자정부 추진에 있어 전자문서관리 시스템(EDMS) 도입의 쟁점과 관점." 한국행정학회 하계학술대회 발표 논문집.

______.(2000). "전자정부와 지방자치의 패러독스(paradox)." 지방자치정보 113.

남궁근 외.(2002). 전자정부를 통한 부패통제: 이론과 사례. 경상대학교 사회과학연구소. 서울: 한울아카데미.

남중헌. (2001). "기업환경 변동에 따른 인적자원 관리시스템의 업그레이드를 위한 정보전략계획." 경영학연구논문집 8(1-2): 121-136.

류석상.(2000). "미국의 정보격차 해소 추진 정책과 전망." 정보화동향분석 153.

류혜연.(2003). "전자정부서비스 활용에 관한 실증적 연구: 수요자를 중심으로." 한국행정연구 12(3): 274-301.

명승환.(2000). "인터넷 시대에 있어서의 정부와 시민 간의 관계 재조명." 이화여대 뉴거버넌스 교육연구단 논문집.

명승환 · 최영훈.(2005). 차세대 전자정부에 대한 인식: 주요 광역시를 중심으로. 정보화정책 12(4): 131-149.

목진휴 · 명승환 · 윤태범.(2002). "전자정부를 통한 행정부패 감소 방안: 정보통신기술(ICT)을 통한 레드테이프의 제거 방안을 중심으로." 정보화정책 9(3).

목진휴 · 최영훈 · 명승환.(1998). "정보기술이 정책결정 과정에 미치는 영향: 주요 광역자치단체를 중심으로." 한국행정학보 32(3): 35-54.

문신용.(1997). 전자정부 구현을 위한 행정정보 서비스 발전 방안. 한국행정연구원.

______.(1999). "전자정부와 행정정보 서비스의 보편성: 공공정보통신, 키오스크, 전자우편 서비스를 중심으로." 한국행정연구 8(1).

______.(2000). 인터넷 기술과 행정서비스. 한국행정연구원.

______.(2000). 인터넷 기술을 활용한 행정 서비스의 발전 방안과 과제. 한국행정연구원.

______.(2002). 전자정부 구현을 위한 전자행정서비스 활성화 방안. 한국행정연구원.

박동진.(2005). "국가혁신을 위한 차세대 전자정부 전략." 21세기 한국 메가트랜드 시리즈 II. 정보통신정책연구원.

박세정.(1995). 세계화시대의 일류행정. 서울: 가람기획.

박양열.(2000). "미국 노스캐롤라이나 주의 전자정부 포털 NC@Your Service 구축 프로젝트." 정보화동향분석 7(18).

______.(2002). "공공부문의 전략적 혁신을 위한 정보기술 활용지침." 정보화정책. 한국전산원: 89-107.

박영기.(1990). "정보사회와 새 행정인상: 정보사회의 행정 이념." 한국행정학보 24(2): 753-772.

박재희.(1998). 행정 서비스 제공 방식의 다원화 방안. 한국행정연구원.

박홍수 · 김영석 편.(1987). 뉴미디어와 정보사회. 서울: 나남출판사.

배일섭.(2003). "전자정부 시대의 시민 참여 활성화 방안: e-CRM을 중심으로." 한국행정논집 15(3).

변미리.(2005). "전자정부의 시민 활용성과 시민참여: 서울시 전자정부 사례를 중심으로." 한국행정학회 동계학술대회 발표 논문집.

서순복.(2002). 지식정보사회와 전자행정. 서울: 대왕사.

서울시립대 법률행정연구소.(2000). 공무원 정보화 교육 수요 및 활용 능력 조사를 위한 연구. 행정자치부 용역 보고서.

서원교.(1999). "정부회계 기준에 따른 전산시스템의 구축 방안." 지방행정연구

14(1).

서이종.(1998). 지식・정보사회학: 이론과 실제. 서울: 서울대학교 출판부.

서진완.(1996). "사무관리의 효율화: 행정사무 자동화를 통한 정부생산성 제고." 한국행정연구, 5(2).

______.(1998). "공공부문에서의 정보통신기술의 활용과 과정 중심적 접근." 행정과 정책 4(1).

______.(1999). "전자정부 실현을 위한 비젼과 전략." 전자정부 구현을 위한 장단기 과제논집. 행정자치부: 1-24.

______.(2000a). "정보 리터러시(Information Literacy)의 개념을 이용한 지역주민의 정보화 수준 측정." 한국행정학보 34(1).

______.(2000b), "행정 서비스의 전자적 전달 방식과 제공 수준"(2000. 12. 2). 한국정책학회 동계학술대회 논문집.

______.(2001). "전자정부의 Locus와 Focus." 행정포커스: 28-30.

______.(2001). "효율적인 전자정부 추진전략." 전자정부 조기 실현을 위한 연찬회. 행정자치부.

______.(2002). "전자정부의 보편적 행정 서비스를 위한 콘텐츠의 중요성과 실태분석." 정보화정책 9(1): 3-17.

송충근.(2003). "지방정부 품질경영(TQM)의 성과와 영향 요인." 한국행정논집 15(1).

______.(2005). "지식관리 성공 요인: 경제적 요인 대 비경제적 요인." 한국거버넌스학회 동계학술대회 발표 자료집.

______.(2005). "지식관리 시스템하에서 지식 공유 영향 요인에 관한 연구." 한국정책과학학회보 9(2).

송희준・박기식.(2000). "지식정보사회의 정부 역할: 시장과 정부, 그리고 네트워크 거버넌스." 한국행정학회 기획세미나 발표 논문집: 189-106.

송희준・최홍섭.(2002). "전자정부사업의 투명성 제고 효과: 현황과 전망," 한국정책학회 하계학술대회 발표 논문집: 337-58.

시정개발연구원.(2003). 서울시 전자정부 추진 실적 평가 연구: 대시민 관계 분야. 2003-R-27.

안문석.(1997). 정보체계론. 서울: 박영사.

안문석 외.(1995). 정부기관 전산화의 외부위탁 활용 방안에 관한 연구. 경기도 용인: 한국전산원.

양태종・서보람・장원석・홍초운・이미화・김영신.(2004). "민원업무 혁신(G4C) 사례분석을 통한 전자정부 추진 방안 연구." 한국행정학회 추계학술대회.

오강탁.(2002). "통합적 전자정부 발전모형에 따른 한국 전자정부의 수준 진단과 향후 발전 방향." 한국정책학회보 12(1). 한국정책학회.
오강탁 · 이연우.(2005). "참여정부 전자정부 수준 진단과 정책적 함의: 전자정부 발전모형 관점에서." 정보화정책 12(3).
______.(2005). "참여정부 전자정부 수준과 향후 추진 전략." 한국행정학회 하계학술대회 발표 논문집.
오석홍.(2000). 인사행정론(제4판). 서울: 박영사.
오철호.(1998). "정책결정 과정에서의 정보 사용에 대한 합리모형 비판." 한국정책학회보 6(7): 195-228.
______.(2001). 전자정부 비판. 한국사회과학연구협의회 · 한국언론정보학회세미나 발표 논문집.
오철호 편.(2002). 정보통신기술과 행정. 서울: 대영문화사.
오형국.(2005). "전자정부에서의 시민참여 활성화 방안에 관한 연구." 경희대학교 박사학위 논문.
유광호.(2001). 비판행정학, 서울: 대영문화사.
유민봉 · 임도빈.(2003). 인사행정론. 서울: 박영사.
유인출.(2000). e-Government와 Government Portal, working paper no 10.(주)이비즈그룹.
유화석.(2000). 정보관리의 인적자원관리. 21세기형 인적자원관리: 뉴 패러다임과 실천과제. 한국노동연구원. 서울: 명경사.
윤상오.(2001). "전자정부 성숙도 평가모형의 개발과 적용에 관한 연구." 한국정책학회보 11(4). 한국정책학회.
______.(2002). "전자정부 성숙도 평가모형의 개발과 적용." 한국정책학회보 11(4).
______.(2003). "전자정부와 행정 참여," 한국정책과학학회보 7(1).
윤석환.(2003). "제10장 지역정보화와 전자정부." 이창기 · 신기원 외. 지방정부혁신론. 서울: 백산서당.
윤영민.(1996). "전자정부의 구상과 실천에 관한 비판적 접근." 국가기간전산망저널 3(3). 한국전산원.
윤종설 · 신은철.(2005). "전자정부 활성화를 위한 규제개혁 방안." 한국행정학회 동계학술대회 발표 논문집.
이기식.(1998). 전자정부 공개 촉진을 위한 제도적 측면의 연구.
이순철.(1998). 정보화시대의 정부개혁 10가지 성공 비결. 삼성경제연구소.
이윤식.(1990). "정보관리와 정책과정." 한국행정학보 24(2): 693-718.
______.(1998). "공공부문 경쟁력 강화를 위한 전자정부의 추진 방향에 관한 연구." 사회과학논총. 숭실대학교논문집: 87-111.
이재성.(2001). "인터넷을 활용한 주민 참여에 관한 연구." 리서치 아카데미 논총.

4.
______.(2004). "서울시 25개 자치구의 온라인 주민참여에 대한 실태분석." 한국행정학회 춘계학술대회 발표 논문집.
이재현.(2000). 인터넷과 사이버사회. 서울: 커뮤니케이션북스.
이정아.(2003). "CRM을 활용한 전자정부 서비스 혁신 전략." 정보화정책 10(4).
이홍재 · 강제상.(2005). "효과적인 지식관리를 위한 학습공동체 운영에 관한 연구." 한국정책과학학회보 9(4).
임성한.(1979). "전통의 재검토: 한국에 있어서 행정 이념상의 문제점." 한국정치학회 제3회 합동학술대회 발표논문집: 133-148.
임수현.(2000). "e-HRM 등장 배경과 실현 방안," 한경BUSINESS 프라이스워터하우스쿠퍼스(PwC) 공동기획, e-비지니스 환경에서의 인적자원관리: 80-81.
임은모.(1998). 멀티미디어 콘텐츠 비즈니스 세계. 서울: 진한도서.
______.(2000). 멀티미디어 콘텐츠 마케팅론. 서울: 진한도서.
전석호.(1995). 정보사회론. 서울: 나남출판사.
전영재 외.(1999). "지식국가를 위한 정부의 역할." 지식경영과 한국의 미래: 145-221.
전종섭.(2001). 행정철학. 윤재풍 · 정희남 옮김. 서울: 대영문화사.
정국환.(1997). 장애인의 정보통신서비스 이용 활성화 방안. 한국전산원.
정보통신부.(1996). "제1차 정보화촉진기본계획(1996~2000)."
______.(1999). "Cyber Korea 21(1999~2002)."
______.(2002). "E-Korea Vision 2006(2002~2006)."
정부혁신지방분권위원회.(2003). 참여정부 전자정부 로드맵.
정용관.(2000). "호주 정부의 Government Online 추진전략." 정보화동향분석 155.
정정길.(1998). 정책학원론. 개정판. 서울: 대명출판사.
정충식.(1997). 전자정부론. 서울: 녹두.
______.(1998). "전자정부의 개념 정립 및 구현 방안." 정보사회와 정보화정책. 최성모 편. 도서출판 나남.
조덕호 · 권윤희.(2002). "웹에서의 전자정부 발전 단계의 모형에 관한 연구." 한국행정학회 춘계학술대회 발표 논문집.
조희정.(2003). "정보사회에서의 시민 참여: 전자정부의 시민 참여 기제 분석을 중심으로." 시민사회와 NGO.
천명중 · 이민화 · 남기찬.(2002). 경영정보시스템(제2판). 서울: 대영사.
초고속정보통신기반연구반.(1994). 21세기의 한국과 초고속통신. 한국전산원.
총무처 직무분석기획단 편. (1997). 신정부혁신론: OECD 국가를 중심으로. 서울:

동명사.
總務廳. (1994). 行政情報化推進基本計劃, 平成6年 12月 25日.
최상수 외.(2003). "보안관리 및 위험분석을 위한 분류체계, 평가 기준 및 평가 스케일의 조사연구." 정보보호학회지 13(3): 38-49.
최영훈.(1997). 한국공무원의 상대적 우월감, 책임성 그리고 시장개입: 최근의 규제개혁 움직임에 주는 의미. 한국행정학회 동계학술대회 발표 논문.
______.(1997a). "행정기관의 관할중복 현상: 과학기술분야를 중심으로." 한국행정학회 하계학술발표대회 발표 논문. 춘천. 1997. 6. 20-21.
______.(1997b). "한국의 정보기반 구조정책 어디로 가고 있나?" 한국정책학회 하계 학술대회 발표 논문집.
______.(2003). "정보기술, 레드테이프 그리고 부패: 업무 분야를 중심으로." 한국부패학회보 8(1).
______.(2003). 전자정부 구현에 있어서 시민단체의 역할. 광운대학교 인문사회과학연구소논문집 33.
______.(2005). "정보통신기술과 윤리." 정보통신윤리위원회 편저(2005). 정보사회윤리학. 서울: 이한출판사.
최영훈 · 명승환.(2004). "전자정부 추진 과정과 비판: 주요 이슈별 문제점 진단과 개선 방안," 한국행정학회 춘계학술대회.
충청남도.(1998). 전자지방정부 구현전략 수립 연구.
콘텐츠 비즈니스연구소/조선일보 출판부 옮김.(2000). 콘텐츠 비즈니스 아는 만큼 돈이 보인다. 서울: 조선일보사.
표시열.(1994). 행정의 효율성 편향에 대한 헌법상의 제한: 행정가치에 대한 관리적 접근에서 헌법적 접근으로. 한국행정학보 28(4): 1141-1155.
하태수.(2002). "공익과 행정 이념에 대한 시론적 재고: 국가이론을 중심으로." 행정논총 40(2): 85-109.
한국전산원.(1996), "포럼: 전자정부." 국가기간전산망 저널 3(3): 13-44.
______.(1996). "전자정부의 개념 정립 및 구현 방안에 관한 연구."
______.(1997). "정보화시대의 행정서비스와 행정체제 개선 방안에 관한 연구."
______.(2000). 2000 국가정보화백서.
______.(2002a), e-Korea Vision 2006.
______.(2002b), Beyond e-Government 비전수립 및 중점 추진과제 개발.
______.(2003), 미래 전자정부 청사진.
______.(2003). 전자부패(e-Corruption)의 존재 양식과 대처 방안에 관한 연구.
______.(2004). e-Governance 구현을 위한 과제와 전략.
______.(2004). u-Korea전략 연구.

______.(2004). 유비쿼터스 시대의 공공행정 서비스 발전 방안 연구.

______.(2004, 2005). 국가정보화백서.

한동효 · 민병익.(2004). "지식관리 시스템의 도입 · 활용에 관한 평가연구: 경상남도 2개 기초자치단체를 중심으로." 한국행정학보 38(5): 215-239.

한상범.(1997). 헌법이야기. 서울: 현암사.

한상완.(1997). 정보사회의 전개와 정보 이용. 서울: 구미무역주식회사 출판부.

한세억.(1998). "이음새 없는 행정: 정책 연계성에 대한 고찰과 실천적 적용 가능성." 한국행정학보, 32(3): 17-34.

______.(2003). "사이버상 역기능 방지를 위한 전자정부정책의 평가." 한국정책학회 추계학술대회 발표 논문집.

______.(2003). "지능적 전자정부의 행정 이념과 실천: 창의성을 중심으로." 한국행정학회 하계학술대회. 2003. 6. 13-14. 무주. 전북.

______.(2004). "생활정보화 촉진을 위한 지방정부의 역할." 강원행정학회. 지역정보화 촉진을 위한 e-Life 운동 심포지엄 발표 자료집.

한세억 · 김경섭.(1998). "전자정부의 논의와 실천적 함의." 한국행정연구 6(4). 한국행정연구원.

한영환.(1988). "국가 발전의 단계적 관리와 새로운 행정체제의 구축." 한국행정학회 편. 민주사회 성숙을 위한 공공행정: 67-99.

함께하는 시민운동.(2003). 시민에 의한 전자정부(G by C) 만들기 사업백서: 시민의 손으로 만드는 전자정부.

함께하는 시민행동.(2002). 중앙 및 지방공공기관 168곳 홈페이지모니터 보고서.

행정자치부.(1998). 전자정부의 비전과 전략, 행정자치부 행정관리국.

______.(2000). 2001년도 행정정보화시행계획.

______.(2004). 일하는 방식, 확 바꾸어 봅시다.

______.(2004). 지방세정 정보화 발전 방안.

______.(2005). 2005 전자정부사업 연차보고서.

______.(2005). 2006년도 행정정보화촉진시행계획.

행정자치부 정부혁신본부.(2004-5). "혁신의 창" 각호.

______.(2005a). 대한민국 정부가 변하고 있다(eBook).

______.(2005b). 정부혁신지침 매뉴얼.

행정자치부 · 자치정보화조합.(2003). 2002 기초자치단체 정보화 수준 측정.

허 범.(1988). "공공정책의 형성과 집행." 성균관대학교 편. 행정학개론. 서울: 대영문화사.

______.(1988). "새로운 공공행정의 모색: 민본행정의 이념과 과제." 민주사회의 성숙을 위한 공공행정. 서울: 한국행정학회: 100-135.

허훈.(2002). “사이버거버넌스의 사례와 교훈.” 2002 하계학술대회논문집. 한국행정학회.

홍형득.(2005). “고객 지향적인 지방전자정부 추진 현황과 효율적인 구현 방안: 강원도를 중심으로.” 한국정책과학학회보 9(4).

황성돈.(2000). “지식정부의 미래 모습과 정책과제,” 한국행정연구 9(1).

황성돈 · 권기헌 · 황승흠.(1999). “21세기 전자정부 구현을 위한 주요 입법 과제와 추진 방안.” 국가과학기술자문회의.

황성돈 · 명승환 · 정충식 외.(2000). 전자정부 법제화의 기본 논리와 법안. 행정자치부 용역보고서.

황성돈 · 정충식 · 최영훈 · 명승환.(1997). 정보화시대의 행정서비스와 행정체제 개선방안 연구. 한국전산원.

황성돈 · 황승흠 · 명승환.(2000). 전자정부 법제화의 기본 논리와 법안. 행정자치부.

황종성 · 류석상 · 박양열.(2003). “미래 전자정부 청사진.” 정보화정책 10(2). 한국전산원.

LG경제연구원. (1999). “디지털 시대 HRM의 황금률.” CEO 보고서.

[외국 문헌]

Accenture(2003). *CRM in Government: Bridging the Gaps*. The Government Executive Series.

Accenture Consulting(2002). *eGovernment Leadership: Realizing the Vision*.

Agar, J. (2003). *The Government Machines: A Revoulutionary History of the Computer*. Cambridge, MA: The MIT Press.

Allison, Grahm T.(1972). *The Essence of Decision*. Boston: Little Brown.

Atkinson, Robert D. & Jacob Ulevich(2000). *Digital Government: The Next Step to Reengineering the Federal Government*, Progressive Policy Institute, March.

Australian National Audit Office(1999~2000). *Electronic Service Delivery, including Internet Use, by Commonwealth Government Agencies*, Audit Report No. 18 1999~2000 Performance Audit, http://www.anao.gov.au.

Beer, S.(1979). *The Heart of Enterprise*. Chichester: John Wiley & Sons.

Bell, Christopher & Lisa Zipparo(2001). “Exploiting Emerging Technology Corruptly in the NSW Public Xector”: 25.

Benedikt, Michael(1991). “Cyberspace: Some Proposals.” In Michael Benedikt. (ed.). *Cyberspace: First Steps*. London: The MIT Press: 119-224.

Bertelsmann Foundation(2002). *Balanced E-Government: Connecting Efficient Administration and Responsive Democracy.*

Blau, Peter, & R. A. Schoehnerr(1971). *The Structure of Organizations.* New York: Basic Books.

Boer, Jan H. (1995). "Re-engineering the Consultative Process between Industry, Labour and Government Trade Authorities in South Africa, *International Review of Administrative Sciences* 61: 343-354.

Bozeman, B., & J. D. Straussman(1991). "Managing Information Strategically." *Public Management Strategies: Guidelines for Managerial Effectiveness.* San Francisco: Jossey-Bass Publishers: 108-134.

Brown, D. M.(1999). "Information Systems for Improved Performance Management Performance Management: Developed Approaches in US Public Agencies." In Richard Heeks(ed.). *Reinventing Government in the Information Age.* London, England: Routledge: 113-134.

Bugler, D. T. & S. I. Bretschneider(1993). "Technology Push or Program Pull: Interest in New Inforamtion Technologies within Public Organization." In Bozeman(ed.). *Public Management: The State of the Art.* San Francisco: Jossey-Bass Publishers: 275-293.

Bynum, Terrell Ward(2000). "A Very Short History of Computer Ethics." *APA Newsletters* 99(2).

______(2001). "Computer Ethics: Basic Concepts and Historical Overview." *Stanford Encyclopedia of Law*(http://plato.stanford.edu/ contents.html).

Cain, Piers (1999). "Automating Personnel Records for Improved Management of Human Resources: The Experience of Three African Governments." In Richard Heeks(ed.), *Reinventing Government in the Information Age: International Practice in IT-Enabled Public Sector Reform,* NY: Routledge: 135-155.

Caldow, Janet(2004). *e-Democracy: Putting Down Global Roots.* IEG.

______(1999). "The Quest for Electronic Government: A Defining Vision," Center for Electronic Community, IBM, http://www.ieg.ibm.com.

Callender, Guy & Judy Johnston(1995). "Re-engineering Australian Education Systems: The NSW Experience-Innovation or Enervation?," *International Review of Administrative Sciences* 61: 385-405.

Carr, D. K. et al. (1992). *Breakpoint: Business Process Redesign,* Arlington, VA: Coopers and Lybrand.

Chadwick, Andrew & Christopher May(2003). "Interaction between States and Citizen in the Age of the Internet: 'e-Government' in the United States, Britain, and the European Union." *Governance: An International Journal of Policy, Administration, and Institutions* 16(2).

Cherniss, C. & D. Goleman(2001). *The Emotionally Intelligent Workplace*. San Francisco, Ca: Jossey-Bass.

Chery Currid & Company(1995). *The Reengineering Toolkit: 15 Tools and Technologies for Reengineering Your Organization*. Rocklin, CA: Prima Publishing.

Children's Partnership(2000). *Online Content for Low-Income and Underserved Americans: The Digital Divide's New Frontier*. March. http://www.childrenspartnership.org/

Clark, P. & Neil Staunton(1989). *Innovation in Technology and Organization*. London & New York: Routledge.

Clients First (1995). The Challenge for Government Information Technology. http://www.nla.gov.au/gov/itreview/final/itrg-tc.html

Clift, Steven(1996). "Government Services List-Update," *GOVPUB Listserv*, July 24.

Cohill, A. M. & A. L. Kavanaugh(eds.)(2000). *Community Networks: Lessons from Blacksberg*. Boston: Artech House.

Coleman, Stephen & John Gotze(2001). "Bowling Together: Online Public Engagement in Policy Deliberation." *Hansard Society*.

Crowley, Aileen (1995), "Born Again: Re-engineering Guru Hammer Preaches Follow-through with Processes." *PC Week*, May 22.

Daft, R. L.(1978). "A Dual-Care Model of Organizational Innovation." *Academy of Management Journal* 21: 193-210.

Daft, R. L. & S. Becker(1978). *Innovation in Organizations: Innovation Adoption in High Schools*. New York: Elsevier.

Daft, R. L. & R. H. Lengel(1986). "Organizational Information Requirements, Media Richness and Structural Design." *Management Science* 32(5): 554-571.

Daft, R. L. & N. B. MacIntosh(1978). "A New Approach to the Design and Use of Management of Information." *California Management Review* 32: 82-92.

______(1981). "A Tentative Exploration into the Amount and Equivocality of

Information Processing in Organizational Work Units." *Administrative Science Quarterly* 26: 207-224.

Danziger, J. N. & C. L. Gianos(1998). "Anticipating and Coping with Technological Change in the Workplace." In S. E. Condrey. *Handbook of Human Resource Management in Government*, San Francisco, CA: Jossey-Bass: 518-535.

Davenport, Thomas H. (1993). *Process Innovation: Reengineering Work through Information Technology*, Boston: Harvard Business School Press.

Davenport, Thomas H. & James E. Short (1990). "The New Industrial Engineering Information Technology and Business Process Redesign." *Sloan Management Review* 31(4): 11-27.

Davenport, Thomas H. & Laurence Prusak(1998). *Working Knowledge*, Boston, MA: Harvard Business School Press.

Davidson, Mike(1995). *The Transformation of Management*, London: Macmillan Business.

Dawes, Sharon S. et al. (2004). "Designing Electronic Government Information Access Programs: Holistic Approach." *Government Information Quarterly* 21: 3-23.

Dawes, Sharon S., Theresa A. Pardo, Peter A. Blonniaz, & Ann DiCaterino. (1999). *Developing and Delivering Government Service on the World Wide Web: Recommended Practices for New York State*. Albany, NY: Center for Technology in Government.

Deloitte Research(2000). *Through the Portal: Enterprise Transformation for e-Government*.

Demchak, Chris C., Christian S. Friis & Todd M. La Porte(2000). "Webbing Governance: National Differences in Constructing the Face of Public Organizations." In G. David Garson(eds.). *Handbook of Public Information Systems*, New York, Marcel Dekker Publishers.

Denhardt, Robert B. & Joseph W. Grubbs(2003). *Public Administration: An Action Orientation*. Belmont, CA: Wadsworth/Thompson Learning.

DiCaterino, Ann & Thereas A. Padro (eds.)(1996). *Overview: The World Wide Web as a Universal Interface to Government Services*. Center for Technology in Government, University at Albany.

Dickson, G. W., R. L. Leitheiser, J. C. Wetherbe, & M. Nechis(1984). "Key Information Systems Issues for the 1980's." *MIS Quarterly* September,

8(3): 135-159.

Dietz, Thomas R., Scott Frey, & Eugene A. Rosa(2002). "Risk, Technology, and Society." In Riley E. Dunlap & William Michelson(eds.). *Handbook of Environmental Sociology,* Westport, CT: Greenwood Press.

Donovan, S.(1993). "Security of PCs in the Distributed Environment," *Computer & Security* 12(1): 28-31.

Downs, Anthony(1967). *Inside Bureaucracy*. Boston, MA: Little, Brown & Co.

Duboff, Rob & Craig Carter (1995). "Reengineering from the Outside." In *Management Review*, Nov., 84(11): 42-46.

Dye, W. & R. Page(1988). "The Politics of Innovation." *Knowledge in Society*: 12-41.

Echeverr, J.(2003). "Science, Technology, and Values: Towards an Axiological Analysis of Techno-scientific Activity." *Technology in Society* 25: 205-215.

Ein-Dor, P. & E. Segev(1982). "Organizational Context and MIS Structure." *MIS Quarterly* 6(3): 56-57.

El-Sayed & Abou-Zeid(2002). "A Knowledge Management Reference Model." *Journal of Knowledge Management* 16-5: 486-499.

Eurobarometer(1998). *EC-ISAC Measuring Information Society*. http://www.ispo.cec.be/polls.

Farmer, David J. (1995). *The Language of Public Administration: Bureaucracy, Modernity and Postmodernity*. Tuscaloosa, AL: The University of Alabama Press.

Faya, Paul(2001). *E-Government: Literature Review*. Management Priorities and Senior Personnel Secretariat, Government of Canada.

Federal Benchmarking Consortium(1997). "Serving the American Public: Best Practice in One-Stop Customer Service." *National Performance Review*, http://www.npr.gov/library/papers/benchmark/onestp.html.

Feldberg, Roslyn L. & Evelyn Nakano Glenn(1987). "Technology and the Transformation of Clerical Work," in Robert E. Kraut(ed.). *Technology and the Transformation of White-Collar Work*, Hilsdale, NJ: Lawrence Erlbaum Associates: 77-97.

Feller, I., D. Menzel, & L. A. Kozak(1976). *Diffusion of Innovations in Municipal Governments*. University Park: Institute for Research on Human Resources, Center for the Study of Science Policy,

Pennsylvania State University.

Fountain, Jane E.(2001). *Building the Virtual State. Information Technology and Institutional Change*. Washington, DC: Brookings Institute.

Fox, Charles J. & Hugh T. Miller (1996). *Postmodern Public Administration: Toward Discourse*. Thousand Oaks, CA: Sage Publications, Inc.

Frissen, P. (1997). "The Virtual State." In Brian D. Loader(ed.). *The Governance of Cyberspace*, New York: Routledge: 111-125.

Gandy, Oscar H.(1986). "Inequality: You Don't Even Notice It After a While." In J. Miller(ed.). *Telecommunications and Equity: Policy Research Issues*. Amsterdam: North-Holland.

Gartner Group(2000). *Gartner's Four Phases of E-Government Model*.

Gellespie, A.(1997). "Advanced Communications Networks, Territorial Integration and Local Development." In Gmagni(ed.). *Innovation Networks*. Belhaern Press.

General Accounting Office (1994). "Reengineering Organizations: Results of a GAO Symposium." *Report to Congressional Requesters, GAO/NSIAD-95-34. Washington D.C*: United States General Accounting Office: 6-14.

Glynn, P., S. Kobran & M. Naim(1997). "The Globalization of Corruption." In Elliott ed.

Goldsmith, Stephen, & William D. Eggers(2004). *Governing By Network: The New Shape of the Public Sector*. Washiongton D.C.: Brookings Institution Press.

Goleman, Daniel(2004). *Emotional Intelligence & Working with Emotional Intelligence*. London, UK: Bloomsbury.

Gorry, G. A. & M. S. Scott(1971). "A Framework for Management Information System." *Sloan Management Review* 13: 64-65.

Government.direct (1996). A Green Paper on the Electronic Delivery of Government Services. http://web.archive.org/web/19970605010043/www.open. gov.uk/citu/gdirect/greenpaper/index.htm.

Government of Malaysia(1997). *Electronic Government Flagship Application: Blueprint for Electronic Government Implementation*.

Halachmi, Arie(1991). "Information Technology, Human Resources Management, and Productivity." In C. Ban & N. M. Riccucci. *Public Personnel Management: Current Concerns-Future Challenges*, NY: Longman: 240-253.

______(1995). "Re-engineering and Public Management: Some Issues and Considerations," *International Review of Administrative Sciences* 61: 329-341.

Halachmi, Arie & Tony Bovaird(1997). "Process Reengineering in the Public Sector: Learning Some Private Sector Lessons," *Technovation*, 17(5): 227-235.

Hammer, Michael(1990). "Reengineering Work: Don't Automate, Obliterate," *Harvard Business Review* 68(4): 104-112.

Hammer, Michael & James Champy (1993). *Re-engineering the Corporation: A Manifesto for Business Revolution*, New York: Harper Collins.

Harmon, M.(1981). *Action Theory for Public Administration*. Longman.

Harrington, H. J.(1991). "Business Process Improvement: The Breakthrough Strategy for Total Quality." *Productivity, and Competitiveness*. New York: McGraw-Hill, Inc.

Harris, Blake(1995). "Cyberspace 2000." *Government Technology*, October: 34-35.

Hart-Teeter(2000). *E-Government: The Next American Revolution*. The Council for Excellence in Government.

Hastings, C.(1996). *The New Organization*. London: McGraw-Hill.

Hayashi, K & Y. Tagawa(1994). *Universal Service*, 유니버설 서비스. 한국전자통신연구소.

Heckscher, C.(1994). "Defining the Post-bureaucratic Type." In C. Heckscher & A. Donnellon eds. *The Post-bureaucratic Organization*. Thousand Oaks, CA: Sage.

Heeks, R. & S. Bhatnagar(1999). "Understanding Success and Failure in Information Age Reform." In Richard Heeks(ed.). *Reinventing Government in the Information Age*. London, England: Routledge: 49-74.

Heim, Michael(1991). "가상현실의 형이상학." In Sandra K. Helsel & Judith Roth(eds.). 노용덕 옮김(1994). 가상현실과 사이버스페이스(*Virtual Reality: Theory and Promise*). 서울: 세종대학교출판부.

______(1993). "The Metaphysics of Virtual Reality." Oxford: Oxford University Press; 여명숙 옮김(1997). 가상현실과 철학적 의미. 서울: 책세상.

Hendrick, Rebecca(1994). "An Information Infrastructure for Innovative Management of Government." *Public Administration Review*,

December, 54(6): 543-550.

Hill, Peter(1977). "On Goods and Services." *The Review of Income and Wealth*, No. 4, December.

Hinnant, C. C. & S. I. Bretschneider(1997). "Understanding Information Sharing: The Role of Organizational Proximity." *Working Paper*. Syracuse University.

Ho, Alfred Tat-Kei(2002). "Reinventing Local governments and the E-Government Initiative." *Public Administration Review*, July/August, 62(4): 434-444.

Holland, W. E. & Sanjiv Kumar(1995). "Getting Past the Obstacles to Successful Reengineering," *Business Horizons*, May-June, 38(3): 79-85.

Holley, Lyn & Neal Topp(1994). "Internet in the Public Interest." *The Public Manager*, Fall, 47-50.

Howard, H. Frederick(1993). *Global Communication and International Relations*. Belmont, CA: Wadsworth Publishing Company.

Huber, G. P.(1984). "The Nature and Design of Post-industrial Organizations." *Management Science* 30: 928-957.

______.(1990). "A Theory of the Effects of Advanced Information Technologies on Organizational Design, Intelligence, and Decision Making." *Academey of Management Review* 15: 47-70.

Hwang, Sung D., Y. Choi, & Seung H. Myeong(1999). Electronic Government in South Korea: Conceptual Problems. *Government Information Quarterly* 16(3): 277-285.

IAB(Intergovernmental Advisory Board)(1999). *Integrated Service Delivery: Governments Using Technology to Serve the Citizen*, Federation of Government Information Processing Councils in cooperation with the Office of Intergovernmental Solutions, Office of Governmentwide Policy, U.S. General Services Administration. August.

Iacono, Suzanne & Rob Kling(1987). "Changing Office Technologies and Transformations of Clerical Jobs: A Historical Perspective." In Robert E. Kraut(ed.). *Technology and the Transformation of White-Collar Work*, Hilsdale, NJ: Lawrence Erlbaum Associates: 53-75.

ICAC(2001). *The Need to Know: eCorruption and Unmanaged Risk*: 5.

______(2003). *Information Technology Security Management for NSW Public*

Agencies, September.

Information Technology Review Group. *Clients First: The Challenge for Government Information Technology*, http://www.finance.gov.au/pubs/itrg/itrg-tc.html.

Ives, B., & M. Olson(1984). "User Involvement and MIS Success." *Management Science* 30(5): 586-603.

Jambrich, T.(2001), "e-Government The opportunities and risks." ICAC e-corruption symposium.

KableNET.com, "US leads 'real' e-government league." 18 May 2000.

Kakabadse, Andrew, Nada K. Kakabadse, & Alexander Kouzmin(2003). "Reinventing the Democratic Governance Project through Information Technology? A Growing Agenda for Debate." *Public Administration Review,* January/February. 63(1).

Kamensky, M. John(1996). "Role of the Reinventing Government Movement in Federal Management Reform." *Public Administration Review* 56(3).

Kaplan, Abraham(1968). *The Conduct of Inqurry: Methodology for Behavioral Science*. San Francisco, CA: Chandler Publishing Co.

Katz, D. & R. L. Kahn(1966). "Organizations and the System Concept." *The Social Psychology of Organizations*: 14-29.

Kelly, D. W.(1988). "A Guide to Cost-Effective PC Security." *Security Management*, October, 32(10): 55-88.

Kettl, Donald F.(2002). *The Transformation of Governance: Public Administration for the Twenty-first Century America*. Baltimore and London: Johns Hopkins University Press.

King, Cheryl S. & Camilla Stivers(1998). *Government Is Us: Public Administration in an Anti-Government Era*. Thousand Oaks, Ca: SAGE Publications, Inc.

Kingdon, John W.(1984). *Agenda, Alternatives and Public Polcies*, Little Brown and Company.

Kirschner, Paul A., Simon J. Buckingham-Shum, & Chad S. Carr(eds.). (2003). *Visualizing Argument-Software Tools for Collaborative and Educational Sense-making*. Springer.

Klein, P.(1985). "Intelligence and Intelligence Testing." In Adam Kuper, & J. Kuper, *The Social Science Encyclopedia*. London: Routledge & Kegan Paul: 403-404.

Kling, Rob(1996). *Computerization and Controversy: Value Conflicts and Social Choice*. San Diego, CA: Morgan Kaufman.

Kraemer, K. L. J. N., Danziger, D. E. Dunkle & J. L. King(1993). "The Usefulness of Computer-Based Information to Public Managers." *MIS Quarterly*(June): 129-149.

Kraemer, K. L., J. L. King, D. E. Dunkle, & J. P. Lane(1989). "Computer Use in Municipalities: The State of the Practice, 1988." *Baseline Data Report* 21(1). Washington, D. C.: International City Management Association.

Kubicek, Herbert & Martin Hagen(2000). "One-Stop-Government in Europe: An Overview." In Government and Democracy in the Information Age Working Group, *One-Stop-Government in Europe: Result from 11 National Survey*, March. http://www.fgtk.informatix.uni-bremen.de/cost/one-stop-government/main2.html.

Lambright, W. P. J. Flynn, A. H. Teich, & A. B. Lakins(1979). *Technology Transfer to Cities: Processes of Choice at the Local Level*. Boulder, Col.: Westview Press.

Landau, Martin(1991). "On Multiorganizational Systems in Pubic Administration." *Journal of Public Administration Research and Theory* 1: 5-18.

Layne, K. & J. Lee(2001). "Developing fully functional E-government: A Four Stage Model." *Government Information Quarterly* 18: 122-136.

Levine, Sol, & Paul E. White(1961). "Exchange as a Conceptual Framework for the Study of Interorganizational Relationships." *Administrative Science Quarterly* 5(4): 583-601.

Linden, Russel M.(1994). *Seamless Government: A Practical Guide to Re-Engineering in the Public Sector*. San Francisco, CA.: Jossey-Bass Publishers.

Loch, K. D., H. C. Houston, & M. E. Warkentin(1992). "Threats to Information Systems: Today's Reality, Yesterday's Understanding," *MIS Quarterly*, June: 173-186.

Long, Norton E.(1952). "Bureaucracy and Constitutionalism." *American Political Science Review* 46: 808-818.

Loveless, S., & B. Bozeman(1982). "Innovation and the Public Manger." In W. Eddy(ed.). *Handbook of Organization Management*. New York: Marcel Dekker: 391-416.

Loveman, Gary W. (1988), "An Assessment of the Productivity Impact of Infomration Technologies." Working paper of Management in the 1990s, MIT Sloan School of Management, July.

MacIntosh, Ann(2004). "Characterizing E-Participation in Policy-Making." *Proceedings of the 37th Hawaii International Conference on System Sciences*.

March, J. G. & H. A. Simon(1958). *Organizations*. New York: Wiley.

Marshall, Kimball P.(1999). "Has Technology Introduced New Ethical Problems?." *Journal of Business Ethics* 19: 81-90.

Martin, L. L.(1994). "A Model of Impacts of Advanced Information Technologies on Organizational Knowledge, Structure, and Performance of Professional Service Firms." New York University, Stern School of Business. Working Paper.

Mason, Robert M.(1992). "Effective Intelligent Organziations: Knowledge is not Enough." *IEEE Proceedings of the Twenty-Fifth Hawaii International Conference* 4: 464-471.

Mayer, J., P. Salovey, & D. Caruso(2000). "Models of Emotional Intelligence." In R. Sternberg(ed.) *Handbook of Human Intelligence*. NY: Cambridge University Press: 396-420.

Mazlish, Bruce(1965). *The Railroad and the Space Program: An Exploration in Historical Analogy*. Cambridge, MA: The MIT Press.

McNabb, E. David & F. Thomas Sepic(1995). "Culture, Climate, and Total Quality Management: Measuring Readiness for Change." *Public Productivity & Management Review* 18(4): 369-385.

Mechling, Jerry & Victoria Sweeney(1998). *Finding and Funding IT Initiatives in the Public Sector*. Sacramento: Government Technology Press.

Mikkelsen, R.(2000), "Prove Opened into Missing White House E-mails," carried by Teuters, 23. March.

Millard, Jeremy(2002. 4). *European Best Practice in E-Government*.

Miller, Hugh T. (2002). *Postmodern Public Policy*. Albany, NY: State University of New York Press.

Milward, H. B., & L. O. Snyder(1996). Electronic Government: Linking Citizens to Public Organizations through Technology. *Journal of Public Administration Research and Theory* 6: 261-275.

Mohr, L.(1969). "Determinants of Innovation in Organizations." *American Political Science Review* 63: 111-126.

Moon, M. Jae(2002). "The Evolution of E-Government among Municipalities: Rhetoric or Reality?." *Public Administration Review,* July/August, 62(4).

Moor, James H.(1985). "What is the Computer Ethics?." *Metaphilosophy*, No 1. 16.

Morton, M. Scott(ed.)(1991). *The Corporation of the 1990s*. Oxford: Oxford University Press.

Mosher, Frederick C.(1968). *Democracy and the Public Service*. New York: Oxford University Press.

Nadler, David A. et al.(1992). *Discontinuous Change: Leading Organizational Transformation*. San Francisco: Jossey-Bass Publishers.

NCB(1992). *A Vision of An Intelligent Island: The IT2000 Report*. Singapore: National Computer Board.

Niderman, F., J. C. Brancheue, & J. C. Wetherbe(1991). "Information Systems Management Issues for the 1990s." *MIS Quarterly*, December, 15(4): 475-502.

Nonaka, I. & H. Takeuchi(1995). *The Knowledge-Creating Company*. Oxford University Press.

NPR(1993). *Reengineering Government through IT*, Washington, D.C.: US Government Printing Office.

______(1993). *Reengineering Through Information Technology*. Office of Vice President.

NTIA, Department of Commerce(1994). *Inquiry on Universal Services and Open Access Issues*. Docket No. 940955-4255.

Nunn, S. & J. Rubleske(1996). *Webbed Cities and Development of the National Information Highway: the Creation of World Wide Web by City Governments*. Center for Urban Policy and the Environment, http://www.spea.iupui.edu/ cupe/news/rpt-met.htm.

O'Brien, J. A. (2004). *Management Information Systems*. 6th ed. NY: McGraw-Hill.

OECD(2001). *Citizens as Partners: Information, Consultation and Public Participation in Policy-making*. OECD.

OECD Public Management Policy Brief(2001), The Hidden Threat to

E-Government: Avoiding large government IT failures, PUMA Policy Brief No. 8., March.

Ogburn, W. F.(1966). *Social Change with Regard to Cultural and Original Nature*, New York.

OGC(2000). *E-Government Benchmarking Electronic Service Delivery.*

Oh, C. H.(1996). *Linking Social Science Information to Policy Making.* Greenwich: The JAI Publishers.

O'Looney, J. A. (2002). *Wiring Governments: Challenges and Possibilities for Public Managers.* Westport, CT: Quorum Books.

O'Raghaillaigh, Basil (2001). 정부, e비즈니스로 변화해야 산다. 2001년 7월호 시사컴퓨터.

Osborne, David & Ted Gaebler(1992). *Reinventing Government: How the Entrepreneurial Spirit is Transforming the Public Sector,* Reading, MA: Addison-Wesley.

Oz, Effy(2002). *Management Information Systems(*3rd ed). Boston, MA: Course Technology.

Pacific Council in International Policy(2000). "Roadmap for E-Government in the Developing World: 10 Questions E-Government Leaders Should Ask Themselves." The Working Group on E-Government in the Developing World, Los Angeles, CA 90089-0035, April.

Pardo, Theresa A.(2000). "Realizing the Promise of Digital Government: It's More than Building a Web Site." *IMP Magazine,* October.

Perris, C. (2001). "E-Govemance: Do Digital Aids Make a Difference in Policy Making?." In J. E. J. Prins(ed.). *Designing E-Government: On the Crossroads of Technological Innovation and Institutional Change.* The Hague, Netherlands: Kluwer Law International.

Perrow, Charles(1984). *Normal Accidents: Living with High-Risk Technologies.* New York: Basic Books, Inc.

Perry, J. L. & K. L. Kraemer(1978). "Innovation Attributes, Policy Intervention, and the Diffusion of Computer Applications Among Local Governments." *Policy Sciences*: 179-205.

Peter, G. Neumann(1999). "The Challenges of Insider Misuse, Post-workshop Version," 23 August 1999. Prepared for the Workshop on Preventing, Detecting, and Responding to Malicious Insider Misuse.

Petrozzo, Daniel P. & John C. Stepper(1994). *Successful Reengineering.* New

York, NY: Van Nostrand Reinhold.

Phukan, S.(1999). "Ethical Use of Information Technology: The Impact of the Internet." In C. R. Simpson(ed.). *AICEC99 Conferrence Proceedings*, Australian Institute of Computer Ethics(AICE), Swinburne University of Technology, Lilydale, July, 14-16.

Pinchot, G. & E. Pinchot(1996). *The Intelligent Organization: Engaging the Talent & Initiatives of Everyone in the Workplace*. San Francisco, Ca: Berrett-Koehler Publishers, Inc.

Poster, Mark(1995). 이미옥 · 김준기 옮김(1998). 제2미디어 시대(*Second Media Age*). 서울: 민음사.

Reddcick, C. G. (2004). "A Two-stage Model of e-government Growth: Theories and Empirical Evidence for U.S. Cities." *Government Information Quarterly* 21(1): 51-64.

Relyea, Harold C.(2002). "E-gov: Introduction and Overview." *Government Information Quarterly* 19: 9-35.

Reynolds, Larry (1994). "Can Government Be Reinvented?." *Management Review*, Jan. 6: 14-21.

Rheingold, H.(1993). *Virtual Communities: Homesteading on the Electronic Frontier*. Reading, MA: Addison-Wesley.

Rivera, A. L.(1991). "The Weak Link." *Security Management*, August, 25(8): 91-92.

Roach, Steven S. (1991). "Economic Perspectives." *Morgan Stanley*, Jan.: 6-19.

Robey, D. & M. C. Boudreau(1999). "Accounting for the Contradictory Organizational Consequences of Information Technology: Theoretical Directions and Methodulogical Implications." *Information Systems Research* 10(2): 167-185.

Rockart, J. & L. Flannery(1983). "The Management of End User Computing." *Communications of the ACM* 26(10): 776-784.

Rogers, Everett M. (2003). *Diffusion of Innovations*. New York: The Free Press.

Rogers, E. & F. Shoemaker(1971). *Communication in Innovation: A Cross Cultural Approach*(2nd eds), New York: Glenco Free Press.

Rohr, John(1986). *To Run A Constitution: The Legitimacy of the Administrative State*. Lawrence, KS: University Press of Kansas.

Rosenbloom, David H., & Robert S. Kravchuk(2005). *Public Administration:*

Understanding Management, Politics and Law in the Public Sector. McGraw-Hill.

Rostow, W. W.(1960). *The Stages of Economic Growth: A Non-Communist Manifesto.* Cambridge, UK: Cambridge University Press.

Saunders, C. & J. W. Jones(1990). "Temporal Sequences in Information Acquisition for Decision Making." *Academy of Management Review* 15(1): 29-46.

Schultheis, R. & M. Summer(1992). *Management Information Systems: The Manager's View.* Homewood, IL: Irwin, Inc.

Schwaninger, M.(2000). "Managing Complexity: The Path Toward Intelligent Organizations." *Systemic Practice and Action Research* 13(2): 207-241.

Shadrach, B.(2002). "e-Government for Transparency," International Conference on eGovernment for Development, United Nations Department of Social and Economic Affairs(UN/DESA).

Shafritz, J. M., A. C. Hyde, & D. H. Rosenbloom(1986). *Personnel Management in Government*(3rd ed.), NY: Marcel Dekker, Inc.

Shi, Yuhang & Carmine Scavo(2000). "Citizen Participation and Direct Democracy Through Computer Networking." In G. David Garson(ed.). *Handbook of Public Information Systems.* NewYork and Basel: Marcel Dekker, Inc.: 247-263.

Simon, Herbert A.(1947). *Administrative Behavior.* New York: John Wiley.

______.(1965). *The Shape of Automation for Men and Automation.* New York: Harper & Row, Publishers.

______(1973). "Applying Information Technology to Organizational Design." *Public Administration Review* 33(3): 268-287.

______(1977). *Models of Discovery.* Dordrecht. Holland: R. Reidel.

Snellen, I. & Th. M. van de Donk(1998). "Towards a Theory of Public Administration in an Information Age?." In Snellen, I. & Th. M. van de Donk(ed.). *Public Administration in an Information Age: A Handbook.* Netherlands: IOS Press.

Somit, Albert, & Steven Peterson(2003). "From Human Nature to Public Policy: Evolutionary Theory Challenges The 'Standard Model.'" In *Human Nature and Public Policy: An Evolutionary Approach.* New York, NY: Palgrave: 3-18.

Sprecher, Milford(2000). "Racing E-government: Using the Internet for Citizen

Service Delivery. Govenrment." *Finance Review* 16(5).

Steinmann, Renate et al.(2004). "Can Online Map-Based Application Improve Citizen Participation?." *Proceedings of TED Conference on e-Government*. Bozen Italy.

Steuer, Jonathan(1992). "Defining Virtual Reality: Dimensions Determining Telepresence." *Journal of Communication* 42(4): 73-93.

Stowers, G. L. (2000). "Computer-Based Training in the Public Sector." In G. D. Garson. *Handbook of Public Information Systems*, NY: Marcel Dekker, Inc.: 363-376.

Strange, Susan(1999). *Mad Money*, Manchester University Press(국역: 「매드 머니」, 신근수 옮김, 푸른길, 2000).

Stratton, Brad(1993). "How the Federal Government is Reinventing Itself." *Quality Progress* 26(12): 21-34.

Summer, M. R.(2000). *Risk Factors in Enterpise wide Information Management System Projects.*

Sveiby(2005). "지식조직의 성공을 위한 경영체계 구축 전략." 한국전자통신연구원 특별초청 특강자료집.

Swanson, E. B.(1974). "MIS: Appreciation and Involvement." *Management Science* 21(2): 178-188.

Tavani, Herman T.(2000). "Computer Ethics: Current Perspectives and Resources." *APA Newsletters on Philosophy and Computers Features* 99(2).

Taylor, John, Christine Bellamy, Charles Raab, William H. Dutton, & Malcolm Peltu(1996). "Innovation in Public Service Delivery." In William H. Dutton(ed.). *Information and Communication Technologies: Vision and Realities*. Oxford: Oxford University Press.

Te Komohana O Nga Tari Kawanatanga(2004). Participation through e-government: the context, state services commission.

Treasury Board of Canada Secretariat(1994). *Blueprint for Renewing Government Services Using Information Technology*. http://www.tbs-sct.gc.ca/pubs_pol/ciopubs/tb_oimp/uit-ati/uit-ati_e.asp

Twenty Things You Can Do and Learn On U. S. Government Web Sites, http://www.firstgov.gov, 2000. 6. 24.

UN & ASPA(2002). *Benchmarking E-Government: A Global Perspective.*

UN DPEPA(2005). *Benchmarking E-Government: A Global Perspective*, May.

Van de Ven, A., Delbecq, A. L., & R. Koenig, Jr.(1976). "Determinants of Coordination Modes within Organizations. *American Sociological Review* 41: 322-338.

Volti, Rudi(2004). "William F. Ogburn, Social Change with Respect to Culture and Original Nature." *Technology and Culture* 45(2): 396-405.

Warren, Solcum(2001), *High Performance Government*, http://www. govnet woks.com/high.htm.

Wassennaar, A. (2000). "E-Government Value Chain Models.: E-government from a Business (modeling) Perspective." *IEEE*: 289-293.

Weidman, I. & S. Femers(1993). "Public Participation Waste Management Decision Making." *Analsis and Management of Conflicts Journal of Hazardous Materials* 33: 355-368.

West, D. M. (2004). "E-Government and Transformation of Service Delivery and Citizen Attitudes." *Public Administration Review* 64(1): 15-27.

White, Harvey L. & Mitchell F. Rice(2005). "The Multiple Dimensions of Diversity and Culture." In Mitchell F. Rice(ed.). *Diversity and Public Administration: Theory, Issues, and Perspectives*. Armonk, New York: M. E. Sharpe: 3-21.

Wilson, Woodrow(1887). "The Study of Administration." *Political Science Quarterly* 2: 197-222.

Wozny, Lucy A.(1989). "The Application of Metaphor, Analogy, and Conceptual Models in Computer Systems." *Interacting with Computers*. 1(3): 272-283.

Zaltman, G., R., Duncan, & Holbek(1973). *Innovations and Organizations*. New York: Wiley.

찾아보기

[사 항]

ㄹ

ㅁ

ㅂ

ㅅ

ㅇ

ㅈ

ㅊ

ㅋ

ㅌ

ㅍ

ㅎ

[인 명]

저자 소개(가나다 순)

김동원

현재 경북대학교 행정학과 조교수

지방행정혁신 평가위원

서울행정학회 교육정보위원회 위원장

한국정부학회 교육정보이사 등 역임

〈주요 관심 분야〉

전자정부, 정보화 역기능, 정보인력정책 등(kdw@knu.ac.kr)

김석주

현재 선문대학교 행정학부 조교수

한국전산원 수석연구원

국무총리실 정보화 수준평가위원

정보통신부 정보화 심사평가위원

교육인적자원부 사이버 정책포럼 자문위원

한국정책학회 지식정보이사

한국지역정보화학회 연구부회장 등 역임

〈주요 관심 분야〉

전자정부, 전자민주주의 등(ksj@sunmoon.ac.kr)

김선경

현재 충남대학교 행정학과 전임강사

한국행정학회 학술정보위원

한국정책학회 지식정보위원

한국정책분석평가학회 학술정보화위원

한국도시행정학회감사 등 역임

〈주요 관심 분야〉

정보통신 및 정보화정책, 전자정부, 도시행정 및 관리 등(kimsk@cnu.ac.kr)

명승환

현재 인하대학교 행정학과 부교수
현재 한국지역정보화학회 회장
정보화평가위원
행정개혁시민연합 정보통신분과 위원장
한국지역정보화학회 편집위원장
한국정책학회 지식정보이사
정책분석평가학회 지식정보이사
정보화평가위원
행정DB심사위원
정통부/관세청 자체평가위원 등 역임
〈주요 관심 분야〉
전자정부, 정보통신정책, IT와 조직변화 등(shmyeong@inha.ac.kr)

서진완

현재 인천대학교 행정학과 부교수
전자정부특별위원회 위원 등 역임
〈주요 관심 분야〉
정부혁신과 전자정부, Community Networking, 인터넷방법론 등(sjinwan@incheon.ac.kr)

송충근

현재 전남대학교 행정학과 조교수
여수대학교 행정학과 교수
충청남도 정책실 정책연구위원 등 역임
〈주요 관심 분야〉
정보정책, 지식관리, 과학기술정책, 지식도시 등(solipy@hanmail.net)

이강춘

현재 광운대학교 대학원 행정학과 박사과정 수료
현재 한국공공관리학회 및 전자정부연구회 간사
한국과학기술기획평가원 및 정보통신윤리위원회 연구원 역임
〈주요 관심 분야〉
전자정부 및 정보통신정책, 과학기술정책 등(governor@kw.ac.kr)

이태영

현재 한국외국어대학교 사회과학연구소 선임연구원
한국외국어대학교 강사
부패방지위원회 전문위원
지역정보화학회 사무국장 등 역임

〈주요 관심 분야〉
전자정부, 관료부패, Q method 등(hufann@hufs.ac.kr)

최영훈

현재 광운대학교 행정학과 부교수
현재 한국행정학회 전자정부연구회 회장
현재 한국공공관리학회 편집위원장
공공기술연구회 기획평가위원
국가지리정보체계위원회 위원
행정고시·외무고시 PSAT 위원 및 입법고시 위원
한국사이버커뮤니케이션학회 편집위원장 등 역임

〈주요 관심 분야〉
과학기술정책, 전자정부 및 정보통신정책, 행정이론(cyhoon@kw.ac.kr)

한세억

현재 동아대학교 부교수
행정자치부 및 한국정보문화진흥원 자문위원
행정고등고시 출제 및 채점위원
부산광역시 유비쿼터스정보분과 및 공개심의회 위원
한국행정학회·한국정책학회·한국지방정부학회·서울행정학회 편집위원
이사 및 감사 등 역임

〈주요 관심 분야〉
전자정부, 정보화정책(sehan@donga.ac.kr)

전자정부론

펴낸날 / 제1판 제1쇄 2006년 4월 25일
지은이 / 최영훈 외
펴낸이 / 임춘환
펴낸곳 / 도서출판 대영문화사
주소 / 서울 용산구 청파동 1가 178-2 ㊗ 140-869
등록 / 1975년 12월 26일 제3-16호
전화 / (02)716-3883, (02)714-3062
팩시밀리 / (02)703-3839
우체국 온라인 / 011353-02-009106

ISBN 89-7644-211-3

〔값 19,000원〕